세계사 특강

세계사 특강
시간과 경계를 넘는 역사 여행

지은이   캔디스 고처 · 린다 월튼
옮긴이   황보영조
펴낸이   송병섭
디자인   민진기디자인
펴낸곳   삼천리
등록   제312-2008-000002호
주소   121-848 서울시 마포구 성산동 294-14 2층
전화   02) 711-1197
전송   02) 6008-0436
전자우편   bssong45@hanmail.net

1판 1쇄 2010년 2월 3일
1판 2쇄 2013년 3월 11일

값 28,000원
ISBN 978-89-961250-5-1 03900
한국어판 ⓒ황보영조 2010

World History

시간과 경계를 넘는 역사 여행

세계사 특강

캔디스 고처 · 린다 월튼 지음

황보영조 옮김

삼천리

새로운 세계사

오늘날 우리는 세계화 시대에 살고 있다. 재화와 용역, 금융 상품과 그 파생 상품이 국경을 가리지 않고 활발하게 거래된다. 세계가 하나의 시장으로 통합되고 있다. 컴퓨터가 도입되면서 과학기술이 획기적으로 바뀌고 정보통신과 교통운수의 혁신으로 세계시장과 인류 공동체가 하나로 연결되고 있다. 첨단 과학기술의 발전으로 시공간이 압축되고 인류의 활동이 동시다발로 전개된다. 이제 지구는 하나의 생활권으로 변해 가고 있고 상호 의존성이 갈수록 심화되고 있다. 그에 따른 사회적 충격과 정치적 변화, 문화적 파장도 작지 않다.

1960년대 후반 우주선을 타고 지구 밖으로 나가 지구를 '하나의 덩어리'로 바라보기 시작하면서 역사학에 새로운 변화가 나타났다. 그동안의 유럽중심주의와 자민족중심주의에서 벗어나 하나의 공동체로서 지구 전체의 역사에 관심을 갖기 시작한 것이다. 이른바 새로운 세계사 또는 지구사의 등장이다.

새로운 세계사를 주창한 대표적 인물은 레프틴 스타브리아노스와 윌리엄 맥닐, 마셜 호지슨 같은 역사학자이다. 레프틴 스타브리아노스는 1958년 세계사가 "진정으로 새로운 지구적 관점"을 가진 역사여야 한다고 주장했고, 윌리엄 맥닐은 1976년 "젊은이들에게 국가의 틀을 넘어선 진정한 세계사를 마련해 주어야" 한다고 강조했다. 이러한 인식은 1982년 세계사학회의 발족으로 이어졌고 1990년에는 학술지 《저널 오브 월드 히스토리》가 창간되기에 이르렀다. 이런 성과를 계기로 새로운 세계사를 지향하는 시도는 더욱 확산되었다.

기존의 세계사는 유럽을 '세계' 그 자체로 보았다. 인류 사회를 유럽과 비유럽으로 나누고 유럽인의 눈을 통해서 비유럽을 관찰하고 유럽의 가치에 따라 비유럽을 평가했다. 이러한 유럽 중심의 세계사는 과학, 기술, 물질뿐 아니라 합리성과 심지어 도덕성의 측면에서조차 인류의 역사가 더 나아질 것이라고 믿었다. 하지만 제2차 세계 대전 이후 제3세계가 각성을 하고 나름대로의 목소리를 내기 시작하면서 유럽중심주의와 인종주의, 자민족중심주의가 비판의 도마 위에 오르고 진보의 이념이 흔들리게 되었다. 지구상의 모든 지역과 종족과 문화를 균형 있게 성찰해야 한다는 움직임이 일어난 것은 바로 이러한 배경에 따른 것이다. 앞서 얘기한 과학기술의 발달이나 세계 경제의 통합, 인간의 폭력성에 대한 성찰, 인류의 공동체성에 대한 인식은 이러한 움직임에 더욱 박차를 가했다.

새로운 세계사는 생태와 기술, 보건이라는 주제에 새로운 관심을 보인다. 생태에 대한 관심은 인간중심주의와 근대사회의 총체적 위기를 성찰하고 자연환경과 생태의 환지구적 가치나 역사성을 탐구하게 한다. 기술에 대한 관심은 특정 기술을 누가 언제 발명했으며 언제 다른 사회로 확산되었고 어떤 역학 구조 속에서 발전하고 변화했으며 어떤 유산을 남겼는지를 살피게 한다. 여기서 기술은 식량 생산과 건축, 운송, 제조업 등의 기술뿐만 아니라 문자, 언어, 통신 같은 의사소통 기술을 포함한다. 나아가 보건에 대한 관심은 독감, 흑사병, 결핵, 말라리아, 에이즈 등 각종 전염병의 번식과 확산을 연구한다.

새로운 세계사가 이처럼 생태와 기술, 보건에 새로운 관심을 갖는다고 해서 정치와 경제를 등한시하는 것은 아니다. 정치와 경제는 여전히 세계사의 중심축을 이루는 주제이다. 그리고 20세기 후반 역사학의 중핵을 이루어 온 사회사나 문화사 역시 중요한 관심 분야이다. 지역적·지구적 인구 이동과 인구 변화, 여성의 지위와 가부장제, 특정 계급의 형성과 변화, 도시와 공간 같은 사회사 주제들뿐 아니라 문화적 접촉과 공생, 문화 유형, 지역적·지구적 물질문화, 언어와 사회, 세계 종교 같은 문화사 주제들도 주요 탐구 대상이다.

새로운 세계사는 이런 주제들을 전 지구적 확산과 네트워크 형성이라는 독특한 관점에서 탐구한다. 전 지구적 확산의 관점에서는 하나의 주제를 선택하여 시간의 흐름에 따라 그것이 확산되어 나가는 다층성과 역동성을 살핀다. 이를테면 나침반 같은 발명품이 시간의 흐름에 따라 다른 문화권으로 확산되는 과정과 그것이 미치는 사회적 영향력을 연구한다. 네트워크 형성이라는 관점에서는 육로와 해로를 따라 경제 네트워크가 형성되는 과정과 시간의 흐름에 따라 그것이 역동적으로 바뀌는 변화 과정을 살핀다. 네트워크에는 물론 경제 네트워크만 있는 것이 아니다. 축제 네트워크나 정보 네트워크, 통신 네트워크 같은 다양한 네트워크가 있다.

하지만 새로운 세계사는 이제 시작일 뿐이라고 생각된다. 이제 새로운 세계사의 인식과 방법론이 어느 정도는 마련된 것 같다. 하지만 이를 통해 실제적인 연구 성과를 내고 그 연구 성과를 교육과 대중화에 반영하는 데는 부단한 노력이 필요할 것이다. 더욱이 유럽중심주의나 자국중심주의가 아닌 또 다른 중심주의에 빠질 위험성을 항시 경계해야 할 것이다.

우리의 현실과 세계사

미국을 중심으로 새로운 세계사의 바람이 일고 있는 지금 우리의 현실은 어떠한가? 우선 대학교의 세계사 교육을 살펴보자. 한국의 대학교에서 세계사 교육은 해방 후 '문화사'라는 과목으로 시작되었다. 이 세계사 교육은 1946년 1학기에 '문화사'가 교양필수과목으로 지정된 이래 1974년 '한국사'에 그 자리를 빼앗길 때까지 약 30년 동안 이어졌다. 말이 세계사 교육이었지 실제로는 '문화사'라는 이름을 내걸고 강의 담당자에 따라 서양 문화사를 가르치거나 동양 문화사를 가르치는 경우가 많았다. 그러던 것이 1974년부터는 아예 문화사 과목이 '서양 문화사'와 '동양 문화사'로 나뉘어졌다. 1990년 이후에는 서양 문화사와 동양 문화사 이외에도 세계사에 해당하는 과목이 시대별, 주제별로 더 세분화되어 개설되고 있다.

중등교육 과정에서는 1955년에 세계사 과목이 필수과목으로 설정됐으나 1973년에 시행된 제3차 교육과정에서 '국사'가 독립 교과가 된 반면 '세계사'는 사회과에 포함되고 게다가 필수과목에서 선택과목으로 전락했다. 1998년 시작된 제7차 교육과정에서는 고등학교의 경우 '세계 역사의 이해'가 사회과의 선택과목이 되어 학생들의 선택을 기다리게 되었다. 최근 실시한 설문 조사에 따르면 고등학교 과정에서 세계사를 선택해 배우는 학생은 전체 학생의 10퍼센트도 되지 않는다. 다시 말하면 고등학생 10명 가운데 9명은 학교에서 세계사를 배우지 않는다.

고등학교에서 세계사를 배우지 않은 학생들이 대학교에서 세계사에 해당하는 과목을 얼마나 수강할까? 아니 굳이 과목을 수강까지는 하지 않더라도 세계사 관련 서적을 얼마나 읽을까? 세계사를 배우거나 관련 서적을 읽은 사람들은 또 어떤 내용으로 채워진 세계사를 배우고 읽었을까? 그리고 갈수록 하나의 생활권이 되어 가고 상호 관련성이 깊어지는 이 '지구촌'을 얼마나 이해하며 살아갈까?

2002년 역사학회가 창립 50주년을 맞아 미국의 세계사학회와 공동으로 '역사 속의 한국과 세계'라는 주제로 국제학술대회를 개최하면서 국내에 새로운 세계사가 본격적으로 소개되기 시작한 것이 그나마 다행스런 일이다. 종전과 다른 새로운 시각의 세계사 교재도 하나 둘 번역되어 나오고 있다.

시간과 경계를 넘는 역사 여행

《세계사 특강》은 역사학은 물론 다양한 학문의 최신 연구 성과까지 반영하여 '새로운 세계사'의 시각을 바탕으로 쓴 책이다. 그러면서도 우주와 행성의 이야기까지 포함하는 '거대사'보다는 '인류의 역사'에 초점을 맞추고 있다. 또한 환경과 생태, 기후보다는 세계사를 통해 인간이 자연과 맺어 온 관계인 '기술과 문화'에 주목한다. 시대를 규정하는 것도 바로 기술적인 특징이라고 보기 때문이다. 멀리 '석기시대'에서 오늘날의 '핵시대' 또는 '정보기술시대'에 이르는 시대 규정이 이를 말해 준다.

이 책은 11가지 서로 다른 주제별 렌즈로 세계사를 들여다보고 있다. 이주, 기술과 환경, 도시, 종교, 가족, 경제, 국가와 제국, 지배와 저항, 전통의 전승, 경계 넘기, 미래의 상상이 그것이다. 이런 주제를 통해 민족들의 이동과 상호 관계, 환경에 대한 태도, 정치·경제·사회의 조직에 나타난 지배와 복종, 사상·종교·예술에 나타난 문화의 형성과 표현, 사회를 형성하기도 하고 반영하기도 한 기술 등을 들여다볼 수 있다. 이를테면 이주라는 렌즈를 통해서는 선사시대 인류의 이동으로부터 오늘날의 노동 이주에 이르는 다양한 이주의 흐름들을 시간에 따라 훑어보게 된다. 이 과정에서 이주 경로와 유형, 이주의 생태학, 지구의 식민화 등 이주와 관련한 각종 문제들을 확대경으로 살펴본다.

인류의 이주를 다룬 1장을 읽고 지그시 눈을 감으면 진기한 광경이 펼쳐진다. 인류의 이주를 담은 크고 작은 사진들이 눈앞에 갑자기 나타나 잠시 머물다가 쏜살같이 사라지곤 한다. 그리고 어느샌가 나는 아프리카로, 유라시아로, 아메리카 대륙으로 마구 날아다닌다. 말하자면 시공간을 넘나들며 이주 문제를 조사하는 인류학자가 돼 버린다. 책을 읽다 보면 이런 광경이 주제를 달리해 열한 차례나 펼쳐진다. 그 광경들이 어느덧 세계사의 큰 그림이 되어 마음속에 새겨진다. 아울러 시야가 엄청나게 확장된다. 마침내는 새로운 세계관이 형성된다.

> "호모 사피엔스가 지구 곳곳으로 퍼져 나간 뒤로 인류도 기동력을 갖춘 존재가 되었다. 첫 인류가 보여 준 기동성은 가장 놀라운 업적 가운데 하나였다. 냉난방 장치나 엔진은커녕 말이나 바퀴의 도움도 없이 광활한 지역을 답파했기 때문이다. 사람들은 기나긴 역사에 걸쳐 끊임없이 돌아다녔다. 모든 지역에서 다양하게 일어나는 이주는 식량과 노동의 필요, 보호의 필요, 인구 압력으로 말미암은 분쟁, 모험심 등 갖가지 요인의 산물이었다."(49쪽)

이 책에 담긴 시공간을 넘나드는 이야기들은 사뭇 흥미진진했지만 그 이야기를 우리말로 옮기는 작업은 무척 힘들었다. 전공 분야가 아닌 다른 학문 분야나 전공 지역이 아닌 다른 지역, 전공 시대가 아닌 다른 시대를 다룰 때는 특히 그러했다. 그런데 사실은 거의 모든 대목이 그러했던 것 같다. 돌이켜 보면 이 모든 과정을 어떻게 헤쳐 나왔나 싶다. 세계화 시대 교양인들에게 새로운 세계사를 제공해야겠다는 첫 마음을 잃었더라면 아마 중도에 포기했을지도 모른다. 아무쪼록 이 책이 지구촌 시민을 위한 '세계사 여행'에 좋은 길잡이가 되길 바란다. 책의 머리말에 소개된 웹사이트나 장마다 첨부한 토론 과제와 참고문헌을 잘 활용하면 더욱 유익할 것이다.

끝으로, 좋은 책을 선정했을 뿐 아니라 괜찮은 책이 되도록 심혈을 기울여 준 삼천리의 송병섭 대표께 마음 깊은 감사의 말씀을 드린다.

2010년 1월 5일
황보영조

오랜 공동 연구를 바탕으로 마침내 책이 완성되었다. 20년 전쯤에 시작한 연구 성과는 두 권의 책으로 나온 적이 있다. 우리 두 사람과 찰스 A. 레긴이 함께 쓴 《세계사의 테마들》(보스턴: 맥그로힐, 1998)이라는 책이다. 우리는 아프리카와 카리브 해, 동아시아, 유럽 등 저마다 다양한 전공 분야를 이어 줄 테마들을 놓고 고심했고, 찰스는 교육과 집필에 많은 시간을 들였다. 이 자리를 빌려 찰스에게 고마움을 전한다. 지금은 절판된 그 책은 우리 두 사람이 주도한 '세계사의 기초'라는 멀티미디어 프로젝트(애넌버그/공영방송협회, 2004. ⟨http://www.learner.org/resources/series197.html⟩으로 접속)의 기본 틀을 짜는 데 영감을 주었다. 말하자면, 여러 분이 읽게 될 《세계사 특강》은 오랜 세월에 걸쳐 진행된 이 모든 연구의 총결산인 셈이다.

이 책에는 공동 연구를 시작한 이후에 나온 세계사 연구와 교육의 주요 성과들까지 폭넓게 반영되어 있다. 각 장 끝에 멀티미디어 프로젝트와 관련 있는 링크를 달아 두었다. 루틀리지 출판사 홈페이지(⟨www.routledge.com/textbooks/ 9780415771375⟩)에는 이 책의 유용성을 높여 줄 웹사이트가 있다. 또 대학교의 세계사와 세계의 문명 비교 강좌뿐만 아니라 고등학교의 세계사 교양 과정에서 사용하기에 알맞은 교육용 토론 과제도 제시해 주고 있다.

모든 역사책이 그렇듯이, 이 책도 인류가 처음 등장한 먼 옛날 선사시대에서 오늘날의 세계화 시대에 이르기까지 역사의 발자취를 선별해 추적하고 있다. '거대사'를 선호하는 연구자들은 세계사의 테두리에 우주와 행성의 과거 이야기까지 포함시키기도 한다. 그들은 수십억 년이라는 엄청나게 긴 시간의 척도를 사용한다. 그리고 태초부터라는 시간 거리를 선택하게 되면 그보다 짧은 인간의 과거에 대한 '묘사와 개념'이 달라질 것이라고 주장한다. 이러한 색다른 초점을 통해 낯익은 주제들을 다시금 새롭게 이해할 수도 있을 것이다.

하지만 이 책은 오직 인류의 운명과 관련된 과거를 다룬다. 따라서 이 역사 여행의 출발점은 인류의 기원이다. 우리는 여러 갈래의 주제를 따라가면서 다양한 증거와 여러 학문 분야의 연구를 참고할 것이다. 이 책 전반에 걸쳐 고고학, 인류학, 인구학을 비롯한 인접 학문들의 연구 성과를 폭넓게 활용했고, 주제마다 내용을 풍부하게 해 줄 사료와 지도, 사진, 그림, 표 같은 시각 이미지를 함께 수록했다.

세계사에 관해 우리는 예전보다도 훨씬 더 용감하게 탐구하고자 한다. 오늘날 우리를 있게 해 준 다양한 운동과 역사적 계기를 통해, 지구를 정복한 인간의 관점에서 그 경험의 다양성과 보편성을 11가지 서로 다른 주제별 렌즈로 들여다본다. 인류 역사의 11가지 주제는 방대하고 다양한 공동의 과거를 연구할 수 있는 역동적인 틀을 마련해 준다. 그 주제들은 또한 시간의 변화에 따른 차이를 이해할 수 있게 해 주고 과거와 현재를 연결하는 통찰력을 얻게 해 준다. 우리는 먼 옛날부터 오늘날에 이르기까지 다양한 지역에 살아온 여러 민족의·삶을 추적하기 위해 몇 가지 공통된 주제에 초점을 맞추었다. 민족들의 이동과 상호 관계, 환경에 대한 태도, 정치와 경제와 사회를 조직하는 방식에 나타난 지배와 복종의 유형, 사상과 종교와 예술을 통한 문화의 형성과 표현, 사회를 변모시키기도 하고 반영하기도 하는 기술 등이 그것이다.

주제별로 생각하고 가르치고 배우는 과정은 독자들에게 낯익은 것과 새로운 것, 과거와 현재를 연결 지어 볼 기회를 준다는 점에서 특별한 장점이 있다. 반복적인 요소는 학습을 강화해 주고 동일한 사건이나 인류의 과거를 다양한 주제별 렌즈를 통해 들여다보게 함으로써 통합적인 공부를 위한 오솔길들을 내어 줄 것이다.

세계사의 테마들이란 어떻게 보면 끝도 없는 것 같지만 인류의 세계사를 돌아보는 우리의 여행에 좋은 길잡이가 된다. 먼 옛날 우리 조상들이 새로운 세계를 열기 위해 아프리카의 삼림과 대초원에서 이주해 나갈 때 그 여행을 안내한 것과 꼭 마찬가지로.

캔디스 고처 · 린다 월튼

| 차례 |

4장 | 종교와 공동체, 분쟁

5장 | 가족의 발견

6장 | 세계 경제의 과거와 현재

1장

인류의 이주

1975년 미국 국립과학재단이 하다르 현지조사를 처음 실시했다. 그들은 에티오피아 아와시 강의 메마른 강바닥이 내려다보이는 아파르 사막의 한가운데 탐사 텐트를 쳤다. 처음으로 탐험에 나선 젊은 화석인류학자 도널드 조핸슨은 연구비 신청서에 적어 넣은 화석을 발견하지 못하면 어쩌나 걱정을 하고 있었다. 그러던 어느 날 해질녘, 땅 밖으로 삐져나온 하마의 갈비뼈 같은 것을 발로 걷어찼다. 좀 더 가까이에서 살펴보니 조그만 영장류 동물의 뼈처럼 보였다. 근처에서 다른 뼈 두 조각을 더 발견했다. 그리고 노트에 그 위치를 자세히 기록했다. 나머지 이야기는 알려진 바와 같다.

조핸슨이 맞춘 이 뼈들은 놀라울 정도로 들어맞았다. 뼛조각들은 직립보행자의 대퇴골과 정강이뼈였으며 고고학 팀이 거의 40퍼센트 정도까지 완벽하게 밝혀낸 초기 호미니드(hominid, 인간과에 속하는 영장류 동물―옮긴이) 유골의 일부였다. 그들이 확인한 여성의 유골은 새로운 종인 '오스트랄로피테쿠스 아파렌시스'에 속하는 것이었다. 3백만 년 전의 직립보행 여성 '호미니드'를 처음 발견하는 순간이었다. 이 발견이 얼마나 대단한 일인지 깨닫기 시작하면서 캠프는 흥분의 도가니에 빠졌다. 자축하는 파티를 벌이고 있을 때 카세트 녹음기에서는 비틀스의 노래 〈다이아몬드와 함께 하늘에 있는 루시〉가 흘러나오고 있었다. 그들은 애틋한 마음으로 그 화석을 '루시'라고 불렀다.

하다르의 발견 직후에 고고학자 매리 리키 일행은 탄자니아의 선사 유적인 라에톨리의 응회암에서 360만 년이나 된 발자국 한 쌍을 발견했다. 초기 호미니드 둘이서 들판을 걸어가다가 발자국을 남겼는데 그것이 근처의 화산에서 날아온 화산재를 뒤집어쓰게 되었다. 곧이어 우기가 시작되면서 물과 화산재가 섞여 시멘트처럼 굳어 발자국이 보존되었다. 선사시대의 순간을 보존한 이 발자국의 주인들은 어머니와 아들로 보이고 나무 위에 거주하던 생명체였을 것으로 추측된다.

인류의 과거에 대한 이야기는 대개 라에톨리의 발자국이 보여 주는 것처럼 과거사 한 순간보다는 시간에 따른 변화를 다룬다. 시간에 따른 변화를 살피기 위해서는 한 순간과 거리를 두고 그것이 등장한 좀 더 광범위한 유형과 추이를 바라볼 필요가 있다. 두 발로 걷기 시작한 것은 현생인류의 조상을 나무에서 내려오게 만든 변화에서 비롯되었다. 일종의 전략으로서 두 발로 걷는 직립 보행은 인류의 조상들에게 기후 변화의 시기 동안 삼림을 대체한 키가 큰 풀들의 위를 바라볼 수 있는 이점을 가져다주었다. 이렇게 땅 위에서 이동을 한 사건은 아프리카에서 처음으로 일어났고 그 뒤로 인류 역사의 긴 행진이 시작되었다.

오늘날 우리는 엄청난 규모의 인류 이동을 자연스러운 것으로 생각한다. 사람들은 점점 더 빠른 속도로 지구의 이쪽에서 저쪽으로 이동한다. 이주는 지금까지 모든 생물은 물론 지구에도 중요한 영향을 끼쳐 왔다. 이주한 인류가 남긴 실제 발자국은 거의 없다. 하지만 역사가들은 엄청나게 다양한 역사적 · 과학적 증거를 바탕으로 문자가 발명되기 오래전에 시작된 이주의 역사를 추적해 나간다. 예를 들어, 고생물학은 화석의 기록을 근거로 지상 생물의 역사를 연구한다. 이런 연구는 두 발 보행의 적응이나 뇌 용적의 변화 같은 특정 시기의 생물 진화에만 초점을 맞춘다. 잡식 행위의 발전이나 문화(뚜렷한 행동 유형이나 양식)의 출현과 같은 선사시대의 다른 중요한 시기를 연구할 자료는 이보다 더욱 빈약하다. 자료의 확실성과 보존성이 떨어지기 때문이다. 인류 이주의 역사를 보면 출발지는 한 곳인데 목적지는 다양하게 나타나는 경향이 있다. 이주는 또한 인류의 유전학적 · 문화적 다양성을 만들어 낸 주된 요인 가운데 하나다.

아프리카에서 시작된 초기 인류의 이주로 말미암아 지구의 인구 분포가 어떻게 달라졌을까? 이주의 유형과 영향을 연구하는 데 도움을 줄 자료에는 어떤 것들이 있을까? 계속되는 이주가 인간의 경험에 어떤 영향을 끼쳤을까? 끊임없이 이동해 온 세계사의 원인과 결과는 무엇일까?

인류의 기원, 아프리카

고고학자들은 하다르의 발견을 통해 인류의 계보에 새로운 진화의 곁가지가 있을지 모른다는 느낌을 받았다. 이러한 분류는 인간 종(인류나 그 조상들) 출현의 모델을 개발하는 데 사용되었다. 이로 말미암아 호미니드의 기원과 인류의 선사시대가 360만 년 전으로 거슬러 올라가게 됐다. 루시 이후에도 호미니드나 인류 조상의 화석이 더 많이 발견되었다. 이런 화석 자료는 우리와 같은 '호모 사피엔스 사피엔스'를 비롯하여, 공동의 조상인 아프리카 유인원으로부터 갈라져 나온 적어도 12개의 서로 다른 종들이 7, 8백만 년에 걸쳐 지구를 걸어 다녔음을 암시해 준다. 오늘날에는 그 가운데 10만 년 전쯤에 진화를 한 호모 사피엔스 사피엔스만 남아 있다. 전 세계의 역사 연구자들은 이러한 발견들을 통해 인간 종만이 가진 특징이 무엇인지를 다시금 생각하게 되었다. 또한 과거에 대한 우리의 지식이 고대의 모습을 묘사하는 구술 전통에서부터 수천 년에 걸친 변화를 밝혀내는 지질학에 이르기까지 보조 자료에 지나치게 의존하고 있음을 깨닫게 되었다.

동아프리카에서 호미니드 연구를 진행해 온 또 다른 주요 유적은 탄자니아의 올두바이 협곡을 중심으로 하는 대지구대였다. 이곳에서 한 과학자 집안이 두 세대에 걸쳐 조사 작업을 진행했다. 이 작업에 참여한 사람은 루이스 리키(1903~1972년)와 메리 리키(1913~1996년, 루이스의 영국인 아내) 그리고 아들 부부 리처드와 미브였다. 리키 일행은 올두바이 협곡의 흐르는 물에 의해 퇴적된 모래와 자갈과 암석 조각에서

| 그림 1.1 | **발굴 작업을 하는 메리 리키**
영국인 고고학자 메리 리키 일행이 360만 년 전 화산재에 덮힌 채 남아 있는 라에톨리 호미니드 발자국의 흔적을 발굴(1976~1981)해 냈다.

약 250만 년 전의 석기를 비롯한 유물을 발견했다. 리키 일행과 다른 사람들이 올두바이 협곡에서 발굴한 석기는 지금으로부터 수천 년 전까지도 석기를 계속 사용한 흔적을 보여 주는 긴 증거 사슬의 일부를 이룬다. 초기 호미니드는 최근에 중앙아프리카의 차드에서도 발견되었는데, 아마도 이들이 서아프리카 여기저기까지 돌아다녔을 것으로 생각된다.

이주 경로

호미니드들이 아프리카를 넘어 유라시아로 이주함에 따라 마침내 대륙이 연결되었다. 대륙을 건넌 첫 이동은 직립보행을 한 호미니드들이 아프리카 밖으로 나간 2백만 년 전쯤에 일어났다. 한동안 이동을 자극했을 것으로 생각되는 더 큰 두뇌와 긴 팔다리가 이 초기 여행에 필요하진 않았을 것이다. 호미니드들은 두 발로 걸어 다니면서 손을 자유롭게 쓸 수 있게 되면서 점차 전문적인 도구를 사용하기 시작했다.

　　2백만 년 전쯤에 초기 호미니드들 가운데 일부가 달리기 시작했을지 모른다. 두 발로 달리는 동작은 유일하게 '사람'(Homo)이 개발해 냈고 지금도 개발하고 있는 독특한 활동이다. 먼 거리를 달릴 수 있는 지구력은 사냥꾼들과 청소동물들의 활동에 도움을 주었을 뿐 아니라 내이(內耳)의 균형 메커니즘과 튼튼한 무릎 관절, 튀어나온 엉덩이 같은 신체의 변화를 가져오게 했다. 이러저러한 종의 호미니드들이 같은 시기에 아프로유라시아 전역에 걸쳐 발견된다. 호미니드들은 마침내 동남아시아와 중국에 이르렀고, 5만 년에서 4만6천 년 전쯤에는 마침내 오스트레일리아의 동남부까지 도달했다.

　　150만 년 전 무렵까지는 동아프리카의 이주민들이 아프리카와 유럽, 아시아를 아우르는 대륙의 대부분 지역에 거주하게 되었다. 옛 소련의 그루지야에서 약 180만 년 전의 것으로 추정되는 호미니드의 유골이 발견되었다. 호미니드들이 이곳에서 시원한 초원을 발견했던 것 같다. 아프리카에서 확산되어 나온 종(대개 호모 에렉투스로 확인된)과 관련된 유라시아의 유적 두 곳(각각 이스라엘과 중앙아시아 캅카스산맥에 위치)은 160만 년 전의 것으로 확인되었다. 그 밖에도 인도 아대륙의 데칸고원에서는 현지에서 제작된, 같은 시기의 것으로 인정되는 돌도끼들이 발견되었으며, 중앙아시아에서도 현지에서 제작된 냇돌석기가 75만 년 전부터 그곳에 인간이 거주했음을 증명해 주고 있다. 아시아의 열대 지역에서는 초기 인류의 습성을 보여 줄 만한 고고학적인 증거가 아직 없지만, 이때 호미니드들이 돌보다는 대나무와 같은 썩기 쉬운 재료를 도구로 사용했을 가능성이 있다. 그래서 유적지를 찾는 고고학자들의 작업이 훨씬 더 어렵게 되었는지도 모른다.

동아시아에서 발견된 가장 잘 알려진 호미니드의 유골은 1920년대 초 중국 북부의 베이징 근처 저우커우뎬(周口店)의 동굴에서 처음 발견된 호모 에렉투스 '베이징 원인'이다. 50만 년 전의 것으로 추정되는 이 유적에서 처음 나온 화석 수집물은 제2차 세계대전의 전란 중에 잃어버렸다. 이 유적의 다양한 퇴적층에 관해서는 중국과 전 세계 화석인류학자들이 참여한 빼어난 연구와 1960년대에 다시 발견된 다른 유골들을 통해 이해가 좀 더 깊어졌다. 베이징 원인은 청소동물로서든 사냥꾼으로서든 야생동물의 고기를 먹었고 석기를 사용했다. 애초에는 그들이 불 사용법을 알고 있었다고 생각했지만 최근 들어 화산재 실험을 한 결과 불을 의도적으로 피우지는 않았을 것으로 추정된다. 오늘날 중국의 동북 지역에서 서남 지역에 걸친 일부 다른 유적들에서 발견된 호모 에렉투스의 화석 조각들은 거의 2백만 년 전의 것으로 추정된다. 최근 실시한 동남아시아 '자바 원인'의 화석 연대측정을 통해서는 호모 에렉투스의 조상들이 160만 년 내지는 180만 년 전부터 오늘날 인도네시아 자바 섬의 솔로 강 근처와 상기란에 거주했을 것으로 짐작한다. 이 유골들의 원래 연대를 80만 년 정도만 더 올려 잡으면, 호모 에렉투스가 동남아시아와 동아시아에서도 아프리카에서만큼 일찍이 존재했고 그들이 원래 생각했던 것보다 훨씬 더 이른 2백만 년 전쯤에 아프리카 밖으로 이주하기 시작했을 것이라고 추정할 수 있다.

2백만 년 전 아프리카 이주민들은 빙하의 더딘 후퇴 때문에 유럽보다 아시아의 환경에 더 매력을 느꼈다. 호미니드들이 유럽에 이끌리기 시작한 것은 50만 년 전 무렵 빙하가 북쪽으로 후퇴하면서부터였다. 기후가 나아지자 식량 공급이 좋아졌다. 동물의 생활에 중요한 변화가 나타나고 먹이 여건이 개선됨에 따라 새로운 종인 사슴과 소, 무소, 말이 등장했다. 분포 지역이 가장 넓게 나타나는 유럽 최초의 호미니드 유골은 호모 에렉투스가 아니라 더 나중에 발견된 · '네안데르탈인'의 유골이었다. 네안데르탈인은 독일 네안데르탈 계곡의 유적에서 발견했다고 해서 붙인 이름이다. 우리는 아프리카에서 나온 제2차 이주의 물결을 통해서 다른 지역에서도 해부학적 현생인류(해부학적으로 현대인과 같은 신체적 특징을 지닌 인류―옮긴이)가 출현한 사실을 설명할 수 있다. 이런 사실을 암시해 주는 증거가 있다. 대략 3만5천 년 전 이른바 뷔름 빙기(氷期)가 처음 후퇴하기 시작할 무렵 현생인류인 호모 사피엔스를 비롯한 구석기인들이 서아시아에서 유럽으로 이주한 것으로 보인다. 프랑스 도르도뉴 계곡의 유적지 이름을 따 '크로마뇽인'이라고 부른 이 이주민들이 앞서 살던 주민들을 대체했다. 하지만 현생인류인 호모 사피엔스가 유럽에 출현한 뒤 1만5천 년이 넘도록 대륙의 북부 지역에는 사람이 살지 않았다. 기후가 불확실했고 식량 자원도 불안정했기 때문이다.

새로운 화석인류학의 증거와 최신 연대측정 기술, 인류의 차이를 모형화하는 컴퓨터 시뮬레이션, 유전학 연구는 해부학적 현생인류가 아프리카에서 처음 출현해 다른 지역으로 확산되었음을 뒷받침해 주고 있다. 20세기의 가장 중요한 연구 프로젝트 가운데 하나인 인간 게놈 프로젝트(1990~2003년)는 인간 종의 유전자 유형이 모두 흡사하다(99.9퍼센트)는 사실을 밝혀냈다. 혈액 시료에 대한 디엔에이 분석을 통해 전 세계 사람들끼리는 다른 종과 비교할 때 유전적 편차가 미세하다는 사실이 발견되었다. 미토콘드리아 디엔에이(세포 속에서 발견되고 모체로부터 물려받는)의 연구 결과도 유전적으로 아프리카 본토로 거슬러 올라가는 단일 혈통의 흔적을 확인해 준다. 전 세계의 나머지 인종 집단들 사이에 나타나는 사소한 편차에 비해 아프리카 내의 주민들은 훨씬 큰 유전적 변이가 나타난다. 이런 결과는 인류를 인종 유형으로 분류할 그 어떤 유전적 근거도 없다는 점을 잘 보여 준다.

한편 또 다른 연구는 현대인들의 유전적 유사점과 차이점을 연구하고 아프리카에 살던 공동 조상에까지 거슬러 올라가 그것을 밝혀냄으로써, 지구를 서로 연결하는 이주의 경로를 과학적으로 추적해 왔다. 유전적인 증거를 통해 아프리카 바깥으로의 첫 이주가 2백만 년 전 무렵에 이미 시작되었음을 확인할 수 있다. 해부학적 현생인류의 유골이 발견된 유적이 중기 구석기시대(20만 년~4만 년 전) 아프리카에서 흔히 나타나는데, 이는 아프리카 바깥으로 움직인 제2차 이주의 물결이 10만 년 전쯤에 일어났음을 확인해 준다. 이 조상들이 해부학적으로 현생인류라고 하더라도 그들이 '문화'와 같은 현생인류의 특징들을 온전히 갖고 있었을까? 유전적 돌연변이나 다른 어떤 사건들이 변화를 가져와 도구를 제작하고 예술을 창조하는 능력이 갑작스럽게 생겨난 것은 아닐까?

| 지구의 식민화 |

선사시대의 이주가 만들어 낸 가장 중요한 결과는 지구의 식민화이다. 인류가 동물 가운데 유일하게도 지구 전체에 걸쳐 분포되기에 이르렀다. 선사시대를 연구하는 역사가들은 오랫동안 선사시대 인류의 이동이 목적의식에 따른 것이라고 생각해 왔다. 그런데 이 목적의식이 어떻게 생겨났을까? 지구의 식민화 과정을 생각하다 보면 인류가 어디서 어떻게 종으로 출현했으며, 어떠한 방식으로 왜 지구의 모든 땅으로 이주해 지구의 모든 환경을 차지했을까 하는 의문이 생긴다.

현생인류는 아프리카를 떠난 다음 육로와 해로를 통해서 그들이 살아갈 수 있는 지구의 모든 지역으로 퍼져 나갔다. 맨 처음 이주민들이 아프리카를 떠나 세계를 식민화한 까닭이 무엇인지는 복잡하면서도 중요한 의문점이다. 우리는 인류의 행동, 특히 위험을 줄이고 개인의 생존 적응도를 높이기 위해 선택한 행동을 중심으로 상호 연관된 요인들 속에서 그 해답을 찾아볼 수 있다. 계획적인 이주는 틀림없이 정보 공유, 협력, 기억, 협상 능력이 있었기 때문에 가능했을 것이다. 이 모든 기술은 점차 복잡해져 가는 사회·문화 집단들이 반드시 지녀야 할 능력이다. 호미니드들은 점점 더 생활이 복잡해짐에 따라 어쩔 수 없이 아프리카를 벗어났고, 그 결과 지구 전체에 분포한 다양한 인종 집단들이 생겨났다. 일부 집단은 인구가 점차 증가함에 따라 이주의 자극을 받았을 것이다. 공동의 복잡한 행동양식과 문화적 속성을 갖춘 인류가 마침내는 전 지구의 환경에 적응하고 사실상 정복했다.

인류 기원의 성격이 무엇이든 인류 사회와 문화가 언제 어디서 처음으로 등장했든, 이 지구에 사람이 살아가게 된 것은 그들이 이곳저곳으로 이주한 결과였다. 이동한 사람들이 소수인 데다 그 거리가 아득하고 수송 방식도 기술적으로 제한되어 있었음을 감안한다면, 사람들이 전 지구로 이주한 것은 기적 같은 사건이라고 생각된다. 이주민들은 오로지 두 발로 걸어 다니고 뗏목을 타고 물을 건넜으며 먹을 것을 채취하거나 사냥하며 다양한 역경을 무릅썼다.

대부분의 역사가들은 상징적인 문화적 표현이 인간 종을 독특하게 만든다고 본다. 최근에 그물 모양의 선을 새긴 붉은 철 조각을 비롯한 상징물들이 남아프리카에서 발견되었다. 7만 년 전 무렵의 것으로 추정되는 이 증거는, 제2차 이주의 물결을 이룬 아프리카 조상들이 이주를 더욱 촉진했을 문화적 이점들을 지니고 대륙을 떠나

|그림 1.2 | **사하라 사막의 암각화**
암각화는 원시 인류의 표현을 보여 준다. 역사가들은 암각화를 인구 이동이나 환경 변화와 같은 시간에 따른 변화와 헤어스타일에서 몸 예술에 이르는 비영구적이거나 혹은 실체가 없는 과거를 기술하는 증거로 사용한다.(알제리 타실리)

갔을 것이라는 가설을 뒷받침해 준다. 어떤 연구자들은 문화적 뿌리의 핵심에 인간의 중요한 특성인 광범한 사회적 네트워크의 활용과 개발이 담겨 있을 것이라고 생각한다. 아프리카를 떠난 이주민들은 적응에 성공함으로써 다른 생태 지역에서 생존할 수 있었고 이미 살고 있던 네안데르탈인과 경쟁하면서 마침내 아프로유라시아에 정착할 수 있었다.

지구 식민화의 성공이 사람들 간의 상호작용, 사람과 환경 사이의 상호작용에 달려 있음을 보여 주는 사례는 수없이 많다. 중기 구석기시대의 언제인가부터 사람들끼리 그리고 사람들과 환경 사이에 독특한 상호작용 유형이 조금씩 생겨나기 시작했다. 인류가 적응해 나간 물리적·사회적 환경이 끊임없이 변화함에 따라 문화 또한 계속 바뀌었다. 지구 대부분의 지역에서 발견된 물질문화의 방대한 증거들(4만 년 전 무렵의 것으로 추정되는 석기와 조각상, 암각화와 동굴 벽화)을 통해 초기 인류가 기술과 사회적 기능을 습득해 나갔을 것이라고 추론해 볼 수 있다.

언어와 의사소통

인류는 또한 최고 수준의 의사소통 수단이자 인류 고유의 것으로 간주되는 언어와 언어 공유의 기술을 개발했다. 인류의 조상들은 지구 전체로 퍼져 나가면서 공동의 사회적 맥락 속에서 정보를 기억하고 전달하는 효과적이고 다양한 언어들을 개발해 냈다. 언어라는 게 정확히 언제 어떻게 해서 생겨났는지는 잘 알려져 있지 않다. 하지만 언어가 등장하면서 언어와 추상적인 사고력에 의해 인류와 호미니드 사이에 차이가 생겨났다. 이 두 가지 능력이 인간 종의 차별성을 강화하고 확증해 주었다.

언어는 생각을 나누고 여정을 계획하며 인류 공동의 조상과 우리 사이의 5천 세대가량에 걸쳐 문화를 전달하는 데 중요한 역할을 했을 것이다. 목의 후두가 내려앉는 중요한 신체 변화는 불과 20만 년 전쯤에 일어난 것으로 보인다. 그제서야 공기의 흐름을 조절해 말을 만들어 낼 수 있게 되었다. 말을 통해 행위를 조절하고 수정할 수 있는 종은 생물체 가운데 인간밖에 없다. 과학자들은 언어의 변화를 통해 말의 발달과 언어 사용자들의 이동을 추적하기도 한다.

인간이 사용하는 모든 언어는 말하는 이의 필요와 욕망과 역사를 표현할 수 있게 해 준다는 점에서 유사하다. 언어와 상징을 통한 의사소통 능력이 인간의 행동과 점차 복잡해져 가는 사회 구조의 핵심을 이룬다는 데 이의를 제기할 사람은 없을 것이다. 인류의 집단 학습의 효과는 의사소통을 통해서 여러 세대로 전파되었다. 하나의 종으로서 인간이 지닌 독특한 점은 지식을 전수하는 능력이다. 언어의 발달은 틀림없이 사회와 기술의 발전을 촉진했을 것이고 상호 관계와 사회적 교환 체계를 쉽게 만들었을 것이다. 이를테면, 서로 말을 주고받음으로써 식량 생산의 분업이나 상품과 제품의 운송 및 교환이 매우 활발해졌다. 사람들에게 서로 다른 업무를 배당할 수 있게 되면서 협동이 촉진되었고 사회와 문화의 발전이 활발해졌다. 나아가 정보를 공유하게 되면서 인류가 지구에 적응을 하고 마침내는 영향을 미치는 것이 더욱 빨라졌다.

언어와 기술이 차츰 전문화되면서 그와 관련된 발전도 더불어 진행되었다. 만약에 50만 년 전쯤 사용하던 전 세계의 석기 제작 기술을 가늠해 줄 자료가 존재한다면 도구 형태가 거의 유사하다는 점을 발견하게 될 것이다. 5만 년 전쯤이 되면 뚜렷한 차이가 나타게 된다. 도구 제작의 지역별 전문화는 저마다 다른 도구를 필요로 하는 생활환경의 차이와 문화 발전에 따라 이루어졌다. 아프리카로부터의 끊임없는 이주를 통해서 서아시아 세계에 사람들이 정착하기 시작하고, 그곳에 고대의 문화 교류 중심지를 형성했다고 보는 것이 아마도 이용 가능한 증거와 그 연대기적 유형을 바탕으로 내릴 수 있는 가장 타당한 판단일 것이다. 서아시아에서도 여기저기에 석기시대 호미니드 문화의 임시 주거지들이 생겨났다. 증거가 확실한 서아시아 인간 사회의 기원은 기원전 35000년 무렵으로 거슬러 올라간다. 150만 년 전과 기원전 35000년 사이에는 새로운 이주를 보여 줄 만한 이렇다 할 증거가 없기 때문에, 서아시아에 정착한 사람들은 아마도 아프리카 초기 이주민들의 후손이었을 가능성이 높다. 또 그 후손들이 1만 년 전 무렵부터 채취를 하기 시작했고 이어서 곡물을 재배했다. 그리고 곧 최초의 서아시아 도시들을 건설했다.

5만 년 전 무렵 호미니드가 아프리카에서 오스트레일리아로 가히 지구적이라 할 만한 첫 이주를 시작한 뒤로도 문화적 양식은 오랫동안 지속되었다. 이런 사실을 통해서 주민들의 언어가 아프리카 언어와 관련이 있는 두세 어족으로만 구성되었을 것이라고 짐작할 수 있다. 서아시아 문화와 사회 구조의 발전은 새로운 사람들이 바깥에서 유입된 결과라기보다는 내부의 더딘 변화에서 비롯된 산물이었다. 인류의 초기 이동이 인도양 연안을 따라 태평양 세계의 열대 지역으로 이어졌을 것이다. 물론 시간이 지남에 따라 더 추운 북쪽 땅으로도 이동했을 것으로 생각된다.

| 인간과 동물, 기후 |

선사 문화가 발전하면서 사람들이 무인 지역으로 이동했다. 이러한 이주는 주로 인구 증가에서 비롯된 것이다. 인구통계학적 변화, 곧 인구 규모의 증감이나 그 성격이 문화와 환경의 변화를 포함한 다른 측면의 생태 환경과 서로 영향을 주고받으며 사람들의 이주를 촉진한다. 모자라거나 제한된 자원에 인구는 늘어남으로써 환경은 더 열악한 상태가 되었다. 인구 압력이 심해지면 사람들은 적응 전략을 필요로 하게 된다. 초기 인류는 효과적인 도구와 식량 저장소, 사회적 협력을 통해서 사막과 메마른 땅을 개척할 수 있었다.

우리는 이미 아프리카 최초의 이주를 통해서 인류 발전의 성과가 지구의 다른 지역으로 확산되는 모습을 살펴보았다. 백만 년, 아니 훨씬 더 오래전에 이러한 이주가 진행된 이후 지구의 그 어떤 지역도 사실상 고립된 곳은 없었다. 모든 이주가 항구적인 것은 아니었다. 때때로 초기 이주민들의 후손이 아프리카로 돌아갔고, 그 결과 아프리카와 서아시아 그리고 지중해와 홍해를 경계로 하는 지역들 사이에 사람과 생산물과 사상의 교류가 일어났다. 동아프리카와 유라시아의 인도양 쪽 해안도 사람들과 문화, 동물, 바나나를 비롯한 농작물(6천 년 전 무렵 이전에 시작된)이 드나드는 입구가 되었다. 머지않아 아프리카인의 후손들도 인도양을 건너 인도 아대륙에 다다르는

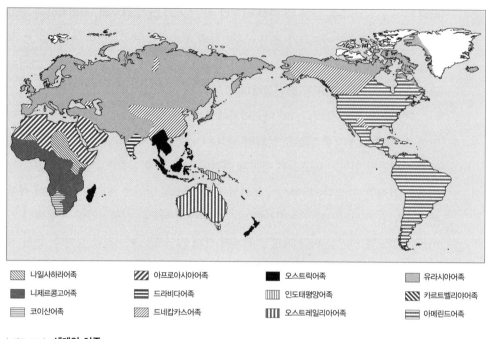

나일사하라어족	아프로아시아어족	오스트릭어족	유라시아어족
니제르콩고어족	드라비다어족	인도태평양어족	카르트벨리아어족
코이산어족	드네캅카스어족	오스트레일리아어족	아메린드어족

| 지도 1.1 | **세계의 어족**

항해에 도전했다. 끝없는 이주의 드라마는 마침내 중국, 오스트레일리아, 뉴기니로 이어졌다. 그렇다고 인간만이 자연환경을 넘어 퍼져 나간 유일한 개체군은 아니었다. 예를 들어, 아프리카 대륙의 3분의 1을 차지할 정도로 세계에서 가장 넓은 사하라 사막은 약 8천 년 전과 7천 년 전 사이에 그리고 5천 년 전 무렵 이후에 다시 격심한 건조 기후가 나타나면서 오늘날의 바짝 마른 환경으로 이어지는 매우 다양한 기후를 보여 주었다. 호수와 습기가 많은 기후로부터 건조한 상태로 극적인 기후 변화가 나타나면서 인간은 물론 코끼리를 비롯한 동물들의 이주도 일어났다. 최종적으로 사막화가 진행된 이후 인간은 관개와 농업을 개발하면서 적응해 나갔다.

인류의 기동성은 동물을 가축으로 기르게 되면서 훨씬 높아졌다. 걸어서 이동하는 기동성은 100년당 72킬로미터가량 되는 것으로 추정된다. 더 이른 시기에 일어난 동물의 이주는 인류의 이동에 매우 요긴한 종들을 널리 퍼뜨려 주었다. 1천3백만 년 전 무렵에 낙타과 동물(낙타, 알파카, 라마 등)과 말과 동물(말, 나귀, 야생 당나귀, 얼룩말

등)이 북아메리카에서 유라시아로 이주했다. 인간이 아시아의 낙타와 남아메리카의 라마, 유라시아의 말이나 당나귀를 이용하기 시작한 것은 훨씬 뒤(기원전 6천 년 전 무렵 야생에서 길들여진 뒤부터)에 일어난 일이다. 이런 동물은 초기 인류 집단이 정주할 때 이주 활동의 범위를 확대해 주었다. 이들 동물을 이용하는 것은 시간이 많이 들었지만 여행의 속도를 더해 주었고 정주지들 사이의 접촉을 더욱 활발하게 해 주었다. 오늘날 세계사 연구자들은 언어와 고고학 같은 다양한 증거들을 바탕으로 인류의 이동을 추적하고 있다. 개인과 집단 간의 의사소통이라고 정의되는 '사회적 네트워크'는 인류 최초의 이주뿐만 아니라 그 뒤로 진행된 모든 이주의 모양새를 결정지은 가장 중요한 요소였다.

| 언어와 이주 |

인류는 언어를 사용하기 시작하면서 다른 동물과 구별되었다. 언어 연구는 전 세계에 걸친 인류의 역사적 이주에 관한 중요한 실마리를 제공해 준다. 인류는 언어에 따라 나일사하라어족, 아프로아시아어족, 오스트릭어족, 유라시아어족, 니제르콩고어족, 드라비다어족, 인도태평양어족, 카르트벨리아어족, 코이산어족, 드네캅카스어족, 오스트레일리아어족, 아메린드어족 등 모두 12개의 어족으로 나눌 수 있다. 이 어족들이 정확하게 언제 등장했는지에 대해서는 견해가 엇갈린다. 역사가들은 대부분 관련 언어 사용자들의 현재 분포 상태를 근거로 어족의 출현 시기를 지금으로부터 1만 년 전과 2만 년 전 사이로 잡는다. 가장 오래되었고 가장 너른 분포를 보이는 어족을 통해 두 차례의 주요 이주 시기를 짐작해 볼 수 있다. 첫 번째 이주는 8만 년 전과 5만 년 전 사이에 시작되었는데, 아프리카에서 태평양으로 해상 항로를 따라 열대지방을 통과했다. 그 이후의 이주는 4만 년 전과 3만 년 전 사이에 온대 지방으로 흩어진 다음 더욱 먼 환경 지대로 진출하는 양상을 보인다. 당시의 이주 분포는 인류 집단이 대빙하시대보다 훨씬 앞서서 매우 신속하게 하위 집단들로 분화되었음을 암시해 준다.

들숨소리 같은 독특한 언어학적 특징이 지리적으로 멀리 떨어져 있는 주민들한테서 발견된다면 그것이 이동의 유형을 보여줄 수 있다. 또 서로 다른 언어에 등장하는 유의어들도 공동의 기원을 보여 주는 증거가 될 수 있다. 8만 년 전 이후의 코이산어 분포와 그 역사에 동아프리카와 남아프리카 사바나 지역으로부터의 대규모 이동이 반영되어 있다. 동쪽의 인도양 세계로 이동한 나일사하라어 사용자들이 아프리카 및 열대 아시아어족과 대양어족 간의 유사성을 해명해 줄지도 모른다.

　아프리카 반투족의 이주는 학자들이 먼 과거의 인류 이동을 추적하는 데 언어 연구가 어떻게 도움을 주는지를 보여 준다. 반투어 사용자들이 6천 년 전과 1천 년 전 사이에 차드 호 지방에서 사하라 사막 이남 아프리카의 전역으로 서서히 확장해 나갔다. 기원전 1천 년 무렵에는 이주 속도가 빨라졌다. 철제 도구와 무기를 제작하고 사용하는 능력이 한몫을 했다. 그들은 이런 능력을 통해 다른 집단보다 유리한 지위를 확보할 수 있었다. 농업이나 목축과 관련된 단어가 포함된 다른 어족의 낱말이 반투어족으로 편입되는 현상이 일어났다. 이런 현상은 반투어 사용자들이 다른 어족을 만났다는 증거일 뿐 아니라 그들이 다른 어족들한테서 이주와 관련한 지식을 습득했을 것이라는 사실도 암시한다.

　반투족의 팽창은 오늘날 아프리카 대륙 남반부의 주민들에 해당하는 관련 언어 사용자들에게도 영향을 미쳤다. 최대 규모로 최장 기간 지속된 아프리카인들의 이러한 이주는 공통의 문화적·정치적 유형들이 환경과 문화의 다양성을 완화하는 데 이바지했음을 설명해 주기도 한다. 반투어 사용자들이 이동을 한 것은 아시아인들이 태평양으로 퍼져 나간 것과 마찬가지로 처음에는 급격한 기후변동 때문이었을 것이다. 반투족과 아시아인들의 이주를 뒷받침해 주는 근거로는 발굴된 토기의 양식 및 장식의 유사성과 멀리 떨어져 있던 사람들 사이의 공통된 어휘를 비롯한 고고학·언어학적 증거가 있다.

　언젠가는 언어학적인 증거를 이용해 초기 인류의 이주 유형을 상세하게 추적할 날이 올 것이다. 지금으로서는 세계의 12개 남짓한 어족이 언제 어떻게 출현했는지 그리고 이 어족들의 관계가 어떠한지에 대해 제한적이고 단편적인 증거를 지니고 있을 뿐이다. 예를 들어, 초기의 인도유럽어 사용자들은 4만 년 전 이후에 등장한 초대형 어족(유라시아어족)에 속한 것으로 보인다. 역사가들은 이들의 본거지가 정확하게 어디인지에 대해 합의점을 찾지 못하고 있다. 그 이후에는 켈트족의 조상들과 중앙아시아인들이 거주한 지역들 사이의 중간 지역으로 이주한 흔적을 찾아볼 수 있다. 그들이 공유한 신체적·문화적 특징은 아마도 이러한 이주에서 비롯되었을 것이다. 예를 들어, 4천 년 전 무렵 타림 분지의 한 집단은 사람이 죽으면 건조한 땅이나 때로는 소금기가 있는 땅에 묻어 시신을 미라로 만들었다. 고고학자들은 이 인도유럽어족

이주민의 유골에서 캅카스인의 독특한 특징인 흰 피부와 옅은 색 머리카락을 탐지해 냈다. 이들은 한때 지금의 중국 우루무치 시 근처에 살았다.

이보다 훨씬 나중에 진행된 이주는 어족의 유사점과 차이점에 대한 비교 조사를 통해 추적할 수 있다. 유럽에서 가장 광범위한 인구 이동 가운데 하나는 지중해 분지의 북쪽과 우랄산맥 서쪽의 알프스산맥 너머에 거주한 후기 석기시대 켈트인들의 이주였다. 켈트족은 더 나은 조건과 다른 문화의 매혹에 이끌려 남쪽으로는 지중해와 서아시아로, 서쪽으로는 대서양과 영국 제도로 이동했다. 그들은 기원전 제1천년기에 걸쳐 이곳에 터를 잡고 살았다.

│ 빙하시대의 종말 │

빙결 지역이 북쪽으로 후퇴하면서 서아시아에서 유럽으로 이주해 정착할 수 있게 되었다. 빙하시대가 끝날 무렵(기원전 1만 년경) 이곳에는 다양한 사회와 문화가 발전했다. 빙하시대의 종말은 동아시아에서도 중요한 의미를 지녔다. 이곳에서는 초기 인류가 사냥, 고기잡이, 채취를 비롯한 더욱 복잡한 생존 전략을 개발해 다양하고 전문화된 도구를 사용하게 되었다. 이러한 이주는 물론 초기의 다른 이주에 관해서도 역사가들은 수 세대에 걸친 수천 명의 사람들에 대한 매우 일반적이고 연대기적인 개요를 알고 있을 뿐이다.

모든 이주는 공통적으로 초기 인류의 멋진 성공 이야기를 보여 주는 증거를 갖고 있다. 동아프리카에서 다른 대륙으로 이주하는 인류의 수가 점차 늘어나고 각 집단의 규모와 복잡성도 커졌다. 인구가 팽창하면서 새로운 이주민들이 다른 강 유역을 찾거나 바다를 건너 다른 항구를 찾으면서 거주하기에 적절하다고 생각한 지구상의 모든 지역을 차지해 나갔다. 인구 증가는 인류 역사의 모양새를 결정짓는 가장 중요한 요소였다.

오늘날 우리가 아프리카와 유라시아라고 부르는 광대한 지역의 식민화는 대개 수백 세대와 수만 년에 걸친 도보 횡단을 통해 이룩되었다. 아시아의 일부 지역과 태평양과 아메리카 대륙으로 이주하기 위해서는 배나 일시적인 랜드브리지(land bridge, 대륙이나 섬 사이가 일시적으로 연결된 가늘고 긴 땅―옮긴이)를 이용한 장거리 항해가 필요했다. 랜드브리지는 약 5만 년 전 빙하 작용으로 세계의 해수면이 내려가던 시기에 지구 곳곳에 걸쳐 나타났다. 예를 들어, 오스트레일리아와 뉴기니 같은 일부 지역에서는 성공적인 이주를 위해 랜드브리지는 물론 뗏목이나 배도 필요했을 것이다.

아메리카 대륙으로 | 아메리카 대륙으로 이주한 경로는 다른 지역들의 경우만큼 확실하지는 않지만 아메리카 대륙의 원주민들은 대개 아시아에서 이주한 사람들이라고 알려져 있다. 혈액형과 치아 형태 같은 생물학적인 증거는 초기 아메리카인들과 가장 가까운 친척이 동북아시아에 있음을 보여 준다. 이주의 시기에 대해서는 견해가 일치하지 않는데 그것은 이주민들이 정확히 누구이며 그들이 언제 어떻게 도착했는지에 대한 논란 때문이다. 사람들이 유라시아(시베리아)로부터 북아메리카의 최북단으로 이주했다는 가설이 나온 것은 오래전 일이다. 150~200만 년 전으로 추정되는 시베리아 유적에서 냇돌석기가 발견되었는데, 이는 아시아와 북아메리카를 연결하는 교량 지역인 베링기아(지금의 베링 해)에 인류가 출현한 것보다 더욱 이른 시기에 호미니드가 아시아에 거주했음을 암시한다. 아메리카 대륙의 대빙원 이남에 대한 증거는 없다. 일반적으로 유라시아에서 베링기아를 건너 아메리카 대륙으로 이주한 시기를 1만2천~3만5천 년 전으로 잡는다.

아메리카 대륙에 인간이 살게 된 게 1만1천 년 전에서 1만1천5백 년 전에 이르는 시기라는 점은 논란의 여지가 거의 없다. 이는 베링기아 이남의 뉴멕시코 주 클로비스 유적의 거주지에서 나온 증거를 바탕으로 한 것이다. 한편 이보다 앞서 북아메리카에서는 1만9천 년 전, 남아메리카에서는 3만3천 년 전까지 거슬러 올라가는 시기에 인간이 거주했을 가능성도 있다. 일부 역사가들이 추정하는 대로 이주민들이 유럽에서 북대서양을 건너 아메리카 대륙에 도착했을 가능성을 보여 주는 유적들이 그 증거가 된다. 이 모든 연대는 논란의 여지가 있다. 하지만 1만2천 년 전 무렵 인류가 아메리카 대륙에 거주했을 가능성이 매우 높다는 것만은 가장 널리 인정하고 있는 증거이다. 그린란드와 캐나다, 동북아시아의 동쪽 북극 지역에서 널리 발견된 증거들이 이 연대를 뒷받침해 준다. 북극의 식민화는 이른바 위스콘신 빙결의 말기인 1만 년 전 무렵 대빙원이 후퇴하면서 시작되었다.

유라시아인들이 아메리카에 도착했다는 베링기아 인류발생설에 따르면 이주 당시에 오늘날의 베링 해인 시베리아와 중앙 알래스카 사이가 육로로 연결되어 있었다고 한다. 이 연결된 육지를 건넌 사람들은 커다란 대빙원 두 덩어리가 이동하고 있음을 발견했다. 하나는 허드슨 만 근처와 남부 일대를 덮고 있었고 다른 하나는 로키산맥에서 흘러내리고 있었다. 이 둘 사이에는 얼지 않는 회랑 지대인 유콘 강에서 몬태나를 지나 남쪽으로 이어지는 길이 있었다. 그동안 인적이 없던 이곳에 인간과 짐승이 살아가기 시작했다.

아메리카 대륙의 인류 발생에 관한 또 다른 이론은 유라시아 이주민들이 얼지 않는 태평양 해안을 따라 남쪽으로 항해했을 것이라는 주장이다. 문화와 해양자원이 긴밀히 결합된 사실로 볼 때 태평양 연안 주민들이 바닷길을 통해 아메리카 대륙으로 이주했을 것이라는 생각이 믿을 만한 것임을 확인할 수 있다. 태평양 연안 주민들은 해상 자원을 이용하기 위해 중요한 적응 전략을 개발해 냈다. 특수 제작된 작살이 발견되었는데 주민들은 항해가 가능한 카누를 이용해 작살로 바다의 포유동물을 잡을 수 있었다. 심지어 어떤 역사가들은 오로지 배로 태평양을 건너 아시아에서 아메리카 대륙으로 이주했다고 주장하기도 했다. 이와 비슷하게 아프리카에서 대서양을 건너 이주했다는 주장도 나왔다. 하지만 이런 주장들은 일반적으로 받아들여지지 않는다.

태평양 섬들로 | 태평양의 섬 세계와 오스트레일리아, 뉴기니에 인류가 정착하기 시작한 것은 5만 년 전이었던 것 같다. 하지만 최근에 오스트레일리아의 바위그늘 집 유적이 발굴됨으로써 그 시기가 6만 년 전 이전까지 거슬러 올라가게 되었다. 이때는 해수면이 일시적으로 낮아지고 빙결이 오락가락한 시기였다. 그렇다고 하더라도 오스트레일리아에 다다르려면 50킬로미터나 되는 먼 바다를 건너야 했을 것이다. 아시아와 오스트레일리아 양 대륙을 연결하는 완벽한 랜드브리지가 지난 3백만 년 동안 한 번도 만들어진 적이 없었기 때문이다. 통나무나 다른 초목을 타고 표류하다가 다다랐든 항해용으로 정교하게 만든 배나 카누를 타고 도착했든 빙하가 물러감에 따라 해수면이 다시 높아지면서 이주민들은 다양한 동식물과 함께 고립되었다. 이들은 저마다 고립된 환경에서 독특한 방식으로 진화해 나갔다. 예를 들어, 캥거루는 분리되고 고립된 종이 진화한 결과 생겨난 동물이다. 최근 서북 오스트레일리아의 진미움 유적에서 발굴된 암각화와 적갈색 안료, 돌 공예품은 최초 이주의 시기를 7만5천 년 전에서 11만6천 년 전 사이로 올려 잡게 해 준다. 이 유적을 통해 일부 연구자들은 최초의 예술가가 현생인류가 아니라 그보다 앞선 원시의 호모 사피엔스 종이었을 것이라고 추정한다. 아마도 예술이 인간만의 행위임을 나타내는 특

징은 아닐 것이다.

오스트레일리아와 뉴기니 곳곳에서 초기 구석기시대의 유적들이 발견되기는 했지만 힘겨운 환경 속에서 인류가 이곳에 본격적으로 안착한 것은 기원전 1만2천 년 무렵의 마지막 빙하시대에 진행된 이주부터였다. 당시에는 인도네시아, 말라야, 보르네오가 서로 연결되어 있었을 뿐 아니라 그 섬들이 아시아 본토와도 연결되어 있었다. 채취하고 사냥하는 사람들이 동쪽과 남쪽으로 무리를 지어 끊임없이 이동했다. 일부는 카누나 뗏목을 타고 인도네시아에서 뉴기니, 오스트레일리아, 타스마니아 대륙으로 건너갔다. 이 새로운 이주민들의 존재는 오스트레일리아 여러 토착어의 분포와 상관성을 연구하는 언어학자들이 증명해 낼 수 있다. 해수면이 낮아지면서 육지가 생기고 확대되었다가 해수면이 다시 높아지면서 육지가 축소됨으로써 인구가 변화하고 인류의 이동이 일어났다.

문화적으로 동남아시아 본토와 관련이 있는 사람들의 좀 더 최근 이주는 7천 년 전에 일어났다. 이 후기 구석기시대에 일어난 이주는 네 집단으로 나뉜다. 여기에 동남아시아 섬들과 본토 출신 주민들이 참여했던 것은 분명하다. 그들이 남쪽으로 내몰린 것이 장기간에 걸친 빙하의 추위 때문이었을까 아니면 혹독하게 바뀌는 환경을 피해 내려온 북쪽의 주민들 때문이었을까? 또는 인구 팽창의 압력 때문이었을까? 이런 의문에 답할 만한 증거는 충분하지 않다. 해안과 섬에 정주한 경우 대부분이 그러하듯이 실제 이주의 시기를 보여 주는 초기의 유적들이 해수면의 변화로 파괴되고 말았다.

지구 해수면의 상승과 하강이 태평양과 아메리카 대륙의 이주에 중요한 역할을 했다. 지구에 마지막으로 불어 닥친 거대한 기후 변화는 1만 년 전 무렵에 끝난 빙하 후퇴였다. 빙하 후퇴가 오늘날의 우리를 간빙기로 안내해 주었다. 빙하가 녹으면서 대양이 오늘날의 해안선 수준으로 확장되었다(지구 온난화로 그 이후에도 빙하가 계속 녹긴 했지만). 종전의 육로가 물에 잠기고 오늘날의 군도와 섬들이 생겨났다. 최근까지도 빙하 후퇴 이후 머지않아 또 다른 이주민들, 곧 본토의 말레이인들이 카누를 타고 인도네시아와 필리핀 제도, 멜라네시아, 미크로네시아로 이주했다고 생각해 왔다. 오직 태평양의 가장 동쪽 섬 세계인 폴리네시아만이 무인 지역으로 남아 있었다. 이곳에 사람이 정착한 것은 기원전 1000~1300년 무렵이었다. 하지만 최근 들어 멜라네시아의 뉴브리튼 섬과 뉴아일랜드 섬에서 그리고 동중국해의 오키나와에서 기원전 3만 년 무렵으로 거슬러 올라가는 고고학적 발견이 이루어지면서부터 그 시기에 의문이 제기되었다.

태평양을 건너 정착하는 일이 베링기아의 얼음과 떠다니는 눈 덩어리를 건너 아메리카 대륙에 도달하는 것보다 더 기이한 일은 아니었다. 이 두 가지 이동 모두 환경의 변화에 대한 인류의 잠재적 반응이 매우 폭넓음을 보여 주는 인상적인 증거다. 마지막 지역인 폴리네시아에 정주한 과정이 이러한 유연성을 증명해 준다. 폴리네시아인들은 겨울이 없는 적도의 열대 지역에서 선선하고 사계절이 있는 뉴질랜드의 세계로, 마침내는 하와이 제도의 아열대 지방으로 이주했다. 이 식민지들은 서로 수천 킬로미터나 떨어져 있었고 저마다 최초의 정주는 천 년 또는 그 이상이나 차이가 났다. 식민지들은 저마다 서로 다른 환경에 대응해 서로 다른 물질문화를 발전시켰다. 하지만 끊임없는 이주의 결과로 오늘날까지도 폴리네시아의 모든 정주지가 동족의 언어와 신앙 체계를 공유하고 있다.

경계 넘기

지구를 식민화한 최초의 이주들은 육지와 바다를 건너 인류의 상호작용과 정주의 범위를 넓히는 여행이었다. 이러한 초기의 이주를 보여 주는 유전과 환경과 언어상의 증거가 여러 개인이나 집단의 대규모 이동은 물론 단기간의 이동 유형을 파악하는 데 도움을 주었다. 역사학자들은 대개 소규모의 이동이 개인과 집단의 수많은 이주로 누적되고 오랜 시간에 걸쳐 관찰될 경우에만 그것을 이주로 확인하고 기록해 왔다.

지구가 식민화되고 인류가 한 곳에 정착한 뒤에도 이주의 압박이 줄지는 않았다. 이주는 복잡하고 다양한 역사 유형을 계속 만들어 냈다. 최초의 식민화 때와 구분되는 그 이후의 이주는 경계(지리, 환경, 언어, 문화, 정치) 넘기라는 특징이 있다. 인류의 첫 정주지는 1만2천 년 전 무렵부터 자연과 인간 영역으로 경계를 나누었다. 세계모든 지역에 도시가 등장한 이후에는 도시가 주는 멋진 기회에 매력을 느낀 이주민들이 도시와 농촌의 경계를 넘었다. 도시에서는 대규모의 인구 집단이 상품과 유전자와 사상을 교류하고 교환할 수 있었다(3장을 보라). 교역이나 영토의 경계와 관련해 도시국가와 제국 같은 정치 제도를 창설했고 대개는 그 경계에 대개 상비군을 두어 침략에 대비했다(7장과 10장을 보라). 제국이 확장되면서 새로운 이주 기회가 생겨났다. 이주는 익숙한 고향과 모국어를 떠나 한없이 낯설고 더 복잡한 사회 집단을 향해 이동하는 것을 의미하게 되었다.

기술도 육지와 바다를 건너 이주하는 데 한몫했다(2장을 보라). 사용할 수 있는 수송 수단과 이주의 동기가 더욱 빨리 바뀌어 갔다. 낙타가 서아프리카에 도입되고, 말과 라마, 당나귀, 코끼리 같은 짐 싣는 짐승을 길들이거나 이용하게 되면서 사람과 짐승의 관계에 중요한 변화가 생겨났다. 이런 변화로 말미암아 공동체들 사이의 접촉이 조직화되었고 정주지로의 이주뿐만 아니라 정주지들 간의 이주를 촉진하는 체계적인 네트워크가 생겨났다. 라마가 15세기 잉카의 가파른 계단 길을 쉽게 오를 수 있었지만 1532년의 에스파냐 말은 그렇지 않았다. 이러한 기술적인 적응은 그것이 발생한 환경과 문화적 배경에 따라 달랐고 저마다 조건에 맞게 이주 동기와 방향을 결정했다. 대륙을 건너는 이주는 말과 대포, 배, 돛을 비롯한 항해 기술 덕분에 가능했다. 바람과 증기 같은 에너지를 사용하는 항해와 증기선, 비행기, 철도, 자동차를 통해 이주에 대한 인류의 관심을 점점 더 빨리 실현할 수 있게 되었다. 오늘날에는 '정보 고속도로'를 통해 전 세계 웹 이용자들이 이주의 상호 연결이란 은유를 만들어 내 디지털 시대의 가상 사회를 묘사하고 있다.

육로와 해로가 연결되기 시작하면서부터는 지구촌 곳곳에 개인과 집단에게 이주를 위한 새로운 기회와 한계가 생겼다. 인류 사회의 모든 구성원들이 이런 기회에 동등하게 참여한 것은 아니다. 여성은 대개 짧은 거리를 이주했고 남성은 먼 거리를 이주했다. 어떤 사회에서는 먼 거리를 왕래하는 일이 부와 권력에 가까이 가는 길이라고 생각되었다. 실제로 교역은 인간을 육로와 해로로 끌어들인 가장 강력한 동기 가운데 하나였다. 교역의 흡인력, 전쟁의 흡인력과 압력, 정치 조직체의 확장, 유행병, 새로운 공동체를 향한 끈질긴 탐험 등이 인류의 역사를 형성하는 끊임없는 이주를 만들어 냈다.

│ 디아스포라의 탄생 │

모든 이주는 장소 이동이라는 공통된 특징을 지니고 있다. 이주자들은 고향을 떠나 멀리 떨어진 새로운 곳으로 여행한다. 이민자든 정복자든 난민이든 여행자들은 대부분 점차 새로운 사회에 적응하면서 자신들의 언어와 문화를 바꿔 나갔다. '디아스포라'는 '씨를 뿌리거나 퍼트리는 것'을 의미하는 그리스어에서 유래한 말로서 공동체를 이루고 살아온 사람들의 분산을 일컫는다. 이주민이 조난자나 노동자나 상인이나 문화 여행자든 아니면 제국의 관계자든 디아스포라라는 공통된 특징을 갖고 있다.

예를 들어, 유대인의 디아스포라는 기원전 722년 아시리아가 침략한 이후 바빌로니아로 그리고 서기 70년 로마군에 패배한 뒤에는 이베리아 반도로 이주해 간 팔레스타인 출신의 유대인들이 건설했다. 유대인들은 나중에 이베리아에서 쫓겨나 (1492~1497년) 동유럽에 자리를 잡았으며, 마지막으로 나치 시대(제2차 세계대전 동안)의 이주를 통해 종교·문화적 디아스포라를 아메리카 대륙과 현대의 이스라엘로 확장했다. 이어지는 이주를 통해 2세기에 인도양의 해상무역과 동남아시아의 항만 네트워크를 연결하는 남아시아의 교역 디아스포라를 건설했다.

'롬'으로 알려진 사람들은 8세기부터 11세기까지 서아시아의 지역에, 그리고 1300년 무렵 이후에는 유럽에 노예로 공급되어 계급 체계의 하층을 구성한 노동자들이었다. 로마니어를 사용하는 이 '집시들'이 유럽에서는 자신들의 고유 언어와 문화를 보존하면서 독립적인 정체성을 유지했다. 동아시아와 남아시아의 계약 노동자들은 14세기 이후 오스트레일리아와 아프리카, 유럽, 아메리카 대륙으로 이주했고, 특히 1834년 무렵부터 1924년까지는 카리브 해로 확장되는 디아스포라 공동체를 건설했다.

교역과 제국, 종교가 확장됨에 따라 여행자 수가 증가하고 멀리 떨어진 무역항으로 이동하는 대규모의 영구 이주 가능성이 커졌다. 교역 디아스포라를 통해 점차 사람이 분산되었고 때때로 몽골이나 말리 같은 대제국의 영토 확장에 도움을 받았다 (7장을 보라). 예를 들면, 7세기 이후 이슬람 상인들은 사우디아라비아에서 이집트와 북아프리카 전역으로 확산되었다. 13세기와 14세기에 이슬람교가 사하라 종단 무역망에 진입하면서 이슬람 상인들이 말리제국과 문화적 연계를 통해 교역 디아스포라를 건설했다. 상인 디아스포라는 교역의 기회에 따라 위축되거나 팽창하는 자체 생명 주기를 갖고 있었다. 또 다른 상인 디아스포라는 예멘은 물론 서아프리카의 하우사 족, 남아시아인, 중국인, 레바논의 기독교인 등의 교역자들과 관계를 맺었다. 이들은 지난 2천 년에 걸쳐 교역 활동을 통해 전 세계로 이주한 집단들이다. 교역은 또한 다양한 인류 집단의 이동을 가져왔다. 바닷길을 따라 살아온 태평양 섬 주민들과 바이킹이 그 대표적인 사례이다. 이들은 끊임없이 이주함에 따라 오랜 기간에 걸쳐 언어와 문화에 변화가 나타났다.

바다 건너기: 바이킹과 폴리네시아인

식민화는 흔히 공동체를 장악하면서 기존의 집단을 대체 또는 흡수하거나 추방하는 형태로 이루어졌지 새로운 공동체의 건설로 이루어지는 경우는 드물었다. 바이킹 이 주민들은 북러시아를 지나 뉴펀들랜드에 이르고 남쪽으로는 북아프리카에 이르는 디아스포라를 건설했다. 기록 자료와 고고학에 따르면 바이킹의 침입은 평화롭기도 하고 난폭하기도 했다. 9세기에 스칸디나비아의 환경이 황폐해지고 생산성이 낮은 토지에 인구 증가 압력이 커지자 야심찬 노르웨이나 바이킹 지배자들이 백성들을 이 끌고 돈벌이와 모험의 길에 나섰다. 바이킹은 이민자와 정복자, 교역자로서 길이가 20여 미터에 이르는 갑판이 없는 작은 배를 타고서 북쪽의 고국을 떠났다. 좁고 길쭉 하며 우아하고 실용적인 이 배들은 주로 뱃전은 높지만 흘수는 낮은, 사각형의 보조 돛을 지닌 노 젓는 배였다. 바이킹의 배는 내륙 하천의 고요한 수면은 물론 먼 바다를 따라 사람들을 60명에서 70명까지 실어 나를 수 있었다.

바이킹은 처음에 약탈자와 모험가로 모습을 드러낸 다음 교역자와 용병으로서 체류했으며 노르웨이인 집단뿐만 아니라 여러 문화 집단을 흡수했다. 그들은 눈에 띄는 배를 타고 강을 따라 흑해로 내려가 분열된 다양한 슬라브족들에게 접근해 그들을 지배했고 850년 무렵 러시아 북서부 노브고로드에 이어 키예프까지 장악했다.

주로 노르웨이와 덴마크에서 온 다른 바이킹들은 서쪽과 남쪽으로 이동했다. 그들은 8세기 말까지 스코틀랜드와 아일랜드 해안을 습격했다. 830년 무렵에는 그곳과 근해의 섬에 마을을 건설했다. 그들은 이 조그만 식민지를 기지로 삼고 기독교를 믿는 유럽의 변두리에 있던 부유한 수도원 시설을 습격하고 약탈했다. 이윽고 바이킹은 아일랜드와 북해의 섬 기지에서 출발하여 서쪽의 넓디넓은 북대서양으로 항해를 했다.

그들은 9세기 중반 아이슬란드에 도착해서 그곳에 영구적으로 거주했다. 그들은 이어서 그린란드에 눈독을 들였고 '붉은 에이리크'(Erik the Red)가 981년 그곳에 식민지를 건설했다. 에이리크의 아들 토르발드 에이릭손은 다시 서쪽으로 향해 래브라도와 남쪽의 뉴펀들랜드까지 나아갔다. 에이릭손은 형 레이프를 통해 '빈란드'(Vinland, '목초지'나 '목장'을 뜻하는 고대 노르웨이어)라는 곳을 알게 되었다. 레이프는 1000년 무렵 그곳(지금의 캐나다 동부 노바스코샤 지역으로 짐작됨)에 다다른 적이 있었다. 에이릭손은 뉴펀들랜드의 북단인 랑스오메도에 북아메리카 최초의 '유럽' 식민지를 건설했다. 바이킹은 물론 남쪽의 매사추세츠와 마서즈 빈야드로 항해를 했을 것이다. 하지만 랑스오메도의 식민지가 겨우 1년도 지속되지 못했기 때문에 북아메리카 동부 연안과 연결된 기간은 오래가지 못했다.

아메리카 대륙의 반대편에서는 동쪽에서 들어온 바이킹과 반대로 폴리네시아인들이 태평양의 서쪽 해안으로 이주를 했다. 언어학과 고고학의 증거는 태평양 오세아니아에 흩어져 있던 수천 개의 섬들이 서기 1250년 이전에 아프리카인과 아시아인, 유럽인과 맺은 연결망에서 빠져 있었음을 암시해 준다. 태평양 오세아니아는 멜라네시아, 폴리네시아, 미크로네시아로 나뉜다. 뒤이은 이주를 통해 사람들은 멀리 떨어진 이 거류지들을 식민화하고 새로운 공동체를 건설했다. 이들 섬에 거주한 사람들은 기원전 1세기와 2세기에 이미 태평양 전역에 걸친 지역적 연결망을 유지하고 있었다. 당시 라피타의 문화 전통을 지닌 것으로 확인된 해상 교역자들이 서쪽으로 파푸아뉴기니에서부터 동쪽으로는 피지에 이르는 적도 남부의 섬들, 곧 멜라네시아에 정착하기 시작했다.

뉴칼레도니아의 고고학 유적지의 이름을 따 지은 라피타 문화는 아마도 앞선 이주의 외연을 동남아시아에서 태평양으로 확장한 산물이었을 것이다. 라피타인은 정주 농민으로서 재배 작물과 가축은 물론이고 독특한 토기 양식을 들여왔다. 그들은 토란, 참마, 바나나, 빵나무, 코코넛 같은 작물을 재배했고 섬들 간의 여행을 통해 퍼져 나갔다. 라피타인들은 기원전 1300년 무렵 피지의 바깥 경계에까지 도달했고, 곧이어 통가와 사모아를 경유해 폴리네시아로 진출했다. 라피타 문화가 지역적인 교환 네트워크를 통해 중앙 멜라네시아의 주요 도서군 가운데 하나인 바누아투로 확산된 것을 알 수 있다. 하와이와 뉴질랜드, 이스터 섬을 경계로 하는 폴리네시아는 방대한 해로를 통한 이주뿐만 아니라 접촉의 유동성에 따른 변화의 영향을 받았다.

뉴질랜드에 정착한 폴리네시아 마오리족은 폴리네시아인들이 어떻게 태평양을 탐험하고 거기에 정착했는지를 보여 주는 좋은 사례다. 이런 사실은 기록을 통해 확인이 되었다. 그들은 1백 명에서 2백 명을 태울 수 있는 갑판이 있는 배에 몇 주 동안 여행하기에 충분한 물과 물품을 싣고 떠났다. 그들은 천문 지식을 가지고 있었고 항해에 알맞은 계절을 선택할 수도 있었다. 그들은 낯익은 경계표를 기준으로 항로를 설정하고 태양과 별, 풍향과 파도에 따라 항로를 조정하는 빈틈없는 항해자들이었다.

폴리네시아인이 뉴질랜드에 정착할 때 엄청난 생태 문제가 발생했다. 마르케사스산 작물과 가축 대부분이 장거리 여행을 견디지 못하거나 다른 기후에 적응하지 못하고 곧 죽어 버렸다. 폴리네시아 정주민들은 사냥도 하는 농부로 변신하여 새로운 환경에 적응했다. 환경이 바뀜에 따라 마르케사스의 생활과는 더 이상 관련이 없는 새로운 생존 전략을 채택할 수밖에 없었다. 먼 거리 이동이라는 어려움을 극복하는 과정에서 용감한 선원과 노련한 항해자가 생겨났다. 미크로네시아인은 섬들 간의 연락을 유지하기 위해 계절과 해류와 바람이 서로 얽힌 바다 상태를 익히고 긴 항해의 길잡이가 될 해도를 개발하기도 했다.

세계화와 노동의 이동

이주의 유형은 결국 지구의 모든 대양과 관련이 있었다. 1200년 무렵에는 세계 이주의 대부분이 이미 다른 공동체가 차지하고 있는 영토를 대상으로 소규모로 진행되었다. 모든 이주가 개인이나 집단의 선택에 따라 이루어진 것은 아니다. 몽골, 명, 오스만, 무굴제국의 관리와 상인과 정주민이 제국의 병사들을 뒤따르면서 1400년과 1600년 사이에는 제국의 팽창으로 이주가 촉진되었다. 공동체가 원치 않는 구성원의 강제 추방은 국경을 보호하고 정치적 통제를 유지하며 문화와 사회적 가치를 강제로 받아들이게 하는 하나의 방식이었다. 의례와 공동체의 규율, 경제적 불평등, 유배 또는 노예화를 통해 개인은 그동안 살아온 사회에서 강제로 추방당하기도 했다.

강제 이주 | 이주의 역사에서 눈에 두드러진 발전은 1500년 이후 강제 노동이 전 지구화되면서 시작되었다. 죄수와 노예를 사고파는 무역이 긴 역사에 걸쳐 세계의 유명한 원거리 교역로를 따라갔다. 웬만한 상품은 죄수나 노예의 가치 또는 그들 노동의 가치로 환산할 수 있게 되었기 때문이다. 노예들은 천 년 이상 동안이나 아메리카와 아프리카와 유라시아의 내륙과 해상 교역로를 따라 여행했다. 서기 1세기가 되면 벌써 노예, 소금, 금을 비롯한 여러 상품을 교역하는 대상(隊商)을 통해 서아프리카의 사하라 사막 전체가 서로 연결되어 있었다. 자본주의가 발흥하고 제국이 팽창하면서 대농장이 확산되고 노예무역이 다시 고조됨에 따라 노예 노동에 대한 의존이 더 심화되었다(6장과 8장을 보라). 노예를 실어 나르는 유라시아와 북아

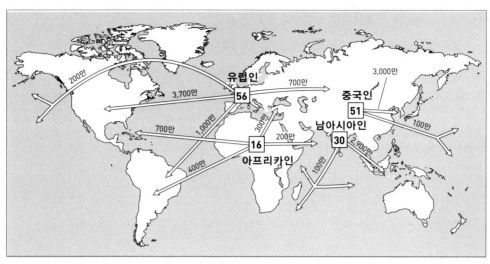

전체 이주민 수

1,600만	남아프리카인	1650~1880
5,600만	유럽인	1840~1940
3,000만	남아시아인	1840~1949
5,100만	중국인	1840~1940

│ 지도 1.2 │ **전 지구적인 이주의 유형(1650~1940년)**

프리카와 동아프리카의 무역로들이 13세기 무렵에는 인도양에서 만나고 15세기에는 대서양과 태평양을 건넜다. 대농장은 국제적인 경제성장과 때맞추어 18세기의 개척 시대를 열어 나갔다.

사람들이 자신의 의지와는 반대로 이동을 해야 하면서 비자발적인 이주가 생겨 났다. 노예와 죄수, 전쟁 포로는 늘 이주의 일부가 되어 왔지만 교역이 세계화되면서 특히 그 수가 늘어났다. 자본주의의 영향을 받은 새로운 노예제도 아래에서 노예가 된 아프리카인들은 이주로 내몰렸는데 그들은 상품과 같은 취급을 받았다. 광산과 대 농장의 노동 수요가 늘어남에 따라 아메리카 대륙의 노예도 늘어났고 이것이 세계 다른 지역의 노예 수요를 부추겼다. 1500년 이후에는 아시아에 새로운 식량 작물이 도 입되면서 그 인구가 엄청나게 증가했다. 그로 말미암아 상당수의 강제 노동자를 해상 무역 시장에 공급할 수 있게 되었다. 1800년 이후 동아시아인과 남아시아인 가운데 무려 8천만 명이나 되는 사람이 고국을 떠나 이주했다. 그야말로 너무나 잘 알려진 대서양의 아프리카 노예무역을 무색하게 하는 수치이다.

　대서양 시대에 서아프리카와 중앙아프리카 해안은 15세기 이후 도시의 이주를 끌어들이는 자석 역할을 하기도 했다. 그 해안은 교역과 사람을 끌어들이는 항구도시를 제공하는 한편 금과 노예를 거래하는 내부 교역로의 방향을 재조정했다. 노예와 죄수와 연한계약 노동자가 전 세계의 새로운 지역에서 일했다. 이들은 특히 1500년 무렵부터 1800년까지는 아메리카 대륙뿐 아니라 아시아와 태평양의 새로운 경제활동을 지탱했다. 예를 들어, 오스트레일리아와 카리브 해 일부 지역의 식민화는 주로 1760년부터 1820년까지 대서양을 건넌 죄수 1만5천 명가량과 영국의 포로 수입을 통해 진행되었다. 그런가 하면 1500년부터 1900년까지 1천2백만 명이 넘는 아프리카인들이 남북 아메리카로 강제 이주되었다.

이주와 생태 │ 근대의 이주가 인류 역사에 끼친 영향은 경제적인 것 이상이었다. 자발적이든 그렇지 않든 이주민들은 아메리카 대륙과 동남아시아, 북아시아의 사람들과 공간을 변화시켰다. 전 지구적인 이주를 자극하기 시작한 것은 인구 감소와 토지 자원이었다. 콜럼버스 이후의 이주가 대서양 건너편 세계에 가져다준 가장 직접적이고 인상적인 충격은 두말할 나위 없이 전염병이었다. 맨 처음 온 유럽인이나 아프리카인들이 가져온 질병의 충격은 끔찍하고도 예언적이라 할 만했다. 카리브 해 유역의 카리브족에서 뉴펀들랜드의 베어숙족에 이르는 원주민들 전체가 질병으로 말살되었다. 주민 대부분이 사망하는 일도 흔했다. 예를 들어, 1519년에 2천5백만 명으로 추산되던 중앙 멕시코의 원주민이 에스파냐 정복 이후인 1580년에는 2백만 명에도 미치지 못했다. 일부 섬이나 어떤 지역에서는 유럽인들과 접촉한 지 수십 년도 안 되어 아메리카 원주민들 90퍼센트가량이 사라졌다. 아메리카 원주민들은 유럽과 아프리카에서 흔한 돼지 인플루엔자와 천연두 같은 질병에 대한 면역성이 없었다. 유럽과 아프리카의 악성 질병이 가축과 사람이라는 매개체를 통해 유입된 것이다. 이들과 접촉한 아메리카 대륙의 성인 원주민 대부분이 사망했고 그로 말미암아 새로운 정복지와 정주지가 펼쳐졌다.

　이주민들은 떠나온 고국의 사상과 문화를 지니고 이동해 새로운 사람과 생산물과 사상을 만났다. 유럽 이주민들의 아메리카 대륙 지배는 역사가 앨프리드 크로스비 같은 사람들이 얘기한 생태제국주의 과정을 통해 진행되기도 했다. 식물과 가축, 질병의 도입이 그동안 지역 사회와 환경이 맺고 있던 유대 관계에 큰 충격을 준 것이다. 대포를 앞세우고 본국의 정책적 지원을 등에 업고 승리를 거둔 유럽인들이 남북 아메리카 대륙을 손아귀에 넣으면서 원주민과 그 문화는 혼란에 빠졌다. 이주민들은 새로운 공동체를 건설하고 새로운 정체성을 만들어 나갔다. 이주의 속도가 빨라지면서 인종과 민족의 혼합도 촉진되었다.

자발적 이주　전 세계의 도시들이 19세기 들어 점차 자발적 이주의 목적지가 되면서 도시의 산업과 상업 활동은 소규모 육로 이주나 대륙 간 해상 이주의 기회를 마련해 주었다. 제국주의는 아프리카와 아시아, 아메리카 대륙의 정복지를 오가는 사람들의 이동을 더욱 촉진했다. 경계선이 확장되고 새로운 정주지가 건설됨에 따라 세계 곳곳으로 이주가 진행되었다. 19세기 중엽에는 먼 바다를 항해할 수 있는 기선이 등장함에 따라 여행 시간이 단축되었으며 대륙 간 여행 빈도를 높여 주었다.

새로 건설한 공동체와 떠나온 고향 사이를 오가는 배는 새 이주민과 귀국 선원은 물론 편지도 실어 날랐다. 1854년 프랑스의 보르도와 세네갈의 생루이를 오간 최초의 원양 항해 기선 '라키텐 호'의 항해를 통해 몇 세대에 걸쳐 대륙 간 연결을 촉진할 이주 항로가 개발되었다. 감비아의 이주 노동자들은 '나베탕'이라고 불리었는데, 이 말은 프랑스의 식민지 개척자들이 우오로프어에서 차용한 계절노동자를 일컫는 말이다. 식민지 시대의 나베탕 가운데 다수는 자발적 이주민이었을 뿐만 아니라 주로 부유한 엘리트 가문 출신이었다. 이들 가문은 프랑스에 가족을 보내 자신들의 전통적인 지위를 강화하고자 했다. 어떤 이주민들은 학자나 사업가가 되었고 프랑스에 눌러앉는 사람도 있었지만 일부는 금의환향했다. 또 어떤 사람들은 현지의 나베탕 노래에 등장하는 유명한 선원이 되었다.

부유한 선원 마마두가 집으로 돌아왔어요.
부유한 선원 술레이만이 집으로 돌아왔어요.
작은 새를 박쥐에게 먹이로 줄 수 있나요?
모두 들어 보세요.
기도를 인도하는 당신도

들어 보세요.

일등 선원인 우리 아버지 마마두 콘테가 돌아왔어요.

배에서 내린 자마 마지기가 젤레 알루 어머니와 아와 삼바 아주머니를 다시 만났어요.

(Manchuelle 1997: 198~199)

식민지 시대와 그 전후에도 상업의 기회를 찾아 세네갈 강 유역에서는 이주가 계속되었다. 1950년대와 1960년대 무렵 이 지역에서 온 소닌케족이 프랑스에 살던 아프리카인들의 대다수를 구성했다.

1840년대부터 1940년대까지 세계 각 지역으로 다양한 이민자의 물결이 몰려들어 인류의 역사에서 가장 거대한 이주의 시대를 열었다. 이 시기에 규모가 3천만 명이 넘는 세 차례의 큰 이주 물결이 있었다. 유럽의 이주민 5천만 명이 아메리카 대륙으로 건너갔다. 또 남아시아에서 3천만 명과 중국에서 5천만 명이 동남아시아와 남태평양, 카리브 해, 아메리카 대륙, 인도양으로 이주했고, 동북아시아와 러시아에서 시베리아와 만주, 중앙아시아, 일본으로 이주하기도 했다.

전 지구적인 이주로 말미암아 세계 인구에 눈에 띄는 변화가 나타났다. 이주민들이 도착한 지역의 인구가 19세기 중반에는 고작 세계 인구의 10퍼센트였는데 한 세기 뒤에는 25퍼센트에 육박했다. 동남아시아와 인도양, 남태평양으로 이주한 사람은 아시아인들이었다. 그들 가운데 다수는 정부와 민간이 추진한 각종 노동 충원 계획에 참여한 사람들이었다. 북아시아인의 이주는 정부의 정책과 이민 장려 정책, 취업 기회의 자극으로 이루어졌다. 국경을 뛰어넘는 세계 경제의 등장 또한 장거리 이주를 증가시킨 배경이 되었다. 이런 현상은 주로 20세기 초에 세계 인구의 절반 이상을 관리한 유럽인들의 몫이었다.

| 제국주의, 산업화와 도시화 |

산업과 제국, 세계대전이 현대의 대규모 이주를 위한 여건을 만들어 냈다. 산업자본주의가 확산되고 제국이 건설되면서 상품과 사람을 전 세계에 걸쳐 이동시켜야 했다. 수송 기술이 혁신됨으로써 갈수록 빠르고 값싸게 이동할 수 있게 되었다. 지난 두 세

| 그림 1.3 | **캘리포니아 금광에서 일하고 있는 중국인 노동자들(1852년)**
19세기에 중국인 계약 노동자들이 오스트레일리아와 남아프리카공화국, 아메리카 대륙까지 가서 광부로 일했다.

기 동안 세계적 규모의 이동과 함께 그와 연관된 산업화와 도시화 과정이 진행되었다 (2장과 3장을 보라). 산업혁명은 애초부터 원료와 인간 노동의 이동에 크게 의존할 수 밖에 없는 세계적 기획이었다. 신규 산업 덕에 생겨난 도시뿐 아니라 야자유나 고무 같은 환금작물과 광업을 주력으로 하는 공업화된 기업에 자발적 이주민들이 몰려들 었다. 전 세계적인 산업화는 또한 정복 사업을 촉진하기 위해 남아프리카와 오스트레 일리아, 뉴질랜드처럼 인구밀도가 낮고 진출하기가 쉬운 변경 지역으로 이주한 이주 민들을 통해 이루어지기도 했다. 남아시아와 동아시아에서 온 연한계약 노동자들이 철도를 부설하고 사탕수수를 수확했으며 남아메리카에서 오스트레일리아, 나아가 아메리카 서부에서 남아프리카공화국에 이르는 곳에서 광석을 채굴했다.

　　자본가들은 노동과 시장, 자원을 찾아 나섰고 이윤 극대화를 위해 이들을 실어 날랐다. 산업화는 그것이 일어난 곳이 어디든 간에 자본과 '노동자'의 이주를 촉진하면서 세계적인 시장을 만들어 냈다. 광업과 제조업 같은 산업의 경우 특히 그러했다. 제국의 팽창도 이주를 가속화했다. 식민 당국은 세금을 징수하였고 식민지인들로 하여금 임금노동의 기회를 찾아 나서게 만들었다. 유럽인과 북아메리카인들이 식민지 건설을 위해 본토를 떠났다. 이러한 이주가 노동 공급원과 제품을 팔 소비시장을 형성하면서 제국의 목적은 한걸음 더 나아갔다. 과거 식민지 주민들이 식민 이후에 진행된 이주를 통해 파리와 런던 같은 거대도시로 계속 진출했고 그곳에서 돈을 벌고 교육의 기회를 찾았다. 하지만 그들이 언제나 환영을 받은 것은 아니다. 비유럽인들은 세계 경제를 확장시키고 통합하는 핵심 담당자들이었다. 전 세계 주요 대도시에서는 자발적 이주민들이 거리를 쓸고 택시를 몰았다. 그 자녀들은 새로운 정체성을 형성해 갔다. 일정한 이동을 하는 이주민들이 민족주의 세력과 마주치기도 했다. 19세기에 국민국가가 확장되면서 국경에 대한 인식이 점차 커지자 수없이 많은 통행 허가증과 전쟁과 난민 문제가 생겨났다.

| 전쟁의 혼란과 이주민 |

전쟁의 혼란은 현대 세계에서 인류의 이주를 촉발한 강력한 요인이었다. 전쟁 포로는 언제나 비자발적 이주민이 되었다. 전쟁과 탄압을 피해 도망친 이주민들은 전 세계 곳곳으로 퍼져 나가면서 새로운 기회를 찾았다. 20세기에 일어난 두 차례의 세계대전과 그 이후에 생겨난 경제 난민과 정치 난민은 인구의 대혼란을 불러일으켰고 난민의 지위에 대한 국제사회의 법적 규정을 만들어 냈다. 난민은 경제적 조건이나 폭력적인 상황에서 탈출해 전쟁이나 굶주림, 박해, 탄압이 없는 피난처를 찾는 사람을 가리킨다. 19세기와 20세기에 국민국가가 발전하면서 제국은 새로운 영토와 자원, 노동이 필요하게 되었고 이주민의 출입을 가로막는 장애물을 설치함으로써 국경을 넘는 행위에 대한 통제력을 키웠다.

예를 들어, 국제연맹의 위임통치는 유대인 국가 건설을 목표로 하는 이민자들이 팔레스타인 지역을 대규모로 식민화하게끔 길을 열어 주었다. 유대인 정착자들은 홀로코스트에 뒤이어 일어난 유대인의 운명에 대한 서방 세계의 관심과 지원을 받고 여성과 아이들을 비롯한 유럽 난민 유입의 혜택을 받으며, 오랫동안 그곳에 살아온 팔레스타인인들을 쫓아냈다. 여러 세대에 걸쳐 가정을 이루며 살아온 땅을 빼앗긴 아랍

◉ ── '강제수용이여 안녕' 만자나르 강제수용소

1940년대에 전쟁과 차별 정책이 결합되어 성인 남녀와 아이들 11만 명이 넘는 일본계 미국인 가족을 겨냥하는 강제수용 계획이 수립되었다. 캘리포니아 사막에 있던 만자나르 수용소는 제2차 세계대전 당시 일본계 미국 시민과 미국 내 거주 외국인을 억류한 시설이다. 이런 군대식 수용소는 외딴 곳에 모두 열 곳이 있었다. 사진은 마음이 사무친 한 여인의 모습을 포착한 것으로서 사건이 발생한 배경에 의문을 제기하게 해 준다. 여느 사진과 마찬가지로 이 사진도 촬영할 당시의 장소와 사람과 사건에 대한 '직접적인' 정보를 제공해 주는 1차 자료이다.

사진작가 안셀 애덤스는 1943년 가을 수용소 소장 랄프 메리트의 초대를 받고 그곳에 가 사진을 찍었다. 애덤스가 찍은 사진에는 그 시설이 강제수용소처럼 보일 만한 장면이 없었다. 역사가라면 여느 사료를 대할 때와 마찬가지로 이 사진을 향해 질문할 것이다. 보이는 것은 무엇이고 보이지 않는 것은 무엇일까? 누구를 위한 사진이고 작가의 시선은 무엇이었을까? 이 사진에는 감시원도 없고 철조망이나 감시탑도 없다. 애덤스가 찍은 다른 사진에는 가족들이 야구를 하며 웃고 있다. 하지만 우리는 개인적인 이야기를 통해 피수용자들이 난폭하고 긴장된 상황 가운데 있었다는 사실을 알고 있다.

사진은 수많은 사람들이 강제로 수용된 상황을 드러내지도 않는다. 일본군이 태평양 건너 진주만을 공격하자(1941년 12월 7일) 대중과 언론, 정부는 목청을 높여 일본계 주민들에 대한 두려움과 의심을 표명했다. 프랭클린 루스벨트 대통령은 1942년 전쟁 수행에 위협이 된다고 생각되는 사람들을 관리하기 위한 군사시설의 설립을 인가하는 '대통령령 9606'에 서명했다. 한 피수용자에 따르면, 대상자가 된 가족에게는 일주일 정도의 말미를 주어 버스에 실어 갈 것을 제외한 모든 소유물을 처리하게 했다. 그들은 어디로 가는지도 모르고 얼마나 떠나 있어야 하는지도 몰랐다. 애덤스의 사진에 그렇게 보이도록 한 흔적은 없지만 여인의 표정은 도착이나 출발에 대한 불안감이 섞여 있는 듯하다.

사진은 세계사 연구자에게 풍부한 증거 자료가 된다. 사진술이 발명되고 1840년대 이후 그것이 널리 사용되면서 사람들은 사진을 '빛으로 쓴' 기록이라고 생각했다. 그것은 즉석에서 사적인 카메라의 시선을 통해 전 세계의 모든 장소와 사람을 포착했다. 사진은 또한 '강제수용이여 안녕'과 같은 특정 지역의 특이한 순간을 더 큰 유형과 세계적인 과정 속에 자리매김하려는 세계사 연구자들의 노력을 보여주고 있다.

인들의 저항은 신생국 이스라엘에 대한 공격으로 나타났고 수많은 난민을 만들어 냈다. 마찬가지로 20세기 후반과 21세기 초에 벌어진 르완다와 수단, 코소보, 이라크, 아프가니스탄, 동남아시아의 분쟁들도 세계 곳곳에 수많은 난민을 만들어 냈다.

불평등과 반이민법

세계 정치의 모든 요소가 이주 물결에 이바지한 것은 아니다. 1882년 미국의 중국인 이민금지법은 인종적인 두려움에 근거해 중국인 노동자들이 미국으로 이민 오는 것을 제한하기 위해 만든 정책이다. 미국 의회는 두 차례의 세계대전 당시와 그 이후에도 후속 입법을 통해 이민을 제한했다. 미국은 중노동을 위해 남성 노동자를 들여오는 경우를 제외하고는 19세기와 20세기 내내 유색인에 대한 편견이 심한 이민 정책을 실시했다. 나중에 오스트레일리아(1901년)도 캐나다(1923년)도 이 정책을 모방했지만 그것은 결국 폐지되었다.

오늘날에도 여러 국민국가와 다국적 기구는 국경에 신경을 쓰게 하고 정체성의 변화를 가져오는 국제 이주의 문제를 잡고 여전히 씨름하고 있다(10장을 보라). 굶주림과 억압 정권의 피해자들도 안전한 피난처를 찾아 떠나고자 했다. 그러나 아시아와 아프리카의 난민들은 이주에 그다지 성공을 거두지 못했다. 미국으로의 이주는 그 규모가 컸고 출신국도 다양했지만 이는 매우 특별한 경우였다.

이주의 동기와 유형

지난 두 세기 동안 이주민의 수가 갈수록 늘어나면서 이주에 관한 연구도 활발해졌다. 많은 학자들이 사회 문화적인 성과 관련한 불균등한 이주 유형에 주목했다. E. G. 라벤슈타인의 《인구 이동의 법칙》이라는 책이 1885년에 출판되었다. 라벤슈타인은, 장거리(국제) 이주에 관심을 쏟았지만 대부분의 이주는 국지적(농촌에서 도시로)이고 단계별로 이루어진다고 주장했다. 이러한 관찰이 사회과학에서 얘기하는 네트워크 이론의 기원이 되었다. 라벤슈타인은 대서양을 횡단하는 기선이 처음 나타나던 때에 글을 쓰면서 인구 이동의 흐름이나 역류 같은 이주 유형을 얘기했다. 그는 국지적 이주에는 여성이 우세하고 장거리 이주에는 남성이 우세하다고 주장했다. 유형학은 환

| 그림 1.4 | **닐 암스트롱의 발자국**
인류가 라에톨리에 보존된 호미니드의 발자국 이후 3백만 년 이상이 지나 태양계의 다른 지역을 식민화하기 위한 첫 발을 내디뎠다.

경 변화에 따른 이주, 강제 이주(노예무역), 준강제 이주(연한계약 노동), 자유 이주, 대규모 이동 등으로 이주의 동기와 유형을 구분했다. 기회의 불균등에 대한 라벤슈타인의 지적은 오늘날에도 타당한 점이 있다. 의미심장하게도 많은 남성들이 장거리 이주를 하는 데 비해 여성들은 이주의 기회를 거의 누리지 못한다. 하지만 개별 이주는 상당수가 아내이자 엄마인 여성에 의해 추진되어 왔다. 예를 들어, 아일랜드에서 감자 수확량이 급감했을 때 생겨난 이주민들은 남녀 성 비율이 거의 비슷했다. 이들은 가족이 직면한 혹독한 생활 조건과 굶주림을 피해 길을 나섰다.

| 결론 |

호모 사피엔스가 지구 곳곳으로 퍼져 나간 뒤로 인류도 기동력을 갖춘 존재가 되었다. 첫 인류가 보여 준 기동성은 가장 놀라운 업적 가운데 하나였다. 냉난방 장치나 엔진은커녕 말이나 바퀴의 도움도 없이 광활한 지역을 답파했기 때문이다. 사람들은 기나긴 역사에 걸쳐 끊임없이 돌아다녔다. 모든 지역에서 다양하게 일어나는 이주는 식량과 노동의 필요, 보호의 필요, 인구 압력으로 말미암은 분쟁, 모험심 등 갖가지 요인의 산물이었다.

세계사 전반에 걸쳐 이주는 주요 인구 변화의 결과물이자 때로는 그 촉진제였다. 유엔은 21세기 초 지구 북반구에 난민이 대략 1천4백만 명에서 1천6백만 명, 유랑민이 2천만 명에서 2천5백만 명, '경제 이주민'이 3천5백만 명가량 존재하는 것으로 추산했다. 현대의 이주가 단지 전쟁과 분쟁을 통해서만 추진되는 것은 아니다. 이주는 흔히 욕망, 교육 기회, 빈곤, 기아, 테러, 환경 파괴 등의 결과로 나타난다. 현대에는 부자 집단과 가난한 집단 사이에 이동할 수 있는 조건의 격차가 매우 크다. 대개 오늘날의 이주는 심지어 자기 안락의 기회를 찾아 떠나는 경우조차 사회가 인간의 기본 욕구를 충족하는 데 실패한 구조적인 방식이 무엇인지를 보여 준다.

1969년 인류가 처음으로 달 착륙에 성공하고 2000년 이후 미국과 러시아, 일본, 캐나다, 유럽이 공동으로 참여하는 국제 우주정거장에 처음으로 사람이 머물게 됨으로써 인류의 이주를 우주 공간까지 확장했다. 이주의 세계사가 변화와 지속이라는 두 가지 욕구의 균형을 어떻게 유지해 왔을까? 이 문제가 세계의 과거와 현재, 나아가 미래를 연결하는 가장 중요한 주제 가운데 하나이다.

토론 과제

● 인류의 이주를 보여 주는 역사적 증거를 얘기해 보자. 또 다양한 증거들은 시간이 지남에 따라 어떻게 바뀌었는가?

● 과거에 인류가 이동한 이유는 무엇일까? 개인의 선택과 사회 · 경제 · 정치 · 환경 요인들 가운데 어느 쪽이 더 중요한지 얘기해 보자.

● 인류의 이주가 가져온 결과는 무엇인가? 또 그 결과들이 시간이 지남에 따라 어떻게 바뀌었는지 얘기해 보자.

● 아프리카에서 출발한 초기의 이주와 1750년 이후에 나타난 비교적 최근의 이주 가운데 어느 쪽이 세계사에서 더 중요한 결과를 낳았을까?

● 근대에 나타난 다양한 이주 유형들을 살펴보고 미래에 나타날 이주 유형을 상상해 보자.

| 참고문헌 |

· Chang, Kwang-chih(1986) *The Archaeology of Ancient China*, New Haven, Conn.: Yale University Press.
· Christian, David(2003) *Maps of Time: An Introduction to Big History*, Berkeley: University of California Press.
· Crosby, Alfred W.(2004) *Ecological Imperialism: The Biological Expansion of Europe, 900~1900*, Cambridge: Cambridge University Press.
· Ehret, Christopher(2002) *The Civilizations of Africa: A History to 1800*, Charlottesville, Va.: University Press of Virginia.
· Eltis, David, ed.(2002) *Coerced and Free Migration: Global Perspectives*, Palo Alto, Calif.: Stanford University Press.
· Hoerder, Dick(2002) *Cultures in Contact: World Migrations in the Second Millennium*, Durham, N.C. and London: Duke University Press.
· Jones, Steve, Robert Martin, and David Pilbeam, eds(1992) *The Cambridge Encyclopedia of Human Evolution*, Cambridge: Cambridge University Press.
· Manchuelle, Francois(1997) *Willing Migrants: Soninke Labor Diasporas, 1848~1960*, Athens, Ohio and London: Ohio University Press and James Currey Publishers.
· Manning, Patrick(2005) *Migration in World History*, New York: Routledge.
· Olson, Steve(2003) *Mapping Human History: Genes, Race, and Our Common Origins*, Boston, Mass.: Houghton Mifflin.
· Stringer, Christopher and Robin McKie(1996) African Exodus: *The Origins of Modern Humanity*, New York: Henry Holt.

| 온라인 자료 |

· Annenberg/CPB Bridging World History(2004).
  http://www.learner.org/channel/courses/worldhistory/
  쌍방향 소통이 가능한 웹사이트로서 생생한 다큐멘터리 영상 강의를 들을 수 있다. 특히 3주제 '인류의 이주'와 마지막 26주제 '세계사와 정체성' 단원을 보라.
· The National Geographic Society The Genographic Project: Atlas of the Human journey(2006)
  https://www3.naionalgeographic.com/genographic/index.html
  초기 아프리카 이주와 세계 이주의 유전자 표지, 그리고 주요 여행 장면을 자세히 볼 수 있다.
· Migration DRC(University of Sussex) The World Migration Map(Updated 2007)
  http://www.migrationdrc.org/research/typesofmigration/global_migrant_origin_database.html
  서섹스대학의 '이주·세계화·빈곤 개발연구센터'가 개발한 세계 이주의 기원에 대한 데이터베이스. 거의 세계 모든 나라 이주민의 기원과 행선지를 볼 수 있다.

2장

기술과 환경

로마의 작가 플리니우스(Gaius Plinius Caecilius Secundus)는 서기 79년 8월 24일 이탈리아 반도의 도시 폼페이와 헤르쿨라네움을 파괴하고 매몰한 천재지변인 베수비오 화산 폭발에 관해 기술했다. 플리니우스는 해안에서 몸소 지휘하던 함대의 배를 동원해 사람들을 구출한 삼촌의 영웅적인 업적을 이야기한 뒤에 자신이 탈출한 일에 관해 이렇게 기록하고 있다.

> 멀리서 화염이 타오르고 있었다. 다시 어둠이 덮치더니 재가 떨어지기 시작했다. 이번에는 맹렬한 소나기와 같았다. 우리는 이따금씩 일어나 재를 털어 냈다. 그렇게 하지 않았더라면 매몰된 다음 그 무게에 짓눌려 뭉개지고 말았을 것이다. 그런 위험 속에서도 신음소리를 내거나 비명을 지르지 않았다고 자부할 수 있다. 하지만 죽어 가는 처지에 나와 함께 온 세상이 사라지고 있고 온 세상과 함께 내가 죽고 있다는 생각에 약간 위안이 된 건 사실이다. (……)
>
> 마침내 어둠이 엷어지더니 연기처럼 구름처럼 흩어졌다. 그러더니 진짜 햇빛이 비쳤다. 태양이 보이긴 했지만 일식 때처럼 노란 빛을 띠었다. 모든 게 바뀌어 눈덩이 같은 잿더미 속에 깊숙이 파묻히는 것을 보고 우리는 두려움에 떨었다. 미세눔에 돌아와 최대한으로 안정을 취한 다음 희망과 두려움이 교차하는 불안한 밤을 보냈다. 지진이 계속되었기 때문에 두려움이 훨씬 컸다. 넋이 나간 몇몇 사람들은 자신과 다른 사람들에게 닥친 재앙을 무시무시한 예언에 견주어 익살스럽게 꾸며 댔다.
>
> (Pliny the Younger, "The Eruption of Vesuvius, 24 August, AD 79," in John Carey, ed., *Eyewitness to History*, New York: Avon Books, 1987, pp. 19~20)

인류와 자연환경의 상호작용이 모두 플리니우스가 묘사한 베수비오 산의 화산 폭발이나 2천 년이 지난 뒤인 최근에 인도양 일대를 황폐화시킨 지진해일처럼 그렇게 끔찍한 것은 아니었다. 하지만 인류와 환경의 상호작용은 세계사를 이루는 중요한 주제 가운데 하나이다. 말하자면, 세계사는 기술과 환경 그리고 인류 사회와 그 둘 사이에 일어나는 상호작용의 관계 변화라고 할 수 있다.

인류의 전 세계적 이주와 지구 식민화를 통해 여러 가지 환경 변화가 생겨났고 인류는 점차 지구가 제공하는 모든 자연환경과 긴밀한 접촉을 하게 되었다. 지구는

| 그림 2.1 | **후지산의 화산 폭발**
이 화산 폭발은 화가 가쓰시카 호쿠사이(1760~1849년)가 태어나기 전인
1707년에 일어났다. 화산에서 나온 구름 기둥이 초자연적인 힘의 상징이
자 전설 속 동물인 용 모양으로 그려져 있다. 일본인들은 용의 힘찬 에너
지인 '양기'가 우주를 다스린다고 생각했다. 그들은 균형을 이루는 섭리
인 음양의 이치를 중국에서 들여왔다.

과거에 거대한 지질, 기후, 환경의 변화를 겪었고 오늘날에도 여전히 변화하고 있다.
지난 40억 년에 걸친 환경의 변화 가운데 인류가 직접 일으킨 변화는 상대적으로 보
잘것없다. 지금까지 가장 큰 충격을 준 것은 베수비오 산의 폭발과 같은 천문학적, 지
질학적 사건들이다.

인류는 또한 다른 동물과는 비교할 수 없을 정도로 커다란 환경 변화를 가져온
기술을 발명했다. 역사상 20세기는 인류가 생태의 변화에 가장 크고 폭넓은 영향을
끼친 시기이다. 이 장에서는 생태계의 일원이 된 인류의 다양한 참여 방식과 복잡하
게 뒤얽힌 환경과 인류 역사의 유형을 살펴본다. 인류 환경의 역사에서 핵심적인 시
대는 식량, 금속, 도시, 에너지 체계라는 인간 생활의 네 영역에 나타난 주요 변화로
구분할 수 있다. 환경이 세계사의 모양새에 어떤 영향을 끼쳤고 인류는 또 환경을 어
떻게 만들어 갔는지 상호 관련된 질문을 던질 필요가 있다. 환경의 변화가 인류 사회
에 끼친 영향은 무엇일까? 환경이 기술의 변화 과정에 어떤 방식으로 영향을 주었을
까? 반대로 기술은 또 환경을 어떻게 변화시켰을까?

| 기술이 인류 문화를 규정한다 |

기술은 인류의 문화 경험을 규정하는 특징을 지니고 있다. 문화는 한 사회 집단이 환경을 이해하고 이용하며 그 속에서 생존하기 위해 개발하는 행동 양식이다. 문화는 인간과 자연의 힘을 통해 형성된다. 그것은 정신은 물론 인공물도 포함하고 기술과 언어, 신념, 가치 같은 것을 포함한다. 의도적인 전수와 무의식적인 전수를 통해 전달된 문화는 학습된 행동처럼 끝없이 이어지면서 여러 세대에 걸쳐 사회의 행동 양식을 형성한다. 개인들이 행동의 지표를 삼고 경험을 해석하기 위해 전수받은 문화 지식을 이용하기는 해도 그렇다고 문화가 영원불변한 것이 아니다. 문화는 사회의 구성원들이 새로운 것을 배우고 새로운 경험과 생각 또는 사람을 만나 반응을 함에 따라 변화를 겪는다. 문화는 이런 식으로 재생산된다.

고고학 발굴과 연구를 통해 인류 초기의 문화가 밝혀지게 되었다. 2백만 년 된 석기나 4만 년 전 무렵에 등장하기 시작한 암각화 같은 물질문화의 증거를 통해 이른바 양식이라 일컫는 문화적 변화의 유형을 찾아볼 수 있다. 인류학자들은 약 25만 년 전에 호미니드 종이 급격한 기후 변화로 말미암아 적응이냐 소멸이냐의 갈림길에 놓였다고 보고 있다. 인류의 진화, 특히 뇌와 고등 인식의 진화는 환경의 도전에 적응하는 과정에서 나온 산물이었다. 인류의 조상은 문화적 기억 체계(9장을 보라)를 이용해 특정한 환경에 갇히기보다는 변화에 주체적으로 적응해 나갔다. 문화적 변화나 양식은 인간과 인간 집단의 존속을 보장하는 데 도움을 주었고 손도끼의 제작 과정과 같은 고급 정보를 한 생애를 넘어 다음 세대로 전달함으로써 인간 집단이 그 기억을 이어갈 수 있게 해 주었다. 인간 집단이 전 지구로 확산되면서 이러한 소통과 역사적 기억이 공동체의 생존에 중요한 역할을 했다.

문화의 어떠한 측면도 기술보다 인류 역사에 더 큰 영향을 미친 것은 없었다. 기술이란 인류의 생존과 안락에 필요한 물건을 생산하는 데 사용되는 수단의 총체라고 할 수 있다. 인류가 맨 처음 사용한 석기조차도 쓸모 있는 도구로 만들기 위해서 자연석을 백 번도 넘게 쪼아 만들었을 것이다. 또 수천 땀의 복잡한 바늘땀을 통해 광주리 하나를 만들었다. 기술은 인간의 기억에 의존하고 있기 때문에 도구뿐만 아니라 관념까지 포함한다. 기술의 양식을 계승하기 위해서는 복잡한 과정을 거치는 세대 간의 소통이 필요했다. 생물학적인 진화를 대신해 도구가 변화의 주요 원천이 되기 시작하면서 기술 변화가 말하자면 인류 역사의 최첨단이 되었다. '거대사'에서 인류 역사로의 전환은 시대를 일컫는 용어를 통해 분명히 알 수 있다. 시대를 규정하는 것은 환경이나 기후의 변화가 아니라 기술적인 특징이다. 기술은 문화의 양식을 넘어 '석기시대'에서 '핵 시대'에 이르기까지 주요 시대를 정의하는 데 사용되었다.

　　도구를 위해서는 언제나 지식을 관리하는 것이 필요했다. 약 2만 년 전 인류 최초의 인공 유물들 가운데는 전문적인 정보의 관리와 관련이 있을 법한 것들이 있다. 조각된 사슴뿔이나 뼈 같은 신비한 물체를 고고학자들은 '바통'(baton)이라고 불렀다. 그들은 이것을 인간의 기억을 확장하는 장치라고 보았다. 동굴과 바위그늘 집의 벽화나 조각과 마찬가지로 이 물체에 새긴 표시들은 달의 기울기나 계절에 따른 동물의 이동 같은 관찰한 자연의 모습을 암시한다. 이 바통을 갖고 해석에 밝은 사람들이 환경의 변화를 예언했을 것이다. 이러한 도구가 인간의 정신세계, 곧 주변 세계를 이해하는 방식을 만들기도 하고 바꾸기도 했다. 상징은 세상을 조종하는 데 반복적으로 사용되면서 힘의 원천을 이루었다. 이 힘은, 계절을 알아맞히는 것이든 석기를 제작하는 것이든, 상상을 통해 기술의 가능성을 인식하고 그것을 물질계에서 성공적으로 구현할 수 있는 전문가들에 의해 축적되었다. 인류가 새로운 환경으로 팽창하기 위해 이젠 더 이상 생물학적 적응을 할 필요가 없었다. 오히려 문화의 혁신이 필요했고 문화의 발전은 인류를 성공할 수 있게 해 주었다. 인류 공동체는 도구를 사용함으로써 그들이 팽창해 나간 새로운 환경 속에서 번영을 이루기 시작했다. 마침내는 지구를 정복하고 자연경관까지 바꿔 놓았다.

| 환경과 기술 |

기술을 비롯한 문화에 변화를 불러일으키는 요인들 가운데 무엇보다 중요한 것은 인간이 살아가는 환경이나 경관이다. 문화는 전 역사에 걸쳐 그 뿌리를 두고 있는 자연계의 영향을 받아 왔다. 인류가 이곳에서 저곳으로 이동(맨 처음에는 집단적으로 1년에 고작 300킬로미터 정도)을 하기도 했지만 특정한 자연환경에 소속되기도 했다. 환경은 문화를 형성하고 그것을 변화시키는 데 중요한 역할을 한다. 예를 들어, 북극의 환경에서 만들어진 이누이트(에스키모)의 기술과 문화는 얼음과 눈으로 뒤덮인 몹시 추운 세계에 적응할 수 있게 해 주었고 고기잡이와 물개 사냥에 필요한 동물 뼈와 돌로 된 전문적인 도구를 제공했다. 한편, 원시림이 우거진 사바나와 초원이 있는 동아프리카의 고요한 담수호는 쉽게 먹이를 찾고 사냥하고 물고기를 잡을 수 있는 매우 다른 조건을 제공했다.

다른 종족 집단과 접촉함으로써 문화의 재조정과 변화가 나타나듯이(예를 들어, 최근 들어 유럽과 미국의 영향이 이누이트의 유목 문화를 파괴한 것처럼) 고대의 환경 변화도 문화의 변화에 일정한 기여를 했다. 예를 들어, 사하라의 사막화는 지구의 역사로 볼 때 최근이라고 할 수 있는 불과 1만5천 년 전에 시작되었다. 큰 호수와 강이 마르고 하마와 코끼리가 더는 살 수 없는 방대한 사막이 생겨난 것이다. 급작스런 환경의 변화는 아프리카의 초기 문화에 커다란 변화를 가져왔고 생활양식과 기술에도 마찬가지로 큰 변화를 일으켰으며, 나아가 인구의 강제 이주를 가져왔다. 고고학자들은 초기 이주민들이 이곳저곳 식민화할 때 갖고 다닌 도구들을 유적 속에서 발굴해 냈다. 이런 사실은 환경이 바뀌는 시기에 기술 정보를 간직하는 것이 얼마나 중요한지를 잘 보여 준다.

초기 인류의 생태관

생태란 유기체와 환경 사이의 관계다. 인간과 환경 사이의 문화적 관계는 사람들이 자연경관을 어떻게 인식하는가에 따라 바뀌었다. 이런 식으로 기술과 문화는 인간의 내면세계와 자연계의 물리적 경관을 둘 다 바꿔 놓았다. 산업화라는 격변을 겪은 뒤 현대 세계에서는 자연을 인간이 정복하고 통제할 그 무엇으로 보는 경향이 있지만, 초기 인류의 문화는 자연의 위력에 대한 인식을 통해 만들어지고 채워졌다. 현대에 들어와서도 중앙아프리카의 팡족을 비롯한 여러 종족들은 인간이 자연계를 지배하거나 통제하려 해서는 안 되고 서로 조화를 추구해야 한다고 생각했다. 팡족 문화를 특징짓는 조화로운 행동은 마을의 질서를 세우면서도 중앙아프리카의 다우림(多雨林)에 의존하는 것이었다. 현대의 생태학은 이런 사고방식으로부터 인류 사회와 자연의 본질적 관계의 핵심 개념을 끌어내고 있다.

중국 사상의 특징은 인류 사회의 질서와 인류 문화의 예술에 대한 관심에 있다. 하지만 도교 사상은 인간이 자연과 조화를 이루며 살아야 하고 인간의 생로병사를 항구적인 자연 변화의 일부로 받아들이고 인정해야 한다는 예리한 감수성을 보여 주었다. 사람, 돌, 나무, 물, 짐승을 가리지 않고 만물이 하나라는 생각에 바탕을 둔 아메리카 원주민의 문화도 그들이 속한 환경의 영향을 받았다. 북서 해안의 아메리카 원주민은 연어의 자연스러운 생활 패턴을 중심으로 자신들의 활동을 조정했다. 이누이트의 생활은 계절의 영향을 받았다. 여름에는 삼림순록을 사냥하거나 물고기를 잡고 겨울에는 물개를 사냥하거나 얼음낚시를 했다. 심지어는 가옥조차도 계절에 따라 형태가 바뀌었다. 여름에는 천막 구조를 선택하고 겨울에는 얼음 구조를 선택했다. 이러한 사회는 자연의 변화에 따라 거주지를 이동함으로써 생태계에 대한 수요를 최소화했다. 이런 사회에서는 문화 활동과 환경 변화의 순환이 상호의존적이었다.

이러한 풍경들의 공통점은 인류 사회와 환경의 관계가 생존의 근본을 이룬다는 인식에 있다. 인류 사회에 대한 자연의 영향과 주변의 자연계에 반응해 온 인류 문화의 여러 방식이 역사를 이해하는 중요한 요소이자 문화로 과거를 설명하는 방법의 기본 요소이다. 문화와 자연의 관계에 대한 연구는 진행되어 온 과정으로서 과거를 좀더 잘 이해할 수 있게 해 준다. 인류의 역사적 사건을 장기적인 생태 또는 지질학적 시간의 맥락에서 살펴보면 단일한 역사적 사건이나 개인의 업적에 바탕을 둔 것과는 차원이 다른 역사적 관심과 안목이 생겨난다. 현대의 세계사 연구자들에게 심대한 영향을 준 것은 대륙과 대양의 관계라는 역사에 초점을 두고 과거에 다가가는 연구 방법이다. 오늘날의 세계사는 역사적 사건을 수천 년에 걸쳐 진행되는 완만한 지질 시간의 맥락에서 연구하고 인류 역사와 환경의 관계를 강조한다.

환경과 역사적 문화의 관계에 대한 인식은 최근 유행하는 생태에 대한 관심과 지난 20세기에 등장한 시스템 과학에 의해 더 깊어지고 발전했다. 로마인들이 수자원을 어떻게 오염시켰고, 서아프리카의 제련공이 삼림을 얼마나 많이 벌채했으며, 중국 역사에서 인구와 자원의 관계는 어떠했을까. 이러한 역사 문제가 최근 들어 자연스럽게 공감을 불러일으키고 있다. 환경과 기술의 역할은 이렇듯 서로 맞물려 있으며 인류의 경험에 한계와 동시에 기회를 마련해 주었다.

| 생존과 환경 |

인류가 환경과 관계를 맺는 밑바탕은 식량 전략과 관련한 기술의 변화였다. 교역이 식량의 부족을 메우기까지 초기의 수렵채취인들은 식량을 살고 있는 지역에서 충당

할 수밖에 없었다. 역사적으로 아주 오랫동안 사람들은 비교적 작은 무리를 이루어 필요한 것을 주변 환경에서 채취하고 사냥하며 살았다. 성공 여부는 결국 집단의 생존으로 판가름이 났다. 때로는 효과적인 생존 전략이 계절에 따른 이동에 달려 있었고 때로는 협력에, 때로는 식량의 분배·저장·교환에 달려 있었다. 이런 형태의 생존 방식이 수만 년에 걸쳐 인구를 부양해 왔고 어떤 지역에서는 20세기까지 이어졌다. 채취와 사냥과 고기잡이가 사람들에게 기본 식량을 제공하게 되면서 이런 방식은 초기 인류 문화에서는 없어서 안 될 활동이 되었다.

인간과 환경의 관계를 조정하게 만든 것은 급격한 기후 변화였다. 기후 변화는 이를테면 아프리카의 사하라가 점진적인 과정을 거쳐 거대한 사막이 된 것처럼 대개는 완만하고 자연스러운 과정을 통해 일어났다. 변화는 또한 자연계에 대한 인간의 개입과 지속적인 변형 그리고 천연 자원의 과잉 개발이 낳은 결과였을 것이다. 이러한 환경 파괴는 비단 오늘날에 국한된 일이 아니다. 자연 발생적인 것이든 인공적인 것이든 광범한 환경의 변화는 인간의 생존 방식에 변화를 가져왔다. 고고학 자료에 따르면 남아프리카 웨스턴케이프 지역에 거주한 선사시대 인류는 연중 어떤 시기에는 해산물을 얻다가 계절이 바뀌면 내륙으로 이동해 작은 포유동물 떼를 쫓아다니고 식물과 덩이줄기를 집중적으로 채취했다고 한다. 이들의 문화는 2만 년 전부터 그 지역 환경에 상호 영향을 주고받으며 적응된, 복잡한 토지 이용 방식과 기술에 바탕을 둔 문화로 바뀌게 된다.

되풀이되는 계절의 순환 너머에는 보다 광범위한 전 세계의 기후 유형이 있었다. 날씨와 계절의 변화는 지구의 회전에 따른 순환의 연동체계와 둥근 지구 때문에 나타나는 현상이다. 태양에 가까운 중앙(적도)과 먼 끝(극지)이 가열되는 방식에 본래부터 차이가 있기 때문에 극지방은 열대지방보다 춥고, 찬 공기와 따뜻한 공기의 대류 현상이 이른바 바람과 기후의 이동 경로를 만들어 낸다. 과학자들은 이 이동을 따라가는 순환이 태평양의 온수 해역과 연계된 것으로 확인하기 시작했다. 대량의 따뜻한 해수나 '엘니뇨'는 원래대로 되돌아가기 이전에 대항 유형의 기후를 만들어 낸다. 이러한 변화는 세계사에서 나타난 가장 큰 환경 위기와 일치한다. 그리고 그것이 인간의 활동과 연결되기 이전에도 지구의 상당한 지역에 영향을 미쳤다.

사냥과 채취는 농업보다 기후 변화에 덜 취약했다. 후대의 농업 종사자들은 채취와 사냥을 하던 선조의 전통을 버리지 않고 존속시켰다. 기근이나 가뭄이 들면 농

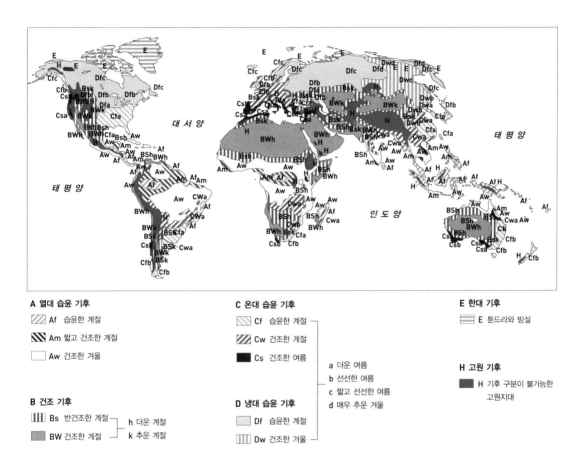

A 열대 습윤 기후

▨ Af 습윤한 계절

▧ Am 짧고 건조한 계절

☐ Aw 건조한 겨울

B 건조 기후

▥ Bs 반건조한 계절 ─┐
▨ BW 건조한 계절 ─┘

h 더운 계절
k 추운 계절

C 온대 습윤 기후

▨ Cf 습윤한 계절 ─┐
▨ Cw 건조한 계절 │
■ Cs 건조한 여름 ─┘

a 더운 여름
b 선선한 여름
c 짧고 선선한 여름
d 매우 추운 겨울

D 냉대 습윤 기후

▨ Df 습윤한 계절 ─┐
▥ Dw 건조한 겨울 ─┘

E 한대 기후

▤ E 툰드라와 빙설

H 고원 기후

■ H 기후 구분이 불가능한
고원지대

| 지도 2.1 | **세계의 기후(쾨펜-가이거의 구분)**

부들은 당시 식량으로 잘 먹지 않던 동식물(식용 곤충과 땅벌레와 야생 식물 따위)에 대한 지식을 활용했다. 사냥이나 채취로 살아가던 환경과 사회의 독특한 생활상은 후대의 마을이나 도시, 기념비적인 건축물과 달리 고고학적으로 잘 '드러나지 않는' 것처럼 보인다. 하지만 그들을 계승한 목축업자와 정주 농민과 도시민에게도 이 생활상은 여전히 중요한 것이다.

최초의 수렵채취 사회는 환경에 중대한 영향을 미쳤다. 초기 인류는 기껏해야 석기나 골각기를 사용했지만 함께 살아가던 지구상의 다른 어떤 종보다 환경에 더 큰 영향을 끼쳤다. 생태를 남용할 가능성이 더 큰 후대의 정주 농업 사회보다 환경을 덜 파괴했을 것 같은 수렵채취 사회도 자연과 변함없는 관계를 누리지는 못했다.

수렵인과 채취인이 유목 생활양식을 존속시키면서 동시에 특정 지역에 좀 더 영구적인 정주 사회를 건설할 수 있는지는 끊임없는 문화 혁신에 달린 문제였다. 환경 조건의 변화를 해결하는 데는 기술이 특히 중요한 역할을 했다. 어떤 학자들은 인구 변화와 기술혁신의 관계를 통한 끊임없는 인구 증가야말로 인류의 업적을 보여 주는 주목할 만한 특징이라고 주장한다. 인구학은 물론이고 어떤 한 가지 요소만으로도 인류의 역사를 설명할 수는 없지만 인류 사회는 세계사 전체에 걸쳐 구성원이 점점 늘어남에 따라 위기를 겪어 왔다. 인구 증가는 변화의 추진력을 제공하면서 동시에 인류가 자연계라는 배경과 한계 안에 살아가고 있는 존재임을 상기시켜 준다.

석기 제작과 불의 이용

인류 사회는 초기부터 도구를 사용하여 환경을 더욱 효율적으로 개발하면서 삶을 이어 갈 수 있었다. 인류가 자연 자원을 활용하기 위해 자신들을 조직하는 데는 적절한 기술이 바탕을 이루었다. 수렵채취 사회는 곡물과 씨, 열매 따위를 빻는 조야한 돌 절굿공이에서부터 목재로 된 뒤지개와 동물 뼈 같은 유기물로 만든 도구에 의존했다. 나아가 긁개와 칼 같은 복잡하고 정교한 소형 석기나 잔석기도 개발해 냈다. 도구를 제작하는 기술이 경험과 필요를 통해 점차 숙달되었다. 예를 들어, 잘 다듬은 후기 석기시대의 도구는 원래의 크기와 모양을 별로 다듬지 않고 사용한 돌보다 틀림없이 더 많은 기술을 필요로 한다. 기술은 지구의 환경 변화와 다양한 문화적 수요 변화에 발맞추어 발전을 거듭했다. 수렵채취에서 정주 농업으로 세계적인 생활양식의 전환이 일어나던 시기에 기술이 가져다준 충격은 거의 혁명에 가깝다. 동시에 기술은 생활양식을 전환시킨 원인이되기도 했지만 그 과정에서 발전하기도 했다.

자연경관을 바꿔 놓은 최초의 도구 가운데 하나는 불이다. 불은 초기 인류의 생활에 엄청난 변화를 가져다주었다. 여러 가지 초기 알코올음료들이 증명해 주고 있듯이 요리와 발효 과학에 불을 활용하게 되면서 삶의 문화도 바뀌었다. 고대 이집트의 맥주 찌꺼기에 대한 현대의 과학적 연구를 통해 이집트인들의 복잡한 양조 기술을 확인할 수 있었다. 사회 변화와 기술의 역할에 대한 수많은 연구와 토론 끝에 기술이 전세계 고대인들의 활발한 사회적 상호작용을 자극하는 데 이바지했다는 사실이 밝혀

| 그림 2.2 | **이집트 무덤에서 나온 제빵과 양조 작업 모형**

고대 이집트에서는 집에서 재배한 보리와 에머밀을 사용해 토기 잔에 튜브를 꽂아 마시는 대중 음료를 양조했다. 파라오와 노동자들은 기원전 1400년에 이미 술집에서 '조이 브링거'라는 이름의 맥주를 마셨다. 사람들은 유사 이래로 아시아의 초기 쌀 맥주와 서아프리카의 야자주, 중앙아메리카의 선인장 발효 주스에 취했다.

졌다.

인류는 불을 사용함으로써 새로운 환경을 정복할 수 있었고 음식과 주거를 공유하여 사회적 네트워크와 소통을 발전시킬 수 있었다. 음식을 요리할 수 있게 되자 식단이 다양해지고 인류의 건강이 증진되었다. 하지만 아주 간단한 기술일지라도 환경에 변화를 가져오고 이용하는 사람의 건강에 해를 입힐 수 있다. 환기가 잘 안 되는 작은 가옥 안에서 피운 연기가 석기시대 인류의 만성 폐질환을 불러일으켰을지도 모른다. 특히 숲과 들을 태운 인공의 불은 과거 10만 년의 극지 빙하층에서도 발견할 수 있는 오염 물질을 남겼다. 고대의 야금술에서 나온 납 찌꺼기 같은 오염 물질도 기원전 800년 무렵의 시기로 거슬러 올라가는 극지의 지층에서 검출되었다.

아시아와 동아프리카 호수의 바닥 퇴적물에서 찾아볼 수 있는 식물의 증거를 통해 선사시대 인류가 식물과 어류에게 해로운 물질을 제조하고 사용함으로써 식물의 군락과 동물의 군집에 중대한 변화가 일어났음을 알 수 있다. 집중적인 자원 채취는 원시 생태에 불균형과 변화를 가져왔다. 심지어 고대사회의 남획과 과잉 방목도 마찬가지였다. 예를 들어, 오스트레일리아의 유대류 사자를 멸종시킨 사냥이나 북태평양 해양 포유동물의 남획은 인간으로 말미암아 중대한 변화가 일어났음을 보여 준다. 오늘날 지구 생태학의 주요 관심인 원시림 지역의 손실과 열대우림의 파괴는 50만 년 전 무렵 호모 에렉투스의 확산과 더불어 사냥하고 음식을 만드는 데 불을 체계적으로 사용하면서 처음으로 시작되었다.

농업의 시작

오늘날 동식물의 유전자 변형과 조작이 과연 현명한 것인지를 두고 논란이 벌어지고 있다. 이러한 변형의 과정은 이미 야생종을 길들이고 농업이 등장하면서 시작되었다. 농업의 변화는 인구가 점점 불어난 사회가 자신들의 문화적 생활양식을 자연경관의 변화에 적응해 나간 하나의 방식일 뿐이다. 농업은 생산성을 더욱 높이기 위해 동식물을 기르는 일이다. 농업은 빙하시대의 마지막 단계를 거친 1만5천 년 전 무렵에 발전하기 시작했다. 서아시아의 고고학 증거를 통해 처음 확인된 농업 기술은 약 4천 년 전 수렵채취인이 자연에 적응하는 과정에서 생겨났다. 그들이 야생의 밀과 보리를 처음으로 수확하기 시작했다. 또 그 후손들은 반영구적인 마을을 건설했다. 초기의 식량 생산자들은 마을 밖으로 나가 에머밀과 외알밀, 보리, 호밀 같은 곡물을 거둬들였다. 이런 활동이 식물을 인간의 간섭에 의존하게 만든 장기적인 유전자 변화를 가져왔다. 농업을 시작하고 생산성을 높이기 위해 동식물을 더 많이 이용하고 유전자를 조작함에 따라 삼림 벌채가 촉진되었다. 토기 제작이나 야금술 같은 새로운 기술에 불을 이용하면서부터 인간은 자연경관에 더 많은 변화를 일으켰다. 오염과 남벌은 고대에서 현대에 이르는 기술의 역사가 낳은 불가피한 산물인 것으로 여겨졌다.

사냥과 채취에서 농업으로 전환하는 과정은 전 세계 곳곳에서 서로 다르고 외관상 독립적인 다양한 경로로 이루어졌다. 이런 현상은 특정한 환경에 대한 다양한 반응의 결과였다. 농업은 대개 사냥이나 채취보다 훨씬 힘들고 노동 집약적인 일이다. 하지만 일단 정착되고 나면 농업 사회가 수렵채취 사회보다 훨씬 크고 복잡한 공동체를 부양할 수 있었다. 규모가 점점 커짐에 따라 정주 사회에는 계층이 생겨나고 사회적 불평등과 환경을 파괴하는 경향이 더 심해졌다.

광범한 분포를 보인 수렵채취인과 농목업에 종사하던 이들의 후손은 집약적이고 새로운 식량 생산 방법을 모색해야 했다. 정착 농업 사회가 등장한 곳은 어디나 인구 증가와 환경 압박, 기술혁신이 나타났다. 이런 변화는 신석기 혁명이라고 부를 만큼 인류 역사를 놓고 볼 때 엄청난 사건이었지만 갑작스런 것도 아니었고 집중적인 것도 아니었다. '혁명'은 수천 년에 걸쳐 일어났고 세계 곳곳에서 독립적으로 전개되었으며 지역 환경의 성격에 좌우되었다.

인간이 처음으로 재배한 식물(농업 작물)을 정확하게 가려내는 일은 식물 자체의 특성 때문에 간단한 문제가 아니다. 대개 껍질이 딱딱한 곡물은 먹기 위해 불에 태웠기(탄화) 때문에 고고학적 발견과 분석을 할 수 있다. 이와 반대로 뿌리 작물은 탄화된 증거물이 남아 있지 않아 야생 식물인지 재배 작물인지 구분하기 어렵다. 이렇게 볼 때 아메리카와 아프리카, 아시아 대륙에서는 감자와 참마, 카사바 같은 뿌리 작물이 확실한 증거가 있는 곡물보다 훨씬 먼저 재배되었을 가능성도 있다.

서아시아의 수렵채취인은 기원전 9000년에서 6000년 사이 언젠가부터 정주 생활을 하고 사육 및 재배용 동식물에 의존하게 되었다. 물론 그전에는 야생 식물을 채취했다. 영구 거주지가 생겨나면서 농업이 출현했다. 최초의 정주지는 하천이 아니라 산과 평원 사이의 구릉 지역에 위치한 이란과 이라크와 시리아와 터키에서 발견되었다. 이곳은 사시사철 다양한 야생 식량을 구할 수 있는 복합적인 생태 지역이다.

초기의 농업 사회는 예외 없이 사회적·물질적으로 복잡한 공동체를 이루었다. 적어도 기원전 6000년 무렵에는 오늘날 중국 지역에 거주한 사람들도 정착해서 농사를 짓고 토기 제작 기술을 갖게 되었다. 매장 방식에 따른 사회의 계층화가 이루어졌고 사람과 짐승을 제물로 썼으며, 표기법이나 원시적 글쓰기 체계를 갖고 있었다. 예부터 중국인들은 백성들에게 토지 경작 방법을 가르쳤다는 '신농씨'에 의해 농업이 시작된 것으로 보았다.

신농씨의 시절에 하늘에서 기장이 비처럼 쏟아졌다. 신농씨는 곧 땅을 갈고 기장을 심었다. (……) 그는 쟁기와 괭이를 만들고 그것으로 황무지를 개간했다.

(Francesca Bray, "Swords into Plowshares: A Study of Agricultural Technology and Society in Early China," *Technology and Culture*, 19(1978): 3)

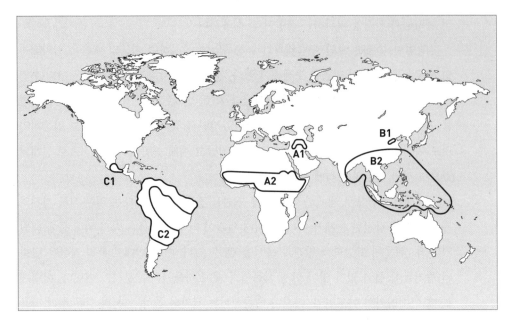

| 지도 2.2 | **초기의 세계 식량 작물**
세계의 여러 지역에서 주요 식량 작물이 생겨났다. **A1**-서아시아(보리, 밀, 완두콩, 렌즈콩, 병아리콩); **A2**-아프리카(기장, 사탕수수, 땅콩, 참마, 대추야자, 커피, 멜론); **B1**-북중국(기장, 벼); **B2**-동남아시아(벼, 바나나, 사탕수수, 감귤, 코코넛, 타르토란, 참마); **C1**-중앙아메리카(옥수수, 호박, 강낭콩); **C2**-남아메리카(리마콩, 감자, 고구마, 카사바, 땅콩).

곡물을 비롯한 식물의 재배에는 괭이와 뒤지개가 사용되었다. 뒤지개는 전 세계 곳곳에서 널리 사용되었다. 일부 지역, 특히 북서유럽의 수목이 우거진 지역에서는 농업으로 전환하기 위해 나무를 베어 내고 불태우는 기술이 필요하게 되었다. 삼림을 개간하고 불을 질렀으며 개간한 곳은 지력이 다할 때까지 경작했다. 적절하게 휴경을 하지 않거나 비료를 치지 않고 경작을 하게 되면 토지의 생산력이 급속도로 떨어지게 마련이다. 그래서 기본적으로 새로운 지역에서 나무를 벌채하고 태우는 기술을 반복하기 위해 자주 이주할 수밖에 없었다. 어떤 곳에서는 수렵채취와 결합한 임시 정주와 원예가 천 년이나 지속되었다.

쟁기의 도입은 땅을 경작한다는 점에서 중요한 의미가 있다. 쟁기로 땅을 경작하는 데 소나 말을 이용하면서 농업의 기술 변화는 큰 결실을 보게 된다. 중국에서는 기원전 3세기 무렵에, 유럽에서는 서기 800년 무렵 이후에 철제 쟁기를 이용하였다.

유럽에서는 쟁기를 끌 때 아시아의 유목 민족한테서 받아들인 마구나 훨씬 오래전부터(기원전 100년경) 곡물을 빻는 데 이용해 온 수력과 풍력 같은 기술을 사용했다. 이러한 혁신들 또한 생산성을 크게 높였다.

│ 치수와 환경 │

농업이 출현하는 데 환경이 어떤 역할을 했을까? 두말할 필요 없이 환경은 재배하고 사육할 수 있는 동식물을 제공했을 것이다. 인류가 특정한 동식물을 선택하고 거기에 집중적으로 투자하게 만든 요인은 무엇일까? 그 대답의 일부는 인류 사회가 생과 사의 풍토와 관련된 문화적 기억에 의존했다는 데 들어 있다. 농업은 대개 단일한 환경과 때로는 단일한 종에 대한 투자를 필요로 했다. 풍토에 대한 자세한 지식이 세대에서 세대로 전달되었으며 생존은 그 지식에 달려 있었다.

초기 문명의 성공은 환경 조건의 변화에 적응하고 때로는 관리하면서 안정성을 보장할 수 있는 사회의 능력에 달려 있었다. 이집트나 메소포타미아와 마찬가지로 고대 중국에서는 치수가 기술과 정치를 점점 복잡하게 만든 중요한 요소였다. 치수의 필요성이 권력과 권위를 집중시켰다고 보고 이런 사회를 '수력' 사회라고 규정하는 이론도 있다. 중국에서는 황하의 범람을 막아 내기 위한 제방과 벼농사를 위한 관개 시설이 필요했기 때문에 중앙집권적 관료제가 발달했다. 수력 사회라는 개념이 결정론으로 치우칠 수 있지만 치수가 왕조 교체에 일정한 역할을 한 것은 분명하다. 제방이 무너지고 홍수가 나 가옥과 논밭이 파괴될 때 정치적 안정도 함께 흔들렸다. 중국의 양대 하천인 황하와 양쯔 강은 수나라 때 대운하로 연결되었다. 이 운하는 6세기 공학의 최첨단 기술로서 곡물, 특히 양쯔 강의 비옥한 델타 유역에서 재배한 벼를 수도권으로 수송할 수 있게 해 주었다. 8세기부터는 규모가 작은 다른 하천과 운하, 수로를 통해서도 시장과 상업 경제가 팽창해 나갔다.

아메리카 대륙 농업의 역사는 농업의 출현을 설명하는 여러 요인들 가운데 생태 문제가 중요하다는 점을 잘 보여 준다. 제한된 지역에서 친숙한 동식물에 의존해서 살다 보니, 사회는 틀림없이 광범한 지역을 무대로 하는 수렵채취의 경우보다 심한 가뭄이나 예측할 수 없는 기후 변화에 더욱 취약해졌을 것이다. 오늘날 미국의 남서부와 멕시코 북부에 해당하는 지역에서 종종 '대가뭄'이라고 부르는 심각한 위기가 발생했다. 이 가뭄은 기원전 8000년 무렵에 시작해서 기원전 5500년에 정점에 이르렀고 기원전 2000년 무렵까지 계속되었다. 이 지역을 사막화시킨 '대가뭄'이 북아메리카에 농업을 출현시킨 주요 추진력이었을 가능성이 매우 높다. 이것은 서반구 여러 지역의 농업 전환이 연대기적으로 세계 다른 지역의 농업 발전과 비슷한 시기에 이루어졌음을 암시해 준다.

중앙아메리카의 옥수수 문화와 남아메리카 북서부의 뿌리채소 문화는 기원전 6세기 중반에 확립되었다. 가난한 수렵채취 생활의 대안이나 보조 식량으로 등장한 '옥수수 문화'는 가뭄 때문에 나타난 것이었다. 경작의 형태가 바뀌면 경작에 적절한 동물도 새로 사육되었다. 농업이 출현할 당시 아메리카 사람들은 주로 채식을 했고 사냥과 고기잡이로 영양을 보충했다.

지역 식량에서 지구의 식량으로

멕시코 테우아칸 분지의 발굴 작업을 통해 기원전 6000년 이후 처음으로 계획적인 옥수수 경작이 시작되었음을 짐작할 수 있게 되었다. 물론 원시 옥수수가 아직 주요 식량은 아니었다. 사람들이 처음으로 옥수수를 경작한 것은 아마도 고지대의 야생 식품 공급을 감소시킨 장기간에 걸친 가뭄 때문이었을 것이다. 사람들은 여전히 사냥과 채취를 중심으로 작은 무리를 이루어 살면서 계절의 순환에 따라 고기와 다른 식량을 찾아 이리저리 옮겨 다녔다. 그 뒤에 이어진 발굴 작업은 테우아칸의 또 다른 모습을 보여 주기 시작한다. 기원전 5000년 이후 테우아칸의 인구가 늘어남에 따라 기동성이 다소 떨어졌고 식단에서 고기가 차지하는 비율이 감소하고 야생 식물과 재배 식물의 비율은 증가했다.

아스테카인들은 이 재배 식물을 '신의 옥수수 알'을 의미하는 '테오센틀리'라고 불렀다. 초기의 중앙아메리카인들은 옥수수가 정신과 신체에 효능이 있는 식물이라고 생각했다. 아스테카의 교의에 따르면 최초의 인간 부부가 옥수수 알을 던져 장래를 점쳤다고 한다. 장래를 점치는 일에는 옥수수를 비롯한 작물 선정은 물론이고 영구적인 정주 공동체와 대규모 제전 시설의 건설이 포함된다. 하지만 아메리카 대륙 대부분 지역에서 주식이 된 옥수수가 처음에는 이 지역에 그다지 커다란 영향을 주지 못했다. 오늘날 고고학자들은 고대인들이 얼마나 많은 옥수수를 식량으로 소비했는지, 옥수수를 해산물과 같은 특별한 식품과 함께 섭취하지는 않았는지 그리고 주민들의 기동성은 어떠했는지를 밝혀낼 수 있게 되었다. 이런 생활 모습을 확인하기 위해 곡물의 도입 시기와 확산, 그 영향을 측정하는 여러 과학적 수단을 동원하는 것은 물론 아메리카 대륙의 유적지에서 발굴한 사람 뼈의 탄소 원자를 측정하는 것이 가능하게 되었기 때문이다. 옥수수는 콜럼버스 이후 시기에 전 세계적 식량 교환을 통해 다른 지역으로 보급됨에 따라 인구 성장에 중요한 영향을 끼쳤다.

콜럼버스 이후의 세계화 과정을 통해 오늘날 사람들은 다른 대륙의 식량과 접촉을 하게 되었다. 아메리카산 칠리 고추 같은 식물이 전 세계의 부엌을 정복했다. 땅콩과 옥수수, 콩, 개량된 벼 같은 작물은 급격한 인구 증가를 뒷받침했고 지구촌 사회의 운명까지 바꿔 놓았다. 그리하여 인류는 지역의 것이 아닌 전 지구적 식량에 의존하게 되었는데, 18세기에 프랑스 사상가 루소가 먼 곳에서 수입되는 식량을 미심쩍게 생각하면서 이러한 의존은 논란의 대상이 되어 왔다. 원산지에서 새로운 거주지로 향하는 식량 이동은 일부 역사가들이 생태제국주의라고 부르는 과정에 의해 촉진되었다. 이런 관점은 유럽이 주도한 동식물이나 질병의 이동이 끼친 영향을 인정하고 있다.

| 마을과 도시 |

기원전 12000년과 기원전 2000년 사이의 수천 년 동안 일어난 농업 체계의 정착과 확산이 식량 생산은 물론 인구의 폭발적 증가를 가져왔다. 계획적 농업은 세계 대부분의 지역에 급격한 인구 증가를 불러왔고 이로 말미암아 초기의 농업인들이 새로운 지역으로 퍼져 나갔다. 하지만 농업인들이 수렵채취인들을 압도함에 따라 환경과 인류의 관계는 극적으로 바뀌기 시작한다. 전 세계적인 농업 전환이 일어나면서 딱히 한 가지 모델로 설명할 수 없는 다양한 사례가 발생했다. 다양한 농업 체계와 정주 사회가 지역마다 시기를 달리하며 매우 독자적으로 등장했고 하천 유역에서 건조하고 온난한 고지대에 이르는 세계 곳곳의 다양한 여건에 따라 생겨났다.

많은 사람들이 비교적 안정된 사회를 이루어 모여 살고 가축을 사육하기 시작하면서 전염병을 비롯한 갖가지 질병이 생겨났다. 이리저리 떠돌아다니는 수렵채취인들 사이에는 거의 나타나지 않았던 질병들이 정주민들을 통해 쉽게 번져 나갔다. 예를 들어, 중국은 오랜 도시 전통이 있었기 때문에 홍역과 천연두 같은 집단 질병에 일찍부터 적응했다. 중국인들은 아메리카 대륙과 달리 축산을 도입하면서 가축도 걸리는 인플루엔자 같은 질병을 경험했다. 아메리카 대륙의 주민들은 유럽인들이 정복할 때 들어온 돼지 바이러스성 질병으로 황폐화되었다. 정주 사회의 규모가 커지면서 인류는 환경과 훨씬 더 밀접한 관계를 맺게 되었으며 우물과 하천을 오염시키거나 자연경관을 황량하게 만드는 등 환경을 훼손하는 일이 잦았다. 농업 정주민들의 출산율은 증가한 반면 식단이 더욱 간소화되고 노동이 더욱 일상화되었으며 평균 수명은 떨어졌다.

금속의 시대

인류가 환경에 끼친 두 번째 주요 영향은 금속의 사용이었다. 금속을 사용한다는 것은 오랫동안 문명과 동의어로 사용된 기술의 '진보'를 의미했다. 최초의 공동체에서도 갈수록 복잡해져 가는 물질문화의 영향을 확인할 수 있다. 땔감을 얻기 위한 벌목이 오늘날까지도 이어지는 삼림 벌채의 초기 징후였다. 식량을 저장하는 토기를 굽고 도구를 제작하기 위해 금속을 제련하는 연료로 나무를 사용했다. 불에 구운 토기가 보편적으로 사용될 무렵(기원전 6000년경)에 금속 제련 기술이 발전했다. 정주 사회로 전환될 때 농업뿐 아니라 교역과 전쟁에도 커다란 영향을 주게 될 도구를 생산하는 데 야금술이 이용되었다.

'금속의 시대'는 지역마다 시기가 달랐는데 다른 지역보다 훨씬 일찍 시작된 곳도 있었다. 게다가 모든 사회가 똑같은 금속 기술을 발전시킨 것도 아니었다. 예를 들어, 청동 야금을 가장 먼저(기원전 6000~2500년) 발명한 곳은 서아시아와 발칸 반도, 에스파냐, 에게 해였다. 철 야금이 발전된 이후(운철 제련은 적어도 기원전 2500년 무렵에 그리고 철광석 제련은 기원전 1600년 무렵에) 철광석 조달이 가능한 곳에서는 철 야금이 다른 모든 것을 능가하기 시작했다. 철은 잘 드는 날을 만들 수 있는 강도가 높은 금속이기 때문에 내구성과 쓸모가 뛰어난 도구를 제작하는 데 사용되었다. 금속 도구에 대한 수요가 증가하고 철광석 분포의 격차가 컸기 때문에 부유한 사회가 생겨나기도 하고 교역의 필요성을 느낀 사회가 나타나기도 했다.

구리와 주석의 합금인 청동이 기원전 3세기에 다게스탄(캅카스 지역)의 벨리켄트에서 발견되고 있다. 기원전 1500년 무렵 구리보다 단단한(철만큼 단단한 것은 아니지만) 금속인 청동에 대한 수요가 생겨나면서 서아시아와 동남아시아에서는 청동 야금에 사용하기 위해 멀리 콘월(잉글랜드 서부)이나 중앙아시아로부터 주석을 수입했다. 형태만 바꾸고 본성은 그대로 두는 돌의 가공과 달리 금속가공은 일종의 연금술에 해당했다. 솜씨와 기술을 통해 물질의 본성을 바꿨기 때문이다.

야금술을 사용한 모든 곳에서는 환경 파괴가 일어났다. 신석기시대에 규토와 부싯돌과 흑요석을 채굴한 사람들이 세계 곳곳에서 보여 주었다시피 광석을 캐내는 일 자체가 파괴적 활동이었다. 처음에 천연 구리를 사용할 때는 지하 채광을 할 필요가 없었다. 하지만 곧 오래되고 단단한 바위의 암맥이나 광맥에서 구리와 주석이 발견되기 시작했다. 이것을 추출하기 위해서는 불과 특수 돌망치를 사용하고 결국에는 갱도와 지지대와 배수 체계를 축조할 필요가 있었다. 따라서 금속의 채광과 제련은 대개 삼림 벌채와 토양 침식으로 이어졌다.

아프리카와 아메리카의 야금 | 서아프리카에서는 아마도 기원전 2000년 이후에야 기술력과 신비한 힘을 이용해 철강을 생산했을 것으로 파악된다. 물질의 본성을 바꾸는 데 정통한 야금 전문가들은 사회의 강력한 지배자로 등장했다. 그들의 권력은 철제 도구와 무기의 제작을 관장하는 신들의 위력에 의존해 있었다. 나일 강 중류의 메로에 유적(기원전 4백년경)은 불 조작 기술을 집중적으로 이용한 사례를 보여 준다. 창과 집게, 자귀, 괭잇날, 큰 가위 같은 현존하는 도구와 더불어 제강할 때 생기는 부산물인 상당량의 강재는 야금업이 상당한 수준이었음을 암시하고 있다. 메로에처럼 아프리카의 주요 야금업 단지의 연료 소비는 삼림 벌채라는 심각한 문제를 유발했고 삼림이 사라지자 야금업들도 결국 쇠퇴했다. 환경에 이러한 파괴적 영향을 끼친 전문가들(철, 구리, 금, 유리를 만드는 제조업자들)은 숭배와 동시에 두려움의 대상으로서 경외를 받았다. 기술을 관리하는 일은 다른 지역과 마찬가지로 아프리카에서도 사회 정치적 지배 예속 관계를 표현하는 수단이 되었다. 금속은 권력과 사회 차별을 드러내는 중요한 상징으로 자리 잡았다.

남아메리카 서부의 안데스 지역(오늘날의 페루와 볼리비아, 에콰도르, 콜롬비아)에서는 전쟁을 수행할 때 금속이 그저 부차적인 역할을 했다. 이곳에는 청동제나 철제 무기가 없었다. 천이나 가공 섬유가 무기(투석구)와 보호 갑옷에 사용되었다. 자연에

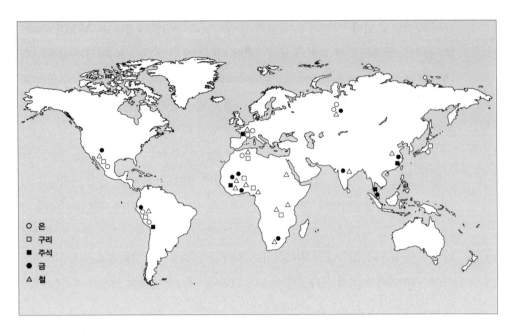

| 지도 2.3 | **초기의 금속 산지(기원전 1500년 이전)**

○ 은
□ 구리
■ 주석
● 금
△ 철

서 굳어진 흑요석이 높은 가치를 가졌고 화살촉과 창끝 모양으로 생긴 원형 그대로 널리 거래되었다. 금속은 비실용적인 분야로 밀려났다. 안데스 지역에서는 세속적·종교적 지위와 권력을 내보이기 위해 기교를 부려 치장을 했는데 이런 용도로 구리와 금과 은이 사용되었다. 안데스의 세공사는 금속의 강도나 내구성보다는 색깔과 모양에 더 관심이 있었다. 전기 화학적 표면 처리 방법을 사용한 합금과 도금과 은도금의 복잡한 기술은 서기 제1천년기 안데스 사회의 금속 세공사가 지녀야 할 대표적인 자질이었다.

합성구리 야금이 남아메리카 사회를 형성해 가는 데 이바지했다. 페루 북부 연안의 주민들은 기원전 500년에 이미 구리와 금을 정교하게 가공했다. 나중에 장인들은 판금 가공에 매우 적합한 구리와 금의 합금을 생산하기도 했다. 기원전 900년에서 기원전 1500년까지 거슬러 올라가는 페루 유적을 복원하면서 고고학자들은 세계 최초로 구리와 비소의 합금을 집중 제련한 증거를 발굴했다. 제련로를 열자 정성스레 바친 라마와 음식 같은 희생 제물이 드러났다. 이 제련로는 내부 온도를 높이기 위해

| 그림 2.3 | **서아프리카 토고 바사리 지역의 제철 용광로**
최근의 기술 관행을 연구하면 고고학적인 금속가공 유물을
해석하는 데 도움을 받는다. 높다란 자연 통풍의 제련로가
고탄소 철강을 생산해 냈다. 이 작업에 필요한 전문 지식은
특정 혈통의 남성들이 독점했다.

흙을 구워 만든 송풍관을 사용했다. 그리고 불순물을 제거하기 위해 첨가제를 사용했
으며 순동(純銅)에 가까운 금속을 뽑아낼 수 있었다. 제련을 통해 금속 구리 1킬로그
램에서 고작 0.3~0.6킬로그램 남짓한 순동을 생산할 수 있었다. 하지만 이 작업에는
엄청난 양의 연료가 들어갔다. 한 지배자의 무덤에 구리 제품 500킬로그램가량을 부
장하는 것은 권력과 부의 과시였다.

　　구리와 은의 합금과 구리와 금의 합금은 문화적 측면에서 중요한 안데스의 가치
체계를 표현한 것이었다. 예를 들어 구리로 순금을 둘러싸거나 이 둘을 합금할 때 포
함되거나 도금한 금은 겉으로 드러난 인간 지배자의 신성한 자질을 표상하는 것으로
생각되었다. 다른 지역과 마찬가지로 남아메리카에서도 기술은 문화적인 관심을 반
영한 것이었으며 초기 사회와 젠더와 신분을 이해하는 중요한 자료가 된다. 역설적이
게도 바로 이 남아메리카의 은이 서기 1500년 이후의 세계화와 환경 훼손에 주된 역
할을 하게 된다.

유라시아의 야금 | 아프리카와 아메리카 대륙에서 진행된 이러한 야금의 발전 유형은 동기시대가 청동기시대로 그다음에 철기시대로 이어진 유라시아의 모습과 대조를 이룬다. 유라시아에서 새로운 시대를 지배한 기술은 새로운 금속이 이전 금속을 확실히 대체하고 난 뒤에야 뚜렷하게 나타났다. 기원전 제2천 년기까지 중국과 인더스 강 유역과 지중해 서부 유역의 사회들은 야금술에 상당한 진전을 이루어 청동기 문화의 사례들을 보여 주었다. 청동(구리와 주석의 합금)은 발칸반도 인근 지역과 시나이 반도, 동아시아, 동남아시아 같은 고대의 풍부한 구리 산지 근처에서 발전한 최초의 구리 야금술이 만들어 낸 작품이었다. 구리와 주석을 처음으로 합금한 사례가 한때 기원전 제3천년기보다 앞선 것으로 생각된 타이의 경우 청동의 발전이 기원전 2000년 이전에 시작된 것으로 보이지 않는다. 이집트인들은 반사면이 있는 은도금한 청동거울을 생산하기 위해 이보다 앞서(기원전 3000년경) 구리에 비소를 첨가한 바 있다. 그렇다고 해서 그들이 기원전 2000년 무렵 이전에 구리와 주석을 합금한 것은 아니다. 중국에서는 기원전 제2천년기 초반에 중국 북부 평원에 출현한 최초의 왕조인 상나라(商, 기원전 1600년경~기원전 1046년)의 설립자들이 청동으로 만든 무기를 사용했다. 무기뿐만 아니라 왕들의 정치적 정통성을 승인하는 의식에 사용할 청동 제기를 주조하기도 했다.

지중해 유역과 유럽에서는 청동기시대에서 철기시대로의 이행이 늦게 우발적으로 일어났다. 이곳에서는 청동 야금이 기원전 제2천년기부터 띄엄띄엄 나타나기 시작했는데 인구 증가나 위계 사회의 등장과 나란히 진행되었다. 청동기시대 초기 유라시아의 야금과 삼림 벌채는 시간의 흐름에 따른 인간과 기후 체계의 상호작용을 이해하고 그 특징을 밝히는 데 도움을 준다. 철로 대체되기 이전의 천 년 동안 청동은 유럽인들의 삶에 필요한 도구의 재료로 쓰였다. 그리스와 로마 사회가 도구와 무기 제작을 철에 의존한 것은 기원전 6세기부터였다. 하지만 그리스의 시인 헤시오도스가 기원전 8세기(기원전 776년경)에 이미 새로운 철기시대를 이렇게 한탄한 바 있다. "나는 제5세대의 인간에 속하고 싶지 않다. …… 지금 이 땅에는 철기시대가 도래했다." 그는 철제 무기가 그리스 문화에 끼친 영향에 의문을 제기하면서 변화를 불가피한 것으로 받아들이거나 진보적인 것이라고 열렬한 환영을 보이지 않았다. 기술혁신에 대한 반응은 언제나 각양각색이기 마련이다.

철을 이용해 무기를 제작하기로 한 중요한 요인 가운데 하나는 그것이 상대적으로 널리 분포되어 있었다는 점이다. 용광로 내부의 온도를 고온으로 유지하는 데 많은 땔감이 필요했기 때문에 환경 비용은 컸다. 철광석은 추출과 정련 작업이 어려웠지만 야금술의 발전으로 충분한 양을 생산할 수 있게 되자 무기와 도구에 사용된 이전의 모든 금속이 철로 대체되었다. 이것이 19세기 들어와 새로운 기술이 철 제련에 대변혁을 가져올 때까지 유럽에서 생산된 철의 일반적인 형태였다.

중국에서 선호한 철제품은 선철과 강철이었다. 이것들은 고탄소 합금으로 강도가 훨씬 높았다. 중국의 장인들은 기원전 4세기 무렵 선철과 강철을 생산하고 있었다. 전국시대(기원전 481~기원전 221년)에는 선철과 강철이 널리 사용되었다. 철을 도입해 널리 사용한 것은 잦은 권력 이동과 갈등에서 비롯된 이 시기의 역동적인 사회 경제적 변화와 관련이 있다. 철이 무기에 사용되자 제철 기술을 이용할 수 있는 사람들에게 유리한 상황이 펼쳐졌다. 기원전 3세기에 기록된 문헌에 "벌침같이 날카로운 …… 철제 창"이라는 표현이 등장한다. 전국시대에 철은 벼농사 지대의 농부들이 사용한 황소가 끄는 쟁기의 날이나 보습에 사용되기도 했다.

전쟁으로 말미암아 혼란스런 상황이었음에도 심지어는 상거래에도 철 통화가 사용되기도 했다. 한편으로는 아마도 그러한 상황 때문에 오히려 철의 가치가 치솟았을 것이다. 그 이윤으로 상인들은 부유해졌으며 철제 기구를 사용한 덕분에 농업이 번성했다. 기원전 3세기에 천하를 통일한 제국은 곧 수입원의 하나로서 철 생산 통제의 중요성을 인식했다. 기원전 2세기에 한나라(기원전 202~서기 220년)의 무제가 소금과 철을 독점했다. 《염철론》(기원전 81년)의 기록에 보이듯 유학자들의 비판이 있기는 했지만 독점을 철폐시키지는 못했다. 후대의 왕조들도 소금과 철(주석, 구리, 납과 같은 다른 금속과 더불어)의 생산과 판매를 계속 통제했다.

서기 제1천년기에는 가위를 비롯한 가사 용품을 제작하고 사원과 탑과 교량을 건설하는 데 주조 기술이 널리 사용되었다. 하지만 거기에 들어가는 환경 비용은 엄청나게 컸다. 제1천년기가 끝나기 전에 중국 북부의 삼림이 벌채되었다. 그 뒤로는 철 생산의 증가가 석탄이나 코크스를 얼마나 사용하는가에 따라 좌우되었다. 송나라 때(960~1279년) 중국 북부 제철 산업의 기술과 생산 수준은 5백 년이 훨씬 지나서야 시작되는 영국 산업혁명의 초기 단계와 맞먹었다. 광업은 여전히 국가의 필수적인 수익 사업이었고 철을 비롯한 금속 생산의 인허가를 국가가 통제했다. 18세기에 쓰인 시에 광부들의 모습이 묘사되어 있다.

구리 광산을 위한 애가

왕태악(王太岳)

새벽녘 갱도의 어귀로 그들이 모여든다.

벌거벗은 채로

이마에 전등을 달고 바구니를 옮기며

어둠 속에서 깊이를 알 수 없는 바닥을 더듬는다.

……

겨울의 한기로 몸이 부르르 떤다.

동상으로 물집 잡힌 손, 터서 갈라진 발.

헐벗은 광부들이 광산 아래 옹기종기 모인다.

하지만 멈춘 생명력을 되살릴 순 없다…….

베어 쓸 나무가 더 이상 남아 있지 않고

죄수의 머리마냥 숲은 대머리가 되었다.

벌거숭이가 되었다.

이제야 비로소 후회한다.

남벌을 일삼은 까닭에

이젠 장작조차 구할 길이 없어졌다.

(Elvin and Liu Ts'ui-jung, 1998: 10~11)

야금이 진행된 곳마다 환경은 눈에 띄게 바뀌어 갔다. 위의 한시는 인간적 차원과 생태적 차원의 개발을 생각하게 해 준다. 광석이 줄어들고 제련용 목재가 고갈되면서 중국 광부들의 생계는 갈수록 어려워졌다.

| 에너지와 연료 |

유럽에서는 서기 1000년 무렵부터 정복의 필요성이 증대하고 전쟁 무기의 수요가 늘어나면서, 그리고 생활용품과 농업, 산업용 도구의 수요가 증가하면서 철과 강철에 대한 수요가 급격히 늘어났다. 그 결과 제련 과정에 필수 요소인 목탄의 품귀 현상이 나타나면서 영국을 비롯한 유럽 국가들의 제철업이 위험에 빠지게 되었다. 목탄 부족이 가져온 결과 가운데 한 가지는 제철업의 중심지가 바뀌었다는 것이다. 이를테면 철광석은 물론 나무도 풍부한 스웨덴이 독일과 프랑스를 대신해 18세기 유럽의 주요 철 생산국으로 떠올랐다. 영국과 같은 국가에서는 나무가 부족하게 되자 그 지역에 풍부한 석탄이 목탄을 대체해 갔다.

주요 생산 과정이 일단 자리를 잡게 되자 철과 강철의 생산을 늘리는 열쇠는 단연코 연료였다. 하지만 석탄의 사용은 복잡한 문제를 불러일으켰다. 석탄을 사용하게 되면서 제철과 제강의 각 단계마다 불순물이 유입되어 제품의 질이 떨어졌다. 1614년 철봉을 고탄소의 제품(강철)으로 바꾸는 데 석탄을 사용하는 방법이 발견되었다. 하지만 엄청난 양의 철을 제련하는 데 가장 중요한 기술이라 할 수 있는, 석탄을 사용해 용광로를 가열하는 기술은 근 백 년 동안 이렇다 할 진전을 보이지 못했다.

영국 더비셔의 일부 양조업자들이 17세기에 석탄을 사용해 맥아(麥芽)를 건조하는 기법을 시도했다. 그런데 석탄에 함유된 황이 맥주의 맛을 형편없게 만들었다. 하지만 곧 석탄에 열을 가해 새로운 석탄 연료인 코크스를 만들어 내 황을 제거하는 데 성공하여 맛이 뛰어난 맥주를 양조해 냈다. 목탄의 부족으로 애를 태우던 제철업자들이 이런 기술 이야기를 흘려들을 리가 없었다. 1709년 에이브러햄 다비(1677~1721년)가 영국 슈롭셔의 콜브루크데일에서 코크스를 사용한 제철 실험을 처음으로 성공했다. 다비는 한 양조공장의 맥아 분쇄기에서 도제로 일을 하고 있던 중 용광로에 코크스를 사용했다. 다른 사람들이 이런 방식을 곧바로 따라하지는 않았다. 증기력을 사용하기 전까지는 그것이 비용이 많이 드는 작업이었기 때문이다. 다음 반세기 동안 영국에 설치된 코크스 용광로는 겨우 여섯 개에 지나지 않았다. 코크스 제련은 점차 제철 기술의 새로운 단계를 열어 나갔고 증기 엔진과 더불어 1750년부터 1850년까지 일어난 유럽 산업혁명의 핵심 기술로 자리를 잡았다. 서아프리카에서 제철업으로 숲이 줄어들 때 그들이 새로운 연료원을 개발할 수 있었다면 어떻게 되었을까? 그곳에는 채광할 수 있는 적절한 석탄 광상(鑛床)이 없었기 때문에 선택의 여지가 없었다. 중국에서는 이보다 훨씬 앞서 석탄을 사용했고 이것이 선철 제조업의 발전을 촉진했다. 하지만 기술 개발이 일어난 정치 경제적 환경은 저마다 매우 달랐다. 이처럼 산업혁명은 세계 일부 지역의 산업을 촉진시켜 주었다.

과학과 기술, 산업혁명

초기 유럽에서 과학 지식을 실제로 응용하는 일은 극히 드물었다. 하지만 16세기와 17세기의 과학혁명은 새로운 사고방식, 곧 특정 문제를 해결하기 위한 새로운 분석 방법을 이끌어 냈다. 기술혁신은 추상적인 과학 철학이나 이론 중심의 고상한 교양 분야와 거리가 먼 곳에서 일어났다. 하지만 과학적 연구와 추론 방법의 도움을 받기도 했다. 예를 들어 도공과 기계 숙련공들은 영국 왕립학술원과 프랑스 과학원(각각 1660년과 1666년에 설립)의 회원이었으며 실험과 과학적 추리를 통해 상업적 생산이나 해외무역과 관련한 기술적인 주요 문제들을 해결했다. 이런 기술은 중국 도자기를 복제하는 일에서부터 시계와 기계 장난감의 조립에까지 이른다. 그러나 유럽에 물질적인 변혁을 가져다준 기술혁신이 때로는 교육을 받지 못한 장인들의 일터에서 일어나기도 했다. 이러한 혁신은 이론이나 추상적 개념에서가 아니라 비금속(卑金屬)이나 거무스름한 연료와 씨름한 경험에서 비롯된 것이었다. 유럽의 주요 기술 변화 가운데 이론과학의 발전을 가져온 것은 야금술, 특히 제철 기술의 변화였다. 제철 기술의 혁신이 유럽의 산업혁명을 가능하게 한 밑거름이 되었다.

1700년 무렵 이후에 시작된 산업혁명은 인적 자원과 자연 자원의 비용이란 측면에서 볼 때 전례 없는 발전을 가져왔다. 물질문화에 나타난 전 지구적인 변화 가운데 상당수는 전 세계적인 산업자본주의의 발흥과 관련이 있다. 물질적 변화의 핵심에는 자연계와 관련한 인간의 자기 인식 방법상의 커다란 변화가 있었다. 급격한 기술 변화와 경제 변혁은 물리적이고 사회적인 생활 조직의 변화를 가져왔다. 이런 변화의 상당수가 유럽에서 처음으로 일어나기는 했지만 그 영향이 유럽 지역에만 머물지 않았다. 산업화된 제품과 그 영향이 전 지구의 일상생활을 바꿔 놓았다. 변화의 속도를 체감하면서 사람들은 오랜 세월의 세계화 경험을 더욱 크게 자각하게 되었다.

18세기의 기술 발전을 '산업혁명'이라고 불렀다. 세계사 속의 다른 혁신들과 마찬가지로 이것은 새로운 원료와 생산 수단을 마련해 주었다. 산업혁명은 고립적으로 일어난 것이 아니었고 그 범위도 곧 전 지구로 확산되었다. 자본주의의 팽창과 더불어 18세기의 기술혁신은 유럽과 미국 사회에는 물론 이들과 비유럽 세계의 관계에도 대변혁을 가져왔다. 전 세계의 다른 지역들이 곧 그 뒤를 따랐다. 산업혁명은 또한 새로운 제철 기술을 발전시켰다. 제련 과정(18세기)과, 마침내는 제강 과정(19세기)의

| 그림 2.4 | **에드거 톰슨 제철소**
화가 조지프 페닐(1857~1926년)이 크게 바뀐 스카이라인과 경관은 물론 불안정한 송전선과 수송 체계를 포착해 현지 제강 산업 모습을 세밀하게 스케치했다.

개량에 코크스를 목탄의 대용으로 도입한 사건이 사실상 혁명의 매개변수일지도 모른다. 프랑스의 작가 에밀 졸라는 소설 《제르미날》에서 그 시대의 잠재력을 이렇게 묘사하고 있다.

> 새로운 성장의 아침, 이글거리는 태양 아래, 복수에 불타는 시커먼 사내들의 무리가 몰려들면서 시골에는 노랫소리가 울려 퍼졌다. 밭고랑에는 작물에 싹이 나 추수를 기다리며 자라고 있다. 그것이 무르익어 어느 날 갑자기 땅 자체를 파헤칠 때까지.

18세기 중엽에 시작된 기술 발전의 범위와 그것과 전 지구적 경제 변화의 관계, 그리고 그 영향을 고려한다면 '전 지구적 산업혁명'이라는 말을 사용하는 것이 마땅할 것이다.

18세기에는 기술혁신이 주로 광업과 야금과 섬유공업 같은 산업에서 일어났다. 산업 혁신의 대부분은 사업 전환에 도움이 되는 분야에 종사하는 장인들에 의해 이루어졌다. 증기력은 수력이나 마력 또는 열력의 이용과는 비교가 안 될 만큼 극적인 도약이었다. 증기를 이용하는 데는 기계적인 응용이 필요했다. 증기력이 18세기 산업혁명과 매우 밀접한 관련을 지니고 있기 때문에 1712년 숙련공 토머스 뉴커먼(1663~1729년)이 증기 엔진을 제작한 사건을 산업혁명의 출발이라고 볼 수 있다. 공장용이든 교통기관용이든 근대의 엔진은 모두 뉴커먼 엔진의 후예들이다. 최초의 증기 엔진은 탄광에 사용된 펌프 엔진에 불과했다. 이 엔진은 효율에 비해 관리 비용이 많이 들었지만 이것을 응용함으로써 마침내 유럽의 팽창과 전 지구적인 도시화 및 산업화 과정을 위한 강력한 도구를 만들어 내게 된다.

　새로운 기계가 섬유 혁명을 일으키기는 했지만 그것은 사실 와트 엔진을 사용하면서부터 일어난 일이다. 섬유 생산의 증가를 가져온 새로운 동력 기계는 금속, 특히 철의 공급을 증대시켰다. 이처럼 산업혁명을 유발하는 데는 야금술의 혁신이 증기 엔진만큼이나 중요했다. 하지만 연료 공급의 감소 문제가 여전히 대량생산의 큰 장애물이었다. 목탄을 대체한 코크스가 증기 사용을 일반화하는 데 필요한 연료를 제공해 주었다. 이것이 없었더라면 산업혁명도 없었을 것이다. 철 공급이 증대되지 않았더라면 제임스 와트와 매튜 볼턴이 증기 엔진을 상업적인 규모로 생산해 내지 못했을 것이고, 증기 엔진이 없었더라면 가내공업에서 공장제공업으로의 변화를 상상하기 어려웠을 것이다. 이런 변화와 함께 중요한 것이 자본과 노동, 원료의 공급지와 늘어난 제품을 소비하기 위한 시장이었다. 대서양의 노예무역이 바로 이 모든 혁신들을 뒷받침해 주었다. 노예무역은 노동력과 시장을 제공해 주었을 뿐 아니라 산업에 투자할 자본을 만들어 냈던 것이다.

│ 산업자본주의, 수송과 생산 │

생산 증대를 위한 수요와 세계시장의 등장은 새로운 산업자본주의 체제의 핵심이다(6장을 보라). 세계시장을 이용하고 전 지구의 자원을 활용하는 길은 새로운 형태의 수송에 달려 있었다. 수송의 개선이 온갖 유형의 산업 생산에 영향을 주었다. 값싸고 좋은 상품의 이동은 생산 증대를 위한 물자 제공과 그것을 유지하기 위한 시장의 수요를 만족시키는 데 도움을 주었다. 이러한 기술적인 변화는 전 지구적인 맥락에서 일어났다. 1829년 영국의 조지 스티븐슨이 실용적인 증기기관차를 개발했고 곧이어

철도 건설이 급속도로 진행되었다. 1830년에 80킬로미터에 지나지 않던 철도 선로가 1870년이 되자 영국에서만 2만5천 킬로미터로 늘어났다. 19세기 말 유럽은 그야말로 철도망으로 짜였다고 해도 과언이 아니다. 1905년에는 사람들이 장거리 시베리아 횡단철도(9,288킬로미터)를 이용해 파리에서 모스크바와 태평양 연안의 블라디보스토크까지 여행할 수 있게 되었다. 아프리카를 지배하던 제국주의자들도 이와 동일한 케이프-카이로 종단 철도를 꿈꿨다.

또 한편으로 유럽의 산업 성장에서 중요한 기여를 한 것은 실용적인 원양 항해 증기선의 발전이었다. 이 증기선 덕분에 전 세계 모든 지역은 점차 원료의 공급처와 유럽 공장의 완제품을 위한 시장으로 바뀌었다. 1785년에 벌써 증기선이 미국의 포토맥 강에서 정기적으로 운항했다. 하지만 대서양 횡단 여객 기선이 정기적인 운항을 시작한 것은 그로부터 60년이 지나서 실현되었다. 뒤이어 우편용과 상업용 증기선도 운항되었다.

전 지구적 차원의 산업혁명을 상징하게 된 발명은 무엇보다도 철도였다. 철도가 북아메리카와 유럽 전역으로 확장되었다. 1869년에는 네브라스카 주 오마하와 캘리포니아 주 새크라멘토의 노선이 연결되면서 미국의 대륙횡단철도(2,826킬로미터)가 완공되었고 오리엔트익스프레스(2,254킬로미터)가 파리와 이스탄불을 달리기 시작했다(1869년경). 철도는 또한 아프리카 식민지의 내륙을 연안 항구와 연결해 주고 식민지 아시아에 대한 군사적 통제를 강화해 주었다. 이 모든 혁신은 철도와 석탄 덕분이었다.

세계시장이 확대되면서 물자와 완제품에 대한 수요가 폭발적으로 늘어났다. 예를 들어 기계 시대의 밑바탕이 되는 철 생산이 19세기에만 백 배나 증가했다. 18세기에 자본주의적 산업화를 출범시키는 데 중요한 역할을 한 야금의 혁신은 19세기에도 이어졌다. 영국인 기술자 헨리 베서머(1813~1883년)가 1856년 선철을 경강(硬鋼)으로 만드는 효율적인 제조법을 발명해 특허를 받았고 그와 동시에 영국에 정착한 독일인 빌헬름 지멘스(1823~1883년)도 혁신적인 방법을 발명했다. 이러한 혁신은 뒤이어서 새로운 연료 공급원을 필요로 했다. 1850년 이래 수십 년 동안 여러 가지 새로운 공업이 등장했으며 이러한 흐름은 20세기 들어 속도가 더 빨라졌다.

기술혁신과 물질생활

19세기 후반에 등장한 주요 신생 공업들 가운데에는 전기와 같은 새로운 동력원을 사용하는 공업이 있었다. 다이너모(Dynamo, 동력 공급이 가능한 전기 발전기)와 모터(전기를 기계 운동으로 전환하는 장치)의 개량과 다양화가 일어났고, 새로운 종류의 엔진이 18세기의 자본주의적 산업혁명 단계에서는 볼 수 없었던 산업 생산의 발전을 가져왔다. 이러한 사정은 특히 내연기관에서 실현되었다. 이 내연기관이 마침내 20세기 자동차의 승리를 가져오고 무엇보다도 20세기 처음 30년 동안 전 세계의 석유 생산을 열 배나 급등하게 만든다.

이와 동시에 주요 소비재 산업이 놀라운 성장을 보였으며 물질생활의 양식과 표준을 크게 바꾼 개인 생활용품을 생산해 내기 시작했다. 처음에 서유럽과 북아메리카 세계에서 시작된 이런 현상이 곧 전 세계로 퍼져 나갔다. 예를 들어 토머스 에디슨(1847~1931년)은 1879년에 자신의 최고 발명품인 백열등의 특허를 냈다. 이 백열등은 삽시간에 생활에 없어서는 안 될 고급 소비재가 되었다. 프랑스인 화학자 일레르 샤르도네(1836~1924년)가 특허를 낸 레이온 같은 인조섬유나 인조염료 덕분에 아름다운 옷을 값싸게 널리 보급할 수 있게 되었다. 전 세계에서 나는 산물, 특히 야자유와 고무 같은 열대 산물을 이용할 수 없었더라면 이러한 기술 변화 가운데 그 어느 것도 일어나지 않았을 것이다. 이런 점에서 산업혁명은 전 지구적인 사건이었다. 하지만 그 영향을 모든 국가들이 똑같이 받은 것은 아니다. 전 지구적인 제조업을 위해 새로운 산업적 환금작물 개발이 생계를 위한 지역 농업 생산을 대체(특히 유럽의 식민지에서)했고 그 결과 여러 지역에서 종속 관계와 저개발이 심화되었다(8장을 보라).

1877년 선박에 처음 사용된 냉동 기술은 식료품의 입수 가능성과 다양성을 헤아릴 수 없을 정도로 높여 주었다. 남아메리카의 영국령 가이아나인이 기선으로 냉동해 실어 온 북아메리카의 '냉동 사과'를 먹을 수 있었으며 미국의 공업도시 디트로이트의 어린이들은 열대 오렌지를 먹게 되었다. 세계는 이제 급속히 팽창하는 도시에 갇힌 채 식량을 재배할 수 없는 도시의 산업 노동자들을 위한 거대한 농장이 되었다. 세계적인 도시의 부유한 엘리트는 다섯 대륙에서 가져온 식품으로 식사를 할 수 있었고 여유가 있는 일반인들도 과거에는 왕들조차 상상할 수 없었던 식품과 물품을 즐겼다. 석탄과 기름을 이용하는 화로가 사람들을 따뜻하고 안락하게 해 주었으며 기차, 선박, 전차, 자전거, 나아가 곧 등장하게 될 자동차는 사람들의 이동성을 높여 주었다. 갖가지 기술혁신이 일부의 사람들에게는 변화무쌍한 환경을 기후와 계절, 밤이나 낮에 상관없이 쾌적한 상태로 유지해 주었다.

| 전력 사용의 일반화 |

기술은 도시와 농촌의 환경은 물론 도시로 이주한 사람들과 농촌에 머무른 사람들의 일상생활까지 바꿔 놓았다. 기술 발전이 일상생활의 질과 내용, 심지어 시간에조차 변화를 가져다주었다. 산업화는 공장과 공공수송 체계, 시장에서는 물론이고 가정에서도 일어났다. 1831년 마이클 패러데이가 최초의 전기 모터를 제작하기는 했지만 웨스팅하우스 전기회사에서 일하던 니콜라 테슬라가 선풍기용 소형 전기 모터의 특허를 낸 것은 그로부터 반세기 이상이나 지난 뒤의 일이었다(1889년). 전류는 1890년대에도 여전히 모든 논의의 단골 주제가 되었지만 그것을 상용화하기에는 너무 비싸다는 여론이 지배적이었다. 한편 테슬라와 같은 발명가들은 머지않아 물처럼 전기도 일상적으로 사용하게 될 것이라고 예언했다. 사람들이 살고 있는 집에 전력이 사용되는 현상은 산업화 지역에서 먼저 일어났다. 1918년과 1928년 사이에 전등이 가스등을 밀어냈고 많은 사람들이 자연 빛에 의존할 필요가 없게 되었다.

시가지와 개별 가정의 조명에 나타난 변화가 전력화의 가장 중요한 결과는 아니었다. 전기 조명의 출현은 노동 시간을 늘리고 물질생활을 바꾸어 놓았다. 1920년대 미국과 세계의 다른 산업화 지역에서는 전기다리미와 전기세탁기가 가내 산업혁명의 상징으로 확산되었다. 하지만 이런 집안 풍경의 변화나 가전제품들을 통해 여성들의 가사노동이 줄어든 것은 아니었다. 새로운 표준이 또 다른 업무를 부과함에 따라 해야 할 일의 종류가 늘어나고 세균과 위생 같은 것에 대한 인식이 커지면서 전보다 더 자주 빨래를 해야 했다.

산업 기술이 만들어 낸 물품 소비가 증가하면서 여성들이 소비 대중의 맨 앞자리에 서게 되었다. 1928년 미국 오리건 주에서 연구한 결과에 따르면 농장(상당수가 전기가 들어가지 않은)의 주부들이 가사노동에 주당 61시간을 들였고 '전력화가 이루어진' 도시의 주부들은 63.4시간을 가사노동에 사용했다. 제2차 세계대전 직후의 경제학자들은 농장의 주부들이 집안일에 주당 60.55시간을 사용하고 소도시의 여성들

| 그림 2.5 | **1957년 무렵 도쿄의 교통**

19세기 초 마차 교통의 혼잡으로 시작된 도시의 교통 정체로 말미암아 1863년에는 런던 지하철, 1900년에는 파리 지하철, 1904년에는 뉴욕 지하철, 1927년에는 도쿄 지하철 등이 생겨났다. 조용할 뿐더러 그다지 거리를 오염시키지 않을 거라고 생각해서 자동차가 한때 수송의 대안으로 각광받은 적이 있다.

은 78.35시간을, 대도시의 여성들은 80.57시간을 사용한 것으로 보고했다. 일부 역사가들은 이러한 경향이 20세기 후반에 활발해진 여성해방운동에 이바지한 것으로 보았다. 이번에는 라디오와 텔레비전, 컴퓨터 같은 가전제품의 발명들이 가족과 가정생활의 성격을 바꾸어 놓았다. 1940년대의 라디오 청취나 1950년대의 텔레비전 시청은 대개 고립된 가족들을 더욱 큰 공동체로 연결하는 일종의 가족 의식이었다. 하지만 기술 변화를 통해 개인이 이러한 혁신들을 더욱 널리 이용할 수 있게 되면서 가전제품의 사회적 기능이 훨씬 줄어들었다. 마지막으로 기술이 전기에 의존하게 되면서 수력을 이용할 필요성이 더욱더 커졌고 이것은 인간 사회나 자연계와 인간 사회의 관계 사이의 불균형을 더욱 가중시키는 결과를 초래했다.

환경과 제국주의

유럽의 계몽사상은 자연을, 문명을 통해 이용하고 관리하며 개발해야 할 대상으로 보았다. 자연에 대한 이러한 태도가 19세기 제국주의의 팽창과 마주쳤다(7장을 보라). 자연을 정복한다는 철학적 개념이 점차 비서유럽 사회의 모델이자 귀감이 되고 전 세계가 이런 생각을 수용하게 되면서 20세기 말 인류는 생태 재앙의 문턱에 놓이게 되었다. 생태제국주의가 식민 열강의 정치적 목적과 뒤엉켰다. 예를 들어 영국의 지배는 1815년부터 1914년까지 히말라야산맥 서부의 숲을 개발하고 파괴하면서 매우 정교한 식민지 산림업을 만들어 냈다. 열강들이 식민지 주민들을 정복하는 것과 마찬가지로 자연의 식민화도 불가피한 것으로 간주되었다.

유럽인들은 19세기 내내 울타리를 치고 가꾸는 정원을 가장 매혹적이고 목가적인 경관이라고 생각했다. 이런 모습은 자연의 식민화라고 볼 수 있다. 우리는 이러한 식민화의 경관 유산을 전 세계의 국립공원들에서 발견할 수 있다. 케냐에서 가나를 거쳐 요세미티 계곡에 이르는 자연경관의 보호는 19세기와 20세기 초 제국주의의 횡포로 거의 상실된 황무지와 야생 생물의 외형을 그 일부라도 보존하기 위해 필요한 것이었다. 식민지의 관리들과 일부 유럽인들은 전 세계의 동식물을 끌어모았다. 필요한 지식과 시장성 있는 상품 개발을 위해 조사하기 위해서뿐 아니라 식물원과 동물원을 조성하기 위한 것이기도 했다. 전 세계로 새로운 환경을 찾아 나선 식민주의자들은 일부 학자들이 그렇게 부른 이른바 '생물자원 탐사'를 구실로 힘이 없는 자들을 위협했다. 예를 들어 아프리카 노예들과 아메리카 원주민들은 억압에 저항하고 여성의 출산을 통제하고 낙태 약 같은 식물들을 활용했다. 하지만 이런 식물에 대한 지식이 유럽에는 전달되지 않았다. 이는 아마도 남성 주도의 식민 사업에서 비롯된 결과였을 것이다. 오늘날에는 생산성이 매우 높은 새로운 종의 식물에 대한 '저작권' 관리를 놓고 다국적 기업들이 서로 다투고 있다.

타이에서부터 아마존 강과 적도 아프리카와 미국 북서부에 이르는 산림의 개발은 지구의 경관을 바꾸어 놓았고 수백 년에 걸친 토지와 자원의 활용 형태에 영향을 주었다. 어느 사회든 과학적 연구를 통해 자연계를 더욱 깊이 이해하고 개발할 능력을 길렀다. 전 지구적인 삼림 벌채는 인구 증가의 압력에 대한 반응이라기보다는 세계시장의 힘이 만들어 낸 결과였다. 이런 힘은 또 상품과 원료에 대한 전 지구적 수요에서 비롯된 것이다. 특히 산업국가들의 시장은 건설과 신문 용지를 비롯한 종이 생산을 위해 목재를 필요로 했다. 수많은 농촌 주민들은 부유한 나라와 저개발국 사이에 협력의 산물인 삼림 벌채를 통해 국제 시장의 필요와 외부의 통제에 더욱 의존하게 되었다. 역설적인 것은 세계의 여러 지역에서 산림 체계에 대한 과학 지식이 늘어남에 따라 개발을 더욱더 강화했고, 마침내는 삼림 자체가 사라졌다는 사실이다. 20세기 말에는 열대림이 해마다 2,040만 헥타르가량이 사라져 갔다. 이 삼림 벌채가 주원인이 되어 이제는 전 세계 환경의 고작 1.4퍼센트가량이 지구 생물 다양성의 절반 정도를 차지하게 되었다. 앞으로 삼림 손실은 더욱더 중대한 문제를 낳게 될 전망이다.

| 물 전쟁 |

삼림 벌채는 지구의 환경 균형을 깨뜨린 여러 요소 가운데 하나에 지나지 않는다. 최초의 '수력 문명' 이래 물 관리는 정치·경제적 권력을 상징했고 그 권력을 장악하는 수단이기도 했다. 기술 확대와 인구 팽창으로 전력 수요가 증대하면서 자연경관과 환경에 커다란 변화가 생겨났다. 1920년대에 건설되기 시작한 아메리카 대륙의 댐 공사는 농업의 안정성을 높이는 데 도움을 주기는 했지만 비싼 환경을 그 대가로 지불해야 했다. 1926년에 건설된 알바로 오브레곤 댐은 멕시코의 소노라에 있는 야키 계곡의 밀밭과 해바라기 밭에 물을 공급해 주었다. 1936년에 완공된 후버 댐도 마찬가

| 그림 2.6 | **멕시코시티의 물통 판매상(1910년대)**
기술은 물을 포함한 세계의 빈약한 자원들을 재분배
했다.

지로 캘리포니아 사막에 물을 공급해 농지를 만들어 냈다. 1960년대에는 나일 강 남부를 따라 수력발전소에 물을 공급하기 위해 10억 달러를 들여 아스완하이 댐을 건설했다. 소련의 원조를 일부 지원받아 건설한 이 댐은 이집트 대통령의 이름을 따 나세르 호라고 이름 붙인 500킬로미터 길이의 호수를 만들어 냈고, 일부 역사 유적뿐 아니라 나일 강변의 여러 마을을 물에 잠기게 했다.

최근 1990년대에는 중국 양쯔 강 상류 지역에 750억 달러의 예산을 들여 거대한 산샤(三峽) 댐을 건설하기 시작했다. 2009년에 완공된 이 댐은 세계 최대의 수력발전소로 기록되었다. 650킬로미터 길이의 저수지를 만들기 위한 이 건설 때문에 수많은 농지와 마을이 물에 잠겼고 150~200만 명가량의 주민들이 집을 버리고 떠났다. 댐 건설이 자연경관과 주민들에게 끼칠 영향에 민감한 반응을 보인 환경 단체들이 비판하고 나섰고 그 때문에 미국과 캐나다, 유럽의 은행들로부터 받아야 할 국제적 자금 조달이 지연되기도 했다. 탐욕과 낭비로 더욱 심해진 초국가적이고 국제적인 수자원 거래와 용수권 거래가 날이 갈수록 전 지구의 생명들을 위협하고 있다.

| 기술과 전쟁 |

환경에 대한 지배는 전쟁에서 기술적 우위가 가져다준 직접적인 결과이기도 했다. 인류가 맨 처음 만들어 낸 도구들 가운데 상당수 또한 무기였다. 일부 정치체들이 특수한 환경 조건의 제약을 받기는 했지만 기병 전사를 활용하여 전쟁에서 유리한 고지를 차지할 수 있었다. 일부 학자들은 심지어 최초의 남성 전사 시대가 사회 내 성별 균형에 변화를 가져오고 전 세계적인 남성 지배 체제를 만들어 냈다고 주장했다.

기술의 지배와 영토의 지배가 나란히 진행되었다. 중국의 발명품인 화약이 철 생산과 결합되자 중국은 물론이고 전 세계에 크나큰 결과를 가져왔다. 화약의 지식에 관한 최초의 증거는 9세기로 거슬러 올라간다. 화약의 발명은 물질의 한 원소를 다른 원소로 바꾸는 방법을 찾던 도교의 연단술(煉丹術) 실험과 관련이 있다. 1000년 무렵 중국인들은 화약 제조를 위한 목탄과 초석(질산칼륨)과 황의 결합을 소형 소이탄에 사용했다. 북부의 유목 민족을 상대로 한 전쟁에서 송 왕조는 더욱 정교하고 복잡한 무기를 사용했다. 화약의 발견은 북중국의 제철업 발전과 더불어 중국인들을 무서운 상대인 것처럼 보이게 했다. 하지만 12세기 초에 북중국은 만주의 여진족에게 정복당하고 만다. 그들은 승마술과 군사 기술을 통해 중국인들을 무찌를 수 있었다. 여진족은 북중국을 정복함과 동시에 초기 형태의 중국 기술을 이전받았다. 철과 화약이 여진족의 뒤를 이은 몽골족에게 전달되었고(아직 대포는 아니고 화창과 폭탄의 형태로) 이런 기술은 13세기에 몽골족이 유라시아를 정복하는 데 크게 이바지했다(7장을 보라).

5백 년 뒤에는 기술 이전이 제국을 확장하는 데 핵심 역할을 했다. 그것은 수송과 통신의 혁신뿐만 아니라 제국의 도구가 된 무기 자체였다. 19세기 말 자동차가 발명된 이래 기술이 화석연료에 의존하게 되면서 산업 세계에는 유전을 통제하려는 욕구가 생겨났고, 이것은 머지않아 인류와 환경의 희생을 불러왔다. 걸프전쟁에서 쿠웨이트의 사막과 해안선은 폭격으로 석유가 유출되고 화염에 휩싸였다. 그보다 앞선 베트남전쟁에서는 열대우림의 수관층(樹冠層)을 마르게 하고 탄공(彈孔)을 만들어 내어 토지 생산성의 상당 부분을 파괴할 정도로 대규모 폭격이 자행되었다. 유독성 폐기물은 캄보디아에서 유럽에 이르기까지 여전히 위협으로 남아 있다.

원자력 또한 제2차 세계대전의 와중에 등장했다. 원자폭탄은 가장 큰 논란을 불러일으킨 제2차 세계대전의 기술이었다. 1945년 8월 미국이 일본에서 원자탄을 사용한 이래로 전 지구적인 전쟁과 환경 파괴의 위협은 사라지지 않았다. 노획한 독일의 V-2 로켓을 사용하면서 처음으로 자극을 받아 이루어진, 상층 대기를 측정하기 위한 위성 기술이 지구의 지표면과 생물권, 대기, 대양에 대한 장기적인 관찰이 가능할 정도로 발전했다. 하지만 우주에서 지구를 바라보면 걱정이 더욱 깊어질 것이다.

| 생태와 기술, 지구 온난화 |

치솟는 세계화의 힘은 오늘날에도 여전히 환경에 직접적인 영향을 끼치고 있다. 한 사람 한 사람이 환경에 얼마나 많은 손상을 입히는지를 결정하는 요인은 '소비 유형'과 '기술 양식'(사용한 기술의 종류와 그것이 만들어 낸 오염과 폐기물) 두 가지이다. 산업화된 국가들의 '상위 10억 명'은 출산율이 비교적 낮으면서도 최대치의 자원 사용과 폐기물 배출, 오존층 파괴, 산성화, 지구 온난화의 3분의 2 정도에 대한 책임이 있다. 물론 가난한 데다 인구마저 늘어나고 있는 '하위 10억 명'도 삼림 벌채와 토지 황폐화를 통해 환경을 훼손하고 있다. 대부분의 과학자들은 그 결과로 생긴 이른바 '지구 온난화'라는 기후 변화가 인류 생활의 가장 큰 위협 가운데 하나라는 데 인식을 같이 하고 있다. '기후변화에 관한 정부간 협의체'(IPCC)의 2007년 보고서는 다음 반세기 동안의 기온 상승 예측 수치(섭씨 2.8도)가 의미심장하고 인류 역사상 전례 없는 기후 변화가 나타날 것이라고 내다보고 있다. 앞으로 몇 세기 동안 온난화가 계속된다면 대륙 빙하가 녹고 해수면이 상승하게 될 것이다. 그렇게 되면 허리케인과 사이클론, 열대병과 심한 가뭄이 증가하고 생물의 서식지는 감소할 수밖에 없다.

세계의 생태 위기를 유발한 책임의 상당 부분은 20세기 중엽 이후의 기술 발전에 있다. 어쩌면 현대의 기술이 18세기 산업혁명 때 석탄을 이용한 제철 기술보다 훨씬 청결할지도 모른다. 하지만 20세기 후반에 발달한 대부분의 기술은 과거의 기술보다 훨씬 해로웠다. 이런 기술은 여전히 화석연료를 태우며 이산화탄소를 엄청나게 배출시키고 있다. 과거의 기술과 20세기 후반 기술의 중요한 차이는 천연 산물과 유기농 제품을 대체한 합성 제품의 개발에 있다. 기술과 생태의 변화를 혼합한 것이 인류의 영향이 확장된 정도를 보여 주는 척도이다.

1970년대 일본에서는 공업에 의한 오염이 국가적 중대사로 떠올랐으며 지난 세기 일본의 급속한 경제성장이 가져온 가장 부정적인 측면을 드러내 주었다. 규슈 남

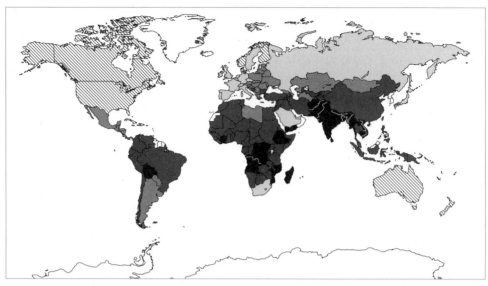

전 지구의 1인당 면적(헥타르)

■ 0.47-1   ▨ 4-7   ■ 1-2.5   ▨ 7-10   ■ 2.5-4

| 지도 2.4 | **생태발자국**

생태발자국(EF)은 재생 가능한 자연 자원의 소비 지수이다. 한 국가의 생태발자국은 에너지 소비를 유지하고 기반 시설을 갖추는 데 사용되는 곡물과 육류, 해산물, 목재, 섬유 등을 생산하는 데 필요한 육지나 바다의 총면적이다. 생태발자국은 한 국가의 주민들이 이용할 수 있는 육지와 바다의 생물학적인 생산 능력에 비유할 수 있다.

1인당 가용 면적을 계산하기 위해서는 경작지와 방목지, 삼림, 시가지, 해상 공간 등 전 세계에 걸친 개인별 생물학적 생산 토지를 합해야 한다. 거기에서 이 지구를 공유하는 3천만 종의 동료 종들을 위한 공간을 제외해야 한다. 모든 유형의 생태계를 대표하는 생물의 다양성 보호를 위해 적어도 생태 능력의 12퍼센트를 보존해야 한다. 12퍼센트를 생물의 다양성 보존을 위한 마법의 수로 받아들인다고 해도 지구에 존재하는 1인당 대략 2헥타르 정도의 생물학적 생산 토지 가운데 1인당 이용할 수 있는 면적은 1.8헥타르에 불과하다는 계산이 나온다.

단의 섬에 위치한 미나마타 시에서 수은 중독 가능성이 제기되었다. 하지만 관계 당국은 명백한 오염의 출처를 인정하지 않았다. 주민들 대부분이 잡아먹고 있던 물고기가 사는 해안으로 한 화학공장이 폐기물을 흘려보내고 있었다. 1953년에 이미 미나마타 만으로 방류하는 공장 폐수와 관련해 수은 중독 소송을 제기하기 시작했지만, 공식적인 법적 조처를 취하고 1만 명이 넘는 '미나마타병' (수은 중독으로 인한 심각한 신경 장애) 희생자에게 보상을 실시한 것은 그로부터 20년이 지난 뒤였다. 일본 정부는 기업체와 관계가 위태로워지고 생산성이 위협받는 것을 꺼려한 나머지 증거를 더

이상 무시할 수 없을 때가 되어서야 비로소 희생자들의 요구를 마지못해 수용했다.

20세기에 꽤 많은 다국적 기업들이 그다지 규제가 없는 위험한 산업 공장의 부지는 물론이고 화학 폐기물과 유해 폐기물의 하치장으로 개발도상국이 적절하다는 판단을 내렸다. 다국적 기업 유니언카바이드사는 인도 보팔 시의 농약 공장이 딱히 수익을 내지 못하자 사업의 일부를 포기했다. 그 결과 1984년 누출된 유독 가스로 하룻밤 사이에 3천 명이 넘는 사람들이 사망한 사건이 발생했다. 그 뒤에도 1만5천 명 정도가 사망했으며 공유지 무단 점유자들에게까지 확산되면서 15만 명이 넘는 희생자가 발생했다. 단일 산업 재해로서는 이 사건이 세계사에서 가장 치명적인 일로 기록된다.

도시 오염과 그로 말미암은 지구 온난화의 가장 큰 원인은 자동차에 화석연료를 사용한 일이다. 전 지구가 화석연료에 의존하게 되면서 가진 자와 가난한 자의 에너지 소비 사이에 구조적인 격차도 생겨났다. 예를 들어 지구의 미래를 함께 공유하고 있음에도 미국인 한 사람은 방글라데시 사람들이 평균으로 소비하는 에너지의 백 배나 소비하고 있다.

| 결론 |

기술과 사상은 인류의 역사가 시작된 이래로 저마다 자연경관에 영향을 끼쳐 왔다. 기술 전환이 반드시 삶의 질을 증대시킨 것만은 아니다. 기술혁신은 자원 소비에 중대한 영향을 끼치고 물리적 경관에 변화를 가져왔다. 불 사용과 환경 조작을 통해 인류가 선사시대부터 자연경관을 바꿔 왔지만 그 영향이 극대화된 것은 지난 두 세기에 나타난 현상이다. 지난 3천 년 동안 환경에 나타난 변화 가운데 가장 두드러지는 두 가지는 삼림의 파괴와 지표수(관개와 댐 등)의 재편이었다. 이 두 가지의 변화는 산업혁명 이후에 더 속도를 높였다. 전 세계의 농업과 인구는 1800년부터 1914년에 이르는 기간에 전례가 없을 정도로 팽창했고 이런 팽창은 전 세계의 자원과 물리적 경관을 크게 파괴했다. 19세기에 시작된 이래 갈수록 커지는 전 지구적인 삼림 벌채의 압력에 대한 직접적인 책임을 이들에게 지울 수 있을 것이다.

기술이 생태에 미친 영향은 제2차 세계대전 이후 위기 단계에 도달했다. 미국의 경우에만 해도 1946년 이후 오염 수치가 2백 퍼센트에서 2천 퍼센트 수준으로 늘어났다. 이런 오염은 단지 인구 증가나 물질적 풍요에서 비롯된 것만이 아니라 20세기 말 기술을 무제한으로 사용한 데서 비롯된 것이다. 새로운 기술과 그로부터 얻은 수익은 지난 사반세기 전체 환경오염의 95퍼센트 정도에 해당하는 책임이 있다.

20세기의 급격한 기술 향상은 역사상 처음으로 전 지구적인 문화를 만들어 내는 데 이바지했다. 그리고 그것은 세기가 끝나면서 진정한 지구적인 관심사이자 우리 시대의 궁극적인 관심사가 된 중대한 환경 문제를 초래했다. 북서부 태평양에서도 중국의 대기오염을 느낄 수 있다. 안락하고 신속한 운송 수단과 더불어 21세기에도 사람들의 이동(가상공간에서까지)은 여전히 줄어들지 않고 있다. 디지털 기술을 이용한 가상공간에서는 새로운 종류의 상호작용과 이동이 일어난다. 현대의 이주를 촉진하는 추진력은 정치적(전쟁이나 탄압을 피한 도피)이고 경제적이며 환경적인 힘이다. 이와 동시에 21세기의 생태 파괴로 말미암아 세계의 다양한 환경을 배경으로 하는 거주와 생존의 대안적인 가능성이 줄어들면서 우리 모두가 다시금 유목민으로 돌아가게 될지도 모른다.

토론 과제

● 기술은 어떤 방식으로 인류의 문화를 규정하는가?

● 기술이 발전할수록 제품은 환경에 더욱 큰 영향을 미치고 있다. 기술 변화가 인류 사회에 끼친 긍정적 또는 부정적 영향을 얘기해 보자.

● 농업이 환경의 변화에 따른 인류의 대응이었다고 생각하는가, 아니면 농업이 환경의 변화를 유발했다고 생각하는가? 그 근거를 얘기해 보자.

● 고대 그리스의 시인 헤시오도스는 "나는 제5세대의 인간에 속하지 않고 그 세대가 오기 전에 죽거나 아니면 그 세대 이후에 태어나기를 바란다. 왜냐하면 지금은 철의 시대이기 때문이다"라고 기술했다. 그리스의 시인 헤시오도스가 철의 시대를 한탄했듯이 제철공과 제련공도 이따금씩 우려나 경멸의 대상이 된 적이 있다. 철 야금에 대한 이러한 시각에 대해 어떻게 생각하는가?

● 산업혁명과 그 이후 산업화의 확산은 어떤 방식으로 전 지구적인 사건이 되었을까?

● 미래의 역사가들이 20세기와 21세기를 '핵의 시대' 또는 '자동차의 시대'라고 부를 것이라고 생각하는가? 그 이유는 무엇인가?

| 참고문헌 |

· Crosby, Alfred(1986) *Ecological Imperialism: The Biological Expansion of Europe, 600~1900*, New York: Cambridge University Press.
· Diamond, Jared(1997) *Guns, Germs, and Steel: The Fates of Human Societies*, New York: W. W. Norton.
· Elvin, Mark(2004) *The Retreat of the Elephants: An Environmental History of China*, New Haven, Conn. and London: Yale University Press.
· Elvin, Mark and Liu Ts'ui-jung, eds(1998) *Sediments of Time: Environment and Society in Chinese History*, Cambridge: Cambridge University Press.
· Fagan, Brian(1999) *Floods, Famines, and Emperors: El Niño and the Fate of Civilizations*, New York: Basic Books.
· Jones, Steve, Robert Martin, and David Pillbeam, eds(2000) *The Cambridge Encyclopedia of Human Evolution*, Cambridge: Cambridge University Press.
· Keightley, David N., ed.(1983) *The Origins of Chinese Civilization*, Berkeley: University of California Press.
· McNeill, J. R.(2000) *Something New Under the Sun: An Environmental History of the Twentieth-Century World*, New York: W. W. Norton & Company.
· McNeill, William H.(1977) *Plagues and People*, Garden City, N. Y.: Doubleday.
· Schmidt, Peter R., ed.(1996) *The Culture and Technology of African Iron Production*, Gainesville, Fla.: University of Florida Press.
· Wertime, Theodore A. and James E. Muhly(1980) *The Coming of the Age of Iron*, New Haven, Conn.: Yale University Press.
· Williams, Michael(2003) *Deforesting the Earth: From Prehistory to Global Crisis*, Chicago: University of Chicago Press.
· Worster, Donald(1977) *Nature's Economy: A History of Ecological Ideas*, New York: Cambridge University Press.

| 온라인 자료 |

· Annenberg/CPB Bridging World History(2004)
http://www.learner.org/channel/courses/worldhistory/
4주제 '농업과 도시 혁명'과 19주제 '전 지구적인 산업화,' 24주제 '세계화와 경제' 등의 단원을 보라.
· PBS Nova Program: Tracking El Niño(1998)
http://www.pbs.org/wgbh/nova/elnino/
기상 이변이 가져온 현재와 과거의 모습에 관한 자료가 있다.
http://www.pbs.org/wgbh/evolution/index.html
한 편의 에피소드와 지원 사이트에서 인류의 기원을 살펴보고 있다.

도시와 도시 생활

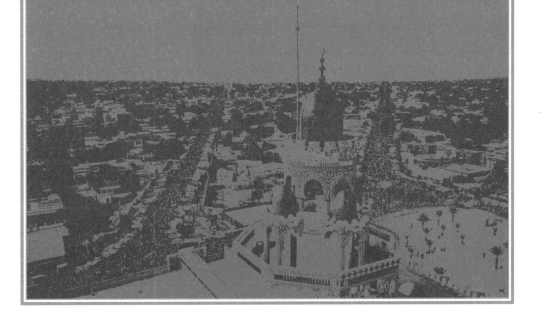

인류 사회에 도심이 등장하면서 생활이 매우 다양해졌다. 마을이 처음 생겨났을 때부터 비교적 규모가 큰 공동체는 그 자체가 인구 성장을 유인하는 자석과도 같았으며 여행자들의 선풍적인 관심을 끌었다. 기원전 3세기에 남인도의 한 시인은 마두라이 시를 방문한 얘기를 하면서 남아시아 대륙의 남단에 있는 그 도시의 사회와 경제, 종교 생활을 생생하게 묘사했다.

시인이 대문을 지나 시내로 들어간다. 대문의 기둥에는 라크슈미 여신상이 새겨져 있다. 축제날이다. 시내에는 수많은 깃발이 펄럭이고 있다. 국왕의 소개로 선장 저택의 지붕 위를 날아다니며 무용을 과시하는 사람들도 있고, 토디(야자수의 꽃으로 만든 발효 음료) 가게를 기웃거리는 사람들도 있다. 거리에는 시장에서 물건을 사고 팔거나 떠돌이 악단의 가락에 맞춰 흥얼거리는 온갖 인종의 물결이 이어진다.

북 소리와 소라고둥 나팔 소리가 울려 퍼지는 가운데 코끼리들을 앞세운 왕의 행차가 거리를 지나간다. …… 노점상들은 달콤한 과자와 화환, 향수 가루, 빈랑(인도인들이 즐겨 씹는 기호품) 꾸러미를 파느라 여념이 없다. 나이든 여성들은 집집마다 돌아다니며 꽃다발과 장신구를 판다. 밝은 색의 옷과 꽃다발을 걸친 귀족들이 황금빛 칼집의 검을 번쩍이며 마차를 타고 지나간다. 작은 탑이나 발코니에 서 있는 향수 뿌린 여성들의 보석이 햇빛에 반짝인다. …… 작업장에서는 팔찌 세공인, 금 세공인, 직조공, 구리 세공인, 목수, 화공 등의 장인들과 꽃 파는 사람들이 일을 하고 있다. 식료품 가게는 망고와 고급 캔디, 밥, 삶은 고깃덩어리를 파느라 부산하다. 저녁에는 매춘부들이 류트(현악기)의 장단에 맞춰 춤추고 노래하며 손님들을 즐겁게 한다. 거리는 음악으로 넘쳐난다. 축제를 즐기러 온 술 취한 시골 사람들이 비틀거리며 다닌다. 자녀와 친구들을 동반한 지체 높은 부인들이 봉헌할 연등을 들고 사원을 방문한다. 그들이 사원 안뜰에서 춤을 춘다. 그들의 노래와 시끄러운 수다가 사원에 울려 퍼진다.

마침내 도시는 잠이 든다. 어둠 속에 출몰하는 유령과 도깨비 그리고 줄사다리와 칼로 무장한 도둑들은 깨어 있다. 야경꾼들도 자지 않는다. 평온하게 밤이 지나간다. 아침은 《브라흐마나》의 성구 암송 소리로 시작된다. 떠돌이 악단의 노랫소리가 다시 들리고 상점 주인들이 가게를 연다. 목이 마른 이른 아침 여행자들을 위해 토디 판매상이 장사를 시작한다. 술고래들이 휘청거리며 일어선다. 여기저기서 문을 여는 소리가 난다. 여성들이 마당에 나뒹구는 축제의 흔적인 꽃들을 치운다. 바쁜 도시의 일상이 다시 시작된다.

(A. L. Basham, *The Wonder That Was India*, New York: Grove Press, 1954, pp. 203~204)

이 내용은 놀랍게도 여러 가지 면에서 현대의 도시 풍경과 흡사하다. 엄청난 양과 다양한 종류의 식품과 물품을 밤낮없이 살 수 있다. 장인과 귀족, 매춘부, 상점 주인, 악단, 선장, 왕족 등 모든 사람들이 도시 생활의 조직 속에 들어와 있다. 밤에는 '유령과 도깨비'의 세계뿐만 아니라 무장을 잘 갖춘 도둑과 도시가 잠든 사이 그것을 지키는 야경꾼의 세상 같은 또 다른 세계가 펼쳐진다. 축제일이기 때문에 종교적 분위기도 활기차다. 심지어 오늘날 인도 도시의 특징마저 보여 주는 놀라운 점은 축제일의 분위기이다. 축제에 나타난 종교적 특색은 그것이 도시 지역에 국한된 것은 아니라 할지라도 문화적으로 인도 사회 특유의 그 무엇이라고 말할 수 있다. 그렇다면 전 세계적으로 도시가 유래한 기원의 공통점은 무엇이고 그것이 서로 다른 문화 환경 속에서 발전하고 시간에 따라 변화하면서 보여 주는 특징은 무엇일까? 사람들이 도시로 모여드는 까닭은 무엇이고 도시 생활에는 또 어떤 장단점이 있을까?

전쟁이나 질병으로 어떤 한 지역에서 단기간에 걸쳐 급격한 감소를 보이기는 했지만 전 지구적인 규모의 인구 증가는 사회 형태의 변화는 물론 인간과 환경의 관계 발전에 중요한 상수 요인이 되었다. 도시는 정주민들이 모여 인구가 조밀한 복잡한 거주지를 형성하면서 생겨나는 특정한 형태의 인간 조직이다. 복잡성은 더욱 증대하는 대규모 사회의 필요조건인 동시에 그 결과였다. 그것은 교역과 통신과 방위 체계의 형태로는 물론 주민을 등록하고 과세를 하며 질서를 유지하는 관료제의 형태로도 나타났다. 종교적인 것뿐 아니라 세속적인 공공질서의 의례와 식품을 사러 시장에 가거나 연례 축제에 참여하는 것과 같은 일상생활도 중요한 모습이다.

이 장에서는 초기 형태의 도시 정주를 촉진한 다양한 요인과 상황을 살펴본다. 초기의 도시 사회와 환경의 관계는 어떠했을까? 전 지구적 산업화와 식민주의의 힘으로 최근의 도시 사회 구조가 어떻게 바뀌었을까? 현대 도시의 탄생을 생각하면서 산업화 시대 이후의 도시 생활의 경험과 급격한 인구 변화가 가져온 혜택 및 전 지구적인 도전을 살펴본다.

세계의 인구

정주 사회는 인간 집단이 한 곳에 머무르는 것을 공동의 목적으로 삼게 되면서 생겨났다. 정주 활동은 세계 어느 곳에서나 일어났다. 이 도시화 과정을 밀어붙인 역동적인 힘은 도대체 무엇이었을까? 인구 증가와 농업 혁신은 상호작용을 통해 자체의 연속성을 강화했고 초기 사회를 구성한 집단과 위치의 변화는 물론 생활 유형에 혁명적 변화를 가져다줄 여건들을 조성했다. 무엇보다도 농업은 세계 곳곳의 인구를 증가시키고 유지시키기도 했다. 농업에 의존하게 되면서 사람들에게는 한 곳에 머무를 필요성이 생겨났다. 영구적인 정주지에 꽤 많은 인구가 모여 살면서 질병 관리가 새로운 과제로 떠올랐다. 그리고 이동성이 높은 주민들은 알려지지 않은 전염병과 기생충, 수자원 따위에도 주의를 기울여야 할 필요가 있었다. 전 세계 어떤 도시도 배후의 농촌과 상관없이 생겨나지는 않았다. 농촌은 도시 사람들에게 끊임없이 식량을 공급했다.

시대를 초월해 나타나는 세계 인구의 주요 특징은 질병과 기근, 전쟁에도 불구하고 그 수가 계속 증가했다는 점이다. 역사인구학은 역사적인 인구의 변화를 연구하는 학문이다. 초기 인류의 생물학적인 자연 증가는 인간 종이 환경의 다양한 변화에 적응하는 데 처음으로 성공했음을 보여 준다. 초기 인류 이주의 상당 부분은 제한된 식량 자원에 대한 인구 증가의 압력 때문에 나타난 것으로 보인다. 장기적이고 누적적인 차원에서는 시간이 흐름에 따라 인류가 일정한 증가 추세를 보이기는 했지만, 개별 집단과 사회의 단기적인 역사 경험 차원에서 보면 인구 증가가 항상 가능하거나 바람직한 것만은 아니었다. 전 세계 여러 지역에 나타난 일시적인 인구 감소의 요인으로 질병과 가뭄, 기근, 전쟁, 자연재해 등을 들 수 있다. 하지만 이런 현상이 인구 증가의 전반적인 추세를 바꿔 놓지는 않았다.

전 지구적인 관점에서 보면, 1만2천 년 전과 4천 년 전 사이 형성된 정주 농업 사회(취락)가 가져온 가장 큰 결과는 인구성장율의 증가였다. 대륙마다 규모가 크고 인구가 조밀한 취락이 생겨났다. 농업민은 혼잡한 상황으로 말미암은 불편함 이외에 다른 곤란도 겪었다. 한 가지 작물에 집중적으로 의존함으로써 자원 소비의 다양성이 떨어졌다. 이것은 대개 식단의 균형을 떨어뜨렸고, 가공식품, 특히 탄수화물(곡물 죽이나 빵 같은)의 섭취가 늘어남에 따라 충치를 발생시켰다. 또한 가축이나 가축 바이러스와 더욱 가까이 접촉한 결과인지 모르겠지만 전염병의 전염성을 더욱 키웠다. 이러한 부정적인 측면을 가진 혼잡한 일상생활 속에서도 촌락이나 읍락 또는 도시에 거주한 초기 주민들의 수명은 때때로 더욱 길어지기도 했다.

역사인구학자들에 따르면 선사시대에 공통적으로 나타나는 인구 증가도 대개 이주나 사망률의 변화 때문이 아니라 그보다 더 높은 출산율과 관련이 있었다. 생각해 볼 문제는 정주 농업민이 왜 더 많은 자녀를 낳았을까 하는 점이다. 우리는 현대의 수렵채취인들에 대한 인구학적 연구를 통해 이와 관련한 적절한 단서를 얻을 수 있다. 일생에 걸친 여성의 출산 횟수에 여러 요인이 영향을 줄 수 있지만 여러 사람들을 통해 확인한 바에 따르면 수유로 말미암은 출산 간격이 중요했다. 수유는 배란과 월경을 억제하는 호르몬(이른바 수유 무월경)을 자극해 출산율을 감소시키는 결과를 낳았다. 농업민의 식단에서는 수렵채취인보다 조제분유(탄수화물이 많고 소화가 잘 되는 시리얼, 동물의 젖)의 입수가 더 용이하기 때문에 유아들이 이른 나이에 젖을 뗐으며, 따라서 출산 간격이 훨씬 짧아지게 되었다. 인구 성장의 추세는 그 이후 줄곧 매우 혼잡한 인류 역사의 특징을 이루게 된다.

고대 취락과 도시화

도시가 형성됨에 따라 정치와 사회, 경제도 더욱 복잡해졌다. 말하자면 수많은 사람들과 직업, 상품, 이념이 하나의 정주지로 모여들어 다양한 욕구들을 만족시켜 주기 때문이다. 도시가 세계 어디에나 등장하기는 했지만 그것은 '도시'를 의미하는 라틴어 키비타스(civitas)의 파생어인 문명(civilization)의 보편적인 발전 단계도 아니었고 초기 형태의 사회가 다다르게 되는 논리적이고도 필연적인 정점도 아니었다. 농업이 상당수의 도시에 나타나는 공통적인 요소였지만 그것이 저절로 도시화로 이어진 것도 아니다. 세계의 일부 지역(예를 들어 멕시코, 파나마, 에콰도르)에서는 사람들이 도시 정주를 시작하기 이전 5천 년가량 동안 곳곳에서 식물을 재배했다. '문명'에 대한 가장 흔한 정의는 우리가 도시라고 부르는 대규모의 복잡한 사회에서 발견할 수 있는 공통의 특징들 가운데 일부 또는 전부를 아우른다. 문명은 대개 종교적인 성격의 기념 건축물, 기록이나 공식적인 기록 보존과 통신 체계, 군사력과 공식적인 통치 구조와 사회 계층화, 그리고 재현 예술 따위도 포함한다. 어떤 힘이 사람들을 대규모 사회로 모여들게 했을까? 도시의 특징을 이루는 특정 형태의 복잡한 사회경제 조직이 장

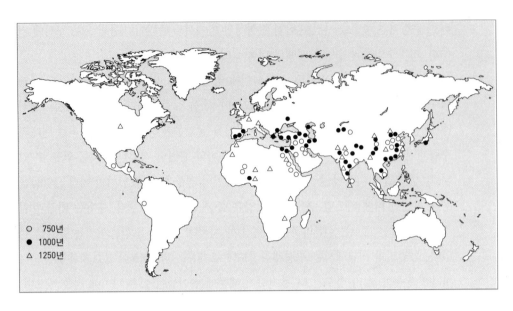

| 지도 3.1 | **초기의 인구 중심지들(750년경~1250년)**

려된 까닭은 무엇일까?

　도시화는 우연히 이루어진 것이 아니다. 도시는 분명 대규모 주거지의 다양성과 자극과 안전을 추구하면서 사람들이 선호한 사회 형태였다. 도시화에 관해서는 세계의 다른 어느 지역보다 서아시아에서 더 광범위하게 연구되었다. 서아시아 지역은 약산성 토양과 건조한 기후 덕택에 자료가 풍부하게 잘 보존되어 있기도 하지만, 세계 최초의 도시로 추정되는 것을 연구하려는 학문적 관심이 컸기 때문이다. 서아시아 최초의 도시는 농작물 재배뿐 아니라 사냥과 채취에도 의존하고 있었다. 사냥과 채취는 사람들이 정주하게 된 이후에도 여전히 필수품을 공급하는 수단이었다. 기원전 6500년 무렵 팔레스타인의 예리코와 같은 서아시아 정주지는 소도시라고 생각할 수 있을 만큼 규모가 컸다. 이 도시들은 원래 상품과 서비스, 문화와 사상의 교류 중심지로서 배후지인 주변의 농촌 지역을 위해 봉사했다. 그리고 도시의 생존을 위해 배후지의 자원을 전략적으로 관리할 필요가 있었고 그 때문에 상비군이 생겨났다.

　예리코는 기원전 9000년까지 거슬러 올라가는 꽤 오래된 상설 취락이었다. 이 지역은 당시 수렵채취인들의 수원(水源)이자 성역으로 마련된 것이다. 그 후손들은 다음 천 년에 걸쳐 떠돌이 생활에서 정주 생활로 돌아섰다. 기원전 8000년 무렵 예리코는 인구가 2천 명가량이나 되었다. 도시는 육중한 석탑을 비롯한 기념 건축물이 있는 보호방어벽으로 둘러싸여 있었다. 예리코는 애초에 농업 중심의 사회는 아니었던 것으로 보인다. 예리코는 아마 홍해에서 아나톨리아로 이어지는 상품 교환, 곧 교역을 통해 부를 창출했을 것이다. 기원전 7000년 무렵 예리코는 쇠퇴를 보이다가 당시 서아시아 전역에 널리 사용한 재료인 햇볕에 말린 흙벽돌로 가옥과 벽을 지은 매우 소박한 농업 중심의 사회로 변신했다. 예리코의 변신은 서아시아 도시의 한 유형을 보여주는 것 같다. 도시가 배후의 농업 발전과 매우 밀접한 관련을 가지게 됨에 따라 상당수의 정주지들이 예리코와 마찬가지로 등장과 쇠퇴, 팽창과 수축의 과정을 겪었다.

농업과 도시 생활의 발전

농업의 발전은 전 세계 대부분의 도시들이 등장하는 데 중요한 역할을 했다. 농업이 도시에 거주하는 인구의 성장을 뒷받침했기 때문이다(2장을 보라). 집약적인 식물 재배의 기술혁신이나 가축 사육의 전문화로 생겨난 잉여 식량 덕분에 사람들의 이주가 가능해졌고, 공동체는 그 규모가 커지고 조밀도가 더욱 높아짐에 따라 도시가 되었다. 도시가 출현하고 생존하는 데는 식량 공급의 안정성이 중요했다. 정주 인구가 팽창하는 데 필요한 자원은 도심의 인구 밀집지와 배후 농업 지대의 통합을 통해서뿐만 아니라 전쟁과 같은 다른 수단이나 교역을 통해서도 확보할 수 있다.

그 뒤로 도시의 규모는 대개 주변 지역이 지닌 농업의 잠재력에 좌우되었다. 이러한 도시 가운데 하나인 터키 중부의 차탈휘위크는 농업이 없이도 복잡한 도시 사회로 발전한 사례를 보여 준다. 기원전 5800년 무렵 이 도시의 인구는 5천 명가량 되었고 가옥 1천 채가 조밀하게 지어졌으며 주변에는 물을 끌어오기 수월한 평원이 있었다. 그럼에도 이 도시 사람들은 야생 식물과 동물을 먹고 살았다. 차탈휘위크에는 초기의 여러 도시들과 달리 중앙의 권위나 사회 계층화를 보여 주는 징후가 나타나지 않는다. 정교한 벽과 토기 입상 또는 매장 모습에서 이 도시의 주민들이 복잡한 종교와 사회생활을 누렸음을 알 수 있다.

도시에서는 일반적으로 종교 전문가와 관련된 활동이 자주 발견되었다. 그 밖에도 숙련 노동자나 장인 같은 전문가들이 있었는데, 이들 가운데 일부는 직업과 관련

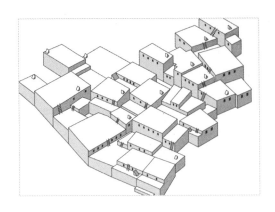

| 그림 3.1 | **차탈휘위크 유적을 복원한 그림**
이 차탈휘위크 유적을 발굴함으로써 도시의
기원에 대한 역사적 견해가 바뀌었다.

한 소중한 비법을 가족이나 가족 관계를 통해 전수했다. 예를 들어 차탈휘위크에는
석기와 모직물, 금속 제품, 도자기를 시장에 내다팔기 위해 생산하는 전문 노동력이
있었다. 이들 전문가들은 도시의 다른 주민들과 마찬가지로 식량 생산을 전업으로 하
는 농촌의 이웃들에게 의존했다. 천 년의 역사에 걸쳐 도시를 유지할 수 있었던 까닭
은 바로 이러한 교역과 교환을 할 수 있었기 때문일 것이다.

차탈휘위크와 예리코의 사회와 문화를 종합해 볼 때 농업과 도시의 출현을 곧바
로 연결하기는 어렵다는 점을 확인할 수 있다. 도시화는 환경을 비롯한 갖가지 우연
한 요인들로 말미암아 복잡해진, 시행착오를 거친 완만한 과정이었다. 환경이나 식량
공급과 도시 설립의 상호작용은 역동적인 과정이다. 전 세계의 그 어느 지역에서도
최초의 시기에는 '최초의 도시'가 출현하지 않았다. 사회 유지를 위해 애쓰는 여러
읍락들이 있었을 뿐이다. 이 읍락의 거주가 더욱 조밀해지고 복잡해지는 과정에서 일
부는 성공을 거두었지만 그렇지 않은 경우도 많았다. 어떤 경우에는 성공이 더욱 큰
규모로 확대되어 훨씬 더 복잡한 도시 체계와 정치 질서를 건설했다. 그렇지 않은 곳
에서는 더 작은 규모의 사회로 생존을 이어 갔고 도심은 사라지게 되었다.

도시의 성장과 환경 요인

도시를 설립하면서 사람들은 환경 요인에 영향을 받기도 한다. 환경의 변화가 잦은
메소포타미아 남부의 수메르는 기원전 4000년 후반에 정주지로서 매력이 큰 곳이었

다. 강수량이 부족하기는 했지만 티그리스와 유프라테스 강의 범람으로 퇴적된 토사 덕택에 그 지역의 땅이 비옥해졌다. 주민들은 지난 천 년 동안 늪을 경작하면서 페르시아 만과 아라비아 만 연안을 따라 조그만 읍 형태의 정주지를 발전시켜 왔다. 영농 관개 기술의 뒷받침을 받은 수로와 제방, 저수지 덕분에 농업 생산이 크게 증가했다. 그러자 더 많은 사람들이 모여들었고 정주지의 인구는 더욱 조밀해졌다. 우루크는 완신세(完新世, Holocene)가 끝나고 기원전 3500년 무렵 이후 건기가 시작되면서 나타난 기후 변화에 뒤따라 수메르에 형성된 도시들 가운데 하나였다.

우루크의 중요한 과제는 급수 문제를 해결하는 일이었다. 건기가 계속되자 매우 복잡하게 나뉘어져 있는 강의 흐름과 수로를 정리하는 대규모 사업이 시작되었다. 우루크는 도시 출현과 환경 사이의 복잡한 관계를 보여 주는 중요한 사례이다. 기원전 2800년 무렵이 되면 수메르의 평원은 더 이상 조그만 정주지들로 가득한 곳이 아니었다. 이 지역에는 우루크뿐 아니라 라가시, 니푸르, 키시 같은 도시들이 생겨났다. 이들 도시는 저마다 강과 주요 운하의 흐름을 따라 난 배후의 정주지와 연결을 맺고 있었다. 이 도시들은 복잡한 관개 기법을 이용해 갈수록 심해지는 건조 기후와 식량 부족 문제에 적응해 갔다. 서기관, 사제, 장인 같은 도시의 직업 전문가들은 보리를 비롯한 여러 식량을 지원받았다. 도시의 조직은 장래에 나타날 역경을 극복하기 위한 공동의 전략을 갖추고 있었다.

동북아프리카 동북아프리카(이집트)의 정주지는 아주 서서히 형성되었다. 아마도 처음에는 기원전 13000년 무렵 동아프리카 중부 일대에서 이주해 온 사람들이 정주했던 것으로 보인다. 이들은 나일 강 유역을 따라 흩어져 있던 취락에서 보리와 밀을 재배했다. 수메르에서와 마찬가지로, 마지막 빙하 작용이 종결되면서 시작된 기후 변화가 나일 강 삼각주를 사막화시키게 되면서 나일 강 유역의 토지 문제가 더욱 심각해졌다. 수원(水源) 근처의 규모가 작은 관개지로 사람들이 몰려들면서 그들은 인구밀도가 더욱 높은 정주지에서 살아야 했다. 그들이 생존하는 길은 자원을 집중 개발하고 분배를 관리하는 길뿐이었다. 도시가 발달한 기원전 제4천년기 말에 이들은 강 유역에 거주하는 사람들과 그보다 앞서 존재한 그 배후의 농목사회 주민들 간의 관계에서 도움을 받았다.

상이집트의 테베와 하이집트 삼각주의 멤피스는 나일 강 자체의 뛰어난 환경 조건을 중심으로 전개된 정치적 · 종교적 발전의 결과물이었다. 이러한 환경 요인에 대한 대응은 기원전 제4천년기 말 나일 강의 자연 범람원과 삼각주의 관개 영농에 토대를 두고 이 지역이 안정된 농업 사회를 형성하는 데 이바지했다. 지역에 따른 강수량의 차이와 장단기적인 나일 강 범람의 추세에 대한 체계적인 대응이 필요했고, 공동체가 함께 사용할 수 있는 물을 관리하기 위해서는 노동을 조직화해야 했다. 이런 과정에서 이집트 도시의 활동은 더욱더 복잡해져 갔다. 도시들은 남부 농업 지역의 지원을 받으며 교역과 동시에 특색 있는 문화의 중심지가 되었다.

농업 체계를 완비하고 나일 강의 범람을 예측하는 일이 정치 · 종교적 지도력의 효율성을 높이는 데 중요했다. 백성을 먹여 살리는 것이 파라오의 가장 중요한 임무 가운데 하나였다. 기근과 풍년은 나일 강의 범람에서부터 식물의 성장과 가축의 번식에까지 이르는 우주 질서의 암시로 보였다. 도시가 더욱 붐비게 되면서 옥상과 때로는 2층으로까지 생활공간이 확대되었다. 배를 타고 나일 강을 오르내리며 거래를 하던 상인들은 나일 강과 육지에 기반을 둔 활동의 중심지를 도시라고 보았다. 고대 이집트인들은 나일 강에서 결코 멀리 떨어지지 않은 채, 강과 육지와 노동을 신앙 세계와 연결시킨 정교한 공동체의 일원으로 생활했다.

남아시아　수메르와 나일 강의 도시와 비슷한 남아시아 최초의 도시는 오늘날의 파키스탄 지역인 인더스 강 유역에서 출현했다. 인더스 강 유역의 하라파 문화는 기원전 2300년 무렵에서 기원전 1500년 무렵 사이에 번성했다. 하라파 문화는 티그리스-유프라테스 지역과 마찬가지로 목축과 제한된 곡물 경작에 기반을 둔 사회들의 네트워크로 등장했다. 유적은 흙벽돌로 만들어진 여러 취락 공동체들이 인더스 강과 그 지류는 물론 아라비아 해의 연안을 따라 흩어져 있었음을 보여 준다. 주민 수가 3만5천 명이 넘었을 것으로 추정되는 대도시가 출현했는데 이는 수메르와 이집트의 도시화를 촉진한 사막화가 인더스 강 유역에서도 도시 발전의 한 요인이었음을 암시해 준다.

가장 잘 보존된 모헨조다로 유적은 인더스 강 중류에 있고 하라파는 동북쪽으로 약 6,500킬로미터 떨어진 인더스 강 지류에 자리 잡고 있었다. 단순한 관개 기술과 더불어 해마다 일어나는 인더스 강 유역의 범람으로 기원전 제3천년기에는 이 지역에 비교적 대규모의 공동체 건설이 가능했다. 하라파의 도시들은 농촌의 생산자들을 도심의 직업 전문가들과 연결하는 국지적 교역 체계와 경제 체계를 구성했다. 이 도시들은 또한 페르시아 만과 메소포타미아, 아프가니스탄, 인도 아대륙의 인더스 강 남부 일대와 접촉을 하는 원거리 교역의 중심지가 되었다.

기원전 1750년 이후 연이어 발생한 홍수는 자원의 고갈을 불러왔고 강 흐름이 변화됨으로써 이러한 성격의 문명이 붕괴되고 말았다. 인더스 강의 물길이 바뀌자 관개 전략의 유형이 바뀌었으며 잉여 식량과 상업 활동이 자취를 감췄다. 주변 촌락 출신의 이주민들이 몰려왔고 도시는 유목 사회로 바뀌었으며 영광스런 성채가 허물어져 성벽만 남게 되었다. 2륜 전차를 타는 사람들이 하라파의 문화 유적에 대한 권리를 주장하면서 자신들의 준유목적 생활방식과 새로운 언어, 그리고 식량과 사회조직과 종교에 대한 매우 다른 관념들을 그곳에 도입했다. 새로운 이주민들은 점차 더 작은 규모의 사회를 이루어 모여 살기 시작했다. 인도 북부의 또 다른 큰 강인 갠지스 강의 일부 주변 지역도 크게 다르지 않았다. 갠지스 강 유역은 기원전 6세기까지 남아시아에서 인구가 가장 많고 생산성도 높았던 도시와 상업의 중심지였다.

| 종교와 상업의 중심지 |

초기 여러 도시에서 나타나는 기념물의 구조를 보면, 그것을 건설한 사람들이 사용한 도시 계획의 기술만큼이나 제의 또는 종교의 중심지로 눈에 두드러진다(4장을 보라). 교역은 도시화를 촉진하기도 했지만 동시에 그 산물이기도 했다. 지역적인 교역과 교환 체계가 발전함에 따라 더욱 큰 규모의 활동이나 정주 중심지가 생겨났다. 제의 중심지들이 대규모 인구가 살아가기 위한 상업 활동의 성장을 유발하기도 했을 것이다. 일반적으로는 많은 사람들의 물질적 욕구가 만족되고 난 다음에 등장한 하나의 특징적인 도시 형태가 제의 중심의 도시였다.

인더스 강 유역 | 인더스 강 유역의 도시들은 기념 건축물을 자랑하는 초기의 중심지들 가운데 한 곳이었다. 각 도시의 중심부에서 사원의 유적이 발견되었다. 제의를 거행하기 위해 참배자들이 그곳에 모여들었을 것이다. 현대의 인도 문화에서 지금도 찾아볼 수 있는 세정(洗淨) 의식이 고대에는 중요한 의식이었다. 인더스 강의 도시에는 공중목욕탕의 흔적이 발굴되었고 글을 읽고 쓴 기록이 남

아 있다. 기원전 2500년 무렵까지 거슬러 올라가는 인더스의 문자는 초기 서아시아의 여느 문자와 다르고 대부분이 해독이 안 된 상태이다. 피라미드와 고분과 사원 같은 공공 제의 건축물은 우주와 사회와 도덕의 질서인 정치·사회·종교의 중심 공간이었다. 이런 공간에는 지배자들에게 봉사하는 승려들이 있었는데 이들을 통해 그 안에 간직한 자원을 재분배했을 것이다. 엘리트를 부양하는 경제 관계를 유지하기 위해서는 도심과 배후 농촌 간의 관계를 보호해야 했다. 종교적 풍습은 대개 자원을 재분배하는 상징적 수단으로 기능을 했고 무력을 사용하지 않고도 가능한 전략적 방법이 되었다.

아메리카 대륙 | 도시화 과정은 성지(聖地)로 대규모 인구가 모여들면서 시작되었다. 기원전 1000년 무렵부터 기원전 100년까지 오늘날 페루의 북부 고지대에 있던 차빈 데 우안타르는 남아메리카 최초의 도시 가운데 하나였다. 신전 광장에는 제의나 종교적인 목적으로 사용했을 견고한 석조 건축물이 세워져 있었다. 도심 바깥 지역과 종교 중심지 주변에는 풍화 작용에 약한 재질로 만들어진 거주지가 있었다. 사람들은 바로 이곳에서 교역을 하고 공예품을 만들었다. 차빈 데 우안타르의 장인들은 특색 있는 토기를 생산했다. '차빈'은 포효하는 재규어와 맹금류를 그려 넣은 토기 양식과 관련된 문화에 공통적으로 붙이는 명칭이 되었다. 증거 자료는 차빈의 주민들과 다른 순례지들 사이에 접촉과 교역이 있었음을 보여 준다. 그런 순례지로는 모치카와 나스카, 연안의 치무왕국, 고지대의 티아우아나코와 우아리 제국이 있다.

멕시코 만의 내륙과 연안을 따라 기원전 1200~900년에 번성한 올메카 족의 도시 사회를 보여 주는 고고학적인 주요 유적(석조 기념물과 조각)이 발견되었다. 아메리카 대륙의 다른 곳에서와 마찬가지로 드넓은 광장과 신전의 최고 장식인 피라미드 건축물은 주로 제의적 성격을 띠었으며 일반적으로 도시 외곽에 자리 잡고 있었다. 배후의 농업 지역에 의존하고 있었음을 암시해 주는 관개 체계의 흔적이 발견되었고, 공예품은 물론 올메카 예술 양식과 주제에 나타나는 특징은 모두 올메카족이 조가비, 돌, 흑요석 같은 원료의 원거리 교역에 종사했음을 시사해 준다.

멕시코 계곡에는 기원전 100년 무렵에 설립되어 서기 750년 잿더미로 변하기까지 지속된 성지 테오티우아칸이 있었다. 오늘날의 멕시코시티에서 그리 멀지 않은 이

| 그림 3.2 | **테오티우아칸 벽화**
테오티우아칸 시 전역에 있는 공동주택 단지의
얇은 바름벽에 이러한 벽화들이 그려져 있었다.
평평한 선형 양식과 원색은 남녀 신들과 관련된
이미지를 묘사하고 있다.

곳에서 2천6백 채가량의 건축물이 발굴되었다. 초창기에는 동굴 사당 같은 형태였을
것이다. 이 사당을 중심으로 작은 취락들이 연합해 규모가 큰 성지를 이루었다. 전성
기에는 왕궁과 신전, 공동주택 단지, 제의 광장, 시장 등이 질서정연한 격자무늬로 배
치되어 있었다. 이 도시에는 적어도 주민 10만 명이 살고 있었다. 안뜰을 중심으로
구성된 대규모 공동주택 단지에는 집집마다 하수도 시설을 갖추고 있었으며, 씨족이
나 동업조합원들이 거주했을 것이다. 사제들의 공간과 창고는 태양의 피라미드 옆에
자리 잡고 있었다.

　테오티우아칸 시의 일상은 날마다 끊이지 않는 방문객들로 붐비고 활기가 넘쳤
다. 밝은 빛깔의 앵무새, 케찰의 깃털, 농촌에서 들여온 식량, 도심에서 처형할 전쟁
포로 등 일상적이고 이국적인 모든 종류의 물품과 사람들이 도시를 드나들었다. 도시
중심부에 사는 사람들은 주로 공동의 뜰을 중심으로 방이 나 있는 호화 주택에 거주
하는 부유한 엘리트와 그 하인들이었다. 노동자들과 장인들은 시 외곽에 살았지만 그
들 가운데 상당수가 상설시장에서 장사를 하고 교환하기 위해 도심을 드나들었다. 시
내에는 또 화려한 의상을 걸치고 가면을 쓴 곡예사들이 많았던 것 같다. 이러저러한
활동을 그린 벽화에는 분장을 하거나 가면을 쓴 인물과 신들에 관한 어휘가 많이 보
인다. 이 도시의 법률은 우주의 자연 질서를 구현한 것으로서 풍요롭고 매력적인 지
상낙원인 만큼 그 요구 조건도 까다롭고 엄격했다. 부양 인구가 10만 명이 넘는다는
사실은 위생 문제와 빈곤, 혼잡이 늘상 존재했다는 것을 의미한다.

　그 밖에 고대 마야(서기 250~900년)의 도시로는 북부 저지대의 도시들 말고도

남부의 티칼과 팔렝케, 코판, 클라크물 같은 유적지들이 있다. 일부 유적지에는 피라미드나 궁전이 있었는데 바로 종교적·제의적 기능이 중요했음을 보여 주는 증거이다. 어떤 유적지는 전망을 위해 동굴이나 언덕과 같은 자연 지형을 이용하고 있다. 조각한 비석에는 지배자들을 묘사한 그림이나 전쟁과 교역의 내용이 기록되어 있다. 고대 마야인이 집중적으로 분포한 유카탄 반도의 저지대에는 50여 개의 도시가 있었다. 이 도시들은 종교 의식을 수행하기 위한 제의 중심지로서 다른 곳보다는 높은 지대에 자리 잡았다. 마야의 주요 도시인 티칼은 5만 명에 달하는 인구를 자랑했다. 마야의 도시들은 외딴 지역을 통제하고 자원을 징발해 도심의 풍요로운 물질생활의 바탕으로 삼았다. 마야의 도시들은 자원뿐만 아니라 종교적 위신을 놓고 경쟁을 벌였다. 마야 경제의 기초는 옥수수 재배였고 도시 주민들 대부분은 농민들의 지원을 받았다. 다른 자원들은 강제로 징발했다. 샤먼 왕이 전쟁을 지휘했던 모습에서 볼 수 있듯이 전쟁은 제의적 성격이 뚜렷했다.

중국 　동아시아 최초의 도시도 제의 중심지였다. 중국에서 도시화가 시작된 것은 고대의 정치 질서, 특히 최초의 왕조 국가인 상(商, 기원전 1600~기원전 1046년)의 건국과 직접적인 관련이 있다. 상나라 왕들은 정치적 권위의 기초를 왕조 종교의 주신과 소통이 가능한 조상들의 혈통에 두었다. 종교가 정치적 권위를 정당화해 주었기 때문에 통치자가 거주한 왕도(王都)는 고대 중국의 왕위와 도시화 간의 긴밀한 관계를 구현한 신성한 제의 중심지였다. 상의 지배자들은 방어할 필요성이나 자원에 대한 접근성이 바뀔 때마다 왕도를 몇 차례나 옮겼다.

안양(安陽)에는 과거 상나라의 도읍들과 마찬가지로 청동기와 2륜 전차와 비취 같은 풍부한 물질문화뿐만 아니라 제의 중심지로서 인신공양의 흔적을 보여 주는 왕릉이 있었다. 중국 북부에 위치한 오늘날의 안양 시 근처에는 상나라 후기 왕도의 유적이 있다. 이 유적이 발굴된 것은 20세기 초였다. '왕궁'은 안양 유적 지대의 다른 건축물들과 마찬가지로 단단한 토대 위에 초벽(진흙과 나무 막대기를 섞어 만든) 구조를 세워 만들었고 오래될수록 윤이 나는 흙마루도 있었다. 저장 구덩이와 배수구는 밀집 인구의 실용적인 필요를 채워 주었고 사람들 가운데 상당수는 지하의 '갱' 주거지에 살았다. 사회의 계층은 단단한 흙마루가 있는 귀족의 지상 주거지와 4미터 깊이의 도시 평민의 갱 주거지의 구분에서 뚜렷이 나타났다. 도시에 살던 평민의 주거지는 농촌에 거주한 사회 신분의 주거 형태와 다를 바 없었다.

　　지배 엘리트가 다수(농민과 제조업자)의 노동 성과에 대한 소수(상나라의 왕과 귀족)의 권리 주장을 통해 정치적 예속민들의 노동력을 동원할 수 있게 되면서 도시 지역의 정주가 가능해졌다. 농민과 장인들은 무덤의 부장품에 나타나는 풍부한 물질문화의 증거물뿐만 아니라 일상생활을 뒷받침해 준 물품과 식료품을 생산했으며 소수의 엘리트가 이들의 노동력을 관리했다.

　　중국의 수도들은 기원전 3세기에 제국을 통일한 이후에도 과거의 제의적 기능을 계속 유지했다. 제국의 수도를 비롯한 여러 도시는 본래 정주나 생산과 교역의 중심지라기보다는 행정과 정치의 중심지였다. 그 부지는 풍수지리를 이용해 선정했다. 다시 말하면 도시의 거주민들에게 이로움을 줄 것으로 생각되는 지형학적 경관을 선택했다. 자비로운 남쪽 바람을 맞이하기 위해 제국 통치자의 궁전을 비롯한 주요 건축물들은 남향으로 지었다. 한(漢, 기원전 206~서기 220년)과 당(唐, 서기 618~907년) 왕조의 수도였던 장안은 중국의 북서부에 자리 잡고 있는 비단길의 동쪽 종착지이기도 했다. 도시는 수도로서 제국의 모범적인 질서를 보여 주듯이 대칭과 질서를 구현하고 동서와 남북으로 도로가 난 정방형으로 건설되었다.

도시화와 정복, 상업의 성장

8세기 중엽에는 장안이 아마도 세계에서 가장 큰 도시였을 것이다. 도시 성곽 안과 인근 교외에 거주한 인구가 백만 명이 넘었다. 장안은 비단길의 종착지로서 중앙아시아를 횡단하는 대규모 대상로를 통해 상품을 받아들였다. 이 대상로는 또 유라시아 대륙의 다른 지역으로 중국의 비단과 후추를 실어 나르기도 했다. 장안은 이처럼 제의와 정치의 중심지로서 제국의 수도인 동시에 국제 교역의 중심지였다. 중소 도시는 당 말기부터 점차 상업의 중심지로 성장하기 시작했다. 이 상업 도시들은 성벽으로 둘러싸인 정치 권력자들의 집단 거주지인 행정 도시와 나란히 존재했다.

서아프리카　도시들은 때때로 대외 교역에 자극을 받아 상업의 중심지로 등장했다. 반면에 시간이 흐름에 따라 서서히 팽창해 간 지역적인 도시 체계에 그 기원을 둔 도시들도 있다. 도시 체계가 더욱 완만히 진전되면서 위계화된 관런 지역들을 통합해 갔다. 오늘날의 말리에 위치한 제네-제노의 고고학 발굴 자료는 수단 서부의 도시가 자생적으로 성장했음을 확인해 주었다. 방사성탄소 자료를 통해 기원전 250년 이전부터 제네-제노로 이주가 끊이지 않았음을 발견했다. 초기 단계에는 이 지역의 주민들이 물고기를 잡고 사냥을 하며 토기를 사용했다. 또한 소를 사육했고 서기 1세기 무렵에는 아프리카 벼를 재배했다. 그와 동시에 사람들이 내구성이 더 좋은 진흙 건물을 짓기 시작했으며 정주지의 규모는 10헥타르로 늘어났다. 전성기(서기 400~900년)에는 제네-제노의 규모가 세 배 이상으로 늘어났고 인구가 7천 명에서 1만 명에 달했다. 이곳에서 발견된 토기와 테라코타 조각, 구리, 철 찌꺼기, 금 등은 이곳에 풍요로운 물질문화와 기술의 발전 그리고 원거리 교역 활동이 있었음을 보여 준다.

초기의 제네-제노는 기념 건축물이 없는 상업 도시였지만 도시 둘레에 폭이 3미터나 되는 커다란 성벽이 있었다. 서아프리카 도시의 성벽 건축 전통이 그렇다시피 제네-제노의 성벽은 방어를 목적으로 한 것이 아니었다. 성벽은 바로 도시의 정체성을 확인하고 도시 엘리트들이 상품과 대상(隊商)과 사람의 흐름을 보호하고 징세를 하며, 그렇게 함으로써 초기의 다른 도시들과 마찬가지로 도시와 농촌을 구분하기 위해 세운 것이었다. 12세기 이전의 언젠가는 이슬람교의 상인 성직자들이 사하라 무역에 열심인 교역 대상(隊商)에 참여했다. 서아프리카의 이슬람 지역에서는 도시를 연결하는 원거리 교역로를 보호하기 위해 군사 국가를 창설하기도 했다. 이 군사 국가는 자원에 전략적으로 접근하기 시작하면서 강성해졌다. 결국 서아프리카의 이슬람 도시들은 제네-제노와 마찬가지로 모스크 도시라는 분명한 도시의 특징을 지니게 되었다.

제네-제노는 서아프리카 상당수의 다른 도시들과 마찬가지로 주요 교역로의 교차점에 자리 잡고 있었다. 도시는 금을 비롯한 여러 가지 상품의 주요 집하지로서 서아프리카의 상업 발전에 중요한 역할을 수행했다. 제네-제노는 여타의 정치 · 사회 · 경제적 중심지들과 마찬가지로 안정된 농업 기반을 갖추고 있었다. 나이저 강 내륙 삼각주의 비옥한 범람원에서 농부들이 벼, 수수, 기장을 먹고도 남을 만큼 충분한 곡식을 생산했고 이것들과 함께 훈제 식품과 건어물 따위를 교역용으로 생산했다. 제네-제노는 대초원과 사헬(Sahel) 가운데에 자리 잡고 있었고 나이저 강을 따라 운행하는 믿을 만한 카누 수송의 노른자위에 위치해 있어서 지역의 교역 망에서 중요한 역할을 수행했다. 이런 여건 덕택에 다음 세기에는 아라비아인들과 교역을 급속히 확대시킬 수 있었다.

제네-제노의 사례는 도시가 농촌을 빼 놓고는 생각할 수 없다는 점을 보여 준다. 지역 고유의 교역과 독립적인 도시 발전은 사실상 하나의 체계 속에 통합을 이루고 있는 도시와 배후 농촌의 관계에 달려 있었다. 고고학자들이 당시의 유적 42곳을 표본으로 삼아 100제곱킬로미터에 달하는 제네-제노의 배후 농촌 지역을 조사했다. 그 규모와 다양성을 고려해 볼 때 이들 지역은 틀림없이 제네-제노를 중심으로 삼아 위계적 관계를 맺고 활동했으며 마치 바퀴살처럼 그 규모가 작을수록 더욱 멀리 떨어져 있었을 것이다. 이러한 양식은 더 나아가 제네-제노를 중심으로 한 역내 경제와 고도의 도시화가 존재했음을 뒷받침해 준다. 제네-제노는 독자적으로뿐만 아니라 고대의 화려한 도시 체계 속에서 번영을 구가했다.

북아메리카 | 대서양과 그레이트플레인스 사이, 미시시피 및 오하이오 강 유역과 멕시코 만 사이, 오늘날 미국 동남부에 해당하는 지역의 북아메리카에서도 도시가 등장했다. 이 도시들은 세계 다른 지역의 도시들과 마찬가지로 복합적인 농업 체계와 교역의 중심지였다. 이곳은 지역 경제를 통합하려는 시도 속에서 가장 규모가 큰 도시들이 등장한 미시시피 문화 지역이다.

미시시피 문화는 서기 700년 이전에 발전하기 시작해 1400년대까지 이어졌다. 이 지역에서는 중앙아메리카에서처럼 강낭콩, 옥수수, 호박 등의 경작을 통해 농업이 늘어나는 인구를 부양할 수 있었다. 미시시피인들(넓은 지역에 분포한 여러 종족과 문화를 일컫는 일반 명칭)은 농장과 마을 또는 중소 도시에 살았다. 하지만 그 어느 것도 미시시피 문화의 중심지인 카호키아와 견줄 수 없었다. 카호키아는 현대 도시인 미주리 주 세인트루이스의 강 건너 맞은편, 곧 오늘날의 남일리노이에 자리 잡고 있었다. 전성기인 1100년 무렵 카호키아는 인구가 2만5천 명가량 되었다. 이곳을 중심으로 그 배후의 마을과 촌락에는 더 많은 사람들이 거주했다. 카호키아 도심의 인구밀도가 높아지면서 이들 배후의 소규모 취락들은 상품 생산과 서비스 제공, 그리고 도심과 연결해 준 제의 행사 참여를 조정함으로써 점차 구조화된 의무와 기회의 수요를 충족시켜 나갔다. 이처럼 도시의 발전은 도심에 거주하는 사람들뿐만 아니라 시 외곽에 사는 사람들에게도 영향을 끼쳤다.

카호키아는 미시시피의 다른 도시들과 마찬가지로 허드슨 만에서 멕시코 만, 나아가 중앙아메리카로 이어지고 대서양에서 로키산맥으로 이어지는 교역 망 속에 있었다(6장을 보라). 카호키아의 무덤들은 그곳을 중심으로 한 교역의 규모를 보여 준다. 슈피리어 호에서 캔 구리와 오클라호마·노스캐롤라이나 지역의 부싯돌 그리고 상당히 멀리 떨어진 곳에서 생산된 예술품이 그곳에서 많이 발견되었다. 카호키아 지역은 대략 16제곱킬로미터에 달했는데, 방책과 요새를 쌓아 방어하고 있었고 인공 토루가 100개를 넘는다. 그 가운데 북아메리카 최대의 토루인 몽크스 마운드는 그 토대가 37헥타르, 높이가 30미터나 된다. 몽크스 마운드는 유럽인이 정복하기 이전에 아메리카 대륙에서 규모가 가장 큰 인공 구조물 가운데 하나였다. 미시시피의 도시에서 흔하게 볼 수 있었던 토루는 미시시피인들을 왜 '토루를 만드는 부족'이라고 일컫는지를 설명해 준다. 토루는 중앙아메리카 및 남아메리카에서와 마찬가지로 신전이나 봉분처럼 의식적이고 제의적인 목적으로 사용되었다. 또한 농촌을 확실하게 통합함으로써 경제적으로 중요한 역할을 하기도 했다. 토루는 그 지역에서 가장 구하기 쉬운 재료인 진흙과 갖가지 곡물로 매우 공을 들여 만들었다. 사람들이 곡물을 가져다가 토루 안에 집어넣었다. 미시시피 문화는 1200~1300년에 그 정점에 도달한 다음 인구가 감소하기 시작하더니 점차 도시들이 쇠락해 갔다. 카호키아 문명이 몰락한 원인을 온전히 알 수는 없지만 정치 경제적 권력을 둘러싼 지역 경쟁을 통해 다른 중심지들이 발전하게 된 데 일부 원인이 있을 것이다.

지중해의 도시들 | 지중해 지역의 도시들도 도심의 상업적인 부를 통합한 복잡한 정치 질서의 등장을 보여 주었다. 지중해 최초의 도시 발전은 아테네에서 찾아볼 수 있다. 성벽과 초기 형태의 성채, 탑 조각, 무덤 등의 유적은 기원전 1500년에 이미 취락이 있었음을 암시해 준다. 이러한 유적은 그곳이 약간의 중요성을 지닌 조그만 장소, 곧 주로 지역적인 중요성을 지닌 정주지였음을 보여 준다. 그리스의 시인 호메로스(기원전 800년경)는 아테네인들이 처음으로 정주지를 건설한 가파른 언덕 위 아크로폴리스나 아티카에 대해 이따금씩 언급했다. 아테네가 마을과 농지를 배후로 삼은 도심으로 부각된 것은 바로 아티카가 남녀 신들을 모신 특별 구역으로서 역할을 했기 때문이다.

고대 아테네의 가장 중요한 행사는 도시의 수호신인 아테나 폴리아스('도시의')

여신을 기념하는 연례 국가 제전인 판아테나이아 제전이었다(4장을 보라). 제전은 4년마다 대규모로 개최되었으며 음악 경연과 호메로스 서사시 암송, 체조 및 기병 시합, 도시를 지나 아크로폴리스에 위치한 아테나 여신의 신전을 향한 길고 다채로운 행렬로 이루어졌다. 이러한 장관의 정점은 아테나 여신상에 화려한 겉옷인 페플로스를 봉정하는 것이었다. 여성들은 실을 잣고 천을 짜는 데 대부분의 시간을 할애했는데 아테네의 엘리트 여성들도 예외는 아니었다.

아고라 또는 시장은 모든 사람이 잉여 농산물이나 제품을 거래할 수 있는 상업 생활의 중심이었다. 어떤 지배자도 사람들이 고가품을 유통하거나 사용하는 것을 통제하지 않았다. 아고라는 시민 포럼이기도 했다. 지주들이 참배나 시장 거래를 마친 뒤에 일종의 야외 민회에서 사회 공동의 문제(관세나 정치 또는 전쟁 문제 따위)에 대해 논의했을 것이다. 아테네에서는 공동으로 내린 결정을 한 개인이 내린 것보다 우선시했다.

아테네에서는 독립적인 농촌 생활과 도시 사회를 연결해 주는 소농들이 줄곧 매우 중요한 역할을 해 왔다. 그들은 보병으로서 도시를 방어하는 일도 담당했다. 농부들은 종교 제전이나 민회에 참석하기 위해 장날에는 도심으로 갔다. 이런 형태의 생활을 포기하고 도시의 상주 거주민이 된 최초의 아테네인들은 장인과 숙련공, 제철공, 도공, 직조공, 제혁업자들이었다. 이 숙련 노동자들은 농촌 노동자와 도시 빈민을 업신여겼다. 기원전 750년과 기원전 550년 사이에는 부족한 아티카의 경작지를 더욱 부족하게 만든 인구 폭발로 도시 거주민의 수가 불어났다. 도시의 팽창은 도시 내의 복잡성을 증대시켰을 뿐 아니라 도시 외부로 교역을 확대시켜 나갔다.

아테네인들은 바다로 눈을 돌렸다. 교역과 기업가 정신은 해외 거래처 마련과 팽창으로 이어졌다. 상업은 물론 그와 관련된 가치가 득세하게 되었다. 지중해를 무대로 교역한 상인들이 막대한 부를 창출했다. 기원전 5세기 무렵에는 다수의 중간 상인들이 이 교역의 이익 분배에 참여하기 시작했다. 아테네는 특산품을 개발하고 그와 동시에 상당량의 원료와 식품을 수입했다. 아테네인들이 소비한 곡물의 3분의 2를 도시국가 바깥에서 수입했다. 초기의 도시 계획자들은 독특한 참여 정부 체제인 도시국가 아테네가 공적이고 정치적인 복합 기능을 담당해 낼 수 있을지의 여부가 인구 성장을 제한하거나 시의 경계를 얼마나 확대하는가에 달려 있음을 알게 되었다.

남아시아 | 아테네인들은 멀리 남아시아 아대륙의 번영하는 도시들에 대해 알고 있었을 것이다. 기원전 331년 알렉산드로스 대제가 과가멜라에서 페르시아의 다리우스 군대를 물리친 다음 인도 아대륙으로 관심을 돌렸다. 그리스인 메가스테네스(기원전 350년경~기원전 290년)가 기원전 4세기의 기록에 갠지스 강의 교역로에 위치한 정치 경제의 전략적 중심지인 파탈리푸트라 시를 묘사하고 있다. 파탈리푸트라는 찬드라굽타 마우리아가 기원전 322년에 건국한 마우리아제국의 수도였다. 메가스테네스가 기록을 작성할 당시부터 두 세기에 걸쳐 파탈리푸트라는 아마도 세계에서 가장 규모가 크고 가장 복잡한 도시였을 것이다. 탑 570개와 성문 64곳이 딸린 거대한 목재 성벽으로 둘러싸인 파탈리푸트라는 조직을 잘 갖춘 부유한 경제 체계의 중심지로서 도시 안에는 농장과 곡물 창고와 직물 공장 그리고 해상 교역용 선박을 제조하는 조선소가 있었다. 파탈리푸트라는 왕궁, 사원, 정원, 공원은 물론 대학과 도서관까지 갖추고 있었다.

몇 백 년 뒤인 서기 3세기에는 남인도 국가의 수도인 마두라이 시가 정치, 경제, 문화, 종교의 중심지로 번성했다. 마두라이는 당시 남인도의 다른 도시들과 마찬가지로 주로 동남아시아를 상대로 한 해상무역으로 부유해졌으며 도심에는 사원이 우뚝 솟아 있었다. 마두라이는 기원후 처음 몇 세기 동안 전 세계에 걸쳐 발견된 도시들의 특징인 사회, 경제, 문화적 복잡성을 보여 주었다.

인도 아대륙의 도시 문화는 거듭되는 정복의 영향을 크게 받았다. 규모가 크든 작든 전통적인 인도 도시들은 왕궁과 사원이라는 두 지점에서 만났다. 도시 빈민의 가옥은 나무와 갈대, 흙벽돌로 벽을 치고 밀짚으로 지붕을 이은 초라한 오두막이었다. 상당수의 도시 빈민은 집이 없어 시내 어느 곳이든 가능한 곳에서 노숙을 했다. 왕궁과 사원은 대개 나무와 넓은 호수와 연못을 특징으로 한 넓은 지역으로 둘러싸여 있었다. 요새화된 도시들은 그 일부가 가시투성이의 관목으로 뒤덮인 토루로 되어 있는 외호와 군대 방어를 위한 여러 개의 망루와 발코니가 있는 높은 성벽으로 둘려 있었다.

이슬람 세계 | 방대한 이슬람 세계의 활동 영역은 신앙과 상업 활동의 중심이었던 대도시들에 의존하고 있었다. 교역의 번성은 대개 팽창을 위한 정복에 달려 있었다. 서기 1000년부터 1200년까지 늘 침략의 대상이었던 고대의 힌

두 도시 델리는 무슬림 술탄의 통치기(1206~1526년)에는 수도였다. 도시에 나타난 가장 중요한 변화 가운데 하나는 힌두 사원의 파괴였다. 무슬림은 파괴한 사원의 자재를 모스크와 성채를 건설하는 데 사용했다. 인도 북서부 국경의 불교 승원들도 13세기부터 16세기까지 술탄들의 침략 대상이 되었다.

남아시아 아대륙뿐만 아니라 유라시아와 아프리카에서도 무슬림 제국의 창설은 대도시의 성장으로 이어졌다. 도시 생활의 수요와 복잡성은 이슬람 도시의 주민들을 위한 원거리 교역에 추진력과 방향을 제공해 주었다. 바그다드나 콘스탄티노플 같은 이슬람의 대도시는 교역과 제조업의 중심지였다. 상인과 가게 주인과 숙련공으로 이루어진 안정된 도시 주민들 주변에는 그보다 많은 비숙련 노동자와 행상인, 거리 청소부, 불완전 노동자들이 있었다. 농촌 이주민들의 상당한 비율이 이 불완전 노동자 계층을 이루고 있었다. 도시 외곽에 있는 시장 판매용 채소 재배 농원은 농촌 출신의 불안정한 노동력을 흡수했다.

이슬람 도시의 구조는 교역과 제조 같은 경제적 역할에서부터 종교와 학문, 행정과 사법에 이르기까지 여러 역할들을 반영하고 있었다. 모든 이슬람 도시는 두세 곳 이상의 주요 건축물 단지로 이루어져 있었다. 주요 법정과 고등교육기관과 성물을 파는 가게로 둘러싸인 대형 모스크가 그 가운데 하나였고 도시의 역사와 동일시되는 성인을 모신 사당도 아마 여기에 포함되었을 것이다. 다른 단지에는 중앙 시장(주요 교역 장소)과 환전소, 창고, 현지 제품이나 수입 제품을 파는 가게가 있었다. 정부 청사는 세 번째 단지에 해당할 것이다. 정부의 권력은 일상의 도시 생활 속에 존재했다 (야경꾼과 시장 감독관과 경찰로서). 이런 모습은 큰 건축물이나 때로는 화려한 공공 건축물에도 표현되어 있었다.

이들 건축물 근처에는 부유한 무역업자와 상인과 숙련공들 그리고 이어서 학자와 종교 지도자들이 거주했다. 하지만 도시 인구의 대부분은 좁다란 거리와 골목으로 뒤엉킨 도심 외곽의 구역들에 살았다. 각 구역에는 자체의 모스크나 사당과 시장, 공중목욕탕이 있었다. 특정 종교나 종족 집단이 거주하는 구역도 있었다. 도시 변두리 성벽의 근처나 그 너머에는 농촌에서 이주해 온 빈민들이 모여 사는 구역들과 시끌벅적하고 악취가 나는 직종(제혁이나 도축)의 작업장들이 있었다. 성벽 밖에는 공동묘지도 있었다.

이슬람 도시에 거주하는 비무슬림들은 무슬림 가정들과 떨어져 살았다. 그들은 특별세(지즈야)를 납부했고 이슬람법이 요구하는 대로 특별한 양식의 의상을 걸치고 이슬람과 관련 있는 색깔(특히 녹색)을 피함으로써 다르다는 표지를 보여 주어야 했다. 그들은 무기 소지나 승마를 금지당했으며(에스파냐령 아메리카의 원주민들과 흡사하게) 허가 없이 새로운 예배당을 건축하거나 이슬람 예배 공간으로 사용하던 건물을 수리할 수 없었다. 결혼 관련법은 더 엄격했다. 이교도들은 무슬림과 결혼할 수 없었고 무슬림의 재산을 상속받을 수도 없었다. 그리고 기독교인이나 유대교인이 미술과 같은 경제활동의 일부 중요한 자리를 차지할 수는 있었지만 음식 조리와 같은 다른 활동에서는 사실상 배제되었다.

　이슬람의 모든 도시가 상업적인 성격을 지니고 있었지만 어떤 도시는 제국의 행정 중심지로 출발했다. 바그다드는 서기 750년 무렵 이슬람 아바스제국의 수도이자 칼리파(신의 대리인)의 고향으로 건설되어 5백 년이 넘도록 세계적인 교육과 문화의 중심지였다. 이 시기에 바그다드는 박물관과 병원, 도서관, 모스크, 목욕탕의 도시가 되었다.

　　사람들이 도시의 목욕탕 수를 하나하나 세어 봤을 리는 없지만 어떤 족장의 말에 따르면 동부와 서부 지역을 통틀어 목욕탕이 2천여 곳이나 되었다고 한다. 그 대부분은 광택이 나는 검은 대리석처럼 보이도록 건물 벽에 역청을 칠했다. 이 지역의 거의 모든 목욕탕은 이런 모양새였다. …… 사람들이 동부와 서부 양 지역의 평범한 모스크를 중시했을 리가 없고 그 숫자를 계산했을 리는 더욱 없다. 30여 개나 되는 대학은 모두 동부 지역에 있었다. 그 대학들은 대부분 궁전을 능가할 만큼 큰 규모를 자랑했다. 그 가운데 가장 크고 유명한 대학은 니자미야대학이다. 니잠 알-물크가 설립한 이 대학은 이슬람 기원 504년에 복원되었다. 대학마다 그곳에서 가르치는 파키들의 생계를 지원하고 학자들에게 분배해 줄 어마어마한 기금과 조건부 자산을 보유하고 있었다.

　　(R. J. C. Broadhurst, *The Travels of Ibn Jubayr*, London: Jonathan Cape, 1952)

　제국의 성장과 쇠퇴가 도시의 운명에 영향을 끼쳤다. 콘스탄티노플은 로마제국이 몰락한 이후 비잔티움제국의 수도였다. 그 도시는 또한 비단길의 서부 종착지였으며 1432년에는 오스만제국의 수도가 되었다. 바그다드는 1258년 몽골족에게 정복되고 파괴되었다. 새로운 지배자들은 페르시아와 이라크에 일칸국을 수립하고 페르시아 북부에 새 수도를 마련했다. 바그다드는 새로운 몽골제국 안에서 2류 도시로 전락했으며 무슬림 세계를 선도하는 역할은 카이로로 넘어갔다. 카이로의 칼리파 지위가 회복되었으며 지중해와 인도양을 오가는 교역의 대부분이 이곳을 경유했다.

　14세기에 이븐 바투타가 기록한 대로 카이로는 번영을 구가하는 활기찬 도시였다. 사람들이 '세계의 어머니 도시'라고 부른 카이로는 13세기와 14세기 그리고 15세기 초까지 번성했다. 그 인구는 14세기 전반에 정점에 달해 50만을 헤아렸다. 13세기 동서 무역에서 카이로가 핵심 역할을 하는 도시로 도약하기 훨씬 이전부터, 번창하는 상인들은 이 도시의 활기찬 상업 생활에 이바지하고 있었다(6장을 보라). 오스만제국의 수도 콘스탄티노플이나 유럽에서 꽤 규모가 큰 여느 도시와 마찬가지로 카이로의 중요성이 커진 것은 무슬림 정복의 결과였다. 오스만제국이 이집트를 관리하게 된 14세기 무렵 카이로는 인구 25만 명을 가진 세계 주요 도시로 성장했다. 그 인구는 17세기 말에 30만 명 정도로 증가한다. 카이로는 이때도 여전히 아프리카와 서아시아, 유럽을 무대로 한 교역과 문화 교류의 주요 중심지였다.

상업 도시의 팽창

서기 1000년 유럽의 인구는 그보다 1천 년 앞선 로마제국 전성기와 비슷한 3천6백만 명가량이었다. 12세기와 13세기에는 한계 토지(도시 주변부의 토지)의 경작 확대로 인구가 급속히 증가해 8천만 명에 육박했다. 하지만 도시의 인구 증가는 대부분 질병과 폐결핵 때문에 멈추기도 했다. 알려진 대로 흑사병은 대도시를 통해 급속히 확산되면서 유라시아 전역의 인구를 엄청나게 감소시켰다. 이 질병은 아마도 중국 남서부의 윈난 지역에서 발병해 처음에는 몽골족의 군사적 침입을 통해, 나중에는 아프리카·유라시아의 교역로를 따라 확산되어 나갔을 것이다. 허베이 성(오늘날의 베이징 시 근처)에서는 무려 인구의 90퍼센트가량이 사망했다. 역병이 계속 창궐한 유럽의 여러 지역에서는 1400년에 인구가 1천9백만 명 정도로 줄어들었다.

　질병뿐만 아니라 기아도 도시의 빈민을 괴롭혔다(8장을 보라). 초기의 파리는 여러 중심지에서 인구가 팽창하는 성장의 고통을 겪었다. 파리 취락은 기원전 4세기 이전 시기에 중심지이자 방어 가능 지역인 센 강의 한 섬에서 시작되었다. 오늘날의 시테 섬보다 훨씬 작은 이곳 주민들은 거기에서 센 강의 하류로 배를 타고 영국 연안에 도착했을 것이다. 하천 무역이 늘고 부가 증가하면서 파리는 종교 중심지가 되기도 했다. 로마인들은 이곳에 주피터 신전을 건립했고 그 뒤 기독교인이 서기 3세기 무렵 이곳에 북유럽 최초의 주교구 가운데 하나를 설치했다. 주교 소재지가 되자 비로소 파리는 기독교인들이 생각하는 도시가 되었다. 세속 정부, 상업, 산업, 문화의 측면에서 유럽의 주요 도시가 되는 데는 천 년이 더 걸렸다.

대개 농촌과 도시 생활의 구분은 그다지 분명하지 않았다. 거리는 진흙투성이의 방목장이었고 그곳에서 양과 돼지가 풀과 음식물 찌꺼기를 먹었다. 12세기 파리의 '교통 정체'로 돼지 한 마리가 말의 다리 사이를 뛰어다니고 그 바람에 말을 탄 왕자기 안절부절 못하는 일이 발생한 적도 있었다. 집집마다 부족한 것을 보충하고 값비싼 식품 비용을 해결하기 위해 채소밭과 포도원(도시의 성벽 너머에)을 보유하고 있었다. 하지만 가난과 굶주림에 시달리는 사람들이 여전히 많았다. 심지어 파리의 부유층이라고 해도 도시 인구가 증가함으로써 나타나는 불쾌함과 오염을 피할 수 없었다.

도시의 큰 시장에서 제품을 생산하고 판매하기 위해 모여든 피혁공과 금속 세공인, 직조공, 기타 숙련공 같은 전문가들이 도시의 교역과 경제를 발전시키는 데 이바지하기는 했지만 한편으로 수질과 위생을 크게 악화시켰다. 파리의 시정부는 규제와 관리를 시도하면서 커다란 문제와 불평에 직면했다. 도살장에서 나오는 동물 시체와 피, 피혁 공장에서 나오는 오줌과 알칼리 성분과 소금, 제련 공장에서 나오는 노폐물, 석탄을 비롯한 연료를 태우면서 나오는 숨 막히는 매연, 시끄러운 기계 소리, 이 모든 것들이 도시 주민들에게는 달갑지 않은 생활환경을 만들어 냈다. 쥐 같은 해로운 동물과 질병도 들끓었고 오물은 도시 어느 곳에서나 익숙한 생활 조건이었다. 공중목욕탕(바그다드와는 대조적으로 1268년 파리 전역에 걸쳐 32곳밖에 없었다)은 그곳이 난잡한 성행위의 온상이 된다는 이유로 교회에서 금지했다. 역병이 돌 무렵 파리의 도시 집중은 질병의 확산에 특히 취약했다. 이 질병으로 한 해에만 주민 3분의 1가량이 사망했을 정도이다. 도시와 주변 농촌 간의 관계는 밀접했다. 이탈리아와 네덜란드에서처럼 도시의 수가 많은 곳에서는 특히 그러했다. 그리고 권력과 지배의 균형이 농촌에서 도시로 그리고 토지에서 바다 세계와 더욱 긴밀한 관련을 맺은 시장으로 서서히 이동했다.

역병과 전염병, 기근 같은 큰 장애물에도 불구하고 1500년 무렵 세계 인구는 4억

5천만 명에 육박했다. 3백 년이 지나 1800년이 되면 두 배로 늘어 지구에 9억만 명이 살아가게 된다. 1500년과 1800년 사이에는 전례 없는 인구 이동이 전 지구적으로 일어나기도 했다. 인구 중심지가 이동함으로써 새로운 도시가 생겨났고 도시가 재건되고 확장되었으며 새로운 해상 세력이 부상함에 따라 주변부로 밀려난 지방 도시들은 쇠퇴하게 되었다.

1500년 무렵부터 시작된 교역의 세계화는 도시에 매우 강력한 영향을 끼친 상업과 기술의 변화를 일으켰다. 도시는 인구와 생산과 물품 소비의 중심지로서 탈바꿈의 공간이었다. 도시는 농촌의 인구를 끌어들이고 계급과 지역적 배경이나 문화가 다양한 사람들을 뒤섞는 도가니 역할을 했다. 도시는 기술과 예술의 중심지로서 물품을 대량으로 생산해 냈다. 이와 동시에 지역적 특화를 통해 갈수록 효율적으로 생산되고 보전이 잘 된 주요 도로망을 따라 비교적 신속하게 수입되는, 거대한 소비재 시장을 제공하는 소비의 중심지였다. 도시는 또한 주민과 방문객들에게 오락과 문화 활동을 제공하는 문화의 중심지였다. 한마디로 도시는 중요한 변형의 공간이었다.

동아시아 근대 초기의 도시 문화

17세기 일본에서는 도쿠가와 막부가 상업을 무시하고 농업에 기초한 엄격한 사회경제적 질서를 장려하기 위해 노력했다. 그런데도 상업은 번창했고 상인들이 부를 축적했으며 팽창하는 도시 지역이 활발한 대중문화의 중심지가 되었다. 오사카와 교토와 에도(도쿄)에 집중된 이러한 새로운 도시 문화는 상인 후원제도의 산물이었다. 인구 50만 명 이상을 가진 에도는 17세기 말 세계 최대의 도시였으며, 오사카와 교토는 동시대 유럽의 2대 도시인 런던과 파리의 16세기 인구 규모에 육박했다.

도쿠가와 막부 아래 일본 도시에서 예술을 후원한 상인들은 정치권력이 없는 하층 사회 계급의 일원이었다. 예를 들어 상인의 자녀들은 사무라이(무사) 자녀들과 결혼하는 것이 금지되어 있었고 상인의 부를 정치권력이나 사회의 상층 신분에 투입하는 것이 불가능했다. 하지만 자금을 도시민들의 삶과 세계를 그리는 예술가들을 후원하는 데 사용하는 것은 가능했다. 화려한 전통극(가부키)과 복잡하고 정교한 인형극(분라쿠), 도시 화류계의 '덧없는 세상'(우키요)을 그린 목판인쇄와 대중소설이 상인들의 후원을 받은 도쿠가와 일본의 새로운 도시 문화에 속했다.

중국에서는 15세기와 16세기까지만 해도 급속한 도시화가 진행되기는 했지만, 중국인들 대부분이 농촌 지역에 거주했고 주로 농업에 종사했다. 하지만 근대 초기(1500~1800년) 도시 인구의 급속한 증가율은 의미가 매우 컸다. 더욱이 농촌 주민들의 삶마저 도시의 상업 경제나 문화생활과 갈수록 깊은 관련을 맺게 된 사실은 무엇보다 중요하다. 제국 시대 말기에 농촌에 거주하던 중국인들은 어느 곳에서나 도시에서 진행되는 일에 영향을 받았다. 18세기에 전반적인 도시화 비율이 확대되지는 않았지만 청 왕조 아래에서 지역마다 중심지들이 더욱 폭넓게 개발되고 개량되었다(10장을 보라). 시장 네트워크와 지역 상인협회는 농촌 시장과 도시를 연결해 주었다.

17세기 무렵에는 양저우, 쑤저우, 베이징이 제국의 문화 중심지인 난징 시를 능가하게 되었다. 양저우와 쑤저우는 난징과 마찬가지로 양쯔 강 삼각주에 있는 도시이다. 반면에 베이징은 일본의 에도와 마찬가지로 제국의 수도였기 때문에 좀 달랐다. 베네치아와 닮은 점이 많은 쑤저우는 운하로 유명했다. 쑤저우의 인구 증가는 정부의 행정적 필요 때문이 아니라 경제적 번영으로 말미암은 것이다. 쑤저우와 항저우와 난징과 같은 도시들은 또한 제국 말기인 명청 시대(1368~1911년)에 도시 폭동과 반란이 일어난 현장이기도 했다. 부유한 학자와 상인들은 그림과 책을 수집하고 화사한 정원을 가꾸면서 사치스런 소비 생활을 누렸다. 도시 노동자들(예를 들어 쑤저우의 직공)은 근근이 생계를 이어 갈 정도였음에도 도시 생활에 필요한 질서 유지의 의무와 위생 같은 임무 수행을 통해 부역에 동원되어야 했다.

전 지구적 상업 활동의 공간

도시는 전 지구적인 상업과 문화의 상호작용이 일어나는 공간이 되었다. 대륙 간 노동의 이동은 1500년 이후 해상무역이 가져다준 결과 가운데 하나였다. 이 해상무역으로 새로운 문화의 접촉도 일어났다. 유럽의 해상무역이 팽창하면서 무역업자들이 그동안 활동하던 도시를 떠나 다른 대륙의 도시로 갔다. 이 도시들은 영국의 작가 토머스 먼(1571~1641년)이 묘사한 대로 '이방인들'의 도시였다. 당시의 경제학에서 얘기한 도시 익명성의 기초는 자신의 사회가 소비하는 것보다 더 많은 양을 이방인들에게 팔아야 한다는 것이었다. 토머스 먼은 경제학 저서 《동인도 무역론》(1621년)을 집필할 때 유럽 바깥 세계 도시의 엄청난 성장을 염두에 두지 않았다.

말라카와 같은 도시는 유럽 상업 제국들의 전략적 화물 집산지로 등장했다. 멀리 동남아시아의 강어귀 도시인 말라카는 말레이 반도의 서남 해안에 자리 잡고 있었다. 15세기에 말라카는 이슬람의 도시국가로서 해상 확장을 꾀했다. 말라카의 대규모 함대가 타이 군대에 맞서 전 해협의 경비를 담당했다. 인도와 아라비아, 페르시아, 중국, 나중에는 유럽의 무역업자들이 이곳에 상관(商館)을 설치했다. 말라카는 1511년 포르투갈 군대에 정복당한 이후 정규군 2백 명과 용병 3백 명의 보호를 받았다. 이는 곧 인도양의 해상 항로를 따라 발견한 상업적 부의 가치를 인정한 셈이었다.

유럽인들은 아프리카 대부분의 지역에 무역 공동체를 건설했다. 하지만 대개 기술의 우위를 획득하게 되는 19세기 후반까지 그 지역을 식민화하지는 않았다. 1450년부터 1750년까지 아프리카와 유럽이 활발하게 교류한 첫 백 년 동안 상업 활동에 따른 유럽 문화의 영향이 느껴진 곳은 라고스나 루안다 같은 신흥 연안 도시였다. 아프리카인들은 이곳에서 기존 아프리카 국가와 회사의 대리인 역할을 했다. 이들이 채택한 유럽의 언어와 의상이 새로운 상인 문화의 표지이자 지위의 상징이 되었다. 모로코의 가죽과 서아프리카의 금이 노르망디와 영국의 상설시장과 정기시에 정기적으로 진출한 것처럼 거의 모든 마을에서 맨체스터의 면직물과 중국의 비단을 찾아볼 수 있었다. 연안 시장과 공동체의 규모가 커지고 복잡해짐에 따라 도시는 사회문화적 탈바꿈의 장소이자 이주를 유인하는 자석이 되었다.

이페와 베닌 같은 아프리카의 일부 고대 도시들은 정치와 경제의 자치를 놓고 투쟁을 벌이는 지역이 되었다. 아프리카의 지배자들은 수출품 생산과 수입품 가격 및 수요의 관리를 둘러싸고 포르투갈, 네덜란드, 영국의 무역업자들과 갈등을 빚었다.

> (서아프리카 베닌 시의) 왕궁은 정방형이고 (네덜란드의) 하를렘 시만큼 크며 도시를 에워싼 특별한 성벽으로 완전히 둘러싸여 있다. 왕궁은 여러 채의 장엄한 궁전과 주택과 신하들의 공동주택으로 나뉘어 있고 아름답고 반듯한 미술관들이 나란히 자리 잡고 있다. 그 가운데 눈에 띄게 큰 미술관에는 천장에서 바닥까지 주조된 구리를 입힌 목조 기둥이 있었고 거기에는 전쟁의 위업과 전투 장면이 새겨져 있었으며 그 상태가 매우 깨끗했다.
>
> (H. Ling Roth, *Great Benin: Its Customs, Art, and Horrors*, London: Routledge, 1968, p. 160)

이와 반대로 유럽인 여행객들은 포르투갈인들이 건설한 중앙아프리카의 루안다 시를 작고 지저분한 도시로 묘사했다. 유럽에서 온 무역업자들은 방문객을 위한 별도의 구역에 거주하게 했는데 이것은 도시 주민을 편성하는 전통적이고 일반적인 전략이었다.

유럽의 무역업자들은 대개 루안다에서 동아시아의 나가사키에 이르기까지 현지 도시의 독자적인 절차와는 다른 별도의 대우를 받았다. 네덜란드인들은 1609년과 1641년 사이 규슈 연안의 히라도 섬에 교역소를 두고 있었다. 당시 일본인들은 네덜란드인들에게 무역권을 허락해 주고 그들을 중국인 무역업자들과 함께 나가사키 만에 있는 인공 섬에 거주하게 했다. 그들은 1853년 일본의 '개항' 때까지 그곳에 머물러 있었다.

인도의 일부 도시, 특히 뭄바이와 마드라스와 콜카타에 미친 유럽의 영향은 17세기부터 매우 뚜렷하게 나타났다. 이 도시들은 행정 중심지가 되어 삼각대를 형성했다. 영국의 동인도회사는 권력 독점의 기초를 이곳에 두었다. 동인도회사는 중심지마다 요새를 세우고 그것을 중심으로 도시 공간을 확대해 나가면서 인도인들을 회사 임원의 대리인이나 하인으로 끌어들였다. 영국인 이주 공동체는 적어도 18세기 말까지는 기껏해야 몇 백 명의 고용인과 상인, 행정관, 군대로 이루어졌다. 영국인은 처음에 유럽 문화에 집착하고 대문을 닫아걸면서 고립을 자초했다. 결국에는 문화적인 상호 작용이 일어났고 꽤 많은 유럽 상인들이 인도 여성과 동거했으며 인도식 의상을 걸치고 인도 음식을 먹게 되었다. 마드라스와 콜카타의 경우에는 이보다 더한 문화적 층위를 추가했다. 이곳에서는 힌두교의 상인 엘리트들이 식민 이전의 도시 구조를 살려내고 제의적인 자원을 19세기까지 보존했다.

정복 도시와 식민화

어떤 도시들은 유럽의 정복과 지배에 의해 운명이 정해졌다. 유럽인은 북아메리카, 특히 뉴잉글랜드로 알려진 곳에 있는 풍부한 자원으로 상품을 만들고자 했다. 그에 따라 많은 이민자들이 몰려들었는데 이들에게는 생태적 이해가 결여되어 있었다. 콜럼버스의 접촉과 교환 당시의 대량학살과 질병으로 아메리카 원주민의 수는 크게 감소한 반면에 유럽인의 규모는 증가했다. 토착민들은 그다지 매력적이지 않은 농지로 내몰렸고 그들을 대신한 유럽인들은 자연경관에 커다란 변화를 가했다. 토지는 소유권 개념에 따라 울타리와 지도의 형태로 구획되었다. 농작물을 재배하고 유럽인들의 소와 양을 방목할 수 있도록 숲을 개간했다. 다양한 야생 동물들이 순식간에 멸종되었다. 유럽과 아시아산 민들레와 쥐가 북아메리카 대륙에 도입되었을 뿐 아니라 흑사병과 농작물 재해가 유럽인 취락의 개간지로 확산되었다.

아메리카 대륙 원주민 문화의 가장 큰 변화는 도시 생활이라는 도가니 속에서 일어났다. 에스파냐의 정복은 유럽 도시의 유형을 이식하는 것으로 이어졌고 이는 라틴아메리카와 카리브 해 원주민들의 삶을 바꾸어 놓았다. 에스파냐인들은 도착할 당시부터 전통적인 중소 도시를 에스파냐의 모델을 따라 조직하고 그에 맞게 기능하는 새로운 도시로 대체했다. 예를 들어 잉카제국의 수도 쿠스코를 대신해 고대 잉카 도시의 성벽 너머에 에스파냐의 제국 도시 리마가 들어섰다. 이러한 에스파냐 신도시에는 유럽의 경제·문화 체계와 가치는 물론 의복에서 결혼에 이르는 모든 사항에 관한 도덕적 판단의 중심에 유럽이 있었다. 피정복민들에게도 이것들을 강요했다. 어떤 곳

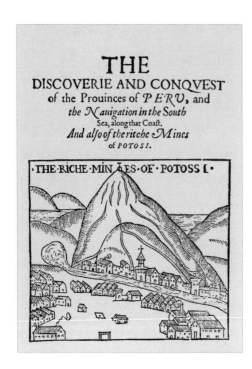

| 그림 3.4 | **광산 도시 포토시(1581년)**
이 그림에 식민 도시인 세로 리코('풍부한 언덕') 일대가 그려져 있다. 우뚝 솟은 교회와 귀족의 저택들, 그리고 노동자들의 거주 지역인 미타요 구역이 있다.

에서는 정복과 질병이 영국, 네덜란드, 프랑스의 식민지 개척자들에게 취락과 도시를 건설하는 침략의 길을 터 주었다.

도시는 식민지 아메리카의 가장 뚜렷한 특징이었다. 심지어 토착 원주민 노동자들이 인구의 대부분을 차지한 포토시(추정 인구가 15만 명에 달하는 1600년 서반구 최대의 도시) 같은 광산 도시조차도 의심할 나위 없이 유럽의 양식을 택했다. 도시의 문장(紋章)에는 다음과 같은 글이 기록되어 있다.

나는 세계의 보배,

부유한 포토시이다.

산 중의 왕이요,

모든 왕들이 부러워하는 대상이다.

(John Demos, "The High Place: Potosi," *Common-Place*(Special Issue on Early Cities of the Americas), vol. 3, no. 4(2003), n.p.에서 재인용-)

에스파냐령 아메리카에는 16세기 동안 식민 도시가 모두 2백여 곳이나 등장했다. 1600년에는 250곳으로 늘었고 17세기 중엽에는 인구 17만 명을 가진 귀족적이고 화려한 리마가 에스파냐령 아메리카 최대의 도시로 떠올랐다. 1700년 무렵 에스파냐의 정복이 완수될 때는 도시 주도형의 제국 체계가 제자리를 잡았다.

에스파냐 식민 도시의 특징은 토지의 구획(약 7,300헥타르)과 그곳에 정주한 10명에서 100명에 이르는 에스파냐인 가장들이었다. 도시는 그 규모가 커지면서 유럽 문화의 중심지가 되었다. 각 도시에는 에스파냐의 도시와 마찬가지로 광장과 공원, 화려한 교회와 수도원, 학교, 상당수의 관공서 건물이 있었다. 산도밍고는 건설한 지 10년도 안 되어 수녀원, 학교, 주교가 있는 확실한 이베리아풍 도시가 되었다. 그런가 하면 프랑스인들은 1608년 북아메리카 유일의 성벽도시인 퀘벡을 건설했다. 퀘벡은 뉴프랑스의 주교관구가 되면서 유럽풍 도시가 되었다.

도시의 사고방식은 17세기와 18세기의 여러 이주민들이 보여 준 문화적 인습의 일부였다. 심지어 초기의 촌락도 규모가 더 큰 도시와 접촉함으로써 세계 경제를 통해 상품과 서비스와 사상을 교환하는 도시의 기능을 수행했다. 17세기에 식민지 개척자들은 북아메리카의 대서양 해안선과 세인트로렌스 계곡을 따라 소도시들을 건설했다. 일부 식민 도시들은 원주민들로부터 주민들을 보호하거나 유럽의 열강들과 경쟁하는 요새의 모습에서 탈피했다. 어떤 도시는 배후지 자원의 더욱 효율적인 착취를 통해 이윤을 증대하려는 합자회사 또는 정부의 지원으로 건설되었다. 제국 팽창의 요구에 따라 서쪽의 새로운 영토로 진격하면서 생겨난 도시들도 있었다.

식민 도시들은 현대의 기준으로 볼 때 대개 규모가 작은 해안 취락들이었다. 17세기 영국령 북아메리카 최대의 도시인 보스턴도 그 인구가 7천 명을 넘지 않았다. 오늘날의 필라델피아와 뉴욕도 당시에는 겨우 4천 명에 지나지 않았다. 이 도시들의 인구가 급증한 것은 다음 세기에 들어서였다. 18세기 말 인구가 4만 명이 되면서 필라델피아가 대영제국의 4대 도시에 들어갔다. 북아메리카 신흥 도시들은 해안의 입지를 통해서 전 지구적 교역로에 참여할 수 있었다. 그들은 어류와 모피 제품, 밀, 쌀, 담배, 인디고, 목재 따위를 공급했다. 특히 도시의 상업적 기반을 뒷받침하기 위해 조선업이 발달했는데, 1720년에는 보스턴에 조선소가 14곳이나 가동되어 해마다 2백 척이 넘는 배를 건조했다.

대서양 경제와 관련해 식민지들이 세계에서 차지한 위상이 식민 도시의 발전에

◉ ─ 18세기 아바나의 중앙시장 광장

쿠바 섬에 위치한 카리브 해 도시 아바나는 초기 세계화의 용광로 가운데 하나였다. 구 광장의 광경을 볼 때 이 도시는 이식된 유럽의 건축(열대 기후에 맞게 변형한)과 전형적인 아프리카 시장에서 서로 교류하는 매우 다양한 부류의 사람들이 뒤섞인 장소였다. 18세기 초에 아바나의 인구는 쿠바 섬 전체 인구의 절반 이상인 2만7천 명을 넘었다. 아마도 이 가운데 3분의 1가량이 아프리카계 사람들이었을 것이다. 시장 그림은 다양한 인종들이 교류하는 모습을 완벽하게 재현했다. 카리브 해의 시장들은 대개 '히글러'라고 일컫는 아프리카 여성 노예로 이루어진 전문 상인들의 거래술에 크게 의존했다. 히글러들이 자신의 교역 네트워크를 통해 이 농장에서 저 농장으로 정보(대개는 반란과 저항을 자극하는)를 퍼뜨린 것으로 알려졌다.

시장 광장은 삶과 인간 군상, 돼지와 닭, 양, 새장의 새, 인간 화물로 바글거렸다. 카리브 해의 다른 도시들과 마찬가지로 아바나 항구에는 해적과 도둑, 관광객, 선원, 상인들이 들끓었다. 수백 명의 여행자들이 아메리카산 기념품을 찾았으며 진열된 장신구와 상품에 정신이 팔렸다. 아시아와 아메리카 대륙의 다른 지역과 아프리카와 유럽에서 거의 날마다 화물이 도착했다. 시장에는 현지에서 난 과일과 채소에서부터 밀과 포도주 같은 주요 수입품에 이르기까지 모든 상품이 있었다. 시장 광장은 단순한 교역 장소를 넘어섰다. 부유한 주민들은 광장이 내려다보이는 2층 발코니에서 사형 집행과 종교 행렬, 투우, 축제를 구경했을 것이다. 이곳은 상품 시장이었을 뿐 아니라 사상의 시장이었다. 정치적 논쟁과 사회적 감시를 통해 도시의 시민들이 결속되었다.

18세기와 19세기에는 삽화가 실린 여행기를 읽는 일이 대중적인 여가 활동으로 자리 잡게 되었다. 멀리 떨어진 도시의 풍경을 담은 근대 초기 유럽의 여러 판화들은 어느 정도 예술가들이 꾸며낸 장면들로 구성되었다. 그들은 그곳을 방문한 적이 없었으며 때로는 동쪽 나라의 돔 천장과 기상천외한 상상 속 의상 같은 진부한 이미지를 삽입해 토착민들의 낭만과 이국적인 정서를 강조했다. 여행기와 삽화는 이처럼 특정 지역의 생활에 대해 역사적으로 정확하고 실제적인 세부 내용을 제공하는 만큼이나 그곳에 대한 저자와 예술가의 선입관도 담고 있다. 하지만 이 그림 속의 일부 건물들은 오늘날 아바나의 건축 구조와 맞아떨어진다. 예술가가 간접 여행자 이상이었음을 암시해 준다.

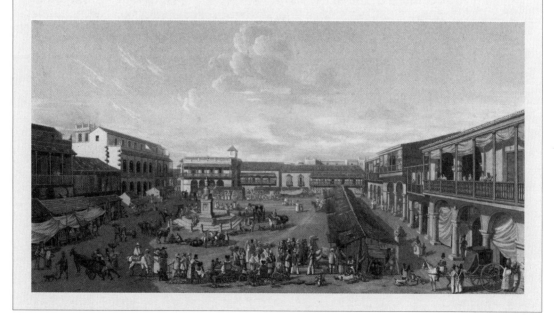

영향을 주기도 했다. 보스턴의 청교도 식민지가 칼뱅의 제네바와 다르지 않은 개혁주의 종교 공동체로 시작했지만 1650년 이후 교역이 확대되면서 사회적 동질성이 약화되었으며 결국 청교도 공동체 지도자들의 권력도 흔들렸다. 해상무역의 성장도 도시에 전반적인 영향을 미쳤다. 17세기의 마지막 사반세기까지도 도시가 자리 잡은 반도의 상당 지역에서 소농들이 여전히 농사를 짓고 있었지만 선창가에는 아프리카와 유럽에서 온 새로운 이주민들로 붐볐다.

몬트리올 땅에는 원래 호첼라가라는 원주민 마을이 있었다. 1535년 프랑스의 탐험가 자크 카르티에가 이곳에 도착했고 17세기에 프랑스인들이 이 지역을 지배하게 되면서 이곳은 내륙으로 통하는 주요 교역 항구가 되었다. 몬트리올이 성장한 것은 대내외의 교역 덕분이었다. 몬트리올은 북부의 다른 도시들과 마찬가지로 차가운 회색 돌로 된 주택과 공공건물이 들어선 으스스한 곳이었다. 몬트리올은 1801년에 가서야 공공 수도를 건설하여 주민들에게 식수를 공급할 수 있었다. 좁은 거리는 기름 등불로 어둑했고 경찰관 몇 명과 야경꾼이 치안을 담당했다. 모피 무역을 통해 막대한 이윤을 챙겼지만 부의 대부분은 유럽으로 흘러 들어갔다.

멕시코시티는 1521년 에르난 코르테스가 정복한 아스테카의 도시 테노치티틀란의 폐허 위에 누에바 에스파냐 부왕령으로 재건되었다. 물론 도시 생활이 '엔코미엔다'로 알려진 농지와 노동 체계로 살아가던 사람들이 누린 것보다 더욱 큰 자유와 이동성을 가져다주기는 했다(6장을 보라). 원주민들에게는 식민 도시의 생활이 농촌 생활보다 약간 더 나을 뿐 고생이 덜하다는 의미는 아니다. 도시의 수공업 작업장에서 일하는 사람들은 토지 경작자에서 임금 생활자로 바뀌었으며 정복과 새로운 경제 덕에 노예의 지위에서 해방되었을 지도 모른다. 도시 노동자들은 농촌의 육체 노동자들보다 더 많은 임금을 받았지만 그만큼 생활비가 더 들었다. 에스파냐령 아메리카에서는 농촌은 물론 도시에서도 여성들이 가외 노동을 했다. 숙련이 필요한 일부 직물 제조업은 전적으로 여성들이 맡았다. 멕시코시티에는 16세기 초에 이미 여성 동업조합과 그 관리들이 있었다. 에스파냐령 아메리카의 예술과 건축은 교회와 관련된 것이 많았고 사람들은 교회와 수도원, 학교를 짓는 데 쓰는 돌을 채석하고 가공하는 석공으로 훈련을 받았다. 그들은 목수와 가구 제작자, 조각가, 화가, 악기 제조자와 연주자 등 종교에 이바지하는 모든 분야에서 훈련을 받았다.

식민 시대는 새로운 성장 동력을 만들어 내고 도시와 농촌의 구분을 강화하는

| 그림 3.5 | **서아프리카 세네갈의 대도시 다카르**
다카르의 넓은 대로들은 식민지 건설자들이 들여온 양식이었다. 독립 이후까지도 이 도시에는 산업 발전이 일어
나지 않았다.

등 전 세계의 도시에 거대한 변화를 가져왔다. 20세기, 특히 1920년대와 1930년대에
는 정치·경제적 힘이 아프리카인과 아시아인들을 도시로 끌어들였다. 도시에서는
비참하리 만큼 부족한 식민 행정의 사회 정책이 경제적 불만을 자극하고 있었다. 세
금을 납부하고 수입품을 구입할 현금이 필요하게 되자 이주민(남성) 노동자들은 도시
로 이끌려 갔다. 아프리카의 나이로비에서 인도 콜카타에 이르기까지 도시는 그야말
로 사회·정치적 변화의 도가니가 되었다. 1940년대에는 도시의 임금노동과 노동 불
안이 크게 늘어났으며 그와 마찬가지로 농촌에서도 불만이 터져 나왔다. 전후의 아프
리카와 아시아에서는 이러한 세력(도시의 지식인과 조직노동자들 그리고 농촌의 대중적
저항)이 연합할 경우에만 성공적인 민족주의 운동을 전개할 수 있었다. 이들은 다카
르에서 부두 노동자와 철도 파업(1922년~1940년대)의 형태로, 가나에서 코코아 보이
콧과 항의(1930, 1938년)의 형태로, 남아시아 도시들에서 소금과 직물 항의(1930~

1942년)의 형태로 민족주의 운동을 전개했다. 이러한 시기 이전에 일어난 저항은 대개 주권이나 인종적 정체성과 거의 아무런 관련이 없었다. 오히려 광범한 의식주 문제에서 비롯된 것이었으며 계급투쟁과 더욱 밀접한 관련이 있었다.

도시의 문화와 전 지구적 산업화

현대 도시의 성장은 시간이 흐를수록 전 지구적인 산업 및 산업이 만들어 낸 시장의 확대와 직접적인 관련을 맺게 되었다. 세계 곳곳에 등장한 현대의 도시 문화가 때로는 기존 도시의 유산을 바탕으로 성장한 것이기 때문에 반드시 새로운 현상이라고 말할 수는 없다. 하지만 전 지구적인 산업화 과정이 세계적인 삶을 형성함에 따라 그 영향은 더욱 커져 갔다. 상업과 산업화와 도시화의 영향이 한결같지는 않았다. 전 세계에 걸쳐 도시는 산업화와 상품의 집산지가 되었으며 노동, 자원, 자본의 운동과 관련된 전 지구적인 움직임을 반영했다.

전 세계의 도시는 전 지구적 산업화의 확장을 통해 성장의 추진력을 얻었다. 자원, 생산, 시장을 연결하는 상업과 정보의 네트워크는 특히 항구도시에서 도시화와 연관된 힘을 발휘했다. 증기선, 전기, 전신, 전화와 같은 1850년 무렵 이후의 기술혁신과 발명의 성패는 노동과 자본을 더욱 큰 규모의 유효 풀에 얼마나 유기적으로 투입할 수 있는가에 달려 있었다. 신용 체계도 도시에 기반을 두고 있었다. 산업 시설은 전 세계에서 실려 온 자연 자원과 노동자가 모인 항구 근처에 건설되었다. 다음 세기가 되면 농업국들이 '하룻밤 사이에' 도시국가로 바뀐다고 할 정도로 변화의 속도가 빨랐다. 20세기에 들어와 극적인 도시화를 보여 준 전형적인 나라는 러시아였다. 1900년 이전에 농업 국가였던 러시아는 1970년에 전체 인구 가운데 도시 거주 인구가 절반가량이나 되었다.

철도를 비롯한 기술이 도시 문화가 성장할 수 있도록 새롭게 길을 열어 주기도 했다. 1840년대의 산업화와 철도 수송은 도시 이주를 위한 흡인력을 만들어 내기 시작했다. 19세기와 20세기의 인구 이동은 대개 일자리와 다른 기회를 찾아 도시 지역으로 대량 이주하게 만드는 흡인력에서 비롯되었다. 예를 들어 도시가 아메리카 횡단철도 체계 속에 분포해 있었고 이 철도는 아프리카계 아메리카인들을 남부의 농업 지대로부터 북부의 산업 도시로 실어 날랐다. 파리와 같은 도시들은 전염병이 창궐한다면 치명적일 수밖에 없는 조밀도에서 헤어나지 못했다. 1832년과 1849년에 창궐한 콜레라로 파리 시민 수만 명이 목숨을 잃었다. 1889년에 열린 박람회 기간 중에는 최첨단 공학기술의 성과로 넓은 대로를 만들었으며 그 이후에는 에펠탑(1930년대까지 세계에서 가장 높은 건축물)과 같은 건축 기념물들을 세웠다. 한편, 급속한 도시화는 위생과 보건, 범죄, 실업 등의 문제를 불러일으켰으며 현대 세계의 환경적·경제적 불평등을 악화시켰다. 실제로 현대의 그 어떠한 도시도 부유한 도시풍의 생활 태도와 가난한 빈털터리들이 만나는 빈부격차를 피하지 못했다.

증기 동력의 철강 산업 시대로 들어서면서 전 세계적인 도시 경관은 점차 고층 건물과 굴뚝으로 채워졌다. 일본 정부는 메이지 유신(1868년)을 통해 산업 경제를 강력히 추진했다. 에도를 도쿄로 이름 바꾸고 오사카와 더불어 도쿄를 정치적 중심지로 뿐만 아니라 상업과 산업의 중심지로 삼았다. 일본 경제가 서유럽의 산업자본주의를 모방하면서 서유럽의 영향이 도시 생활을 파고들었다. 19세기말 일본 야와타 시의 시가(市歌)에는 "하늘 가득 소용돌이치는 연기와 강철 공장의 위용"을 칭송하는 구절이 나온다.

1949년 중국을 장악할 때 공산당은 '도시'가 그들의 적인 국민당 군과 일본군의 중심지일 뿐 아니라 서유럽 제국주의의 중심지라고 생각했다. 도시의 자본가들이나 상인이 아니라 농민이 혁명의 영웅이었고 도시는 의심의 대상이었다. 하지만 시간이 지남에 따라 도시는 농촌에서는 누릴 수 없는 교육과 보건과 상품에 대한 접근성 때문에 누구에게나 가장 매력적인 곳으로 바뀌었다. 중화인민공화국 정부는 식용유나 비누 같은 생필품 배급 카드를 발행했다. 이 카드는 사람들이 공식적으로 임명되고 명부에 등록된 곳에서만 물품으로 바꿀 수 있었다. 그럼에도 불구하고 중국 경제가 성장하고 도시의 부가 더욱 늘어남에 따라 대규모의 '유동 인구'가 도시로 이주해 행상인이나 날품 노동자로 일을 하거나 일자리를 얻기 위해 노력했다.

상하이는 어촌으로 시작해 11세기에는 시장 도시가 되었다. 그 뒤에 상업 중심지로 번창했고 아편전쟁(1839~1842년)의 결과로 개항장 도시가 되었다. 상하이는 개항장으로서 중국 성시(城市), 국제 거류지, 프랑스 조계지로 쪼개져 열강의 중국 침략을 반영하고 있었다. 외국 열강들은 해당 구역을 관리하면서 중국인들의 출입을 금지했다. 상하이는 상업뿐 아니라 산업의 중심지이기도 했다. 이 도시의 노동자들은 20세기 초에 벌어진 노동조합 운동에서 핵심적인 역할을 했다. 상하이는 또한 대규모 조직 범죄와 매춘, 국제 마약, 스파이 무리들의 무대이기도 했다. 21세기 초에 상하이는 다시금 국제도시이자 은행, 금융, 무역의 중심지로 떠올랐다. 오늘날에도 황푸 강변에는 한때 제국주의 열강이 은행과 영사관으로 사용한 유럽식 건축물을 배경으로 새로운 현대적 건축물들이 경관을 이루고 있다.

아편전쟁을 종결한 난징조약(1842년)으로 영국에 양도될 당시 홍콩은 문화와 권력의 중심지에서 멀리 떨어진 채 바다로 튀어나온 바위투성이 땅에 지나지 않았다. 1997년 다시 중국에 반환될 때까지 홍콩은 중국인들이 거주하던 국제 금융과 상업의 중심지였다. 이 중국인들은 영국 시민이 되어 광둥어와 영어를 사용했기 때문에 중화인민공화국의 정치 구조나 경제 구조에 쉽게 적응하지 못했다.

태평양 건너 북아메리카의 시인 칼 샌드버그는 언젠가 시카고(1916년)의 잔인한 폭력과 고달픔과 매춘을 언급할 때조차도 "격렬하고 허스키하며 떠들썩한 큰 어깨들의 도시"로 그렸다. 도심은 분명 쓰레기와 먼지와 공해 그 이상을 의미했다. 현대 세계의 도시는 중세의 궁정이나 귀족 문화의 즐거움과 동의어가 되었다. 도시는 문화적 생산에 영감을 불어넣었으며 미술관과 대학교, 신문사, 출판사, 재즈밴드, 교향악단, 발레단 등을 위한 공간을 마련했다. 현대 도시의 매력으로서 사람들이 언제든 소비할 수 있는 문화 자원이 집중해 있다는 점 또한 빼놓을 수 없다. 1893년에 열린 시카고 세계박람회(콜럼버스 박람회)에서 예술가와 건축가들은 이상적 모델인 '하얀 도시'를 만드는 데 협력했다. 전시회를 하얗게 유지하기 위해 기획가들은 박람회 기간 동안 석탄 사용 금지령을 내려야 했다. 박람회 주최 측은 로마의 고전 양식을 이용해 전 세계의 다양한 문화 예술품 가운데 코끼리와 곤돌라, 그리스 조각상, '오스만의 아랍 와일드 이스트 쇼,' 일본의 목판 인쇄물 등을 수용할 질서정연한 도시를 어설프게 건설했다.

다양성뿐만 아니라 익명성도 도시 문화생활의 특징이 되었다. 토머스 먼이 묘사한 '이방인들'의 도시가 21세기 모든 대륙의 문화에 나타났다. 세네갈의 수도 다카르의 혼잡한 거리에서는 밝은 색을 칠한 버스에서부터 건물의 벽에 이르기까지 거의 모든 곳에서 셰이크 아마두 밤바(1853~1927년)의 이미지를 볼 수 있다. 시인이자 수피교 성자인 아마두 밤바는 세네갈의 4백만 무슬림과 전 세계에 수천 만 추종자를 둔 정신적 지도자이다. 밤바의 이미지는 흰 천과 그림자로 얼굴이 가려진 사진 한 장에서 비롯되었다. 오늘날 익명의 도시 예술을 가장 잘 보여 주는 것은 아마도 지하철과

길거리 '전시관'에 있는 낙서 예술가들의 작품일 것이다. 힙합 문화와 더불어, 낙서
는 현대의 도시 거리에서 범죄와 문화가 똑같이 사납게 생겨났음을 보여 준다.

│ 도시화와 인구 성장 │

도시의 규모는 시간이 지남에 따라 급격히 바뀌었다. 도시화가 대규모 인구 집중과
인류의 성취 확대로 이어지면서 도시는 전 지구적인 인구 성장의 진원지가 되었다.
도시는 마침내 20세기 중반 이래로 세계 인구 성장의 3분의 2를 빨아들였다. 인구 증
가율은 공적인 조사의 대상이 된 지 오래다. 적어도 18세기 이후부터는 인구 성장의
결과도 논란의 대상이 되었다. 토머스 맬서스는 유명한 《인구론》(1798년)을 통해 자
원이 늘어나는 것보다 높은 비율로 인구가 증가한다는 신념을 밝혔다. 이 가설을 통
해 많은 사람들은 사람이 지나치게 많고 자원이 충분하지 않아 인구 과잉 현상이 벌
어진다고 결론을 내리게 되었다. 어떤 사람들은 과잉 인구가 사회의 자원이 불공평하
게 배분되기 때문에 발생하는 현상이라고도 보았다. 그런가 하면 19세기의 자본가들
은 그와 반대로 자본주의 산업 성장에 필요한 시장의 확대를 가져온 노동자와 소비자
의 증가를 환영했다.

　소련의 스탈린과 이탈리아의 무솔리니 같은 20세기의 일부 정치 지도자들도 인
구 성장을 장려했다. 스탈린과 무솔리니는 어머니들에게 포상하기까지 했다. 일찍이
1950년대에 마오쩌둥은 산업이나 자원으로 부족한 부분을 사람을 통해 보충할 수 있
다며 국민들에게 막대한 규모로 인구를 더욱 증가시켜야 한다고 촉구했다. 하지만 중
국도 1960년대에 '한 자녀' 정책을 도입하면서 이러한 정책이 극적인 반전을 이루었
다. 그 뒤로 가정마다 자녀를 하나만 낳을 수 있었다. 이것은 중국의 출생률과 인구
성장을 완화하기 위한 전략이었다.

　20세기 사람들은 제2차 세계대전 후에 일어난 엄청난 인구 증가를 놀랄 만한 것
으로 기록했다. 그 가운데는 《인구 폭발》(1968년)이란 책을 통해 성장의 '문제'를 기
술한 생물학자 파울 에를리히도 있었다. 이 책이 나왔을 때는 이미 인구가 맬서스 시
대 인구의 다섯 배인 35억 명에 도달해 있었다. 오늘날 인구 성장의 90퍼센트 이상은
세계의 가장 가난한 나라들에서 일어난다. 더구나 세계 인구 66억 가운데 '하위 10억
명'은 가난을 벗어나지 못하고 있다. 이러한 사실은 갈림길에 선 위기의 상당 부문이

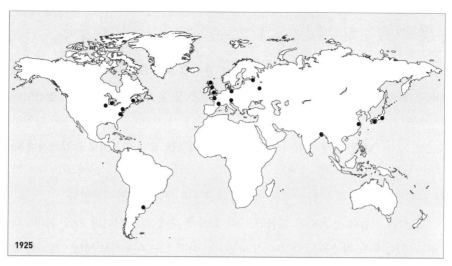

1925

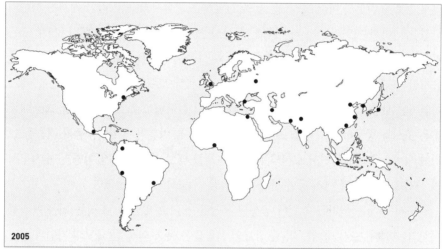

2005

| 지도 3.2 | **세계 주요 도시들의 분포 변화**

정치 · 경제적인 것임을 암시해 준다. 이러한 전 지구적 위기가 세계 도시들의 성격을 바꿔 놓았다. 세계 인구의 절반가량이 이제 도시 빈민가에서 살아가고 있다. 오늘날 일컫는 세계적 도시(자본과 정보의 흐름을 관리하는)의 의미가 다음 세대에는 유효하지 않을지도 모른다.

| 결론 |

이 장에서는 이미 기원전 제6천년기 초기의 정주 공동체에서 시작된 도시로의 이행 사례들을 살펴보았다. 카이로가 된 멤피스와 같은 몇몇 도시들은 수천 년 동안이나 지속되었지만 다른 도시들은 쇠퇴하거나 사라졌다. 초기의 도시에는 갈수록 다양하고 고도로 계층화된 인구가 모여들었다. 여러 도시들은 제의 중심지로 출발했거나 나중에 그렇게 되었다. 이들 도시는 신의 비위를 맞추고 풍작을 기원하거나 전쟁에 신의 도움을 요청하는 것이라고 믿는 의식에 대규모의 사람들을 끌어들였다.

도시는 처음에 농촌과의 밀접한 관계 속에 존재했다. 그러더니 차츰 원래부터 가지고 있던 주요 기능을 넘어섰다. 도시는 의존하고 있는 배후지로 사상·제도와 물질적 상품을 비롯한 여러 도시 '산물'을 전달하는 중심지였다. 이러한 체계는 자신의 반경을 넘어선 지역의 상품과 사람들과 사상을 수용하는 곳이기도 했다. 세계 모든 지역의 도시화 정도는 공동체가 도시 자체와 그 배후지 간의 통합 체계를 얼마나 잘 유지할 수 있는가에 달려 있었다. 도시가 전 세계적으로 번성하기는 했지만 19세기 이전에는 사람들 대부분이 여전히 도시 바깥에서 살아가고 있었다. 하지만 그들 대부분은 도시를 방문하고 교역을 하며 그곳에 식료품을 비롯한 생활필수품과 귀중품 그리고 서비스를 지원하면서 도시와 복잡한 관계를 맺고 살았다. 상업혁명과 전 지구적인 산업화는 지난 몇 세기 동안 사람들을 점점 더 도시로 끌어들였다.

도시 체계는 어디든지 간에 공통된 특징을 지니고 있었다. 도시는 더욱 복잡한 사회가 되었다. 도시 사회는 더 큰 규모의 사람들은 물론 더욱 큰 규모의 자원과 환경을 경영하거나 관리할 필요가 생겼다. 이런 필요는 다양한 경제활동을 훨씬 다양하게 했고 도시 주민들을 더욱 엄격하게 구조화하고 조직화하는 결과를 가져왔다. 도시 생활은 대개 더 많은 기회와 다양한 상품 및 서비스를 누릴 수 있지만 한편으로 계급과 지위, 성별에 따른 엄격한 구분과 불평등을 심화시켰다. 도시 환경에서 볼 수 있는 권위 체계와 불평등 관계는 과거 대규모 사회 집단화 유형에서 생겨나 도시 생활의 조건에 맞게 발전된 것이다. 상호 의존적인 다양한 지역들로 구성된 복잡한 대규모의 사회에는 이러한 차이들을 협상할 중앙집권적인 의사결정과 관리 메커니즘이 필요했다. 이를테면 젠더 차이와 관계를 더욱 명확히 규정하게 되었다. 심지어 초기의 농업 사회에서조차도 이전의 수렵채취 사회에서보다 남성의 지배가 더욱 강조되었다.

도시 사회는 이러한 강조를 재확인하고 유지시켰다. 때로는 남성 신들이 도시의 성장을 이루어 냈다는 영예를 받기도 했다. 그리고 남성 전사와 지배자들은 도시와 그 배후지를 연결하는 교역로를 지켰다.

도시는 나중에 자본 축적의 중심지가 되면서 정치권력을 휘두르기도 하고 젠더와 계급 중심의 구분을 촉진하기도 했다. 더 이상 인구를 수용할 수 없는 오염된 도시는 특히 세계의 저개발 지역에서, 불안정과 엄청난 사회경제적 변화의 현장이 되었다. 저개발 국가에서는 1950년부터 1990년 사이에 도시 인구가 다섯 배나 증가했다. 이것은 전 세계의 도시 인구 증가율보다 훨씬 급속한 증가 수치이다. 21세기 이전에는 세계 인구의 대다수가 농촌에서 나오는 식량을 먹고 살았고 생활양식이 문화적으로 차이가 있기는 하지만 일정한 기술적 유사성을 공유하고 있었다. 자본주의적 산업주의가 도시의 성장을 확산하고 자극하면서 식민 시대에 고도의 산업사회와 '개발도상' 사회의 격차가 나타나기 시작했다. 오늘날 우리의 '슬럼화된 지구'는 현대적인 산업도 없이 가난에 허덕이는 수많은 도시를 보유하고 있다. 또 인류 역사에서 처음으로 농촌 인구보다 도시 인구가 더 많아지게 되었다.

도시와 주변 지역 사이의 유기적 관계를 고려하지 않고서 도시 생활의 역사적 등장을 이해하기는 힘들다. 갈수록 상이하고 다양해지는 지역들 속에서 더욱 큰 규모의 정치적 정체성이나 공동체의 정체성을 형성하는, 도시와 농촌의 성공적인 통합 과정은 이 장에 기술한 모든 도시 사회에서 공통적으로 나타나는 과정이다. 기원전 제6천년기에 출현한 이래 도시의 역사는 시종일관한 항구적인 역사로 남아 있다. 그리고 문화적 상황은 물론 역사적 상황이 도시의 성격 변화와 다양성을 규정하고 있다. 21세기에 들어와 저개발 지역의 도시가 급성장하면서 도시화 과정이 차츰 빨라지고 있다. 1950년에는 세계 인구 가운데 도시 인구가 30퍼센트도 되지 않았지만 21세기 초인 지금 절반 이상이 도시에 살고 있으며 그 수도 꾸준히 증가하고 있다. 현재 인구가 2천만 명이 넘는 도시는 오직 도쿄밖에 없다. 하지만 곧 뭄바이, 라고스(나이지리아), 상하이, 자카르타, 상파울루, 카라치(파키스탄)가 여기에 합류할 것이고 베이징과 다카(말레이시아)와 멕시코시티가 그 뒤를 바짝 따르고 있다. 2025년에는 세계 인구의 3분의 2 이상이 도시에 거주할 것으로 예측되고, '도시의 경험'이 인류의 진정한 공통분모 가운데 하나가 될 것으로 보인다.

토론 과제

● 세계사를 통해 도시와 그 배후지인 농촌은 주로 어떤 관계를 맺어 왔는가?

● 고대 도시와 현대 도시의 공통점에는 어떤 것이 있는가?

● 도시화 과정에 지리적 요인이 어떤 역할을 했을까?

● 도시 거주의 장점과 단점에는 어떤 것이 있을까?

● 서아프리카와 동아시아의 도시화 과정을 비교해 보자. 교역과 종교와 국가가 각 지역의 도시화에 이바지한 역할은 무엇이었는가?

● 인류 역사의 대부분 동안 사람들이 도시 거주를 선택하지 않았지만 오늘날 전 세계 사람들 과반수가 도시에 거주하고 있다. 왜 이런 변화가 나타났을까?

| 참고문헌 |

· Allchin, F. R.(1995) *The Archaeology of Early South Asia: The Emergence of Cities and States*, Cambridge: Cambridge University Press.
· Baker, Michael(2006) *The Goddess and the Bull, Çatalhöyük: Archaeological Journey to the Dawn of Civilization*, Walnut Creek, Calif.: Left Coast Press.
· Cipolla, Carlo M.(1967) *The Economic History of World Population*, Harmondsworth: Penguin.
· Esherick, Joseph W.(2000) *Remaking the Chinese City: Modernity and National Identity, 1900~1950*, Honolulu: University of Hawai'i Press.
· Heng, Chye Kiang(1999) *Cities of Aristocrats and Bureaucrats: The Development of Medieval Chinese Cityscapes*, Honolulu: University of Hawaii Press.
· Johnson, Linda Cooke, ed.(1993) *Cities of Jiangnan in Late Imperial China*, Albany, N.Y.: State University of New York Press.
· McEvedy, Colin and Richard Jones(1978) *Atlas of World Population*, London: Allan Lane/Penguin.
· McIntosh, Roderick J.(2005) *Ancient Middle Niger: Urbanism and the Self-organizing Landscape*, Cambridge: Cambridge University Press.
· Morris, A. E. J.(1994) *History of Urban Form: Before the Industrial Revolution*, New York: Longman Scientific and Technical.
· Roberts, Allen F. et al.(2003) *A Saint in the City: Sufi Arts of Urban Senegal*, Los Angeles: University of California, Fowler Museum.
· UN-Habitat(2003) *The Challenge of the Slums: Global Report on Human Settlements*(2003), London: United Nations.
· Whitfield, Peter(2005) *Cities of the World: A History in Maps*, Berkeley: University of California Press.

| 온라인 자료 |

· Annenberg/CPB Bridging World History(2004)
  http://www.learner.org/channel/courSes/world history/
  4주제 '농업과 도시의 기원,' 9주제 '토지의 연결,' 10주제 '물의 연결,' 19주제 '전 지구적 산업화,' 24주제 '세계화와 경제,' 25주제 '전 지구적 대중문화' 등의 단원을 보라.
· Hodder, Ian Çatalhöyük: Research Project(2007)
  http://www.catalhoyuk.com/
  아나톨리아 신석기 촌락의 공식적인 발굴 현장 사이트.
· UNESCO World Heritage Site(2007)
  http://whc.unesco.org/en/list/
  초기 도시들 대부분의 유물과 그 기념물을 포함한 가장 귀중한 유적지들의 자료 제공.
· Waugh, Daniel Silk Road Seattle Project(Simpson Center for the Humanities, University of Washington, 2007)
  http://depts.washington.edu/silk road/cities/cities.html
  비단길의 도시들.

4장

종교와 공동체, 분쟁

19 46년 새해 첫날, 히로히토 황제는 연합 점령군의 명령에 따라 일본 국민들에게 신도(神道) 신들의 후손이라는 자신의 신성을 부인하는 라디오 방송을 했다. 신도의 전통에 따르면 히로히토와 황실의 조상들은 태양의 여신인 아마테라스 오미카미의 후손이었다. 황실은 태양의 가문으로 알려졌는데 이는 그 가문이 일본의 건국 및 세계의 창조와 중단 없이 이어져 있음을 의미했다. 하지만 일본 국가와 신도 종교를 동일시하는 이 전통은 사실 제국의 통치를 '회복'하고 신들의 후손이라는 황제의 정통성을 확인한 19세기 중엽 메이지 유신의 산물로서 아주 최근에 확립된 것이다. 20세기 들어 전시 정부는 신도를 국가 종교로 공식 채택하고 신도와 일본 국가의 동일시를 강화했다.

황제의 신적인 계보를 여전히 믿고 있는 일본인들은 거의 없었지만 국가 신도의 한 초석으로서 이러한 관념이 지니고 있는 상징적인 힘은 제2차 세계대전 이후 점령 당국으로 하여금 히로히토 황제의 공식적인 포기를 요구하게 하기에는 충분했다. 연합 점령군은 전시 일본에서 국가와 종교의 결합이 군국주의와 파시즘에 이바지했으며, 따라서 그것을 해체해야 한다고 보았다.

황실과의 결합이나 국가와의 동일시를 넘어 종교로서 신도가 지니는 의미는 무엇인가? '신의 길'이다. 이것은 공동체를 보호하고 안전한 출산과 충분한 식량 자원을 보증하며 죽음에 직면해 위안을 얻기 위한 수단인 원주민의 관습과 일본에 전래된 불교를 구분할 필요성이 생겨나면서 채택한 이름이다. 신도는 불교나 세계 역사 속의 여러 다른 종교들과 달리 창시자도 없고 핵심적인 경전도 없으며 도덕적이거나 윤리적인 규범도 없다. 하지만 여전히 일종의 종교로 여겨지고 있다. 촘촘히 엮이고 두텁게 직조된 세계사 속 종교의 씨실과 날실을 풀어헤치는 데 신도에 대한 이해가 어떤 도움을 줄 수 있을까?

우리는 고고학을 통해 일본 열도의 초기 거주민들 사이에서 오늘날 신도의 풍속이라고 부르는 것에 대한 증거를 추적할 수 있다. 예를 들어 하니와로 알려진 무덤의 경계를 표시하는 작은 점토상에는 제의 행위를 기술하는 문헌 자료를 통해 그 역할을 추측해 볼 수 있는 남녀 무희들이 있다. 다음은 3세기 중국의 《위지》(魏志)에 나오는 신도의 애도 의식을 다룬 최초의 문헌 기록 가운데 하나다.

사람이 죽게 되면 가족은 열흘 이상 애도를 한다. 이 기간에 고기를 먹어서는 안 된다. 제주는 곡을 하고 흐느끼며 다른 사람들은 노래하고 춤추며 술을 마신다. 장례가 끝나면 가족 전체가 물속으로 들어가 정화 의식을 하는 중국인들과 유사한 방식으로 자신들을 정화한다.

(*Wei zhi*, David J. Lu, ed., *Sources of Japanese History*, Vol. 1 (1974), p. 9에서 재인용)

이러한 정화 의식의 흔적이 현대 일본의 신사 입구에서 발견할 수 있는 정화용 석조 수반에 남아 있다. 오늘날 신사를 찾은 방문객들은 대나무 국자에 물을 담아 손에 따르는 상징적 행위를 수행한다. 어쩌면 이 정화 의식은 죽은 자와 관련된 질병의 확산으로부터 공동체를 보호하기 위한 데서 비롯되었을 것이다.

의식이 공동체를 유지·보호하기 위해 마련된 것이기 때문에 신도는 일본 열도에 거주한 사람들에게 공동의 정체성을 위한 기초를 마련해 주었다. 불교가 전래된 이후 이름 있는 종교로 바뀌고 이어서 태양 가문의 통치를 지원한 근대 국가의 종교로 바뀐, 공동체에 기반을 둔 이름 없는 풍속이 이 장에서 다룰 주제의 핵심적인 측면을 보여 준다. 그것은 곧 전 세계 사람들이 우주 속에서 자신들의 위치를 어떻게 이해하고 해석했을까, 그리고 사람들이 거주하는 정치·사회적 세계를 건설하고 그것을 이해하는 데 종교가 어떤 도움을 주었을까 하는 것이다.

종교는 사람들이 자기 자신과 주변 세계를 이해할 필요에 대해 반응해 온 가장 강력하고 중요한 방식 가운데 하나다. 종교는 또한 가장 다루기 어려운 세계사의 주제 가운데 하나다. 세계사 속의 종교 연구를 통해서 우리는 역사적으로 가시적인 전통과 풍속뿐만 아니라 정의하기가 까다롭기로 유명한 신앙의 영역까지 조사해야 한다. 신앙은 다양한 형태(구술, 문자, 예술, 수행)로 표현할 수 있다. 이것들은 역사가가 신앙을 기술하기 위해 사용해야 하는 유일한 자료들이다. 우리는 과거나 현재의 특정 시간에 사람들이 무엇을 믿고 있었는지를—그들이 자신의 믿음에 대해 얘기한 내용을 우리가 정확하게 알고 있다 할지라도—정확하게 알 수 없다. 하지만 우리는 시간이 흐름에 따라 변천해 온 구술 전승과 문헌, 공예품, 수행에 나타난 신앙의 표현을 통해 그 증거를 추적할 수 있다. 그럼에도 불구하고 우리는 과거의 신앙에 접근하는 특유의 어려움과 복잡함을 인정해야 한다. 신도나 불교 같은 용어를 이용해 종교적 신앙과 풍속을 분류하면서 우리는 과거 사람들의 생생한 경험을 이러한 표시가 규정하는 고정된 특징으로 환원할 위험이 있다.

종교는 초기 신도의 경우처럼 자연계나 정신계와 관련한 개인이나 공동체의 위치를 설정함으로써 개인적인 갈망이나 사회적인 의미를 표현할 수 있다. 종교는 정치에 의해 형성되거나 그것과 서로 뒤엉킬 수도 있으며, 일본이 제국 통치를 인가하기 위해 신도를 이용한 사례에서처럼 사회적 위계나 정치적 질서에 정통성을 부여함으로써 권력관계를 강화하기도 한다. 종교는 고대 일본에서 신도가 행한 것처럼 공동체를 통합하고 공동의 정체성을 길러 주는 능력을 지니고 있다. 하지만 종교는 또한 사회 조직을 분열시키는 불화의 요인 또는 제도화된 형태의 권위나 권력 구조에 맞선 저항의 근원이 되기도 쉽다.

불교의 도입은 신도와 같은 토속신앙과 풍속에 이름을 붙이도록 자극했고 사람들로 하여금 완전히 낯선 종교의 개념에 직면하게 했다. 불교는 일본 국민의 기원은 물론 그 정체성과 직접적인 관련을 지닌 신도와 달리 종족의 정체성과 문화적 기원과 지리적 공간을 초월한 보편적인 메시지를 담고 있었다. 하지만 다른 곳에서와 마찬가지로 불교는 일본의 토속신앙 및 풍속과 접촉하면서 그곳의 종교 생활을 바꾼 만큼이나 지역적인 전통의 영향을 받기도 했다. 신도는 지역적인 종교이고 불교는 세계적인 종교라고 말할 수 있을 것이다. 하지만 이 둘 사이에는 역동적인 관계가 존재했다. 이 관계가 이 장의 내용을 안내하는 길잡이 역할을 한다. 그것은 곧 공동체 중심의 지역적 종교가 제도화되어 있고 '이식이 가능한,' 이른바 '세계' 종교와 어떻게 상호작용을 했을까 하는 것이다.

이 장은 또한 신자들에 의해 확산된 '세계' 종교는 물론, 사람들의 이주(1장을 보라)와 더불어 이동한 공동체 중심의 관점에서 지역적이고 세계적인 종교 문제를 다룰 것이다. 선교사와 상인, 심지어는 군인들에 의해 전파된 '세계' 종교와 달리 유대교나 아메리카 대륙의 아프리카 종교는 민족의 디아스포라를 통해 전 세계로 확산되었다. 압력과 유혹을 받아 새로운 곳에 공동체를 수립할 때 민족의 종교를 동반했던 것이다. 세계화의 힘이 종교의 환경을 어떻게 바꾸었기에 신자들이 새로운 방식의 정신적 힘에 대한 접근과 자신들의 신앙에 대한 표현을 모색해 나가게 되었을까?

종교의 기원과 형태

삶과 죽음에 영향을 미치는 눈에 보이지 않는 힘에 대한 신앙을 보여 주는 풍속의 증거는 60만 년 전의 선사시대로까지 거슬러 올라간다. 당시 초기의 호모 사피엔스는 매장할 때 적철광을 사용해 죽은 사람의 시신을 장식했다. 제례용 적갈색 안료를 만드는 데 사용하는 철광인 적철광은 피의 색깔이나 생명력을 암시한다. 이어서 매장과 암각화에 적색 안료를 사용한 흔적이 유럽에서 남아프리카에 이르기까지, 그리고 인도네시아와 오스트레일리아와 아메리카 대륙에 이르기까지 전 세계적으로 확산되었다. 남아프리카에서는 적철광을 채굴한 흔적이 약 2만8천 년 전인 중석기시대로 거슬러 올라간다.

고고학자들은 1994년 프랑스 피레네산맥에 위치한 쇼베 동굴을 발견하고는 전율했다. 그곳에 3만 년 이상 전에 만들어진, 적색과 흑색의 코뿔소, 곰, 사자, 말, 심지어 사람의 손바닥 자국을 묘사하는 멋진 벽화가 있었다. 이러한 이미지들은 자신들 세계의 경험들을 전달하고 보이지 않는 세계와 소통을 시도한 초기 조상들의 노력을 보여 주는 감질나는 흔적들이다. 훨씬 더 나중에 발견된 프랑스 남부의 라스코와 에스파냐 북부의 알타미라 동굴 벽화(2만~1만5천년 전)와 그리고 더욱 나중의 남아프리카와 오스트레일리아 또는 북아메리카 서부의 암각화도 잘 알려져 있다. 이것들이 풍부한 사냥감을 기원하거나 식량과 의복을 위해 죽인 짐승들의 혼을 달래기 위해 동굴 주변 지역에 사람들을 끌어들이는 제례 모임용으로 마련한 공감 주술의 그림 표상이었을까? 아니면 젊은이들을 가르치고 후속 세대들에게 중대한 정보를 전달해 주기 위해 사용한 인간 활동과 동물의 수에 대한 단순한 기록이었을까?

최초의 동굴 벽화만큼이나 오래된 동물과 인간의 작은 조각상들이 독일 남부와 프랑스에서 발견되기는 했지만 서유럽에서 시베리아에 이르는 유라시아의 광범한 전역에 걸쳐 작은 여성상의 제작이 현저한 증가를 보인 것은 2만5천 년 전부터였다. 이 상들은 돌이나 상아 또는 점토로 만들어졌으며 상당수가 여성의 성적인 특징을 매우 강조해 표현하고 있다. 몸매가 잘 발달되었거나 심지어 매우 뚱뚱한 경우도 있었다. 이 '비너스' 상과 다산의 개념을 연결하고 과장된 가슴과 배와 외음부와 엉덩이가 출산에 대한 주의를 환기하기 위한 것이라는 추측은 일리가 있어 보인다. 우리는 발견된 상들 가운데 기껏해야 절반이 여성상이고(명백히 여성도 아니고 남성도 아닌 단순한 사람의 형상이 대부분이다) 동물의 상들도 있기 때문에 여성의 출산을 소중히 여긴 것이 분명했고, 임신의 징후를 가진 여성 모습의 표상이 출산을 장려하기 위한 노력의 일환이었을 것이라는 정도로밖에 말할 수 없다.

대다수의 여성상들은 지중해 주변 지역과 동남유럽의 신석기시대(기원전 7000년경~기원전 3500년) 유적에서 발견되었다. 이로써 이것들이 그보다 훨씬 앞선 다산 숭배의 계승을 보여 주는 것이라고 추측할 수 있다. 하지만 수천 년에 걸쳐 만들어진 작은 입상(立像)들의 뚜렷한 다양성은 이것이 너무도 단순한 해석임을 암시해 준다. 이것들을 모두 '다산의 이미지'로 일반화하는 것은 유목 수렵채취인에서 정주 농민에 이르는 여성의 다양한 사회적 역할에 대한 역사적 이해를 왜곡할지도 모른다. 그것이 여성상이든 남성상이든 아니면 동물상이든 우리는 그 상들이 어떻게 사용되었는지—종교적 제의에, 장난감으로, 교육(예를 들어 출산)을 위해—를 실제로 알지 못한다. 따라서 풍만한 여성의 이미지를 신석기시대의 곡물 경작에 필요한 노동의 재생산에 대한 관심과 결부시킬 수는 있겠지만 그들의 역할을 반드시 다산 숭배로만 추정할 수는 없다. 예를 들어 기원전 1000년대 중반 이후 멕시코 남부에 위치한 중앙아메리카의 찰카칭고 유적에서 나온 작은 점토 입상들은 여성을 다양한 생애주기, 곧 사춘기와 임신기, 자녀 양육기의 단계별로 묘사하고 있다. 그리고 이것들은 종교적 제례의 숭배 대상물이라기보다는 여성 중심의 통과의례에 사용되었을 것으로 생각된다. 여성상이든 남성상이든 갈수록 늘어나는 인간상 제작은 동굴 벽화의 동물 묘사 또는 인간과 동물 세계의 관계에 우선적인 관심을 보인 구석기시대 후기에 나타나는 동물상의 우세와 대조를 이루는 것 같다.

인간의 표상이 늘어나긴 했지만 전 세계 신석기인의 종교 생활에서 동물이 여전히 중요했음을 보여 주는 증거는 꽤 많다. 오늘날 파키스탄의 메르가르와 인더스 강 유역의 하라파 유적에서 출토된 기원전 3200년대의 점토와 돌로 된 인장(印章)에는 요가 자세의 인체 모형과 뿔 달린 신과 나무와 더불어 동물이 묘사되어 있다. 매우 정교한 한 인장에는 나무의 두 가지 사이에 서 있는 뿔 달린 신과 제물로 바친 염소 앞에서 손을 깍지 낀 채 무릎을 꿇고 있는 사람이 등장한다. 인장의 바닥에는 독특한 머리 스타일에 독특한 머리 장식품을 착용한 사람 일곱 명이 등장하는데 아마도 사제인 듯하다. 동물은 그것이 귀중했기 때문에 희생 제물로 사용되었다. 공예품에 등장하는 동물의 표상이 그 중요성을 입증해 주고 있다. 대개는 이따금씩 제례 행위를 암시하는 향로와 함께 외뿔의 들소와 황소가 그려져 있다.

인장에 새겨진 상징들을 충분히 해독한 것은 아니다. 하지만 인장이 부적으로뿐만 아니라 거래에서 상품의 진품을 입증하는 것과 같은 실용적인 용도로 사용되기도 했다. 또한 그것을 제작한 장인이 그 기회를 이용해 그 후의 신앙과 풍속의 특징을 나타내는 하라파 사회의 종교 생활과 제례 생활의 중요한 측면을 표현한 것이라고 추측할 수도 있다. 예를 들어 하라파 인장에서 발견된 인도혹소(보스 인디쿠스)가 현대 인도의 '신성한 소'로 바뀌는 데 길고 복잡한 과정이 걸리기는 했지만 그것은 나중에 힌두('인더스 강')의 신성한 숫과 동물이 되었다. 인도혹소에 대한 숭배는 자원으로서의 생태적 가치는 물론 우주적 일체를 표상하는 은유적 활용과도 관련이 깊다. 다른 곳에서도 소에게 종교적 아이콘과 유사한 중요성을 부여했다. 이는 아마도 식량 자원으로서의 가치 때문인 것 같다. 예를 들어 이집트의 여신 하토르는 살아 있는 사람에게 우유를 먹이는 암소 또는 암소 머리의 신으로 표상되었다. 하토르는 이따금씩 파라오에게 젖을 먹임으로써 인류 사회를 부양하는 것으로 묘사되었다.

전 세계의 인류 문화와 종교 생활 속에서 특정 동물의 역할을 결정지은 것은 환경의 차이였다. 고대 중국(기원전 1500년경)의 청동제기는 때때로 당시 중국 북부의 평원을 거닐던 코끼리나 코뿔소의 모양 또는 대칭적인 평평한 동물의 얼굴을 표상하는 '괴물 가면' 디자인의 장식으로 주조되었다. 초기의 올메카족(기원전 1250년경~기원전 400년)에서 아스테카족(서기 1350~1521년)에 이르기까지 중앙아메리카에서는 재규어의 이미지가 풍부했다. 전투를 의미하는 커다란 이 육식 고양이와 사회 고위층 사이에는 물리적인 힘과 동시에 권력의 상징성 같은 것이 존재했다. 고양잇과나 고양이처럼 생긴 동물의 이미지와 고양이 같은 속성을 지니거나 그 의상을 걸친 전사가 공간과 연대가 서로 다른 다양한 문화 속에서도 발견되었다. 마야(기원전 200년경~서기 900년)의 지배자들은 이따금씩 재규어의 가죽옷을 입거나 재규어 머리 모양의 정교한 머리 장식물을 착용한 것으로 묘사되었다. 지배자의 복식에 물리적인 관련의 형태로 등장한 재규어는 힘과 권력을 상징했다.

올메카족과 이후 중앙아메리카의 일부 족속은 카이만(중남아메리카산 악어)에게 종교적 의미를 부여했다. 카이만은(재규어와 마찬가지로) 인류의 약탈자였다. 따라서 그 표상은 권력을 나타냈다. 카이만의 이미지는 정치적 권위는 물론 종교적 권위를 묘사하는 데 사용되었다. 예를 들어 지배자를 카이만의 가죽옷을 걸치고 있는 모습으로 묘사할 수 있었다. 카이만은 또한 오랫동안 먹지 않고도 번식할 수 있는 능력이 있었기 때문에 다산과 연관되기도 했다.

애니미즘과 샤머니즘

초기의 여러 인류 공동체는 자연의 힘과 그것이 인간의 삶에 미치는 위력을 인식하게 되면서 자연계와 동물 세계에 정신적 힘이 있다는 관념에 바탕을 둔 신앙 체계(애니미즘)를 발전시켰다. 신도에서는 이런 힘을 '가미'라고 부르고 폭포나 산에서 태양의 여신 같은 인간적 특징을 지닌 신들에 이르기까지 모든 것을 포함시킨다. 사포테카족(기원전 500년경~서기 500년)과 마야족을 비롯한 중앙아메리카 여러 부족들의 우주론에서는 애니미즘적 호흡이나 바람 또는 영혼이 중요한 개념이었다. 움직이는 모든 것을 하나뿐인 무형의 조물주를 반영하는 존재로 여기고 존중해야 한다고 생각했다. 그리고 이러한 힘을 남신이나 여신으로 의인화했다.

초기의 인류 사회는 또한 영과 소통할 수 있는 특별한 능력을 지닌 이들을 중심으로 샤머니즘 신앙과 풍속을 지켰다. 샤머니즘은 오늘날까지도 한국에서부터 북아메리카와 아프리카에 이르는 지역에 남아 있다. 사람들은 샤먼이 남성이든 여성이든 간에 제의적 무아지경을 통해 인간과 유사한 존재나 다른 영적 존재와 공동체를 대신해 소통을 한다고 생각했다. 현대의 한국 사회에서는 한반도 최초의 거주민들에게 기원을 둔 풍속을 보여 주기라도 하듯이 당면한 불행을 물리치고 장래의 축복을 보장받고자 하는 사람들을 위해 여성 샤먼들이 의식을 거행한다.

암각화 가운데는 샤머니즘적 체험을 재현한 것으로 해석되는 것도 있다. 그것은 주로 남아프리카와 북아메리카 서부 그리고 오스트레일리아에서 발견되었다. 남아프리카의 산족은 자신들의 사냥감인 일런드영양의 무리에게 샤먼이 영향력을 행사한다고 생각했다. 최근에 발견된 인간과 닮은(절반은 사람이고 절반은 영양) 고대의 암각화 이미지는 샤먼이 일런드영양이 된 무아지경의 체험을 보여 주는 것이라고 볼 수 있다. 현대의 학자들은 민족지학과 고고학의 증거를 이용해 텍사스 남서부와 멕시코 북부의 페코스 강 하류 지역에서 발견된 4천 년이나 된 암각화에 대해서도 이와 유사한 해석을 내렸다. 이 그림은 샤머니즘의 정신세계 여행을 나타내는 일종의 그림문자 표상으로 인간과 유사한 형상이 사문석 아치의 통로를 지나가는 광경을 묘사하고 있다.

　대롱에 무아지경에 빠진 것처럼 보이는 사람의 모습이 조각되어 있는 대나무 담뱃대는 암각화와 더불어 북아메리카의 종교적 관념과 풍속에 대한 암시를 보여 주는 최초의 공예품이다. 이 담뱃대는 3천 년 전으로 거슬러 올라가는 것으로 어떤 물질의 흡연을 통해 샤먼과 정신세계의 소통이 가능한 무아지경의 상태를 만들어 내는 샤머니즘 의식에 사용되었을 것으로 추정된다. 이 담뱃대는 북아메리카의 '토루를 만드는 부족'이 거대한 토루의 정상에다 제례(아마 이러한 담뱃대를 사용했을)를 거행할 단을 건설하기 시작하면서 등장한다.

토루, 거석, 장례 기념물

북아메리카의 '토루를 만드는 부족'이 만들어 낸 경관은 어마어마하다. 이런 광경은 루이지애나의 파버티포인트의 새 모양의 토루(기원전 1000년경)와 그 이후에 등장하는 오하이오 남부의 그레이트 서펀트 마운드(큰 뱀 토루, 서기 500년경~1000년) 같은 토루에서 오늘날에도 여전히 볼 수 있다. 이러한 토루는 대개 정상에 설치한 제단을 통해 종교 생활에 일정한 역할을 하던 건축 기념물이었다.

　기원전 2000년 무렵에 건축된 메소포타미아 우르 시의 지구라트는 재료와 디자인이 상당히 다르기는 하지만 수호신의 신전이 건립된 산을 표상하는 계단 모양의 피라미드였다. 중앙아메리카의 다른 피라미드들과 마찬가지로 기원전 100년 무렵과 서기 600년 사이에 번성한 멕시코 분지의 대규모 도시 유적인 테오티우아칸의 태양의 피라미드도 그 위에 세워진 신전의 기단 역할을 했다. 태양의 피라미드는 도시 자체가 신성한 지역이었기 때문에 신성한 산을 표상한 것이었다. 아스테카족은 나중에 이곳을 '신들의 땅'이라고 불렀다.

　세계의 다른 곳에서도 죽은 자를 안치하기 위해 정교한 무덤을 만들었다. 그 가운데 이집트의 피라미드가 가장 장엄한 것(기원전 2500년 무렵 기자에 축조된 최대의 피라미드)에 속할 것이다. 하지만 동남유럽에서 발견된 청동기시대의 쿠르간묘(적석목곽묘)와 영국의 고분 토루 그리고 나중에(서기 300년경~500년) 일본에서 발견된 열쇠 구멍 모양의 고분군에서도 죽은 자에게 아낌없이 기념물을 세워 준 노력과 정성을 확인할 수 있다. 무덤의 구조는 또한 영국 스톤헨지(기원전 2400년경)의 경우처럼 무덤의 위치를 표시하거나 다른 제례 활동을 위해 거석을 세웠을 뿐 아니라 갈수록 뚜렷해지는 사회의 계층화 현상을 보여 주는 증거이기도 하다. 정성스런 의식을 통해 부를 과시하고 죽은 엘리트를 그 안에 매장했다. 안양의 왕릉(기원전 1400년경)과 같은 중국 청동기시대의 고분은 이러한 사례를 생생하게 보여 준다. 상나라의 왕들은 규모가 큰 화려한 장식의 청동 제기뿐 아니라 내세에서도 죽은 자의 수종을 들도록 동반 처형된 하인과 노예와 동물들의 유골과 함께 묻혔다. 그들은 죽음을 통해서까지 상족의 지상신과 소통할 수 있는 조상신의 지위와 권력을 과시했다.

신화적 전통의 해석

사람들은 세계 어느 곳에서나 자신들에 대한 시공간상의 자리매김을 시도하면서 세계의 시작에 관한 설명(창조 신화)과 세계의 일원이 된 인류의 이야기(기원 신화)를 발전시켰다. 《창세기》에는 창조에 관한 유대−기독교의 성서적 설명이 담겨 있다. "하느님이 천지를 창조했다"는 내용이다. 16세기까지 구전으로 전달된 마야인의 경전 《포폴 부》는 창조 이야기를 하면서 키체 마야인들의 기원을 설명한다.

> 쇠하지 않는 빛 가운데서 태어나고 빛 가운데 출생한 자들을 양육하는 생명과 인류의 창조자이자 원형자요 부모이고, 호흡과 심장을 제공한 자이며, 하늘과 땅, 호수와 바다, 그 어느 곳에 있든지 모든 것을 알고 염려하는 자가 네 면과 네 모서리로 이루어진 땅과 하늘에 4중의 면을 내고 4중의 모서리를 만들며 측량을 해 말뚝을 박고 끈을 나누어 그 끈을 펼치며.
>
> (*Popul Vuh*, trans. Dennis Tedlock, New York: Simon & Schuster, 1985, pp. 71~72; Thomas Sanders et al., *Encounters in World History*, Vol. I, Boston: McGraw-Hill, 2006, p. 53에서 재인용)

오스트레일리아 원주민 특유의 기원 설명은 고고학적으로 입증된 5만 년 전 무렵의 이주 사건을 반영하고 있다. 전설은 창조 시대를 '꿈의 시대'로 언급하고 있고 조상들의 오스트레일리아 이주를 꿈의 시대를 산 초인적인 조상들에 대한 신앙의 관점에서 설명하고 있다. 오스트레일리아의 카카두족은 '위대한 대지의 어머니' 임베롬베라가 카누를 타고 도착했다고 생각한다. 썩기 쉬운 인공물이기 때문에 카누의 흔적이 없기는 하지만 이것은 고고학자와 선사시대 역사가들이 인정하는 사건에 대한 신화적인 설명이다. 더 나아가 카카두 전설은 임베롬베라가 자궁에 자녀들을 가득 임신한 상태로 오스트레일리아에 정착했다고 설명한다. 그녀는 이 대륙에 도착하자마자 언덕과 시내, 식물과 동물 같은 자연을 만들어 자녀들을 그곳에 살게 했다.

창조 드라마의 주역들은 대개 임베롬베라와 마찬가지로 인간과 유사한 남녀 신들이다. 신들이 땅을 만들고 우주를 생성하며 심지어는 인간 세계의 지배자도 낳는다. 일본 신화에 따르면 한 쌍의 신 이자나미와 이자나기가 일본 열도와 여러 신들을 낳았다고 한다.

> 태고의 물질이 응고되어 있고 호흡이나 형체가 아직 출현하지 않았을 때 이름도 없었고 움직임도 없었다. 누가 그 형체를 알 수 있을까? 하지만 하늘과 땅이 처음 열릴 때 세 명의 신이 모든 피조물 가운데 으뜸이 되었다. 남신과 여신이 여기서 시작되었으며 두 신(이자나기와 이자나미)이 모든 피조물의 조상이 되었다.
>
> (Donald L. Philippi, trans., *Kojik*(古事記), Tokyo: Tokyo University Press, 1983, p. 37)

이들 두 신의 자손 가운데 태양의 여신인 아마테라스가 있었다. 이 아마테라스가 신도의 대표 신이자 일본 황실의 조상이 되었으며 전 세계에 걸쳐 발견되는 여러 여성 태양신들 가운데 하나였다. 태양의 여신은 오빠가 괴롭히자 동굴 속에 들어갔고 돌로 입구를 막자 세상이 어두워졌다. 다른 신들이 춤과 웃음으로 그녀를 다시 끌어낼 때까지 어둠은 지속되었다. 이것이 초기 일본의 일식에 대한 설명이었다. 그리고 이것은 태양의 빛과 온기를 내려 풍성한 수확을 거두게 해달라고 태양의 여신에게 비는 신도의 춤과 의식을 묘사한 것이기도 하다.

다양한 신들: 여신, 남신, 신왕

일본 신화에 따르면 아마테라스는 천상의 거처에서 손자를 내려보내 태양 가문의 지배를 확립하게 했다. 이로써 태양의 여신과 황실 혈통 간의 결합이 이루어졌다. 신과 인간의 관계가 전 세계 어디서나 종교의 발전에 핵심적인 역할을 했다.

여신 이난나는 기원전 제4천년기 말에 메소포타미아 남부 수메르 지역에 위치한 도시 우루크의 수호신으로 처음 등장한다. 이난나는 도시 중앙 창고의 신이었다. 이 것은 식량 창고에 의존한 도시 생활의 등장과 이들 자원의 보호가 상호 연관이 있음을 암시해 준다(3장을 보라). 그녀는 그 일대의 다른 신들과 마찬가지로 인간 배우자를 두고 있었다. 그는 여신의 총애를 받아 다스리는 제사장 겸 왕이었다. 이난나는 삶과 죽음을 관장하는 주인으로서 동정심이 많기도 하고 사납기도 했다. 수호자이기도 했고 요부, 마귀, 연인이기도 했다. 이난나는 기원전 제2천년기 중반에 메소포타미아 북부의 상대자인 도시국가 아카드의 수호신 이슈타르(수메르어로는 이난나)와 합쳐져 남녀 양성의 다면적인 성격을 보여 주었다.

기원전 제3천년기에는 수메르의 도시 니푸르가 누구도 감히 따를 수 없는 신성한 지위를 차지한 것으로 보인다. 그래서 이 도시의 신이자 전사의 신 엔릴이 다른 신들을 지배하는 지위로 격상되었다. 나중에 아카드의 왕 사르곤 1세(기원전 2300년경)를 비롯한 정복자들은 엔릴의 승인을 통해 통치의 합법성을 인정받았다. 당시의 종교 비문은 사르곤 1세를 통치자로 임명한 것이 엔릴이었음을 널리 알리고 있다.

엔릴과 같은 신들이 인간의 통치를 승인할 수 있었지만 일부 통치자들은 신왕(神王)으로 여겨졌다. 기원전 제3천년기에는 신왕의 통치를 뒷받침하는 이집트의 다양한 남녀 신들이 있었다. 이집트의 통치자 파라오는 인간의 영역과 신의 영역을 매개하는 살아 있는 신으로 숭배를 받았다. 파라오의 책무는 마아트, 곧 우주의 질서와 인간 사회의 조화를 보존하고 유지하는 것이었다. 파라오는 태양신인 아문–라의 후손이라고 주장했다. 아문–라의 바로 아래에는 그 지역의 인간 생존에 필수적인 나일 강 유역의 환경 상태를 반영하는 세 명의 주신들이 있었다. 오시리스는 땅을 비옥하게 하는 연례적인 나일 강 범람의 힘을 표상했고, 그의 아내 이시스는 땅의 출산력을 그리고 아들 호루스는 이시스와 오시리스의 결합에서 나오는 식물의 생명력을 표상했다. 파라오는 바로 호루스의 화신이라고 생각되었다.

상형(신성한 새김)문자로 알려진 기록 문자는 파피루스뿐 아니라 돌에 새긴 비문에도 사용되었다. 피라미드 묘실의 벽화와 그에 딸린 상형문자의 비명은 여러 신들과 오시리스가 주관하는 저승의 사후 세계를 묘사하고 있다. 이집트의 장례 지침들은 《사자의 서》에 수록되어 있다. 이 문서는 신왕국 시대(기원전 1530년경~기원전 1070년)에 기원을 두고 있으며 먼 길을 떠나는 영혼을 안내하고 보호하기 위한 것으로서,

삽화를 곁들인 일련의 찬가와 기도와 주문이 그 안에 들어 있다.

　이집트의 신왕국 시대에 황하 유역에서는 청동 기술을 도입하면서 북중국의 평원에 위치한 신석기시대의 중심지들로부터 상나라가 등장했다. 전차를 타는 상나라의 왕들은 지상신 상제를 상대로 한 왕실 조상들의 조정 능력과 정치적 권위를 연결하는 종교 의식을 통해 통치의 정당성을 인정받았다. 솜씨 좋은 장인들은 왕실 조상들에게 바치는 음식과 포도주를 담을 정교한 청동기를 만들었다. 왕들은 복점을 통해 통치의 승인을 받기도 했다. 황소나 양의 어깨뼈나 거북의 배딱지인 갑골에 "풍년이 들까?"또는 "적과의 전투에서 우리(상)가 이길까?" 같은 질문을 새겼다. 이 질문은 중국 고문자로 기록되어 상제에게 전달되었다. 그리고 불에 데울 때 생기는 뼈의 금을 해석한 답을 들었다. 이러한 복점은 샤먼 학자들에 의해 이루어졌다. 그들은 집필 기술과 더불어 조상신과의 소통을 관리하는 일종의 사제로서 상나라 통치자들을 위해 일했다.

　기원전 1500년 무렵부터 서남아시아의 유목민과 전사들이 인더스 문명권으로 이주하기 시작했다. 말이 이끄는 전차로 기술적인 장비를 잘 갖추고 전사의 신 인드라로부터 영감을 받은 그들은 인더스 문명의 유적을 정복하고 그곳에 정착했다. 이 침략자들은 토착 사상을 소화하고 인더스 문명의 초기 신앙을 점차 자신들의 신앙과 통합시켜 나갔다. 새로운 사회 · 정치 질서는 우주적 힘을 나타내는 다양한 신들과, 구전되어 오던 제의 찬가를 집대성한 《베다》('지식')의 승인을 받았다. 이 경전은 기원전 1200년 무렵에서 기원전 600년 사이에 문헌으로 편찬되었다. 수백 년을 지나 힌두의 다양한 남녀 신들의 판테온에서 그 정점에 달하는 최초의 3대 주신(主神) 체제는 조물주인 브라마와 파괴자인 시바, 보존자인 비슈누로 구성되었다. 베다의 판테온에서는 여신들이 상대적으로 작게 묘사되어 있다. 여신의 성력(샤크티)을 인정받고 모신(母神)의 지상신으로서의 이미지가 힌두 전통에서 중요한 지위를 차지하게 된 것은 훨씬 나중(서기 400년경~800년)의 일이었다. 예를 들어 시바와 비슈누의 배우자들은 위대한 여신 데비가 성육신한 것이다. 두르가는 전사 모습을 한 시바의 배우자이고 칼리는 악마로 바뀐, 죽음 및 파괴와 결부된 잔인한 여신이다.

　남아시아의 인더스 문명에 대한 침략과 동시대에 인도유럽어족의 다양한 사람들이 에게 해 유역에 들이닥쳤다. 그들은 에게 해를 정복하고 크레타 섬의 미노아 문명의 크노소스 궁전과 그리스 본토의 미케네 요새 같은 지중해의 선행 문화 중심지들을 흡수했다. 가슴을 강조해 드러낸 의상을 걸친 크노소스 궁전의 작은 입상들이 미노아 종교의 여성 사제를 나타내거나 두 손에 꿈틀거리는 뱀들을 움켜쥔 것으로 봐서 아마도 자연을 지배하는 힘을 지닌 여신의 이미지를 나타낸 것이 아닌가 싶다. 기원전 1400년으로 거슬러 올라가는 크레타의 신전들에는 테라코타 여신상들이 있다. 그리고 기원전 제2천년기에 미케네인들은 남녀 신들의 정교한 판테온을 갖추고 있었다. 이 판테온에는 훗날 그리스의 신들인 제우스와 포세이돈과 디오니소스가 있었다. 이들 모두 신성한 올림포스 산에 거주했다.

그리스의 시인 호메로스와 헤시오도스(기원전 8세기경)는 올림포스 판테온의 남녀 신들을 자연의 힘을 관리하고 인간과 상호 영향을 주고받는 인간과 유사한 모습으로 묘사했다. 기원전 6세기에 아테네 폴리스(도시국가)는 아크로폴리스에 신전이 있는 올림포스 여신 아테나 폴리아스를 중심으로 하는 종교다운 시민 종교를 자랑할 수 있었다(3장을 보라). 판아테나이아 축제에서는 대중행렬과 희생제례, 찬가와 춤으로 여신을 찬미했다.

기원전 5세기 그리스 철학자 플라톤은 이러한 시민 종교의 활동과는 반대로 자연과 이론을 통합하는 사상 체계를 만들어 질서정연하고 아름다운 세계관을 마련하는 일에 착수했다. 플라톤은 《티마이오스》에서 고대 그리스의 신앙 전통으로 돌아가 조물주를 상정하고 이 조물주가 신들의 활동으로 유지되는 질서정연한 세계를 설계한다고 했다. 플라톤에 따르면 인간의 의무는 조화와 질서를 보증하는 종교적 희생제례를 통해 신들의 노력에 동참하는 것이었다.

공동체적이고 대중적인 시민 종교가 유행하던 때와 동시대에 비밀 지식을 존중하는 밀의종교도 번성했다. 이 비밀 지식은 단지 입회자들에게만 알려졌다. 밀의종교는 재생이나 부활을 약속하고 이 세상과 내세의 축복을 대가로 입회자들에게 비밀을 요구했다. 아테네 인근의 엘레우시스에 있는 곡물과 비옥한 대지의 올림포스 여신 데메테르의 신전이 엘레우시스 제전의 중심지가 되었다. 이 제전은 생명과 죽음과 새로운 곡물의 발아에 초점을 두었다. 데메테르와 마찬가지로 이집트의 여신 이시스도 부활과 관련이 있었다. 이시스는 이미 기원전 5세기에 그리스인들에게 알려졌다. 하지만 그녀를 모신 밀의종교가 등장한 것은 기원전 마지막 두 세기에 들어서였다. 이 밀의종교는 곧 지중해 동부 연안 일대로 확산되었다.

기원전 1세기 초 아나톨리아(현대의 터키)에서는 '위대한 대지의 어머니' 키벨레의 숭배가 심지어 이시스의 숭배보다 더욱 대중화되기 시작해 그리스 · 로마 세계로 확산되었다. 그리스에서 메테르(어머니)로 알려진 키벨레가 로마에서는 기원전 3세기 말 '대모'를 뜻하는 라틴어 마그나 마테르로서 공식적인 숭배를 받았다. 그녀의 숭배자들은 무아경의 춤에 동참했다. 그리고 피를 만들어 내는 제의의 일환으로 황소를 도살했으며 그 피를 입회자들에게 뿌렸다. 키벨레와 이시스의 추종자들은 그리스 · 로마 세계 전역에 분포했으며 대개는 두 여신을 혼성하기도 했다. 서기 2세기의 한 작품에는 이시스가 자신을 다양한 이름으로 기술하는 대목이 나온다. 이시스는 지중해 세계 전역에 키벨레의 선행자인 프리기아(아나톨리아) 모신으로 시작되는 다양한 이름으로 알려져 있었다.

> 최초의 인류인 프리기아인들이 나를 …… 신들의 어머니라고 부른다. 엘레우시스 시민들에게는 내가 고대의 여신 케레스(데메테르)이고 다른 사람들에게는 주노이다. …… 그리고 최초의 태양 빛을 받은 에티오피아인들과 아프리카인들 그리고 고대의 지식과 지혜로 가득 찬 이집트인들이 진정한 의식으로 나를 찬미하며 진정한 이름으로 나를 부른다. 이시스라고.
>
> (Apuleius, *The Golden Ass*, quoted in Fritz Graf, "What is Ancient Mediterranean Religion?," in Sarah Iles Johnston, ed., *Religions of the Ancient World*, Cambridge, Mass.: Belknap Press of Harvard Univerity Press, 2004, p. 3)

키벨레의 숭배와 더불어 서기 1세기 로마제국의 병사들 사이에는 인도-이란의 옛 태양신에 기초를 둔 미트라 신앙이 번성했다. 황소 도살이 미트라교의 핵심을 이루기도 했다. 이것은 병사들에게 공동의 식사를 포함한 입회 의식을 통해 형제애의 견고한 결속을 강조하는 것으로 호소했다. 미트라의 추종자들을 멀리 브리타니아에 이르기까지 로마제국의 전역에서 찾아볼 수 있었다.

로마 정부는 마그나 마테르의 승인과 미트라 숭배의 인기에도 불구하고 시민과 비시민 모두에게 호소하는 대중 종교를 의심의 눈초리로 바라보았다. 기원전 43년 이시스와 그녀의 남편 사라피스(오시리스의 그리스 · 로마판)의 신전이 로마에 건립되기는 했지만 로마 국가가 황제를 신으로 추앙하기 시작한 것과 동시에 이시스 숭배의 박해가 진행되었다. 훨씬 이전 아나톨리아에서 시작된 키벨레 여신의 확산이 반전된 가운데 아나톨리아와 로마제국의 다른 지역에서는 아우구스투스 황제가 사후에 신으로 추앙을 받고 숭배를 받았다.

그리스 도시국가들과, 나중에는 로마에서 이집트와 아나톨리아로부터 들어온 다양한 신들을 수용한 것은 종족의 다양성 및 젠더와 계급에 따른 사회적 불평등에 대한 반응이었을 것이다. 대중적인 밀의종교가 한편으로는 특권을 박탈당한 남녀들에게 일종의 출구가 되어 주었다. 하지만 이런 집단들은 사회의 분열을 종교적으로 표출할 수 있는 한 가지 방식, 곧 국가 권력에 대한 위협이 될 수도 있었고 사회 · 정치 질서에 대한 도전이 될 수도 있었다. 로마제국은 황제를 신격화하거나 로마의 신들을 지역의 신들과 동일시함으로써(예를 들어 미네르바는 로만 바스의 켈트족 신과 동일시되었다) 종교를 통해 그 권위를 회복하고자 시도했다.

이시스와 키벨레에 대한 신앙이 지중해 전역으로 확산되고 로마제국이 신격화된 황제 숭배를 장려하는 사이, 지구의 반대편에서는 동시대의 테오티우아칸 통치자들이 자신들의 통치를 깃털 달린 뱀 케찰코아틀과 결부시켰다. 신전은 도시 중앙에 위치한 제례 광장의 한쪽 편에 있었다. 지배자들은 또한 자신들의 통치를 주신인 틀랄록과도 결부시켰다. 틀랄록의 신전은 태양의 피라미드였다. 제례 광장 맞은편에 있던 달의 피라미드와 결부되었을지도 모르는 현존하는 강력한 여신의 상들(그림 3.2를 보라)은 서기 6세기까지 그 지역에서 지배 권력이었던 테오티우아칸의 정체성에 핵심을 이루는 전쟁과 다산의 모습을 전해 준다.

열대 유카탄 반도의 중앙아메리카 저지대 우림 지역에서 테오티우아칸과 공존한 마야 세계의 통치자들은 영토 지배를 두고 테오티우아칸과 전쟁을 벌였다. 하지만 이들은 서로의 신들을 공유했다. 마야의 판테온에는 자연계와 인간계에 생명을 불어넣는 우주적 호흡의 발현인 다수의 신들이 있었다. 신전과 기념물의 벽에 새겨진 상형문자로 된 글에는 복잡한 마야의 달력 체계에 따라 정리한 사건들뿐만 아니라 마야의 남녀 신들의 이름이 기록되어 있었다. 신들에게 영양을 공급해 주기 위해서는 자발적인 사혈(귓불과 혀)이나 전쟁 포로를 희생시켜 피를 제물로 바쳐야 한다고 생각되었다.

마야의 통치자들을 포함한 중앙아메리카의 통치자들은 이집트의 파라오 같은 신왕들과 달리, 신들을 대신해 통치하는 것으로 생각되었지 신 자체는 아니었다. 하지만 고인이 된 왕실의 조상들은 신들의 영역에 참여할 수 있었다. 마야의 신들과 마

| 그림 4.1 | **온두라스 코판에서 출토된 후기 고전기(서기 600~800년) 마야 옥수수 신의 석조 흉상**
여기에 재현된 옥수수 신은 옥수수수염 머리에 튀어나온 옥수수 자루로 장식한 잘 생긴 청년의 모습이다. 《포폴 부》에 나오는 얘기에 따르면 키체 마야인들은 옥수수에서 창조되었다. 따라서 옥수수 신과 옥수수의 모티프가 종교 예술의 두드러진 특징을 이룬다.

야 왕실의 조상들은 대개 동일한 영역을 맴도는 것으로 묘사되고 있고 때로는 공통의 속성을 지닌다. 마야의 통치자들과 결부된 주신은 옥수수 신이다. 옥수수 신은 옥수수를 심고 수확하듯이 죽고 다시 태어나기를 주기적으로 되풀이한다. '위대한 재규어의 발'이라는 왕을 옥수수 신으로 묘사하는 마야의 도시국가 티칼에서 나온 그릇(서기 250~600년경)에는 수호신인 통치자를 신과 연결 짓는 직함들이 새겨져 있다.

유라시아와 북아프리카에서는 왕의 통치 권력을 승인하는 신들을 중심으로 한 이와 비슷한 신앙 체계가 이미 기원전 제3천년기부터 발달했다. 이집트에서는 파라오가 '살아 있는 신'으로 여겨졌고 다른 곳에서는 왕이 신들의 신성한 재가를 받아 통치했다. 수메르에서는 여신이나 남신이 통치자의 배우자였고 중국의 상나라에서는 왕실 조상들이 지상신에게 중재를 했다. 사제와 학자들은 마야의 중앙아메리카에서처럼 이전의 애니미즘이나 샤머니즘 신앙에 의지해 신들과 소통하고 있음을 주장하고 통치자의 정통성을 보증함으로써 그들의 권위를 확인하는 데 중요한 역할을 수행했다. 신성문자는 신들과 맺는 통치자들의 관계에 관한 기록을 보존함으로써 통치를 승인 받는 일에 도움을 주었다.

사하라 사막 이남의 아프리카에서는 신성한 왕과 다른 조상들에 대한 신앙이 공동체 생활의 기본 특징을 이루고 있었다. 서기 제1천년기에 신성 도시 이페(그리고 그 뒤를 이은 베닌왕국)에서는 초상 가면과 기념 두상을 구리 합금으로 주조해 제단에 올려놓았다. 통치자 오바는 물 같은 정신세계의 영역을 여행할 수 있게 해 준다고 생각하여 미꾸라지 지느러미를 가진 것으로 그렸다. 서아프리카에서 중앙아프리카에 이르기까지 적어도 서기 800년 무렵부터 철제 물건은 신성한 왕권에 필요하다고 생각된 변형 능력의 상징이었다. 자녀로 다시 태어나는 영혼과 조상을 믿는 신앙이, 정치 권력을 뒷받침하고 그 정당성을 입증하는 종교 사상과 함께 나타났다. 조상의 영혼을 비롯한 영혼들은 꿈과 점과 의식을 통해서 살아 있는 사람들과 상호작용을 하고 이를 통해 보이는 영역과 보이지 않는 영역의 세계를 재현한다고 생각되었다.

기원전 제1천년기 말에는 시민 종교나 국가 종교와 다른 소집단의 다양한 종교들이 사회 각층의 사람들을 파고들며 전 세계적으로 번성했다. 때로는 통치자들이 전유하고 때로는 국가 파괴의 기능을 한 이시스와 키벨레 여신들을 신봉하는 종교들이 에스파냐에서 아나톨리아(현대의 터키)에 이르는, 그리고 북아프리카에서 유럽(현대의 독일을 포함하는)에 이르는 지중해 세계의 전역으로 확산되었다. 중앙아메리카에서 지중해에 이르기까지 세계 도처에서 보편적인 죽음의 경험에 직면한 사람들은 내세에 대한 통찰을 통해 위안을 얻었으며 대개는 죽은 자들에게 제물을 바치고 사후 세계를 생생하게 묘사했다. 지역적 전통이 급속히 확산되는 가운데 변화에 직면한 사람들은 어느 곳에서나 안전한 삶을 고대했다.

| 사제, 설교자, 예언자 |

기원전 제2천년기에 이미 유라시아에서는 더 이상 남녀의 신들이나 신왕에 초점을 두지 않은 종교 사상이 등장하기 시작했다. 새로운 신앙 체계는 샤먼과 사제와 신왕의 권력에 도전했으며 그 대신 옳고 그름의 윤리적인 문제와 선악의 설명 그리고 인간의 존재와 고통의 의미에 초점을 맞추었다.

유대교 유대교의 뿌리는 기원전 제2천년기 이라크의 준유목민들에게로 거슬러 올라갈 수 있다. 초기의 역사는 히브리 민족이라는 한 집단의 역사적 경험과 밀접한 관련이 있다. 이들이 제2천년기 초에 족장 아브라함의 지도 아래 서쪽으로 이주했다. 성경에 따르면 아브라함은 자신의 고향 메소포타미아의 우르에서 벌어지는 우상 숭배를 몹시 싫어했다. 그래서 가족과 가축 떼를 데리고 시리아 사막을 거쳐 지중해 동쪽 해안에 위치한 팔레스타인의 새로운 고향으로 이주했다. 그들은 이곳에서 조상들의 부족신 숭배를 이어 갔다.

기원전 제2천년기 중반 무렵 히브리인들은 이집트로 이주했고 그곳에서 노예가 되었다. 기원전 1250년 무렵 그들은 모세라는 이름의 지도자를 따라 이집트를 탈출해 팔레스타인에 정착했다. 모세의 안내로 여러 신들 가운데 가장 강력한 신인 야훼가 히브리 부족의 특별한 신으로 등장했다. 하느님(야훼)이 자신에게 공동체가 준수해야 할 신성한 율법을 전해 주었다고 모세는 주장했다. 그 율법은 십계명이었고 히브리 민족이 하느님과 체결한 약속 또는 계약을 나타내는 이른바 '언약궤'라는 상자 속에 간직되었다.

아브라함과 그 아들의 혈통을 이어받은 히브리 12지파는 모세의 후계자인 여호수아의 지도로 팔레스타인의 영토를 차지했다. 그리고 기원전 11세기에는 사울이 이스라엘의 초대 왕이 되었다. 그의 후계자 다윗(기원전 1000년경~기원전 960년 재위)의 통치하에 부족 연맹체에서 통일 왕국으로의 이행을 완수했다. 다윗이 새 수도인 예루살렘으로 언약궤를 옮겨 감으로써 예루살렘이 이스라엘왕국의 정치·종교적 중심지가 되었다. 다윗의 아들이자 후계자인 솔로몬(기원전 960년경~기원전 920년 재위)이 최초의 성전을 건축했다. 솔로몬 이후에는 왕국이 둘로 쪼개져 북쪽의 이스라엘과 남쪽의 유다로 나뉘었다.

기원전 721년 아시리아인들이 이스라엘을 파괴하고 수많은 이스라엘인들을 동쪽으로 추방했다. 위대한 사회·도덕적 비평가와 개혁가들(특히 선지자 에스겔, 아모스, 이사야)이 가르침을 통해 아브라함의 부족신 야훼를 가장 강력한 신이 아니라 유일신으로 확인한 것은 바로 이러한 시련의 시기 동안이었다. 기원전 587년에는 바빌로니아인들이 예루살렘을 점령하고 성전을 파괴했으며 다수의 유대인 지도자 가문을 대장장이나 사자생 같은 장인들과 함께 바빌론으로 강제 이송했다. 이것이 디아스포라('분산'이나 '이산'을 의미하는 그리스어)의 기원이다. 유대인들은 고국에서 강제 추방을 당하거나 도망쳐 다른 곳에 정착했다.

예루살렘 성전이나 다른 지역의 회당을 중심으로 한 종교 의식 외에도 인간들 사이의 공정하고 도덕적인 행위가 히브리 신앙의 핵심 문제로 떠올랐다. 이런 행위는 야훼의 율법을 준수한 결과물이었으며 그것을 어기면 처벌을 받았다. 기원전 5세기에는 성전을 재건했고 히브리 민족이 다시는 죄를 범하지 않도록 그들을 안내할 법전을 도입했다. 이때까지만 해도 유대교는 창조주이자 입법자인 유일신과 하느님의 율법 안내를 받아 땅을 공정하게 다스리는 인간에 기반을 둔 우주론이었다.

조로아스터교 | 히브리인들이 유일신에 대한 신앙과 공동의 역사 경험을 바탕으로 종교 공동체를 창설하던 기원전 7세기에 이란을 통치한 메디아인과 페르시아인들은 인도-이란 문화와 그 종교 세계를 이루고 있었다. 그들은 인도유럽어를 사용하고 산스크리트 문자를 썼으며 다양한 힌두의 남녀 신들을 믿었다. 그들은 실존과 세계와 자신들이 힌두의 '삶의 수레바퀴'를 따라 영원히 순환하는 것으로 보았다. 수레바퀴 속에서 그들의 지위는 엄격한 카스트 체계 내의 출생으로 정해졌다.

이런 환경에서 우리에게 그리스의 이름 조로아스터로 알려진 인도-이란의 한 사제가 이란 동부의 아랄 해 남부에 살던 농민과 준정착 유목민들에게 설교를 하기 시작했다. 정주의 땅 이란과 중앙아시아 대초원 지대의 광범위한 유목민들 사이에 위치한 전통적인 변경 지대에서는 습격과 전쟁이 다반사로 일어났다. 기원전 6세기도 이러한 끊임없는 불안정 상태에서 예외는 아니었다. 그런 가운데 조로아스터가 이 지역 주민들이 겪은 고난을 얘기하고 변화를 주문했기 때문에 그의 사상에 대한 청중의 반응이 좋았다.

조로아스터는 인도-이란의 다수의 남녀 신들 대신에 이원적 신들의 접합을 주장했다. 윤리적 선을 대표한 '지혜의 주' 아후라 마즈다와 어둠과 거짓의 화신 아흐리만이 그것이다. 삶은 이 두 세력 간의 끊임없는 도덕 전쟁이었고 인간은 거짓과 진실, 어둠과 빛을 선택해야 했다. 조로아스터의 가르침과 교리는 그의 사후에 집대성된 교시와 찬가집인 《아베스타》에 수록되어 있다. 조로아스터의 사상은 페르시아 제국 지배 귀족의 지원을 받았으며 다음 1200년 동안 페르시아와 페르시아가 지배한 지역에서는 일부 변형된 조로아스터교를 추종하는 무리들이 계속 등장했다. 조로아스터의 사상은 또한 후기 유대교의 형성, 특히 하느님과 사탄, 천국과 지옥의 이원론 형성에 영향을 주기도 했다.

힌두교 | 조로아스터가 페르시아제국 변경 지대의 혼란에 대응하고 있는 사이에 12개국 이상의 왕국이 산재한 인도 북부의 비옥한 갠지스 강 평원에는 상업 팽창과 사회 갈등, 새로운 종교 사상의 변화가 나타났다. 이러한 가운데 브라만 사제들의 지배에 반대하고 베다 의식의 의미를 재해석하는 도전이 베다 전통 안에서 제기되었다. 나중에 나온 《우파니샤드》(스승의 발치에 앉아 깨달은 비밀 지식을 의미하는 '신비한 가르침')는 카스트의 구분에 따른 사회 질서의 규제 수단으로 제례를 강조하는 베다 경전 《브라흐마나》('신성한 말씀')와 달리 인간 존재의 의미를 설명하려는 사변적 전통을 대표한다.

《우파니샤드》에 따르면 인간 존재의 목적은 끊임없이 순환하는 존재의 무한한 인과적 순환을 탈피해 우주의 통일된 본질과 개인의 일체화를 달성하는 것이다. 《우파니샤드》의 전통은 제례에 대한 엄격한 집착보다는 인간 존재에 대한 형이상학적이거나 추상적인 질문에 초점을 두고 있기 때문에 사제의 역할과 제의의 중요성을 축소하고 자이나교와 불교의 출현을 준비하는 역할을 했다.

자이나교 ㅣ 자이나교('승자'인 지나를 위한)의 창시자는 그 이름이 '위대한 정복자'를 뜻하는 마하비라(기원전 540년경~기원전 468년)였다. 그는 서른 살이 될 무렵에 부족장의 아들이라는 안락한 삶을 포기하고 떠돌이 수도자가 되었다. 그는 사제의 의식주의에 반발해 추종자들에게 고행을 권유했다. 자이나교도들은 자연의 모든 것이 살아 있고 일정한 형태의 영적인 본질을 지니고 있다고 생각한다. 그들은 또한 현대에 이르는 인도의 문화와 사회에 중대한 영향을 끼친 비폭력의 교의를 신봉한다. 하지만 자이나교는 인도는 물론 그 어느 곳에서도 폭넓은 지지를 얻지 못했다.

불교 ㅣ 나중에 붓다로 알려진 사람의 가르침은 환생의 순환과 속박인 윤회 및 끝없는 인간의 삶을 결정하는 누적된 행동의 원인인 업(業)과 같은《우파니샤드》에서 발전된 개념들의 영향을 크게 받았다. 기원전 6세기에 히말라야산맥의 기슭에 위치한 한 왕국의 왕실에서 태어난 젊은 싯다르타 왕자는 궁전의 호화로운 생활 환경 속에서 자랐다. 그는 철이 들면서 고통과 질병과 죽음의 존재를 인식하기 시작했다. 그는 인간이 고통 받는 원인을 이해하기 위해 수도자와 성자들의 가르침을 찾았다. 그들의 가르침에 만족하지 못한 붓다는 결국 명상과 고행을 통해 존재의 진정한 본질에 대한 각성 또는 '깨달음'을 의미하는 열반을 이루었다. 붓다, 붓다의 삶과 가르침(법), 승가(수도승 공동체)는 불교 교리의 핵심인 '삼보'로 알려지게 되었다.

불교 신앙의 기본 계율은 붓다가 사르나트의 녹야원에서 유명한 설법을 통해 가르친 네 가지 성스러운 진리(사성제)에 담겨 있다. 인생은 고통이고, 고통의 원인은 탐심이며, 고통을 없애기 위해서는 탐심을 없애야 하고, 팔정도(八正道)를 통해 진리에 이를 수 있다는 내용이다. 팔정도는 사회를 떠나 종교적 수행에 삶을 헌신하는 성자, 곧 수도승이 수행하는 고행과 정신 수련을 포함한다. 붓다가 죽은 뒤에는 제자들이 그의 가르침을 계속 확산시켜 나갔다. 입에서 입으로 전한 가르침들을 점차 경전(수트라)으로 기록하고 불경으로 집대성하였다. 붓다의 가르침에 대한 해석을 둘러싸고 분파가 생겨났으며 교의적인 논쟁을 해결하고 명백히 하기 위해 종교회의들을 개최했다.

인더스 강 유역에서 갠지스 강에 이르는 인도 북부에 있는 마우리아제국의 통치자 아소카(기원전 272년경~기원전 232년)가 그 가운데 하나의 종교회의를 열었다. 아

| 그림 4.2 | **사르나트에서 설법하는 붓다(5세기)**
오늘날의 바라나시 근처에 위치한 사르나트는 붓다가 다섯 제자에게 첫 설법을 하고 수도승 공동체인 승가를 구성한 곳이었다.

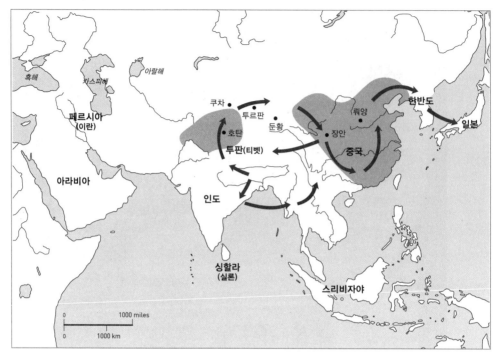

불교의 확장

| 지도 4.1 | **남아시아에서 동아시아로 확산되는 불교**

아소카는 불교를 채택하고 후원했으며 제국 전역에 붓다와 관련된 신성한 유적을 표시하고 조각한 석주와 사리탑을 건립했다. 그 비문에는 아소카가 "신들의 사랑을 받은 자"로 기록되어 있다. 그리고 죽음과 파괴에 뒤따르는 정복을 뉘우치고 왕의 권력과 사치를 즐기기보다는 내세에 관심을 기울인 것으로 묘사되어 있다. 아소카의 불교 채택은 최초의 진정한 차크라바르틴('법륜을 굴리는 자') 또는 우주적인 군주임을 주장함으로써 다양한 종족 집단들에 대한 지배의 정당성을 확립하는 데 도움을 주었다.

서기 첫 2백 년 동안 불교 신자들은 마하야나('대승')와 테라바다('상좌의 교의')의 전통으로 나뉘었다. 마하야나 불교도들은 재가자(在家者)들도 접근할 수 있는 헌신적인 수행을 통한 보편적인 구원을 강조했다. 이것은 금욕 생활의 특징을 이루는 희생과 정신적 자기 수양과 명상에 전념하는 테라바다(경멸적으로 히나야나 또는 '소승'으로 알려지기도 한)나 불교 수행에 삶을 정진한 사람들만이 깨달음을 얻을 수 있다는 신앙과 대조를 이루었다. 초기 불교의 핵심인 깨달음에서 마하야나 불교로 그 목적이 바뀜에 따라 불교 신자들의 기본 인식에 커다란 변화가 나타났다.

마하야나 신앙의 주된 종교적 목적은 개인의 정신적 해탈에만 관심을 둔 테라바다 아라한과 대조적으로 각성을 추구하는 다른 존재를 돕기 위해 깨달음을 얻고자 하는 자인 보살의 이상이었다. 보살의 이상은 전생에서 살아 있는 다른 존재를 돕고자 한 붓다의 이타주의에 기원을 두고 있다. 그리고 마하야나 신자들에 의해 숭배의 상징으로 떠오른 관세음보살이나 아미타불 같은 보살과 붓다가 마하야나 불교의 상징이 되었다. 관세음보살과 아미타불은 중앙아시아와 동아시아의 불교 신앙과 수행의 핵심이 되었다. 불교가 인도에서 아시아 전역으로 전파되면서 마하야나의 전통이 중앙아시아와 동아시아를 지배하게 되었고 테라바다는 동남아시아에서 지배적인 전통이 되었다. 이러한 차이가 오늘날까지 계속되고 있다.

| 기독교, 마니교, 이슬람교 |

기독교와 마니교와 이슬람교는 동일한 지리적·문화적 환경에서 시작되었으며 그 지역의 고대 전통, 특히 조로아스터교뿐만 아니라 유대 민족과 유대교 전통의 영향을 받았다. 기독교와 마니교와 이슬람교의 창시자들은 아브라함과 모세, 조로아스터와 마찬가지로 카리스마적인 지도력과 가르침으로 헌신적인 제자들을 끌어들이고 결국에는 발생지를 넘어 멀리까지 확산된 운동을 시작한 설교자이자 예언자들이었다.

기독교와 마니교 | 서기 제1천년기 초에 당시 로마제국의 속주였던 팔레스타인의 도시 베들레헴에서 예수라는 이름의 한 유대인이 태어났다. 팔레스타인은 기원전 65년 무렵에 로마의 지배를 받게 되었다. 하지만 일부 유대인 집단들은 로마의 점령에 계속 항거했다. 유대인 소수 종파인 이른바 '열심당원'(Zealots) 정치 행동가들은 로마 정부에 대항해 게릴라 공격을 감행했다. 또 다른 유대인 집단인 에세네파는 로마의 점령 아래 진행되는 일상생활의 긴장에서 물러나 새로운 시대로 이어질 세상의 임박한 종말을 기다리기 위한 공동체 거주를 선택했다. 예수는 서른쯤 되었을 때 팔레스타인의 이러한 다양한 종교 신앙과 수행의 분위기 속

에서 개혁을 설교하기 시작했다. 그는 편협한 제례 중심주의를 반박하고 율법적이고 지나치게 세속적인 종교 지도자들을 공격했으며 세상의 임박한 종말과 죽은 자의 부활, 심판, 하느님 나라의 창설을 거듭 경고했다. 그가 갈수록 불어나는 청중들에게 3년간의 설교를 마친 이후에 로마인들이 예수를 재판했는데 그 이유는 두 가지였다. 신성모독과 '유대인의 왕'이라고 한 주장이 그것이었다. 예수는 고발을 당했고 서기 35년 무렵 십자가형으로 처형당했다.

예수의 십자가 처형에 뒤이은 수십 년 동안, 나중에 바울로 알려지는 아나톨리아계 유대인인 타르수스의 사울의 열정적인 전도 활동에 힘입어 기독교 공동체는 지중해 동부 연안 전역으로 확장되었다. 서기 100년 무렵에는 기독교 경전이 마련되었다. 예수의 사도 내 명이 그리스어로 기록한 '좋은 소식' 4복음서가 그것이었다. 이 복음서들은 예수의 말씀과 행적을 기술하고 이러한 말씀과 행적의 의미를 총괄해서 자세히 설명했다. 이러한 복음서들에 바울의 서신들이 추가되었다. 이 서신들은 그가 조언이 필요한 초기 기독교 공동체들에게 쓴 권고 편지였다. 이 경전들(《신약성서》)이 유대 성경(《구약성서》)에 더해졌다.

예수가 사망한 지 한 세기도 안 되어 지중해 동부의 여기저기에 소규모 기독교인 공동체들이 생겨났다. 2세기와 3세기를 지나면서 기독교인의 수가 늘어났고 4세기 초에는 기독교 운동이 로마제국 동방 황제의 엄청난 지원을 받았다. 312년 주요 전투가 있기 전날 밤 콘스탄티누스 황제(306~337년 재위)는 자신이 승리할 경우 기독교 신을 지지하겠다고 약속했다. 승리를 거둔 콘스탄티누스는 자신의 약속을 지켜 기독교에 법적인 지위를 부여함으로써 기독교를 공인하고 남은 생애 동안 기독교인들을 지원했다. 380년에는 테오도시우스 황제가 그것을 승인해 기독교가 제국의 종교가 되었다. 380년 이후에 로마제국 동방의 수도 비잔티움(콘스탄티노플로 개칭)에 거주한 황제들은 비잔티움제국을 다스리고 '하느님의 대리자'로서 사도들과 동등한 종교적 권위로 통치했다. 서방의 로마제국이 몰락한 이후 로마의 주교('아버지' 또는 교황을 의미하는 '일 파파')가 점차 서유럽 기독교 세계의 지도자로 떠올랐다. 교황이 로마 교회의 수장이 되었으며 비잔티움 황제는 동방교회의 수장이 되었다. 기독교는 이렇게 로마 가톨릭교와 동방정교로 나뉘었다. 하지만 이런 분열이 있기 전인 4세기에는 기독교가 페르시아의 조로아스터교 및 후신인 마니교와 서아시아에서 영향력을 놓고 각축을 벌였다.

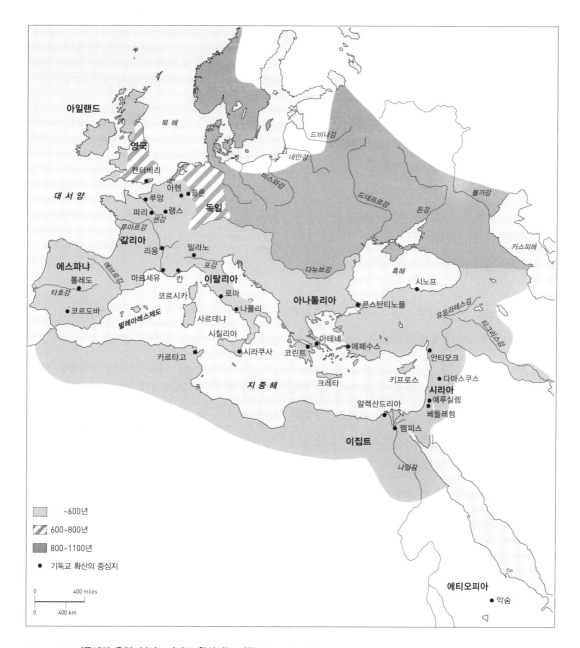

| 지도 4.2 | **지중해와 유럽, 북아프리카로 확산되는 기독교(1100년 이전)**

선과 악, 빛과 어둠 간의 끊임없는 싸움이라는 조로아스터교의 낯익은 개념이 이라크 남부 출신의 순회 설교자이자 의사인 창시자 마니(서기 216년경~277년)의 이름을 딴 마니교가 발전하는 데 중요한 배경이 되었다. 마니에 따르면 인류가 빛을 위해 싸우는 병사로 창조되었지만 패배와 좌절을 거치며 물질적 암흑세계에 절망적으로 갇히게 되었다. 사악한 암흑의 늪인 땅에 구원을 베풀기 위해 사자(使者)와 예언자들이 땅으로 파송되었다. 붓다가 그들 가운데 하나였고 조로아스터도 마찬가지였다. 예수는 그들 가운데 가장 위대한 예언자였다. 예수의 뒤를 이어 인류에게 빛의 활기를 확인하고 존중하는 법을 깨닫게 하기 위해 '예언자의 징후' 이자 '예수 그리스도의 사도' 로서 마니가 등장했다. 마니교는 학식이 있는 사제들을 통해 세상의 재난에서 벗어나는 구원의 길을 제시했다.

마니가 페르시아의 법정에서 이단자로 처형되기는 했지만 마니교는 3세기 후반과 4세기에 서아시아와 중앙아시아, 북아프리카와 유럽에서 수많은 지지자들을 얻었고 멀리 중국에까지 전파되었다. 마니교 사상의 일부가 초기 기독교 교회에 영향을 미쳤다. 위대한 기독교 사상가이자 '교부' 인 북아프리카의 아우구스티누스(서기 354~430년)는 기독교로 개종하기 전에 마니교 신앙을 신봉했다.

아우구스티누스는 이탈리아에서 개종했다. 하지만 그가 북아프리카로 귀환할 당시 아프리카 대륙에는 기독교가 이미 번성한 상태였다. 아우구스티누스가 출생하기 훨씬 이전 콘스탄티누스가 기독교를 공인할 무렵에 동북 아프리카의 에티오피아 고지에 위치한 악숨왕국의 통치자 에자나 왕 또한 새로운 신앙으로 개종했다. 로마 시대에 나일 강 유역에 전래된 기독교가 누비아와 에티오피아 고지로 확산되었다. 기독교를 공식적으로 도입하는 데는 315년 악숨에서 최초로 축성 받은 주교인 콘스탄티노플의 프루멘티우스의 영향이 컸다. 악숨의 에자나 왕이 4세기에 기독교로 개종한 주요 동기 가운데 하나는 비잔티움 세계와 종교적 관계를 맺은 결과로 얻은 교역상의 이점에 있었다. 기독교 정치체로서의 지위를 통해 가격상의 일부 보증과 교역의 상대를 제공받았다. 악숨 이전과 악숨 초기에는 남아라비아에 기원을 둔 달의 신과 전쟁 신인 마렘을 신봉하는 종교들이 있었다. 이들과 결부된 상징인 초승달과 원반이 이제 십자가에 자리를 내주었다. 에자나 왕 시대에 주조된 주화와 석비에는 오직 십자가만이 등장했다.

기독교 선교사들은 또한 북쪽과 서쪽의 갈리아와 에스파냐와 영국 제도(諸島)로 신앙을 전파했다. 이곳에서는 기독교가 아일랜드의 켈트 신앙 및 풍속 같은 토착 전통과 융합되었다. 서기 제1천년기 후반에는 기독교가 지중해 일대와 나일 강 유역은 물론 북쪽과 서쪽의 브리타니아와 이베리아 반도에 이르기까지 그리고 동쪽 아시아의 변방과 그 너머에까지 확장되었다. 예수의 신성보다는 인성을 강조하는 네스토리우스 기독교는 5세기 기독교 교회 당국에 의해 이단으로 간주되었다. 그 후 네스토리우스 교도들은 중앙아시아와 인도 그리고 멀리 동쪽의 중국으로 진출했다. 그들은 이곳에서 수백 년 동안 활동을 이어 갔다.

이슬람교   서기 7세기에 홍해 연안과 가까운 이집트와 인도양의 중간 지점에 위치한 교역 도시 메카에서 이슬람교가 등장할 무렵에 기독교는 이미 기반이 잡힌 종교였다. 메카의 주민들은 이라크 및 페르시아 만과 통상 접촉을 통해 조로아스터교를 알고 있었고 북쪽으로 시리아와 이집트 또는 건너편의 기독교 에티오피아로의 통상 여행을 통해 기독교를 알고 있었다. 그들은 무역 때문만이 아니라 예멘과, 더욱 가까이는 훗날 메디나로 알려지게 될 농업 도시에 상당수의 유대인들이 살고 있었기 때문에 유대교에 관한 것도 알고 있었다.

메카의 상인들 가운데 한 사람인 무함마드(마호메트)는 610년에 환상을 보게 된다. 가브리엘 천사가 이 환상을 통해 그에게 신의 말씀을 읊으라고 하고 임박한 심판의 날 도래와 탐욕스럽고 부도덕한 생활 방식에서 돌아서야 할 필요를 인류에게 경고하라고 요구했다. 자신이 신의 사자로 선택받았다는 사실을 깨달은 무함마드는 올바르고 도덕적인 삶을 살게 하는 훈계와 그리고 모든 구성원들이 신의 섭리와 법을 수용하거나 그것에 복종하는 경건한 공동체를 건설하는 실천에 남은 생애를 바쳤다. 이슬람은 '수용'이나 '복종'을 의미하는 아랍어이고 무슬림은 이슬람교를 신봉하는 사람을 일컫는다.

무함마드는 부유한 권력자들의 도덕과 메카의 거짓 신들을 공격하면서 박해를 받았다. 무함마드를 비롯하여 이제는 규모가 꽤 커진 신도 집단은 622년 박해를 피해 메카에서 북쪽으로 480킬로미터 떨어진 메디나 시로 이주(히즈라)했다. 무함마드는 이곳에서 최초의 무슬림 공동체를 공식적으로 건설했다. 이 사건을 기념하기 위해 622년은 음력 달로 계산되는 이슬람력 원년이 되었다. 무함마드와 그의 지지자들이 몇 년간의 투쟁을 벌인 끝에 630년에 메카로 돌아왔다. 메카는 급속히 무슬림의 도시

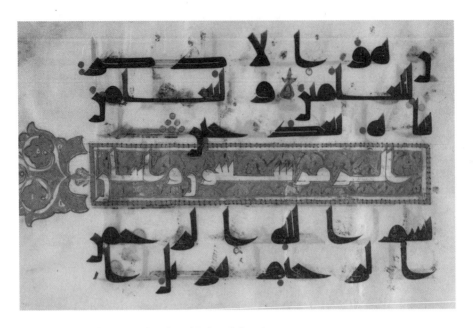

| 그림 4.3 | **고대 아라비아 쿠파 문자로 기록된 쿠란의 구절**
이 구절은 38장의 87~88절인데 "이것은 세상을 위한 메시지이다. 너는 진리를 알아야 한다"라는 말이다. 그리고
39장 1절에는 "이것은 전지전능한 알라가 계시한 말씀이다"라는 말이 나온다.

로 바뀌었다. 그리고 공동체는 다음 2년에 걸쳐 팽창을 거듭해 아라비아 반도 전체와
시리아 남부의 일부를 아우르게 되었다.

무슬림들의 경전은 쿠란이다. 무함마드가 계시를 얘기할 때 추종자들이 기록한
것을 651년에 집대성한 이 경전에는 신의 섭리에 따라 삶을 사는 데 필요한 모든 원
리와 계율이 들어 있다. 알라의 말씀이자 영원한 것으로 간주되는 쿠란은 아랍어로
계시되었고 아랍어로 기록되었다. 이슬람 공동체가 매우 다양한 문화를 포섭하면서
급속히 팽창해 나가자 쿠란과 아랍어는 물론이고 이슬람법과 일상적인 제례가 공동
체를 신앙으로 결속하는 역할을 했다. 이슬람법인 샤리아는 9세기에 최종적인 형태
를 갖추었다. 샤리아는 유대인의 탈무드와 마찬가지로 건축 법규와 살인자 처벌뿐만
아니라 음식 규정과 기도 의식도 다루는 포괄적인 규정이다. 샤리아는 사실상 알라의
법의 기능을 하는 쿠란에 바탕을 두고 있다. 쿠란에 확실하게 명시되지 않는 경우에
대해서는 지역의 관습과 하디스(무함마드의 언행을 다룬 전승), 일반적 합의와 유추를

이용해 샤리아를 수정하거나 확대 해석했다. 무슬림 정부가 지배한 곳은 어디나 이 샤리아가 토지법이 되었다.

샤리아가 이슬람 세계의 법적 관계를 규정한 반면에 '이슬람의 다섯 가지 계율'은 개인의 일상적인 수행을 안내한 것이다. 무슬림이 되기 위해서는 쿠란이 명시한 다섯 가지 기본 규칙을 따라야 한다. 첫째로는 무슬림들이 자신이 오직 하나인 유일신을 믿는다는 사실과 무함마드가 최후의 예언자였다는 사실을 증언하거나 입증해야 한다. 둘째로는 매일 기도해야 한다. 쿠란에는 하루 다섯 번을 기도해야 한다고 명시되어 있다. 그리고 온 공동체가 설교를 듣기 위해 모이는 금요일에는 특별히 기도해야 한다. 셋째로는 무슬림들이 공동체의 가난한 자들을 위해 매년 수입의 10분의 1을 자발적으로 희사해야 한다. 넷째로는 1년의 한 달인 라마단 기간에 모든 무슬림은 낮 시간에 금식을 해야 한다. 다섯째로는 무슬림들이 적어도 평생에 한 번은 메카로 순례의 길을 떠나야 한다.

632년 무함마드가 사망한 뒤에도 이슬람교의 팽창은 계속되었다. 7세기 중엽 이슬람 국가가 아라비아 너머로 팽창했다. 군대는 640년에 팔레스타인과 시리아와 이라크를 신속히 점령하고 나서 서쪽으로는 이집트를 거쳐 북아프리카를 건너 에스파냐로, 동쪽으로는 이란을 거쳐 남쪽의 인도로 이동했다. 아라비아 군대가 유라시아와 아프리카 전역에 걸쳐 방대한 지역을 차지하기는 했지만 교리의 분열로 무슬림 공동체에 불화가 생겨났다. 이 분열은 무함마드 사후의 통치 계승을 둘러싼 정치 논쟁으로 시작되었다. 일부는 무함마드의 가족이 그를 계승해야 한다고 생각했고 다른 이들은 공동체 지도자들의 총회에서 선출된 자가 계승해야 한다고 생각했다. 후자가 수니파의 방식 또는 '전통적인' 방식이었다. 결국 이 후자가 승리를 거두었다. 전자는 예언자 가족과 후손의 '분파' 또는 시아파의 방식이었다. 정통 수니파는 수백 년에 걸쳐 시아파 교의의 정치·종교적 도전뿐만 아니라 대중적인 신비주의 또는 수피즘과 타협하는 문제에 직면했다. 수피즘은 이슬람교의 등장 이후 수백 년 동안 수니의 정통 신앙과 평화롭게 공존하지 못했다. 그것은 무슬림 제1세기에 아라비아의 정복 활동이 가져온 엄청난 물질적 부에 반발해 등장한 금욕주의 운동에서 발전한 것이다. 수피 신비주의는 알라의 각별한 정신적 사랑을 강조했고 무엇보다도 개인이 신성을 종교적으로 직접 체험할 수 있는 수단을 제공했다. 이것이 일반 신도들에게 큰 호감을 샀다.

	군사 작전로
	무함마드 치하의 이슬람 세계, 622~632년
	초기 4대 칼리파들이 정복한 영토, 632~661년
→	우마이야 왕조 칼리파들이 정복한 영토, 661~750년

| 지도 4.3 | **이슬람교의 확산과 초기 이슬람 제국**

Map labels:
쾰른, 파리, 프랑크 왕국, 베네치아, 비잔티움 제국, 아르메니아, 아랄해, 사마르칸트, 안달루시아, 사라고사, 톨레도, 코르도바, 로마, 아테네, 콘스탄티노플, 흑해, 카스피해, 메르프, 아프카니스탄, 탕헤르, 튀니스, 트리폴리, 지중해, 크레타, 시리아, 다마스쿠스, 이란, 헤라트, 카불, 인더스강, 마라케시, 시질마사, 마그레브, 이라크, 바그다드, 이스파한, 트리폴리, 이집트, 카이로, 하자즈, 메디나, 오만, 사하라사막, 페잔, 아스완, 메카, 아라비아, 팀북투, 가오, 누비아, 홍해, 예멘, 아라비아해, 나이저강, 나일강, 코지코드, 대서양, 모가디슈, 몸바사, 인도양, 킬와, 잠베지강, 소팔라

0 800miles
0 800km

'세계 종교'의 확산

흔히 '세계' 종교라고 일컫는 불교와 기독교와 이슬람교의 기원은 그들이 창시된 남아시아와 서아시아의 윤리적·종교적 전통에 뿌리를 두고 있었다. 하지만 이 종교들은 마침내 지역적인 발상지를 넘어 세계의 각 지역으로 팽창되고 확산되었다. 불교는 기독교 및 이슬람교와 마찬가지로 전도의 종교였다. 불교도와 기독교도와 무슬림은 모두 다른 사람들을 자신의 신앙으로 개종하고자 시도했다. 불교는 또한 기독교 및 이슬람교와 마찬가지로 이따금씩 통치자의 후원을 받았고 남아시아와 동아시아와 동남아시아에서는 국가들의 정치에 휘말리기도 했다. 하지만 불교가 기독교와 이슬람교처럼 정복과 제국을 부추긴 그런 종류의 정치 세력이 되지는 않았다.

기독교와 이슬람교는 아프리카와 유라시아 일대로 확장하면서 다른 신앙 체계 및 문화와 마주쳤고 기독교도와 무슬림 통치자들은 이들을 다양한 방식으로 흡수하고 변용했다. 불교도 이와 비슷하게 포교사들이 침투해 들어간 사회의 종교적 신앙과 문화적 이상들을 끌어들였다. 불교는 일신교적 배경의 기독교 및 이슬람교와는 반대로 여러 신들의 공존을, 심지어는 서로 다른 여러 판테온의 공존을 인정하는 문화적·철학적 환경에서 성장했다. 불교는 인도에서부터 중국과 한반도, 일본, 동남아시아로 확장되면서 다수의 서로 다른 문화들과 만났고 그것들에 적응을 했다. 여러 문화에 노출되면서 불교 자체가 변화된 만큼 불교가 그것들을 바꾸기도 했다. 불교와 기독교와 이슬람교가 전 세계의 대륙과 문화로 확산되면서 다양한 형태의 신앙과 수행을 발전시켜 나갔기 때문에 이들을 복수(불교들, 기독교들, 이슬람교들)로 언급하는 것이 이러한 접촉으로 생겨난 다양성을 포착하는 길이고, 이런 '세계 종교들'을 단일체로 파악하는 경향을 지양하는 길이다.

아시아의 불교들

서기 1세기 초에 불교 포교사들이 인도를 넘어 중앙아시아와 동아시아와 동남아시아로 비단길을 따라서 그리고 해로로 신앙과 풍속을 전파했다. 중국의 불교 포교사들은 토속신앙과 풍속, 특히 유교와 도교로 지칭되는 사상들의 환경 속에서 새로운 종교를 가르치는 데 도전을 받았다. 제자들이 《논어》에 기록한 공자(기원전 551~기원전 479

년)의 가르침은 백성들에게 고대의 어진 왕들의 모범을 따르고 제례의 실천을 통해 가정과 사회의 질서를 세우라고 권면했다. 공자는 인간 사회의 경험을 통해 알 수 있는 것을 우선적으로 다루었기 때문에 정신세계에는 거의 관심을 기울이지 않았다. 유교는 가정과 사회의 제례 질서에 초점을 두었다. 이른바 도교의 가르침과 수행의 목적은 이와 달리 자연과 인간과 신에 생명을 불어넣는 우주의 '생기'인 기(氣)와 삶의 상관관계를 아는 데 있다. 도교의 초기 문헌인 《도덕경》과 《장자》는 공자의 《논어》에 뒤이어 저술된 것으로 '길'이나 '통로'를 의미하는 도(道) 같은 신비주의 철학을 어느 정도 명백히 밝히고 있다.

중국에 불교가 도입될 무렵 많은 사람들이 도교의 길을 따라 영생의 영약과 다른 물리적 수단을 통한 장생불사를 추구하고 있었다. 그리고 다양한 종류의 신들을 숭배했다. 가장 중요한 신들 가운데 하나는 신도들에게 정신적 초월의 권능을 부여하는 서왕모(西王母)였다. 사람들은 영혼이 인간의 삶에 개입할 수 있고 따라서 그 영혼의 비위를 달래야 할 필요가 있다고 믿었다. 우주는 악한 영혼과 선한 영혼으로 가득 차 있는데 그 가운데는 제의적 숭배가 필요한 죽은 조상들의 망령도 있었다.

중국에 불교를 전파하는 데는 중앙아시아의 수도승들이 중요한 역할을 했다. 불교 경전의 언어인 산스크리트어와 팔리어에 능통한 이 수도승들이 대개는 북중국 통치자들의 후원을 받아 불교 경전을 중국어로 번역했다. 인도와 중국 사이의 방대한 문화 변경 너머로 불교 사상을 전달하기 위해서는 전달하고자 하는 개념들을 적어도 모호하게나마 암시해 줄 수 있는 토착 어휘를 찾는 작업이 필요했다. 하지만 번역가들은 결국 그 의미가 원래의 것과 꽤 다를지도 모를 용어의 제약을 받았다. 제 아무리 유능한 번역이라 할지라도 경전 번역은 사상의 변질을 의미했다. 예를 들어 열반이란 개념이 도교의 용어인 무위(문자적인 의미로 '무행위')로 되었다. 결국 중국의 환경에서는 도교와 결합된 중국의 토착 사상을 끌어들인 선종을 포함하는 새로운 불교 종파들이 발전했다.

불교 포교사들이 자신들의 신앙을 전하면서 직면한 언어적·문화적 장벽 때문에 중국에서 불교가 번성하는 데는 국가의 후원이 중요한 역할을 했다. 북방 국가들의 비한족(非漢族) 통치자들은 불교가 통치자들의 신앙과 한족의 지역 신앙 둘 다를 초월하는 보편적 메시지를 제공했기 때문에 자신들의 지배 아래 있는 한족과 비한족을 통합하는 데 도움을 받기 위해 불교를 채택했다. 수 왕조(589~617년)와 당 왕조

(618~907년)의 한족 통치자들은 인도의 왕 아소카와 마찬가지로 거대한 석굴사원을 조각하고 웅장한 사원을 건립하며 대규모의 승원을 부양할 자금을 지원하는 등 불교를 후원했다. 그들은 심지어 천명을 받드는 유교 군주로서 천하를 다스릴 때도 그렇게 했다.

모든 경(經)들이 붓다의 가르침인 것으로 생각되었지만 그것이 가르치고 있는 교리상의 모순이 사실은 매우 심했고, 이것이 중국 불교에 서로 다른 종파의 전통을 만들어 냈다. 이러한 종파 가운데 가장 중요한 것이 서기 4세기에 학승 혜원이 확립한 아미타불의 숭배에서 비롯되었다고 하는 정토교였다. 정토교의 명칭이 동일 이름의 경에서 비롯된 것이기는 하지만 신자들을 위한 교의의 주요 원천이 된 것은 법화경이었다. 정토교는 구제를 위해서는 불교의 계율을 완벽하게 믿어야 한다고 설법하고 아미타불과 관세음보살 또는 중국어로 관음보살을 숭배한다. 이 두 신들은 서방의 극락인 '정토'를 주재한다. 신자들은 아미타와 관세음의 도움을 받아 이곳에서 깨달음을 얻고자 한다. 정토교는 경전 중심의 학문에 치중한 교의가 행한 것보다 훨씬 폭넓은 청중에게 접근했다.

한족 국가가 제도화된 불교의 부와 권력에 이바지하기는 했지만 견해를 달리하는 종교적 신앙과 풍속은 불교와 도교와 다른 출처를 끌어들여 기존의 불교와 도교뿐만 아니라 유교의 사회 질서에 대해서도 저항을 표시하는 새로운 이미지의 신앙과 헌신을 만들어 냈다. 12세기에 불교의 한 수도승이 시작한 백련운동은 회중 예불과 그리고 자비로운 부처와 '서방 극락의 주재자' 아미타불의 가호 아래 행하는 신도들의 친교를 강조하는 민간 불교의 중심이 되었다.

불교 포교사들이 4세기에 그 가르침을 한반도에 전달했다. 2세기 뒤에는 그 가르침이 한반도에서 일본으로 전파되었다. 일본에서는 불교가 새로운 사상과 접촉을 하고 토속신앙과 영향을 주고받는 일정한 기간이 지난 다음 국가의 후원으로 확고한 기반을 마련했다. 752년 제국의 수도 나라(奈良)에 대형 불상을 건립하면서 일본은 8세기 중엽에 동아시아 불교의 새로운 전초 기지가 되었다. 일본 불교의 후원자가 처음에는 귀족들이었다. 하지만 중국이나 다른 곳에서와 마찬가지로 시간이 지남에 따라 열정 있는 승려들이 폭넓은 접근 방식을 개발해 냈다.

헤이안 시대(794~1185년) 말기에 발전을 해 가마쿠라 시대(1185~1333년)에 전성기를 누린 일본의 대중 불교는 광범한 대중의 신앙 각성을 불러일으켰다. 11세기 일본에서는 아미타불과 관세음보살의 자비에 대한 믿음을 통한 구제 신앙에 초점을 둔 정토종파가 뿌리를 내렸다. 정토교 신자들은 보다 정통적인 불교 종파를 고무한 깨달음의 이상과는 달리 아미다(아미타의 일본어)의 가호를 통해 서방의 극락인 '정토'에 도달할 수 있을 것이라고 믿었다. 일본의 아미다주의는 중국의 대응 사상이나 선행 사상과 마찬가지로 천태(天太, 중국어로는 티안타이, 일본어로는 덴다이)종과 같은 기존의 현학적인 정통 종파의 복잡하고 대개는 금욕적인 가르침으로부터 소외된 대중들에게 접근했다.

힌두교와 불교는 모두 서기 1세기와 2세기에 이미 동남아시아에 전파되었다. 불교는 7세기에 동남아시아 군도에서 급속한 성장을 보였다. 말레이 반도와 수마트라 섬에 위치한 스리비자야제국(683년경~1085년)의 수도 팔렘방에서 나온 초기의 석조 비문들은 그곳의 한 통치자가 신성한 산과 바다의 지역 이미지와 전통적인 조상숭배를 불교의 상징과 윤리 속에 융합시켰음을 보여 준다. 토착적인 전통 위에 부과된 불교의 주제들이 지역 사회를 초월하는 공통의 사상 체계를 마련해 주었다. 스리비자야의 통치자들은 지역의 위신을 세우기 위해 불교 사원의 주요 건축자요 자국 내 불교학의 후원자가 되었다. 8세기 말에 자바의 통치자들은 당시 세계 최대의 불교 기념물인 보로부두르를 건축했다.

그 직후에 동남아시아 본토에서는 크메르 국가가 메콩 강 유역과 삼각주를 지배하고 있었다. 6백 년 이상을 통치한 크메르제국(802~1432년)은 전성기인 12세기에 현대의 캄보디아와 라오스, 타이, 미얀마, 베트남, 말레이 반도 일부 지역의 백만 명 가량을 지배했다. 힌두교와 불교는 통치자들의 권위를 승인해 주었고 크메르족 사이에 공동의 문화적·종교적 결속을 만들어 주었다.

통치자들은 처음에 팽창하는 영토에 대한 권력을 강화하기 위해 힌두교와 토속 신앙을 융합했다. 그리고 크메르 왕실이 산스크리트어를 채택했다. '산의 주재'로 알려진 힌두교의 신 시바의 숭배를 조상신들의 고향인 산을 신성시하는 토속신앙과 결합시켰다. 또한 시바를 다산과 결합했고, 이와 유사하게 시바를 원형의 '외음부' 또는 여음상에 똑바로 삽입된 돌이나 금속의 '남근상'으로 표상해 그 숭배를 지역의 다산 신앙과 융합했다. 이런 표상이 시바에게 헌정한 크메르 국내의 사원들에 있다. 통치자들이 자신을 힌두교도와 그리고 나중에는 불교도와 신으로 동일시함에 따라 12세기의 힌두교 사원 앙코르와트에는 결국 불상들이 추가되었다. 그리고 12세기에 건설된 크메르의 수도 앙코르톰의 성벽에는 크메르의 통치자가 현시한 것이라고 하는 거대한 불상들이 새겨져 있다.

기독교의 확장: 십자군, 분쟁, 변화

기독교와 이슬람교는 주로 선교사와 무역업자의 활동을 통해 확장되었다. 하지만 두 종교는 분쟁의 결과로 확장되기도 했다. 기독교는 지중해 동부 연안의 팔레스타인 '성지'에서 팽창하던 이슬람교 및 이슬람 제국과 충돌했다. 교황 우르바누스 2세는 1095년 기독교인 기사들에게 성지를 탈환하기 위해 무기를 들라고 촉구했다. 팔레스타인을 기독교의 수중으로 회복하기 위해 유럽 기독교 군주들의 지원을 받은 십자군 원정이 다음 2세기 동안 여덟 차례나 진행되었다. 이 원정이 처음에는 성공을 거두어 팔레스타인에 기독교 왕국들을 설립했다. 하지만 13세기 말에는 이 왕국들을 무슬림들에게 빼앗기고 말았다.

십자군의 실패에도 불구하고 교회는 정신생활뿐만 아니라 유럽의 정치와 사회를 계속 지배했다. 하지만 유럽의 종교 생활에 대한 교회의 지배가 저항에 부딪치기도 했다. 교회는 기독교 이전의 신앙과 풍속 가운데 일부를 탄압하기도 하고 일부를 흡수하기도 했다. 대중적인 종교 축제는 대개 기독교적인 의미로 포장된 이교적인 기원을 지니고 있었다. 기독교 이전의 주술을 믿던 대중 신앙의 측면이 교회에 의해 기독교의 기적 신앙으로 바뀌었다. 그리고 기독교 이전의 신들에 대한 숭배가 성인 숭배로 연결되었다. 스콜라 철학자들이 신앙과 이성의 영역에 대해 논란을 벌이던 12세기에 나사렛 예수의 동정모 마리아 출생을 포함한 기독교의 주요 기적들이 검토의 대상이 되기도 했다. 성모 마리아의 숭배는 그것을 전통적인 제의와 풍속에 포함시켜야 할 정도로 대중운동이 되었다.

화체설(빵과 포도주가 그리스도의 몸과 피로 바뀐다는 주장)과 같은 종교적 제의와 풍속의 주술적 측면이 기독교 교리의 일부가 되었다. 이러한 '좋은 주술'은 정통성을 인정받았다. 하지만 마법과 같은 '흑주술'도 있었다. 교회는 이것을 사탄의 영역에 속하는 것으로 비난하고 거부했다. 교회는 마법을 정통 표준과 교리에 대한 위협으로 보고 이단 활동을 하는 죄인들을 처벌해야 한다고 생각했다. 사회적 위기나 경제적 위기 시에는 마법과 같은 비정통적 활동에 대한 인식이 증대하고 그 실제도 늘어났다. 이단 종파는 또한 사탄의 활동을 수행한다는 비난을 받았으며 마법을 행한 혐의를 받는 개인들과 마찬가지로 비난과 박해를 받았다.

하지만 극적인 교회의 개혁은 교회 내부에서 비롯되었다. 16세기에 비텐베르크 대학의 신학자이자 교수였던 마르틴 루터는 개인이 하느님께 나아가는 데는 성직자나 교회의 중재가 필요하지 않다고 주장하면서 교회의 권위에 도전했다. 그 대신 구원은 개인적인 믿음의 문제라고 주장했다. 루터의 사상은 제후들이 교황에 대해 독립을 주장하고 농민들이 영주들에 맞서 반란을 일으키던 16세기 독일에 커다란 반향을 불러일으켰다. 영국의 왕은 로마 교회와 관계를 단절하고 자신이 영국 교회에 대한 권위를 지니고 있다고 주장했다(영국 국교회).

프로테스탄트 개혁은 16세기 이후 기독교 교회를 결정적으로 분열시켰으며 그 영향이 유럽 너머로 확산되었다. 갑작스런 종교적 회심을 경험한 16세기 프랑스인 장 칼뱅은 아담의 원죄 때문에 구원받을 자와 저주받을 자를 오직 하느님만이 결정한다는 개념을 발전시켰다. 루터주의는 본질적으로 독일(나중에는 스칸디나비아)에 국한되었으며 다른 프로테스탄트 운동들도 마찬가지로 지역화의 경향을 보였다. 하지만 칼뱅주의는 프랑스와 라인 강 유역, 네덜란드, 스코틀랜드, 중유럽의 일부 지역들로 널리 확산되었다. 칼뱅주 세계관이 북아메리카, 특히 뉴잉글랜드에서부터 남아프리카에 이르기까지 신속하게 퍼져 나갔다.

루터파를 비롯한 다른 프로테스탄트의 반란에 직면한 가톨릭교회는 대항 개혁으로 알려진 내부의 운동으로 대응했다. 교회는 서적을 검열하고 이단을 박해했을 뿐만 아니라 1534년에는 가톨릭 교단인 예수회 설립에 대한 특허를 내주었다. 그리하여 강론과 교육을 통해 예수회의 수사들이 프로테스탄트주의의 확산을 저지하는 데 이바지했다. 유럽 국가들의 전 지구적 확대와 더불어 유럽 너머까지 팽창하면서 예수회 선교사들은 아프리카와 아메리카 대륙, 아시아에까지 기독교를 전파했다. 16세기에 기독교와 상업과 식민화가 결합해 기독교를 전 세계로 확산시켜 나갔다. 19세기에는 아프리카와 아시아의 일부 지역에서 식민화가 강화됨에 따라 새로운 제국주의와 자신의 운명을 결합시키는 더욱더 열광적인 부류의 프로테스탄트 기독교 선교 운동이 생겨났다.

이슬람교의 확장: 정복, 상업, 개종

아라비아 상인들은 이베리아 반도에서부터 인도의 북부에 이르는 이슬람 제국의 건설을 통한 이슬람교의 팽창에 뒤이어 인도양을 건너 인도 남부 연안과 아프리카 동부 연안 그리고 동남아시아에 신앙을 전파했다. 아프리카의 황금길과 유라시아의 비단길을 오가는 대상들이 황금과 비단을 비롯한 상품들과 더불어 이슬람교를 전달했다. 13세기에는 몽골족이 방대한 유라시아 지역을 통일함으로써 중유럽을 지나 동유럽으로 이슬람교를 확장하는 데 이바지했다. 기독교가 유럽을 넘어 확장된 것과 마찬가지로 정복과 상업과 개종이 서로 결합해 아프리카와 아시아의 가장 먼 지역에까지 이슬람교를 전파했다.

8세기부터 무슬림 침략자들은 카스트 제도가 만들어 낸 엄격한 사회 위계뿐만 아니라 그들이 정복한 인도 북부 주민들의 종교인 힌두교 및 불교와 부딪치게 되었다. 과거의 침략자들은 아대륙의 고대 문명에 흡수되었다. 하지만 무슬림들은 인도의 정치 질서뿐 아니라 사회·문화 질서에도 거세게 도전하는 강력한 사회·정치적 이데올로기로 종교 신앙을 전하는 자들이었다. 인도는 8세기에 시작된 무슬림 침략 이후 이슬람교 모스크와 힌두교 사원이 공존하는 나라가 되었다.

12세기에 일부 수피 교단들이 서아시아에서 인도 아대륙으로 이주했다. 수피즘은 공동의 언어와 이미지와 주제를 통해 개인 신에 대한 헌신을 강조하는 힌두교의 바크티와 닮은 점이 많았다. 인도의 수피즘은 무슬림과 힌두교인 간의 접촉 수단을 마련해 주었고 이슬람교로의 개종을 상당수 가능하게 했으며 힌두교와 이슬람교의 혼합 운동에 이바지했다. 힌두교의 바크티는 신이 세 가지 형태를 취하고 있다고 보았다. 비슈누(일반적으로 라마나 크리슈나의 화신)와 시바와 샤크티(여성 형태)가 그것이다. 바크티 운동을 주로 브라만들이 주도하기는 했지만 바크티에는 사람들의 카스트나 사회 구분이 없었다. 바크티는 매우 의례적이고 배타적이던 당시의 브라만교에 대한 일종의 반항이라고 볼 수 있다.

중세의 바크티 형상들이 나나크(1469~1533년) 구루(스승이나 교사)가 창시한 시크(제자를 의미하는 산스크리트어)교의 발전에 영향을 미쳤다. 나나크는, 신은 유일한 정신력이고 모든 종교가 그것을 공유하고 있으며 사회와 종족과 젠더와 카스트의 구분 및 다른 구분들은 환영이라는 계시를 받았다. 나나크는 무슬림의 한 음악가와 더

불어 인도와 이슬람 국가들 각처를 돌아다니며 기도 송가를 작곡하고 연주했다. 이것이 나중에 시크교의 경전인 《아디 그란트》에 수록되었다. 이 새로운 신앙 공동체는 펀자브에서 번성하면서 힌두교인과 무슬림 농민들을 신도로 끌어들였다.

이슬람교는 7세기에 시작된 이집트와 북아프리카의 침략 이후 상인과 성직자들의 활동을 통해 점차 아프리카 대륙의 내부로 침투해 들어가기 시작했다. 이슬람교가 동아프리카 연안에 도입된 것은 8세기였다. 이것은 인도양 무역과 관련된 연안의 도시화와 함께 진행되었다. 동아프리카와 서아프리카에 전파된 초기 이슬람교의 특징은 혼합주의였다. 서아프리카 각국의 통치자들은 대상로를 따라 사하라 사막을 횡단하는 아라비아 상인들과 교역하고 싶어 했다. 그래서 그들은 지역의 종교 신앙과 풍속을 유지하면서 이슬람교로 개종했다. 12세기에는 수니파와 수피 전통의 영향이 그보다 앞선 시아파 개종자들의 영향력을 압도했다. 이슬람 교육기관인 마드라사가 건립된 도시에서는 정통 수니파가 주류를 이루었다. 농촌 지역에서는 주로 원거리 무역을 통해서 그리고 독립적인 수피 학자들에 의해서 전파된 더욱 신비적인 수피 전통이 지배했다.

12세기 이전에 사하라 사막 횡단 무역을 위한 오아시스 시장 도시로 출발한 팀북투는 14세기부터 18세기에 이르기까지 이슬람교를 서아프리카에 전파하는 중심지였고 자체의 마드라사를 보유하고 있었다. 토속신앙이 팀북투와 같은 도시들의 학문과 상업 엘리트들을 제외한 주민들의 삶을 여전히 지배하고 있기는 했지만 서아프리카에서는 이슬람교가 번성했다. 이슬람교의 영향은 1324~1325년 말리의 통치자 만사무사 왕의 화려한 메카행 성지순례로 나타났다.

아프리카의 이슬람교는 또한 사회·정치적 변화의 움직임을 촉발시켰다. 서아프리카와 중서아프리카 일대에서는 16세기부터 성전(지하드)의 물결이 일어나기 시작했다. 아프리카인들이 성지순례(하지) 기간 동안 메카와 메디나에서 공부를 하면서 성전과 개종에 대한 사상을 받아들였다. 그들은 아프리카로 돌아갈 때 이 사상들을 가지고 갔으며 지역의 정치·사회적 시위들을 이슬람 개혁 운동으로 전환하는 데 이바지했다. 1690년대에 무슬림 지배의 분두 국가를 설립한 세네감비아 지역의 성전이 그런 예다. 농업 개혁의 결과 무슬림 지배자들이 전통적 엘리트를 대체했다. 그런가 하면 감비아 남부의 푸우타 자알로에서 거둔 18세기의 승리들은 무슬림 지배자들을 자리에 앉히기는 했지만 그들의 노예들을 이슬람교로 개종하는 것 말고는 거의 아무

것도 하지 못했다.

상업과 무슬림 성직자들의 문화적 영향을 통한 사하라 사막 전역에 걸친 이슬람교의 완만한 확장은 인도네시아 내부와 인도양 지역에서 전개된 이슬람교의 팽창과 좋은 비교가 된다. 아라비아와 인도의 무슬림 상인들은 8세기에 이미 동남아시아 영해에서 적극적인 활동을 했다. 13세기 말에는 마르코 폴로가 수마트라를 방문해 중소 도시의 거주민들 상당수가 이슬람교로 개종했고 농촌과 구릉지대에 사는 사람들은 여전히 선행 전통―힌두교와 불교의 토착 풍속을 결합한 것과 같은―을 따르고 있다는 사실에 주목했다. 마르코 폴로가 이런 관찰을 할 당시 수피교 성인들이 무슬림 상인들과 동일한 배를 타고 동일한 길을 따라 여행을 하고 있었으며 그 지역에 자기들 방식의 이슬람교를 전파할 채비를 했다.

지역의 통치자들이 이슬람교로 개종한 증거는 13세기 후반 사무드라―파사이의 왕으로부터 시작된다. 지역 내에서 이슬람교로 공식 개종한 최초의 국가인 사무드라―파사이는 14세기까지 이슬람 연구의 중심지였다. 15세기 말에는 이슬람교가 동남아시아 해상 전역으로 확장되었다. 하지만 동남아시아 본토에서는 토속신앙과 더불어 불교와 힌두교가 여전히 지배적인 문화적 · 종교적 영향을 미치고 있었다.

이슬람교는 1500년부터 1800년까지 말레이 반도의 연안과 수마트라 섬 주변에서 시작하여 동남아시아 내부 깊숙이 진출을 했으며 종교적 역할뿐 아니라 정치적 역할도 차지해 나갔다. 이슬람교는 유럽이 이 지역으로 팽창하는 시기에 힌두교와 불교뿐만 아니라 토속신앙과 상호작용을 하면서 동남아시아 사회를 새롭게 형성해 나갔다. 복잡하고 다층적인 동남아시아 사회에서 유럽의 영향은 또 다른 층을 형성했다. 앞서 전개한 군사적 정복을 통한 이슬람의 팽창과 달리 동남아시아에서는 말레이 반도와 인도네시아 군도 주변 해역을 돌아다닌 무슬림 상인들에 의해 이슬람교가 전파되었다. 이러한 점진적이고 상대적으로 평온한 이슬람교의 확장은 서아프리카와 동아프리카의 이슬람교 전파 과정과 매우 흡사했다.

16세기에는 인도양 교역로를 따라나서 동아프리카에서 동남아시아에 이르는 항구도시에 정착하는 아라비아 반도 남부 출신의 상인들이 점점 더 많아졌다. 이러한 상인들 가운데 다수는, 아라비아 반도 남부로 이주한 알리(무함마드의 사위이자 4대 칼리프) 후손의 혈통을 주장하면서 본국에서 특별한 종교적 지위를 누렸으며 그들이 정착한 인도양의 항구도시에서도 종교 당국으로서 특별한 대우를 받았다. 이러한 대우는 정치·경제적 기회도 가져다주었다. 이 지역에서 흥망성쇠를 보인 국가들의 통치자들은 앞선 시대에 전임 통치자들이 불교와 힌두교와 토속신앙에 의존했듯이 통치의 승인을 받기 위해 이슬람교를 활용했다. 예를 들어 자바 중앙의 마타람 왕국이 이슬람교를 채택했다. 그 통치자 아궁(1613~1645년)이 술탄이라는 칭호를 사용했으며 자바 전역에 이슬람력 체계를 확립했다.

│ 이슬람 세계의 쇄신과 개혁 │

유럽 기독교에서 16세기가 프로테스탄트 개혁의 시기인 것과 마찬가지로 이슬람 세계에서는 18세기가 매우 활발한 쇄신과 개혁의 시기였다. 유럽 기독교에서와 마찬가지로 변화의 사상이 새로운 것은 아니었다. 하지만 그 진폭과 개혁의 영향은 전례 없는 것이었다.

아마도 가장 영향력이 큰 개혁가는 학문적인 논쟁을 실천의 영역으로 옮겨 놓은 무함마드 이븐 압둘 와하브(1703~1792년)였을 것이다. 압둘 와하브는 아버지로부터 쿠란 경전과 하디스(예언자의 전통)와 샤리아(이슬람법)를 포함하는 법률 저작들을 결합한 정통 이슬람 교육을 받았다. 그는 또한 알라에 대한 직접적인 체험과 그리고 알라의 행동을 대신할 이 세상의 통로로서 학자 겸 신비주의자와 무아경의 설교자, 기적을 행하는 성자로 구체화되는 성인들의 능력을 강조하는 수피 신비주의와도 접촉했다.

압둘 와하브는 아라비아 반도 나즈드 지역의 고향에서 공식적인 교육을 받은 뒤 20년간 메카와 바그다드, 다마스쿠스, 이스파한 등지로 폭넓은 여행을 했다. 그는 고향에 돌아가 여행 중에 종교적 수행의 타락과 방종을 목격하고 정통 가르침과 반(反)수피즘을 설교하기 시작했다. 압둘 와하브의 청교주의는 이슬람교의 중세적 상부구조를 전복하고 쿠란과 하디스의 '순수한' 권위로 돌아갈 것을 제창한 것이다. 그는 1744년 이븐 사우드와 그 가족들을 개종시켰으며 그와 함께 아라비아와 인근 지역에 알라의 말씀을 전파하자는 맹세를 했다. 부족장과 종교 개혁가는 자신들의 관심과 재능을 쏟아 부었다. 그 결과 19세기 초에는 아라비아 반도에 사우디 국가의 기반을 확고히 했다.

이슬람 세계의 다른 곳에서도 개혁운동들이 등장했다. 가장 강력한 개혁운동 가운데 하나는 오늘날 나이지리아 북부에 위치한 풀라니족 사회에서 일어났다. 풀라니족의 무슬림 성직자 우스만 단 포디오(1754~1817년)가 이끈 이슬람 부흥 운동은 이 지역의 구 하우사족 통치자들의 느슨한 종교적 관행을 겨냥한 것이었으며 마침내 서아프리카 일대에 거대한 이슬람 제국을 창설했다. 단 포디오는 16세기부터 서아프리카에 이슬람교를 확산시키는 데 이바지한 수피의 여러 교단 가운데 하나인 수피 형제단에 속해 있었다. 단 포디오는 1804년 자신이 주도한 반란을 통해 하우사족 통치자들을 몰락시키고 풀라니족 관리 아래 이슬람에미리트연방을 창설했다. 그는 1809년 자신의 형제 및 아들과 더불어 소코토 칼리파국을 설립하고 그 지역 전역에 이슬람교를 전파했다.

메카 성지순례 의무인 하지는 상당수의 무슬림들이 성지에서 이슬람 세계 전역에서 온 순례자들과 만나 시간을 보낸다는 것을 의미했다. 이 순례는 사상을 교류하고 각성과 개혁의 영감을 얻을 더할 나위 없는 기회였다. 메카에서 돌아와 아프리카에서 인도를 거쳐 동남아시아에 이르는, 자신들의 본국에서 이슬람교의 부흥을 시도한 순례자들이 19세기 내내 이어졌다.

세계화와 종교의 변화

19세기에는 다르 알 이슬람, 곧 '이슬람 세계'가 서아프리카에서부터 동남아시아에까지 펼쳐졌다. 개혁가들이 신도들을 격려하고 종교를 부흥시키는 동안 정치 지도자들은 이슬람교를 채택하고 모스크 건축과 성직자 지원, 샤리아 적용을 통해 그것을 장려했다. 기독교도 이슬람교와 마찬가지로 19세기에 세계적인 영역을 확보했다. 가톨릭 선교사들(예수회와 도미니크회와 프란체스코회의)이 16세기 유럽의 팽창과 더불어 아시아와 아프리카에서 지속적인 영향을 미치기는 했지만 아메리카 대륙에서 가장 큰 성공을 거두었다(10장을 보라). 하지만 19세기에는 프로테스탄트 선교운동이 무엇보다 아시아와 아프리카에서 새로운 제국주의를 위한 이데올로기적 기반이 되었다. 프로테스탄트 남녀들은 다른 민족들을 기독교로 개종하는 복음전도를 통해 새로운 제국주의에 특별한 기여를 하고자 자신들의 가정과 문화와 사회를 떠날 때 "너희는 온 천하에 다니며 만민에게 복음을 전파하라"는 성경의 명령을 문자 그대로 받아들였다. 제국의 지배에 대한 저항의 형태로서 종교 부흥 운동이 새로운 것은 아니지만—로마의 갈리아 및 브리타니아 지배에 대한 드루이드의 저항이 그 한 예이다—전 지구적 범위에 걸친 기독교와 식민주의의 혼합 세력은 문화와 역사의 다양한 경험을 통해 형성된 여러 가지 다양한 반응을 보였다.

선교의 영향은 19세기 중국의 태평천국의 반란에서 나타난 것처럼 거의 예측이 불가능하다. 중국 남부의 광둥 항구에서 복음을 전하던 프로테스탄트 선교사들이 홍수전이란 이름의 하카족 청년의 상상을 사로잡았다. 그는 과거 시험에 여러 차례 낙방해 학문 엘리트 세계의 진입을 차단당한 상태에 있었다. 그는 침례교의 한 선교 팸플릿에 있는 구약성경의 메시지를 통해 영감을 받고 중국 사람들을 구원해 하늘에 계신 아버지의 길로 돌아오게 하라는 성부 하느님의 보냄을 받은 예수 그리스도의 동생을 자처했다. 그가 보기에 사회 계급에서 추방된 피억압 민족인 히브리 민족(이것을 하카족으로 읽음)의 사상과 중국 남부 하층민의 사회ㆍ경제적 고통 사이에는 뭔가 상통하는 것이 있었다. 이 하층민들은 영국 사업가들을 위한 사치스런 마약 무역을 하면서 영국의 포함이 중국의 문호를 강제 개방한 아편전쟁의 영향을 가장 많이 받은 사람들이었다. 홍수전의 좌절과 전망이 넘치는 카리스마로 불타오른 기독교는 태평천국이 막을 내릴 때까지 2천만 명에 달하는 사망자를 낸 대중 반란을 점화시킨 불꽃이었다. 1890년대의 의화단 운동은 이와 반대로 교육받지 못한 불만을 품은 농촌 중국인들의 눈에 기독교 선교사의 모습으로 비친 외국 세력에 항거하기 위해 전통적인 종교 신앙과 풍속을 이용했다.

뉴질랜드에서는 유럽인들과의 분쟁과 식민 정부의 억압에 대한 마오리족의 반응이 '파이마리리'(선과 평화)로 알려진, 그 창시자 테 우아 하우메네의 이름을 따 하우하우 운동이라고도 한 종교운동의 형태를 띠었다. 테 우아는 한 기독교 선교사로부터 세례를 받았으며 유럽인들에게 토지 매매를 반대하는 마오리킹 운동의 추종자가 되기도 했다. 테 우아는 1862년에 가브리엘 천사가 전쟁을 거부하라고 말하는 환상을 보았다고 주장했다. 그는 노래와 춤과 문신과 같은 '평화 예술'을 포함하는 전통적인 마오리 신앙과 신약성경의 기독교를 혼합한 내용을 설교했다. 그 정점은 고통과 고난과 억압이 없는 천년왕국이라는 새로운 세계에 대한 예언이었다. 그것이 최고조에 달한 1860년대 중반에는 마오리 인구의 5분의 1가량이 파이 마리레 운동의 추종자였다. 지도자가 도덕적인 행동과 평화를 주장했음에도 파이 마리레 운동의 급진 세력은 유럽인들에게 폭력을 일삼았다. 이런 행동은 마오리 사회 내의 분열, 곧 유럽의 지배에 항거하는 사람들과 유럽인들과 협력해 혜택을 누리는 사람들 간의 분열로 이어졌다.

남아프리카 케이프 주의 동부에서 일어난 일련의 대재앙으로 1847년 그 조상들의 땅이 대영제국에 합병된 적이 있는 코사족은 토지 없는 이주 노동자가 되었다. 전염병으로 코사족의 주요 생계 수단인 소 10만 마리가 죽었고 전통 문화가 파괴되었다. 이러한 절망적인 상황에 대한 반응은 소를 살육하는 예언의 형태로 나타났다. 이 예언은 농쿠와세라는 이름의 코사족의 15세 소녀가 본 환상을 통해 계시되었다. 이 소녀는 "마술을 행하는 사람들이 있기 때문에 그리고 이 소들이 사악한 손으로 사육되었기 때문에 살아 있는 모든 소를 도살한다면 전 국민이 죽음에서 부활할 것이다"라고 주장했다(J. B. Pieres, "The Central Beliefs of the Xhosa Cattle-Killing," *Journal of African History*, 27(1987): 43). 젊은 소녀의 환상에는 또한 희생을 통해 변화의 속도를 높인다는 개념이 들어 있었다.

런던선교협회가 1817년 코살랜드에 첫 기지를 설립했기 때문에 코사 신앙에는 기독교 사상이 침투해 있었다. 농쿠와세의 예언은 죽은 친족들의 영혼이 어디에나 존재한다는 전통적인 코사 신앙과 소기의 목적(기독교 용어로는 부활이지만 코사의 전통에서는 정치적 변화)을 이루기 위한 기독교와 아프리카의 희생 사상이 혼합된 것임을 보여 준다. 코사족의 대부분은 농쿠와세의 지시를 따랐다. 그리고 1857년 말에 소 40만 마리 이상을 도살했다. 그 결과 코사족 4만 명 이상이 기아로 사망했다. 이러한 비극이 있은 후 코사족은 소 살육으로 인한 황폐에도 불구하고 전통적인 방식을 고수하는 사람들과, 이제는 의지할 것이 없어 식민 세력으로부터 기회를 얻고자 하고 소 살육을 의미 없는 것으로 반대하는 사람들로 나뉘었다.

아메리카 원주민들 사이에 예언 운동이 새로운 것은 아니었지만 가장 극적인 사례 가운데 하나는 19세기 말 수십 년에 걸친 수족(Sioux)의 궁핍과 손실에 대처하는 과정에서 발생했다. 수족은 1889년 겨울 수족 보호구역의 절망적인 경제 상황으로 네바다 서부의 파이우트족 샤먼인 워보카의 가르침을 따르는 교령(交靈)춤 종교에 귀의했다. 프로테스탄트 복음 전도자들의 영향을 받고 있던 워보카는 1880년대에 산 자와 죽은 자가 재결합하는 환상을 본 적이 있었다. 그는 추종자들에게 세계를 재건하는 열쇠로서 손가락을 깍지 끼고서 남녀가 원을 만들어 참여하는 원무(또는 교령춤)를 추라고 지시했다. 워보카의 환상과 교령춤은 다코타 주의 수족뿐만 아니라 와이오

밍 주의 아라파호족과 쇼쇼니족으로 그리고 오클라호마 주의 샤이엔족으로 확산되었다. 미국 정부의 요원들은 교령춤 운동을 위협적인 것으로 보고 수족의 행위를 억압했다. 그 결과 일부 교령춤꾼들이 호전성을 띠게 되어 연방 정부와 라코타 수족 사이에 분쟁이 발생했다. 그 정점이 바로 1890년 겨울에 일어난 운디드니의 대량학살이었다.

워보카의 예언 운동은 이러한 치명적인 결과에도 불구하고 이전의 다른 운동들과 마찬가지로 새로운 세계를 제압하기 위해서 새로운 기독교 사상뿐만 아니라 토착적인 전통(태양을 보는 춤)을 끌어들였다. 기독교와 지역 종교(수족, 태평천국, 코사족, 마오리족의 종교)를 결합한 유토피아 세계에 대한 천년왕국적 환상(11장을 보라)은 식민주의와 기독교 개종의 결과로 살아가는 사람들이 직면한 디스토피아적인 현실에 대한 강력한 대응이었다.

노예제, 혼합주의, 영성

아프리카인 디아스포라는 노예제와 극단적인 억압에서 비롯된 것이기는 하지만 대서양 세계의 아프리카계 사람들 사이에 진행된 활동적인 혼합주의 신앙 체계와 동의어이다. 노예들은 기니 해안과 노예 해안, 베닌 만, 콩고, 앙골라 등의 서아프리카 및 중앙아프리카 지역 곳곳에서 아메리카 대륙으로 자신들의 신앙을 가지고 갔다. 그리고 그곳에서 노예 상태를 개선하거나 심지어는 타도하는 데 자신들의 신앙을 사용했다. 아프리카인들의 대서양 세계는 살아 있는 사람들과 영혼들 그리고 과거, 곧 인간의 과거의 기억에 대한 핵심 연결 고리 역할을 하는 조상들로 이루어진 강력하고 활동적인 우주였다.

아프리카에서 전래된 종교들이 노예화된 아프리카인들, 곧 무슬림과 기독교인과 아프리카 토속신앙 체계를 신봉하는 사회의 매우 다양한 신앙들 속에서 살아남았다. 새로운 혼합주의 종교들은 콩고, 요루바, 가톨릭, 프리메이슨의 신앙을 비롯한 상이한 다른 신앙들을 일관성 있는 영성의 형태로 혼합했다. 이러한 영성들은 칸돔블레, 산테리아, 보둔을 비롯한 다른 종교들의 형태로 역사적 기억을 보존함으로써 저항을 장려했다. 오늘날에는 이러한 신앙들의 살아 있는 유산을 심지어 현대 기술에 대한 응용에서도 찾아볼 수 있다. 예를 들어 오군(요루바족의 철신)은 택시와 비행기

| 그림 4.4 | **브라질 리우데자네이루의 성모 마리아 축제**

아프리카·브라질 종파 신도들이 아프리카 바다의 여신 예만자에게 봉헌물을 바치고 둘레에서 춤을 추며 기도하고 있다. 이어서 이 봉헌물을 열을 지어 바닷가로 가져간다. 가톨릭 신도들은 성모 마리아 축제에 해당하는 예만자의 날에 꽃, 향수, 보석 같은 봉헌물을 들고 바닷가로 간다.

의 수호신이다. 대서양 세계 전역은 물론이고 심지어 런던과 토론토, 브루클린, 로스앤젤레스처럼 서아프리카와 카리브 해에서 먼 요루바 종교의 외연 지역에서조차 오군의 이미지가 등장하고 있다.

종교와 혁명

종교는 제도화된 억압 세력을 지원할 수도 있고 정치·사회적인 변화에 영감을 불어넣을 수도 있다. 16세기 유럽의 정복 시기에 전래된 이후 로마 가톨릭교회는 라틴아메리카의 역사적 변화에 때로는 모순적인 역할을 수행했다. 가톨릭교회가 여전히 라틴아메리카를 지배하기는 했지만 19세기부터는 프로테스탄트 선교사들이 특히 빈민들 사이로 침투해 들어갔다. 라틴아메리카의 교회(그리고 외국인 지지자들)는 1959년 쿠바 혁명의 승리를 통해 그 지역의 정치·경제적 위기의 현실을 확인하게 되었다. 1960년대와 1970년대에 들어 국가와 지주 귀족의 수호자이던 교회의 역할이 점차 바뀌기 시작했다. 교황 바오로 6세는 1960년대에 자본주의를 비난하는 회칙을 몇 차례 발표하고 교회의 불법 근절 사명의 일환으로 사회·경제적 발전을 지원하는 정책을 제시했다. 1968년 라틴 아메리카 주교들의 역사적인 메데진 회의는 더 나아가 발전을 저해하는 것이 억압이고 해방을 위해서는 정치적 행동과 사회주의 건설이 필요하다고 선언하기에 이르렀다. 프로테스탄트 성직자단 내에서도 이와 비슷한 발전들이 일어났다.

니카라과, 엘살바도르, 과테말라의 혁명 운동들과 연관된 기독교는 급진적인 사회·정치적 변화의 가능성에 대한 역사적 증언으로 혁명적이고 전복적인 복음의 능력을 강조하는 기독교 이데올로기인 '해방신학'을 추종한 것으로 나타났다. 해방신학은 게릴라전을 지원하고 사회·정치적 행동주의를 고취시켰다. 그 결과 상당수의 교회들이 전제 국가의 적으로 바뀌었고 대주교를 비롯한 교회의 지도자들이 순교를 당했다.

기독교 사회의 공격에 대한 반응으로 과테말라에서는 해방신학을 대신해 정의와 투쟁과 대지의 보호를 믿는 토속신앙을 중심으로 전통적인 마야의 종교 사상이 다시 등장했다. 이것은 지역 차원의 대응이지만 전 지구적인 각성(원주민들의 운동과 환경 의식에 대한)이라는 배경 속에서 나온 것이다. 현대인들은 인류로 말미암은 우림의 소멸과 자연의 변화를 염려하고 있다. 자연 숭배에 초점을 둔 예전의 종교 전통과 재결합을 시도하는 움직임은 이러한 관심에서 비롯된 것이다.

불교도 현대 세계에서 평화적인 정치적 변화를 지지했다. '다마이예트라'는 1992년 민주주의 이행기에 타이의 국경 수용소를 뛰쳐나온 난민들이 벌인 본국 재송환 작업에서 비롯된 캄보디아의 연례 평화 행진이다. 이 행진은 비록 전통적인 크메르 불교에 기반을 둔 것이기는 하지만 캄보디아라는 지역적 공간을 넘어선 전 지구적 불교와의 관련을 나타내 준다. 세계에서 가장 강력한 정신적 인물 가운데 한 사람은 티베트의 망명 공동체 지도자인 달라이 라마이다. 그는 심지어 중국 정부의 티베트 문화 말살 정책에도 불구하고 끊임없이 비폭력을 상기시켜 주었다.

이슬람교는 1979년 이란 혁명에서 이란의 국왕 팔레비를 폐위하고 그의 서유럽

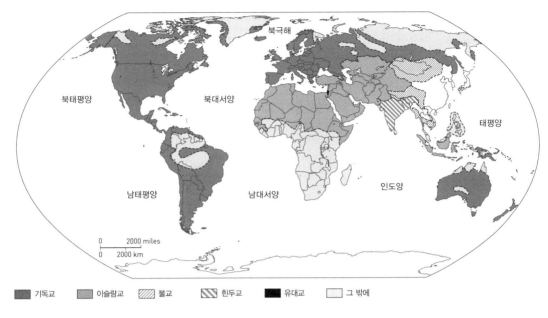

| 지도 4.4 | **현대의 세계 종교**

기독교　　이슬람교　　불교　　힌두교　　유대교　　그 밖에

식 통치를 시아파 성직자인 아야툴라 루홀라 호메이니의 통치로 대체하는 강력한 정치 세력이 되었다. 상당수의 무슬림들은 국가의 기초로서 서유럽식 사회계약 개념을 거부하고 이슬람교의 '진정한 신도들의 공동체' 개념을 지지했다. 18세기 와하비즘의 부활로 형성된 이슬람교의 혁명적 변화의 목적은 세기말에 유대교·기독교 국가와 제도, 공동체를 와해하고 무너뜨리려는 전략적인 테러리즘으로 왜곡되었다. 비무슬림들에 대한 성전의 외침, 그리고 이슬람과 서방 세계 사이에 벌어지는 21세기의 분쟁 속에서 12세기 십자군의 메아리가 다시 울려 퍼졌다.

| 결론 |

현대 세계에서 종교가 미친 가장 혁명적인 측면 가운데 하나는 그것이 지구촌 전역에 전달됨에 따라 나타난 세계 종교들의 변화이다. 특정한 문화나 공동체와 동일시된 유대교와 힌두교와 요루바교와 기타 종교들 또한 사람들의 이동과 더불어 세계 각처로

확산되어 나감에 따라 '세계 종교'의 의미 자체가 바뀌었다. 흩어진 유대인과 중국인, 인도인, 아프리카인들이 자발적이든 아니든 간에 본국에서 멀리 떨어진 곳에 새로운 공동체를 건설했다(1장을 보라). 갈수록 늘어나는 유럽과 북아메리카의 무슬림 인구는 이들 기독교 중심지의 종교적 경관을 바꿔 놓고 있다.

오순절 기독교가 특히 아프리카와 라틴아메리카에서 훨씬 더 많은 신자들을 불러 모음에 따라 기독교 자체도 극적인 변화를 겪고 있다. 1906년 로스앤젤레스의 한 폐허 지구에서 시작된 오순절운동은 프로테스탄트 기독교 내의 국제 운동으로 성장해 2006년의 백주년 기념일에는 전 세계의 신도 수가 5억 명이 넘는다는 주장을 하기에 이르렀다. 오순절파는 개인의 성령 체험과 더불어 육체와 영혼 모두를 치유하는 신앙의 능력을 믿는다. 교리보다는 체험을 강조하기 때문에 신자들은 신들림과 조상 숭배에서 신앙 치료와 샤머니즘에 이르기까지 모든 것을 포함하는 다른 종교들의 매우 다양한 풍습에 적응할 수 있다. 이러한 흡입력과 적응력은 복음 전도의 선교 열정과 더불어 케냐와 브라질 같은 지역에서 보여 준 급속한 성장을 이해하는 데 도움을 준다. 이 지역 인구의 절반을 현재 오순절파가 차지하고 있다. 오순절운동은 현대 세계의 경제적 박탈과 정치적 투쟁에 깊은 뿌리를 둔 급진적 이슬람교와 마찬가지로 은혜를 체험하고 신과 접속할 수 있는 개인적 능력을 통해 위로와 희망과 능력을 갈망하던 빈민과 피억압민들 사이에서 시작되었다.

기독교는 신자가 20억 명이 넘는 단연코 세계 최대의 종교이며, 2025년에는 26억 명 이상으로 성장할 것으로 기대된다. 그리고 그때가 되면 세계 기독교인들의 50퍼센트가 아프리카와 라틴아메리카에 거주하게 될 것이다. 16세기와 그 이후에 예수회가 이룩한 성공의 유산을 반영해 2025년에는 세계 가톨릭교도들의 4분의 3 정도가 아프리카와 아시아와 라틴아메리카에 거주하게 될 것이고 가톨릭교의 모습을 크게 바꾸어 놓을 것이다. 세계 최대의 예수회 교단이 오늘날 인도에 있다. 무슬림 인구는 기독교 인구의 절반을 약간 넘는다. 하지만 그들 역시 아시아에서 아메리카 대륙으로 광범위하게 퍼져 나가고 있다. 불교는 역사적 발원지인 아시아에 뿐만 아니라 북아메리카나 유럽과 같은 다른 종교들이 지배하는 일부 지역에도 존재한다. 어떤 형태로든 불교 개종자라고 주장하는 사람들이 현재 백만 명에 이른다.

불교들과 기독교들과 이슬람교들의 운동들이 전 지구로 퍼져 나가면서 이 세계 종교들은 지역마다 그 지역의 환경 속에서 살아남아 번성할 수 있도록 새롭고 색다른 특징들을 갖춰 나갔다. 이 장의 첫머리에서 암시했듯이 세계사 속에서 종교를 이해하는 열쇠는 바로 '세계 종교들' —선교사와 순례자와 개종자들이 전파한 것이든 디아스포라 공동체들이 전파한 것이든—과 지역 신앙들 간의 상호작용에 있다. 이것을 보여 주는 강력한 사례는, 2006년 세계에서 무슬림 인구가 가장 조밀한 국가인 인도네시아에서 발생한 한 장면에서 찾아볼 수 있다. 한 무슬림 성직자가 연례 제의 행사에서 바다의 여신을 위한 봉헌물 증정식을 거행했다. 봉헌물을 갖고 바다로 행진한 다음 그것을 바다에 던지기 전에 성직자가 기도로 그것들(비단과 카레, 바나나, 머리카락, 깎아 낸 발톱 조각)을 정결하게 씻었다. 이 행위는 힌두교와 토속신앙 및 그 풍습 모두에게 깊은 영향을 받은 의식이었다. 무슬림 성직자에서 일반 관중에 이르기까지 제의에 참석한 모든 사람들에게는 다양한 전통들의 혼합이 이상한 것이 아니었다.

정신적인 힘에 대한 인간의 의식과 그리고 그것과의 소통에 관한 최초의 증거들을 보면 사람들이 우주 속에서 개인과 공동체로서 자신들의 위상을 자리매김하려고 한 사실을 알 수 있다. 종교들은 산 자의 축복과 죽은 자의 위로를 구하기 위해서 신적인 능력에 접근하는 다양한 방식을 토대로 만들어진 것이다. 카리스마적인 설교자와 예언자들이 자신들의 사상을 따르는 신자들을 끌어 모았고 새로운 신앙을 활성화하기 위한 제도들이 발전되었다. 오순절운동과 같은 개인적인 체험을 강조하는 현대 세계의 종교운동들조차 전자 통신을 이용한 광범위한 장소의 대규모 지지자들을 사로잡는 능력을 통해 신자들의 공동체를 극적으로 확장했고 전 세계의 문화적·민족적 경계들을 넘어서는 집단적 정체성을 만들어 냈다(7장과 10장을 보라).

종교들은 분쟁을 부추기고 억압을 지원하기도 한다. 하지만 그들은 또한 인류의 가능성에 대한 강력하고 설득력 있는 비전을 제시하기도 한다. 20세기에는 근대성이 세속화와 가상적인 종교의 몰락과 결부되었지만 21세기에는 분명 종교가 세계사 속에서 여태까지 행사해 온 것만큼 강력한 정치적·사회적·문화적 힘이 될 것이다.

토론 과제

● 일본의 신도를 이해하는 것이 세계사 속의 복잡한 종교 문제를 생각해 보는 유용한 방법이 될 수 있는 까닭은 무엇인가?

● 세계 종교란 무엇인가?

● 세계사 속의 종교를 이해하기 위해 이용할 수 있는 자료에는 어떤 것이 있을까?

● 종교가 시간의 흐름에 따라 어떻게 바뀌어 왔고 문화적 접촉이 종교의 변화에 어떻게 기여했는가? 구체적인 사례를 들어 얘기해 보라.

● 현대사회에서는 종교가 과거에 그랬던 것보다 덜 중요하다고 말할 수 있을까? 그렇다면 그런 이유를, 그렇지 않다면 그렇지 않은 이유를 설명해 보라.

| 참고문헌 |

· Berkey, Jonathan P.(2003) *The Formation of Islam: Religion and Society in the Near East, 600~1800*, New York: Cambridge University Press.
· Gill, Sam(1987) *Native American Religious Action: A Perfomance Approach to Religion*, Columbia: University of South Carolina Press.
· Grube, Nikolai, ed.(2000) *Maya: Divine Kings of the Rainforest*, Cologne: Könemann.
· Hayden, Brian(2003) *Shamans, Sorcerers, and Saints: A Prehistory of Religion*, Washington, DC: Smithsonian Books.
· Herman, A. L.(1991) *A Brief Introduction to Hinduism: Religion, Philosophy, and Ways of Liberation*, Boulder, Colo.: Westview Press.
· Jenkins, Philip(2002) *The Next Christendom: The Coming of Global Christianity*, New York: Oxford University Press.
· Johnston, Sarah Iles, ed.(2004) *Religions of the Ancient World: A Guide*, Cambridge, Mass.: The Belknap Press of Harvard University Press.
· Jolly, Karen Louise(1997) *Tradition and Diversity: Christianity in a World Context to 1500*, Armonk, N. Y.: M. E. Sharpe.
· Kitagawa, Joseph, ed.(1987) *The Religious Traditions of Asia*, New York: Macmillan.
· Stark, Rodney(2001) *One True God: Historical Consequences of Monotheism*, Princeton, N. J.: Princeton University Press.

| 온라인 자료 |

· Annenberg/CPB Bridging World History(2004)
  http://www.learner.org/channel/courses/worldhistory/
  5주제 '초기 신앙 체계,' 7주제 '종교의 확산' 등의 단원을 보라.
· Buddhism in China
  http://depts.washington.edu/chinaciv/bud/5budhism.htm
  '중국 문명의 시청각 자료집' 편. 중국 사회에 미친 불교의 영향과 중국의 불교 신앙 및 풍속의 변화를 다루고 있다.
· Islam: Empire of Faith
  http://www.pbs.org/ empires/islam/
  이슬람을 다룬 PBS 필름의 자매 웹사이트.
· Pew Forum on Religion and Public Life
  http://pewforum.org/
  현대 세계의 종교와 정치의 교집합과 관련 있는 광범위한 문제들에 대한 정보.

5장

가족의 발견

12 세기 말 가정생활 지침서를 지은 중국의 원채(袁采)라는 이는 부모와 자녀의 유대 관계의 기원을 다음과 같이 담담하게 설명했다.

아기들은 부모를 살갑게 사랑한다. 그리고 자녀를 끔찍이 사랑하는 부모는 가능한 모든 것을 다해 아기를 돌본다. 그 이유는 아마도 그들이 얼마 전에 한 몸이었기 때문일 것이고 아기의 소리와 웃음과 몸짓이 사랑을 자아내기 때문일 것이다. 어쩌면 출생이 중단 없이 이어지도록 하기 위해 창조주께서 이러한 애정을 자연의 원리로 삼아 주셨는지도 모른다. 매우 하찮은 곤충이나 새 또는 짐승도 이런 식으로 행동한다. 이 생물들은 자궁이나 껍질에서 새끼가 처음 나오면 젖을 먹이거나 음식을 잘게 씹어 먹이면서 정성을 다해 돌본다. 위협이 닥치면 자신들의 안전은 아랑곳하지 않고 새끼를 보호한다.

인간은 다 자라면 지위 구분을 더욱 엄격히 하고 일정한 거리를 두게 된다. 부모는 더할 수 없는 애정을 베풀어야 하고 자녀는 자녀로서의 도리를 다해야 한다. 이와 반대로 곤충과 새와 짐승은 조금 자라나면 어미를 더 이상 인정하지 않고 어미 또한 마찬가지이다. 이것이 인간과 다른 동물을 가르는 차이이다.

(Patricia Buckley Ebrey, trans., *Family and Property in Sung China: Yüan Ts'ai's Precepts for Social Life*, Princeton, N. J.: Princeton University Press, 1984, pp. 188~189)

원채는 생존을 위해 양육과 보호가 필수적인 유아기에 아이가 부모에게 의존하면서 가족 관계가 시작된다고 생각했다. 그는 이런 경험을 통해 맺어진 부모와 자녀의 유대 관계는 일종의 자연 원리이고 살아 있는 모든 동물에게서 찾아볼 수 있는 것이라고 주장했다. 그에 따르면 인간과 짐승의 삶을 구분해 주는 것은 자녀가 성인이 될 때 나타나는 유대 관계의 변화이다. 인간 세계에서는 자녀가 어릴 때 부모가 돌본다. 그리고 자녀는 자신들이 성장한 뒤에 감사와 사랑과 순종의 마음으로 부모를 대한다. 원채의 책을 읽었던 사람들은 영어로 '필리얼 파이어티'(효)라고 하는 개념에 익숙해 있었을 것이다. 효는 부모에게 생명을 빚진 자녀의 도리이자 도덕적 의무감으로서 원채가 사회의 모든 구성원이 공유하고 있거나 공유해야 한다고 생각한 가치였다.

우리는 인간 종의 재생산과 생존에 뿌리를 둔 가정생활의 생물학적 기초에 바탕을 두고 원채와 의견을 같이할 수 있다. 하지만 효라는 감정이 이런 생물학적인 과정에서 자연스레 흘러나온다는 그의 추론에 문제를 제기할 수도 있다. 세계사의 관점에서 볼 때 효는 모든 인간 가족들이 가진 보편적인 특징이 아니라 중국인 특유의 가족 가치이다. 세계사는 가정생활의 조직과 가족의 의미 자체만큼이나 가족 가치가 매우 다양함을 보여 준다. '가족'은 문화의 유형이나 시기에 따라 어떻게 다르게 정의되었을까? 그리고 이런 유형과 과정이 세계사 속에서 차지하는 의미는 무엇일까?

가정생활에 관한 최초의 증거를 얻으려면 '최초의 가족'이라는 명칭을 얻은 호미니드 화석 수집물에서 시작하면 된다. 이 화석은 320만 년 전에 함께 죽었을 것으로 생각되는 적어도 열세 명에 달하는 개인들의 것인데 이것이 호미니드가 집단으로 함께 살았다는 최초의 증거이다. 하지만 우리가 가족이라고 부를 만한 방식으로 그들이 상호 관련을 맺고 있었는지는 알 수 없다. 또한 도구를 사용하거나 도살을 한 흔적이 있는 다른 유적들을 통해서 먼 옛날 인류의 협동과 공유를 엿볼 수도 있다. 이런 행동이 언제쯤 되면 우리가 '가정생활'이라고 부를 수 있는 것과 같은 형태에 가까워지게 될까? 이라크의 샤니다르 동굴 유적(7만 년 전~4만 년 전)에서 발굴된 시각과 이동에 장애가 있는 외팔이 성인의 매장을 통해 고고학자들은 아마도 다세대 가족들의 일원인 중장년층에 대한 보살핌이 있었을 것이라는 암시를 받았다.

이후의 역사 시대에도 이 증거만큼이나 멀고 불확실한 다루기 힘든 문헌 자료를 통해 가족과 가정생활의 역사를 종합하기란 대체로 쉬운 일이 아니었다. 자료가 존재하는 경우는 대개 과세를 위한 국가 관리의 대상이나 종교 당국의 도덕적 통치의 표적으로 가족을 다루는 자료였다. 하지만 역사가들은 또한 표준적인 사료를 넘어 세계사 속에서 가족과 가정의 친밀한 영역을 조명해 주는 다수의 자료들을 활용할 수 있다. 구술 증거와 신화, 계보, 생활사, 법전, 고고학적 유물, 언어, 문학 등이 그런 자료이다.

생물학적 재생산뿐만 아니라 경제적 생산의 주체인 가족과 가정은 사회적 · 문화적 · 정치적 · 경제적 · 이념적 요인에 의해 형성되었다. 가족과 가정의 모든 측면—지극히 개인적인 측면에서 가장 대중적이고 공식적인 측면에 이르기까지—은 더욱 큰 유형의 역사적 변화, 곧 이주와 도시화, 국가와 제국의 흥망, 종교의 확장, 산업화, 정치 혁명 등과 교차하기도 하고 반영하기도 한다. 가족과 가정의 변화와 그 연속성을 시간의 흐름과 문화의 유형에 따라 이해하게 되면 광범위한 역사적 변화 과정과 인간 상호작용의 가장 친밀한 영역 간의 역동적인 관계를 알 수 있게 된다.

| 로마법과 로마 사회의 가족 |

북아프리카에서 영국 제도에 이르고 흑해에서 이베리아 반도까지 걸쳐진 로마제국 전성기의 드넓은 영역에는 엄청나게 다양한 구조의 가족과 가정이 존재했다. 하지만 우리는 로마라는 도시 한 곳에만 한정해서 보더라도 로마제국이 몰락한 오랜 뒤에도 지중해 그리고 나중에는 유럽 사회에 계속 영향이 미치는 가족제도의 모습을 확인할 수 있다.

가족을 뜻하는 영어의 '패밀리'는 라틴어의 '파밀리아'에서 직접 파생된 말이다. 하지만 이 두 단어의 뜻은 완전히 다르다고 볼 수 있다. 파밀리아는 가장 광범위한 의미의 친족뿐 아니라 하인과 노예까지 포함하는 가부장(파테르파밀리아스)이 관리(파트리아 포테스타스)하는 모든 사람과 재산을 가리킨다. 로마인들에게 부-모-자녀의 부부 단위를 지칭하는 용어는 없었지만 이 삼자 관계는 심지어 확대 가족과 다세대 가족에서도 로마인 가정생활의 핵심이었다. 엘리트 가정에는 남녀 주인의 시중을 들고 유모와 보모 또는 양모로서 자녀를 돌보며 '파테르파밀리아스'에 속한 재산과 사업을 관리하는 다수 하인과 노예들이 가족에 포함되기도 하지만 핵심 관계는 부부와 부모 자식의 관계였다. 노예는 법적으로 결혼이 자유롭지는 않았지만 대개 파밀리아 안에서 부부관계를 맺었다. 해방 노예도 파밀리아 안에서 결혼하는 경향이 있었고 전 소유주의 가족명(노멘)을 따랐다. 로마의 엘리트들에게는 집과 가정을 의미하는 '도무스'가 가족적인 사생활의 영역일 뿐만 아니라 공적인 공간이기도 했다. 가옥에서 주요 공적 영역인 안뜰은 통과의례를 표시하거나 그것을 거행하고 문턱의 장식을 통해 출생과 사망을 바깥 세계에 알리는 곳이었다. 가옥의 위치와 가옥 자체는 모두 가족의 사회적 지위를 나타내는 물리적인 표현이었다.

로마 정부는 출산을 장려하고, 엘리트들이 독신으로 살거나 결혼해서 자녀를 낳지 않는 부부를 규제하는 정책을 폈다. 예를 들어 기원전 59년 율리우스 카이사르 법은 셋 이상의 자녀를 둔 아버지들에게 토지를 이용할 수 있게 했다. 기원전 18년과 다시 서기 9년에는 아우구스투스 황제가 출산을 장려하는 법률을 공포했다. 세 명 이상의 자녀를 둔 아버지들에게는 정치적 혜택을 주었고 자녀 셋을 출산한 여성들에게는 남성 후견인을 두지 않아도 되게 해 주었다. 아우구스투스 치하에서 법률로 강조한 출산 장려 정책은 후기 로마제국 내내 계속되었다. 예를 들어 서기 2세기에는 로

| 그림 5.1 | **로마인 부부**

17세기 초 플랑드르 화가 페터 파울 루벤스가 그린 이 그림은 이탈리아에서 자신이 본 로마의 고전주의 조각을 바탕으로 그린 것이다. 이 그림은 로마의 이상적인 결혼을 나타낸 것으로서, 부부애로 유명한 뛰어난 군사 지도자 게르마니쿠스 카이사르와 그의 아내 아그리피나의 초상일 가능성이 있다.

마 화폐를 대개 황실 여성들과 함께 로마인의 모성애 이상을 홍보하는 데 사용했다.

로마의 기혼 여성들은 비교적 높은 수준의 독립을 누렸다. 여성은 결혼을 하자마자 아버지 권위의 지배에서 남편의 지배를 받는 것으로 바뀌고, 여성이 갖고 간 지참금은 남편의 재산이 되었다. 하지만 남편이 사망할 경우에는 남편의 재산을 자녀들과 동등한 몫으로 받을 자격이 있었다. 아내는 또 남편과 이혼을 하고 자신의 지참금 가운데 상당 액수를 가져갈 수 있었다. 물론 부유한 아내는 훨씬 큰 독립성을 누렸다.

하지만 이혼과 재산권에 관한 법적인 규정들 이외에는 남편과 아내가 서로와 자녀에 대해 상호 존중과 애정을 공유한 우애결혼의 증거가 풍부하다. 로마의 웅변가 키케로는 기원전 58~57년 유배지에서 자신의 아내 테렌티아에게 쓴 편지의 작별 인사에서 부인과 자녀에 대한 자신의 애정을 이렇게 표현하고 있다. "최고의 신실한 아내 사랑하는 테렌티아와 귀여운 어린 딸에게 내 생애의 마지막 희망을, 키케로가, 안녕!"(Cicero, *Letters*, Harvard Classics, 1909, p. 14).

그러나 테렌티아를 그토록 사랑한 키케로였지만 이 편지를 쓴 10년 뒤에 그녀와 이혼했다. 키케로는 부자가 아니었다. 그래서 이혼을 할 때 돌려줘야 하는 테렌티아의 지참금을 갚는 데 큰 어려움을 겪었다. 뒤에 키케로와 테렌티아는 둘 다 재혼을 했다. 물론 사별이나 이혼은 로마의 엘리트들 사이에는 흔한 일이었다. 이로 말미암아 의붓 부모나 형제자매 또는 다른 친족들로 이루어진 복잡한 가정이 급격히 늘어났다.

로마의 지도자들과 저술가들은 대개 가부장의 권위가 확고하고 아내는 충실하며 자녀는 고분고분하고 노예는 복종적인 이상적인 로마의 가족관을 장려했다. 예를 들어 풍자시인 유베날리스(60?~140년?)는 덕망 있는 고대 로마의 모범 여성과 간통을 한 당대의 퇴폐적 여성을 대조해 묘사했다. 또 청년들은 생사까지 좌우할 수 있는 가부장이 지배하던 자신들 세대와 달리 무례하고 불순종적인 것으로 보였다. 많은 주석가들은 가족 내 가부장 질서의 붕괴나 가족 유대 관계의 해체를 사회 붕괴와 연결시켰다. 로마제국 말기 전역에 걸쳐 가족 내의 도덕적 타락에 대한 탄식이 울려 퍼졌고 로마인 생활의 타락을 비판한 초기 기독교 공동체들은 이런 상황을 활용했다.

중세 유럽의 기독교와 가족

로마 황제 콘스탄티누스(306~337년)의 기독교 개종과 더불어 이 신흥 종교는 국가의 지원을 받게 되었다. 기독교는 로마제국과 비잔티움제국 전역으로 확장되면서 가족과 가정에 대한 관념을 포함해 점차 사회를 변화시켜 나갔다. 또 다른 유명한 기독교 개종자인 북아프리카인 아우구스티누스(354~430년)가 《고백록》과 《신국론》에서 사회 단위로서 남편과 아내의 부부 결합에 기초한 가족에 대해 방대한 저술을 남겼다. 하지만 기독교는 남녀 모두에게 결혼과 출산에 대한 대안을 제시함으로써 부부 중심의 가족 모델에 다른 방식으로 도전하기도 했다. 아우구스티누스 시대에 수도원 생활은 가족과 가정의 구조 바깥인 종교 공동체 안에서 살 기회를 가져다주었다. 초기 기독교는 이처럼 가족의 유대 관계를 초월하고 그것을 대신하는 단체의 유대 관계를 만들어 냈다. 하지만 기독교인들은 또한 새로운 종교 공동체를 창설하면서 친족 관계와 가정생활의 사회적 상징을 끌어들였다. '하느님의 아들'이라고 하는 예수의 개념과 '성부 하느님'의 사상으로 시작되는 가족의 상징이 기독교 이념의 강력한 모델이 되었다.

로마제국의 몰락과 800년 교황에 의한 카롤루스(샤를마뉴) 대제의 신성로마제국

| 그림 5.2 | **출산 모습을 보여 주는 중세의 목판화**
중세 사람들에게 출산은 힘들고 위험한 일이었고 모자를 돌봐 줄 가정 바깥 여성 집단의 도움이 필요했다.

황제 대관 사이의 시기에 기독교는 로마와 콘스탄티노플 같은 도시를 넘어 농촌에까지 침투해 들어갔다. 기독교와 더불어 경제적 변화가 농촌 사회를 변화시키기 시작했다. 경제 생산의 역할에서 농민 가정이 로마의 노예 중심의 농업을 대체했다. 로마의 파테르파밀리아스와 흡사한 가부장이 가정의 구성원들에 대한 지배권을 행사했고 가정과 집, 전답을 넘어선 외부 세계와 연결 고리 역할을 했다. 농촌 빈민의 주거와 식단은 검소하고 소박했다. 가축과 더불어 사는 진흙과 이엉으로 지은 오두막집에서 덮개가 없는 화로를 가운데에 두고 순무, 맥주, 빵을 먹고 살았다. 아마 치즈도 약간은 먹었을 것이다. 침대는 가장 중요한 가구였다. 아무리 가난한 농가라 하더라도 침대 틀까지는 아니지만 적어도 매트리스는 보유하고 있었다. 대개는 이 매트리스를 어른과 아이들이 함께 사용했을 것이다.

9세기에는 유럽 농촌의 여기저기에 기독교 교구가 설립되면서 농민들의 일상생활이 바뀌었다. 그들은 영주의 장원과 보유지에서 일을 하고 정기적으로 지역 교구 교회의 시중을 들었다. 결혼이 12세기까지 공식적으로 교회의 성사(聖事)가 되지는 않았지만 교구 기록부는 귀족과 농민의 출생과 사망, 결혼을 기록했다. 교회에 따르면 결혼은 서약의 교환을 통해서 확인하는 신랑과 신부의 동의 문제였다. 그리고 부부는 일단 결합이 이루어지면 이혼이 불가능한 것으로 간주되었다. 교회의 가정생활 개입은 혼인성사의 범위를 넘어섰다. 고백성사를 지시한 사제에게 정기적으로 고백을 하는 행위는 교회가 성직자를 통해 가족의 행실을 관리한다는 것을 의미했다. 교회는 성직자의 독신을 규정하고 순결과 청빈, 순종의 종교 생활을 이상화했을 뿐만 아니라 여성들을 성직에서 배제했다.

11세기와 12세기에 노예제가 점차 사라지면서 중소 도시의 규모와 수가 늘어났다. 1300년과 1800년 사이 인구가 1만 명이 넘는 도시의 수가 5.6퍼센트에서 10퍼센트로 거의 두 배나 증가했다. 농촌 노동자들이 도시의 상업과 산업으로 일자리를 찾아 떠났기 때문에 농촌 지역으로부터의 이주가 도시 인구 성장의 대부분을 차지한다. 가족과 가정은 도시의 환경이 제공하는 새로운 고용 기회에 적응해 하인이나 수공업 도제로 일하도록 그곳에 자녀들을 보냈다. 예를 들어 14세기와 15세기 프랑스 남부의 툴루즈에서는 도제와 젊은 남자 하인의 절반 이상이 도시 외부 출신이었다. 그 가운데 상당수는 여덟 살에서 열두 살 사이였다. 자녀들을 도시의 일터로 내보낸 것은 상당수의 농촌 가족들이 택한 일종의 경제 전략이었다. 그들은 이런 전략을 통해 농업에 대한 의존의 불확실성에서 살아남을 수 있었다. 하지만 도시 생활 또한 나름대로 해악이 컸다. 도시는 조밀한 인구와 열악한 위생으로 농촌 마을에는 없는 질병이 생겨났고 사망률도 높았다. 오래 거주해 온 도시민이든 온 지 얼마 안 된 이주민이든 도시의 여성들은 직조에서부터 식품 행상에 이르기까지 다양한 직업에서 다수를 차지했다. 이런 직업은 자신과 가족들의 중요한 수입원이었다.

도시로 이주한 개인들은 자신이 지니고 있던 모든 형태의 가족 지원망을 두고 왔다. 이주민들 가운데에는 독신도 있었고 결혼을 해 가정을 꾸린 사람도 있었다. 하지만 상당수가 위기에 스스로 대처해 나가야 했다. 유아나 고아를 비롯한 아이들이 위험에 가장 취약했다. 버려진 아이를 위한 최초의 고아원이 13세기 이탈리아에 설립되었으며 이 단체가 다음 두 세기 동안 에스파냐와 포르투갈, 프랑스로 확산되어 나갔다. 음식과 의복과 보건을 제공하는 또 다른 자선 단체들도 생겨났다. 이런 단체의 상당수는 교회와 수도원과 수녀원에 바친 종교적 자선과 기부의 산물이었다.

　　교회가 중세 유럽인의 가정생활에 영향을 준 것과 마찬가지로 프로테스탄트 개혁이 16세기 유럽의 가정생활에 커다란 영향을 끼쳤다. 마르틴 루터를 비롯한 종교개혁의 지도자들은 그 가치와 모범을 주변 세계로 확장하면서 시민권의 요람으로서 가정의 개념을 장려했다. 결혼은 역할과 기대가 명확히 규정된 남편과 아내 공통의 책임으로 기술되었다. 아내는 권위와 존경을 인정받는 '가정의 어머니'였지만 남편과 아버지에게 확실히 종속되었다. 1524년의 한 복음주의 논문은 이런 개념을 다음과 같이 표현했다.

> 아내의 머리는 남편이고 남편의 머리는 그리스도이며 그리스도의 머리는 하느님이
> 라고 기록되어 있다. …… 이 세상에서 자녀에 대한 부모의 권위보다 더 거룩하고
> 커다란 권위는 없다. 부모는 자녀에 대해 정신적인 것뿐만 아니라 세속적인 권위도
> 지니고 있다.
>
> (Kertzer and Barbagli 2001: xxv~xxvi에서 재인용)

근대 초기 유럽의 인구 변화와 가족

16세기와 17세기의 유럽에서 가족은 종교개혁의 영향과 더불어 종교전쟁과 정치적 변화의 영향뿐만 아니라 다양한 사회경제적 압력을 받았다. 하지만 1500년 무렵부터 1800년에 이르는 3세기 동안 어느 정도 자연 주기적이고 지역에 따라 불균등한 것이기는 하지만 유럽의 인구는 8천만 명에서 1억8천만 명으로 배 이상이 증가했다. 역사가들이 인구 기록과 다른 종류의 자료를 이용해 이 시기 가족과 가정의 인구를 조사했다. 1965년 인구통계학자 존 헤이날이 근대 초기 유럽의 주목할 만한 만혼 현상을 처음으로 도표화했다. 이 연구는 가족과 역사적 변화 과정 간의 관계를 이해하는 데 필요한 의미심장한 발견이었다. 교회가 남자는 14세에 여자는 12세에 결혼을 승인

해 주었지만, 1500년부터 1800년까지 남성은 20대 중반에서 후반에 결혼했을 가능성이 더 높았고 여성은 20대 초반에서 중반에 결혼했을 가능성이 더 높았다. 중세 시대에는 결혼이 성사에 속했음에도 교회는 아버지가 주관한 사적인 서약의 교환을 인정해 주었다. 종교개혁 이후가 되면 결혼을 유효한 것으로 간주하기 위해 점차 교회의 공적 서약을 요구하게 되었다. 따라서 더 늦은 나이에 결혼을 하는 경향이 생겨났다.

만혼의 이유는 인구통계학으로도 어느 정도 설명이 가능하다. 흑사병이 맹위를 떨친 다음 15세기 말과 16세기에는 인구가 성장했는데 이런 사실은 상속 재산을 나눌 자녀들이 많아졌음을 의미했다. 따라서 젊은 남녀들이 부모와 독립해서 살아갈 경제적 재원이 부족했기 때문에 독립된 가정을 꾸리기가 더욱 어려워졌다. 상당수의 젊은이들은 스스로 가정을 이루기 위해 부모 가정에서 나와 하인이나 농업 노동자로 일해 돈을 마련해야 했다. 이런 상황은 계절에 따라 노동의 수요에 변동이 생기는 농가들에게 상당한 유연성을 갖게 해 주었다. 그리고 가족의 일원이 아닌 청년 노동자들이 산업혁명 초기 단계의 가내 공업을 떠받쳤을지도 모른다. 만혼의 현상이 (10퍼센트에 달하는 높은 독신·비혼율과 더불어) 18세기 유럽 경제의 팽창에 어느 정도로 또는 정확히 어떤 방식으로 이바지했을지는 여전히 확실하지 않지만, 결혼과 출산을 시작하는 20대 중반까지 가정 안팎에서 여성들의 노동이 일정하게 기여했다는 점을 받아들일 수는 있다. 일과 결혼에 대한 사적이고 집단적인 가족의 결정은 유럽 산업혁명의 기초를 보강하는 데 중요한 역할을 했다. 가족들이 할 수 있는 것이란 정치적·사회적·경제적인 외적 요인의 변화에 대응하는 것일 뿐이라는 추측을 감안한다고 하더라도 그렇다.

18세기에는 혼외 출산이 증가했던 것 같다. 이런 현상은 산업화와 도시화가 시작되면서 생겨난 사회생활의 혼란에서 비롯된 것이다. 파리고아원(1670년)과 런던고아원(1739년) 같은 기관이 등장한 것은 혼외 출산이 증가하고 종교나 정치 당국의 지원을 받는 혼외 아동의 복지에 대한 관심이 증대했음을 보여 준다. 이 아동들에게 제공할 수 있는 한 가지 수단인 입양은 그것을 금지한 기독교 교회의 영향으로 유럽에서 사실상 사라졌었다. 교회가 수양(다른 가정에 아이들을 보내 일하거나 돌봄을 받도록 하는 것)을 부정적으로 보고 유모의 수유도 금지하려고 노력했지만 유모의 수유와 마찬가지로 수양도 흔히 일어나고 있었다.

프랑스의 철학자 장 자크 루소(1712~1778년)는 사회계약에 기초한 새로운 형태의 국가를 유지할 모범 가족의 일환으로 귀족 여성들이 자녀들에게 직접 젖을 먹일 것을 촉구하면서 유모의 수유 반대 운동을 편 것으로 유명하다(7장을 보라). 하지만 생각과 행동의 엄청난 격차를 보여 주기라도 하듯이 루소 자신은 애인이 낳은 자신의 아이들을 파리고아원에 보냈다. 여기서 우리는 두 가지 점에 주목할 필요가 있다. 하나는, 친족의 뒷받침이 끊어진 아이들에게 일종의 안전망을 제공하는 사회단체가 특히 파리와 같은 도시의 환경 속에 존재했다는 점이고, 또 하나는 가족과 가정의 역사 속에 나타난 이상과 현실의 괴리가 크다는 점이다.

이슬람교의 영향

기독교가 유럽 사회의 가족과 가정에 영향을 끼쳤듯이 이슬람교 역시 아라비아 반도는 물론이고 그 신앙이 전파된 세계 곳곳에서(4장을 보라) 가족과 가정에 중요한 변화를 가져다주었다. 아라비아 반도에 이슬람교가 도입되면서 생긴 중대한 변화는 성문(成文) 경전인 쿠란을 사회 정치 질서에 대한 지침서 자리에 올려놓고 그것을 해석해 법전이나 '샤리아'로 삼은 점이었다. 샤리아의 토대는 8세기와 9세기부터 일부 학파 소속 법률가들의 작업을 통해 행위 규범으로 체계화된, 쿠란에 규정된 명백한 지시와 금지 사항들이었다. 법전은 이슬람교를 믿는 '진정한 신도들'로 구성된 공동체 내의 개인과 가정생활을 규제했다.

성문 규정은 한 사회 구성원 공동의 풍속을 그들의 일상적인 상황에서 분리한 다음 상황과 관계없이 이슬람 세계 전역에 걸쳐 적용해야 할 일반 원칙으로 만든 것이기 때문에 그 특성 자체가 사회적 관습을 바꿔 놓았다. 쿠란과 샤리아 이외에도 '하디스'나 전승으로 알려진 또 다른 지혜의 원천이 있었다. 성문화되고 확정된 구술 형태의 유동적인 이 두 권위의 공통분모가 남녀 관계와 부자 관계, 가족 및 가정의 관리, 재산의 분할과 상속 등에 대한 지침을 제공했다.

쿠란과 샤리아는 가족을 공동체의 가장 기본적인 사회적·경제적·정치적 단위로 보고 있다. 무함마드의 계시 내용과 그것의 영감을 받은 법전은 모두 친족의 강한 유대와 혈통의 연대를 기반으로 한 사회에서 나온 것이다. 혈연관계가 아라비아 반도의 정주 사회를 구성하는 사회 조직의 핵심이었지만 이런 관계를 가장 강하게 인식한

것은 아마도 유목민 부족들이었을 것이다. 북아프리카의 역사가 이븐 할둔(1332~
1406년)은 이슬람교가 창시된 지 수백 년 지난 뒤에 글을 쓰면서 스스로 조국의 베두
인족들한테서 관찰한 '집단의식'(아사비야)의 개념을 이렇게 묘사했다.

> 극히 드문 경우를 제외하고 남성들 사이에는 혈연관계를 존중하는 것이 자연스럽
> 다. 이것은 친족과 혈족에 대한 애정, 곧 그들에게 어떤 손해가 미쳐도 안 되고 그들
> 에게 어떤 파괴가 닥쳐도 안 된다는 감정을 갖게 한다. 친족이 부당한 대우를 받거
> 나 공격을 당할 때는 치욕을 느낀다. 그래서 어떤 위험이나 파괴가 몰아닥친다고 하
> 더라도 그들은 서로 간섭하기를 바란다. 이것은 인간이 존재하는 한 지속될 자연스
> 런 충동이다.
>
> (Ibn Khaldun, *Muqaddimah*, trans. Franz Rosenthal, Princeton, N. J.: Princeton University
> Press/Bollingen Foundation, 1969 reprint, p. 98)

이븐 할둔이 묘사한 대로 베두인 사회의 특징인 '집단의식'은 아라비아 반도 대
상 무역 중심지의 상인 무함마드가 메카의 도시 세계와 상업 세계로 전수할 핵심적인
사회적 가치를 제공해 주었다. 가족과 가정에 관한 이슬람교 가르침의 핵심에는 부계
친족의 유대를 보호하고 가부장적 질서를 유지하며 가족 재산을 공정하게 분할 상속
할 것을 보장하고자 하는 내용이 있다. 하지만 다른 곳에서와 마찬가지로 가족과 가
정을 규제할 성문화된 행위 규범의 권위는 엄청나게 다양한 변화를 겪었다. 특히 이
슬람교의 경우에는 천차만별인 문화와 지역 속으로 확장되어 나가면서 이슬람법이
지역의 관습이나 전통에 적응하기도 하고 관습이나 전통이 이슬람법의 영향을 받기
도 했다.

주거는 이슬람교 이전 문화와 기후, 가용한 건축 자재와 지리적 여건에 따라 이
슬람 세계 전역에 걸쳐 다양했다. 하지만 두 가지 관심사가 널리 공유되었다. 사생활
을 유지할 가족의 권리와 여성에 대한 이슬람법이나 종교적 관행의 영향이 그것이다.
부와 사회적 상호 교류와 가정생활의 내밀한 영역을 가정의 내부로 감췄다. 가옥 외
관의 그 어떤 것도 집단 내부의 작용이나 물질적 안락을 보여 주지 않았다. 가족은 대
개 나무와 분수로 꾸며진 안뜰 둘레에서 살았다. 쿠란에 따르면 무슬림은 "주인의 허
락을 받고 그들의 평화를 바랄 때까지 다른 사람들의 거처에 들어가서는 안 된다."

| 그림 5.3 | **이혼을 앞두고 카디(재판관) 앞에서 서로 비난하고 있는 부부**
서기관이 불평하는 이야기를 듣고 기록하고 있다. 대부분의 이혼은 재판관의 조정 없이 이루어졌다.

방문객의 환대는 응접 공간에서만 이루어졌다. 여성들은 방이 딸린 별도의 공간(하렘)에 격리되어 지냈다.

11세기 무슬림 종교학자 알 가잘리는 《결혼예법서》에서 결혼에는 출산과 성욕의 충족, 가정의 질서, 교제, 자아 훈련이라는 다섯 가지 유익함이 있다고 썼다 (Madelain Farah, *Marriage and Sexuality in Islam: A Translation of Al-Ghaz āli's Book on the Etiquette of Marriage from the Ihyā'*, Salt Lake City: University of Utah Press, 1984, p. 53). 이슬람교에서 결혼의 기초는 상호 동의였고 사회경제적 의무를 수반하는 계약관계였다. 문서의 형태든 아니든 간에 결혼의 법적 계약은 양 가족의 자산을 결합해 주었으며 개인이 평생 단 한 차례 겪는 가장 중요한 사건이었다. 결혼을 위해서는 적어도 증인 두 사람이 있어야 했고 법정이 적당한 거리에 있을 경우 그곳에 등록을 했다. 계약을 통해 여성이나 그녀의 가족에게 토지나 다른 가족 재산의 증여를 명시할 수도 있었다. 무슬림 여성들은 오직 무슬림 남성들과 결혼할 수 있었다. 이것은 재산과 인구가 무슬림 공동체로부터 다른 집단으로 흘러나가는 것을 막기 위한 규정이었다. 계약의 규정에 따라 여성은 자신의 지참금을 관리할 수도 있었다. 남편은 아내를 부양할 의무가 있었다. 그리고 쿠란의 말씀대로 모두를 동등하게 대우할 수만 있다면 아내를 한 명 이상(네 명까지) 둘 수 있었다. 초기의 서아시아 사회에는 또한 상당수의 노예들이 있었다. 이 노예들은 대개 자유 무슬림의 가족 단위로 묶여 있었다. 여성 노예들 상당수는 첩이 되었고 그 자녀들은 결혼한 부부의 자녀들과 동등한 권리를 누렸다.

결혼을 성사로, 따라서 이혼이 불가한 것으로 간주한 기독교와 달리 계약에 기초한 이슬람교의 결혼은 의무를 이행하지 않을 경우 그것을 해지할 수도 있었다. 이혼은 남성 쪽이 상대적으로 쉬웠다. 그들은 이혼을 위해 아내와 세 번 의절하기만 하면 됐다. 여성들의 경우는 그 절차가 더 어렵고 복잡했다. 여성들은 재판관에게 이혼소송을 제기해야 하고 그것도 구체적인 사유가 있을 경우에나 가능했다. 이혼과 재혼은 이슬람 세계의 어느 곳에서나 흔한 일이었고 지배층은 물론 평민들 사이에서도 마찬가지였다.

사회의 하층민들에게조차 비교적으로 쉬웠던 이혼과 재혼의 사례가 나타난다. 법정 문서보관소에는 14세기 후반 예루살렘에 거주한 해방 노예 여성의 연속적인 세 차례의 결혼 계약 문서가 있다. 주무루드라는 이름의 이 소녀는 1389년 초에 우유 장수와 결혼했다. 우유 장수는 계약의 조건에 따라 결혼 선물로 그녀에게 분할 지불이 가능한 금화 세 개를 주어야 했다. 1년이 좀 넘어 우유 장수는 주무루드와 이혼을 했고 주무루드는 결혼 선물을 빼앗기고 말았다. 그녀는 이혼 여성이 재혼을 하는 데 필요한 석 달을 기다리지 않고 곧 다른 해방 노예인 사비와 결혼을 했다. 사비는 금전 형태의 검소한 결혼 선물을 제공할 뿐만 아니라 전 남편과의 사이에서 난 주무루드의 아들을 부양하겠다는 서약도 했다. 전 남편이 아들의 법적인 친권을 갖고 있었지만 그는 친권을 행사하지 않겠다는 뜻을 분명히 밝혔다. 사비는 6개월 뒤에 주무루드와 이혼을 했다. 주무루드는 그 직후 또다시 재혼을 했다. 이번에는 상대가 직조공이었다. 그 또한 결혼 선물을 분할해서 지불하기로 약속했다(Rapoport 2005: 64~68). 이렇듯 주무루드의 결혼 이야기는 결혼 계약을 성사와 해지의 수월함뿐만 아니라 계약의 기초를 이루는 복잡한 경제적 협상도 보여 준다.

이슬람법은 생기가 넘치는 도시 카이로에서부터 이베리아 반도의 알 안달루스

(무슬림 에스파냐)에 이르기까지 수백 년 동안 지중해를 둘러싼 다양한 사회에서 가족과 가정의 풍속을 규제하는 역할을 했다. 이것은 서아시아의 여러 지역과 동유럽과 지중해 동부 연안 전역으로 확장된 15세기와 16세기 오스만제국에서도 계속되었다. 오스만령 불가리아의 기록들은 아르메니아인과 무슬림은 물론 불가리아인과 그리스인, 왈라키아인을 포함하는 그리스 정교회 기독교인이 주류를 이룬 사회의 결혼과 이혼, 그리고 상속과 같은 가족 문제에 대해 이슬람 법정이 일정한 역할을 했음을 보여준다. 1715년에 성사된 한 결혼 계약이 아랍어로 기록되어 있는데 그 내용을 보면 이렇다. "알하즈 이브라힘의 아들인 루스시의 재판관 압둘라가 알라의 이름으로 그리고 샤리아에 따라 두 사람의 증인 앞에서 신부의 몸값 10만 악체를 걸고 압달하타와 하바의 결혼식을 거행했다"(Svetlana Ivanova, "The Divorce Between Zubaida Hatun and Esseid Osman A a: Women in the Eighteenth-Century 'Shari'a' Court of Rumelia," in *Women, the Family, and Divorce Laws in Islamic History,* edited by Amira El Azhary Sonbol, Syracuse, N. Y.: Syracuse University Press, 1996, p. 115). 같은 지역에서 오스만 아가와 그의 아내 주바이다 하툰은 지역 법정의 결정으로 이혼을 했다(Ivanova, pp. 112~113). 이전 시기 이슬람 세계의 모든 지역에서와 마찬가지로 결혼은 법정에 등록을 하고 대개는 이슬람 재판관이 판결한 이혼 절차에 따라 해지되는 일종의 계약관계였다.

| 모계사회와 모성애 |

가족과 가정에 대한 이슬람 사상이 지역의 관습과 전통에 따라 다양했음을 14세기 말리의 모계제에 대한 무슬림 여행가 이븐 바투타의 관찰을 통해 확인할 수 있다.

> 여성들은 미모가 뛰어났으며 남성들보다 더 존경을 받았다. 이 사람들에게 긴박한 상황이라는 것은 정말로 예외적인 것이다. 남성들은 전혀 질투심을 표시하지 않는다. 그리고 아무도 아버지의 혈통을 주장하지 않고 반대로 어머니의 남자 형제 혈통을 따른다. 한 사람의 상속인은 자신의 아들이 아니라 여자 형제의 아들이다. 이런 풍습은 말라바르의 인도인들을 제외하고는 세계 그 어느 곳에서도 본 적이 없다. 하지만 그 사람들은 이교도들이고 이 사람들은 무슬림들이다. 기도 시간을 엄격히 준수하고 법률 서적을 공부하며 쿠란을 암송하는 무슬림들이다. 그런데 여성들은 남성들

앞에서 수줍어하지 않는다. 기도회에 열심히 참석하지만 베일을 쓰지 않는다.

(Erik Gilbert and Jonathan R. Reynolds, *Africa in World History: From Prehistory to the Present*, Upper Saddle River, N. J.: Pearson Prentice-Hall, 2004, p. 93에서 재인용)

이븐 바투타는 아프리카의 여러 사회와 심지어 이슬람교로 개종한 사회에도 나타나는 전형적인 모계 관습을 보고 놀랐다. 이 이슬람 여행가는 모계는 물론 여성의 중요한 사회적 역할에 놀랐다. 그러한 관습이 이븐 바투타에게 매우 익숙한 이슬람의 부계 질서와 가부장제 질서를 뒤흔들어 놓았기 때문이다.

세계 어디서나 마찬가지지만 유사 이래로 아프리카 사회의 보편적인 관심은 연속성, 곧 가족과 집단의 출산 능력에 있었다. 성인이 얼마나 사회적으로 성숙했는지는 자녀를 낳거나 출산하는 능력에 달려 있었다. 모성은 대부분의 사회에서 여성 정체성을 이루는 본질적인 요소였다. 자녀들은 개인의 노후를 보장해 주고 후손들이 존경하는 조상들의 공동체로 부모의 영혼이 전이되는 것을 보증해 주었다. 새로운 혈통의 일원으로 조상들이 환생한다는 믿음이 유행했는데 이는 생명의 연속을 보여 주는 가시적인 상징으로 자녀들을 매우 존중했음을 의미했다. 상당수의 아프리카 남녀들은 다산에 실제적인 관심을 기울임으로써 생산적인 노동력을 다수 확보할 수 있었다.

15세기에 국가가 없이 산촌에 살던 토고 북부와 베닌의 바타말리바인들에게는 부족 명칭이 곧 확대 가족은 물론 구성원들이 사는 가옥을 가리키는 말이었다. 가정(물리적인 공간을 공유하는 사람들)과 가족(사회적인 공간을 공유하는 사람들)의 의미는 개념적으로 연결되어 있었다. 한 개인이 가정이 없으면 사회적·정신적 도움을 받지 못할 것이다. 가옥은 사람의 옷을 걸치고 있었다. 그래서 가옥의 각 처소는 혈통이 같은 특정 조상들뿐만 아니라 신체의 각 부분과도 동일시되었다.

바타말리바의 가옥은 또한 조상들의 중요성을 보여 주는 가족의 복합 주거라는 특징이 있다. 모든 가옥은 무덤을 잘 상징화했다. 조상의 죽음이 없다면 새로운 생명도 없다고 생각했다. 마을 공동묘지의 배치는 마을 가옥들의 배치와 일치했다. 이런 배치는 가옥과 무덤, 현재와 과거의 상호 보완성을 강화해 주었다. 집 안에서는 살아 있는 가족 구성원과 조상들 간의 일상적인 접촉을 통해 가족의 역사에 대한 주의를 환기하거나 그 역사를 만들어 냈다.

가나의 아칸족은 서아프리카에서 가장 강력한 삼림 국가와 제국의 일부를 건설

| 그림 5.4 | **아쿠아바의 다산상**
추상화된 이 형상에는 조상의 화신이라고 생각한 아이를 바라는 열망
이 담겨 있다.

했다. 14세기 무렵에 형성되기 시작해 17세기 후반의 아샨티제국에서 그 정점에 이
르렀다. 아칸족 정체성의 핵심은 '아부수아'(씨족뿐만 아니라 가족이나 모계를 지칭)를
중심한 모계의 사회 구조였다. 아칸족 사회의 모계 혈통은 아칸족 남녀들이 조상의
계보를 따질 때 여성 측을 언급하면서 자신의 위치를 자리매김하는 유형을 일컫는다.
여기에는 대규모 국가의 다른 지역에서 남성들한테 유리했던 정치권력의 배분 같은
특별한 함의가 없었다. 다산과 자녀 출산에 대한 아칸족의 관심은 개인과 공동체의
정체성을 형성하는 아부수아의 중요성을 인식한 데서 비롯된 것이다. 개인들은 오직
아부수아 내의 지위를 통해서만 권리를 인정했다. 구성원들에게 제공되는 보호 장치
가 없는 개인들은 조상이 없고 성적 정체성이 없는 것으로 간주되었다. 조상과 지위
의 결핍에서 오는 불확실성과 모호성은 아칸왕국이 팽창하면서 사로잡은 적들이 양
자나 결혼을 통해 아부수아에 통합되지 않는 한 영구적인 노예가 되고 만다는 사실에
매우 잘 나타나 있다. 14세기와 15세기는 물론 그 뒤 아칸 국가가 팽창하는 기간 동

안에 아이들은 물론 여성들도 적절한 지위나 권력을 갖지 못했다. 전쟁을 강조하면서 남성이 지위를 얻게 되었고 가정의 업무를 돌볼 노예 수가 증가함에 따라 여성의 노동력이 평가 절하되었으며 그 영향력도 더욱 감소했다.

아칸 지역에서 생긴 가장 유명한 조각 전통 가운데 '아쿠아바'라고 알려진 추상화된 소형 인물상이 있다. 아쿠아바는 '아쿠아의 아이'를 뜻하는 말이다. 전해 내려오는 이야기에 따르면, 아이를 낳지 못해 절망에 빠진 아쿠아라는 이름의 한 여성이 하루는 어느 사제를 방문했다. 사제는 정신세계에 관해 상담을 하고 나서 그 여성에게 조그만 목각 인형을 조각하라고 일러 주었다. 그리고 만든 목각 인형을 진짜 아기인 것처럼 등에 업고 다니고 음식을 주며 돌보라고 했다. 그 여성이 바라던 바를 이루어 임신을 하고 예쁜 딸을 출산할 때까지 마을 주민들은 누구나 다 그녀를 비웃었다. 이 전통은 모계사회에서, 심지어는 여성들이 정치적으로 예속된 그런 사회에서도 모성의 지위가 높고 중요하다는 점을 보여 준다. 권리의 기초라고 여긴 지식과 힘이 나이를 먹으면서 축적되는 것이라고 생각했기 때문에 어린이들에게는 상대적으로 권리가 거의 없었다. 그럼에도 조상들의 화신이라고 생각했기 때문에 어린이들은 존중을 받았다. 아쿠아바 다산상(多産像)들은 정신적인 조화와 인간적인 아름다움의 이상, 가족 질서의 복지를 나타내는 데 어린이들의 역할이 중요함을 암시해 준다.

가정이나 가족과 같은 단위가 아칸 국가나 지방 정치권력의 조정을 받은 정도는 그 구성원들의 지위에 따라 다양했다. 일반적으로 가부장은 혼인 관계를 맺는 데 간여해 여성과 어린이들의 노동을 관리하고 가정의 잉여 인원을 확보할 수 있었다. 여성 계보를 통해 부를 상속하는 경우에도 여성들 대부분은 모든 정치적 직무에서 배제되었다. 가임 기간을 넘긴 엘리트 여성들은 예외였다. 국왕 부인이나 어머니의 직무는 국왕의 역할보다 부차적이었지만, 그들은 어느 곳이라도 갈 수 있었고 국가수반의 즉위 문제에 조언을 할 수도 있었다. 이 여성들은 여성 사제와 심지어는 외교관으로서 정치와 외교정책에 중요한 역할을 하기도 했다.

남아시아의 카스트 제도

무슬림 여행가 이븐 바투타는 14세기 말리의 모계사회를 서술하면서 불만을 터뜨렸다. 그리고 자신이 알고 있는 또 다른 유사한 사례가 한 가지 있는데 바로 '말라바르의 인도인들'의 사례라고 했다. 이븐 바투타는 인도의 말라바르 연안에서 시행되던 결혼 제도를 얘기하고 있다. 이곳에서는 모계 중심 복합가족으로 살던 종족 집단의 수드라(가장 낮은 카스트) 여성들이 부계 중심의 복합가족으로 살던 브라만(가장 높은 카스트) 남성들과 결혼했다. 이 관습은 복잡한 과정을 거쳐 결국에는 모계 최고령 남성의 권위 아래 어머니와 그 자녀들을 중심으로 구성되는 복합가족으로 이어졌다. 하지만 이러한 지역 전통은 남아시아 아대륙 대부분의 지역에 지배적이던 가부장제와 부계제, 카스트 제도의 패턴을 분명히 벗어난 풍습이다.

집단 구성원과 공통의 혈통, 동족결혼에 기반을 둔 사회의 물려받은 구분이 생활의 의무와 결혼 배우자, 함께 일하고 먹을 상대, 거주할 장소 따위를 결정지었다(8장을 보라). 카스트는 집단 구성원의 경계를 설정하고 결혼에 제한을 두었기 때문에 가족을 형성하는 데 영향을 주었다. 하지만 가족은 또한 다른 요인에 의해서 구성되기도 한다. 가부장제와 부계의 확대 복합가족(자녀와 형제, 그들의 아내와 자녀와 손자들, 그리고 그들의 아내와 자녀들)이 가정생활의 기본 구조였다. 가족은 죽은 조상의 3대 후손들이 참여하는 제례를 통해 결속되었다. 이 집단이 복합가족의 핵심을 이루었고 그 가장이 모든 가족을 대신해 재산을 관리했다.

결혼은 가족들의 합의에 따라 치러졌다. 아들은 아내를 데리고 부모의 집에서 살았고 그곳에서 자녀를 낳아 길렀다. 여성들은 대개 사춘기도 되기 전인 매우 이른 나이에 결혼을 했다. 이론적인 것이기는 하지만 혼전 성관계로 본인과 가족을 수치스럽게 만드는 데서 그들을 보호한다는 것이 그 이유였다. 일처다부(복수의 남편을 두는)와 같은 여러 가지 변형이 있기는 했지만 일부다처(복수의 배우자, 특히 아내를 두는)가 관례였다. 미망인들은 고인이 된 남편을 기리기 위해 엄격한 일상생활의 섭생을 따라야 했고 일부 상류층의 미망인들은 정절을 과시하기 위해 심지어 남편을 화장하는 장작더미에 자신의 몸을 던지기도 했다.

결혼의 세 가지 목적은 종교적인 것(제사 집전)과 가계의 존속, 즐거운 성생활이었다. 결혼 풍속은 카스트뿐만 아니라 지역에 따라 매우 다양했다. 예를 들어 인도 남부에서는 고종사촌 간 결혼(아버지 형제의 딸과의 결혼)을 허용했을 뿐만 아니라 장려하기도 했다. 인도 북부의 힌두교인들은 이런 결혼을 일반적으로 금지했지만 무슬림들은 대개 부계의 씨족이나 혈통 내에서 배우자를 선택해 고종사촌 간 결혼을 행했다.

결혼은 대개 다른 여러 사회에서와 마찬가지로 가문들 사이에 인척 관계를 수립하고 경제적 지위를 사회적이거나 정치적인 지위와 비교하여 헤아리는 수단이었다. 예를 들면 부유한 가문이 자신의 딸을 정치적으로 유력한 가문의 아들과 결혼시킴으로써 그 가문과 인척 관계를 맺을 수 있다. 하지만 이러한 결혼의 목적들이 인도의 경우 카스트 제도를 통해 언제나 조절이 되었다. 대부분의 카스트에서는 부계를 따라 상속이 이루어졌다. 하지만 어떤 카스트의 경우에는 가족 재산이 모계를 따라 상속되기도 했다. 인도의 북부와 남부 양 지역에서는, 그리고 힌두교인들뿐 아니라 무슬림들에게는 신부의 몸값과 지참금이 곧 결혼의 경제적 교환 형태에 해당했다. 푸르다(우르두어, 여성을 엄격하게 격리하고 가까운 가족을 제외한 모든 사람을 만날 때는 얼굴을 가리게 하는 요구)라는 관습은 8세기 초 무슬림의 침략 이래 인도에 들어와 15~16세기에 인도 북부 전역에 확산된 것으로 보인다. 이런 풍습이 주로 엘리트 여성들에게 엄격했고 하층 여성들이 결코 푸르다를 그대로 따르지는 않았겠지만 남성들이 나타나면 으레 여성들은 몰래 사라지곤 했다.

동남아시아의 가족 전통과 이슬람교

이슬람교는 1500년부터 1800년까지 말레이 반도의 해안 지대와 수마트라 섬 일대를 발판으로 동남아시아까지 진출했다. 이 과정에서 힌두교와 불교뿐만 아니라 토속신앙과도 영향을 주고받았다(4장과 6장을 보라). 결혼이나 이혼과 같은 민법 문제에서 지역의 전통 사상이나 풍속은 이슬람법의 가혹한 측면을 완화시켜 구체적으로 적용하는 데 도움을 주었다. 일부일처제가 전통적인 관습으로 널리 행해졌는데 그 이유 가운데는 이혼이 쉽고 빈번했다는 점도 있다. 이혼할 경우 재산과 자녀는 어느 정도 동등하게 분할되었다. 딸들의 가치는 매우 높았다. 결혼을 통해서 부가 신부의 몸값 형태로 남자 쪽에서 여자 쪽으로 넘어갔다. 신부의 몸값은 딸을 결혼시키는 데 드는 지참금과는 달리 여성들에게 매우 높은 가치를 부여했음을 보여 준다.

17세기 마카사르 국가의 궁정 일기에는 어떤 엘리트 여성의 결혼 이야기가 자세히 나온다. 이 이야기는 여성이 원하더라도 일반적으로 이혼할 자유를 허용하지 않고 있는 이슬람법과 반대로 지역의 관습에 기반을 두고 비교적 쉽게 이혼했음을 설명하는 데 도움을 준다. 마카사르 최고 가문의 딸인 카렝 발라—자와야(1634년생)는 열세 살에 결혼을 했다. 배우자는 나중에 마카사르 최고의 전사가 되는 카렝 본토마라누였다. 그녀는 스물다섯에 남편과 이혼을 하고 곧 그의 정적인 수상 카렝 카룸룽과 재혼을 하게 된다. 그 뒤 서른한 살이 되던 1666년에 새 남편과 다시 이혼을 하고 얼마 뒤에는 아룽 팔라카와 결혼했다. 아룽 팔라카는 당시 네덜란드의 지원을 받아 마카사르를 정복하고 있었다. 서른여섯에 그녀는 아룽 팔라카와 다시 이혼한 뒤 50년을 더 살았다(Anthony Reid, *Southeast Asia in the Age of Commerce, 1450~1680,* Vol. I: *The Lands Below the Winds,* New Haven, Conn. and London: Yale University Press, 1988, pp. 152~153).

상대적으로 자유로운 동남아시아의 성관계와 결혼 풍속은 15세기 이후 영향력을 더해 간 이슬람교 신앙 및 기독교 신앙과 강하게 충돌했다. 이슬람교와 기독교는 혼전 성관계를 금했다. 특히 이슬람교는 이것을 위반할 경우 가혹한 처벌을 내렸다. 이슬람교 신앙은 토착적인 생활 방식에 점차 규제를 가하면서 말레이 반도와 인도네시아 군도 전역에 걸친 동남아시아 사회에 영향을 미쳤다. 특히 이슬람의 영향은 여성의 지위와 관련한 문제에 뚜렷이 나타났다. 이슬람교의 압력이 있기 전에는 여성이 애정과 가정생활 문제에서 남성과 동등한 배우자였으며 상업과 공적인 사회생활에도 독립적이고 적극적으로 참여했다.

유교와 중국의 가족

유럽의 기독교나 서아시아의 이슬람교와 마찬가지로 유교는 중국과 동아시아 나라들의 가정생활에 강력한 영향을 미쳤다. 기원전 6세기의 정치·사회적인 혼란기에 태어난 공자는 가족을 사회의 기초라고 생각했다. 그는 조상을 숭배하기 위해 가족의 가치를 중요시했다. 그래서 제사를 지내는 것이 유교 가정의 중요한 과업이 되었다. 대대손손 뒷 세대가 조상들을 계속 숭배할 수 있도록 남성 상속자를 배출해야 했다.

국가와 사회는 가족을 본떠 설계되었다. 통치자는 아버지가 자녀를 대하듯이 신하들을 대했고 신하들은 임금을 아버지처럼 여겼다. 효라는 덕목이 이런 관계를 이상화했다. 아버지는 가정에서 절대적인 권위를 행사했고 자녀는 그 권위에 순종해야 했다. 군신 관계뿐만 아니라 부자 관계는 형제 관계, 부부 관계와 더불어 인간의 다섯 가지 기본 관계(다섯 번째는 친구 관계였다)에 속했다. 공자가 말한 대로 이런 관계가 중시하는 측면은 분명했다. 연장자와 남성을 우위에 두었기에 나이와 성에 따라 가족

내의 위계가 결정되었다. 여성은 아무리 많더라도 남성의 권위를 벗어날 수 없었다. 딸은 아버지에게 의존해 그를 따랐고 아내가 되어서는 남편을 따랐으며 남편을 잃고 나면 아들을 따랐다.

가족 내 여성의 역할에 관한 공자의 사상을 해석한 사람들 가운데 가장 권위 있는 사람은 당대 유명한 학자 집안의 딸이자 타고난 학자인 반소(班昭, 서기 45~115년경)였다. 그녀는 여성들이 따라야 할 도덕적·윤리적인 원칙에 관한 글인 《여계》(女誡)를 편찬했다. 이 책은 딸과 아내와 어머니의 일상생활에 대한 실제적인 관심사를 안내해 주기도 했다. 겸손, 존중, 주의, 헌신, 순종, 화목 같은 장 제목을 보면 반소가 얘기하고자 하는 주제를 알 수 있다. 그녀는 다른 사람들에게 양보하고 존중하며 그들을 최우선시할 것을 촉구했다. 그녀는 특히 가정 내 남녀의 역할을 다음과 같이 썼다. "아내가 남편을 섬기지 않는다면 남녀 관계의 도리와 만물의 자연 질서가 무시되고 파괴된다"(Alfred J. Andrea and James H. Overfield, eds, *The Human Record: Sources of Global History*, Vol. I: *To 1700*, 2nd edn, Boston, Mass.: Houghton Mifflin, 1994, p. 454).

고전에서 다루고 있는 규범들 말고는 대략 서기 1000년까지 중화제국 초기 사회의 세세한 가정생활이나 실제 가정의 모습에 대해 알려 주는 공식 자료는 거의 없다. 하지만 부분적으로는 20세기 초에 중국 북서부의 둔황에서 발견된 주목할 만한 유적 덕분에 정부 관료들이 750년 무렵에 과세를 목적으로 작성한 호구 기록을 확보할 수 있게 되었다. 이 기록에는 가족의 수와 나이 그리고 한 가정을 이루는 세대에 관한 내용이 나타나 있다. 그 가정에는 56세가 된 가장, 홀로된 60세의 계모, 58세의 아내, 28세와 42세의 동생들, 18세의 아들, 25세의 제수, 13세에서 31세에 이르는 다섯 딸, 23세와 17세로 사망한 형의 두 아들, 43세의 누이가 있었다(Patricia B. Ebrey, *Chinese Civilization: A Sourcebook*, New York: Free Press, 1993, pp. 125~126).

중국의 가족과 가정을 서술하는 데 쓸 만한 사료가 서기 1000년 무렵부터는 훨씬 더 많이 나타난다. 특히 시와 같은 문학 자료는 공식 기록을 통해 알 수 있는 내용을 보강해 주는 인간적이고 사적인 관점을 제시해 준다. 문학 자료는 정서적이고 심리적인 차원의 가족 관계에 관한 자료를 제공해 주고 명백히 규정된 이상적인 목표들이 실제로는 어떻게 존속되었는지를 암시해 줌으로써 과거의 가정생활을 들여다보는 또 다른 창을 열어 준다. 반소의 《여계》에 나타난 결혼한 부부의 엄격한 성 역할 구분에도 불구하고 대개 남편과 아내의 정서적 유대는 돈독했을 것이다.

이청조(李淸照, 1084?~1151년경)라는 여류시인은 남편에게 애틋한 정서적·지적 유대감을 지니고 있었다. 그녀는 그 시기 다른 여성들과 마찬가지로 16~17세라는 젊은 나이에 결혼했다. 그녀는 남편이 사망한 뒤에 친밀한 학문적 동반자로서 감동적인 결혼 회고록을 썼다. 이청조와 남편은 결혼 관계를 흔히 가문의 정치·사회적 또는 경제적 지위를 상승시키는 전략으로 이용하던 시대에 살았다. 부가 중요한 요소이기는 했지만 더욱더 중요한 것은 제국의 과거시험에 합격한 사람들이 누리는 지위였다. 예를 들어 아들이 없는 부잣집은 과거시험에 합격해 부와 권력을 기대할 수 있게 된 가난한 집안의 아들에게 딸을 시집보낼 수 있었다. 특히 남자 후손이 없는 가정의 경우에는 시험을 통해 지위 상승을 꾀할 가능성이 있는 아들을 얻기 위한 수단으로 입양을 할 수도 있었다. 13세기에는 결혼과 관련한 경제적 교환이 신부의 몸값(신랑 가족에서 신부 가족으로 부와 재산을 양도)에서 지참금(신부가 결혼하면서 가지고 가는 부와 재산)으로 바뀌었다. 이것은 재산의 교환이란 측면에서 신랑 신부 양가의 이해관계가 비교적 균형을 이루었음을 암시한다.

결혼은 사회적 또는 경제적 지위를 상승시키는 단순한 수단 그 이상이었다. 그리고 가족은 과거시험 후보자나 결혼이 가능한 딸을 배출하는 단위 이상이었다. 결혼과 가정생활은 여성의 지위와 역할은 물론 남성과 여성의 관계에 관한 복잡한 개념들을 반영했고 흔히 사회 관습과 관례에 의해 거부되거나 왜곡되는 복잡한 정서적 유대관계를 만들어 냈다. 12세기에 기록된 원채의 가정생활 지침서는 여성의 대우(아내와 첩, 하인, 미혼 친족으로서, 또는 과부로서)를 비롯하여 가정의 화목에 영향을 주는 문제를 다루는 방법뿐 아니라 지위를 유지하는 방법에 대해 실제적인 조언을 해 주었다. 이 지침서는 공자의 문헌에 나타난 가정생활의 이상형을 묘사하기보다는 일상적인 가정생활의 관심에서 기록된 것이고 대개는 일상생활의 관점에서 여성에 대한 훨씬 유연하고 관용적인 태도는 물론이고 인간 행위에 대한 더욱 현실주의적인 견해를 보여 주었다. 중화제국 후기(1300~1800년)의 족보에는 때때로 가족들을 위한 처세술과 복식, 식사, 직업 선택 등에 관한 교훈들이 들어 있고, 적절한 의례를 갖춰 조상을 숭배하고 상속받은 재산을 낭비하지 말라는 후손들을 위한 권고가 있었다. 가정생활의 기억들은 이런 식으로 후손들이 그것을 해독해 자신들의 세계에 적용해야 할 흔적과 같은 역할을 했다.

아메리카 대륙의 가족

가족과 가정에 관해 서술하기 위해 사용하는 역사 자료의 종류는 그 개념들만큼이나 다양하다. 출생과 결혼과 사망을 기록한 영국 교구의 교적부, 결혼과 이혼을 기록한 이슬람의 법정 기록, 유교의 족보와 지침서 따위가 그런 자료이다. 이러한 기록이 없는 콜럼버스 이전 시기 아메리카 대륙의 가족사를 복원하는 길은 문헌 자료와 고고학 자료, 구술 전승 자료를 얼마나 잘 종합하는가에 달려 있다.

　북아메리카 대륙은 혈통에 따라 조직된 공동체에 기반을 둔 다종다양한 소규모 사회들의 본고장이었다(7장을 보라). 태평양 쪽 북서 해안 지역과 대평원의 공동체들과 이스턴 우들랜드 이로쿼이족 공동체들에서는 일반적으로 '롱하우스'라는 다가구 주택에 살았다. 16세기 초에 아메리카 대륙의 원주민들을 처음으로 관찰한 유럽인 가운데 한 사람인 아메리고 베스푸치는 이 대륙 사람들 수백 명이 공동주택에서 잠을 잔다고 기록했다. 어떤 점에서는 다가구 주택이 농업의 발전과 관련이 있었다. 공동 거주가 태평양 쪽 북서부 비농업 지역의 특징이기도 했지만 한편으로는 집약적인 식량 생산에 필요한 협동 노동을 촉진해 주었던 것이다. 더욱 일반적으로는 공동의 친족 관계가 다가구 주택을 설립하는 기초였으며 혈통이 공동 거주를 결정하는 요소였다. 대개는 모계나 부계의 혈통을 인정했는데, 일부 북서 해안 집단처럼 양쪽 가계(동일 조상의 양 가계)의 혈통을 인정하는 곳도 있었다.

　혈통과 재산을 모두 여성을 통해 이어 가는 모계제가 이스턴 우들랜드 이로쿼이족의 특징이었다. 이로쿼이족은 서기 500년 무렵부터 사냥과 채취, 낚시와 자급 농업을 결합해 살아갔다. 1000년에는 추위에 잘 견디는 개량 품종인 '세 자매'(콩, 옥수수, 호박) 작물을 채택함으로써 농업에 더욱 크게 의존하게 되었다. 개량 품종은 사회 조직에 중요한 변화를 가져다주었다. 식량 공급의 증가로 급속한 인구 성장을 가져왔고 그에 따라 개별 가정들이 다가구 주택에 모여 살기 시작했다. 고고학적인 증거에 따르면 한 마을의 다가구 주택은 한 줄로 또는 한 구획으로 늘어서 있었고 곰이나 거북이 같은 동물 이름을 지니고 있었음을 알 수 있다. 갈수록 규모가 커지고 복잡해지는 사회의 질서를 유지하고 협력(토지 개간 따위)을 도모하기 위해 친족 관계를 이용했다. 다가구 롱하우스에는 아마도 같은 조상에서 그 혈통이 내려온 여성 중심의 친족 관계로 연결된 모계 가족들이 살았을 것이다. 살아가는 데 농업이 중요해짐에 따라 생계와 집안일에서 여성의 중요성이 더 커졌다. 가정 내에서 남성은 권위가 없었으며, 롱하우스를 다스린 사람도 여성 회의의 지원을 받는 기혼 부인이었다.

　　북아메리카 대륙의 한쪽에서는 온화한 우림 기후로 말미암은 자연의 천혜로 틀링깃족, 하이다족, 콰키우틀족과 같은 북서 해안의 주민들이 번성했다. 비교적 따뜻한 기단과 해류 덕분에 먹을 것이 풍부했고 산에서 내려오는 하천에는 봄과 여름에 회귀성 어족이 가득했다. 이러한 풍요로운 환경을 배경으로 마을을 이루고 사람들이 모여 살았다. 1000년 무렵에는 농사를 짓지 않았음에도 수백 명으로 이루어진 대규모의 영구적인 취락이 등장하게 되었다. 북서 해안의 혈통 가족이나 확대가족 집단은 일반적으로 삼나무를 자른 통나무나 널빤지로 만든 롱하우스에 30명가량 모여 사는 개별 가정의 형태로 살았다. 롱하우스의 소유자는 가장으로서 가정을 대표했다. 롱하우스는 저마다 곰이나 고래 또는 갈까마귀 같은 토템을 가지고 있었으며 대개는 그것으로 집에 있는 토템 폴을 장식했다. 북서 해변 종족들의 기본적인 사회 단위는 대동소이했다. 친족과 배우자와 자녀들로 구성된 정치적인 자치 집단들이 세 가지 방식에 따라 하나로 정렬했다. 일부는 구성원의 자격과 상속이 어머니와 어머니 쪽 가족에서 비롯되는 모계 혈통에 기초를 두고 있었고, 다른 일부는 부계에 기초를 두고 있었으며, 또 다른 일부는 혈통과 구성원의 자격에 대한 양 계통(모계와 부계 둘 다를 통해 결정하는)의 판단을 따랐다.

　　북아메리카 대륙의 중심부는 다양한 초식동물과 천공동물이 서식하는 온화한 초원지대였다. 최초(900년 이전)의 평원족들이 주로 들소 사냥을 기초로 하여 함께 생계를 모색하기 위해 결집했다. 집단의 구성원 자격은 주거지에 따라 결정되었다. 그 뒤 평원족의 원예농업 시대에 이르면 공동체 구성원의 자격이 유전적 요인으로 고정된다. 이런 전통은 지속적으로 가족의 한쪽을 무시하고 다른 한쪽을 강조함으로써 실현되었다. 남자 조상의 계통을 이은 사람들은 남자든 여자든 모두 남성 계통을 통해서만 부계 공동체 또는 씨족을 구성했고, 여자 조상의 계통을 이은 사람들은 모두 오직 여성 계통을 통해서 모계 공동체 또는 씨족을 구성했다. 가족 단위에서는 양 부모를 인정했지만 씨족의 경우 구성원의 자격을 결정할 때 양 부모 가운데 하나를 선택했다. 이런 종류의 조직은 모계든 부계든 조상들의 절반이 특정한 목적(제의나 축제 참여 또는 상속 재산의 공유)을 위해서 중요시되고 다른 문제들에 대해서는 나머지 절반이 마찬가지로 중요시될 수 있음을 의미했다. 씨족들은 대개 늑대와 독수리, 엘크,

비버와 같은 동물에서 따온 이름을 갖고 있었다. 그 가운데에는 독특한 제의적·정치적 의식을 치르는 씨족도 있었다.

북아메리카 남서부 건조 지역의 푸에블로족은 1000년 무렵에 집약적인 관개농업을 실시했고 돌이나 어도비 벽돌로 된 평지붕의 공동주택에 살았다. 때로는 몇 층이 되기도 했다. 고고학적인 증거에 따르면 1250년부터 1500년까지 푸에블로족은 거주하던 곳의 생태적 지위가 변화함에 따라 대규모 이동이 잦았다는 사실을 알 수 있다. 그들은 단칸 주거지를 짓고 살다가 버리고 다른 곳으로 갔다가 나중에 다시 그곳에 와 살곤 했다. 16세기에 푸에블로 원주민들의 전체 인구는 25만 명에 육박했다. 그들은 작물을 기르며 뉴멕시코와 애리조나 일대에 흩어진 읍락이나 마을에 모여 살았다. 푸에블로 사회는 모계사회였고 여성이 결혼을 하면 그 남편은 어머니의 집을 떠나 처가에서 살았다. 장가를 든 남성은 처가에서 영원히 주인이 될 수 없었다. 가옥과 세간 그리고 주로 저장된 옥수수와 토지 경작권 형태로 된 성물과 재산은 그곳에 사는 여성들의 몫이었다. 전형적인 가정은 할머니와 남편, 자매와 자매의 남편, 딸과 사위, 자녀 그리고 간혹 고아나 노예로 구성되었다. 여성들은 한 평생 태어난 집에 소속되었지만 남성들은 성장 단계에 따라 이동했다. 유년기에는 어머니와 함께 살고 청년이 되어서는 남성의 의례 전통을 배우기 위해 키바(남성용 오막살이자 의례 공간)로 옮겨갔으며 나중에는 결혼하여 아내의 집에서 살았다.

멕시코 분지의 멕시카—아스테카 사회나 남아메리카 안데스 고지대 잉카 사회의 가족과 가정의 성격을 보여 주는 문헌 자료는 대부분 에스파냐인 서기관들이 정복 이후에 기록한 기사들이다. 잉카제국은 15세기 초에 방대한 지역의 영토와 인구를 통합하면서 안데스산맥에 제국을 건설했다. 영토가 확장되면서 성 역할과 가족과 가정에 변화가 나타났다. 점차 남성은 정복자를, 여성은 피정복민을 상징하게 되었다. 여성 적들을 노예나 아내로 가정에 편입시키고 남성 적들을 죽이는 전투가 만연되면서 잉카 여성들의 지위는 땅에 떨어졌다. 경제적 역할과 출산을 통해 한때 누렸던 여성들의 힘이 줄어들었다. 이제 인구를 늘리는 데는 전투가 출산만큼이나 중요하게 되었던 것이다.

가족이나 '아이유'라는 친족 집단이 잉카 사회 조직의 기초가 되었고 국가는 이것을 경제 생산의 단위로 간주했다(6장을 보라). 가족은 국가로부터 토지를 제공받았고 국가는 모든 생산물에 대한 권리를 주장했으며 일손이 필요한 곳으로 가족 구성원

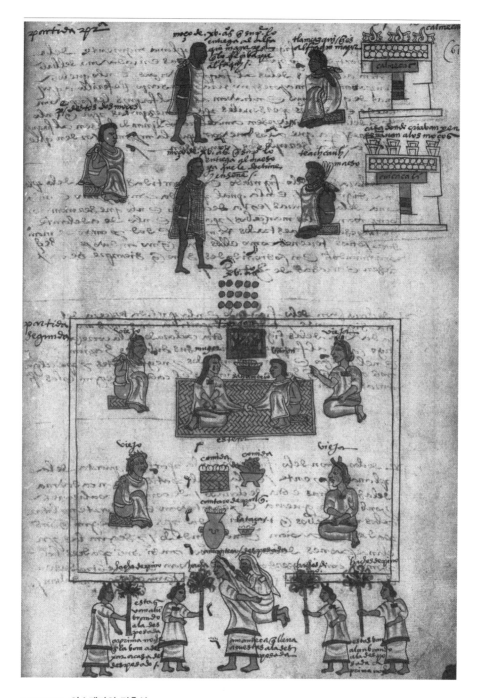

| 그림 5.5 | **아스테카의 결혼식**

신부를 신랑의 집에 데려오고(아래) 의례에 따라 신랑 신부의 옷자락을 함께 묶어 결합을 상징했다(가운데).

들과 가정을 이전시킬 수 있는 권력을 지니고 있었다. 남자들은 부역 노동에 나가거나 농사일 또는 병역을 통해서 국가에 의무를 졌고 여자들은 베를 짜면서 대부분의 시간을 보냈다. 직물은 특히 제의나 의례에서 대단한 가치를 지니고 있었다. 직물을 짜고 의례에 참여하도록 잉카제국 전역에서 간택해 데려온 여성들의 수도원 격인 특별한 공공건물도 있었다. 가부장제 사회인 잉카제국은 여성을 재산으로 취급하면서 남성 지배를 유지했다. 그래서 간통을 저지른 남성은 절도죄로 처벌받았다. 미성년 남녀는 별도의 학교에서 따로 교육을 받았다.

유럽에 정복되기 직전인 15세기에 전성기를 구가한 아스테카 사회의 가족과 가정에 대해서는 알려진 바가 거의 없다. 아스테카족의 복잡한 조공사회는 1325년에 설립된 테노치티틀란 시를 중심으로 이루어졌다. 멕시카-아스테카족은 이 도시를 중심으로 7개의 '칼풀리'라는 부족 집단을 통해 지배했다. 출산이나 양육과 관련된 신앙과 풍속에 아스테카의 문화와 사회를 지배한 전사 숭배가 등장했다. 출산을 전투에 빗대었고 갓난아기를 '포로'로 표현했다. 출산을 하는 여성은 대지의 영혼에 사로잡혀 있었다. 여성이 분만을 하다 사망하면 대지의 노여움을 달래 주어야 했을 것이다. 여자 아이는 태어나면서부터 사회의 역할에 따라 보육과 급식에서 남자 아이와 전혀 다른 대우를 받았다. 남성의 사회적 의무는 전사가 되는 것이었고 여성은 전사의 아내가 될 뿐이었다. 결혼은 젊은 남성에 대한 보살핌이 어머니에서 아내로 바뀐 것을 상징하는 세속적인 의례였다.

│ 세계화와 가족의 변화 │

전 세계적으로 가족과 가정이라는 것은 다양한 문화 전통과 종교 제도, 경제 및 환경 조건, 정치 구조에 의해 형성되었다. 심지어 유럽, 아메리카, 아프리카, 아시아 대륙 안에서조차 결혼 제도와 성 역할, 남녀 또는 부자 관계에 대한 가치가 크게 달랐다. 대개 결혼 자체는 부를 양도하는 데 관심을 두고 가족들 사이에 인척 관계를 맺는 경제적·정치적 거래였다. 조상숭배에서 교회와 같은 제도에 이르기까지 종교는 결혼을 승인하고 가부장제를 강화하며 재산을 양도하는 상속의 풍습을 결정하는 등 세계 어느 지역에서나 가족제도에 강력한 영향을 끼쳤다. 가족도 마찬가지로 경제적 요인에 따라 크게 좌우되기도 했다. 경제활동 유형의 전환과 생산양식의 변화가 가족과 가정에 중대한 영향을 주었다.

1500년 무렵부터는 세계화의 과정이 지역과 민족과 문화를 새로운 방식으로 연결함으로써 세계 모든 지역의 가족과 가정에 영향을 미치기 시작했다. 유럽의 전 지구적 확장이 몰고 온 파장은 정치, 사회, 경제라는 대규모 영역에서뿐 아니라 개인의 가정생활의 영역에서도 감지되었다. 다양한 유형의 이주를 통해 유럽의 가부장제 개념이 전혀 다른 제도 아래 존재한 가족 및 가정과 충돌하게 되었다. 하지만 변경 지대의 유럽 여성들은 대개 중요한 경제적 역할을 수행했고 종전보다 더욱 많은 독립을 누렸다. 이주민 사회에도 점차 가부장제에 대한 도전이 나타나기 시작했다. 19세기 후반에 들어와 여성들은 교육과 정치 생활에서 확실한 지반을 다져 나갔다. 예를 들어 1893년 뉴질랜드에서는 대학생 가운데 여성이 절반을 차지했으며 투표권도 획득했다.

| 아메리카, 아시아, 아프리카의 식민주의 |

노예제를 통해 대농장과 광산의 필수 노동력을 공급한 '신세계' 지역에서는 토착 전통이 유럽의 가부장제 구조와 충돌하게 되면서 혼성 가족제도가 발전했다. 남아메리카의 안데스 지역에서는 혼성 또는 '크리오요' 제도가 잉카 시대부터 내려오던 토착 원주민의 결혼 형태들과 병존했다. 케추아어로 '와타나키' 또는 '세르비나쿠이' (동거를 포함하는 약혼)로 알려진 '시험 결혼' 이 널리 행해졌는데 이런 방식은 성관계를 허용하고 이혼이 비교적 쉬운 크리오요 사회의 느슨한 가족 구조와 잘 어울렸다. 라틴 아메리카와 카리브 해에서는 점차 이중 가족제도가 등장했다. 이베리아풍의 서유럽 결혼 제도(가부장적이고 인종을 따지는 엄격한 결혼)는 격식을 따지지 않는 혼혈 종족의 모계 원주민 가족과 대조를 이루었다. 19세기 중엽 브라질의 바이아 주에서는 남녀 한 쌍의 결혼에 바탕을 둔 가족이 일반적이기는커녕 오히려 예외적 형태였다. 사우바도르 주민들 가운데 3분의 1에서 절반 가까이는 결혼을 하지 않았다. 그 이유는 얼마간 식민주의와 대농장 노예제 때문이었다. 가난한 원주민과 백인 식민주의자 사이에 존재한 거대한 사회·경제적 격차는 인종 간 결혼에 심각한 장애 요인이 되었다. 따라서 원주민과 백인 사이에는 결혼 계약이 성사될 수 없었지만 그렇다고 해서 성관계가 불가능한 것은 아니었다. 1900년 안데스와 카리브 해 지역에서는 식민주의와 토착 문화의 결합으로 전 세계를 통틀어 가장 복잡하고 다면적인 결혼과 가족제도가 나타났다.

카리브 해에서는 연한계약 노동자로 일하러 온 남아시아인들과 강제 노동으로 대농장 경제의 기반을 제공한 아프리카 노예들의 상황이 대조를 이루었다. 자발적 이주를 통한 것이든 강제적 이주를 통한 것이든 두 경우 모두 가족은 뿌리 뽑혔다. 아프리카 노예들은 아예 가족 자체가 파괴되었다. 노예가 된 남녀는 결혼이 금지되었지만 노예제를 유지하기 위한 상품으로서 자녀를 낳고 기를 수는 있었다. 백인 주인을 통해 자녀를 낳은 여성 노예들은 대개 자녀들을 주인의 가족에게 넘겨주어야 했다. 식민주의에서는 격리되어 보호를 받는 백인 여성과 백인 남성이 성관계를 맺은 흑인 여성이나 원주민 여성 또는 물라토 여성이 확실히 구분되었다. 부계의 가부장제적인 백인 가족이 모계의 가모장제적인 아프리카-크리오요 가족과 대조를 이루었다. 크리오요 가족의 아버지와 남편은 노예와 예속이라는 잔인한 처지로 전락했다. 20세기에 카리브 해 출신 의사이자 저술가인 프란츠 파농은 가부장제와 식민주의가 성적 지배라는 공통의 관념으로 연결되어 있다고 보았다.

대농장 노예제가 발달하지 않은 유라시아 지역의 가족과 가정에 식민주의가 끼친 영향은 좀 달랐다. 힌두교 사회에서는 여성이 이혼이나 재혼을 해서는 안 된다고 보았다. 벵골의 브라만 람모한 로이(1772~1833년)는 1811년에 자기 형의 시신을 화장하던 장작더미에 형수를 강제로 던져 넣을 때 '사티'(남편을 따라 죽음)의 관습을 격렬하게 반대하면서 근절 운동을 펼쳤다. 1829년 영국의 벵골 총독이 이런 관습을 금지하는 법률을 공포함으로써 사티의 사례는 줄어들었다. 나아가 식민지 정부는 유아 살해를 금지하고 과부의 재혼과 카스트 간 결혼을 허용하는 법률을 공포했다. 영국 정부는 전통적인 가족 풍속을 개혁하면서 그 정책을 '문명화의 사명'이라고 소개했다. 람모한 로이 같은 인도인들이 이러한 변화를 인도 사회가 근대사회의 일원이 되기 위해 바뀌어야 할 필수적인 부분이라고 생각하며 동참했다. 하지만 상당수의 인도 민족주의자들은 결혼 허용 연령의 상향 조정과 재혼 허용을 포함하는 이러한 변화를 거부했다. 이런 정책이 인도 여성의 서유럽화를 부추긴다고 보았기 때문이다. 정부의 개혁이 기껏해야 인도 사회의 도시 엘리트를 중심으로 한 영국화된 중류층과 상류층에만 파고들었기 때문에 거의 아무런 변화도 일어나지 않았다. 문맹자들이 많이 분포한 농촌 지역과 외국의 영향을 직접적으로 접촉하기 어려운 먼 곳에서는 20세기 내내 전통적인 풍속이 지배했다. 이를테면 결혼이 여전히 여성의 주된 목적이었고 1901년 현재 20세에서 24세에 해당하는 인도 여성의 96퍼센트가 결혼한 상태였다.

종교, 카스트, 언어, 문화의 차이 때문에 이슬람 세계나 남아시아 전체를 일반화 하기는 어렵다. 더구나 아프리카의 가족과 가정에 대해 일반화해서 얘기한다는 것은 더 어려운 일이다. 종족과 지역의 현격한 차이가 아프리카 대륙의 특징을 이룬다. 심 지어는 사하라 사막 이남의 아프리카 내에서도 서부와 동부와 남부 주민들의 결혼 풍 습이 근본적으로 다르다. 부계의 요루바와 이보가 우위를 차지하고 무역과 경제활동 에서도 남성의 주권 아래 여성의 자치가 허용되는 서아프리카의 해변 지역에서부터 남성의 지배가 확고한 짐바브웨의 은데벨레족과 아프리카 남부의 줄루족, 케냐의 루 오족이 거주하는 동아프리카와 아프리카 남부에 이르는 지역까지 이런저런 차이를 인식할 필요가 있다. 한편 가나에 거주하는 아칸족의 모계사회는 여성들에게 여성 공 동 추장을 비롯한 중요한 역할을 허용했다.

이들 사이에 어떤 차이가 있었든지 간에 아프리카 대륙 대부분의 지역에 걸쳐 시작된 식민 통치와 더불어 19세기에 3백만 명이 노예가 되어 대서양을 건넘으로써 아프리카의 가족과 가정에 전면적인 변화가 일어났다. 식민지의 유산 가운데 하나는 광업이나 환금작물 같은 사업으로 아프리카 대륙의 부를 뽑아내려는 유럽의 욕망에 서 비롯된 불균등한 경제 발전이었다. 광산과 농장을 운영하는 데 필요한 노동 수요 는 갈수록 가난해지는 영세 농업의 배후지에 아내와 가족들을 남겨 둔 채 먼 거리를 장기간 옮겨 다니는 아프리카 남성 노동의 이주 유형을 낳았다. 지역에 따라 차이가 있기는 했지만 식민주의와 더불어 도시화도 진행되었다(3장을 보라). 라고스와 아비 장 같은 도시들은 식민지 정책으로 생겨났지만 역사적으로 교역 중심지라는 전통 위 에 세워진 도시였다. 남녀 인구 비율이 비교적 균형을 이룬 상태였고 여성들이 합법 적으로 경제적 자치를 누리고 있었다. 하지만 아프리카의 동부와 남부와 중앙에서는 대부분 이러한 전통이 없었다. 따라서 도시에는 압도적으로 남성이 많았고 매춘과 양 조업 또는 술집 영업을 제외하면 여성의 활동을 거의 찾아볼 수 없었다. 불균등한 경 제 발전과 도시화라는 식민지 유산을 통한 아프리카 가족의 불안정화는 유럽 국가의 전통에 기원을 두면서도 아프리카의 관습을 인정한 식민지 가족법의 모순으로 더욱 심해졌다. 이런 상황은 대개 정식 결혼과 이혼 사유 또는 상속권을 구성하는 매우 다 른 견해가 결합된 이중적인 법체계로 이어졌다.

유럽과의 접촉과 도시의 산업 발전으로 인한 아프리카의 가족 붕괴는 아마도 20세기의 전통적인 가족 구조에서 가장 극적인 변화를 초래했을 것이다. 유럽의 영향이 매우 강한 곳에서는 개인과 사회관계의 기본 구조가 되는 가족 및 친족 제도가 송두리째 흔들렸다. 종족 집단에 따라 전통적인 가족 구조가 다양하면서도 저마다 형태는 관습의 구속을 크게 받고 있었다. 대부분의 공동체에서는 가족이나 친족 집단이 생산과 소비를 위해 모든 것을 공유하는 자급자족적인 경제 단위였다. 그것은 또한 양육의 단위이기도 했다. 연장자의 권위가 모든 구성원들에게 미쳐 아이들에 대한 친부모의 책임이 완전하지도 독립적이지도 못했다.

20세기가 진행되면서 아프리카 정체성의 근원인 가족 구조가 도시에서는 바뀌거나 축소되었고 시골의 여러 지역에서도 약화되었다. 농촌 지역은 특히 일부다처제와 같은 풍습을 공격한 기독교 선교사의 계몽과 선교 활동에 영향을 받았다. 쿠란이 일부다처를 허용하고 있고 종교 지도자들도 폐지하려고 하지 않았기 때문에 이런 점에서 무슬림의 영향은 그렇게 파괴적이지 않았다. 식민 관리들은 상업이나 행정과 관련된 조처들에 영향을 주지 않는 한 관습적인 가족제도를 대체로 그대로 두었다. 그러한 조처들은 이따금씩 공동체를 묶어 주는 가족 형태에 손상을 입히기도 했다. 하지만 식민지 법정이 토착의 법적 권리와 상속을 인정함에 따라 식민 통치에 따른 변화가 때로는 가족과 가정의 제도 안에서 협상의 대상이 되기도 했다.

아프리카 가족 구조의 붕괴는 유럽의 영향으로 활발해진 산업화와 도시화에서 비롯된 바가 컸다. 20세기 초에 남성들이 가족을 떠나 일을 하러 나가면서 집단이 약화되고 여성들의 노동 수요가 늘어났다. 주된 붕괴는 여성들이 남성들을 따라 도회지로 나가 요하네스버그와 나이로비, 다카르, 라고스, 아크라, 몸바사, 킨샤사 같은 도시에서 가족 단위를 구성하면서 일어났다. 아프리카의 이쪽 끝에서 저쪽 끝까지 갈수록 늘어나는 도시 가족들은 농촌에 있는 친족들과 긴밀한 유대 관계를 유지하기는 했지만 아프리카의 전통적 가족 구조를 이루는 모든 요소들과 사실상 단절되었다.

모든 식구들의 기여와 공동 소비를 기반으로 한 전통적인 가족의 경제적 자급자족이 사실상 사라졌다. 권위 구조가 와해되고 국가와 서유럽 교육이 영향력을 발휘함에 따라 연장자가 더 이상 자녀에 대한 친권을 강화할 수 없게 되었다. 하지만 친부모들은 대개 아직 단독으로 책임을 다하는 데 서툴렀다. 도시 아프리카의 가족들은 하나부터 열까지 거의 모든 것을 스스로 마련해 나가야 했다. 가족 구조 덕분에 자신들의 존재나 기대감에 대해 불확실성을 느끼지 않아도 되었던 20세기 도시 아프리카인들이 이제는 확실성이 사라져 버린 사회에 놓이게 되었다. 하지만 오늘날 고향을 등지고 흩어져 사는 상당수의 아프리카인들은 고향 마을에 남아 있는 농촌의 가족들과 여전히 연결되어 있고 현금 송금을 통해 그들을 지원하고 있다.

현대 이슬람 세계와 중국의 여성

개혁주의 이슬람 학자들은 20세기의 전환기에 이미 현대 도시 세계의 여성과 가족 문제를 놓고 논쟁을 벌이기 시작했다. 인도의 무슬림 학자 마울라나 아슈라프 알리 타나위(1864~1943년)는 가정 안에서 이슬람교의 통치를 가능하게 해 주는 이슬람교의 모든 지식을 여성들이 알아야 한다고 주장했다. 세속의 국가 권력과 종교 권력 사이에 갈등이 일어남에 따라 무슬림 여성들의 운명이 분쟁의 대상으로 떠올랐다. 일부 여성들은 베일을 억압의 상징으로 보았지만 또 다른 여성들은 그것을 새로운 세대의 운동을 변화하는 근대성의 공적 영역(이를테면 고등교육 제도)으로 끌어들인 문화적 진정성의 상징으로 생각했다.

이슬람 국가에서는 특히 20세기 후반에 들어오면 무슬림 가족이 사회 개혁과 관련한 분쟁의 초점으로 떠오르게 된다. 이른바 이슬람 공화국으로 알려진 가장 보수적인 나라들을 제외하고는 베일을 쓰는 문제 같은 엄격한 복식과 관습에서 여성들(세계 인구의 10분의 1)을 해방시키고 일부일처제를 확립하며 아이들에게 더 많은 독립을 허용하려는 노력이 나타났다. 특히 서유럽과 접촉이 가장 많은 이집트나 터키 같은 나라의 도시 지역에서 이러한 전통에 변화가 일어났다. 사우디아라비아나 아프가니스탄과 같은 더욱 보수적인 나라조차 적어도 도시에서는, 그리고 이슬람 원리주의 운동이 등장하기 이전에는 전통적인 가족제도가 약화되는 현상이 나타났다.

중국에서는 20세기 초에 일어난 5·4운동(1919년) 때 전통 가족과 제도가 공격의 대상이 되었고 1949년 공산주의 정권이 수립(7장을 보라)된 뒤에는 혁명의 주요 표적이 되었다. 1927년 마오쩌둥은 중국 여성들이 정치, 가문, 종교, 남성이라는 네 가지 굵은 밧줄에 묶여 있다고 썼다. 중화인민공화국은 중매결혼, 축첩, 딸 매매와 같은 가족의 관습을 바꾸어 결혼 문제와 관련해 개인의 선택과 의무를 강조하고 정부 차원에서 가족의 규모를 관리하고 규제하고자 노력했다. 정권은 처음에 사회의 기초

| 그림 5.6 | **상하이의 중국인 가족**
중국의 한 자녀 정책은 소가족화에 미친
영향 가운데 하나일 뿐이었다. 더 많은
사람들이 확대가족의 지원망을 떠나 복
잡한 도시 환경 속에서 살게 되고, 더 많
은 여성들이 가정 바깥에서 일을 하게
되면서 출산이 줄어들었다.

로서 연장자와 가족의 존중을 강조하는 유교의 주장이 공산주의 평등 사회의 이상에 걸림돌이라고 보고 거부했다. 또 가족 단위로 소유하던 토지와 기업을 집단 소유로 대체했다. 마오쩌둥은 여성의 노동 참여가 봉건적인 가부장제 이데올로기에 치명적인 타격이 될 것이라고 정확하게 인식했다.

1950년대 중반의 급진적인 집산화는 노동소조나 생산여단 또는 인민공사로 알려진 대규모 농업 집단과 같은 초가족적인 단위를 강조했다. 최근에 특히 도시 지역에서는 부부당 한 자녀로 제한하는 산아제한 정책이 새로운 현상을 낳았다. 부모가 음식과 의복과 교육에 아낌없이 돈을 쏟아 붓는 귀한 외아들을 빗대어 '소황제'나 '소황후'라는 말이 유행했다. 다른 여러 아시아 사회와 마찬가지로 중국에서는 남아 선호 사상이 강하다. 태아 정밀검사와 낙태, 여아 살해 같은 현상은 여성들이 이룩한 사회경제적인 주요 성과에도 불구하고 성 차별이 여전히 끊이지 않고 있음을 보여 주는 관행이다.

출생률과 가족, 인구 변동

18세기부터 전 세계적인 인구 변화가 나타나기 시작했다. 출생률과 사망률이 모두 높은 느린 성장에서 출생률과 사망률이 모두 낮은 느린 성장으로 전환되기 시작했다. 이 변화는 순탄하게 진행된 것이 아니라 주기적인 변동과 지역에 따른 변화가 어우러진 장기간의 산물이었다. 의료 기술이 발전함에 따라 세계 인구 상당수의 평균 수명이 길어지고 인구 팽창으로 이어졌듯이 또 다른 혁신들은 출생률을 관리해 가족의 규모를 바꾸는 것은 물론 출산을 계획할 수 있는 인위적인 수단을 제공함으로써 여성의 지위에 변화를 가져다주었다. 특수 물질의 가열 기술이 개발(1839년)됨에 따라 콘돔과 같은 피임 기구에 신축성이 뛰어난 고무를 흔히 사용하게 되었다. 처음으로 대규모 출생률 감소 물결은 대략 1880년대에서 1930년대 사이에 일어났다. 왜 이런 현상이 일어났는지는 여전히 딱 부러지게 밝혀지지 않았지만 개량된 피임 기구의 사용이 그 원인이 되었을지도 모른다. 하지만 많은 부부가 자녀 수를 줄이기로 결정한 까닭을 이해하기 위해서는 산업화와 도시화라는 역사적 상황을 고려할 필요가 있다. 20세기 도시 환경 속에서는 아이들이 자산이라기보다는 부담이 되었다. 미성년 노동 금지법과 의무교육으로 자녀의 경제적 기여가 늦어지고 부모에 대한 의존 기간이 길어졌기 때문이다.

19세기의 마지막 사반세기 동안에는, 가족의 규모를 의식적으로 계획하고 통제해야 할 문제라는 생각이 나타났으며 20세기에 들어오면서 빠르게 확산되었다. 19세기 네덜란드 의사 알레타 야콥스 박사나 영국의 애니 베전트 부인을 비롯한 가족계획과 산아제한 운동 선구자들의 노력이 20세기 들어 영국의 마리 스톱스 박사와 미국에서 산아제한 투쟁을 벌이다 투옥된 공중보건 간호사 마거릿 생어(1883∼1966년)를 통해 발전되었다. 20세기 초 출생률이 전반적으로 하향 변동을 보인 이유는 피임이 합법화되고 여성들이 피임을 폭넓게 받아들였기 때문이다. 생어는 여성의 권리와 관련해 이렇게 말했다.

> 오늘날 급진적인 반란에 여성이 등장하고 있다. …… 수백만 명의 여성들이 자발적인 모성의 권리를 주장하고 있다. 여성들은 엄마가 될지 말지는 물론 그 조건과 시기를 스스로 결정하겠다고 다짐했다. 이게 바로 앞서 얘기한 급진적인 반란이다. 자

유의 신전으로 들어가는 관문은 여성을 위한 것이다.

(Margaret Sanger, *Woman and the New Race,* New York: Brentano's, 1920, p. 5; Helga Harrison, *Women in the Western Heritage,* Guilford, Conn.: Dushkin, 1995, p. 51에서 재인용)

가족 개혁가들은 가족을 부양할 수 있는 처지에 맞게 자녀의 수를 제한하기를 바랐다. 어떤 사람들은 여성이 출산을 선택할 수 있어야 하고 연속적이거나 원하지 않는 출산을 해서는 안 된다는 신념을 지니고 있었다. 하지만 국가는 대개 출생률 감소를 우려하고 국민의 애국적인 의무로서 출산을 장려했다(7장을 보라). 예를 들어 나치의 독일과 스탈린주의 러시아는 어린 시민을 생산한 어머니들을 칭찬하고 상을 주었다.

20세기 중반에 접어들면서 원치 않는 임신 예방에서 포괄적인 가족계획으로 강조점이 바뀌었다. 산아제한연맹(1914년 창설)이 가족계획으로 대체되었다. 가족계획의 목표는 산아제한을 넘어 가족이 돌볼 수 있다고 생각하는 만큼 건강한 자녀를 낳을 수 있도록 지원하는 것이었다. 진료소는 효과적인 피임 수단의 사용뿐만 아니라 불임 극복을 위해 지원했다. 1954년에는 경구피임법이 도입되었으며 25년 뒤에는 여성의 몸 속에 소형 관을 이식해 5년 동안 피임을 방지하는 호르몬을 분비하게 하는 방법이 개발되었다.

두 번째 출생률 감소의 물결은 1975년 무렵부터 2000년까지 20세기의 마지막 사반세기에 일어났다. 이런 흐름은 대개 국가 주도로 추진되었다. 국가가 인구 제한을 장려하고 심지어는 지시하기도 했다. 대표적인 사례는 1970년대 중국에서 시작한 그 유명한 '한 자녀' 정책이다. 이 정책은 인구 성장을 멈추게 했을 뿐만 아니라 그래도 약해지지 않고 여전히 뿌리 깊었던 남아 선호 때문에 성비 불균형을 낳기도 했다. 무릇 문화적 전통은 쉽게 사라지지 않는 법이다. 예부터 내려온 남성 상속자 선호 때문에 사람들은 자신들이 가질 수 있는 한 자녀를 남성으로 만들기 위해 여아 살해와 임신 후기 낙태를 비롯한 갖가지 행위를 서슴지 않았다. 20세기 말 중국에서 버려진 어린 딸들이 미국이나 다른 나라의 아이 없는 부부에게 입양되어 초국적 아이들이 된 경우가 많다.

산업화와 도시화가 전 세계적으로 확산되어 나감에 따라 세계 모든 지역의 가족들은 다양한 방식으로 비슷한 변화의 영향과 과정을 겪게 되었다. 이런 과정을 잘 보여 주는 한 가지 중요한 표지는 20세기 마지막 사반세기에 저개발 세계의 출생률이 40퍼센트나 감소하고 그 때문에 전 세계의 출생률이 4.9에서 2.7퍼센트로 떨어졌다는 점이다. 하지만 전 지구적인 가족과 가정들 사이에는 엄청난 다양성이 존재한다. 이것은 세계화와 관련된 경제 · 사회 · 정치적 변화에 직면해서 문화적 전통의 탄력성도 크다는 점을 보여 준다. 산업화와 도시화의 영향으로 세계 모든 지역의 가족들이 결국 별 차이 없이 비슷해지고 말 것이라는 가정은 더 이상 지지할 수 없다.

다른 모든 역사가들과 마찬가지로 세계사 학자들도 시간에 따른 변화를 찾느라 대개는 연속성을 잊어버리고 만다. 가족과 가정에 관해 연구하는 학자들은 확대가족과 다세대 가족이 산업화 이전 사회의 특징이고 공장과 도시 가정이 농장과 농촌 마을을 대체함에 따라 대가족이 점차 핵가족이나 부부 가족 단위로 전환되고 있다고 보았다. 하지만 역사적 · 문화적 환경이 전혀 다른 사회들에서도 부부 단위가 가족의 핵심 요소를 이루고 있다는 사실이 이제는 일반화되어 있다. 이와 비슷하게 유년 시절이 어린이들을 더욱 소중하게 만든 상황 변화의 산물, 곧 현대적인 발전의 산물이라고 생각한 적이 있었다. 높은 출생률과 높은 사망률은 유아의 생존 가능성을 낮추었기 때문에 부모들이 정서적으로나 또는 다른 방식으로 어린 자녀들에게 그렇게 많은 관심을 기울이지 않았다는 주장이 있다. 하지만 이런 개념은 와해되고 말았다. 인류 역사에 걸쳐 부모는 자녀의 죽음을 슬퍼했으며 역사상 특정한 시기에 부자 관계에 중대한 변화가 나타난 적이 없었다는 여러 증거들이 있기 때문이다. 요컨대 가족은 시간이 흘러도 심지어는 문화를 뛰어넘어서도 상당한 연속성을 보여 준다. 가족은 우리가 생각하는 것보다 외부의 압력에 대한 저항력이 큰 영역일 것이다.

로마 황제 아우구스투스의 출산 장려 노력에서부터 중국 정부의 '한 자녀' 정책에 이르기까지 국가는 가정생활의 핵심에 해당하는 사적 영역의 섹슈얼리티와 출산에 대한 관리를 시도해 왔다. 중세의 기독교 교회나 이슬람교의 샤리아와 같은 정치나 종교 당국은 결혼 제도가 사회적 재생산과 경제 생산의 필수 단위인 가족의 기초가 되는 남녀의 결속이라고 보고 그것에 대한 정의를 내리고 규제했다. 상이한 결혼 모델이 섹슈얼리티와 출산에 대한 관점의 변화를 반영하듯이 현대 세계에서도 결혼은 여전히 논란거리가 되고 있다. 기술의 발전은 임신을 방지할 뿐만 아니라 자녀를 원하는 불임 부부에게 아이를 임신할 수 있게 해 주었다. 언제나 변함이 없는 것은 가족과 가정을 결정하는 인간의 중대한 역할이다. 사생활의 영역에서 내리는 개인의 결정들(결혼을 할지 말지, 시기와 방법, 아이를 가질지 말지, 얼마나 낳을지)은 역사적 상황의 변화와 더불어 세계사의 극적인 변화에 이바지해 왔다.

토론 과제

● 인류의 경험 가운데 가족을 가장 보편적인 것이라고 생각할 수 있다. 하지만 세계사에서 가족의 조직과 사회 정치적 역할과 가치는 매우 다양하게 나타났다. 지구상의 여러 지역에서는 저마다 다양한 가족 구조가 생겨났다. 어떤 요인들 때문에 그럴까?

● 지구상에서 서로 다른 두 지역에 나타난 국가와 가족 간의 관계를 구체적인 사례를 들어 비교해 보자.

● 종교가 가족과 가정에 미친 영향을 이슬람교와 유교의 사례를 들어 비교해 보자.

● 현대 가족의 역사와 관련한 '인구 변동' 이란 무엇을 말하는가?

● 산업화가 가정생활에 끼친 영향에 관해 얘기해 보자.

● 세계화가 진행됨에 따라 전 지구상의 가족들 사이에 차이점보다는 유사점이 더 많아졌다고 할 수 있을까? 그렇다면 그런 이유를, 그렇지 않다면 그렇지 않은 이유를 설명해 보자.

| 참고문헌 |

· Burguièe, André, Christiane Klapisch-Zuber, Martine Segalen, and Françoise Zonabend, eds(1996, original French edition 1986) *A History of the Family,* Vols. 1 and 2, Cambridge, Mass.: The Belknap Press of Harvard University Press.
· Goitein, S. D.(1978) *A Mediterranean Society: The Jewish Communities of the Arab World as Portrayed in the Documents of the Cairo Geniza,* Vol. III: *The Family,* Berkeley, Los Angeles, London: University of California Press.
· Gutiérrez, Ramon A.(1991) *When Jesus Came, the Corn Mothers Went Away: Marriage, Sexuality, and Power in New Mexico, 1500~1846,* Stanford, Calif.: Stanford University Press.
· Hartman, Mary S.(2004) *The Household and the Making of History: A Subversive View of the Western Past,* Cambridge: Cambridge University Press.
· Kertzer, David I. and Marzio Barbagli, eds(2001) *Family Life in Early Modern Times, 1500~1789,* Vol. I: *The History of the European Family,* New Haven, Conn. and London: Yale University Press.
· Lynch, Katherine A.(2003) *Individuals, Families, and Communities in Europe, 1200~1500: The Urban Foundations of Western Society,* Cambridge Studies in Population, Economy, and Society in Past Time 37, Cambridge: Cambridge University Press.
· Meriwether, Margaret L.(1999) *The Kin Who Count: Family and Society in Ottoman Aleppo, 1770~1840,* Austin: University of Texas.
· Rapoport, Yossef(2005) *Marriage, Money, and Divorce in Medieval Islamic Society,* Cambridge: Cambridge University Press.
· Sonbol, Amira El Azhary, ed.(1998) *Women, the Family, and Divorce Laws in Islamic History,* Syracuse, N. Y.: Syracuse University Press.
· Therborn, Goran(2004) *Between Sex and Power: Family in the Modern World, 1900~2000,* London and New York: Routledge.
· Thornton, Arland(2005) *Reading History Sideways: The Fallacy and Enduring Impact of the Developmental Paradigm on Family Life,* Chicago, Ill. and London: University of Chicago Press.

| 온라인 자료 |

· Annenberg/CPB Bridging World History(2004)
http://www.learner.org/channel/courses/worldhistory/
13주제 '가족과 가정'을 보라.
· Women in World History
http://chnm.gmu.edu/wwh/
조지메이슨대학의 '역사와 뉴미디어 연구소' 프로젝트. 세계사 속의 여성에 대한 광범위한 자료를 제공하고 있다.

6장

세계 경제의 과거와 현재

15 00년 이전의 아프리카 지도에는 언제나 자기 머리만 한 크기의 황금 덩어리를 들고 왕좌에 앉아 있는 말리 왕의 초상이 들어 있었다. 14세기 말리의 통치자와 그 측근들이 메카행 성지순례 길에 엄청난 양의 금을 처분하자 곧 카이로 시장의 금값이 폭락했다. 다음 세기에 이집트의 연대기 작가가 이 사건을 기록했으며 여행자 이븐 바투타는 1350년 무렵 서아프리카의 통치자에 대해 이렇게 적고 있다. "저택 안에 문이 달린 우뚝 솟은 파빌리온이 있었고 술탄은 대부분의 시간을 그곳에 앉아 있었다." 비단으로 된 돔(dome) 아래 황금 터번을 두르고 있는 술탄의 모습은 금과 교환할 소금이나 구리 같은 값비싼 물품을 실어 나르는 사막의 대상들에 대한 생생한 묘사와 크게 대조를 이룬다. 이븐 바투타는 또 시질마사의 상인들에 대해 이렇게 묘사하고 있다. "동이 틀 무렵 낙타에 짐을 싣고 길을 나서 해가 뜨고 그 빛이 온 누리에 밝게 빛나고 대지의 열기가 맹렬해질 때까지 행진한다. …… 해가 저물기 시작하고 서쪽으로 가라앉으면 그들은 (다시) 출발한다." 대상들은 25일이 걸려 거대한 소금광산 지역인 타가자에 다다른다. 이븐 바투타는 으스스하고 위험한 광산 도시에서 엄청난 양의 금이 거래되는 광경을 묘사하면서 "이곳은 이로운 것이라고는 하나도 없는 마을이다. 파리가 득실거리는 곳이다"라고 말하고 있다(Ross E. Dunn, *The Adventures of Ibn Battuta : A Muslim Traveler of the 14th Century*, Los Angeles: University of California Press, 1989, pp. 302, 296~297).

말리의 왕처럼 황금으로 장식한 통치자들은 자신들의 영토에서 멀리 떨어진 곳에서 생산되고 거래되는 물품에 의존했다. 하지만 광산에서 노예처럼 일하거나 들에서 노동하고 곳곳을 돌아다니며 자신들의 사치스런 생활에 필요한 물품을 공급하는 사람들에 대해서는 아무런 관심이 없었고 직접적인 지식도 거의 없었다. 하지만 왕이든 농부든, 상인이든 광부든 사람들은 저마다 속한 사회의 경제 질서에서 나름대로 역할을 하고 있었고 의식주를 해결해 주는 경제 질서의 원활한 기능에 의존해서 살아갔다. 이 장에서는 사람들이 어떻게 생계를 꾸려 나갔는지에 대한 기본적이고 보편적인 문제에 초점을 맞춘다. 생존과 번영에 필요한 재화에 사람들은 어떻게 접근했을까? 여러 사회마다 서로 다른 가치 개념에 바탕을 둔 교환 체제를 어떻게 만들어 냈을까? 토지와 노동과 상품(금과 소금) 등 무엇을 가치 있는 것으로 여겼을까? 마지막으로, 경제 체제가 무역을 통해 어떻게 상호작용을 했으며 다양한 경제 질서들이 지역적인 경제 체제와 나아가 전 지구적인 경제 체제 속으로 어떻게 편입되었을까?

농업이 세계 여러 지역으로 확산된 이후 많은 사람들은 마을을 이루어 정주를 하고 농부가 되었다. 규모가 큰 취락으로 인구가 집중하면서 도시가 발전하게 되었고 도시는 인근의 농촌 지역에 거주하는 농부들이 공급하는 식량에 의존하게 되었다(3장을 보라). 하지만 도시나 배후지 같은 곳에서 정주 생활을 하지 않고 유목민으로 살아가는 사람들도 있었다. 그들은 가축 떼를 따라 대초원과 목초지와 툰드라 일대를 돌아다녔다. 유목민들은 때때로 물고기를 잡거나 사냥을 하기도 했고 목축과 원예(심지어는 농업)를 결합하기도 했다. 목축과 농업은 사람들이 거주한 환경과 사용한 기술에 따라 다양한 방식으로 이루어졌다.

서기 제1천년기 초 세계 여러 지역에서는 떠돌이 유목 경제와 정주 농업 경제 사이에 일정한 유형의 관계가 발전했다. 이러한 두 가지 상이한 생활양식을 구분하는 경계 지역에서는 교역과 전쟁이 다반사로 일어났다. 제2천년기 초에 대초원 지대에 거주한 몽골족은 생계(의식주)를 양과 염소와 야크에 의존하고, 교역과 관련된 수송을 위해서는 낙타에 의존하며, 사냥과 목축과 통신과 전쟁을 위해 말에 의존하는 유목 경제를 이루고 있었다. 몽골족의 경제는 가축의 질병과 같은 치명적인 문제뿐만 아니라 심한 가뭄이나 추위 같은 예측할 수 없는 변화에 영향을 크게 받았다. 따라서 곡물과 직물과 차 같은 기타 물품을 정주 농업에 종사하는 이웃들, 특히 중국인들과의 교역에 의존했다. 중국인들도 이웃 유목민들의 상품, 특히 말이 필요했다. 이웃 나라들 간의 교역 관계는 중국인들이 몽골족의 야영지를 습격하거나 몽골족이 중국인 사회를 습격하는 전쟁이 일어남으로써 주기적으로 와해되기도 했다.

13세기에 유라시아 전역으로 팽창한 몽골족의 성공은 환경에 따른 전통적인 말 사육 기술의 적응에 크게 의존했다. 몽골의 말 사육자들은 극한의 추위와 건조한 기후에서 살아남는 데 보탬이 된 땅딸막한 체구에 거칠고 두터운 갈기를 지닌 가축용 말을 먼 옛날부터 보존해 왔다. 몽골족은 제국을 건설하면서 농민들의 유목 통치자가 되어 피정복 국가의 주민들로부터 조공을 받거나 세금을 부과했다(7장을 보라). 몽골의 정복은 또한 유라시아를 통일함으로써 비단길의 교역을 활성화하고 대상로를 연결해 주었다. 재닛 아부-루고드가 주장했다시피 몽골의 유라시아 지배는 유라시아 대륙 전역으로 확장되고 항저우와 베네치아 또는 카이로와 팔렘방 같은 서로 거리가 먼 주민들의 정치경제적 · 사회문화적 삶을 연결해 준 교역 관계망인 '13세기 세계체제'를 형성하는 데 이바지했다.

몽골제국은 이 장에서 생각해 볼 경제생활의 주요 측면들을 설명해 준다. 곧 경제 체제(농업, 목축)의 형성에 미친 환경과 기술의 역할, 조공과 조세제도를 통한 통치자와 국가의 물적 자원 관리 및 분배, 경제 내부의 상품 교환뿐만 아니라 서로 다른 경제를 연결하는 데 이바지한 교역의 역할을 살펴볼 것이다. 다른 대륙에서도 그들 나름대로 다양한 농업, 목축, 교역, 그리고 지역 경제의 흥망을 경험했다. 몽골제국이 아무리 광활하고 강력한 제국이었다고 할지라도 유라시아 전역으로 확장된 것이지 지구 전체까지는 아니었다. 아프리카와 아메리카 대륙의 경제들을 연결하고 새로운 세계화 시대의 문을 여는 사업을 선도한 이들은 바로 유럽인들이었다.

15세기 말과 16세기 초에 등장하던 유럽 국민국가들 간의 경쟁은 세계 무역과 부의 전환을 이끌어 내고 결국에는 대서양 시대를 연 탐험과 항해를 자극했다. 자본주의의 발전과 유럽 팽창의 밑바탕에는 유럽의 해상 기술과 상업 기술의 발전이 있었다. 유럽은 1500년에 핵심 경제의 팽창에 중요한 주변부로서 개발 도상에 있는 새로운 대서양 변경의 자본주의 경제를 수확하고 축적하고 투자할 준비를 갖추고 있었다.

콜럼버스의 항해에 뒤이은 1500년 무렵부터 1800년까지 아메리카 대륙과 유럽과 아프리카의 일부와 아시아와 태평양은 대서양 중심의 세계 경제 창설을 통해 그 경제 관계와 사회들이 바뀌었다. 이 세계 경제는 나중에 유럽이 아시아와 태평양으로 팽창할 수 있는 길을 열어 주었다. 대서양 교역 관계의 수립은 아메리카 대륙 사람들뿐 아니라 아프리카인들, 특히 서아프리카와 중앙아프리카 사람들의 삶과 문화에 중대한 영향을 끼쳤다. 대서양 무역은 아시아와 아프리카와 유럽 사이에 오랜 기간에 걸쳐 형성된 관계의 균형을 깨뜨리고 전 지구적인 새로운 교역 관계를 만들어 냈다.

1800년에 자본주의와 산업주의는 생계를 꾸리는 방식과 공동체를 바꿈으로써 유럽인과 아메리카인들의 경제생활에 커다란 변화를 가져왔다. 인간적인 관계에 따라 형성되어 공동체 생활의 일부가 된 농촌의 농업과 수공업에서 산업혁명을 통한 비인격적이고 도시화된 공장제로 생산양식에 변화가 나타났고, 이런 현상은 개인생활과 가정생활에도 크나큰 영향을 주었다. 이러한 변화는 제국주의를 통해 전 세계로 확장되고 유럽의 경제와 유럽인들이 관리하는 식민지 경제 사이에 심각한 불균형을 만들어 냈다. 20세기와 21세기에도 이러한 불균형은 형태를 바꿔 여전히 지속되고 있고 새로운 세계화 시대 또한 그 자체의 불균등한 발전을 만들어 냈다.

화폐의 발생과 상업

세계화가 비교적 최근에 나타난 현상이기는 하지만 교환망의 발전은 인간의 활동 자체만큼이나 오래되었다. 우리는 호미니드가 190만 년 전에서 160만 년 전 사이에 가치가 큰 돌을 먼 곳으로 날라 쓸모 있는 도구로 만들었다는 사실을 알고 있다. 석기의 교역이나 호박과 흑요석의 전문 교역을 보여 주는 증거를 통해 다른 문화와 지역들 간의 초기 상업 활동이 어느 정도였는지 짐작할 수 있다. 선사시대의 광석 교환망은 최초의 원거리 교역로 가운데 하나였다. 주석은 지중해에서 동남아시아에 이르기까지 가치가 높은 광물로 평가되었다. 그런데 그것이 유래된 곳은 중앙아시아의 광산인 것으로 추정된다. 이 사실은 옛부터 광범위한 교환망이 있었음을 암시해 준다.

귀금속과 보석의 교역은 고가의 상품을 거래하는 폭넓은 상업적 접촉이 있었음을 나타내 준다. 초기 교역의 대부분이 물물교환으로 이루어지기는 했지만 화폐를 사용한 흔적도 있다. 최초의 화폐는 진귀하고 휴대하기가 간편하며 위조가 거의 불가능한 물질이었다. 이런 특징에 딱 맞은 자패(紫貝)는 아주 먼 옛날부터 서기 1800년에 이르기까지 아프로유라시아 세계에서 흔히 사용된 화폐 형태였다. 몰디브 근처의 바다에서 채취한, 제한된 분포를 보인 '돈개오지'(Cypraea moneta)를 비롯한 몇 종의 자패 껍데기가 기원전 7세기에 이미 중국에서는 상업적인 용도로 사용되었으며 그 이전에는 부의 표지로 사용되기도 했다. 기원전 1200년 무렵에 살았던 왕비의 무덤에 7천 개가 넘는 자패가 묻혀 있었다. 금속화폐가 개발된 이후에도 일부 지역에서는 여전히 자패를 사용했다. 서기 8세기에도 수단의 남부와 고대 가나의 아랍인 금 무역상들은 아프리카의 상인들이 지불 수단으로 자패를 요구한다는 사실을 발견했다. 중국 남서부의 윈난 지역에서도 9세기부터 17세기까지 자패 중심의 교환 체제가 일반적이었다.

그 밖에 18세기 남아메리카의 오리노코 유역에서 사용된 '키리파'(조가비 줄) 같은 조가비 화폐는 더 나중까지 사용되었다. 북아메리카에서는 '왐품'(구슬을 꿰는 하얀 줄을 의미하는 알곤킨어. 왐품페아그에서 유래)이 콜럼버스 이전의 여러 통화 체제를 지칭하는 것으로 사용되었다. 파푸아뉴기니에서는 달팽이 껍데기를 모아 화폐 가치에 해당하는 길이만큼 실에 꿰었다. 이 '키나'(조가비 화폐를 이렇게 불렀다)는 여전히 종이 화폐를 가리키는 것으로 사용되고 있다.

알려져 있는 최초 주화는 기원전 7세기 중엽 아나톨리아의 리디아왕국에서 주조되었다. 그 뒤 얼마 지나지 않아 중국의 통치자들은 삽이나 칼, 조가비 모양의 청동 화폐를 주조했다. 농업에서 철기가 중요했고 조가비가 여전히 화폐 형태로 사용되고 있었기 때문에 금속 자체뿐만 아니라 그것으로 주조한 상징적 물건이 화폐의 경제적 가치를 결정지었다. 철과 마찬가지로 납과 주석, 구리 또는 청동처럼 상대적으로 공급이 부족한 다른 금속들로도 주화를 만들었다. 물론 그보다 더 진귀한 금과 은으로도 주화를 만들었다. 사하라 이남의 아프리카에서는 구리 화폐가 사용되었다. 이곳에서는 늦어도 서기 950년에 벌써 구리 화폐를 금과 바꾸었다. 아프리카에서 '붉은 금'이라고 일컬어진 구리는 이 지역에서 가치가 매우 높은 희귀한 금속이었다. 대륙 바깥 지역 사람들에게 아프리카는 아랍어로 '빌라드 알 티브르'(금의 나라)라는 이름으로 알려졌다. 이 금이 중세 지중해 세계에 주로 공급된 금이었다.

전 세계의 크고 작은 나라들이 광업과 귀금속 생산을 독점하고 금속 주화의 무게와 순도와 가치를 책정하여 화폐를 주조하고 관리하기 시작했다. 일부 국가들의 화폐는 수천 킬로미터나 떨어진 곳에서도 신속하게 교환 단위로 받아들여졌다. 6세기부터 12세기까지 지중해 전역에서는 비잔티움의 금화 '베잔트'가 교환 수단으로 널리 사용되었다. 그들에게 아프리카의 풍부한 금에 접근할 수 있게 해 준 7세기와 8세기 아랍의 정복 이후에는 아프로유라시아 전역의 국제무역에 아랍의 '디나르'가 사용되었다. 하지만 13세기가 되면 결국 베잔트와 디나르의 중량과 순도가 떨어지고 그것들이 이탈리아 상인들의 도시국가인 피렌체(1252년에 플로린)와 베네치아(1284년에 두카토)의 금화로 대체되었다. 순도를 유지하면서 5백 년이 넘도록 그 지배를 유지함으로써 최초의 진정한 국제 화폐가 된 것은 바로 이 '두카토'였다.

교역로: 육로와 바닷길

교환의 욕구가 화폐의 발달을 가져왔지만 원거리 교환이 가능해진 것은 기꺼이 위험을 무릅쓴 상인들과 효율적인 수송 기술 덕분이었다. 상인들은 먼 옛날부터 육지와 바다를 통해 도시와 지역, 대륙을 오가며 사치품과 생필품들을 실어 날랐다. 시장의 이동과 전쟁, 소문과 기후에 따라 선적이 지연되거나 바뀌었다. 그들은 이윤을 노리며 부를 증식시켜 줄 교역 품목을 선정했다. 육로와 바닷길을 연결함으로써 지역적 상업은 물론 국제적 상업을 통해 비단을 비롯한 사치품과 소금과 같은 일상적인 상품

⊙ ── 당나라의 주화

최초의 중화제국 정부인 진(秦, 기원전 221~기원전 210년)은 가운데에 네모 구멍이 난 둥근 금속 화폐를 주조했다. 이런 관행이 그 뒤에 등장한 왕조 아래에서도 계속되었다. 이 주화에 뚫린 네모난 구멍에 실을 꿰어 '동전꿰미'('동전'은 일반적인 화폐 용어를 번역한 것이다)라고 부르는 통화 단위로 삼았다. 아래 그림 속 주화는 다른 주화들과 마찬가지로 청동으로 만들었고 그 표면에는 동아시아에서 중국의 세력이 절정에 달한 당(618~907년)의 연호가 새겨져 있다.

여러 지역과 시대에 만들어진 주화에는 풍부한 역사 정보가 많이 들어 있다. 그래서 하위 분야인 고화폐학이 주화 연구에 몰두하고 있다. 역사가들은 통치자의 초상과 글귀를 새겨 디자인한 주화를 통해 다양한 사실을 발견할 수 있다. 그리고 주화의 재료가 되는 금속의 공급지를 추적해 주화를 주조한 장소와 연결 지음으로써 금속 무역에 대해서도 알 수 있다. 주화의 분포를 통해 지역 간 교역 유형에 관한 정보를 얻을 수도 있다. 예를 들어 당나라의 주화는 아라비아 해안에서부터 동남아시아에 걸쳐 일본에 이르는 지역에서도 발견되었다. 이런 분포는 상업적 교환의 범위를 나타내 준다.

다른 모든 정부들과 마찬가지로 중화제국 정부는 재료로 사용된 금속에 따라 주화의 가치가 달랐기 때문에 통화를 관리하는 데 어려움을 겪었다. 당나라 때, 특히 파괴적인 반란이 일어나 여러 구리 광산이 폐쇄된 8세기 중엽 이후에는 주화의 수가 급격히 감소했다. 동시에 구리 함유량이 높아(83퍼센트) 사용된 금속의 가치가 주화 자체의 가치보다 훨씬 커졌다. 그래서 사람들은 주화를 녹여 도구 제작이나 심지어는 불상 제작과 같은 다른 용도로 사용하기 시작했다. 다음 왕조인 송(960~1279년)은 제국 전역에서 사용되고 있는 다양한 종류의 주화(구리, 철, 납 주화를 포함하는)에 대한 표준 통화를 수립하려고 노력했다. 통화의 단위는 한 꿰미당 주화 1천 개를 꿴 관(貫)이었다. 하지만 실제로는 한 관에 주화가 단지 700개나 800개 정도 꿰어 있었던 것 같다. 송나라 정부는 여러 차례 이전 시대보다 더욱 많은 주화를 주조했지만 통화 관리와 규제 정책은 실효가 없었다. 주화에 함유된 구리의 양을 대폭(46퍼센트로) 줄였지만 사람들은 여전히 주화를 녹여 그 구리를 사용했다. 설상가상으로 특히 일본으로 구리를 수출하여 얻는 이익이 커짐에 따라 이 금속의 입수 가능성을 더욱 감소시켜 구리의 국내 가치를 상승시켰다.

이런 어려움들 때문에 머지않아 세계 최초의 지폐를 제작하게 된다. 최초의 지폐 가운데 일부는 상인들이 거래하기에 빠르고 가벼운 수단이라는 장점을 우아하게 표현한 '비전'(飛錢)으로 널리 알려졌다. 가장 완성된 형태의 지폐는 몽골의 원 왕조(1279~1368년) 아래에서 출현했다. 지폐는 비단뿐만 아니라 금이나 은 예탁금으로 뒷받침되었다. 중국에서는 수백 년 동안 은의 무게를 나타내는 '주괴'(鑄塊)가 주화나 지폐와 더불어 가치의 표준으로 사용되었다. 16세기에 전 지구적인 교역 관계가 이루어지면서 명나라(1368~1644년)를 일컬어 일부 경제사가들은 세계 '은의 개수대'(silver sink)라고 했다. 명나라는 아메리카 대륙에서 채광해 '마닐라 갈레온' 선박으로 태평양을 건너 수송해 온 막대한 양의 은을 빨아들이고 있었다.

개원통보

을 주로 거래했다. 위험을 무릅쓴 교역을 통해 부유하게 되거나 가난하게 된 상인들이 홀로 상업적 모험에 뛰어든 것은 아니다. 통치자들도 교역에 자신들의 운명을 걸었다. 그들은 농업 배후지를 전략적인 상업 중심지와 해상 항구에 연결하고 변화하는 국제 교역로를 활용함으로써 자신들의 권력을 강화하고 국가를 확장시켰다.

서기 1세기 무렵이 되면 오래되고 유명한 몇 개의 교역로를 따라 사람과 상품과 사상이 오가게 된다. 아프리카의 기존의 두 연결망인 사하라 종단로와 동아프리카의 해안 체계뿐만 아니라 인도양 해로와 중앙아시아의 비단길이 바로 그것이다. 비단길과 인도양 해로의 서쪽 끝에 위치한 아프리카는 동서 교역에 참여했을 뿐 아니라 남북의 연결망을 제공함으로써 기존의 전 지구적인 상업 교류와 문화 교류를 새로운 차원으로 발전시켰다. 거대한 대륙 전역에 걸쳐 아프리카 내부 시장을 연결하고 그 시장들을 아시아와 유럽에 이어 주는 주요 도로들도 개발되었다.

아프리카에는 전 지구적인 연결망을 구성하는 두 곳의 역사적인 주요 변경 지역이 있었다. 아프리카 동쪽의 홍해 및 인도양 변경과 서아프리카의 사하라 변경이 바로 그것이다. 홍해－인도양 변경의 상업은 해양 중심이고 사하라 변경은 육상 중심이었다. 그 지역 사람들은 면적이 50만 헥타르에 달하는 방대한 사하라 사막을 아마도 모래로 된 바다로 여겼던 것 같다. 아랍어 '사헬'은 해안선으로 번역된다. 사하라 사막의 남쪽 끝에 있는 사헬 지역에는 여러 곳에 출입 '항구'가 있었다. 사막의 모래는 아프리카 동쪽에 접해 있는 대양과 마찬가지로 장벽이 아니라 정기적으로 횡단하는 공간이었다. 아프리카인들은 적어도 2세기부터 잘 닦여진 이 교역로를 따라 다녔다.

서기 100년과 500년 사이 사하라 사막에는 '사막의 배'라고 할 수 있는 낙타가 서아시아에서 이집트를 거쳐 도입되었다. 아프리카의 육로 교역에 낙타를 이용한 것은 다른 지역에서 해상 기술이 향상되는 것에 비견될 만한 혁신이었다. 낙타가 도입됨으로써 교역은 더 빨라지고 잦아지고 정기적인 모습을 띠었다. 다른 지형에서 다른 몸짓과 외양으로 사육된 보통의 단봉낙타는 짐을 250킬로그램까지 실어 나를 수 있었고 물을 마시지 않고 일주일 넘게 여행할 수 있었다. 이 낙타를 아프리카와 아시아의 육로 대상들이 이용했다.

비단길과 중앙아시아의 대상로 | 13세기 초에 몽골족이 유라시아를 정복(7장을 보라)하기 이전 천 년 동안 동서를 이은 가장 중요한

연결망 가운데 하나는 기원전 2세기와 서기 2세기 사이에 닦인 중앙아시아를 횡단하는 비단길이었다. 서기 1세기에는 대규모의 부유한 시장 지대가 아시아의 동쪽 끝과 서쪽 끝에 위치해 있었다. 동쪽의 중국 한나라와 서쪽의 페르시아 파르티아제국이 유럽의 로마제국과 연결을 맺고 있었다. 중앙아시아로 난 교역로를 통해 이 시장들 사이에 교역이 연결되었다. 하지만 조심성 많은 상인들을 안심시킬 만큼 안전이 보장되지는 않았다.

비단길이 생기기 전에는 간헐적으로 소량의 상품을 교역했다. 비단길은 그 뒤 1,500년 동안 동아시아와 서아시아, 유럽, 북아프리카 사이에 사람과 기술과 상품과 사상이 오간 주된 육상 연결망이 되었다. 서아시아의 상인과 로마의 병사들이 동쪽에 도달하고 중국의 상인과 한나라의 군대가 서쪽으로 뻗어나감에 따라 대상로를 따라 중앙아시아의 오아시스 국가들이 번성했다. 금이 가장 중요한 교역 품목 가운데 하나였을 테지만 후추와 비단 같은 여러 가지 사치 품목들도 거래되었다.

동서 횡단로와 인도-러시아를 잇는 남북의 종단로가 만나는 교차로에 있는 사마르칸트는 가장 오래된 중앙아시아의 고대 도시 가운데 하나로서 천 년이 넘도록 이 지역을 왕래한 대상 무역에 중요한 역할을 했다. 사마르칸트는 차례로 튀르크인, 아랍인, 페르시아인들의 지배를 받았고 1220년에는 다시 몽골족에게 정복당했다. 그 직후에 기록된 한 기록은 사마르칸트를 세 개의 동심(同心) 벽으로 둘러싸인 정원이 많은 도시로 그리고 있다. 사마르칸트는 12개의 나무 대문이 나 있는 외벽, 도시 지역을 둘러싼 두 번째 벽, 주 모스크와 왕궁이 있는 요새를 감싸는 내벽으로 이루어져 있었다. 사마르칸트를 비롯하여 중국 북서쪽의 부하라, 타브리즈, 투루판 같은 오아시스 도시는 중국을 서아시아와 유럽으로 이어 주는 중앙아시아 횡단 대상 무역에 없어서는 안 될 도시들이었다. 중앙아시아의 사막과 대초원을 가로지르던 대규모의 대상들은 이들 도시에서 물과 식량을 채우고 묵어 갈 수 있었다.

사하라 종단 대상로 │ 사하라 종단 황금 무역은 서기 7세기 이슬람교가 북아프리카로 확장하기 전부터 이루어졌다. 7백 년이 지난 뒤에도 여전히 수백 년 된 교역로를 따라 황금을 낙타 등에 싣고 거대한 사막을 건넜다. 사하라 종단 대상로를 따라 낙타와 함께 바퀴 달린 운송수단을 이용하기 시작한 로마 시대 이후 화기와 말을 탄 기병대를 동원한 16세기까지 상업적 성장의 형태에 기술적 변화는 없었다. 사막 교역로의 경로는 오아시스의 위치를 잘 아는 아프리카 상인 가족들의 항법 능력에 의존했기 때문에 거의 변함없이 유지되었다. 초기 교역로가 더 큰 이슬람 세계의 상업 네트워크로 편입되는 과정은 무슬림 상인과 성직자들이 교역과 순례를 위해 먼 여행을 하면서 대부분이 평화롭고 점진적으로 진행되었다. 대서양에서 인도양과 그 너머로 이어지는 육상의 상업 세계에 대한 서아프리카 사회의 참여는 이슬람화가 확장되면서 더욱 속도가 빨라졌다.

사하라 종단 대상들이 북아프리카와 서아프리카의 교역 체계에서 필수적이었던 만큼 북아프리카 상인들의 이익을 위해 조직된 대상들은 사막을 건너 상품을 들여오게 된 상사(商社)들의 일시적인 연합일 뿐이었다. 사하라 종단 대상 무역의 조직상의 핵심은 대상들 자신이 아니라 개별 상사들이었다. 이 상사들이 공식적·비공식적 유대를 통해 대상 사업에 참여했다. 이슬람법이 교역 사업이나 신용 대부를 위해 독립된 상인들 간의 계약 협정문을 작성하는 데 기초가 되었다.

서아프리카 우림의 가장자리에 있는 교역 도시 베그호는 아칸족 황금 지대의 집산지로서 북쪽의 만데 세계와 그 너머로 금을 실어 날라 사하라 종단 대상로를 통해 지중해 및 이슬람 세계와 연결하는 전략적인 위치에 있었다. 베그호의 인구는 전성기(13~16세기)에 다양한 문화권 출신의 상인들을 포함해 대략 1만5천 명에 달했던 것으로 보인다. 도시에는 서로 다른 언어 집단이 구역별로 거주했다. 장인들은 별도의 구역에 거주하며 그곳에서 일했다. 그들은 도가니를 통해 황동과 청동을 주조하고 주철과 강철과 상아를 만들었으며 멀리 대서양 연안까지 이름이 알려진 광목을 짜 염색을 했다.

베그호를 비롯한 황금 교역 도시에서 상인들은 금의 무게를 재기 위해 다양한 형태와 크기의 점토나 황동의 무게를 이용했다. 그들은 이런 물질을 평형 저울에 올려 사금과 금덩어리의 무게를 쟀다. 무게는 9세기부터 북아프리카와 수단 서부 일대에서 사용한 이슬람의 온스 체계를 따랐다. 이슬람의 무게 단위 가운데 가장 큰 온스(31.5그램)를 유럽에서 트로이온스라고 했다. 황금 무역업자들은 도적을 막기 위해 흔히 책임자의 인솔에 따라 대규모 집단으로 여행했다.

실종된 대상들의 유골과 잔해를 통해 알 수 있다시피 사하라 사막 종단 여행은 곳곳에 위험이 도사리고 있었다. 여행이 몇 달씩 걸릴 때도 있었고 열흘이나 이동해야 비로소 오아시스를 만날 수 있는 경우도 있었다. 안전하게 통행하기 위해 지역 당국에 통행료와 세금을 내고 난 뒤에도 도적과 강도의 공격 위험이 끊이질 않았다. 모래 언덕의 이동과 모래바람은 노련한 안내자까지도 당황스럽게 만들었다. 위험이 높기는 했지만 그만큼 벌어들일 잠재적인 부의 가치도 컸다. 사하라 무역의 주요 원천인 아칸족의 금 생산에 대한 믿을 만한 추정치에 따르면 1400년대에 해마다 5천 온스에서 2만2천 온스를 생산한 것으로 보인다. 이런 막대한 부 말고도 사하라 사막에서 캐낸 소금과 콜라 열매(흥분제로서 씹어 먹음)와 놋그릇 교역을 통해 재미를 보았다. 이 밖에도 사하라 사막의 상업 네트워크는 기술과 사상이 흐르는 통로 역할을 했다. 시질마사, 팀북투, 가오를 비롯한 사하라의 커다란 항구들은 사람과 문화의 활발한 교류가 이뤄지는 출발점이었다. 제네바와 베네치아, 가나, 카이로, 모로코 그리고 그 너머에서 온 무역상과 여행자들이 이 항구들을 거쳐 지나갔다.

1500년 이전 수백 년 동안 유럽을 상대로 한 사하라 종단 무역은 오늘날 나이지리아에 해당하는 수단 지역에서 실제로 제작한 '모로코' 가죽 같은 품목이 유럽 시장에 정기적으로 등장한 사실을 통해 확인할 수 있다. 수백 년 동안 아프리카의 그 어떤 상품도 서아프리카의 황금만큼 세계 무역의 관심을 끌지는 못했다. 아프리카의 황금은 시베리아의 금과 마찬가지로 현대 유럽의 여러 통화를 뒷받침했다. 포르투갈의 항해와 뒤이은 유럽의 항해를 자극한 것도 바로 아프리카 대륙의 다른 자원뿐만 아니라 황금에 대한 소문이었다. 이 항해들이 기존의 전 지구적 연결망을 바꾸어 놓고 전 지구적인 균형을 이루는 데 현저한 영향을 끼쳤다.

인도양 해로 인도양의 해로는 유라시아의 육상 비단길과 아프리카의 사하라 종단 대상로보다 더 이른 시기에 개발되었으며 동서를 잇는 세계 무역에서 이들 육로 네크워크와 경쟁 관계에 있었다. 해로는 안전 문제와 정치적 혼란의 영향을 육로보다 덜 받았고 변함없이 대량의 상품과 사람들을 실어 날랐다. 서인도양의 원격 해상무역은 기원전 제3천년기부터 존재했고 서기 1세기에는 항구의 수가 눈에 띄게 늘어났다.

해운이 동아프리카와 서남아시아를 인도와 동남아시아와 중국과 연결해 주었다. 최초의 연결은 북부 해안선의 긴 만곡부를 따라 동서로 서서히 이동한 배를 통해 이루어졌다. 복잡한 항로와 시장 조건, 정치적 상황 때문에 이 긴 만곡부의 동쪽 끝과 서쪽 끝에서는 서기 1세기에 이미 연안 무역의 형태에 변화가 일어났다. 이때 인도양 항로가 동서 항구들 사이 대양을 연결하는 해로가 되었다. 동남아시아의 항구들은 인도양을 항해한 아라비아나 아프리카의 무역업자들이 중국과 교역을 하는 통로 역할을 했다. 종교 의례와 여러 약품에 사용되는 방향제의 주요 성분인 아라비아의 유향과 아프리카의 상아가 동남아시아의 후추와 더불어 동남아시아의 항구들을 거쳐 중국 시장으로 간 인도양 무역의 중요 상품들이었다. 이 무역업자들에게 필요한 중국의 생산품은 비단과 차 그리고 도자기를 비롯한 제조품들이었다.

인도양은 아라비아 해와 인도양과 남중국해 세 교역로가 서로 만나는 곳이었다. 아라비아 해는 무슬림들이 지배하고 있었고 인도양은 동아프리카에서 온 무슬림 상인들과 남아시아와 동남아시아에서 온 힌두교도들이 주류를 이루고 있었으며 남중국해는 중국인들이 지배하고 있었다. 그 어떤 단일한 국가나 문화 또는 민족 집단이 단독으로 인도양 무역 전체를 지배하지 못했다. 이곳은 중국 항구에 아라비아 상인들이 거주하고 인도 항구에 동아프리카 상인들이 거주하며 동아프리카와 중국 항구에 인도 상인들이 거주하는 다민족 세계였다. 상인들 간의 만남을 통해 상품은 물론 사상도 교류되었다. 인도양은 계절풍에 따라 교역의 시기와 형태가 결정되었다.

'바람 아래의 땅' 동남아시아 | 오늘날의 동남아시아라는 지역은 인도양과 그 너머를 통해 동서의 원격 해상무역이 급증하면서 형성되었다. 바람이 몰고 온 호우로 급수를 하고 바람을 이용해 배들이 계절에 따라 매우 규칙적으로 바다를 항해하기도 해서 그곳의 주민들은 동남아시아를 '바람 아래의 땅'이라고 불렀다. 무역을 위해 인도양 바다를 정기적으로 오간 외부인들에게도 그렇게 알려졌다. 동남아시아의 본토와 섬은 계절풍을 이용한 해상무역에 의존했으며 말레이 반도의 끝자락에 위치한 말라카 같은 항구도시들은 인도양의 해상무역 때문에 생겨났다.

동남아시아 본토의 큰 하천 유역인 오늘날의 베트남과 캄보디아, 타이, 미얀마 지역은 서기 1세기 말에 여러 지역 정치체로 분열되어 있었다. 이 평원 지역은 규칙적이고 우기의 적당한 범람으로 생긴 가는 모래로 비옥해져 천수답과 더불어 갈수록 면적이 늘어난 관개지 벼농사의 생산성이 매우 높았다. 이 평원은 더욱이 상당한 수의 밀집 인구를 부양할 수 있을 정도로 꽤 넓었다. 이 평원은 또한 통신과 수송이 어려운 산악 지역과 달리 정치적으로 지배하기가 쉬웠다. 서기 50년 무렵 메콩 강 하류

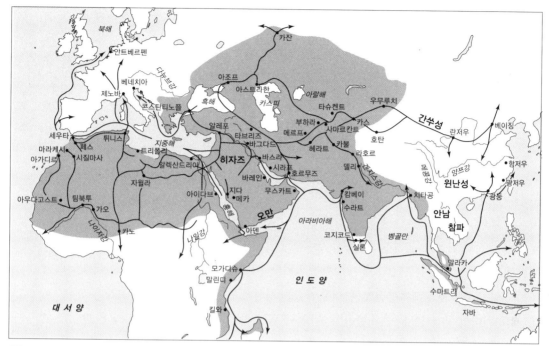

■ 이슬람 세계의 범위(1500년)

→ 원거리 교역로

| 지도 6.1 | **아프로유라시아의 교역로와 중심지들(600∼1500년)**

의 삼각주와 타이의 서쪽 해안선을 따라 '푸난왕국'이 등장했다고 훗날 중국의 자료에 기술되어 있다.

　초기의 푸난은 저마다 통치자가 있는 다수의 공동체들로 구성되어 있었고 공통의 문화 속에서 벼농사를 지었다. 또 지역의 연안 무역에 참여해 농업을 보충하는 공동의 경제 유형을 통해 서로 느슨하게 연결되어 있었다. 푸난의 인구는 주로 배후지의 농민들과 경제적으로 독립된 연안 도시의 해상무역업자들로 구성되어 있었다. 잉여 생산한 쌀은 항구에서 곧바로 판로를 찾았으며 연안을 항해하는 선박들이 그것을 사들였다. 한편, 해운업자들이 외국의 항구에서 가져온 상품으로 쌀을 비롯한 농산물 값을 지불하는 데 어려움이 없었다. 백 년 전이나 그보다 훨씬 이전에 뿌리를 내린 균형이 잘 잡힌 이 교환 체계가 서기 50년과 150년 사이에 상당한 변화를 겪게 되었다.

변화는 외부 요인에 의해 일어났지만 푸난을 제국으로 확대한 야심 있는 통치자들이 그것을 내적으로 강화해 나갔다. 이 변화를 일으킨 촉매는 교환의 중요성을 강화한 인도-중국 해상무역의 붐이었다.

메콩 강과 톤레사프 강 하류에서 농업 자치공동체 집단으로 출발한 푸난은 그 지역을 통행하는 해운이 증가하게 되면 더욱 큰 규모의 인구를 부양할 수 있는 무역 이윤이 생길 것이라고 생각했다. 인구가 증가하자 푸난의 지도자들은 훨씬 더 집약적인 관개농업에 투자를 해 농업 생산성을 높였다. 뒤이어 이웃 공동체들을 정복해 나가기 시작했다. 푸난의 지도자들은 또한 하천 연안의 상업 중심지나 교역 중심지를 정복함으로써 그 일대의 해상무역을 독점해 나갔다.

국제적인 연안 무역 네트워크를 관리해서 얻은 부와 권력을 통해 제국으로 바뀌었지만 푸난의 기원은 농업 중심 사회에 있었다. 이에 반해 스리비자야는 하천 중심의 연안 무역 공동체에서 출발해 해상 제국을 형성하는 데 동참했다(7장을 보라). 스리비자야의 창건자들은 믿을 만한 교역 상품을 확보하기 위해 농업 배후지와 좋은 관계를 발전시킴으로써 더욱 큰 규모의 해상무역 지대를 유지할 수 있었다. 그리하여 670년 무렵부터 1025년까지 그 일대를 지배하게 될 제국을 수립할 수 있었다. 오늘날 인도네시아의 수마트라 섬에 있는 스리비자야의 수도 팔렘방은 말라카 해협의 남쪽 입구 근처라는 전략적인 장소에 있었다. 함대와 육군을 거느린 스리비자야는 점차 해안선의 지배권을 확립하고 수마트라 동남쪽 해안에 대규모 상업 중심지를 건설했다.

스리비자야가 쇠퇴하는 동안 자바에서는 동해안의 해상무역 지대가 왕조 도시국가이자 무역 연합체인 마자파히트 정부 아래 통합되었다. 13세기 말 마자파히트는 수마트라와 보르네오, 술라웨시, 몰루카 제도를 비롯하여 북쪽으로 말레이 반도 및 섬들을 잇는 엄격한 관리 체제를 갖춘 광범한 교역망을 발전시켰다.

13세기부터는 동남아시아의 섬나라들에 이슬람교의 영향력이 꾸준히 증가되었다. 1401년 말라카에 무슬림 도시국가가 설립되었다. 북쪽에서 남쪽으로 그리고 남쪽에서 북쪽으로 이어지는 전략적인 입지 조건을 가진 항구와 좁은 말라카 해협을 통과하는 교역량이 급속히 늘어나면서 말라카는 15세기에 부유한 화물 집산지(교환이나 유통 지점)로 발전했다. 인도와 아라비아, 페르시아의 무역업자들이 말라카에 무역 본부를 설치했으며 말레이어가 동남아시아 전역에서 주요 무역 언어로 사용되었다. 인도의 면직물이 말라카 항구의 주요 상품 가운데 하나였고 유럽 시장으로 가는 동인도의 후추도 이곳에서 거래되었다. 말라카는 1500년 무렵 동남아시아의 국제무역 세계에서 가장 규모가 크고 가장 인구가 조밀한 상업 중심지가 되었다.

해상무역과 항구도시

인도양 건너편에 있는 동아프리카의 도시국가들도 해상무역의 행정 중심지로 성장했다. 동아프리카 해안에 위치한 오늘날의 케냐와 탄자니아 연안의 섬들에는 아프리카 본토의 초기 문명을 배경으로 서기 2세기 이후부터 킬와, 펨바, 라무, 파테 같은 복합적인 도시 사회가 출현했다. 이러한 해안 도시들은 서기 1100년 무렵에 스와힐리어(지역의 반투어를 중심으로 아랍적인 요소를 덧붙인)와 문화를 낳게 되는 요람이었다. 스와힐리족은 방대한 인도양 무역 네트워크를 관리함으로써 부와 정치적 힘을 키워 갔다. 부유한 술탄들은 아프리카 내륙에서 가져온 황금과 상아, 노예, 철, 진기한 목재 그리고 기타 상품들을 중국의 자기와 이슬람의 유리 제품, 구슬과 교환하면서 수집과 유통의 기능을 갖춘 화려한 화물 집산지이자 수출입을 위한 상업 중심지를 건설했다.

인도 대륙에서는 구자라트 반도, 서부의 말라바르 해안, 동부의 코로만델 해안, 이 핵심 세 지역이 인도양 무역에 종사했다. 이븐 바투타가 구자라트의 주요 항구인 캄베이 시의 아름다운 건축을 찬미했다. 캄베이 시는 주민들의 다수를 차지한 외국 상인들이 건설한 도시였다. 구자라트의 상인들은 국제 해운과 상업에서 중요한 역할을 담당했고 동아프리카의 항구도시들에까지 소문이 났다. 말라바르 해안을 따라 나 있는 캄베이에서 남쪽으로 멀리 떨어진 코지코드 시는 구자라트와 유대인 상인들이 교역을 하는 상업 단지였다. 코지코드는 바그다드가 몽골족에게 무너지고 카이로의 카림 상인들이 인도양의 후추 무역을 장악하면서 교역로로서 페르시아 만의 중요성이 기울어 가던 13세기 중엽에 성장했다.

'카림'(위대함을 뜻하는 말)은 대규모 도매상인을 소규모 사업가와 구별하기 위해 사용한 아랍어였다. 카림 상인들은 카이로의 국제무역이 전성기에 도달한 13세기 후반부터 14세기 초에 두각을 나타냈다. 카림 상인들이 거래한 주요 상품은 후추였지만 직물과 자기, 귀금속, 비단, 노예(비무슬림)도 거래 품목에 들어 있었다. 카림 상인들 가운데에는 은행업자나 선주도 있었다. 카림 상인들은 베네치아나 제노바 같은 이탈리아 도시국가의 거래 상대들과 마찬가지로 한쪽이 자본의 3분의 2를 투자하고 다른 한쪽이 나머지 자본 3분의 1을 투자한 다음 상품을 따라 해외로 나가는 해외 모험 사업 계약을 맺었다. 이들은 수송을 비롯한 사업 비용을 공제한 다음 이윤을 똑같이 나누었다. 베네치아와 제노바에서는 이런 계약을 '코멘다'라고 했고 그 지역 상인들이 널리 이용했다.

11세기 말에는 제1차 십자군을 통해 유럽 경제를 아시아 및 아프리카 경제와 다시 연결하는 무역이 부활하기 시작했다. 그 결과 이탈리아의 도시들이 원거리 무역의 상업 중심지가 되었다. 성지를 탈환하기 위한 노력이 무역에 크게 기여했으며 이탈리아 상인들이 막대한 이윤을 거두었다. 베네치아는 처음 네 차례의 십자군을 통해 제노바와 같은 경쟁 도시를 제압하여 동부 지중해를 지배하고 콘스탄티노플과 서유럽 교역로의 부를 거두어들이며 진가를 발휘했다.

아드리아 해의 상단에 위치한 베네치아는 바다로 흘러드는 여러 강들, 특히 포강의 지류로 형성된 강둑과 본토 사이의 소금기 있는 석호에 자리 잡은 개펄 섬들에서 발전했다. 베네치아인들이 빗물을 모아서 식수로 써야 했던 고충을 제외한다면 바다는 모든 면에서 그들에게 도움이 되었다. 작은 섬들에는 토지가 부족한 데다가 대부분이 농지로 부적당했기 때문에 바다가 주요 식량 공급원이 되었다. 본토와 생선이나 소금을 거래한 초기 무역에서부터 동서 무역을 사실상 독점한 13세기까지 해상무역은 베네치아인들을 부유하게 해 주었으며 베네치아를 유럽의 주요 강국으로 만들어 주었다. 십자군과 관련된 지중해 무역과 이윤을 통해 베네치아가 부유해지고 강성해질 무렵 무역에 의존한 항구도시들의 환경 밖에 살던 사람들은 자신들의 생계를 어떻게 꾸려 나갔을까?

| 중세 영국의 장원과 경제생활 |

1200년 무렵 이전에는 전 세계의 농업 경제와 목축업 경제 속에서 친족 관계가 생산과 소비의 기본 단위를 구성했다. 세계 여러 지역에서는 주로 혈연으로 연결된 개인들로 이루어진 가구들이(배타적인 것은 아니지만) 중세 영국의 장원 경제에서처럼 더욱 큰 규모의 단위로 조직되었다.

11세기 말 영국은 인구의 90퍼센트 이상이 토지로 생계를 이어 가는 농업 사회였다. 1085년 크리스마스 날에 영국의 정복왕 윌리엄이 고문들과 함께 자신이 다스리는 왕국의 영토와 백성들에 대해 진지한 논의를 했다. 당시의 한 연대기 작가가 이 논의의 결과를 자세히 적어 놓았다.

> 그러고 나서 그가 영국의 모든 주에 신하들을 보내 주마다 하이드(한 가족을 부양하기에 족한 땅 면적 — 옮긴이)가 몇 백 개가 되는지, 그곳에 어떤 땅과 가축을 보유하고 있는지, 열두 달 안에 그 주에서 어떤 부과금을 거둬들여야 할지를 알아보라고 했다. 왕은 또 대주교와 주교, 대수도원장, 백작이 각각 얼마나 많은 토지를 보유하고 있는지 (……) 영국 땅에 살고 있는 모든 사람이 어떤 토지와 무슨 가축을 보유하고 있고 얼마나 보유하고 있는지 그리고 그 가치가 어느 정도인지를 기록하라고 했다.
>
> (David Roffe, Domesday: *The Inquest and the Book*, Oxford: Oxford University Press, 2000, p. 1)

이 조사는 당시 영국 주민들의 눈에 비친 미증유의 중요성 때문에 심판의 날이란 이름을 따 나중에 그렇게 알려지게 되는 '둠스데이 북'에 기록되었다. 《둠즈데이 북》은 왕과 영주, 교회뿐 아니라 모든 사람들이 보유한 부와 소유에 대해 간결하고 상세하게 기록한 보고서로서 특정 시점에 영국 부의 분배에 대한 단면을 보여 준다. 이 책에 기록된 자료를 바탕으로 11세기 말 영국의 경제생활을 생생하게 그려 낼 수 있다.

2백 명이 안 되는 평신도들과 백여 곳의 대형 교회들(주교구, 대수도원, 소수도원 포함)이 전 국토에 대한 평가 가치의 75퍼센트 정도를 소유하고 있었다. 대영주들은 영지의 일부를 차지인에게 임대해 주었다. 흔히 기사라고 기술되는 이 차지인들은 영주와 같은 사회 집단에 속했다. 영지의 절반에서 4분의 3가량은 그곳에서 나온 식량과 수입으로 영주 개인 가정의 필요에 직접 충당하기 위한 '직영지'로 관리했다. 대부분의 직영지는 화폐 지대를 받고 임대해 주었다. 이 차지인들이 토지를 보유한 중산계급인 젠트리를 구성했다. 하지만 대다수 사람들은 일정한 양의 토지를 보유하거나 임대한 농민으로 또는 토지에 긴박되어 영주의 지시에 따라 일을 하는 농노로 살아갔다.

경작지는 좁고 긴 지조(地條)로 나뉘어 있었다. 이 지조는 다양한 토지 사용권자인 영주와 기사 차지인, 농민, 농노에게 분할되었다. 농노는 할당받은 얼마 안 되는 지조를 보유하기 위해 영주에게 노역 이상의 의무를 졌다. 그들은 영주에게 관습적인 부과금 및 지대와 함께 자신들이 수확한 것의 일정한 비율을 납부하고 장원이나 마을 사제에게 십일조를, 영지를 관리 감독하는 관리인에게 일정한 액수를 각각 납부해야 했다. 그리고 축제일이나 특별한 때 영주에게 선물을 바치는 등 별도의 의무가 있었다. 또한 영주의 땔감을 마련한다든지 심부름을 하거나 장원의 길과 다리를 손보는 등 특별 노역이라고 부르는 별도의 노역을 했다.

영주는 포도 압착기와 제분소, 제빵소 같은 장원의 특정 시설물을 관리했다. 이 것들은 영주의 소유였고 장원의 거주민들이 이런 시설을 사용하지 않을 수 없었다. 공유지는 마을 공동체가 집단으로 보유했고 삼림과 목초지와 수로는 영주가 관리했다. 영주는 농민들에게는 없는 사냥의 특권을 가지고 있었다. 사냥권에는 사냥감을 좇아 들판을 마구잡이로 달리는 것이 포함되어 있었다.

11세기부터는 편자와 말굴레 같은 기술이 개량됨에 따라 농업 생산성이 증가하기 시작했다. 편자와 말굴레는 말을 이용해 경작하는 일을 더 수월하게 해 주었다. 기술혁신으로 곡식 빻는 동력을 제공하는 물레방아의 확산과 한계 토지의 개간이 활발해져 인구 증가가 가속화되었고 이어서 중소 도시들이 크게 늘어났다. 상업 경제의 발전이 밀려옴에 따라 도시는 농민들에게 농촌을 떠나 무역과 수공업 같은 다른 직업에 종사할 기회를 주었다. 일부 영주들이 시장에 공급할 작물로 생산을 전환하기 시작했음에도 불구하고 장원은 여전히 농업의 주된 기반으로 존재했다.

12세기부터는 양모, 직물, 목재 같은 상품의 교역량이 증가하면서 경제가 어느 정도 팽창하고 인구도 전반적으로 증가했다. 하지만 아직 농업혁명이나 상업혁명이라고 할 정도는 아니었다. 산업 기술에 중요한 발전이 나타난 것도 아니어서 광업, 염전업, 조선업, 어업과 같은 주요 산업들이 본질적으로는 여전히 과거와 비슷한 상태로 남아 있었다. 13세기 영국의 해외무역은 베네치아와 제노바 항을 중심으로 활동하는 이탈리아 상인들이 관리했다. 11세기에서 13세기에 걸친 십자군이 지중해 동쪽과 아프로유라시아의 육로 교역망을 북서유럽에 다시 연결해 주었다. 하지만 영국은 여전히 주변부에 머물러 있었다. 그러나 영국 양모에 대한 수요는 무역수지를 유지하고 금괴를 유입해 영국의 화폐(은 페니)를 일정한 기준으로 유지하는 데 도움을 주었다. 11세기 말과 13세기 사이의 인구 증가는 적어도 취락과 경작이 확대되었을 뿐만 아니라 도시가 성장했다는 것을 의미했다. 1100년부터 1300년까지 대략 140개의 도

| 그림 6.1 | **관리인의 감독을 받으며 수확하고 있는 농민들(1300~1325년 무렵)**
토지를 경작하고 작물을 수확하는 농민의 노동 가운데 일부는 영주의 몫이 되었다. 관리인에게는 토지를 통해 가능한 한 풍성한 수확을 거둬들일 책임이 있었다.

시가 새로 생겨난 것을 확인할 수 있다.

하지만 경작을 한계 토지로 확대한 것이 반드시 필요한 생산성을 가져다준 것은 아니다. 13세기에는 경작지를 더욱 집중적으로 경작하기 위해 이포제 대신 삼포제를 널리 채택했다. 두 필지나 세 필지의 밭에 작물을 윤작하고 한 필지의 밭을 놀리거나 묵힘으로써 '지속 가능한 농업'을 증진하는 경작 유형인 이 두 방식은 지력을 보충하고 생산성을 유지하기 위한 것이었다. 이포제에서 삼포제로 전환한 결과 더욱 집약적인 경작에 요구되는 토질을 보존하기 위해서 가축에서 나오는 퇴비를 더욱 많이 사용할 필요가 있었다. 목장과 삼림이 경작지로 바뀌면서 가축 사육은 줄어들었다.

13세기 말에 인구 증가가 농업 생산성을 앞지르면서 영국 농민의 경제 여건이 궁핍해졌다는 증거가 있다. 당시의 재산 기록은 적어도 차지인의 평균 보유 면적이 줄어들고 있었음을 보여 준다. 그리고 노예제가 거의 사라지기는 했지만 아마도 인구의 절반 정도가 영주의 요구에 따라야 하는 농노들이었을 것이다. 12세기가 되자 상당수의 농노가 부담하고 있던 노역이 화폐 지대를 지불하는 것으로 바뀌었다. 1200년 무렵에는 국왕의 재판관들이 누가 법정의 심리를 받을 수 있는 '자유인'의 권리를 지니고 있고 누가 그렇지 않은지를 결정하기 시작했다. 틀림없이 법에 따른 통치를 장려한 대헌장(1215년)의 영향이었을 것이다. 그 결과 절반은 자유롭지 않은 농노가 되고 절반은 자유인으로 간주되는 사회의 양대 계층화 현상이 생겨났다. 과거에는 차지인의 관습적 의무를 영주가 마음대로 조작할 수 있었지만 분쟁을 제기하는 법적인 방식이 확립됨에 따라 영주들의 자의적인 강요가 더욱 어려워지게 되었다. 하지만 결국 토지가 있든 없든 자유인이든 아니든 사람들은 대개 겨우 목숨을 부지할 정도의 생활을 이어 갔다. 근근이 삶을 이어 가다 보면 기아나 영양실조로 말미암은 질병 때문에 수확이 조금만 감소하더라도 사망률에 커다란 영향을 미칠 수 있었다.

　인구 증가는 곧 식량에 대한 수요 증가를 의미했다. 1200년 무렵과 13세기 말에 다시 나타난 물가 상승이 빈민에게는 대개 파괴적인 결과를 가져왔지만 부자에게는 오히려 득이 되었다. 인구 증가의 결과 풍부한 노동력이 공급되었는데 이것은 명목 임금이 물가 상승과 나란히 증가하지 않았음을 의미했다. 부유한 지주들은 농촌 전역에 걸쳐 급격히 증가하던 잉여 생산물을 시장에 내다팔아 큰 이윤을 챙겼다. 시장을 위한 생산의 중요성이 커지면서 상당수의 지주들은 토지를 차지인에게 임대하기보다는 직접 경영하기 시작했다. 예를 들어 1200년 무렵 베리 세인트 에드먼즈의 대수도원장 샘슨은 자신의 토지를 직접 맡아 경영자를 임명하고 시장에서 판매할 잉여 농산물을 생산했다. 이러한 경영 혁명과 그것이 가져다준 농업 기술상의 이익은 당시의 영국 주민들 가운데 일부에게만 혜택이 돌아갔다. 13세기 말에는 인구 압력이 전통적인 농업 경제를 긴장시키고 부자와 빈민의 격차를 강화하는 것으로 작용했다.

　1300년에 영국 농민들은 토지가 부족했지만 농사 말고는 대안이 거의 없었고 물가가 높은 세계에 살고 있었다. 직업을 구할 수 있다 하더라도 임금이 낮았다. 또한 그 무렵에 영국의 인구 붐이 정점에 이르렀다. 14세기 중엽에는 사회 전체적으로 생활수준이 하락했고 높은 사망률로 이어져 인구 성장을 멈추게 했다. 생활수준의 하락은 땅이 너무 적은 데 반해 생계를 유지해 나가려는 사람들이 너무 많아서 나타난 현상이었다. 14세기 전반에는 악천후와 자연 재난으로 연이은 흉작이 발생해 경제와 살림이 취약해지고 일시적인 인구 하락 현상이 나타났다. 하지만 14세기 중반 영국 사회 전반과 인구에 가장 큰 영향을 준 것은 바로 흑사병이라고 알려진 전염병이었다.

　역병은 1348년부터 영국과 스코틀랜드 전역으로 확산되어 인구가 3분의 1가량으로 급속히 줄어들었다. 파국적인 인구 감소는 노동 수요를 증가시키고 따라서 임금을 인상시킴으로써 노동 조건을 개선해 주었다. 하지만 거기에 들어간 인간의 신체적·심리적 대가는 엄청난 것이었다. 노동력 부족에 직면한 영국의 지주들은 농민에 대한 통제를 강화해 나갔고 국왕도 임금을 안정시키고 노동력을 역병 이전의 수준으로 되돌리기 위한 정책을 펴 지주들의 노력을 뒷받침해 주었다. 그 결과 농민의 불만이 쌓여 갔고 마침내 1381년 농민반란으로 분출되었다. 3년 사이에 세 배나 오른 인두세의 증가는 반란에 기름을 부은 격이었다. 이에 대한 저항은 농업 노동자로부터 시민에 이르는 광범한 영국 사회를 결집시켰다. 이들이 마침내 런던에 모여 리처드 2세에게 농노제를 폐지하라고 요구했다. 하지만 자연 발생적으로 일어난 봉기의 지배력이 오래 이어질 수 없었고 반란자들은 곧 도시와 농촌의 가정으로 흩어졌다. 궁극적으로 오랜 장원제를 해체하고 적어도 어느 정도는 농민을 해방시킨 역할을 한 것은 아마도 상업의 성장과 도시화였을 것이다.

중국의 상업혁명과 화폐

상업의 변화가 영국의 장원제를 와해시키기 시작할 무렵에 중국의 농민은 이미 상업혁명을 겪었다. 하지만 중국의 상업혁명은 유목민들의 변경 침입으로 시간이 걸리다가 결국에는 중단되었다. 유목민들의 침입은 13세기 말 몽골의 정복으로 절정에 이르렀다. '상업혁명' 시기인 송대(960~1279년) 중국의 토지 보유가 어떤 성격의 것인지 그 명확한 성격을 둘러싸고 여전히 논란이 크지만 두 가지 사실은 분명하다. 토지보유의 지역적 차이가 매우 컸고 농민을 전반적으로 토지에 묶어 둔 '장원' 체제가 일반적이지 않았다는 점이다. 1000년에 1억 명가량의 인구를 지닌 중국은 급속한 경제성장에 시동을 걸고 상업혁명을 잘 진척시킨 일련의 변화를 겪기 시작했다.

11세기 초에 동남아시아로부터 빨리 여물고 가뭄에 강한 새 품종 벼를 들여와 식량 공급이 증가하기 시작했다. 이 수입 품종은 빨리 자라기 때문에 한 해에 한 작물 이상을 파종하고 수확할 수 있었으며 관개가 잘 되지 않는 곳이나 이전에는 파종할 수 없었던 곳에 벼를 심을 수 있게 해 주었다. 그와 동시에 댐 기술의 발전으로 저지대의 습지를 간척해 새로운 농경지를 개발할 수 있게 되었다. 이 과정에서 늘어난 식량 생산이 인구의 팽창에 기여했다. 그런가 하면 인구 성장은 생산품 시장을 확대하는 데 이바지했다. 확대된 시장은 11세기의 정치적 안정이 가져다준 효율적인 수송 네트워크와 결합해 시장 생산의 지역적 특화를 촉진했다. 각 지역은 비단(직조 기술뿐만 아니라 뽕밭을 가꾸고 누에치기를 해야 했다)과 같은 직물 생산이나 오렌지나 차 같은 농산물을 전문화하기 시작했다. 예를 들어 차는 주로 푸젠 성의 동남쪽 해안에서 재배되었지만 그것이 중국 전역에 판매되었다.

이웃 유목민들과의 교역은 중국인들에게 생산물을 내다팔 시장과 필요한 상품에 접근할 수 있는 기회를 가져다주었다. 그들은 북쪽으로부터 은과 삼베, 양, 말, 노예를 수입하고 차, 쌀, 자기, 설탕, 비단과 상품들을 수출했으며 그것들을 약품, 말, 기타 품목들과 교환했다. 해상무역은 이전의 당 왕조 아래에서 번성하기 시작했다. 당시 인도양 해로를 왕래하던 인도와 아라비아의 상인들이 광둥 남부의 항구에 상주 거류지를 건설했다. 송의 상업혁명이 진행되면서 경제의 활력소로 인식된 해상무역은 당국의 보호와 감독을 받게 되었다. 12세기 중엽 해상무역의 이익이 국가 전체 수입의 약 5분의 1을 차지했다.

11세기에는 상업세와 전매(주로 철과 소금)를 통한 국가 수입이 농업세와 맞먹었으며 12세기가 되면 상업 관련 수입이 농업세를 훨씬 능가했다. 송대 상업혁명의 핵심적인 측면 두 가지는 금속화폐 및 지폐 사용의 증가와 은행 및 신용 제도의 발전이었다. 예를 들어 8세기와 11세기 사이에 통화의 생산은 네 배로 늘어나 인구의 증가 추세를 훨씬 앞질렀다.

갈수록 늘어나는 화폐 거래와 더불어 지폐와 신용 거래는 상품의 물물교환이나 교역에 기초한 국지적 경제로부터 지역 경제들을 통합하는 규모의 경제로 전환하는 데 도움이 되었다. 송나라가 주조한 통화의 기본 단위는 천 개씩 실에 꿰어 쓰는 '동전'이라고 부르는 네모 구멍이 난 둥근 청동 주화였다. 하지만 대량으로 사용하거나 운반하기에는 무겁고 성가신 것이었다. 상인들은 신용 증명서나 환어음 이용과 같은 혁신을 통해서 지역 간 거래를 쉽게 할 수 있었다. 세상에서 종이가 처음 발명된 곳은 서기 2세기 중국이었다. 10세기가 되면 중국의 지역 기업가들 사이에서 지폐가 사용되기 시작했다. 11세기에는 송나라 정부가 공식 지폐를 인쇄했다.

인쇄술(활판 인쇄와 목판인쇄)의 발전과 상업적인 인쇄 산업은 이를테면 농민들에게 새로운 농업 기술을 소개하는 책과 같은 값싼 인쇄물을 보급해 여러 기술을 확산시켰다. 직물공업의 발전은 생산의 증대를 가져왔다. 14세기 초의 기록으로 짐작해 보면 기계 물레 한 대가 24시간에 60킬로그램의 실을 자을 수 있었다. 모직물 및 견직물과 더불어 제국 전역에 분산되어 있는 제국과 개인의 상업용 가마를 통해 생산한

| 그림 6.2 | **강변의 봄 축제(다리 상세도)**

1500년 무렵 명나라의 화가 구영(仇英)이 그린 작품. 이것은 아마도 당시의 활발한 상업과 도시 활동을 묘사한 12세기의 유명한 두루마리 그림을 나중에 모사한 복제품일 것이다. 진본은 북송(960~1126년)의 수도 카이펑(開封)을 그린 것으로 생각되지만 위 그림은 일반적인 이상 도시를 그린 것으로 간주된다.

자기의 생산량도 증가했다. 자기 제조 기술은 12세기에 완성되어 다양한 도예품들이 생산되었다.

중국의 장인들은 수백 년에 걸쳐 주철을 생산해 왔으며 유럽보다 앞선 제련 기술을 이용해 강철도 만들었다. 주로 중국 북부에서 집중적으로 이루어진 원철 생산량은 3만5천 톤에서 12만5천 톤에 달했다. 이것은 몇 백 년 뒤 산업혁명 직전 영국의 생산량에 필적하는 수준이었다. 당나라가 이미 중국 북부 평원의 삼림을 벌채하는 바람에 사용할 수 있는 목탄의 양에 한계가 있었다. 유럽에서는 18세기까지도 사용하지 않은 혁신적인 석탄을 사용해 11세기 철강 생산을 증대시켰다.

시장과 인구의 중심지로서 점차 도시가 성장하고 번창했다(3장을 보라). 1235년 남송의 수도 항저우에 관한 기록을 보면 그곳 시장의 활발한 상업적 분위기를 알 수 있다.

아침 시간에는 왕궁의 정문(靜門)에서 신대로의 남쪽과 북쪽 끝까지 시장이 펼쳐졌다. 시장에는 진주와 비취, 부적, 이국적인 식물, 과일, 계절별 해산물, 사냥한 새나 짐승이 있다. 세상에 진기한 모든 것들이 여기에 다 모인 것 같다. 시장은 …… 늘 붐비고 혼잡하다.

(Patricia B. Ebrey, ed., *Chinese Civilization: A Sourcebook,* New York: Free Press, 1993, p. 178)

항저우와 같은 도시들에는 고급 음식점과 상점과 극장이 농촌 생활에 비해 매력적인 것으로 보이는 직업을 제공했기 때문에 농촌 주민들의 목적지가 되었다. 항저우를 비롯한 도시는 인구가 늘어났고 도시 지역의 사회생활이 새로운 문화를 누릴 기회를 만들어 냈으며 성 역할과 사회적 지위에 변화를 가져다주었다. 영국에서 장원제가 정점에 달한 1200년에 중국은 농민이 여전히 압도적으로 많았지만 11세기의 상업혁명이 중국의 자연적, 사회적, 무엇보다 경제적인 경관을 실질적으로 바꿔 놓았다.

잉카제국의 무역과 공물

15세기 초에 잉카제국이 등장한 남아메리카 안데스 일대의 좁은 지역에는 유라시아의 다채로운 경관만큼이나 엄청나게 다양한 환경이 몰려 있었다. 이곳의 경제생활을 결정하는 환경적 제약 요인은 수직성이었다. 산지가 많은 일본 열도의 경작지가 25퍼센트가량인 데 비해 안데스 지역은 겨우 2퍼센트밖에 되지 않았다. 지형이 짧은 거리 내에서 수백 미터나 오르내리기 때문에 다양한 소기후와 생태 환경을 만들어 낸다. 그래서 서로 다른 생산물이 나오고 인간에게 보탬이 되는 다양한 동물들의 서식지가 되기도 한다. 해발 4,000미터가 넘는 고원 지대(알티플라노)에서는 안데스의 덩이줄기 작물(오늘날 470종이 넘는 다양한 감자가 확인된다)과 라마나 알파카와 같은 낙타류가 발견된다. 해발고도가 1,800미터에서 3,000미터나 되는 높은 계곡에서는 옥수수와 고추가 자라고 1,000미터가량 되는 '밀림의 눈썹' 계곡에서는 코카나무가 자란다. 아마존 우림에는 꿀, 견과, 새들이 있고 건조한 태평양 연안을 따라서는 소금과 생선이 거래된다. 이 광범위한 생태 환경들을 하나하나 살펴보다 보면 장바구니가 남아나지 않을 것이다.

잉카인들은 남아메리카의 안데스 해안을 따라 수많은 생태 구역이 있는 다양한 지역 경제를 관리하기 위해서 선조들의 경험과 제도를 살려 그 일대에 흩어진 공동체들의 노동과 물적 자원을 징발함으로써 천만 명을 통치하는 제국을 건설했다. 그 과정에서 남아메리카 서해안을 따라 거의 5천 킬로미터에 걸쳐 뻗어 있는, 생태와 종족이 서로 다른 공동체들의 부와 생산력을 통합하고 그것을 활용하는 경제 체제를 건설해야 했다. 긴 제국의 영역 안에서 상품을 운송하는 수송 능력이 중요했다. 4만 킬로미터에 이르는 잉카의 도로 체계는 통치자들의 가장 중요한 업적이자 주목할 만한 공학적 위업에 해당하는 방대한 도로망이었다. 에스파냐의 한 관찰자는 이렇게 평가하고 있다.

> 나는 인류의 기억 속에 깊은 계곡과 높은 산, 눈 비탈, 급류, 자연 그대로의 강과 바위를 달리는 이처럼 위대한 길에 대한 기록은 없다고 생각한다. 어디를 가나 쓰레기가 없이 깨끗하고 단정했으며 도로를 따라 숙소와 창고, 태양 신전과 역참이 있었다.
>
> (Terence N. D'Altroy, *The Inkas*, Oxford: Blackwell, [2002] 2003, p. 3. 페드로 시에사 데 레온의 말을 인용)

이 글에 나오는 창고는 잉카 정부가 정복지 주민들로부터 재물을 갹출해 그것을 재분배하는 데 중요한 역할을 했다. 농업을 중심으로 한 생존 경제에서는 파종과 수확의 주기가 고르지 않고 다양하기 때문에 저장이 식량 공급의 안정을 유지하는 데 필수적이었다. 잉카의 통치자들은 정교한 호혜 제도를 통해 자원을 징발했다. 지방의 지도자들(쿠라카)은 국가로부터 지역의 권위를 인정받고 그 대가로 노동과 물품을 제공했다. 노동력 제공이 이런 호혜 관계의 기본 의무이자 잉카 재정의 주요 원천인 것으로 생각되지만 그 밖의 지역 공동체들이 코카와 같은 물품을 제공하기도 했다. 이런 물품을 잉카제국 여기저기에 흩어져 있는 대형 창고에 저장했다가 나누어 주었다.

잉카인들은 어떤 지역을 정복하면 모든 자원을 접수해서 국가와 국가 종교와 소속 공동체들에게 배분했다. 그러고 나서 농경지와 목초지를 공동체에 다시 분배하고 그 대가로 노동력 제공(미타)을 요구했다. 예를 들어 페루의 화나코 지역에서는 주민들이 서른한 가지나 되는 의무를 할당받았다. 거기에는 농업과 목축, 석조 건축, 군역이나 보초 근무, 광업, 운송, 장인 업무 등이 포함되었다. 지역 공동체에서는 농지, 목초지, 자원의 이용권을 분배하는 기초가 되는 '아이유'라는 공동의 친족 집단이 핵심 단위였다. 아이유의 엘리트 구성원들은 의례, 정치, 군사의 지도력을 발휘하고 축제 행사를 후원하고 그 대가로 공동체의 농사와 목축, 개인적인 봉사, 일부 공예품에 대한 권리를 지니고 있었다. 그들은 주민들에게 직물과 옥수수 맥주, 코카 같은 물품과 식량을 분배함으로써 자신들의 권위를 어느 정도 확립했다. 이런 정치적·사회적·경제적 관계가 지방 엘리트(특히 그 지도자들인 쿠라카)와 잉카 정부의 관계에 반영되었다. 다양한 생태 지역이 지정됨에 따라 지역 경제도 매우 다양해졌으며 그들이 제공하는 상품도 해산물이나 농산물뿐 아니라 직물, 자기, 가죽신에 이르기까지 다양해졌다.

잉카제국이 관리하는 종족과 경제 단위가 매우 다양하다는 것을 인정할 경우 잉카의 국가 경제 구조 내에서 한 지역이 어떻게 기능했을까 하는 점이 궁금하다. 페루의 중앙 고지대에 위치한 만타로 계곡 고지의 왕카족이 1460년 무렵에 잉카족에게 정복되었다. 제국의 수도 쿠스코에서 북부의 키토에 이르는 잉카의 간선 도로가 이 계곡을 지나갔다. 왕카족의 전체 인구는 아마도 20만 명 가까이 되었던 것 같다. 왕카 공동체들은 잉카족에게 정복된 다음 언덕 꼭대기에서 내려와 계곡 가장자리를 따라 곳곳에 흩어져 마을을 이루고 살았다. 왕카의 엘리트들은 다른 곳에서와 마찬가지로 잉카 통치자들의 지역 대표로서 국가 행정에 동원되었고 지역 주민들에게는 노동세가 부과되었다. 왕카의 정보원들은 뒷날 에스파냐인들에게 자신들은 사실상 국가를 위한 주요 산물을 생산하라는 요구를 받았다고 밝혔다.

> 그들(왕카족)은 식품 생산에 동원되어 일을 하고 옷을 만들었고 부인들의 이름을 따서 하녀들의 이름을 지었다. 그리고 옷을 포함해 그들이 생산할 수 있는 모든 것(물품)을 창고에 저장하라는 지시를 받았으며 그곳에서 병사들과 영주들, 용맹스런 원주민들, 그리고 지나가는 모든 사람들을 위한 선물을 만들었다. 그리고 들판과 집에서 일한 사람들도 지시에 따라 창고에서 뭔가를 받았다.
>
> (Terence D'Altroy and Timothy K. Earle, "Staple Finance, Wealth Finance, and Storage in the Inka Political Economy," *Current Anthropology*, 26, 2(April 1985), p. 193)

잉카 국가는 왕카족과 같은 피정복민이 공급한 주요 산물 외에도 금과 은, 조가비, 가죽, 보석 등과 같은 위세품(威勢品)을 유통하는 과거의 풍습을 계속 유지해 갔다. 잉카 국가는 지역 엘리트들에게 조가비 구슬과 금, 은 또는 구리 제품 같은 '선물'을 요구했다. 그렇지 않으면 공동체의 주요 산물을 공물로 징수하여 위세품을 생산하는 쿠스코의 장인들을 지원하는 것으로 대신했다. 위세품 가운데 가장 중요한 것은 신부 대금으로 사용하고 의례에 제물로 바치며 신분의 표지로 이용하거나 미라를 싸는 데 사용하는 고급 직물이었다. 직물은 국가가 제공하는 양모를 이용해 직접 가공을 하는 숙련공들이나 또는 국가가 전일제로 고용한 추방된 이주민과 여성 직조공들에 의해 생산되었다. 어느 경우이든 모두 국가에 바치기 위한 생산이었다. 숙련된 생산자들의 집단 거주지에는 쿠스코 인근 도시에 사는 직조공들도 있었다. 왕카의 한 장인은 나중에 에스파냐의 연대기 작가에게 자기 아버지가 그곳에서 5백 가구를 담당한 책임자 자리에 있었다고 보고했다. 고운 직물은 사실상 다른 상품이나 용역과 교환할 수 있는 가치의 단위 역할을 했다.

잉카 국가가 확장됨에 따라 자원은 중앙의 왕과 귀족 집단의 관리 아래로 들어갔다. 이 자원들 가운데 토지는 살아 있는 왕과 죽은 왕, 왕의 후손 친족 집단, 그리고 다른 귀족 혈통의 사유지로 전환되었다. 가장 인상적인 왕실 재산은 피삭(쿠스코 근처)과 마추픽추 사이에 자리 잡은 이른바 잉카제국의 '성스러운 계곡'에 있었다. 잉카의 통치자와 엘리트들은 개간된 적이 없는 사유지를 개발하고 이미 개발이 끝난 토지를 징발하거나 신민들로부터 '선물'(자발적인 것이든 아니든)을 받아 자신들의 보유지를 늘려 나갔다. 왕실 재산이 영토 전역으로 확산되어 광범위한 자원을 이용할 수 있게 되었다. 예를 들어 농경지와 목초지, 취락, 삼림, 공원, 연못, 늪, 사냥터, 염전 등이 한 통치자의 영지에 속해 있었다. 이 영지를 유지하는 데 필요한 노동자들이 2,400명이나 되었고 그들의 가족도 있었다. 안데스산맥의 생태적 이질성 때문에 서로 다른 지대에 확산되어 있어서 영지의 규모를 측정하기는 어렵지만 제국의 보유지가 아마도 수천 헥타르에 달하는 곳도 있었을 것이다. 인상적이고 광대한 만큼이나 그 보유지가 다양한 이 왕실 재산들은 제국의 중심부에 집중되어 있었다. 하지만 잉카 국가의 원동력이 되었고 잉카의 정치 경제를 독특하게 만든 것은 바로 통치자들이 제국의 가장 먼 구석구석에까지 활용한 생산력(노동력과 상품)의 결합이었다.

경제생활의 지역적 형태

영국의 장원에서 농민들이 농사를 짓고 중국의 상인들이 지폐를 사용해 거래를 하며 왕카의 직조공들이 잉카의 지배자들을 위해 고운 직물을 생산하는 것 모두가 생계를 이어 가기 위한 수단이었다. 그들은 자신과 가족들의 의식주를 해결해 줄 상품이나 용역을 생산하기 위해 노동한다는 공통된 목적을 지니고 있었다. 하지만 이러한 인간의 기본 욕구를 충족시킬 능력은 글자 그대로 개인들이 차지하고 있는 먹이사슬상의 위치(서로 다른 정치 체제를 통해 형성된 복잡한 경제 관계망 내의 위치)에 따라 결정되었다. 영국의 장원, 중국의 상업혁명, 잉카제국의 정치 경제는 모두 생계를 영위하는 방식이 정치적이고 경제적인 구조에 의해 제약을 받았다. 바로 이 구조가 스스로의 노동으로 이득을 볼 수 있는 개인들의 능력을 제한했다. 하지만 영국과 중국의 경우에는 14세기에 시장과 화폐 경제의 발전이 도시와 농촌 간의 장벽과 영주와 농민 간의 장벽을 무너뜨리기 시작했다. 이와 반대로 잉카제국은 중앙 정부가 엄격하게 통제하는 명백한 비시장경제로 움직였다. 알다시피 에스파냐인들은 잉카제국이 성공적으로 이용해 온 안데스 제국의 방대한 자원 징발 체제를 자신들의 경제적 이익을 위해 착취하면서 잉카제국에 자신들의 제국 질서를 부여했다. 만일 에스파냐인들이 출현하지 않았더라면 어떤 일이 벌어졌을까?(7장을 보라) 그건 누구도 알 수 없는 일이다. 16세기에 잉카제국의 주민들은 자신들의 생계 영위 방식을 근본적으로 바꿔 놓은 전 지구적인 경제 변화의 힘을 통해 영국과 일본과 중국에 연결되었다.

아메리카 대륙의 무역 네트워크

잉카제국이 등장하기 오래전에 아메리카 대륙의 교역망이 유라시아의 비단길이나 사하라 종단 대상로와 마찬가지로 사람과 문화와 지역 경제를 서로 연결했다. 원거리 교역로는 남북아메리카 양 대륙까지도 연결해 주었다. 아메리카 대륙의 해안과 하천 교역로는 종횡으로 달리는 인도양의 드넓은 해로와는 달리 비교적 작고 가벼운 배를 이용해 상품을 수송했다. 예를 들어 남아메리카 연안을 오가던 에콰도르의 항해자들은 태평양 항해를 위해 이동식 하수용골과 돛대를 갖춘 발사나무로 만든 대형 뗏목을 이용했다.

중앙아메리카에서는 올메카족(기원전 1000년경에 번성)이 관리하는 영토에 비취 매장량이 많아 남쪽의 오늘날 코스타리카와 과테말라에서 북쪽의 멕시코 분지에 이르기까지 광범위한 교역이 이루어졌다. 현대 중앙아메리카의 주요 문화권을 모두 연결하는 광범위한 교역 네트워크에 테오티우아칸(기원전 100년경~서기 650년)이 포함되어 있었다. 무기를 제작하는 데 가장 널리 사용되는 재료 가운데 하나인 테오티우아칸의 흑요석이 이 지역에 광범위하게 분포한 것으로 나타났다.

두 문화 사이의 교역을 통해 테오티우아칸의 화려한 문화가 초기의 마야문명(300년경~900년)에 알려졌다는 사실이 밝혀졌다. 소금, 경질석, 토기를 거래한 마야의 국지적 교역이 외딴 지역들을 묶어 주었으며 마야 사회를 통합하는 주요 기초가 되었을 것이다. 이곳에는 또한 테오티우아칸만큼 일찌기 서쪽의 애리조나와 뉴멕시코를 지나 콜로라도 고원의 아나사지로 뻗어나간 북부 교역로가 있었다. 아나사지에서는 중앙아메리카의 가죽, 금, 카카오 콩(당시의 주요 화폐 교환 수단)이 터키옥과 거래되었다.

대략 900년부터 1200년 사이 중앙아메리카 전역에서는 터키옥이 널리 사용되었다. 이 청색 보석을 함유한 원광이 캘리포니아에서 콜로라도에 이르는 북아메리카에 존재하고 중앙아메리카의 여러 유적에서 터키옥 물품이 발견되었기 때문에 터키옥의 원거리 교역이 이루어졌음이 명백하다. 터키옥은 아프리카의 금이나 아시아의 비단과 마찬가지로 아름답고 희소가치가 높았다. 중앙아메리카인들에게는 그것이 종교적 의미를 지니기도 했다. 채굴과 거래를 거친 터키옥은 제의 용품으로 가공되어 대개는 매장지에 묻혔다.

중앙아메리카인들은 또한 남아메리카와 대륙 간 연결망을 지니고 있었다. 기원전 1500년 무렵 페루 해안 지역의 농업에 옥수수가 등장했는데, 이런 사실은 그 지역이 옥수수를 처음으로 재배하기 시작한 중앙아메리카와 일찍부터 관계를 맺고 있었음을 암시해 준다. 남아메리카 내부의 지역 연결망은 일찌감치 생겨나 번성했으며 계속 이어져 왔다. 털을 얻는 것뿐만 아니라 수송을 위해 라마와 알파카를 사육한 차빈데 우안타르 시대(기원전 1000년경~기원전 200년)에 벌써 남아메리카의 태평양 연안을 따라 교역로가 생겨났다. 이 교역로가 치무왕국(800~1400년)과 같은 다른 문화들을 통해 확대되었으며 결국에는 잉카제국(1438~1536년)의 지배 아래에 들어갔다.

북아메리카 미시시피 지역의 연결망은 훨씬 잘 알려져 있다. 이 연결망은 북아메리카 원주민들이 건설한 카호키아 시(900년경~1300년에 번성)를 중심으로 발전했다(3장을 보라). 카호키아는 광범위한 교역망을 통해 북아메리카 대륙의 3분의 1에 해당하는 지역에 분산된 다른 공동체들과 끊임없이 접촉했다. 카호키아의 지배 엘리트는 수퍼리어 호의 북쪽에서 플로리다의 걸프 코스트 모래톱에 이르는 거대한 반경 안에서 그리고 남북 다코타와 네브래스카의 평원만큼이나 먼 서쪽의 애팔래치아산맥에서 들여오는 바닷조개와 구리, 부싯돌, 운모와 같은 원자재 교역을 관리했다. 게다가 카호키아인들은 소금과 도구, 보석, 제의 용품 같은 다양한 수출품을 생산했다.

당시에 아직은 개를 제외하고는 가축을 운송에 이용하지 않았기 때문에 수출입은 주로 배를 통해 이루어졌다. 카호키아의 주민들에게는 하루 적어도 1만킬로그램 이상의 식량이 꾸준히 필요했다. 생산물의 상당량은 운하로 연결된 강과 호수를 통해 운송되었다. 도시가 운하로 얽혀 있어서 풍광이 유럽의 베네치아와 흡사했을 것이다. 길이가 15미터나 되는 카누가 몇 톤의 상품을 싣고서 중심지와 주변 위성 거점을 연결하는 운하를 따라 왕래했다.

아시아, 아프리카, 유럽과 마찬가지로 아메리카 대륙의 연결망은 남북 대륙을 결속시켜 주고 교역과 문화 교류의 대로 역할을 했다. 유라시아와 아프리카 간의 동서와 남북 거리에 필적할 정도로 멀리 뻗어 있는 이 연결망은 독특한 특징을 지니고 있었다. 이를테면 말과 당나귀, 낙타를 육로 운송에 이용하지 않았고 바다와 강에 사용된 배의 종류도 달랐다. 유럽에 정복당하기 전에는 이 연결망이 아메리카 대륙 주민들의 필요를 채워 주었고, 1500년 이후에는 그것이 유럽이 세계 지배를 확립하는 데 기초가 된 새로운 유형의 연결망에 재편되고 통합되었다.

│ 중상주의와 대서양 세계 │

봉사와 의무를 위주로 한 자급자족적인 봉건적 장원제가 화폐와 교역을 중심으로 상인-제조업자들이 주도하는 도시 경제에 자리를 내주면서 유럽 경제는 바뀌기 시작했다. 상인-제조업자들이 매우 부유해졌기 때문에 도시국가와 군주정의 통치자들, 심지어 교황조차도 자신들의 권력을 유지하고 확대하는 데 필요한 재원을 마련하려면 이들과 이들의 금융업자들에게 의지할 수밖에 없었다. 제후들이 부유한 상인 계급에 의존함에 따라 이 도시 엘리트의 정치적 영향력이 토지를 소유한 영주들의 힘을

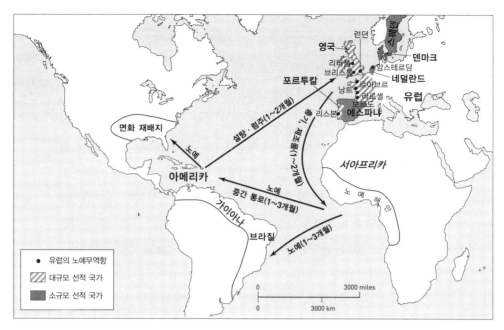

| 지도 6.2 | **대서양의 삼각무역(16~19세기)**

압도하기 시작했다. 도시 부유층의 영향력이 점차 커지면서 그들이 국가 정치를 좌우해 나가게 되었다. 상인–제조업자들에게 가장 절실한 것은 공동체적이고 대체로 자급자족적이며 정적인 중세 경제의 구속에서 벗어나는 자유였다. 이윤을 위한 생산과 교역이 관세와 도로세, 공정 가격의 개념, 이자(고리대금)의 금지와 같은 중세적 규제와 억제의 제약을 받아 왔던 것이다. 사업을 확장하고 이윤을 증대하기 위한 상인–제조업자와 은행업자들의 요구가 중세 농업 사회의 규범과 충돌을 일으켰다. 야심 있는 통치자들은 상업 엘리트들의 늘어나는 부를 활용하기 위해 갈수록 경제의 변화에 대한 그들의 요구를 지원해 주었다. 제후와 상인 모두에게 혜택을 주는 상업적인 부를 증대하기 위해 정치권력을 이용해 교역을 장려하고 보호할 필요가 있었던 것이다.

통치자와 상인–제조업자의 제휴가 발전해 양쪽에 부와 권력을 증대시켜 주었다. 이런 추세는 부국강병을 목표로 하는 중상주의의 이론과 실제를 만들어 냈다. 중상주의는 이윤 축적을 증진하기 위한 정부의 간섭에 기반을 두고 있었다. 이런 이윤 축적은 국가의 번영과 자급자족을 보장하고 그 과정에서 가장 크게 기여하는 사람들

(도시의 상업 엘리트)에게 혜택을 준다고 여겨졌다.

크리스토퍼 콜럼버스(1451~1506년)의 항해는 중상주의에 나타난 제후의 역할과 제후-상인이 거둬들인 상호 혜택을 잘 보여 주는 사례이다. 콜럼버스는 제노바 출신이었지만 처음에는 포르투갈의 왕에게 나중에는 에스파냐 카스티야의 이사벨 1세와 아라곤의 페르난도 2세에게 항해에 필요한 재정 후원을 요청했다. 결국 에스파냐의 군주에 의해서 등용되기는 했지만 항해 비용 2,500두카토를 제공해 달라고 설득하는 데는 5년가량이 걸렸다. 페르난도와 이사벨에게 모험이 가져다줄 재정상의 전망을 최종적으로 설득한 사람은 발렌시아의 은행가이자 가톨릭교의 징세업자였다. 그는 이들로부터 상당한 대부금을 모으는 데 성공했고 빈틈없는 사업가로서 자신이 직접 자금을 모으기도 했다. 권력을 부에 의존하고 있던 상인들도 국왕들만큼이나 중상주의적인 사업이 필요했다. 상인들은 적어도 18세기 중엽까지는 중상주의로부터 큰 이득을 보았다. 그 뒤 상인들은 정부의 지원과 보호에서 독립할 것을 주장하기 시작했다.

유럽 중상주의의 이론과 실제를 이루고 있는 내용 가운데 하나가 중금주의였다. 야심 있는 통치자들은 잉여의 금은(귀금속, 특히 금은괴)을 확보하는 중금주의를 통해 더 많은 선박을 건조하고 더 큰 함대와 군대를 갖추고 영토 확장에 투자하려고 생각했다. 콜럼버스의 항해를 지원하겠다는 결정을 내린 중요한 이유 가운데 하나는 에스파냐에 나타난 심각한 통화(특히 금) 부족 현상이었다. 완전히 새로운 교역 네트워크를 통해 막대한 이윤을 얻을 수 있을 것이라는 기대감이 모험이 마주할 위험을 가리고도 남을 정도로 크게 보였다. 중상주의를 구성한 또 다른 요소는 탐험 항해를 통해 유럽의 해외 활동을 확장하고 식민지를 새로 건설할 수 있을 것이라는 강렬한 바람이었다. 포르투갈인들이 이런 열망을 안고 대항해의 선두에 나섰다.

포르투갈제국과 국제무역

십자군 시대 이래로 이탈리아의 도시 베네치아가 지중해의 무역을 지배했다. 대서양에 닿아 있는 이베리아 반도의 작은 왕국 포르투갈은 지중해 무역에서 소외된 채 상업적인 부를 다른 곳에서 찾을 수밖에 없었다. 그리하여 유럽의 탐험 항해에 신호탄을 쏘아 올렸다. 항해는 일종의 '십자군'으로 시작되었다. 포르투갈은 수백 년 동안 에스파냐와 손잡고 이베리아 반도에서 무슬림과 유대인을 몰아내고 주변 지역에 미치는 이교도 집단의 권력과 영향력을 축소시키기 위해 전쟁을 벌여 왔다. 포르투갈인들은 1415년에 무슬림의 전략적인 상업 중심지인 세우타 시를 공격함으로써 이베리아의 '십자군'을 북아프리카까지 확대했다. 세우타를 차지하면서 포르투갈은 아프리카 무역에 접근할 수 있게 되었다. 포르투갈은 세우타를 거점으로 아프리카 서해안을 따라 중앙아프리카의 주요 왕국인 콩고 지역으로 탐험을 진전시켜 나갔다. 그리하여 포르투갈인들은 1488년에 아프리카 대륙의 최남단인 희망봉에 도달했다.

그 뒤 포르투갈인들은 희망봉에서 북쪽으로 이동하며 아프리카 동해안을 따라 난 항구도시들에서 수백 년에 걸쳐 이루어지던 아프리카와 아라비아의 무역 사업을 대신하고자 했다. 그들은 또 1498년에 동아프리카에서 인도양을 건너 인도에 도착했다. 이어서 포르투갈은 상품의 이동을 관리하고자 대규모 함대를 조직했고 이 함대를 이용해 기존의 인도양 동서 교역로의 주요 전략 항구인 아덴과 호르무즈, 디우, 말라카 등을 정복했다. 그들은 다른 곳에서와 마찬가지로 이 지역에서도 고대의 방대한 국제적 상업 네트워크에 침입하는 데 성공했다.

포르투갈은 이런 식으로 16세기 해상 상업 제국을 건설했다. 이 제국이 전 세계를 독점하기에는 턱없이 모자랐지만 엄청난 이익을 가져다주었다. 포르투갈의 경험은 지중해 무역만이 상업적 성공에 이르는 유일한 길이 아님을 입증함으로써 유럽의 무역과 부가 북서쪽의 대서양으로 이동하게 되는 계기가 되었다. 포르투갈의 성공은 해상 제국이 얼마나 이득이 많은지를 보여 주었으며 이후에 전개되는 15세기 후반과 16세기 유럽의 탐험은 대안의 길을 찾아 아시아로 가게 된다.

설탕과 노예

유럽이 아메리카 세계에 진입함으로써 대륙 원주민들의 삶은 파국을 맞게 된다. 그들은 유럽의 정복에 따라 나타난 질병과 폭력으로 죽어 나갔다. 아메리카 원주민 인구가 감소된 데 이어 노예제를 비롯한 다른 형태의 강제 노동이 '신세계'를 건설하는 데 도입되었다(8장을 보라). 대서양 상업이 성장하는 데는 두 가지 상품이 중요한 역할을 했다. 그것은 바로 설탕과 노예였다. 대서양 상업의 역사는 노예제의 역사와 떼어 놓고 생각할 수 없고 대서양을 건너온 노동과 자본의 이동은 설탕 생산과 밀접한 관련을 지니고 있다. 새로운 대서양 경제의 기간산업 가운데 하나인 설탕 산업의 발전에는 기술과 문화가 뒤얽혀 있었다.

16세기 이전 북유럽 지역에서 생산되는 유일한 설탕 공급원은 꿀벌이었다. 14세기 들어 설탕 수요가 증가하면서 처음에는 지중해 연안과 키프로스와 시칠리아 섬들에 사탕수수 농장이 생겨났다. 이어서 아프리카의 노예 노동을 이용하는 중앙아프리카 서부 해안의 마데이라 제도나 상투메, 프린시페 같은 대서양 섬들에 에스파냐와 포르투갈 농장이 생겨났으며, 마침내는 아메리카 대륙까지 확대되었다. 설탕은 진기한 후추나 약품처럼 높은 가격에 판매되었기 때문에 설탕의 생산과 교역은 곧 엄청난 이익을 가져다주게 되었다.

가격이 인상되면서 사탕수수 재배의 확대가 브라질과 카리브 해를 대상으로 하는 포르투갈의 투자 종목 가운데 가장 큰 비중을 차지하게 되었다. 설탕의 수요가 증가하고 공급이 확대되면서 설탕의 새로운 용도가 생겨났다. 프랑스와 네덜란드의 상인들이 세력 다툼을 벌였다. 유럽인들은 특히 아시아와 아프리카에서 생산되는 두 상품인 커피와 차에 타서 먹을 감미료로서 설탕 맛을 갈망하게 되었다. 커피와 차는 유럽의 식단에 대중적인 기호 식품이 되었으며 특히 공장 노동자들에게 흥분제와 위로제로 각광을 받았다. 이들 공장에서 생산된 팽이나 가마솥 같은 값싼 제품은 다시 대서양 세계의 시장으로 공급되었다.

네덜란드인들은 대서양 무역과 기술의 선구자였다. 네덜란드의 서인도회사는 1630년부터 1654년까지 브라질의 가장 풍부한 설탕 생산 지역을 장악하고 있었다. 네덜란드의 브라질 설탕 사업은 카리브 해의 다른 대규모 벤처 사업들의 모델이 되었다. 네덜란드의 상인들은 농장의 가열실에 솥을 공급하는 구리 무역을 관장했다. 이 중개업자들은 신용과 보험과 금융 제도에 의존했다. 위험 요인이 많은 해외 사업에 꼭 필요한 이들 제도는 네덜란드의 무역 회사들이 실험을 한 바 있었다. 기업 금융과 국가 지원이 합자해서 대규모 설탕 농장과 그에 따른 노예제의 발전을 촉진했다. 상품과 사람을 판매하여 자본을 축적한 암스테르담과 런던을 비롯한 유럽 도시의 채권자들은 상품과 사람을 운송하는 해운 회사에 자금을 지원하고 자신들의 이윤을 제조업에 투자했다.

카리브 해 전역에 발달한 대농장 노예제는 정치·경제·사회 제도로서 전례가 없는 것이었다. 설탕 농장은 수출 생산을 전문으로 하는 토지였다. 이것은 대규모 열

| 그림 6.3 | **사탕수수 압착기에서 일하고 있는 노동자들(1849년)**
《일러스트레이티드 런던 뉴스》에 실린 이 판화는 카리브 해의 이상화된 사탕수수 압착기를 그린 것이다. 유럽인 감독관이 벽에 기대어 아프리카 노동자들을 감시하고 있다. 19세기에는 사탕수수의 처리 과정이 고도로 기계화되었다.

대 농업과 아프리카의 노동력, 유럽과 아프리카의 기술, 유럽의 축산, 아시아와 아메리카의 묘목, 아메리카 대륙의 기후와 토양을 결합한 것이었다. 전형적인 설탕 농장은 공장까지 갖춘 대기업이었다. 사탕수수를 재배하고 원당을 제조하여 당밀을 증류해 럼주를 만들었다.

대농장주들은 대개 부재지주였고 대리인이나 다른 유럽인을 감독관으로 고용했다. 관리인과 경리, 목수, 대장장이, 석공, 통장이, 의사가 저마다 중요한 임무를 수행했다. 대농장의 식량 공급이 노예 인구를 부양하기에 충분하지 않았기 때문에 노예들은 식사를 보충하기 위해 직접 농사를 지었다. 1740년 무렵 찰스 레슬리는 자메이카의 노예들이 먹고 사는 모습을 이렇게 기록했다.

농장주들이 노예들에게 조그만 땅뙈기를 챙겨 주고 일요일마다 그 밭에 거름을 주게 했다. 노예들은 대개 옥수수와 수수, 질경이, 참마, 코코야자나무, 감자 따위를 심었다. 이것이 그들이 먹을 식량이다. 좀 더 부지런한 노예들은 가금류를 사육하기도 한다. 일요일(자메이카에서 유일한 장날)에는 그것을 시장에 가져가 약간의 돈을 받고 판다. 그러고는 그 돈으로 오글리오나 페퍼포트를 만들 염장 쇠고기나 돼지고기를 구입한다.

(Roger D. Abrahams and John F. Szwed, eds, After Africa, New Haven, Conn.: Yale University Press, 1983, p. 329)

노예들은 서아프리카와 중앙아프리카에서 이루어지던 거래와 교환 풍습에 바탕을 둔 비공식 경제를 발전시켰다. 대개 도붓장수라고 부르는 여성 전문 상인들은 농장을 이어 주었고 노예 저항을 이끌어 내는 주역이 되었다.

딱 꼬집어 말할 수 없을지 모르지만 노예무역이 유럽에 미친 영향은 대단한 것이었다. 유럽인들은 카리브 해의 값싼 노동력을 이용했을 뿐만 아니라 유럽과 아프리카, 아프리카와 아메리카 대륙 및 카리브 해, 아메리카 대륙 및 카리브 해와 유럽을 연결하는 대서양 무역을 지배하여 이득을 얻었다. 유럽의 상인과 기업은 노예와 교환할 상품 공급자, 상품과 노예 운송업자, 노예 노동으로 생산한 상품 판매업자로서의 이해관계를 갖고 있었다. 이러한 대서양 체제의 수요와 조직상의 경험은 누구도 대적할 수 없는 기업 전문가와 자본을 만들어 냈다. 대서양 세계의 관리는 그 뒤 유럽이 세계를 지배할 수 있는 수단을 마련해 주었다.

태평양 세계와 유럽의 무역 경쟁

역사상 아메리카 대륙과 태평양 섬들을 처음으로 연결한 것은 포르투갈의 모험가 페르디난드 마젤란이 이끈 에스파냐 탐험대였다. 마젤란 함대는 1519년 가을 에스파냐를 출항해 남아메리카 남단의 파타고니아에서 겨울을 나고 이어서 오늘날 마젤란 해협으로 알려진 곳을 지나 태평양을 횡단했다. 100일 동안 항해한 끝에 이 함대는 자신들이 에스파냐와 포르투갈의 양 세계를 나눈 1494년 토르데시야스조약의 조항에 들어 있는 곳이라고 주장한 섬들에 당도했다. 에스파냐인들은 1542년에 이 섬들에 대한 권리를 최종적으로 확보하게 되자 '이슬라스 필리피나스'(필리핀 군도)라고 이름 붙였다. 당시 세 번째 탐험대가 교역 중심지인 마닐라를 장악했고 에스파냐의 필리핀 점령은 1571년에 승인되었다. 마닐라는 아시아에 있는 에스파냐의 주요 화물 집산지가 되었다.

에스파냐의 필리핀 정복에 뒤이어 16세기 후반에는 멕시코의 에스파냐인 거류지 아카풀코와 마닐라를 연결하는 교역로를 중심으로 복잡한 유형의 합법적 무역과 밀무역이 성행했다. 이 교역로는 마닐라에서 포르투갈 화물 집산지인 마카오를 거쳐 중국에 이르렀다. 1560년대에는 에스파냐의 '8레알 은화'가 팽창하는 세계 무역의 주요 통화로 떠올랐으며 은괴를 비롯한 상품을 실은 에스파냐의 갈레온선은 해적 활동의 표적이 되었다. 단순한 해적 행위도 있었고 유럽에 있는 에스파냐의 경쟁국이나 적국의 후원을 받는 해적 행위도 있었다. 1573년에는 마닐라에서 동쪽으로 태평양을 건너 에스파냐령 아메리카로 항해한 첫 갈레온선이 중국의 비단, 고급 견직물, 자기, 후추를 싣고 아카풀코에 도착했다. 그러고는 그곳에서 채굴한 은을 싣고 마닐라로 돌아왔다. 리마에서 두 달 반이나 걸리는 거리에 높이가 4,500미터가 넘는 안데스산맥의 포토시는 인류 역사상 가장 풍부한 은광 산지였다(3장을 보라). 1545년에 발견된 포토시의 은 광산은 17세기 중엽까지 에스파냐제국에 자금을 제공했다.

16세기 말에 아카풀코에서 마닐라로 유입된 은괴의 양은 대서양 횡단 선박에 실은 총량을 넘어섰다. 1570년부터 1780년까지 아카풀코-마닐라 노선을 따라 4천 톤에서 5천 톤가량이나 되는 은이 동아시아에 유입되었다. 에스파냐령 아메리카의 은괴가 동쪽으로뿐만 아니라 서쪽으로 유입됨에 따라 아시아인들과 유럽인들이 모두 부유해졌다. 이 무역은 에스파냐의 아메리카 대륙 지배가 끝난 19세기 전반까지 이어졌다.

네덜란드는 16세기 말에 세계 무역 경쟁에 뛰어드는 데 필요한 항해 지식을 갖추게 된다. 그들의 초기 목표는 포르투갈인들이 주도한 동남아시아의 후추 무역이었다. 1602년 국가의 특허로 설립된 통합 무역 독점 회사인 네덜란드동인도회사가 자국의 통제 아래 인도네시아 군도의 경제를 관리하기 시작했다. 1640년대에는 포르투갈인들을 추방하고 서쪽의 실론 섬에서부터 말라카와 자바(바타비아에 중요한 행정 중심지를 두었다)를 거쳐 동쪽의 몰루카 제도에 이르는 방대한 섬 전역에 걸쳐 소유한 재산을 통합했다. 네덜란드는 유능한 상인들뿐만 아니라 더 우수한 선박과 무기와 조직을 지니고 있었다. 그들은 해적 활동과 선교 활동을 무역과 병행했다.

동남아시아에서는 네덜란드의 세력이 강했기 때문에 영국은 무역의 관심을 남아시아로 돌렸다. 이곳은 18세기에 영국동인도회사(1600년)가 동남아시아와 동아시아로 진출하는 기지가 되었다. 영국은 아메리카 대륙에서 부를 거둬들인 에스파냐나 인도네시아 군도를 착취한 네덜란드와는 대조적으로 동인도회사를 통해 아시아의 양대 문명 중심 지역인 인도와 중국에 집중했다. 하지만 영국 정부는 19세기까지도 이 지역에서 지배권을 확립하지 못했다. 18세기에 유럽의 아시아 해상 제국은 모두 대서양 해안이라는 출발 지점을 공유했다.

아시아 산물의 도입은 카리브 해의 대농장 체제를 자극하고, 대서양 경제의 성장에 이바지한 설탕처럼 유럽인들 사이에서 무역의 범위를 태평양으로 확대하고 전 세계에 걸친 새로운 입맛을 만들어 냈다. 유럽 시장에서 중국 차에 대한 수요가 커졌다. 이 차를 유럽 시장에 소개한 이는 네덜란드 상인들이었다. 1664년에는 차가 영국에 상륙했고 곧 국민 음료가 되었다. 차 수입은 영국동인도회사의 주요 독점 사업이자 정부 세수의 주요 원천이 되었다. 중국은 차에 대한 대금을 은으로 지불하라고 요구했다. 유럽과 교역함으로써 중국에 유입되는 은은 대부분 아메리카 대륙에서 온 것이었다.

| 중국과 세계 경제 |

유럽인들은 16세기에 동아시아 바다로 항해하게 되면서 유럽 그 어느 곳보다 더 오래되고 복잡한 중국 문명이 지배하는 세계와 마주쳤다. 동아시아를 향한 유럽의 팽창이 16세기에는 선교와 상업을 중심으로 한 피상적인 접촉에 그쳤다. 그럼에도 불구하고 유럽의 팽창과 대서양 경제의 개방을 통한 세계 경제의 건설은 동아시아 세계의 핵심 경제인 중국에 강한 영향을 끼쳤다. 19세기에 이르러서야 비로소 유럽 세력이 중국의 지배를 파고들어 동아시아 세계 질서의 안정을 뒤흔들게 된다.

몽골의 지배가 끝나고 다시 한족의 왕조인 명(明, 1368~1644년)이 들어선 뒤 중국 경제가 성장하여 상인들이 번성하고 나아가 이들이 사회의 강력한 구성원이 되었다. 하지만 외국 무역의 성장이 국내 상업의 성장과 조화를 이루지 못했다. 명의 통치자들은 대개 외국 무역을 억제하고 그것을 조공 체계의 틀 속에 포함시키려는 정책을 추구했다. 조공 체계는 외교 관계를 수행하는 수단 가운데 하나로 생각되었지만 무역은 조공 관계의 중요한 측면에 속했다. 조공은 세계의 지배자인 천자에게 주변 국가의 왕들이 신하의 예를 표하기 위해 선물의 형태로 바치는 것이었다. 여기에 중국 황실이 답례를 함으로써 조공 관계는 일종의 상품 교환이 되었다. 외국의 조공 사절단은 중국에서 무역에 관여하는 것이 허용되어 조공 사절단과 함께 중국에 온 상인들도 민간 무역 활동을 했다. 명 정부가 외국 무역에 적대감을 갖고 있었지만 조공 체계의 틀 속에서는 이렇듯 상당한 규모로 무역이 진행되었다.

명은 1500년 무렵에 시작된 농업혁명의 자극을 받아 번창했다. 당시 아메리카 대륙으로부터 새로운 작물이 도입되었다. 옥수수, 땅콩, 고구마 같은 작물이 유럽인들이 탐험 항해를 하면서 아시아에 전달해 준 것이었다(10장을 보라). 이 작물들은 다른 작물에는 적합하지 않는 한계 토양에도 경작이 가능하고 실질적인 영양을 제공해 주었기 때문에 식량 공급을 증가하는 데 크게 기여했다. 부분적으로는 식량 공급이 증대된 결과로 6천만~8천만 명(몽골의 정복으로 감소했다)이던 인구가 1600년에 적어도 1억5천만 명으로 증가했다.

새로운 식량 작물의 수입은 결국에는 유럽이 지배하는 세계 경제 체제에 중국이 참여를 확대해 가는 하나의 국면에 불과했다. 15세기 중엽에 명 정부가 유럽 국가들의 중상주의 정책과는 반대로 탐험 항해에 대한 지원을 철회했지만 유럽의 팽창과 더불어 구축되고 있는 세계 체제에서 중국이 더 이상 완전히 고립된 채로 남아 있을 수는 없었다. 1500년에 중국은 아시아의 무역 상대자들이 마련해 준 간접 연결을 통해 세계 통화 제도의 일원이 되었다. 유럽이 탐험을 하고 제국을 건설하던 시대에 동아시아는 세계 경제에서 나름대로 한 부분을 이루고 있었다. 세계시장에서 매우 이윤이 높은 비단, 후추, 자기 같은 중국 상품의 대금 지불에 은을 사용한 중개업자들을 통해 일본, 유럽, 아메리카 대륙에서 중국의 금고로 은이 흘러 들어갔다. 명대의 상업 성장에 따른 통화 제정으로 중국이 세계 경제에 편입되었다. 그로 말미암아 국제 시장에서 평가한 은의 환산 가치를 보충하기 위해 산간벽지의 극빈 농민들조차도 더욱 많은 세금을 내야 했고 힘에 겨울 정도로 밀어붙인 상품 가격 인플레이션의 희생자가 되었다.

콜럼버스의 항해에 뒤이은 1500년부터 1800년까지, 대서양 세계 경제의 건설을 통해 아메리카 대륙과 유럽, 아프리카의 일부, 아시아, 태평양의 경제적·사회적 관계가 바뀌었다. 대서양 경제는 나중에 유럽이 아시아와 태평양으로 팽창할 수단을 제공했다. 또 대서양 연결망의 확립은 아프리카인들, 특히 서아프리카인들과 중앙아프리카인들의 삶과 문화에도 중대한 영향을 주었다. 새로운 전 지구적인 연결망은 오랜 시간에 걸쳐 형성된 아시아-아프리카-유럽 사이의 관계의 균형을 뒤엎고 육상과 해상 상업은 물론 지역 내부나 지역 간 상업의 세계 체제를 대체했으며 그 방향을 재설정해 나갔다.

아프리카-유럽-아메리카 대륙의 삼각 연결망은 주로 팽창하는 대서양 무역을 중심으로 전개되었다. 그 토대는 노예제와 상인 자본주의였다. 상호 연결된 대서양 상업 발전의 세계는 그것이 만들어진 직후부터 더 이상 균형 잡힌 관계가 아니었다. 태평양을 향한 유럽의 팽창은 새로운 전 지구적 연결망을 만들어 냈으며 인도양 교역 세계나 중국의 동아시아 핵심 경제와 같은 종전의 아프로유라시아 중심지로부터 서쪽으로 세력 이동을 이끌어 냈다. 18세기가 되면 유럽에서 일어난 새로운 발전이 유럽의 세계 경제 지배를 강화할 수단을 제공하게 된다.

산업혁명과 자본주의

18세기 유럽에서 나타난 기술의 급속한 변화를 이른바 '산업혁명'이라고 일컫는다(2장을 보라). 기술 변화와 자본주의 팽창의 영향으로 먼저 유럽의 경제가, 나중에는 전세계의 경제가 바뀌게 된다. 18세기 유럽의 기술혁신은 주로 광업과 야금, 직물업과 같은 산업에서 발생했다. 직물 혁명 이전에는 노동자들이 가정에서 직물을 짰다. 상인들이 원료를 갖다 주고 나중에 완성된 직물을 거둬들였다. 여성들이 실을 자았고 남성들은 대개 베를 짰다. 산업혁명 시기가 되자 직물 산업의 장소와 조직과 생산이 극적으로 바뀌었다. 18세기 초 유럽에 새로운 방직 설비가 도입되면서 직물을 생산하는 장소가 가정에서 공장으로 옮아가기 시작했다. 직물 생산의 경우 새로운 기계가 가정과 농촌의 노동력을 이끌어 냈을 뿐만 아니라 때로는 전통적인 성별 분업까지 뒤바꿔 놓았다. 집 밖에서 이루어졌기 때문에 산업화된 공장에서는 방적 일이 여성들의 일이라기보다는 남성들의 일이 되었다. 공장이 일터로서 가정을 대체하면서 상당수의 노동자들이 매일 도시로 출퇴근하거나 그곳으로 이사를 가야 할 필요가 생겼다.

자본주의적 산업혁명의 제도적인 특징은 공장제 생산이었다. 동력으로 움직이는 기계를 이용해 정해진 시간 동안 노동하기 위해 노동자들이 공장 건물로 모여들었다. 하지만 공장이 가내공업을 대체하는 과정은 완만하게 진행되었다. 노동자들이 자신들의 물레와 베틀을 이용해 자기 집에서 실을 잣고 베를 짰다. 면방직을 제외하고는 상당수의 고용주들이 1830년대까지도 여전히 가내공업에서 더 많은 이윤을 남겼으며 대규모 공장 사업보다 소규모 작업장 생산을 선호했다.

공장이 늘어남에 따라 낡은 생산방식과 아무런 관련이 없던 젊은 훈련생들이 전통적인 장인들이나 나이든 노동자들을 대체해 갔다. 그 가운데에는 여성들이 상당수를 차지했다. 생산이 가정 밖에서 이뤄지고 개별 노동자들의 역할을 바꿔 놓았기 때문에 공장 작업은 장인의 독립성을 빼앗았고 대개는 가족 관계의 재조정을 초래하기도 했다. 1831년에는 직물공업의 미성년 노동을 조사한 영국 정부의 한 위원회가 가족의 수입을 보충하기 위해 공장에서 일을 해야 하는 어린 아이들 대부분이 처한 끔찍한 일상생활 환경을 폭로했다.

공장을 가난뱅이나 병자가 일을 하러 가는 노역장에 비유하는 사람들이 많았다. 대개 공장주들은 노동자들을 관리하고 훈련시키는 것이 효율적일 뿐 아니라 도덕적으로도 정당하다고 생각하면서 공장 일과는 물론 근무 시간 이후의 활동까지도 규제하는 엄격한 노동 규율을 도입했다. 일부 기업가들이 주저하고 일부 노동자들이 저항했음에도 불구하고 19세기 중엽이 되면 공장제가 일반적인 생산방식이 된다. 이렇게 되면서 공장을 소유한 자본주의적 기업가들이 공장 사회의 경제생활과 문화생활, 심지어는 종교생활까지 조직하고 관리했다.

19세기에는 산업혁명의 영향이 전 세계적으로 나타났다. 브라질의 직물 제조업이 대도시 리스본과 경쟁을 했다. 일본에서는 메이지 정부의 정책으로 1868년부터 급속한 산업화가 추진되었다. 일본에서 견직물 생산은 전통적으로 여성들의 일이었다. 여기저기 공장이 건설되어 나이 어린 여성들을 끌어들였다. 이들은 음침한 분위기에서 장시간 일을 했다. 여성들은 가장 단조롭고 보수가 제일 싼 자리에 배치되었고 남성들은 전문직을 차지했다. 이렇듯 불평등한 분업은 20세기에 들어서도 계속되었다. 일본뿐 아니라 전 세계에 걸쳐 일터로서 공장이 가정을 대체함에 따라 수많은 노동자들이 매일 도시로 출퇴근을 하거나 그곳으로 이주해야 할 필요가 생겼다.

노동과 자본의 이동은 사람과 기술과 사상을 서로 연결하는, 우리가 세계화라고 인식하는 그런 힘이 되었다. 혁신은 자본이 전 지구에 걸쳐 영역을 확장할 수 있도록 해 주었다. 산업화는 먼 곳에서 나는 자원을 필요로 했다. 이집트와 인도의 면화가 영국의 공장에 보급되었고 열대지방의 고무와 기름이 아메리카와 일본의 기계에 공급되었다. 대량의 상품 수요는 수송과 통신 체계의 변화 속도를 빠르게 했다.

| 그림 6.4 | **일본의 견직 공장 풍경(1870년)**

그림을 그린 이치요사이 구니테루는 18세기와 19세기 전통 일본의 도시 생활과 농촌 경관을 그린 히로시게와 호쿠사이를 비롯한 일부 화가들의 전통을 따르는 목판화 화가였다. 하지만 이들과 달리 구니테루는 19세기 말 일본의 공장 생활과 서유럽의 영향을 묘사한 것으로 유명했다.

산업혁명은 이윤을 얻기 위해 화폐를 이용하거나 투자하는 자본주의 경제 체제와 밀접한 관련이 있었다. 자본주의의 초기 형태는 토지에서 부를 창출하고 그 부를 토지의 개량과 확장에 투자하는 농업 자본주의였다. 자급자족적인 국지적 농업은 점진적인 과정을 통해 자본 투자를 필요로 하는 시장 지향의 농업으로 대체되어 갔다. 상업자본주의는 중세 말에 도시와 무역이 부활되면서 발전했고 16세기에 시작된 전 지구적인 탐험과 무역과 식민화를 통해 번성했다. 16세기 이전에는 군주들의 권력이 농업 군사 귀족과의 관계에 달려 있었다. 상업자본주의가 발전하게 되면서 군주들은 중상주의의 협력자인 상인들의 지원을 받았다.

산업자본주의는 서유럽의 대서양 변경 지대를 따라 18세기 말과 19세기 초에 등장했는데 가장 먼저 영국에서 발전했다. 산업자본주의는 정부 주도의 경제성장과 대규모의 새로운 시장 활동, 잉여 자본의 활용, 16세기 이래 점진적으로 발전해 온 기술혁신 같은 여러 요인에 의해 생겨났다. 기술혁신은 모든 산업 생산의 기본이 되는 공작 기계와 시장의 수요가 큰 직물 산업에서 가장 먼저 발전했다. 공작 기계나 직물 생산에 종속된 광업과 야금 같은 사업도 초기 산업자본주의의 발전에 중요한 역할을 했다.

상당 부분 상업과 농업에서 나온 자본이 18세기 말에 대규모로 공업에 투자되기 시작해 19세기 말이 되면 산업자본주의가 유럽의 지배적인 자본주의 형태가 된다. 낡은 형태의 자본주의는 은행가나 금융업자가 공업과 상업, 나아가 농업에까지 투자하는 금융자본주의에 점차 포섭되기 시작했다. 금융자본가들은 경제활동에서 거대한 기업과 막대한 돈을 결합했다. 이런 경제활동은 갈수록 전 세계로 확대되어 아메리카 대륙과 아시아, 아프리카를 향한 유럽 국민국가들의 팽창과 뒤엉키게 되었다.

제국주의와 식민주의 경제 체제

19세기 후반 유럽에서 산업자본주의는 성장이 한계에 이르렀고 그 대안이 될 수 있는 시장과 자원을 해외에서 찾아야 했다. 아직 유럽의 자원을 더욱 집중적으로 활용할 수 있는 가능성이 어느 정도 남아 있긴 했지만 유럽인들은 갈수록 세계의 다른 지역을 착취해 나가기 시작했다. 19세기 말 유럽의 제국주의는 16세기에 대서양 변경의 개방과 함께 시작된 유럽의 세계 지배라는 과업을 완수했다. 산업자본주의와 국민국가를 등에 업은 신제국주의는 전 세계에 산업주의와 민족주의를 확산시켰다. 이 두 가치가 결국에는 비유럽인들이 유럽의 세계적인 지위에 도전하고 재조정하는 데 사용될 수 있을 것이라는 사실을 유럽인들은 거의 깨닫지 못했고 예상하지도 못했다.

서아프리카와 중앙아프리카에서 상업자본주의의 발전과 성장에는 대서양 횡단 노예무역이 중요한 역할을 했다. 1807년 무렵부터 시작된 유럽 열강의 노예제 폐지 이후에도 아프리카 사회에서 노예 노동에 대한 의존은 사라지지 않았다. 노예무역 시대는 1800년부터 1870년에 이르는 '합법적 상업'의 시대로 이어졌다. 이 시기 아프리카-유럽의 기업들은 불법적인 '인간 화물'을 대체할 다른 생산품을 찾을 수밖에 없었다. 국제 시장에서 판매된 생산품들은 거의 대부분 유럽으로 수출하기 위해 재배하거나 집하한 농산물이나 임산물이었다. 목재와 고무, 야자유, 광물, 상아 같은 것이 이런 수출품들이었다. 노예 수출을 중단한 뒤에도 상품을 생산하고 수송하는 데는 노예와 다른 형태의 강제 노동이 여전히 중요했다. 이 시대는 또한 비공식적 제국의 시대라고 불리기도 했다. 이는 이후에 등장하는 식민 시대의 공식적 제국의 특징을 나타내는 경제 관계가 19세기 말에 상당히 진척되었음을 암시해 준다.

식민 통치의 시대는 일부 중요한 방식이 앞선 시대와 근본적으로 달랐다. 식민 통치 이전에는, 언제나 동등했던 것은 아니지만 아프리카인들이 독립적인 교역 상대자들이었다. 식민 통치가 수립된 이후 아프리카의 경제는 유럽 주도의 경제가 되었다. 베를린 회의 이후(1885년 이후) 영국이나 프랑스, 독일 같은 제국주의 열강이 관리한 아프리카의 정치 경제, 곧 식민 통치는 아프리카 참여자들의 세력과 경제적 기회를 빼앗으며 서유럽 중심의 자본주의를 빠르게 확립해 나갔다. 생산이 주로 아프리카인들의 몫이었던 반면 유럽인들은 신용과 관세를 관리했다. 이 시기에 경제적 형편이 나아진 아프리카인들은 거의 없었다. 식민 지배가 자유 기업의 발전을 제한했다. 유럽의 정부들은 가격 유지를 통해 원료를 뽑아내 그것을 유럽의 제조업체에 수송하는 데 드는 높은 비용을 보충해 주었다.

유럽의 정치 경제적 헤게모니는 식민 체제를 얼마나 발전시키는가에 달려 있었다. 아프리카의 식민지들은 유럽의 여러 산업들을 떠받쳤다. 예를 들어 프랑스의 직물공업은 기술적으로 앞서 있던 영국이나 미국의 제조업과 경쟁하기 위해 프랑스령 서아프리카 식민지들이 공급하는 값싼 면화에 의존했다. 한편으로 식민 지배는 물론 아프리카의 시장을 발전시켰다. 아프리카인들이 유럽의 직물과 가마솥, 농기구, 비누, 나아가 식료품까지 사서 쓰는 의존형 소비자가 되면서 아프리카의 시장은 서유럽의 산업 성장을 계속 지원해 주었다.

영국과 중국의 아편전쟁(1839~1842년)은 유럽 열강이 아시아에 끼친 영향을 잘 보여 주는 사례이다(7장을 보라). 중국의 차를 비롯한 상품에 대한 영국 상인들의 탐욕이 대금을 지불할 은 공급이 풍부했던 기간에는 만족되었다. 미국의 독립 혁명으로 영국이 더 이상 아메리카 대륙의 은 공급처에 접근할 수 없게 되자 상인들은 원하는 상품을 구입하는 데 애를 먹었다. 인도의 벵골 지배가 그 문제에 대한 해답을 주었다. 바로 아편이었다. 영국 상인들에 의해 중국에 불법으로 수입되고 중국의 대리인 네트워크를 통해 유통된 아편은 중국 사회를 파괴시켰다. 중국 정부가 마약 수입 금지 조치를 단행하자 영국 정부는 군함을 동원한 공격으로 보복했다. 중국이 치욕적인 패배를 당함으로써 조약에 따라 연안 항구를 강제로 개방하게 되었다. 이곳은 외국 상인들이 거대한 중화제국 상업에 진출하는 발판이 되었다. 중국은 유럽 열강의 직접 식민지가 되지는 않았지만 외국인들에게 상업을 비롯한 여러 권리를 내준 '세력권'들로 분할되었다.

중국의 이웃인 일본도 1853년 미국 대통령의 사절이 탄 미국 선박의 방문과 위협을 받았다. 이 사건은 곧바로 일본에 정치적인 변화에 불을 지폈다. 1868년 메이지 유신을 통해 서유럽의 모델을 따르되 열강의 식민 지배 없이 부국강병을 달성하는 것을 최우선 목표로 하는 지배 집단이 권력을 잡았다. 일본의 경제적·군사적 근대화의 성공은 세계 경제와 세계 전쟁에 극적인 영향을 끼치게 된다.

인도는 동아시아의 이웃 국가들과 달리 19세기에 식민지가 되어 경제는 영국의 이해관계에 볼모로 잡혔다. 영국의 산업혁명에서 시작된 직물공업은 산업화된 경제로서 발전시켜야 할 초창기 공업들 가운데 대표적인 분야였다. 인도의 면화는 수백 년에 걸쳐 이름을 날렸지만 이제 영국 상품이 들어올 시장을 마련하기 위해 생산을 조절했다. 인도의 면화로 만든 전통 옷 도티를 걸친 마하트마 간디는 영국 상품 불매 운동을 통해 인도 경제와 국민들의 생계를 위협하는 영국의 식민 지배에 저항했다(7장을 보라). 간디는 다른 대륙인 남아프리카에서도 제국주의를 몸소 겪었다. 제국주의의 경제적 지배력은 전 세계 모든 대륙에서 느낄 수 있었다.

│ 자본주의 세계 경제와 대공황 │

어떤 분야도 경제 관계만큼 전 세계에 걸쳐 상호 의존성이 뚜렷한 것은 없었다. 16세기 이래 진행되어 온 유럽 지배하의 상호 의존적인 자본주의 세계 경제의 건설은 브라질의 커피 재배농과 미국의 밀 농부, 자바의 설탕 생산자, 중국의 양잠업자가 모두 세계의 상품 시장에서 결정되는 수요와 공급에 의존함으로써 서로 결합되어 있었다. 중국의 작가 마오둔(茅盾, 1896~1981년)은 소설《봄누에》에서 양잠업에 생계를 의존하는 중국 농민들이 그들의 지배와 통제를 초월하는 세계시장의 힘에 종속된 채 살아가는 비참한 상태를 생생하게 묘사하고 있다.

> 퉁파오 노인은 젊은 첸(도시에 살고 있는 첸 선생의 아들) 선생한테서 상하이가 소요로 들끓고 있고 모든 견직 공장들이 문을 닫았으며 제사 공장도 문을 열지 않을 것이라는 말을 들었다. 하지만 노인은 그 말을 믿을 수 없었다. 나이 예순에 소동과 투쟁을 겪을 만큼 겪었지만 초록빛이 반짝이는 뽕나무 잎들이 가지에 그대로 달린 채 겨울을 맞이하고 양의 사료가 된 것을 결코 본 적이 없었다. 물론 누에 알이 부화하지 않는다면 얘기는 달라진다. …… 외국에서 들어온 아마포와 직물과 석유가 시장에 등장하고 운하에 외국의 나룻배가 증가하면서부터 자기가 생산한 것은 날이 갈수록 시장에서 가격이 떨어진 반면 돈을 주고 사야 하는 것은 갈수록 비싸졌다.
>
> (Patricia B. Ebrey, ed., *Chinese Civilization and Society: A Sourcebook*, New York: Macmillan/Free Press, 1981, pp. 310~311, 320)

비단은 중국에서 수천 년에 걸쳐 생산되었고 중국과 유럽을 연결한 대상로에 비단길이란 이름을 붙인 사치품으로 유라시아 전역에서 거래되었다. 퉁파오 노인과 다를 바 없는 농민들은 수백 년 동안 비단 생산을 통해 생계를 꾸려 갔다. 하지만 마오둔이 이 이야기를 쓸 당시 중국 농민들은 자신들의 삶과 생계를 스스로 이해하거나 변화시킬 수 없는 방식으로 바꿔 놓은 세계 경제에 깊숙이 빠져들어 있었다.

이러한 경제 체제는 갈수록 세계적이고 상호 의존적인 은행과 주식 보유와 기업 관리로 연결된 복잡한 메커니즘이 되었다. 이 가운데 어느 한 부분에서 변화가 일어난다 하더라도 그것이 체제 전반에 강력한 영향을 미칠 수 있었다. 세계시장의 원활

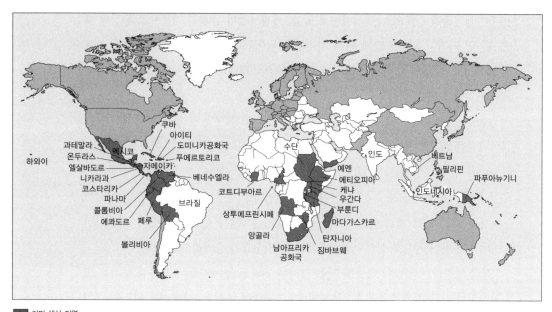

하와이

과테말라
온두라스
엘살바도르
니카라과
코스타리카
파나마
콜롬비아
에콰도르

멕시코
자메이카

쿠바
아이티
도미니카공화국
푸에르토리코

베네수엘라

코트디부아르

볼리비아

페루

브라질

상투메프린시페

앙골라

남아프리카
공화국

수단

예멘
에티오피아
케냐
우간다
부룬디
마다가스카르
탄자니아
짐바브웨

인도

베트남
필리핀

인도네시아

파푸아뉴기니

■ 커피 생산 지역

■ 커피 수입 지역

| 지도 6.3 | **세계의 커피 생산자 지역과 소비 지역**

한 작동은 체제에 대한 투자가들의 상호 확신과 상호 교환의 연속성이 얼마나 탄탄한 가에 달려 있었다.

제1차 세계대전 이후 1924년에서 1929년까지 나타난 호경기는 국제무역과 새로운 건설, 새로운 산업의 자극을 받았다. 이 무렵 자동차가 대량 생산 품목이 되었다. 널리 보급된 자동차 이용은 도로 재건과 더불어 석유와 강철, 고무, 전기용품 수요를 증가시켰다. 이러한 활동은 모두 기계공과 같은 파생적인 새로운 직업의 발전을 자극했다. 라디오를 비롯한 여러 소비재도 대중 시장을 위해 생산되었다. 하지만 노동조합은 약했고 임금이 이윤과 배당금을 따라잡지 못했기 때문에 대중의 구매력이 생산량에 미치지 못했다.

문제가 가장 심각했던 곳은 농업 부문이었다. 1920년대 중반부터 기계화, 밀 재배 경작지의 확대, 개간, 그 밖에 개량을 통해 이루어진 밀의 과잉 생산이 세계 밀 시장의 붕괴로 이어졌다. 사람들이 먹을 수 있는 빵의 양은 한계가 있기 때문에 밀 수요는 다른 생산물에 견주어 탄력적이지 않았다. 세계시장의 금값을 기준으로 환산할 때 1930년 밀 가격이 400년 만에 최저 가격으로 떨어졌다. 면화와 옥수수, 커피, 코코아, 설탕 같은 상품의 가격도 붕괴되어 이런 작물을 재배하며 살던 세계 곳곳의 농민들을 큰 재난에 빠뜨렸다.

1929년에 일어난 주식시장의 붕괴와 뒤이은 대공황은 몇 년 동안 이어지던 전례 없는 서유럽 자본주의의 호황을 종식시켰다. 1920년대 중반 막대한 이윤을 보고 재빨리 되팔 수 있다는 생각에 주로 신용 대부로 주식을 사들이면서 무제한의 투자가 '주식 투자,' 곧 대규모의 투기로 이어졌다. 매입자들은 단지 소액의 비용만 현금으로 지불하고 그 차액(때로는 현금 지불 액수마저도)은 대출은행에서 빌렸다. 마찬가지로 소비재도 빌린 돈으로 살 수 있었기 때문에 그 수요가 증가하고 있었다.

결국 팽창하는 시장이 축소될 것을 염려한 재빠른 투자가들이 보유한 주식을 팔기 시작하자 거품이 붕괴되었다. 투자가들의 의구심이 사실로 드러났다. 시장에 대한 신뢰가 하락함에 따라 주식 가치가 떨어지고 손실로 이어졌다. 은행에서 돈을 빌린 사람들이 대부금을 갚을 길이 없었다. 오스트리아 빈의 크레디트안슈탈트 같은 대형 금융기관들이 투자를 회수할 수 없어 파산했다. 1929년 10월 뉴욕 증권거래소가 붕괴하면서 이런 추세는 파국에 이르렀다. 미국 은행과 외국계 은행 수천 곳이 문을 닫았다. 자본은 더 이상 투자나 차용 가치가 없어졌다. 시장 수요는 활기를 잃었고 산업 생산이 감소함에 따라 공장이 속속 문을 닫았다. 수백만 명이 실업자로 내몰리고 빈털터리가 되었다.

금융 붕괴가 전 세계에 가져다준 충격은 재앙이었다. 한때 외국 기업에 대한 투자에 큰 비중을 차지한 미국 자본의 수출이 중단되고 독일의 전후 경제 회복의 기초가 무너졌으며 이러한 경제 재난의 여파가 유럽 전역으로 확산되었다. 1929년과 1932년 사이 기업의 투자가 고갈되면서 전 세계의 생산이 3분의 1 이상 하락한 것으로 추정되었고 국제무역은 3분의 2가 감소했다. 아프리카와 카리브 해와 아시아 식민지의 시장을 포함한 전 세계의 시장에서 부족 현상들이 금세 피부로 다가왔다. 식민지들에서 수출 수요가 급격히 줄어든 반면에 수입 가격과 과세액은 늘어났다. 실업과 굶주림이 남아프리카에서부터 오스트레일리아에 이르기까지 일파만파 확산되었다.

제2차 세계대전과 국민경제

1917년 러시아 혁명 이후 레닌과 그 이후에 등장한 스탈린이 소련 경제를 공업화하기 위한 일련의 프로그램을 시작했다. 이제 계획 경제가 유럽과 미국의 경제를 따라잡으려는 나라들의 국가 전략이 되었다. 스탈린은 농업과 농민 노동으로부터 중공업 육성에 필요한 자본을 뽑아내는, 농민들의 희생에 바탕을 둔 공업화를 시도했다. 제2차 세계대전이 끝난 뒤 마오쩌둥과 새 중화인민공화국의 지도자들은 소련을 본받아 중국 경제를 공업화하는 5개년 계획에 착수했다. 마오쩌둥은 결국 소련 모델을 거부하고 농민들의 자원을 착취하는 신속한 공업화 방식에 도전했다. 그는 사회적(그리고 정치적) 비용이 너무 높다고 생각해 소규모의 공업화를 시행하면서 농업을 중요시하는 정책으로 돌아섰다. 이 프로그램은 결국 철저한 실패로 돌아가고 대규모의 기근으로 수백만 명이 사망하게 되는 결과를 가져왔다.

전후에 국가가 주도하고 지원하는 복지 프로그램으로 국민을 지원하는 정책을 시도한 곳도 있었다. 유럽의 몇몇 나라와 미국이 어느 정도 그런 정책을 폈지만 가장 주목할 만한 경우는 스칸디나비아였다. 과거에 가족과 교회가 자선을 통해 그렇게 했던 것처럼 이제는 국가가 노약자와 빈민에 대한 일종의 보증인이 되었다.

제2차 세계대전 당시에 체결된 금융 관리에 관한 일련의 국제 협정들은 승전국들이 만든 것이다. 1944년에는 세계은행(World Bank)과 국제통화기금(IMF)이 창설되었다. 이 기구들은 전쟁이 끝난 뒤 유럽의 질서 회복을 준비하기 위한 것이었지만 나중에 전후 세계에서는 '제3세계'의 경제 발전을 위한 것으로 바뀌었다. 제3세계라는 개념은 아프리카와 아시아와 라틴아메리카의 과거(그리고 지금도 계속되고 있는) 식민지들에게 적용되었다.

세계은행과 국제통화기금은 제국주의로 가장 큰 이득을 본 나라들을 비롯한 선진 자본주의 경제들, 곧 '제1세계'가 관리했다. 1971년 미국의 달러가 금본위제를 이탈함에 따라 국제통화의 가치를 금에 연계시킨 1944년의 브레턴우즈협정이 사실상 해체되었다. 이런 변화는 다른 국제통화들이 미국 달러와의 연계에서 벗어날 길을 열어 주었으며 훨씬 더 유동적이고 유연한 국제 금융의 풍토를 조성했다. 또 세계은행과 국제통화기금의 형식적이고 제도화된 경영을 넘어 국경을 초월한 새로운 비공식적 경영 체제의 발전에 중대한 전환점이 되었다. 한때 대상로와 계절풍 해로의 네트워크를 따라 거래된 소금, 금, 비단, 후추 같은 상품들이 이제 석유, 고무, 직물, 마약으로 대체되었다.

| 세계화와 저항 |

1995년에는 전후(1947년) 세계 무역의 지침을 마련하고 규제하기 위해 조인한 관세무역일반협정(GATT)을 대체하여 세계무역기구(WTO)가 출범했다. 세계무역기구는, 사안을 심의하고 결정하는 데 발언권이 없는 전 세계의 가난한 사람들을 정치 경제적 강대국들이 영구적으로 관리하는 기구라고 본 사람들에게 강력한 저항을 불러일으켰다. 한때 열렬한 공산주의 경제를 추구하던 중국과 베트남이 시장 경제로 전환한 다음 세계무역기구의 회원국이 되었다. 이런 현상은 일본을 필두로 한 자본주의 모델의 힘과 전후의 세계에서 갈수록 중요성이 부각되는 아시아 경제의 역할을 반영한 것이다. 20세기 말에는 지역적인 무역 블록이 등장하기도 했다. 회원 국가들에게 단일 통화와 공동 은행을 장려하는 유럽연합이 가장 대표적인 사례이다.

세계무역기구가 창설되던 해(1995년)에 젊은 소프트웨어 공학자 피에르 오미디아르는 인터넷으로 물건을 사고팔 수 있게 해 주는 기호 체계인 이른바 '이베이'(eBay)를 개발했다. 현대판 비단길이라고 할 수 있는 인터넷은 20세기 말 세계 경제를 지배한 거대한 다국적 기업과는 정반대로 개별화된 사이버 교역로를 제공했다.

이베이를 개발해 엄청난 성공을 거둔 이 억만장자 사업가는 전 세계의 빈곤을 해결하는 문제로 관심을 돌렸다. 오미디아르와 마이크로소프트사의 갑부 빌 게이츠를 비롯한 박애주의자들은 2006년에 노벨평화상을 수상한 무함마드 유누스를 본보기로 삼아 소액 금융이나 무담보 소액 대출에 다른 방식으로 투자했다. 그것은 빈민 여성들(때로는 남성들)이 자신의 사업을 시작해 어느 정도의 경제적 독립을 확보하도록 소액 대출을 제공하는 것이었다. 하지만 벌어들이는 금융상의 이득이 얼마이든 간에 그들의 노력은 결국 세계시장의 힘이나 자본주의적 세계 경제와 결부되어 한 지역의 배경 속에서만 이루어진 것이었다. 세계 경제의 구조를 대대적으로 바꾸지 않고 이러한 이윤 증식 수단을 통해서 전 세계의 가난을 없애거나 실질적으로 줄이는 방법을 찾는다는 것은 어려운 일이다.

| 결론 |

21세기 초의 초국적 경제는 16세기와 17세기의 중상주의 경제와 뚜렷한 대조를 이룬다. 중상주의 경제 세계에서는 공동의 정치 경제적 이해를 증진하기 위해 거대 상인들이 정부와 협력한다. 하지만 다국적 기업들은 대개 그 힘과 영향력이 출신 국가의 국민경제를 뛰어넘는다. 다국적 기업의 대표들은 흔히 국가의 수반들만큼이나 또는 그 이상의 주목을 받는다.

인류 초기의 역사에서는 환경 조건이 여러 영역의 경제 발전을 결정했다. 심지어는 관개와 구릉의 계단식 재배 같은 기술을 통해 환경을 바꿀 수 있었던 시절에도 환경의 영향은 지배적이었다(2장을 보라). 산업혁명과 함께 도입된 기술의 변화는 탄광업에서 화학 오염에 이르기까지 환경을 과감하게 바꿔 나가기 시작했다. 기술이 어떤 면에서는 사람들의 물질적 여건을 크게 향상시키고 환경에 의존해서 살아가던 인간을 해방시켜 주었다. 하지만 제품의 소비 증대와 과잉 소비가 낳은 폐기물이 한데 얽혀 지구의 환경을 파괴한 나머지 이제는 자신들의 삶의 방식은 물론이고 지구상의 다른 사람들이 현재와 미래를 살아가는 방식까지 관련해서 고민해야 할 지경에 이르게 되었다.

토론 과제

● 사람들이 생계를 이어 가는 방법을 결정하는 데 환경이 어떤 역할을 하는가? 구체적인 사례를 들어 보자.

● 목축생활의 가장 큰 특징에는 어떤 것이 있는가? 또 목축민들이 주변의 농업 정주민들과 어떻게 교류했는지 이야기해 보자.

● 교역의 역사는 인간 집단들의 접촉만큼이나 오래되었다. 물품의 교환을 수월하게 하기 위해 인류는 어떤 수단을 개발해 왔는가?

● 서로 다른 통화 몇 가지를 들어 보고 그런 형태의 통화가 왜 가치가 있는지를 설명해 보자.

● 물품을 원거리까지 어떻게 수송했고 어떤 상품을 거래했는지 사례를 들어 얘기해 보자.

● 중상주의와 자본주의를 간단히 정의해 보자.

● 경제 체제로서 세계화의 가치에 대해 얘기해 보자.

| 참고문헌 |

· Abu-Lughod, Janet L.(1989) *Before European Hegemony: The World System, A.D. 1250~1350*, New York and Oxford: Oxford University Press.
· Chaudhuri, K. N.(1990) *Asia Before Europe: Economy and Civilization of the Indian Ocean from the Rise of Islam to 1750*, Cambridge: Cambridge University Press.
· Dyer, Christopher(2002) *Making a Living in the Middle Ages: The People of Britain, 850~1520*, New Haven, Conn.: Yale University Press.
· Frank, Andre Gunder(1998) *Reorient: Global Economy in the Asian Age*, Berkeley, Los Angeles, and London: University of California Press.
· Pomeranz, Kenneth(2000) *The Great Divergence: China, Europe, and the Making of the Modern World Economy*, Princeton, N. J. and Oxford: Princeton University Press.
· Pomeranz, Kenneth and Steven Topik(1999) *The World That Trade Created: Society, Culture, and the World Economy, 1400 to the Present*, Armonk, N. Y. and London: M. E. Sharpe.
· Reid, Anthony(1988) *Southeast Asia in the Age of Commerce, 1450~1680*, Vol. One: *The Lands Below the Winds*, New Haven, Conn. and London: Yale University Press.
· Shiba, Yoshinobu(trans. Mark Elvin)(1992; 1968, original Japanese publication), *Commerce and Society in Sung China*, Ann Arbor: University of Michigan Center for Chinese Studies.
· Tracy, James D.(1991) *The Political Economy of Merchant Empires: State Power and World Trade, 1350~1750,* Cambridge: Cambridge University Press.
· Wright, Donald(2004, 2nd edn) *The World and a Very Small Place in Africa: A History of Globalization in Niumi,* The Gambia, Armonk, N. Y. and London: M. E. Sharpe.

| 온라인 자료 |

· Annenberg/CPB Bridging World History(2004)
  http://www.learner.org/channel/courses/worldhistory/
  8주제 '초기 경제,' 9주제 '지상의 연결망,' 10주제 '해상의 연결망,' 14주제 '토지와 노동관계,' 15주제 '초기의 세계적 상품들,' 16주제 '식량, 인구, 문화,' 19주제 '전 지구적 산업화,' 24주제 '세계화와 경제학' 등의 단원을 보라.
· Asia for Educators : The Song Dynasty in China(960~1279)
  http://afe.easia.columbia.edu/song/
  이 웹사이트는 12세기의 유명한 두루마리 그림 〈강변의 봄 축제〉를 활용해 송대 중국의 도시 생활과 경제의 여러 측면들을 살펴보고 있다.

7장

민족과 국가, 제국

제 2차 세계대전이 막바지에 이르렀을 때 베트남 민족주의 지도자 호찌민(1890~ 1969년)은 〈베트남 독립선언문〉의 서문에 이렇게 썼다.

모든 사람은 평등하게 태어났다. 그리고 신으로부터 누구에게도 양도할 수 없는 권리를 부여받았다. 바로 생명과 자유와 행복을 추구할 권리이다.

이 불후의 문구는 1776년 미국의 독립선언문에 나오는 내용이다. 이것은 넓은 의미에서 세상의 모든 민족들이 나면서부터 평등하고 생존할 권리와 행복하고 자유로울 권리를 지니고 있다는 뜻이다.

1791년에 작성한 인간과 시민의 권리에 관한 프랑스 혁명의 선언도 "모든 사람은 자유롭게 태어났으며 평등한 권리를 지니고 있고 언제나 자유롭고 평등하게 살아가야 한다"고 진술하고 있다.

이것은 누구도 부인할 수 없는 진리이다.

(William D. Bowman, Frank M. Chiteji, and J. Megan Greene, *Imperialism in the Modern World: Sources and Interpretations*, Upper Saddle River, N. J.: Pearson Prentice-Hall, 2007, p. 248)

호찌민은 오래전 미국 독립혁명과 프랑스 혁명에서 만들어진 이 두 선언문을 인용하면서 거기에 명시된 예언적인 가치들을 자신의 조국에 대한 프랑스의(그리고 일본의) 식민 억압을 이야기하기 위해 반어적인 서문으로 제시하고 있다. 베트남은 제2차 세계대전 때 일본에 점령됨으로써 프랑스의 식민 통제로부터 해방되었다. 그런데 연합국의 승리가 선언되자 프랑스가 '프랑스령 인도차이나'에 대한 권리를 다시 주장했다. 프랑스가 최종적으로 패배하자 이번에는 미국이 아시아에서 공산주의를 상대로 장기간의 혹독한 전쟁을 치르며 베트남 지배를 시도했다. 미국은 결국 민족주의 저항과 호찌민의 후예들에게 패배를 당하고 말았다.

프랑스가 처음 식민화한 19세기에도 베트남 국민들에게 외국 세력의 지배를 받는 것이 전혀 새로운 경험은 아니었다. 오늘날 베트남에 해당하는 지역의 상당 부분이 천 년이 넘도록(기원전 111년~서기 939년) 중국의 지배를 받았다. 베트남인들은 10세기에 들어서야 중국으로부터 독립할 수 있었다. 그래도 그들은 여전히 중국의 문화적 그림자 아래에 머물러 있었으며 중화제국의 정부 모델을 모방했다. 오늘날 베트남

| 그림 7.1 | **호찌민(1967년)**
베트남에서 태어난 호찌민은 유교 가정에서 자라고 프랑스의 중등학교에서 교육을 받았다. 나중에는 미국과 영국, 프랑스에 살면서 일을 했다. 그는 프랑스에서 공산주의를 받아들였다. 그 뒤 중국과 소련에서 활동하다가 1941년 베트남 민족주의 운동인 베트민을 지도하기 위해 베트남으로 돌아왔다.

이라는 나라 이름은 사실 베트남이 중국의 지배 아래에 들어갈 당시 중국의 최남단 지역인 월(越)의 남쪽을 뜻하는 중국어 이름 '위에난'(越南)에서 비롯된 것이다. 이 지리적인 용어는 중국에서 볼 때 다른(관련이 있기는 하지만) 언어를 사용하고 산지에서 하천의 삼각주와 해안선에 이르는 다양한 자연경관에 스스로 적응해 살아가는 다른 종족 집단들이 거주하는 지역을 가리켰다.

20세기 중반 이후 세계에서 베트남의 독립선언문은 그리 오래되지 않은 식민주의의 공통된 경험과 언어, 역사적 정체성에서 나온 독립적인 근대 국민국가로서의 지위를 확인하는 성명서였다. 현대의 베트남인들(그 가운데 호찌민)은 서기 1세기에 중국에 맞서 저항을 주도한 영웅 쯩 자매를 민족주의 자긍심의 모델로 삼을 수 있었다. 또한 미국과 프랑스의 혁명 선언문이 명시하고 있는 원칙에서 근대 국민국가의 모델을 찾을 수 있었다.

베트남의 역사적 경험은 이 장의 주제와 관련해 풍부한 내용을 제공해 준다. 국가란 무엇이고 사람들은 왜 국가를 건설했을까? 유럽과 전 세계에서 근대 국민국가는 언제 어떻게 생겨났는가? 초기의 제국(1500년 이전의)들을 건설한 세력은 누구이고 그 제국이 현대의 제국과는 어떻게 다른가? 베트남의 경우 한 국가와 한 민족으로서 공통의 역사적 정체성은 중화제국의 확장에 대한 저항을 통해 생겨났고 현대의 민족주의적 정체성은 19세기와 20세기에 프랑스와 일본, 나아가 미국의 제국주의 침략에 대한 저항의 산물이었다. 이 장에서는 최초의 국가와 제국에서 현대의 국가에 이르기까지 정치적 구성의 변화에 나타난 집단 정체성의 변형을 탐구한다.

전 세계에 걸쳐 사람들이 농사를 짓고 도시로 이주하기 시작함에 따라 모여 사는 인구가 불어나면서 인간의 활동 규모가 확대되고 사회의 복잡성도 증대했다(3장을 보라). 농촌이 도시, 도시국가, 왕국, 나아가 제국으로 바뀌면서 자원의(그에 따라 권력의) 분배에 불평등이 심화되었다. 인구와 자원의 집중은 식량 창고를 보호하고 영토를 수호하며 결국에는 주민들(그들의 노동)과 영토에 대한 관리를 확대하기 위한 군사력의 성장을 수반했다. 먼 옛날 공동체 생활에 영감을 불어넣고 삶을 안내해 준 종교 사상과 풍속이 새로운 통치자와 새로운 형태의 정치 조직, 새로운 사회 위계, 새로운 경제 관계를 승인해 주는 역할을 했다. 이를테면 수메르의 도시 우루크의 수호신 이난나는 도시의 창고를 보호하고 자신의 후원을 받아 통치하는 사제이자 왕인 인간 배우자를 두고 있었다(4장을 보라).

도시국가들은 농업 배후지를 관리하거나 교역에 의존하는 독립적인 도심이었다. 도시국가는 기원전 제3천년기에 이미 등장한 최초의 정치 형태들 가운데 하나이다. 하지만 세계사 전체를 살펴보면 오늘날에도 그런 형태를 찾을 수 있다. 기원전 5세기 에게 해 지역의 그리스 도시국가들은 물론이고 서기 16세기와 17세기에 인도양을 둘러싸고 있던 항구도시들과 현대의 싱가포르 같은 도시국가도 같은 사례이다. 왕국은 도시국가보다 규모가 더 컸고 하나의 도심을 넘어 더 넓은 지역을 직접 관리했다. 왕국의 사례도 12세기 지중해의 시칠리아 왕국에서부터 19세기 남아프리카의 줄루 왕국에 이르기까지 세계사 전체와 전 세계 곳곳에서 발견할 수 있다.

제국은 가장 규모가 큰 정치체였고 왕국이나 도시국가 같은 한 정치체가 다른 정치체들에게 해를 끼치며 팽창한 데서 비롯되었다. 제국은 다양한 방식으로 정의되었고 제국을 건설해 간 과정도 다양하다. 모든 제국은 강력한 중앙 권력이 대규모의 다민족 정치체를 관리하고 제국의 권력을 정당화하는 이데올로기를 강화하는 데 성공했다는 공통점이 있다. 로마제국이 그 고전적인 사례에 해당한다. 전성기였던 서기 1세기의 로마 도심은 서쪽과 북쪽으로는 이베리아 반도와 영국 제도, 동쪽으로는 중앙아시아의 가장자리에 이르는 지중해 주변의 방대한 지역에 대한 소유권을 주장했다. 로마 군단은 그 지역의 치안을 유지했고 로마 정부는 엘리트 지배자들과 군대와 행정을 지원하기 위해 제국 전역에서 공물을 거둬들였다. 로마의 황제들은 결국 신성화되었고 로마 신들과의 연합을 통해 통치의 정당성을 확보했다.

농사를 짓는 마을에서부터 제국에 이르기까지 규모의 차이에 따라 집단적 정체성의 성격이 달라진다. 혈연관계는 개인을 넘어서서 가장 기초적이고 근본적인 정체성의 원천을 이룬다. 그래서 혈연관계에 기초한 친족이 집단적 정체성을 구성하는 단위를 이룬다. 각 사회마다 친족 관계를 매우 다른 방식으로 조직하기는 하지만 어느 곳에서나 친족 관계가 정체성의 원천이라고 볼 수 있다. 집단적 정체성을 구성하는 요소 가운데 하나인 친족이 대규모의 공동체와 국가로 그리고 최종적으로는 제국으로 이어진다. 제국 건설과 관련된 것들을 포함하여 교차 지역과 교차 문화의 상호 교류를 통해 생기는 집단적 정체성의 변화는 16세기에 시작해 21세기에도 변함없이 이어지고 있는 세계화 과정과 더불어 극적으로 심화되었다.

이 장에서는 먼저 분권적 공동체에서 중앙집권 국가로 필연적으로 발전한다는 생각과 대규모 국가나 제국의 권력이 관료화되면 반드시 친족 동맹이 약화된다는 가정에 의문을 제기하면서 친족 관계와 정치 질서 사이의 관계를 살펴본다. 이어서 근대 초기의 해상 및 육상 제국과 근대 국민국가의 등장, 그리고 마지막으로 새로운 제국으로 이어질 1500년 이전 세계 각 지역의 '구' 제국들을 비교해 본다. 또 제국을 구성하는 것이 무엇이고 제국들(신구 제국 모두)이 어떻게 그리고 어째서 다른지에 대한 문제를 제기하고 민족주의와 제국주의와 혁명의 역사적 과정을 추적해 본다. 우리의 기본 관심은 이렇듯 광범위한 역사적 변화의 캔버스 곳곳에서 볼 수 있는 신구 국가 및 제국의 변화 과정을 통해 만들어진 집단적 정체성의 전환 법칙을 밝히는 데 있다.

'무국가 사회' 이그보-우크우

도시국가, 왕국, 제국을 막론하고 그 규모가 어떠하든지 간에 국가는 권력의 집중을 통해 생겨나고 기술의 통제와 폭력의 힘으로 작동된다. 국가의 형성 과정은 복잡하다. 다양한 길이 있을 뿐만 아니라 그 결과도 서로 다르다. 지역적 편차가 있는 보편적 모델은 없다. 지위와 권위의 위계 개념에 따라 사람들이 개인과 집단에 권력을 부여하는 방식은 천차만별이다. 흔히 친족 관계에 뿌리를 둔 비교적 느슨한 정치권력과 권위의 조직을 갖춘 사회가 그러하듯이 이른바 '무국가' 사회는 대안적인 권력 분배의 이상형이 될 수 있다.

사회의 규모가 커지고 복잡해짐에 따라 개인을 자리매김하고 그 지위를 결정하는 사회관계의 그물망이 갈수록 중요해진다. 이 그물망이 흔히 취하는 형태 가운데 혈통이나 가계 집단이 있다. 이것은 혈연관계로 맺어지거나 실제의 조상이든 허구(상상)의 조상이든 공동의 가계에 소속됨으로써 맺어진 사람들의 공동체였다. 정체성의 주요 원천을 제공하는 혈통이 인류 공동체를 구성하는 매우 필수적인 구성 요소로 인정되어 왔으며 개인의 운명들뿐 아니라 대규모의 정치 구조를 형성하는 힘이 되어 왔다.

오늘날 나이지리아 동남부의 나이저 강 동쪽 1만 제곱킬로미터가량 되는 우림 지역에 이그보-우크우(900년경)라고 하는 고고학 유적군이 있다. 이그보-우크우는 혈통을 중심으로 조직된 서아프리카 초기의 분권적 정치체에 관한 증거를 제공해 준다. 이 지역은 인구밀도가 높았음에도 불구하고 대도시는 물론이고 중앙집권적 국가나 그 어떤 제국도 존재하지 않았던 것으로 알려져 있다. 이곳에서 나온 혈통 중심의 사회에 대한 증거는 주로 고고학적인 것이다. 세 곳의 유적 발굴을 통해 특이하게도 복합적인 기술로 만든 청동 조각과 물품, 수입된 유리구슬과 직물, 사람의 유골이 다수 출토되었다. 특정 관직에 속한 것으로 보이는, 말 위에 걸터앉은 남성을 표현한 기병의 칼자루도 발굴되었다. 좌상(坐像)은 현대에도 그 지역에서 이보어를 사용하며 살아가는 종족들한테서 발견할 수 있는 얼굴 치장과 동일한, 정교한 얼굴 흉터의 흔적을 지니고 있다. 이보족의 구술 전승도 마찬가지로 천 년에 걸친 이 지역 종족의 연속성을 보여 주는 증거가 된다.

이보족은 더욱 최근에 와서 매우 민주적이고 혈통 중심적인 관계에 바탕을 둔

'무국가' 정치 체제를 보여 주는 사례로 인류학자들의 연구 대상이 되었다. 고도로 중앙집권적인 사회의 위계 구조와는 달리 혈통 중심의 사회는 집단 공동의 목적과 성취를 강조했다. 혈통은 논쟁을 가라앉히고(구성원이 다른 구성원들의 지지와 보호를 확신할 수 있기 때문에) 전 세대에 걸쳐 부를 재분배하는 데 유용했다. 같은 혈통에 속해 있다는 것은 구성원들이 공통의 정신적 유산을 공유한다는 것을 의미했다. 그 유산 가운데 핵심은 조상들이 같은 혈통 안에서 환생한다는 신앙이었다. 이보족의 종교는 환생한 창조신을 두고 있었을 뿐 아니라 환생한 각 개인에게 영적인 세계에서 온 개인적인 '치'(chi), 곧 신의 안내가 제공된다는 내용을 담고 있었다. 정치적 권력은 이처럼 개별적인 영적 공적을 이 세상에 보여 주는 그림자였다.

이그보–우크우의 귀족 원로회의를 통한 통치는 구성원들에게 최고의 능력을 개발하고 부를 축적하며 다른 구성원들에 대해 영향력을 행사할 기회를 마련해 주었다. 원로회의 의원들은 사회관계를 관리하여 집단적인 의사 결정을 내림으로써 그에 걸맞는 지지를 받았다. 원로회의의 권력과 영향력은 점진적으로 신장되었고 집단의 합의와 후원의 결실에 따라 좌우되었다. 정신적 권위와 정치적 권력은 모두 지위와 계급에 따른 상으로 인정되었다. 이그보–우크우의 발굴자는 유적들 가운데 하나가 이보족 귀족사회에서 가장 지위가 높은 사제 겸 왕의 무덤일 가능성이 있다고 해석했다. 이그보–우크우 유적의 증거는 또 이슬람 이전 시대(9세기 이전)에 사하라 사막 너머로부터 말과 금속을 비롯한 상품들을 수입하던 원거리 교역이 이루어졌음을 확인해 준다. 이런 교역 네트워크와 관련성이 있다고 해서 반드시 중앙집권적인 권력의 수립으로 이어진 것은 아니다. 사회의 조직적 복잡성을 사회의 외형적 규모와 혼동해서는 안 된다. 분권적 사회 가운데에서도 수백 명이나 수천 명이 자발적으로 협동하는 규모가 큰 사회가 많았다.

│ 혈통 사회와 제국 │

중앙집권적인 제국과 분권적인 혈통 정치체 간의 사회적 · 경제적 · 이데올로기적 체제는 매우 달랐다. 혈통 정치체의 이데올로기는 자원의 중앙 집중화보다는 분배를 요구했다(8장을 보라). 호혜주의와 후원의 그물망은 끊임없는 협상과 합의를 필요로 했다. 제국과 같은 정치체의 정치 전략과 관리 수준에서는 이러한 것이 비현실적이었다.

계승으로 이어지는 이슬람 제국과 아라비아 반도 혈통 사회 간의 역동적인 관계는 일반적으로 제국과 혈통 사회 사이에 이루어지던 관계의 특징을 보여 주었다. 무슬림 역사가 이븐 할둔은 심지어 국가의 흥망은 군사적 용맹이나 위대한 지도자 또는 신들의 능력만큼이나 혈통과 사회 내부 다른 요소들 간의 상호작용에 달려 있다고 주장했다. 중화제국과 로마제국 역사의 특징은 제국 중심부와 주변부 혈통 사회 간의 관계 변화였다. 로마제국의 경우는 프랑크족과 켈트족, 픽트족과의 관계 변화가 그러했고 중화제국의 경우는 흉노족을 비롯한 북방의 다른 유목 민족들과의 관계 변화가 그러했다.

만리장성 너머에서 중화제국과 대치한 유목 민족들은 중국과 때로는 교역도 하고 전쟁도 벌였다. 중국은 이따금씩 부족으로 범위가 확대되는 씨족 혈통에 따라 조직된 사회의 정치 제도를 채택하기도 했다. 중국의 역사가 사마천(기원전 145년경~기원전 90년경)은 기원전 2세기에 대규모 연맹체를 구성해 중국을 주기적으로 위협한 흉노족과 돌궐족, 몽골족 유목 생활의 정치 사회 조직에 관해 관찰한 바를 다음과 같이 기록했다.

> 그들은 가축 떼를 위해 물과 초원을 찾아 이동한다. 도시 같은 영구적인 거처도 없고 농사도 짓지 않는다. …… 지도자들은 수천 명에서 만 명의 기병들을 거느리고 있다. 이른바 '만호'(萬戶)라고 부르는 족장들이 24명 있었다. 모든 주요 공직은 세습되었다. 후안족, 란족, 수부족 세 씨족이 귀족을 이루었다.
>
> (Patricia B. Ebrey, ed., *Chinese Civilization: A Sourcebook*, New York: Free Press, 1993, p. 55)

그 이후의 세기에는 혈통 중심의 다른 사회들이 중국과 교류하고 때로는 협박하거나 심지어는 정복을 하기도 했다. 이들 사회의 유목적인 생활방식은 물론 부족과 씨족의 기본 조직이 중앙집권적 국가들의 특징인 권력의 집중에 부정적인 영향을 미쳤다. 하지만 개인적인 충성 관계를 통해 강력한 지지 기반을 갖춘 카리스마 강한 지도자의 등장으로 부족 지도자들을 대규모 연맹체로 통합할 수 있었다. 그리고 그 지역 일대에서 규모가 큰 세력으로 급부상한 중국의 모델에서 행정상의 몇 가지 측면을 수용해 이 연맹체를 훈련이 잘 되어 있고 기동성이 매우 뛰어난 군대와 거대한 영토에 걸친 강력한 통치 조직으로 전환할 수 있었다. 13세기 칭기즈칸의 몽골 부족 통합이 이러한 과정을 보여 주는 가장 잘 알려진 사례이다. 제국과 같은 대규모 정치체를 성장시킨 중앙집권 세력과 혈통 사회의 특징인 분권적 정치 생활 유형 간의 긴장은 역사적 변화를 자극하기도 한 반면 동시에 혈통 관계와 씨족 관계를 통한 친족의 강한 연속성도 강조했다.

하지만 혈통 사회가 중앙집권적 연맹체로 바뀐 것이 보편적인 유형은 아니었다. 유럽의 정복 이전 북아메리카 북서 해안 종족들의 기본적인 사회 단위는 유라시아의 혈통 및 씨족 사회와 비슷했다. 정치적으로 자율적인 친척 집단들, 곧 그 배우자와 자녀들이 집단의 관계에 바탕을 두고 가계나 신분을 따지는 체계를 따라서 결합했다. 사회적 지위는 세습과 부에 따라 결정되었다.

북서 해안의 혈통 집단이나 확대가족 집단은 일반적으로 히말라야삼목 통나무로 만든 롱하우스에서 30명 정도가 거주하는 개별 가정으로 살았다. 가장의 지위는 모계로도 계승되었고 부계로도 계승되었다. 하지만 가장은 가계의 부나 위신에 좌우되기도 했다. 선물을 많이 받을수록 포틀래치(부의 표시)를 더욱 크게 할 수 있고 가장과 그의 가족은 사회적 지위가 더 높아졌다. 공동 방어나 의례적인 목적을 위해 이따금씩 비슷한 사회 집단들끼리 동맹을 결성하기는 했지만 토템, 관모(冠毛), 춤 같은 지극히 개별적이고 중요한 권리들은 서로가 결코 포기하는 법이 없었다.

| 봉건제도 |

유럽에서는 역사가들이 '봉건제도'라고 부르는 더욱 공식적인 구조의 분권적 정치 체제가 발전되었다. 이 용어는 때때로 중요한 차이점들을 흐리게 하는 방식으로 이용되어 문제가 있기는 하지만 권력관계의 유형을 비교하는 데는 여전히 유용하다. 이런 의미에서 봉건제도는 주로 개인적인 친족 관계에 기초하거나 아니면 중앙집권적 정치체의 비개인적인 관료 구조에 기초한 사회들에 대한 일종의 대안으로 생각해 볼 수 있다. 넓은 의미에서 봉건제도는 토지(라틴어의 '페우둠'이나 봉토)가 부의 중요한 형태를 이루고 경제 구조만 아니라 정치 사회 구조의 토대를 제공하는 권력의 위계질서를 뜻한다. 유럽 봉건제도의 제도와 관습은 강력한 중앙집권 국가(로마제국)의 권력이 지역적인 정치 단위로 이동한 이후에 발전했다. 다양한 형태의 봉건제도는 9세기

부터 13세기까지 서유럽에서 널리 유행했다. 나중에는 동유럽의 일부 지역에서도 봉건제도가 발전해 더욱 오래 지속되었다.

봉건제도의 핵심은 주군(보호자)과 봉신(피보호자)의 개인적인, 특히 군사적인 관계였다. 모든 봉건적 관계의 기초는 계약이었다. 사실상 지방화되고 분권화된 세계에서 계약은 법적으로 문화적으로 강력한 응집력이 있었다. 계약은 충성의 맹세 형태를 취했다. 봉신은 이를 통해 봉토를 수여하는 상위 주군에게 충성서약을 맹세했다.

'봉건제도'라는 용어는 또한 12세기에서 19세기에 이르는 일본의 정치 사회 제도를 기술하는 데 사용되기도 했다. 이 시기 일본 사회의 발전에 이 용어를 사용하는 것이 적절한 것이든 아니든 비교해 볼 만한 유사점들이 있다. 유럽과 일본의 봉건제도는 모두 중앙집권적인 제국 정부와 사법행정 기구가 붕괴되면서 생겨났다. 유럽의 경우에는 로마제국과 로마법이 약화되었고, 중국 당(618~907년)의 제국 정부를 모델로 한 나라(奈良, 710~794년)와 헤이안(平安, 794~1185년) 시대 일본의 그것도 마찬가지였다. 두 경우 모두 봉건제도는 보호자와 피보호자의 계약 관계가 선행하는 법적·행정적 토대에 기초를 두고 발전했다.

일본의 봉건제도는 헤이안 시대에 혈통 중심의 귀족 사회 전통을 주장하면서 발전되었다. 이 전통에서는 보호자−피보호자 관계가 정치조직의 기초이자 국가 통치의 수단이었는데, 9세기에서 11세기에 걸친 후지와라(藤原) 가문의 통치가 그 좋은 사례를 보여 주었다. 헤이안 시대의 귀족은 수도 밖에 있는, 곧 헤이안 궁정의 문화생활과 정치생활의 중심에서 멀리 떨어진 지방에서 영지의 수입으로 매우 사치스럽고 세련된 생활을 누렸다. 그들은 자신들의 토지를 관리하고 수입을 보장해 주는 영지 관리인을 둔 부재지주였다. 장원의 관리는 점차 궁정 귀족의 수중에서 제국의 권력이 미치지 않는 가운데 외부의 공격으로부터 장원을 보호해 주던 지방의 관리인과 무사들의 수중으로 들어갔다.

유럽의 봉건제도와 마찬가지로 일본의 봉건제도는 두 가지에 기초를 두고 있었다. 토지 소유권 개념과 관련이 있는 장원(쇼엔)과 전사 엘리트의 군사력이 바로 그것이다. 12세기 말에 후지와라 권력이 쇠퇴한 이래 중앙 권력이 약화되면서 수도 밖에서는 사무라이로 알려진 새로운 무사 엘리트가 발전했다. 궁정 귀족을 대신해 사무라이가 개인적인 충성과 군사적 봉사 관계를 통해 권력을 확고히 다진 사회 정치적 엘리트로 떠올랐다.

동남아시아의 스리비자야제국과 크메르제국

친족 관계에 기초한 것이든 봉건제도에서처럼 계약관계에 기초한 것이든 인적 동맹 관계의 중요성은 세계의 일부 지역에서 제국들이 취한 형태에서도 확인할 수 있다. 동남아시아의 국가들은 이러저러한 통치자의 대표자들이 관리하는 국경이 명백한 영토라기보다는 개인적 충성 관계가 권력관계의 기초를 이루는 복잡한 체제라고 생각할 수 있다. 한 통치자가 관리하는 영토의 정확한 경계는 주요 관심사가 되지 못했다. 중요한 것은 통치자가 의존할 수 있는 충성의 네트워크였다. 동남아시아의 해상 제국과 본토 제국이 이런 모습을 잘 보여 준다.

스리비자야 섬의 대제국(670년경~1025년)은 수마트라 섬에 있는 수도 팔렘방 '다투'(datus, 추장이나 통치자)들의 군사력 및 정치적 수완과 더불어 해상무역을 통한 부를 기반으로 세워졌다. 국제무역이 흔들리고 인간의 능력에 변화가 생기기 때문에 군사력과 정치 기술만으로 스리비자야의 생존을 보장할 수는 없었다. 통치자들은 또 종교와 종족이 서로 다른 정복 지역들을 팔렘방에 대한 공동의 충성으로 결합할 신앙 체계를 필요로 했다. 스리비자야의 통치자들은 보편 종교인 불교에서 이러한 통합 이데올로기를 발견했다.

동남아시아 군도에서는 7세기에 불교가 급속히 성장했다(4장을 보라). 팔렘방의 초기 석비들은 그곳의 어떤 통치자가 불교의 상징과 윤리 속에 신성한 산이나 바다의 지역 이미지와 전통적인 조상숭배를 혼합했음을 보여 준다. 토속 전통에 부과된 불교적인 주제들이 지역 공동체를 뛰어넘는 공통의 사상 체계를 제공해 주었다. 이러한 이데올로기를 강화하고 그 위에다 지역 내 위신을 세우기 위해 스리비자야의 통치자들은 제국이 벌어들인 이익 가운데 일부를 투자했다. 그들은 그 지역의 불교 학문을 후원하고 자바 섬에 있는 8세기의 대규모 불교 기념물인 보로부두르 같은 불교 사원 건축을 주도했다. 10세기와 11세기에는 멀리 벵골과 인도의 동남 해안에까지 이르는 사원들을 제국이 봉헌했다.

동남아시아 본토에는 12세기에 전성기를 구가한 크메르제국(802~1432년)이 오늘날의 캄보디아와 라오스, 타이, 미얀마의 일부 지역, 베트남, 말레이 반도 지역에 살던 백만 명가량의 인구를 지배했다. 수송과 관개용 운하 네트워크가 크메르 국가를 물리적으로 연결해 주었으며 저수지는 우기에 집중되는 빗물을 저장해 나중에 사용

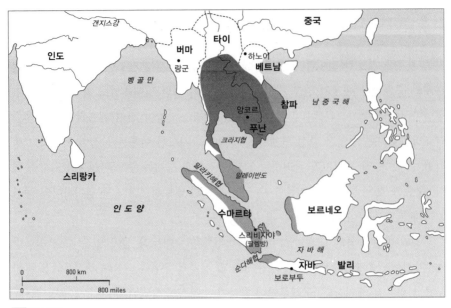

| 지도 7.1 | **스리비자야제국과 크메르제국**

함으로써 고르지 않은 계절풍 기후의 강우량을 관리하는 데 도움을 주었다.

힌두교와 불교는 통치자들의 권위를 인정해 주었고 크메르족들 사이에 문화적으로 종교적으로 공통의 유대를 제공해 주었다(4장을 보라). 통치자들은 확장되는 영토에 대한 권력을 공고히 하기 위해 처음부터 힌두교와 토속신앙을 혼합했다. 또한 크메르 왕실은 산스크리트어를 채택했다. '산의 주재'로 알려진 힌두교의 시바 신에 대한 숭배가 조상신들의 거처인 산의 신성함을 믿는 토속신앙과 연결되었다. 시바에 대한 숭배는 자야바르만 2세(770~834년)의 데바라자(신왕) 숭배로 공식화되었다. 자야바르만은 정복과 더불어 인적 동맹 네트워크의 구축을 통해 크메르 국가를 건설한 인물이다. 그의 뒤를 이어서는 신의 지위가 왕의 인격과 결합되었다. 이는 군주의 개인 직함과 신의 이름이 융합된 것을 상징했다. 바욘 사원의 건축물 정면에 새겨져 있는 불교 신 로케스바라는 12세기 이후 수도 앙코르톰에서 불교의 위상을 잘 보여 준다. 이 불교 신은 앙코르톰의 건설자인 자야바르만 7세(1181~1218년? 재위)와 동일시되었다. 그의 권위는 새로운 붓다라자(붓다왕)를 통해 강화되었다.

12세기에 건설된 앙코르와트(와트는 '사원'을 의미함)의 힌두교 사원군을 비롯하여 크메르 왕이 추진한 대규모 공공사업 프로젝트는 경제적 자원을 동원하고 재분배할 수 있는 국가의 능력이 충분했음을 보여 주는 증거들이다. 이런 사업은 마을에서부터 지역 사원을 거쳐 왕도의 중앙 사원에 이르는 재분배의 중심지 역할을 하는 사원 네트워크를 통해 실현되었다. 크메르 사회를 통합하는 데 사용되는 물질적 부와 상징적 자본인 문화적이고 종교적인 상징들은 이런 식으로 왕국 전역에 걸친 복잡한 사원 네트워크를 통해 분배되었다.

크메르가 스리비자야처럼 배후지의 농업과 해상무역을 연결해 주는 바다를 지배하지는 않았지만 양 제국 모두 대규모 자원을 관리하고 서로 다른 민족과 문화를 자신들의 왕국 내에 통합했으며 자신들의 지배 아래에 지역을 통일한 불교와 힌두교를 이데올로기적 기반으로 삼았다. 스리비자야와 크메르 두 제국은 종교를 통해 새로운 집단적 정체성을 형성했고 농업 또는 하천과 해상무역에 종사하는 사람들이 노동을 통해 마련한 경제적 부의 지원을 받았다. 사원을 비롯한 종교 건축물들은 왕들이 마음대로 처분하고 종교가 승인한 물질적인 부를 드러낸 것으로서 집단적 정체성을 보여 주는 대단히 중요한 표현이었다. 양 제국의 핵심을 이루고 있던 인적 동맹 관계는 비록 기록으로 남아 있지는 않지만 지역적인 차원에서도 일상생활의 일부를 구성했을 것이다. 사람들은 거대한 제국의 그림자 아래 살면서도 친족과 마을에 긴밀한 관계를 이어 갔다.

서아프리카의 말리제국

말리가 '사헬'(아랍어로는 모래 바다의 '해변')로 알려진 사막 지대인 사하라와 나이저 강의 내륙 삼각주에 걸쳐 있는 서아프리카 대초원 지대를 차지한 최초의 제국은 아니었다. 말리제국(13세기경~16세기)은 몇몇 작은 국가들의 정복과 연합을 통해서 생겨났다. 전성기에는 서아프리카의 상당한 범위를 차지했고 서로 다른 여러 언어 집단의 수렵인, 목축인, 유목민, 상인, 농부들을 하나의 정치체로 통합했다. 전해 내려오는 얘기에 따르면 최종적인 통일 과업은 전설적인 한 영웅에게 돌아간다. 케이타족이 지배권을 장악하면서 말리의 왕들 가운데 가장 강력한 왕이었던 순디아타(1190년경~

1255년)가 소소족을 만데족의 언어와 문화 권력에 최종적으로 복속시켰다. 만데의 구술 역사가인 '그리오'(griot)라면 누구든지 오늘날에도 왕족을 대신해 순디아타를 찬양하는 노래를 부른다. 이런 식으로 역사는 말리제국과 그 후손들을 정당화하는 데 이용되었고 아직도 이용되고 있다.

순디아타의 서사시는 이야기의 주요 부분을 주술과 함께 그 주술과 정치권력의 관계에 할애하고 있다. 제국의 건설을 비롯한 모든 위대한 업적을 이루는 데는 만데족이 자연의 신비스런 에너지라고 본 '니야마'(nyama), 또는 초자연적인 힘을 관리할 필요가 있었다. 주술을 이용하는 것은 정치 지도력을 구성하는 한 가지 요소였으며 군사 작전에 성공하여 적을 진압하고 심지어 한 개인의 운명을 보호하는 데도 필요했다. 순디아타는 아프리카의 신성한 여러 통치자들과 마찬가지로 온갖 장애와 국외 추방, 신체적 장애 등을 극복하고 자신의 능력(니야마)을 보여 주었다. 그리오들은 제국의 행정 구조와 혁신의 대부분을 일반적으로 순디아타 치세의 덕분으로 돌린다. 순디아타는 제국을 양대 군사 지역으로 분할하고 세습적인 숙련공 집단을 체계화한 것으로 보인다. 그의 치세와 그 이후에 제철 작업과 가죽공예를 비롯한 전문 기술자들의 활동은 국가 정책과 결부되었다. 이러한 활동의 산물들이 무역과 제국의 확장을 뒷받침해 주었다.

사하라 종단 무역의 관리는 선행 제국(가나)과 후속 제국(송가이)의 주요 특징이었을 뿐만 아니라 말리제국의 주요 특징이기도 했다. 말리는 사헬 사막과 대초원의 경계에 걸쳐 있는 이행대에 위치해 있었다. 전혀 다른 생산품들을 공급하는 이 지역들 간의 교역은 아주 좋은 수입원이 되기도 했다. 제국이 작동하기 위해서는 역내 교역이나 이따금씩 체결하는 조공 관계와 더불어 먼 지역의 추가 개발이 필요했다. 제네, 가오, 팀북투 같은 교역 중심지들도 마찬가지로 이행대에 자리 잡고 있었다. 하지만 말리제국의 부에 이바지한 자연환경 가운데 지역 간 교역만 있었던 건 아니다. 제국의 팽창은 상당 부분 만데족의 군사용 말 덕분에 가능했다. 만데족은 말의 사육과 생존을 위해 특정한 생태 조건에 의존할 수밖에 없었는데 바로 이런 조건이 말리의 대초원 지대에 있었던 것이다.

만데 문화와 사회의 확산 범위를 규정하고 제한하는 데는 생태적 요인이 가장 큰 역할을 했다. 열대 아프리카에서는 습도가 높고 체체파리가 많아 말을 이용하는 데 제한적일 수밖에 없었다. 체체파리는 축축하고 질퍽질퍽한 조건에서 번성했고 말

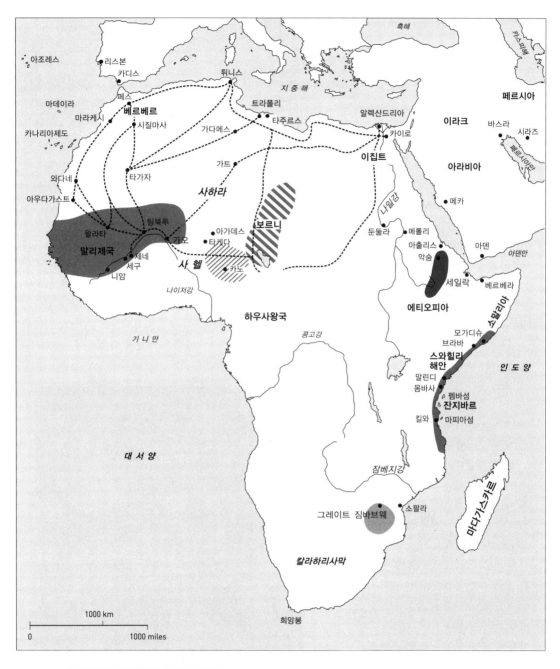

| 지도 7.2 | **아프리카의 말리제국과 초기의 국가들**

◉ ─ 말리의 내륙 나이저 강 삼각주 지역에서 출토된 기마상(13~15세기)

그림 속에 나타난 테라코타 말과 실제보다 과장되게 표현된 기수는 말리의 전사 문화든 국가의 팽창에 저항하는 소규모 국가나 도시들의 문화든 기병과 결부되어 위신이 향상되었음을 암시해 준다. 말이 서아프리카의 사헬과 삼림지역 태생은 아니지만 기마상은 일반적으로 권력과 위신을 상징한다. 아마도 매우 부유한 사람들만이 말을 구입해 사육할 수 있었을 것이다. 기원전 제1천년기 초기에 이미 말이 서아프리카에 도입되었겠지만 소규모 국가들과 특히 말리와 같은 대규모 국가가 등장한 서기 13세기 무렵에 와서야 전투에서 필수적인 요소가 되었다. 만사무사(Mansa Musa) 왕의 기병이 10만 명에 이르렀다고 한다. 이는 부와 군사력을 보여 주는 대표적인 수치로서 동물, 사료, 마구, 무기, 장비, 전사 등을 구하고 유지하는 데 상당한 재원이 필요했을 것이다.

　고고학의 연구 성과를 통해 고대 말리의 예술 유산이 밝혀졌다. 구운 점토 조각인 테라코타는 차분함과 자신감 넘치는 인물을 이상형으로 여기는 이 지역의 도시 생활을 묘사해 준다. 이 조각은 제네-제노와 내륙 나이저 강 삼각주 지역의 예술 양식을 띠고 있다. 이곳에서는 환경에 대한 지배를 확대하기 위해 제의에 예술을 사용했다. 이 특별한 조각은 점토, 청동, 철로 만든 다른 기마상들과 마찬가지로 말에 비해 기수의 크기가 과장되게 표현되어 있다. 그러면서 사람의 지위와 권위를 높이는 데 이바지하는 말의 역할을 명백히 보여 준다. 전사일 가능성이 있는 기수가 왕실 궁수의 활과 화살을 담는 가죽 화살통과 칼을 찬 채 군복을 입고 꼿꼿이 앉아 있다. 팔은 말의 굴레를 잡고 있고 다리는 동물의 다리와 결합해 의인화된 형태로 형식과 기능의 강력한 통일을 자아낸다. 또한 말은 속도와 힘을 주재하는 영혼이나 신을 불러낼 수 있는 종(鐘) 같은 것으로 장식되어 있다. 기병과 말의 머리는 경건한 자세로 위쪽을 향하고 있다.

　해마다 범람이 일어나고 물 부족과 홍수가 끊이지 않았던 내륙 삼각주 지역은 끊임없는 역사 연구의 대상이었다. 도곤족의 한 신화에는 모든 생명을 담고 있는 하늘의 방주 이야기가 나온다. 방주가 땅에 떨어지자 말이 그것을 바다로 끌고 간다. 말과 자연이 주는 선물의 결합은 틀림없이 매우 불안정하던 실제 환경을 반영하고 있을 것이다. 국가의 흥망은 기후 변동과 자원과 조상의 승인에 달려 있었다. 가죽, 점토, 철을 다루는 장인들이 만든 제의 용품들 가운데 매우 강력한 영향을 미치는 몇몇 용품에는 전쟁에서 농업에 이르기까지 모든 활동들을 지배할 정신적 자질을 타고난 자들을 믿는 신앙이 나타나 있다.

에게 치명적인 질병을 확산시켰다. 따라서 1100년부터 1500년까지 서아프리카에 진행된 건기는 특별한 의미를 지녔다. 말 사육자, 전사, 교역자들 모두 점진적인 사막화가 진행됨에 따라 커다란 이득을 보았다. 사막화가 체체파리의 확산을 억제해 준 것이다. 기후가 더욱 건조해지면서 말을 이용한 팽창이 더 넓은 지역으로 확대되었다. 순디아타가 적에 맞서 거둔 군사적인 승리는 기병전과 밀접한 관련을 지니고 있었다. 또한 사헬과 대초원의 식생 지역이 남부의 삼림을 잠식하면서 남진해 내려간 결과 말이 생존할 수 있는 영토가 늘어났다. 만데족은 기병 덕분에 타원형을 이루고 있던 팽창 선을 동쪽과 서쪽으로 확장할 수 있었다. 제국의 전사들이나 말과 별 관련이 없는 곳은 다른 종족 집단들이 거주하고 있던 우림 지대뿐이었다. 1500년경에서 1630년에 걸친 우기 동안 나타난 생태 환경의 변화는 제국의 운명에 거꾸로 악영향을 미쳤다. 제국은 15세기 말부터 무너지기 시작했다. 다습한 조건이 기병의 활동을 제한함에 따라 말리 군대는 전투에 불리해졌다.

  말리제국의 전문 기술과 문화 지배와 생태 환경의 운 좋은 결합은 15세기 말에 끝이 났다. 하지만 제국이 남긴 유산을 수백 년 동안 곳곳에서 느낄 수 있었다. 또 그리오들의 목소리도 남아 있었다. 그리오들의 조상은 만데 세계의 영웅들을 만들어 냈고 그들은 순디아타의 찬가를 부르면서 과거 시대의 사건들을 계속 상기시켜 주었다. 그러면서 말리제국 내 여러 종족들의 집단적 정체성을 표현하고 다졌으며 왕궁의 벽이 허물어진 오랜 뒤에도 그 역사에 생기를 불어넣었다.

유라시아의 유목민과 몽골제국

영토가 연결된 인류 역사상 최대 규모의 지상 제국은 13세기 초에 그 기초가 마련되었다. 몽골제국은 불과 한 세기밖에 지속되지 못했지만 이 제국은 세계사에 중대한 영향을 끼쳤다. 11세기 말 또는 12세기 초 어느 시점에 개인적인 충성을 권력의 기반으로 하는 족장들의 지도력 아래 몽골의 씨족들이 부족 집단들로 조직되기 시작했다. 1200년 무렵에는 부족들이 대규모의 연맹체로 결합했다. 그들은 1206년 부족장 회의에서 칸(장)으로 선출된 칭기즈(1162~1227년)의 지도력 아래 돌궐계 위구르족 같은 다른 부족들을 지배하기 시작했다. 이와 더불어 몽골의 아시아 정복이 시작되었다. 칭기즈는 몽골 부족들을 조직한 카리스마적인 정치 지도자이자 다른 민족과 벌인 전쟁을 승리로 이끈 화려한 군사 전략가였다. 몽골족이 정복 사업에 뛰어든 것은 정복을 가능하게 한 군사력과 더불어 그들이 가진 불확실한 경제적 기반 때문이었다. 몽골족의 경제는 변동이 심한 무역을 통한 부에 어느 정도 의존하고 있었다. 기후 변화 때문에 날씨가 더 추워지고 목초지가 더욱 황량해지자 그 기반이 더욱더 불안정해졌다.

칭기즈 칸의 권위와 세계 정복에 대한 종교적 승인은 대초원 지대의 주신인 천신(天神)에 의해 이루어졌다. 칭기즈의 지도 아래 위구르계 돌궐어 규약을 개정한 몽골 문자로 된 규약이 만들어졌다. 그리고 몽골족의 행정을 위한 법전이 반포되었다. 나중에 이 법전은 정복한 지역과 피정복민의 지배를 위한 지침을 제공할 수 있게 수정되었다. 하지만 칸의 지위 계승은 제도화되지 않았다. 칭기즈가 사망했을 때 셋째 아들 우구데이(1186~1241년)가 계승하기를 바란다고 공식적인 유언을 남겼지만 확실한 후계자는 없었다. 몽골이 지배하던 영토는 칭기즈가 사망한 2년 뒤인 1229년 황금 군단(나중에 러시아까지 포함하게 되는 서부 지역)의 칸이 되는 칭기즈의 손자 바투, 중앙아시아를 지배하게 되는 칭기즈의 아들 차가타이(1185년경~1242년), 그리고 몽골의 본토와 중국 북부 지역을 할당 받은 칭기즈의 또 다른 아들 사이에 분할되었다. 칭기즈의 유언을 따른다는 표시로 우구데이가 몽골 전체 영토의 통치자인 칸들의 칸을 뜻하는 카간(khaghan) 자리에 올랐다.

다음 세대에 중국은 물론 러시아, 서아시아의 이슬람 지역까지 확장해 나간 몽골 제국은 지역마다 서로 다른 정치적 · 종교적 · 사회적 상황에 맞닥뜨렸다. 계속된 지도력 갈등에도 불구하고 제국 내 각 칸국(칸이 지배하는 나라)의 몽골 통치자들은 중국인과 무슬림, 돌궐인, 토착민들을 통합하는 효율적인 행정 체제를 가동할 수 있었다.

13세기와 14세기 초에 칭기즈와 후계자들은 군사적인 용맹과 규율, 강인함 그리고 대규모 군대를 먼 거리까지 이동시키는 전략과 병참 기술을 통해 거대한 제국을 건설하는 데 성공했다. 그들의 군사적 능력은 몽골족의 유목과 사냥 생활을 통해 연마한 우수한 승마술에 바탕을 둔 것이었다. 말을 탄 기수들에 의해 운영되는 특사(特使) 시스템 형태의 효율적인 통신망은 군사 작전의 필수 요소 가운데 하나였다. 하지만 그들이 팽창의 장치에 연료를 공급하고 제국에 도구를 공급하기 위해 정복한 지역의 인적 자원과 물적 자원을 성공적으로 이용할 수 없었더라면 그들의 팽창과 유라시아 세계의 정복은 제국을 건설하는 데까지 이르지 못하고 멈추었을 것이다.

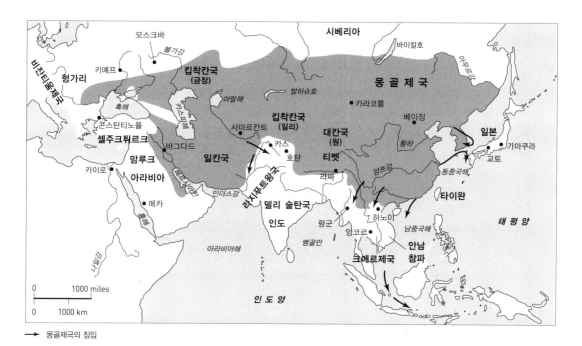

→ 몽골제국의 침입

| 지도 7.3 | **몽골제국**

몽골 군대는 유라시아 대륙의 드넓은 지역들을 연결함으로써 '몽골 천하' 시대를 이룩했다. 주목할 만한 것은 몽골제국이 비교적 단명했다는 사실이 아니라 통신과 수송을 주로 말과 당나귀와 낙타에 의존하던 시대에 방대하고 복잡한 제국이 존재했다는 사실이다. 몽골의 특사 시스템은 속도가 빠르고 효율성이 높기로 유명했다. 그리고 군사적 기술 및 행정 능력과 더불어 통신망의 효율성은 몽골족이 혈통 중심의 사회에서 부족 연맹체로, 세계사 속에서 가장 강력한 제국 가운데 하나로 등장하는 데 중요한 역할을 했다. 그런가 하면 이 규모 자체가 허약성과 단명의 원인이 되기도 했다. 너무나 많은 서로 다른 종족과 문화와 생태를 통합한 나머지 당시의 통신과 수송이 안고 있던 기술적인 한계로 단일한 집단적 정체성을 형성하는 것이 불가능했던 것이다.

유럽의 해상 제국과 육상 제국

몽골제국과는 반대로 16세기와 17세기에 팽창한 포르투갈과 에스파냐, 네덜란드, 영국 같은 유럽 국가들은 해상 제국이었다. 이 해상 제국들은 특히 인도양의 고대 해로를 따라 이동했고 대서양과 태평양을 횡단하는 새로운 바닷길을 개척했다. 포르투갈은 아프리카 북서 해안의 세우타(1415년)에서 인도 말라바르 해안의 고아(1510년)와 동남아시아의 말라카 항구(1511년), 중국 남부 해안의 마카오(1517년)에 이르는 아프리카와 인도와 동남아시아의 해안선들을 둘러싼 전초 기지들을 확립했다. 1494년 교황이 토르데시야스조약으로 포르투갈과 에스파냐의 세계를 나눈 이후 두 나라는 대양을 공유했다. 인도양과 동남아시아 바다에서는 포르투갈 상인들이 해상 지배를 놓고 무슬림 상인들과 경쟁을 벌였고 에스파냐의 상인들은 아시아 태평양에서 중국 상인들을 만났다. 16세기 말과 17세기 초에는 네덜란드와 영국의 상인들이 아시아를 지배한 포르투갈과 에스파냐의 권리들을 잠식하기 시작했다. 대륙에서는 팽창하는 유럽 제국들이 아프리카와 아메리카 대륙과 유라시아 곳곳에서 육상 제국들과 대치했다. 유라시아에서는 오스만제국과 사파비제국, 무굴제국, 러시아제국, 중화제국이 16세기부터 18세기까지 지중해에서 태평양의 변두리에 이르는 지역을 지배했다. 아메리카 대륙에서는 아스테카제국과 잉카제국이 16세기에 전성기를 누렸지만 곧 에스파냐인들에게 파괴되고 정복당했다.

영국, 프랑스, 네덜란드가 북아메리카를 식민지화하기 훨씬 이전인 16세기에 에스파냐와 포르투갈의 '정복자'들은 북아메리카의 남부 지역에서부터 남아메리카의 끝에 이르기까지 광범위한 지역을 차지했다. 에스파냐 서인도제도평의회가 관리하던 잘 조직된 식민 통치기구는 멕시코와 페루를 정복한 뒤 아메리카에 상품을 팔고 귀금속을 실어 나르면서 에스파냐의 중상주의를 지원했다. 에스파냐 군주정은 18세기에 누에바 에스파냐(멕시코)와 누에바 그라나다(콜롬비아, 에콰도르, 베네수엘라)와 아르헨티나(1776년)에 국왕의 대리자(부왕)가 관리하는 행정 단위인 '부왕령들'을 설치했다. 그리고 누에바 그라나다에서 페루의 부왕령이 독립을 했다. 서인도제도평의회와 유럽의 국왕 아래에 있던 부왕들은 지휘 체계를 쉽게 식별할 수 있는 명확하게 정의된 위계 체계를 거느렸다. 아메리카 식민지들을 관리한 에스파냐와 포르투갈의 부왕 체제와 중상주의 체제는 라틴아메리카에 재산을 관리하고 권력을 행사하는 반도인(이베리아 반도에서 건너온 사람들)과 크리오요(아메리카에서 태어난 이베리아인들)로 구성된 유럽인 엘리트들을 만들어 냈다. 이들은 부와 권력 그 어느 것도 메스티소(유럽인과 아메리카 원주민 사이에 태어난 '새로운 인종')와 공유하려 들지 않았다. 부와 권력에 대한 유럽인들의 독점과 더불어 남아메리카 원주민과 유럽인들의 복잡한 관계는 19세기와 20세기 라틴아메리카의 민족주의 투쟁에 중요한 요소가 되었다.

전 지구에 걸친 근대 초기(1500년경~1800년) 유럽인들의 팽창은 중상주의적 추진력의 자극을 받은 것이다(6장을 보라). 당시 영국동인도회사(1600년 설립)와 같은 무역 회사들의 설립을 통해 해상 제국을 장려하고 지원한 유럽 국가들은 향후의 전 지구적인 모험과 세계 곳곳에서 일어나는 집단적 정체성의 변화에 중대한 영향을 미치게 될 변화를 겪고 있었다.

대서양 세계의 국민국가와 혁명

16세기 유럽은 베네치아와 같은 도시국가에서 신성로마(독일)제국에 이르기까지 5백 개 이상의 서로 다른 정치체들로 이루어진 복합체였다. 현기증이 날 정도로 많은 정치체들은 저마다 다양한 방식과 진행 속도에 따라 국민국가로 바뀌었다. 이런 과정은 17세기 영국 군주제의 변화와 18세기 미국과 프랑스의 혁명으로 시작되었다. 왕조 국가에서 통치자와 특권 귀족을 묶어 준 개인적인 관계가 국민국가에서는 통치자와 피치자의 관계를 규정하는 추상적인 헌법적 계약의 원리로 대체되었다. 사회의 계약적 성격은 법적 평등과 개인의 자유에 대한 정치적 보증을 통해 승인되었다. 하지만 이 원칙들의 제정 범위는 대개 젠더와 사회 계급에 따라 결정되었다. 사회계약에 기초한 국가들은 국민국가로 분류할 수 있다. 국민국가는 통치자 단독의 소유가 아니라 국가를 구성하는 모든 국민의 소유인 국가를 말한다. 국민국가는 이처럼 통치자와 피치자가 함께 공유하는 역사적·문화적 정체성을 바탕으로 하고 있다. 그리고 언어와 문화, 역사적 경험에서 나온 민족주의가 국민국가의 이데올로기가 된다.

영국 군주제와 혁명 절대주의를 구가한 영국의 군주제는 점진적인 변화와 내전, 혁명의 오랜 과정을 거쳐 국왕이 의회라는 대의 기구와 권력을 나누어 갖는 입헌군주제로 바뀌었다. 1215년 존 왕이 승인한 대헌장은 국왕이 피치자들과 동일한 법의 지배를 받고 국왕의 의지를 임의로 강요할 수 없다고 선언했다. 1295년 에드워드 1세는 프랑스를 상대로 한 전쟁의 지지를 받기 위해 농촌 귀족들과 도시 대표들로 구성된 최초의 의회라고 할 수 있는 '모범의회'를 소집했다. 의회는 비록 강력한 국왕의 영향력 아래에 있는 엘리트 기구이기는 했지만 수백 년에 걸쳐 정기적으로 소집되었다.

17세기에는 이른바 '명예혁명'(1688)으로까지 치달은 갈등의 과정을 통해서 국왕과 의회의 관계를 명확히 정의했다. 그 뒤로 국왕은 의회의 틀 안에서 의회를 통해서 활동하고 오직 의회의 승인과 지지를 받아 통치하게 되었다. 이 '명예혁명'에서 영감을 받아 영국의 철학자 존 로크(1632~1704년)는 법이 부여한 권한을 넘어서거나 개인의 권리를 침해하는 권력자는 그 누구든 통치권을 상실한다고 주장했다. 그는 이 때문에 "무력으로 다른 사람의 권리를 침해하는 자"와 마찬가지로 반대와 저항에 부딪혔을지 모른다. 혁명을 정당화한 존 로크의 주장은 영국과 영국의 국왕으로부터 독립을 추구한 미국의 혁명가들에게 영감을 불어넣어 주었을 뿐만 아니라 18세기 말 프랑스 혁명의 격변을 예감케 했다.

미국 독립혁명 미국 독립혁명(1776~1783년)은 영국이 프랑스에 승리함으로써 (1763년) 북아메리카의 대부분을 장악한 18세기 중엽, 아메리카 대륙에서 대영제국의 힘이 절정에 달한 직후에 일어났다. 미국의 독립혁명은 이처럼 식민지 이주자 대부분이 원래는 영국인이었음에도 불구하고 영국의 제국주의에 맞선 일종의 대응이었다. 셀 수 없이 많은 구체적인 사건들로 해안 지대의 식민지들과 제국 정부 간의 관계가 더욱 악화되면서 식민 정책에 대한 불만이 누적되었다. 불만은 저항을 부채질했고 저항은 반란이 되었다. 식민지 이주자들은 영국의 백성으로서 자신들이 누려야 한다고 생각한 자유가 위기에 처했다고 확신하게 되자 더욱 과격해졌다. 그들은 존 로크가 주창한 사회계약의 개념을 받아들였으며 현지의 벤저민 프랭클린뿐만 아니라 프랑스 계몽사상가들의 영향을 받기도 했다. 18세기 마지막 사반세기에는 대영제국 정부의 대외 진출 억제와 경제 지배, 특히 '대표 없는 과세'에 대한 저항이 무장 투쟁으로 불타올랐다. 식민지 이주자들은 영국에 적대적이던 유럽 정부들(프랑스, 에스파냐, 네덜란드)의 지원을 받아 마침내 영국을 물리치고 독립을 선언했다.

독립선언문은 모든 사람에게 공통적이고 평등한 18세기 권리 사상과 사회계약의 개념에서 핵심을 뽑아낸 것이다. "모든 사람은 평등하게 태어났으며 …… (그리고) 생명과 자유와 행복을 추구할 양도할 수 없는 권리를 부여받았다. …… 정부의 정당한 권력은 피치자들의 동의에서 나온다." 이 선언문은 반란의 정당성을 명쾌하게 증명했다. "이러한 권리를 보장하기 위해 정부를 구성했다. …… 어떤 정부든 이런 목적을 파괴할 경우에는 언제나 그 정부를 변혁하거나 폐지하고 새로운 정부를 구성하는 것이 인민의 권리이다." 이런 사상을 정부의 원리와 구조로 해석하고 그것을 1789년 헌법이라는 하나의 계약으로 구체화하는 데 거의 10년이 걸렸다. 헌법은 독립선언문과 마찬가지로 정치와 종교의 분리 같은 18세기의 이상을 반영하고 있다.

프랑스 혁명 영국과 달리 프랑스의 루이 14세(1642~1715년 재위) 같은 17세기와 18세기 유럽 대륙의 절대군주들은 스스로 국가의 화신이라고 생각했다. 루이 14세는 "내가 곧 국가다"라는 유명한 선언을 했다. '삼부회'로 알려진 성직자와 귀족과 평민의 세 '신분'을 대표하는 프랑스 첫 의회가 영국의 모범의회와 거의 동시에 소집되기는 했지만 프랑스 의회는 통치에 적극 참여하는 기구로 발전하지 못했다. 국왕의 정책을 문제 삼으면 의회는 그냥 해산되고 말았다. 심각한 재정 위기로 국왕 루이 16세(1774~1793년 재위)가 1789년 175년 만에 처음으로 삼부회를 소집하지 않을 수 없게 될 때까지 17세기와 18세기 내내 군주와 귀족의 긴장은 계속되었다.

제3신분(평민) 대표들의 행동을 자극한 가장 강력한 사상은 계몽사상가들, 특히 장 자크 루소(1712~1778년)의 저작에서 나왔다. 루소의 《사회계약론》은 제3신분의 지도 원리가 되었다. 루소는 통치자와 피치자의 사회계약에 따라 통치자는 인민의 '일반의지'를 따라야 한다고 주장했다. 만약 통치자가 그렇게 하지 않을 경우 인민은 그를 타도할 권리를 지니고 있다는 것이다. 이런 사상이 1789년 채택한 '인간과 시민의 권리선언'으로 구체화되었다. "자연적이고 양도할 수 없으며 신성한 인간의 권리에 대한 엄숙한 선언"은 주권이 국가를 구성하는 국민에게 있고 국민이 허락하지 않은 "어떤 기구나 개인도 권한을 행사할 수 없다"고 천명했다.

시민권과 남녀평등을 거부당했지만 여성들은 굶주림에 따른 빵 폭동으로 시작된 '대중 혁명의 날'(journées)에 적극 가담했다. 예를 들어 여성들은 1789년 10월 베르사유 행진을 통해 "빵 굽는 사람과 그 아내와 그 아들"이라고 부른 국왕의 가족을 파리로 데리고 왔다. 혁명의 날 참여는 여성들에게 정치적 기회와 경험을 제공했다. 전투적인 여성들은 정치 모임을 조직해 독자적인 길을 걷고 집회나 폭동에서 연설을 통해 압력을 행사했다. 올랭프 드 구즈(1748~1793년)라는 전투적인 여성 혁명가는 인간의 권리선언에 반발해 '여성의 권리선언'(1791년)을 발표했다. 이 선언은 "여성은 자유롭게 태어나 남성과 동등한 권리를 갖고 살아간다"고 선포했다.

최초의 헌법인 1791년 헌법은 국왕과 삼부회 간의 긴장과 모든 여성들을 비롯하여 여전히 선거권을 박탈당한 사람들의 반대 때문에 무효화되었다. 1793년 헌법은 일반의지에 바탕을 둔 루소의 사회계약 사상을 훨씬 더 충실히 반영했다. 이 헌법은 남성 보통 선거권을 도입했고 프랑스와 프랑스 영토 안에 있는 노예들을 해방시켰으며 시민들에게 노동권과 저항권을 부여했다. 한편 혁명 프랑스는 유럽의 다른 국가들과 전쟁을 벌이고 있었다. 내부의 갈등과 외부의 적들이 제기한 위험은 코르시카의 젊은 포병 장교 나폴레옹 보나파르트(1769~1821년)에게 권력을 장악할 기회를 주었다. 나폴레옹은 군대를 지휘하여 국가를 장악하고 심지어 정부 형태를 공화정에서 제정으로 바꿀 수 있었다. 하지만 그는 "주권은 본질적으로 국민에게" 있으며 "법은 일반의지의 표현"이라는 혁명적 이상을 받아들였다.

아이티 혁명 | "모든 사람은 자유롭고 평등하게 태어났다" "자유, 평등, 우애" 같은 18세기 유럽의 이상들은 대서양 건너 카리브 해에도 전파되었다. 이곳에서는 그런 이상들이 재산과 노동과 인종의 문제로 해석되었다. 프랑스 혁명(1789년)이 일어난 직후 산토도밍고(오늘날의 아이티에 해당하는 이스파니올라 섬의 서쪽 3분의 1)의 백인 농장주들은 식민지 의회의 지배력과 대규모 자치를 허용받기에 이르렀다. 1791년 파리의 국민의회는 유럽의 노예제폐지협회인 '흑인의 친구들'의 압력으로 물라토(혼합 인종)를 비롯한 모든 자유인들에게까지 권리를 더욱 확대하면서 "자유인 부모에게서 태어난 유색인들"이 식민지 의회에서 투표권을 갖는 것이 마땅하다고 선언했다. 백인 농장주들은 이 법을 폐기할 것을 요구했고 그렇지 않을 경우 차라리 대영제국에 참여하겠다고 위협했다. 백인과 물라토 양쪽 다 자체적으로 무장을 하기 시작했고 이들 사이에 벌어진 투쟁은 노예들에게 반란을 일으킬 기회를 제공해 주었다.

산토도밍고 노예들이 반란을 일으킬 잠재적 위협은 매우 컸다. 미국의 노예들과 달리 이곳 노예들은 대부분이 아프리카 태생이었을 뿐 아니라 인구의 다수를 차지하고 있었다. 다른 종족 집단들보다 13대 1의 비율로 우세했다. 접근이 불가능한 광대한 은신처를 제공해 주었기 때문에 식민지 내륙의 산지에 다수의 '마룬'(maroon, 자유 투사) 공동체들이 있었다. 아프리카에 뿌리를 둔 보둔(부두교) 같은 공통의 신앙과 신화, 영웅들이 다양한 노예들을 결속시켜 주었다(4장을 보라). 마침내 1791년 산토도밍고 북부의 노예들이 자유를 요구하며 반란을 일으켰다. 1792년까지 줄기차게 이어진 노예 파업과 반란이 섬 전역으로 확산되었다. 프랑스는 부랴부랴 군대를 파병했고 식민지의 질서를 회복하기 위한 협상을 시도했지만 노예들의 지지를 얻는 데 실패했다. 1793년 프랑스 국민공회는 노예들의 해방을 허용했다. 이 조처는 농장주들과 유색 자유인들을 더욱 격분하게 만들었다. 그래서 그들은 반란 노예들을 진압하기 위해 영국의 지원을 받아들였다. 그때 영국은 산토도밍고의 노예 반란이 자국 식민지로 확산될까 봐 겁을 먹고 있었다.

아프리카 노예 부모한테서 태어나 교육을 받은 투생 루베르튀르(1746년경~1803년)가 반란을 주도했고 여기에 10만 명이 넘는 노예들이 가담했다. 투생은 동료 흑인 노예들의 해방을 위해 노예 소유 국가들(프랑스와 영국, 에스파냐, 미국)의 개입과 방해, 나아가 물라토의 반대에 맞서 10년이나 투쟁을 벌였다. 1801년 그가 이끄는 반란자들은 이스파니올라 섬 전체를 장악했다. 하지만 독립된 국민국가 아이티는 이후 수차례의 전투를 더 치르며 결정적인 승리를 거둔 뒤에 건설되었다.

나폴레옹은 프랑스 국내의 지배를 확고히 한 다음 산토도밍고에 대군을 파병해 침략했다. 루베르튀르는 프랑스군의 회담 제의를 받은 다음 배신을 당해 체포되고 유럽으로 이송되어 투옥되었다. 그는 1803년 감옥에서 사망했다. 아이티에서는 장 자크 데살린과 앙리 크리스토프가 투쟁을 이어 갔고 산토도밍고를 다시 장악하려던 프랑스군의 대대적인 노력은 흑인의 힘과 황열병 때문에 실패로 돌아갔다. 1804년 1월 1일 이스파니올라 섬의 서부 절반에 대한 독립이 선포되었으며 신생 국가에 아이티라는 나라 이름이 붙여졌다. 하지만 독립은 커다란 희생이 뒤따랐다. 아이티는 가난한 나라로 남았으며 다음 2백 년 동안 정치 투쟁에 시달렸다.

히스패닉 아메리카의 신생 독립국가들

18세기 말 대영제국 정부에 반란을 일으킨 북아메리카의 식민주의자들과 마찬가지로 에스파냐 식민주의자들과 아메리카 원주민의 후손들도 19세기 초에 에스파냐에 맞서 반란을 일으켰다. 19세기 초가 되면 에스파냐는 아메리카 대륙의 식민지에서뿐만 아니라 유럽에서도 힘이 매우 약해져 있었다. 1807년 나폴레옹이 이베리아 반도를 침략해 포르투갈 국왕을 식민지 브라질로 쫓겨 가게 만들었고 에스파냐의 국왕을 조제프 보나파르트(호세 1세)로 바꾸었다. 에스파냐의 해군력이 파괴되었으며 이는 해상 제국에 치명적인 결과를 가져다주었다.

남아메리카인들은 에스파냐 군주제의 혼란을 틈타 그 지배를 벗어날 수 있었다. 에스파냐보다 출생지에 대한 충성이 더 큰 여러 '크리오요' 지도자들이 독립 전쟁이 될 봉기를 일으키는 데 주도적인 역할을 했다. 그들은 독립하는 길이 집권 중인 '반도인들'을 몰아낼 좋은 기회라고 보았던 것이다. 에스파냐 정부는 협상으로도 무력으로도 반란자들을 진압할 수 없었다. 결국 상당수의 남아메리카 혁명들이 에스파냐 제국의 아메리카 대륙 통치를 끝냈다.

베네수엘라의 카라카스와 에스파냐에서 교육을 받은 시몬 볼리바르(1783~1830년)는 남아메리카 독립 투쟁의 영웅 가운데 한 사람이다. 볼리바르는 그 시대 북아메리카와 유럽의 여러 사람들과 마찬가지로 루소의 사회계약과 같은 계몽사상의 영향을 받았다. 이런 사상들이 조국의 독립을 성취하기 위한 볼리바르의 노력에 영감을 불어넣어 주었다. 그는 1817년 최종적인 독립을 달성할 때까지 베네수엘라에서 에스파냐와 전쟁을 벌여 여러 차례의 패배를 맛봤다. 에스파냐에 맞서 투쟁을 벌일 당시 아이티를 방문해 지원을 호소하기도 했다. 또 1815년 자메이카에서 일시 망명 생활을 하면서는 영국의 자메이카 총독에게 편지를 썼다. 그는 독립에 대한 자신의 견해를 다음과 같이 웅변했다.

> 아메리카인들이, 한때는 세계 최대의 제국을 이루고 있었지만 지금은 허약해진 에스파냐의 수중에서 탄압을 받고 권리를 위협받고 있습니다. 새로운 반구를 지배하기는커녕 구 반구에서도 자신을 유지할 수 없을 정도로 남아 있는 것이라고는 거의 없는 제국이지요. 그런데 교양인이고 상인이며 자유의 애호자인 유럽이 오직 악의

에 찬 분노를 해소하느라 혈안이 된 늙어빠진 뱀으로 하여금 지구의 상당 부분을 집어삼키게 해서야 되겠습니까? ······

만일 (에스파냐가) 자신의 영역에만 집중한다면, 불확실한 정복과 불안정한 상업, 멀리 떨어진 강력한 주민들에 대한 강제적 착취보다는 훨씬 더 견고한 토대 위에서 번영과 권력을 쌓아 갈 수 있을 겁니다.

(Alfred J. Andrea and James H. Overfield, eds., *The Human Record: Sources of Global History*, Boston, Mass.: Houghton Mifflin, 1994, p. 187에서 재인용)

볼리바르는 2년 뒤에 안데스산맥 일대의 군대를 이끌고 콜롬비아를 해방시켰다. 콜롬비아는 나중에 베네수엘라와 통합된다. 1822년에는 에콰도르가 해방되었고 페루가 그 뒤를 이었으며 페루의 남부를 볼리비아라고 불렀다.

볼리바르는 라틴아메리카의 해방을 위해 1817년 안데스산맥 일대의 해방군을 이끈 아르헨티나인 호세 데 산마르틴(1778~1850년)과 같은 다른 사람들의 지원을 받았다. 그는 1818년 칠레의 지도자 베르나르도 오이긴스(1778~1842년)와 함께 칠레를 해방시키고 페루를 공격해 1821년에는 리마를 점령했다. 볼리바르는 라틴아메리카의 통일을 꿈꿨고 에스파냐로부터 해방시킨 영토의 정치적 통일을 달성하기 위해 노력했다. 하지만 그의 꿈은 해방 지도자들 사이에 나타난 정치적 분파주의와 적대감 그리고 식민지 시대로부터 내려온 크리오요와 반도인과 메스티소 간의 긴장과 불신 때문에 물거품이 되었다.

포르투갈령 브라질은 남아메리카의 이웃 국가들과는 달리 민족주의 혁명을 통해서 제국의 지배로부터 벗어났다. 1807년 프랑스군이 이베리아 반도를 침략했을 때 포르투갈 정부가 브라질로 옮겨 감에 따라 리우데자네이루는 리스본을 대신해 포르투갈의 수도 역할을 했다. 1815년 포르투갈 국왕 주앙은 부왕령을 왕국으로 선언하고 프랑스의 포르투갈 점령이 끝난다고 해도 브라질에 남겠다는 결정을 내렸다. 1820년 포르투갈의 혁명 지도자들은 정부가 리스본으로 복귀하고 브라질을 식민지의 지위로 격하시킬 것을 요구했다. 리스본으로 돌아갈 때 주앙 왕은 포르투갈의 지배를 계속 이어 가기 위해 자신의 아들 페드루를 브라질에 남겨 두었다. 하지만 독립을 선포한 1822년 페드루는 브라질의 황제가 되었고 1889년까지 군주제 정부를 유

오리건
(미국-영국
공동 점령)

미국

북아메리카
(영국령)

미시시피강

대 서 양

플로리다(1819)

리오그란데강

샌안토니오

멕시코만

바하마제도
(영국령)

멕시코
(1821)

온두라스
(영국령)

아이티(1804)

멕시코시티

쿠바
(에스파냐령)

푸에르토리코
(에스파냐령)

베라크루스

자메이카
(영국령)

과테말라시티

카리브해

과테말라

파나마

카라카스

트리니다드토바고(영국령)

베네수엘라

가이아나(영국령)
가이아나(네덜란드령)
가이아나(프랑스령)

그란 콜롬비아
(1819~1830)

보고타

아마존강

태 평 양

키토

에콰도르

브라질제국(1822)

리마

페루

볼리비아
(1825)

수크레

파라나강

리우데자네이루
상파울루

파라과이
(1811)

갈라파고스제도

산티아고

아르헨티나

우루과이(1828)

부에노스
아이레스

몬테비데오

파타고니아

말비나스제도
(포클랜드제도)
(라플라타)

0   1000 miles
0   1000 km

| 지도 7.4 | **라틴아메리카의 신생 국가들**

지했다.

19세기에 신구 질서 사이에 벌어진 브라질의 정치적 갈등은 전 지구적인 제국주의 시대의 특징들을 잘 보여 준다. 과거 포르투갈 식민지와 대서양 경제 간의 관계가 아마도 깊이 뿌리내렸을 것이다. 노예제가 더욱 오래 지속되었으며 서유럽이나 중앙 아프리카와 더욱 빈번하고 지속적인 관계를 맺었다(8장을 보라). 1850년과 1874년 사이 노예의 수가 절반 이상 줄었지만 여전히 백만 명가량이나 되었다. 1888년 노예제를 최종적으로 폐지할 때 농장주들은 브라질 군주정에 배신감을 느꼈다. 이들의 적대감은 군사 쿠데타와 새 공화국 창설의 추진력이 되었다. 그들이 내건 주요 가치는 '질서와 발전'이었다. 이 두 가치는 다음 세대에 모순된 결과를 초래한 경우가 많았다.

캐나다, 오스트레일리아, 뉴질랜드, 남아공

영국을 비롯한 유럽 국가들이 해상으로 팽창하던 초기에 이주 식민지들이 생겨났다. 이주민들의 야심은 북아메리카와 태평양의 방대한 땅에 특히 중요한 결과를 낳았다. 이런 사회에는 정복과 식민지화를 통해 유럽의 헤게모니가 확대될 뿐만 아니라 구 사회와 갈등하고 경쟁함으로써 새로운 민족주의적 정체성이 형성되는 경우가 있었다. 캐나다와 오스트레일리아, 뉴질랜드에서는 원주민들을 정복해 감으로써 팽창이 이루어졌다. 이주민 공동체들은 또 새로운 식민지 정체성이나 모국과의 관계 설정을 두고 갈등을 일으키고 투쟁하기도 했다.

캐나다 | 캐나다는 전 세계 여러 지역과 마찬가지로 16세기와 17세기의 탐험 항해를 거쳐 식민화되었고 곧이어 유럽 제국주의 열강의 야심이 각축을 벌이는 무대가 되었다. 북아메리카 대륙의 북부 절반을 차지하는 드넓은 지역은 프랑스와 영국이 지배권을 주장하고 탐험을 하며 이주를 했기 때문에 유럽에서의 지배 경쟁이 연장된 지역이 되었다. 이 문제는 1763년 파리조약으로 매듭이 지어졌다. 그 결과 프랑스가 2백 년 동안 권리를 주장하고 이주해 들어간 지역들을 포함하여 캐나다 전체가 대영제국 아래에 들어가게 되었다. 캐나다인들은 결국 식민지 백성으로서 자신들의 지위에 불만을 품게 되었다. 자신들의 운명을 런던과 독립적으로 관리하고자

하는 바람이 정치를 추동하는 힘이 되어 20세기 들어 독립을 이뤄 냈다.

　　연방을 이루려는 캐나다의 민족주의 열망에 크게 기여한 사건은 미국에서 일어난 남북전쟁(1861~1865년)이었다. 이 전쟁은 다시 한 번 남쪽의 위협에 대한 캐나다의 관심을 촉발시켰으며 영국에 대한 종속 의식을 재확인해 주었다. 전쟁이 끝나면서 미국의 침략 위협은 가라앉았지만 경쟁과 야심에서 비롯되는 미국의 위험은 계속되었다. 마침내 내부 갈등에서 벗어나 국민적 에너지와 야심을 서부의 팽창으로 돌리고 있던 미국인 3,500만 명을 350만 명밖에 되지 않는 캐나다인들이 무시할 수는 없었다. 캐나다인들이 북아메리카에 대한 영국 정부의 관심과 노력이 약해지는 것을 인식해 가면서 캐나다의 민족주의 또한 신장되었다. 그 결과 캐나다인들은 영국 식민 당국과 협상을 벌여 자치령을 공식 선언한 1867년의 영국령 북아메리카법을 통해 캐나다 연방을 창설하게 된다.

　　캐나다 민족주의는 역시 근대 캐나다에서 '제1민족'으로 알려진 원주민을 상대로 전개한 팽창주의적 주장에 반대하면서 발전했다. 일부 원주민들은 '원주민 보호구역'으로 이주하는 것에 저항했다. 대표적인 평원족 추장인 빅 베어(1825년경~1888년)는 메티스(혼혈)족의 불만에 공감하면서 정부 정책의 침해와 대초원 지대 서부의 이주민들에 맞선 반란(1885년)에 동참했다. 빅 베어-메티스족의 반란은 진압되고 말았고 원주민 정책은 이주민들의 이해관계에 따라 좌우되었다. 1885년 이후 제1민족은 자연 취락에서 자취를 감췄고 대서양에서 태평양에 이르는 원주민 보호구역에서 '평화'를 되찾았다.

오스트레일리아　｜　오스트레일리아의 역사는 캐나다와 몇 가지 유사점을 지니고 있었지만 영국 제국주의와 민족주의의 성장에 대한 독특한 경험 속에서 형성된 방식상의 차이도 있었다. 오스트레일리아에 도착한 최초의 유럽인은 네덜란드인들이었다. 18세기 말과 19세기 초에 이곳에 설립된 영국인 최초의 거주지는 영국에서 수송된 흉악범들을 위한 죄수 이주민들을 위한 것이었다. 그 뒤 내륙으로 퍼져나간 유럽 이주민들은 연약한 오스트레일리아 원주민들의 생태를 파괴했다. 원주민들은 내륙 깊숙한 곳으로 내몰렸고 유럽 이민자의 유입으로 고유의 생활 방식이 파괴되고 말았다.

　　세계 양모 시장의 성장과 해운, 냉동 기술의 진보가 상업 경제를 발전시키는 데 이바지했다. 1850년대와 1890년대에 또다시 골드러시를 불러일으킨 주요 광물의 발견에도 불구하고 영국인들이 다수를 차지한 유럽 인구는 대부분 대도시, 특히 멜버른과 시드니에 거주했다. 태즈메이니아와 웨스턴오스트레일리아, 사우스오스트레일리아, 빅토리아, 퀸즐랜드의 개별 식민지들은 1901년 대영제국의 일부인 오스트레일리아 연방으로 통합되었다.

뉴질랜드 뉴질랜드의 정주는 오스트레일리아와 마찬가지로 18세기 말 쿡 선장의 항해로 거슬러 올라간다. 오스트레일리아, 캐나다와 마찬가지로 뉴질랜드는 20세기 초(1907년)에 대영제국의 자치령이 되었다. 다른 자치령들이 흔히 그러하듯이 뉴질랜드의 유럽인 정주는 원주민들의 희생 아래 이루어졌다. 마오리족과 영국이 조약의 조건을 서로 달리 해석하기는 했지만 영국은 1840년 와이탕기조약을 통해 뉴질랜드와 그 원주민인 마오리족에 대한 주권을 주장했다.

1852년 헌법을 승인받은 이후 뉴질랜드는 영국의 지방제도에 따라 통치되었다. 1850년대에는 유럽 이주민들의 식민지 유입으로 마오리족과 '파케하'(Pakeha, 이방인)라고 불린 유럽인들 사이에 토지 분쟁이 일어났다. 유럽인들의 토지 요구에 대응해 마오리족은 '마오리 왕 운동'으로 알려진 토지매각반대 범부족연맹을 조직했다. 1860년에 시작된 토지 분쟁은 결국 마오리족 토지의 상당 부분을 몰수하는 것으로 끝이 났다. 뒤이어 1864년 마오리족은 보호 거주지에 감금되었다.

1865년에 원주민토지법, 1867년에 원주민학교법과 원주민대표법을 제정했고 교육이나 몇몇 원주민 대표자, 원주민 토지법정 같은 장치를 통해 마오리족 동화정책을 폈다. 토지 소유권의 개별화는 원주민 토지법의 산물이었다. 마오리족이 원주민 토지법정에서 합법적 수단을 통해 토지에 대한 권리를 확인받기는 힘들었다. 마오리족의 상당수는 실제로 토지 소유권을 입증하는 데 필요한 법무 비용을 마련하기 위해 토지를 매각하지 않을 수 없었다. 1890년대에 뉴질랜드 토지의 대부분은 '파케하'의 소유로 바뀌었고 마오리족은 대부분 가난한 상태로 전락하고 말았다.

남아프리카공화국 캐나다와 오스트레일리아, 뉴질랜드에서와 마찬가지로 남아프리카공화국에서도 유럽의 이주민들이 결국에는 자신들의 본국으로 간주하는 아프리카 영토에 대한 권리를 주장했다. 유럽의 뿌리와 단절되고 전 세계적 관계의 변화로 주류에서 밀려난 '백인' 이주민들(아프리카너)은 영토와 자원의 지배를 놓고 아프리카인들 및 유럽 제국들과 경쟁을 했다. 이들은 올려 잡아 봐야 17세기 들어 이주를 시작한 네덜란드 초기 이주민들의 후손이었다. 19세기에는 두 세기에 걸친 아프리카인들과의 교류에서 나온 언어와 문화를 보여 주었으며 결국에는 정치적인 것으로 전환될 문화적 민족주의를 개발하기 시작했다.

아프리카너들이 볼 때 남아프리카공화국의 역사는 희망봉에 최초의 영구 거주지가 형성된 1652년에 시작되었다. 이때부터 그들의 역사는 신화적인 색체를 띠었다. 그들은 신의 선민으로서 토지 소유를 주장한 동기가 신적인 기원을 지녔기 때문에 순수하다고 생각했다. 그리고 이들 초기 유럽인들의 후손은 신의 가호를 받으며 두 부류의 전통적인 적들과 겨루었다. 1815년 케이프 식민지에 대한 지배권을 획득한 영국인들과 아프리카인들이 그들이었다. 아프리카너의 역사 인식 속에는 이 두 부류의 적들이 아프리카너 국가의 팽창에 반대하고 나설 당시 케이프 북방으로 대규모 이주를 한, 이른바 1838년 아프리카너의 '대이주'(Great Trek)가 중대한 일대 사건으로 남아 있다.

'마들라툴레'는 1790년대부터 1810년 무렵까지 아프리카 남부를 강타해 위대한 줄루왕국이 등장할 무대를 제공해 준 기근이었다. 기근 동안에 비교적 큰 마을은 약탈자들의 습격으로부터 곡물 창고를 방어해야 했다. 또한 목초의 감소를 만회하기 위해 더 넓은 지역에 걸쳐 소떼를 관리할 필요가 있었다. 샤카(1818~1828년 재위)로 알려진 카리스마 넘치는 강력한 지도자가 이 위기를 이용했다. 그는 혁신적인 군사 전술(신무기인 짧은 창과 '소뿔 대형'으로 알려진 새로운 전법)을 활용했으며 전통적인 연령에 따른 계급 체계를 군사 조직으로 전환했다. 이 체계는 통일된 군대 안에서 소년에서 성년에 이르기까지 비슷한 나이의 남성들이 연대를 구성하는 조직이었다.

샤카는 결혼과 그에 따른 인구와 생산을 통제함으로써 줄루족의 사회관계에 대변혁을 일으킬 수 있었다. 결혼 풍습은 정치 경제적으로 중요한 의미를 지니고 있었다. 결혼은 정치 사회적인 거래로서 부를 양도하고 가문들 사이에 전략적 동맹관계를 맺는 일이었다. 샤카는 젊은 군인들의 결혼을 늦춤으로써 왕국의 권력과 생산물 이동의 상당 부분을 통제할 수 있었다. 그는 결혼을 늦추고 전쟁을 늘림으로써 마들라툴레로 생겨난 인구 압력을 해소할 수 있었다.

기근 이후 시대는 궤멸의 시대(1815~1840년)인 '음페카네'라고 부르게 되었다.

| 그림 7.2 | **남아공의 영국 병사들(1900년 무렵)**
보어전쟁 기간 동안 영국적 가치의 순수함을 수
호하는 사내다움을 과시하며 한 여인과 깃발 앞
에서 기념 촬영을 위해 병사들이 소총을 들고
자세를 취했다. 이 잔인한 분쟁에서 영국이 여
성들과 아이들과 적군 병사들을 억류한 일을
묘사하기 위해 '강제수용소'라는 영어 단어가
처음 사용되었다.

음페카네족(줄루족의 별칭—옮긴이)과 그 군대가 이 지역을 휘젓고 다녔다. 샤카의 군
대에 저항할 수 없었던 사회들은 토지 없는 난민이 되어 굶주림에 허덕였다. 생존자
들은 철저히 무장을 갖추었다. 소규모 정치 집단은 더 이상 생존이 불가능했다. 아프
리카 남부의 전역에 급속한 인구 재편 현상이 나타났다. 아프리카너 역사에서 대이주
시대(1836~1854년)는 보어인의 팽창과 이 무장 세력이 충돌한 시기를 말한다.

19세기 중엽이 되면 줄루족을 비롯한 아프리카인들의 독립 국가들인 보어인 독
립 '공화국들'(다수의 취락에 불과했다)과 영국의 지배 아래 있던 아프리카 남부의 두
식민지 케이프 및 나탈 사이에 일시적인 세력 균형이 나타난다. 음페카네로 유럽 제
국주의자들의 공격에 취약한 넓은 무인지대가 생겨났다. 바야흐로 광물 혁명이 일어
나기 직전이었다. 1868년과 1886년 다이아몬드와 황금의 발견은 토지와 자본의 역
할을 송두리째 바꿔 놓았다. 영국은 광물 개발을 위해 남아프리카 내륙으로 진출했고
그곳에서 '백인' 농부들의 후손인 보어인과 아프리카인들의 저항에 부딪쳤다. 백인
농부들은 네덜란드 출신이자 혼합 인종으로 상업과 농업을 위주로 하는 케이프의 변
경 사회 출신이었다.

농부와 자본가의 이해관계 속에서 토지와 이데올로기를 둘러싼 갈등이 터져 나
왔다. 보어전쟁(1899~1902년)으로 알려진 영국과 보어인의 갈등 시기에 보어인 공동

의 종교와 역사적 경험에 기초한 아프리카너 민족주의가 등장했다. 보어전쟁은 기본적으로 광업을 지배하던 영국과 정치를 지배하는 보어인들이 남아프리카공화국의 지배권을 놓고 벌인 갈등이었다.

이 갈등으로 1902년 영국이 승리를 거둔 이후에는 사회 · 정치 · 경제적 재건을 위한 무대가 마련되었고 1910년에는 영국 왕실 지배하의 백인 단일 통치를 위한 무대가 마련되었다. 영국을 비롯한 외세의 농업 생산 투자는 외국 자본이 늘어나던 시기에 아프리카인들의 토지 소유권을 더욱더 박탈했다. 이러한 배경 속에서 1905년부터 1945년까지 관습적인 인종 분리와 차별 정책들이 법의 보호를 받게 되었다. 흑인 아프리카인들은 정치 참여에서 계속 배제되었다. 그들은 1990년대에 인종차별 정책(아파르트헤이트)이 종식될 때까지 투표에 참여할 수도 없었고 공직에 진출할 수도 없었다.

유럽의 국민국가들과 민족주의, 신제국주의

제국의 도가니라고 할 수 있는 아메리카 대륙과 아프리카, 오스트레일리아에서 신생 국가들과 국민적 정체성이 생겨나는 동안 프랑스 혁명과 나폴레옹 전쟁의 결과로 유럽의 지도가 다시 그려지고 있었다. 혁명과 나폴레옹을 거부한 유럽의 군주국들(영국과 러시아, 프로이센, 오스트리아)이 혁명적 민족주의의 물결을 막으려고 했지만 일시적인 성공을 거두었을 뿐이다. 19세기 내내 발트 해에서 동쪽의 흑해와 남쪽의 지중해에 이르는 유럽 전역에 걸쳐 사회계약적 성격의 헌법에 바탕을 둔 국민국가를 창설하려는 노력이 전개되었다. 이탈리아의 국민적 열망을 결집한 이탈리아의 민족주의자 주세페 마치니(1805~1872년)는 국민에 대한 자신의 생각을 다음과 같이 밝혔다.

> 국민은 언어와 지리적 환경 또는 그들에게 맡겨진 역사적 역할을 통해 결속되고, 동일한 원칙을 인정하며 동일한 법 기구의 지배 아래에서 명확한 단일 목적을 성취하기 위해 함께 행진하는 사람들의 결합이다.
>
> (Herbert H. Rowen, ed., *Absolutism to Revolution, 1648-1848*(2nd edn), Englewood Cliffs, N. J.: Prentice Hall, 1969, p. 277)

| 그림 7.3 | **프랑스´혁명: 샤토 되의 불타는 왕의 마차(1848년)**

1848년의 혁명적 격변기에 벌어진 프랑스 국왕 루이 필리프의 왕궁 습격을 그리고 있다. 프랑스 시민들이 왕정복고에 반란을 일으킨 당시의 사건들을 묘사하고 1789년 원래의 프랑스 혁명의 폭력을 상기하면서 제목을 '프랑스 혁명'이라고 붙였다. 1835년부터 1907년까지 백만 장이 넘는 판화를 제작해 대중시장에 내놓은 미국의 유명한 판화 메이커인 '커리어 앤드 이브스'가 찍어 낸 생생한 석판화.

1848년에는 헌법과 의회와 민족적 정체성에 바탕을 두고 정치적 독립을 요구하는 혁명들이 유럽을 휩쓸었다. 1848년 혁명들이 진압되기는 했지만 그 유산은 1861년 이탈리아 왕국으로 통일된 이탈리아의 통합과 1871년 독일 제2제국(제1제국은 중세의 신성로마제국)의 건설로 드러났다.

국민적 정체성을 형성하는 데는 공동의 과거에 대한 관념이 중대한 역할을 했다. 마찬가지로 민족주의를 형성하고 유지하는 데는 역사의 관점(역사의 의미와 실천 방법과 이용 방법)이 중요했다. 19세기 유럽에서는 역사 서술이 학문의 전문 분야가 되었는데, 역사학의 발전은 유럽의 국민국가나 민족주의 이데올로기의 등장과 밀접한 관련이 있었다. 역사를 근대 학문으로 만드는 데는 독일의 역사가 레오폴트 폰 랑케(1795~1886년)가 결정적인 역할을 했다. 랑케에 따르면 역사가의 임무는 가능한 한 객관적이고 종합적으로 과거를 재구성하고 과거를 '실제 그대로' 소개하는 것이다. 말하자면 역사가는 국립문서보관소나 공식적인 다른 기록보존소가 소장하고 있는 문서의 사료 비판을 통해 이 임무를 수행한다. 실제로 역사가들은 19세기 유럽 국

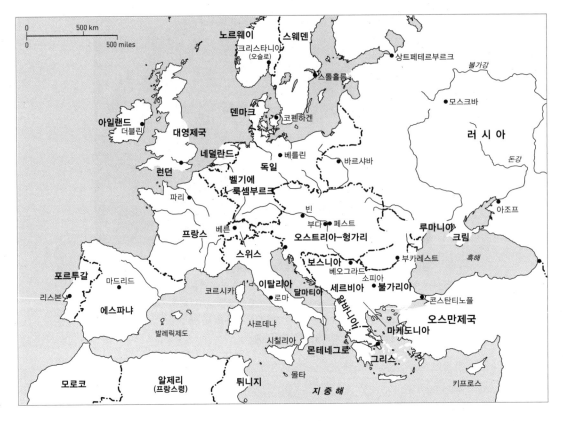

| 지도 7.5 | **오스만제국 및 러시아제국과 경계를 이룬 19세기 유럽의 국민국가들**

민국가의 새로운 집단적 정체성을 형성하는 과정에서 중요한 참여자였다. 하지만 랑케식의 객관성이 언제나 민족주의를 장려하는 최상의 방법은 아니었다. 베네딕트 앤더슨이 민족주의의 구성적 성격을 환기하기 위해 '상상된 공동체'라는 용어를 만들어 내기 한 세기 전에, 랑케와 동시대인인 에르네스트 르낭(1823~1892년)은 "심지어 역사적 오류를 말하자면 망각이 국민을 건설하는 결정적인 요인"(Eley and Suny 1996: 45)이라고 했다. 르낭의 요점은 국민 의식을 고양하기 위한 과거의 조작이 역사가들의 저술 작업만큼이나 중요하다는 것이었다.

　　새로운 민족주의들 간의 경쟁은 신제국주의를 통해 국민이라는 관념을 전 세계적으로 확산시키는 계기가 되었다. 19세기 후반 유럽 경제에서 산업자본주의의 성장한계(6장을 보라)가 감지되기 시작함에 따라 대안적인 시장과 자원을 해외에서 찾아야 했다. 그래도 유럽의 자원을 더욱 집약적으로 활용할 가능성이 여전히 조금 남아 있기는 했지만 유럽인들은 갈수록 세계의 다른 지역을 개발하는 데 의존했다. 19세기 말 유럽의 제국주의는 16세기에 대서양 변경을 개방하면서 시작한 유럽의 세계 지배 과정을 완수했다. 자본주의적 산업주의와 국민국가를 통해 생겨난 신제국주의는 전 세계에 산업주의와 민족주의를 확산시켰다. 새로운 국민국가들이 세력과 영토를 놓고 경쟁하는 과정에서 국민적 경쟁보다 제국주의를 더욱 자극한 것은 없었다. 자본주의적 산업주의로 생겨난 새로운 경제력은 제국의 촉수를 전 세계에 뻗게 하고 그 경쟁을 더욱 부추겼다.

제국주의를 통한 전 지구적 팽창의 기초를 이루는 정치 외교적 결정들은 유럽 국민국가들 간의 세력 균형 원리를 따라 진행되었다. 유럽의 국민국가들이 제국과 식민지를 건설하게 되면서 세력 균형은 전 지구적인 규모로 확대되었다. 하지만 유럽 국가들이 전 지구적 균형을 모색하면서 유럽 열강과 그들이 식민화한 국가들 사이에 불균형은 더욱 커졌다. 1800년부터 1914년까지 과거의 제국과 국가들이 해체되면서 유럽과 전 세계 곳곳에는 마침내 20세기의 전 지구적인 세력 균형을 바꿔 놓게 될 새로운 민족주의들이 생겨났다(11장을 보라).

신제국주의와 식민주의, 아프리카의 저항

내륙의 세계가 실제로 잘 알려지지 않았기 때문에 유럽인들은 아프리카를 '검은 대륙'이라고 불렀다. 이쪽 끝에서 저쪽 끝에 이르는 아프리카 대륙이 점차 유럽의 정복으로 식민화되었다. 유럽 열강들과 미국은 '세력권들'(정치 경제적으로 특별한 이해관계가 있는 지역)을 지켜 내고 새로운 영토에 대한 소유권을 주장할 장치를 마련하기 위해 베를린 회의(1884~1885년)를 개최했다(10장을 보라). 바야흐로 아프리카의 영토 쟁탈이 진행되고 있었고 영토가 차례로 정복되면서 정치적 독립도 상실되었다. 베를린 회의 이후의 식민 통치는 수십 년, 심지어는 수백 년에 걸친 노력에 뒤이은 것이었지만 그 적용은 신속하게 진행되었다. 아프리카의 영토 지배를 확립하고 유지하기 위해 유럽은 장소를 가리지 않고 군사력을 동원할 필요가 있었다.

유럽은 퀴닌(말라리아 치료제)에서 증기선과 철도, 기관총에 이르는 온갖 '제국의 도구'를 통해서 침투와 정복을 완수할 수 있었다. 1897년 나이지리아의 베닌왕국 같은 일부 지역에서는 유럽인들이 지역 통치자들(왕과 그의 추장들)을 권좌에서 강제로 몰아낸 다음 망명을 보냈다. 또 권력을 나타내고 역사적으로 승인된 베닌 왕권의 정당성을 기록한 문화재들을 훔쳐 유럽으로 가져가 탐험에 든 비용을 갚기 위해 그것을 경매에 붙였다. 오늘날 베를린에서 런던과 뉴욕에 이르는 전 세계의 박물관에서 베닌의 청동과 상아를 어렵지 않게 볼 수 있는 이유가 바로 여기에 있다.

무력을 앞세운 정복과 착취는 곧 식민지 대륙 전역에서 저항을 불러일으켰다. 1890년 탕가니카의 남부에서는 독일군 사령관 헤르만 폰 비스만과 야오족의 추장 마켐바가 대치하고 있었다. 비스만이 마켐바에게 항복을 요구하자 이 아프리카의 통치자는 스와힐리어로 편지를 써서 보냈다.

> 당신의 말을 잘 들었습니다만 내가 당신에게 복종해야 할 이유를 찾을 수 없습니다. 차라리 죽음을 택하겠습니다. …… 당신에게 복종해야 할 이유를 찾아보았지만 눈곱만큼도 발견하지 못했습니다. 만일 당신이 바라는 게 우정이라면 언제든지, 오늘 당장에라도 기꺼이 응하겠습니다. 하지만 당신의 백성이 될 수는 없습니다. 그럴 수 없습니다. 만일 당신이 바라는 게 전쟁이라면 기꺼이 응하지요. 하지만 당신의 백성이 되는 것은 결코 안 됩니다. 나는 당신에게 무릎을 꿇지 않습니다. 왜냐하면 내가 신의 피조물이듯이 당신도 마찬가지이기 때문입니다. 나는 여기 내 나라의 술탄입니다. 당신은 그곳 당신 나라의 술탄입니다. 명심하십시오. 나는 당신더러 나에게 복종하라고 말하지 않습니다. 당신이 자유인인 것을 알고 있기 때문입니다. 나는 당신에게 가지 않을 것입니다. 그러니 힘이 있다면 이리 와서 나를 설득해 보십시오.
>
> (Basil Davidson, *African Civilization Revisited from Antiquity to Modern Times*, Trenton, N. J.: Africa World Press, 1991, pp. 417~418에서 재인용)

마켐바의 대답은 대다수 아프리카인들의 전형적인 반응이었다. 하지만 기술적으로 앞선 유럽 무기에 상대가 되지 못한 채 아프리카의 저항은 실패로 돌아갈 수밖에 없었다. 이런 상황은 교육받은 엘리트와 대중들이 결국 공동의 정치적인, 심지어 때로는 민족주의적인 바탕을 발견한 20세기에 들어서도 마찬가지였다.

식민 통치에 맞서기 위해 이따금씩 전통적인 저항의 전략들이 동원된 경우도 있었다. 1929년 이보족 여성들의 전쟁은 식민 통치의 기본 장치 중 하나인 과세에 저항한 시위였다. 나이지리아 동남부 여성 1만 명가량이 주도한 이 전쟁은 실제로 '남성 압박'으로 알려진, 이보족 여성들이 겪은 부당한 조치에 대한 전통적인 대응 방식이었다. 여자 홀로 남성과의 갈등을 해결할 수 없을 경우에는 시장 활동과 친족 중심의 조직을 이용해 불만 내용을 퍼뜨리고 자신과 연대할 다른 여성들의 참여를 이끌어 냈다.

1929년의 구체적인 불만은 어떤 여성이 가진 염소 수를 파악하라는 임무를 맡은 식민 당국의 지방 관리 아프리카인 보좌관에 의해 시작되었다. 이런 재물조사가 과세로 이어질 것을 두려워한 나머지 그 여성은 협력을 거부했고 결국 식민지 고용인으로부터 구타를 당했다. 이 사건이 일어난 직후 작대기와 창 같은 남성 무기를 든 벌거벗은 여성 수천 명이 피의자들의 집들을 에워싼 채 조롱하는 노래를 부르며 '남성 압박'의 의식을 거행했다. 전통적으로 이러한 시위는 배상금을 지불할 때까지 피의자를 효과적으로 고립시킬 수 있었다. 하지만 여성들의 평화적인 집회에 대해 영국의 대응은 신속하고도 격렬했다. 50명가량의 여자들이 살해되거나 부상당했다. 결국에는 세금도 부과되었다.

영국인들이 전쟁에서 승리를 거두었으며 그 사건을 알리는 방식에서도 영어가 우세했다. 이 사건이 무질서하지도 않았고 아바라는 한 마을에만 국한된 사건이 아니었음에도 불구하고 영국인들은 식민지 문서에 이 '전쟁'을 '아바 폭동'이라고 기록했다. 영국인들이 쓰는 용어에서 아프리카 여성들은 "눈에 띄지 않았다." 식민 통치의 영향 가운데 하나는 식민주의자들이 통제한 언어와 역사의 내용이었다. 하지만 남성 압박과 같은 전통적인 형태의 저항은 이보 여성들의 귀중한 구술사를 통해 살아남았다. 그들의 저항 방식은 1990년대까지 살아 있었다. 독립 이후 나이지리아의 부패한 정부 관료들이 남성 압박을 당하기도 했다. 폭력적인 식민 통치에 맞선 광범위한 저항이 비록 성공을 거두지는 못했지만 영원히 지속될 유산을 남겨 주었다.

오스만제국과 국민국가 터키

한때 맹위를 떨친 오스만인들은 힘이 커지는 유럽 민족주의 세력과 대립하면서 제국의 약화와 해체 과정을 겪었다. 18세기가 되면 오스만인들은 더 이상 수백 년 동안 유럽을 위협해 온 가공할 적이 아니었다. 오히려 유럽이 오스만인들을 위협했다.

18세기 동안 외관상 팽창해 나가는 무적의 국가로 보이던 오스만제국의 무한한 자신감은 영토를 확장하는 유럽의 강력한 국민국가들에 직면하여 서서히 사라져 갔다. 상당수의 오스만제국 무슬림들은 운명의 역전을 신의 벌이라고 생각하고 '진정한' 이슬람으로 돌아갈 것을 요구했다. 다른 사람들, 특히 정부의 지도자들은 더욱 실용적인 입장을 취했다. 그들은 부패를 제거하고 정부와 군대를 근대화하는 제도 개혁을 도입한다면 강대국의 지위를 회복해 영향력을 행사할 수 있을 것이라고 확신했다. 19세기 초에 오스만의 통치 제도를 서유럽식으로 바꾸고 근대화하기 위한 일련의 개혁이 단행되었다. 이 시대 가운데 서유럽적인 개혁이 최고조에 달한 시기를 '탄지마트'(개혁)라고 부른다.

영국을 포함한 대부분의 유럽 국가들은 오스만제국을 강화하고 소수의 기독교 신자들에 대한 특권을 보장하는 수단으로서 실제로 개혁을 지지했다. 유럽인들은 이 소수 종교인들의 민족적 열망을 자극했다. 무슬림들은 그런 자세에 분노를 표시하고 국가의 반대 세력에 가세했다. 탄지마트는 남은 19세기 내내 계속되었다. 유럽인들이 초빙되어 정부를 합리적으로 개혁하고 기술학교에서 가르쳤고 육군과 해군을 훈련시키고 국가의 기반시설을 개선하는 데 도움을 주었다. 그런데 불행하게도 이 모든 사업에는 재원이 필요했고 그 대부분을 유럽에서 빌려 올 수밖에 없었다. 그 뒤 제국이 파산에 이르렀을 때 오스만은 유럽의 각 정부들과 은행업자들에게 그 재원을 내줄 수밖에 없었다.

20세기 초에는 '서유럽화된' 젊은 튀르크인 집단이 비밀 조직인 '청년튀르크당'을 조직했으며 이 조직이 지식인과 군대로 확산되어 나갔다. 1908년에는 이 당이 쿠데타를 꾀하고 술탄에게 헌법을 부활시키도록 했다. 이 사건은 터키 문화와 아랍 민족주의, 이슬람, 서유럽화를 두고 집중적으로 논의하게 되는 짧은 정치적 자유의 시기를 가져다주었다. 이 시기에 청년튀르크당은 '오스만족'과 '튀르크족'을 동등하게 여기기 시작했다. 1913년 또 다른 쿠데타를 통해 권력을 장악한 청년튀르크당의 새 정부는 근대화의 모델인 것처럼 보였고 오스만제국을 차지하려는 엉큼한 의도가 없는 것으로 보인 독일에 기댔다.

그런데 제1차 세계대전에서 독일이 패배하자 연합국은 오스만제국을 패전국으로 취급해 제국의 해체를 시도했다(11장을 보라). 튀르크인들은 조직적인 저항을 하는 과정에서 곧 한 지도자를 발견했다. 바로 무스타파 케말(1881~1938년)이었다. 그는 과거 오스만인들의 전제적 통치에 대항한 개혁주의 청년튀르크 운동에 가담한 적이 있는 오스만 군대의 장군이었다. 그는 아나톨리아의 점령자들을 차례로 몰아내고 1923년 터키공화국의 초대 대통령에 선출된다. 이어서 그는 터키를 근대적인 서유럽 국가로 전환하기 위한 야심찬 조처들을 취했다. '아타튀르크'(튀르크의 아버지)라는 영예로운 칭호를 얻은 케말과 튀르크의 민족주의자들은 국가의 생존과 번영을 위해 근대화(그들은 근대화를 서유럽화로 이해했다)가 반드시 필요하다고 생각했다. 그들은 터키가 거의 모든 방면에서 유럽의 주요 국가들과 동등해져야 한다고 주장했다.

새 정부는 종교와 관련해 여러 조처들을 단행했다. 칼리파 제도(대개 후대의 오스만 술탄들이 전유한 무슬림 세계의 종교 지도력)를 폐지하고 종교법정을 유럽의 모델에 기초한 시민 법정과 민사법으로 대체했다. 또한 종교적 형제단들을 해산하고 종교적 보수주의의 상징인 남성의 '페즈'(관모)와 여성의 '베일'을 없앴으며 이슬람력을 유럽의 달력으로 대체하고 이슬람의 국교 제도를 공식적으로 폐지했다. 터키는 최초의 세속적인 무슬림 국가가 되었다. 그 밖의 다른 조처들도 마찬가지로 광범위하게 진행되었다. 라틴어 알파벳이 아랍어 알파벳을 대체했다. 일부다처제가 폐지되고 여성들에게 투표권은 물론 국내의 모든 공직과 전문직에 진출할 권리가 주어졌다. 공립학교와 대학교 제도도 이 무렵에 확립되었다.

아타튀르크는 1923년부터 1938년 사망할 때까지 일당 내각을 통해 일종의 자비로운 독재자로서 터키를 다스렸다. 서유럽 모델의 정치적 권위 말고도 근대적인 국민국가 건설을 통해 터키의 근대적인 민족 정체성에 적대적인 것으로 보이는 다른 정체성들(아르메니아인들)을 뿌리 뽑았다. 뿐만 아니라 몇몇 근대 국민국가(터키뿐만 아니라 이라크도)의 정치적 경계에 걸쳐 거주하는 쿠르드족이나, 튀르크족이 되기를 꺼려하는 종족 집단들을 강제로 통합했다.

영국의 지배와 인도의 독립

세계의 다른 지역들과 마찬가지로 인도 아대륙도 유럽 정치의 볼모가 되었고 결국에는 제국주의자들의 구상과 갈등을 일으켰다. 17세기까지 한때 아대륙의 넓은 지역을 지배한 무굴제국이 약화되자 유럽인들은 자신들의 마각을 드러내기 시작했다. 이 무렵 이 지역에 있던 유럽의 주요 열강은 프랑스와 영국이었다. 프랑스는 7년전쟁에 뒤이은 1763년의 파리 조약을 통해 그 지위(해안의 일부 교역 기지들을 제외한)와 영향력을 영국에 내주었다.

처음에는 영국동인도회사가 영국의 이해를 대변했다. 하지만 시간이 지남에 따라 아대륙의 정책과 런던의 감독을 연결하는 메커니즘을 통해 영국 정부의 지배가 갈수록 공식화되었다. 1857년 인도 병사들이 일으킨 이른바 세포이 항쟁은 영국이 아대륙을 공식적 식민지로 직접 통치하게 하는 구실이 되었다. 1858년 인도통치법이 제정되고 뒤이은 법들을 통해 인도는 대영제국의 일부가 되었다. 동인도회사는 무대에서 사라지고 총독이 빅토리아 여왕을 대리하는 부왕이 되었다. 1876년 빅토리아 여왕이 인도의 여제로 선포되었으며 대영제국의 왕관에 인도의 '보석'이 추가되었다.

인도 민족주의를 대행한 기구는 주로 영국에서 교육을 받은 도시 엘리트들이 1885년에 결성한 인도국민회의라는 조직이었다. 하지만 영국의 통치에 대한 저항은 지역과 사회 계급을 뛰어넘어 광범위하게 전개되었다. 그리하여 인도의 민족주의 사상이 인도국민회의를 통한 표현에 국한되지는 않았다. 도시 지식인들의 독립 요구와 벵골과 비하르의 경계에 있던 문다 부족이 일으킨 울굴란(대규모 봉기, 1899~1900년)과 같은 대중적 저항운동의 결합이 인도국민회의가 최종적인 승리를 거두는 데 중요한 역할을 했다.

처음에 인도국민회의의 요구 사항은 조국을 운영하는 일에 자신들의 목소리를 내고자 하는, 혁명적인 것이라기보다는 온건하고 개혁적인 것이었다. 이런 목적을 달성하기 위해 인도국민회의가 제시한 실용적인 제안에는 문관 제도를 개혁해 인도인들이 '라지'라고 부른 영국 주도의 통치에 참여할 기회를 더욱 많이 제공하는 것이 포함되어 있었다. 인도 민족주의의 발전은 더뎠으며 지역이나 종교적인 차이들로 복잡하게 얽혀 있었다. 그 가운데에서도 힌두교도와 무슬림 간의 분열이 가장 풀기 힘든 문제였다.

인도의 젊은 변호사 모한다스 간디(1869~1948년)는 1893년에 남아프리카공화국으로 갔고 그곳에서 비폭력 사상과 시민불복종의 방법을 개발했다. 간디는 남아프리카공화국에서 백인들의 구타를 비롯한 차별을 겪었으며 심지어는 피부색 때문에 일등석 열차에서 내던져지기도 했다. 1906년 인도국민회의에 참석하기 위해 조국으로 돌아온 뒤 그는 남아프리카공화국에서 겪은 경험을 살려 불법에 대한 저항을 더 깊이 이해했다. 영국제 양복 대신에 인도의 '도티'(의복)를 입기 시작했고 가난한 인도 농민의 밥상을 선택했다. 또한 영국의 통치에 항의하기 위해 불매운동, 저항, 파업, 행진과 같은 방법을 사용했다. 인도국민회의는 1906년 회의를 통해 자치, 곧 스와라지를 목표로 내세웠다. 스와라지는 간디가 그 말을 사용한 대로 정치적 독립과 경제적 자립, 개인의 심리적 자제심을 의미했다.

상징적인 도티를 입은 채 간디가 지원한 매우 효과적인 불매운동 한 가지는 스와데시(국산품 애용) 운동이었다. 이 운동은 1905년 벵골 지역을 힌두교도와 무슬림 다수 지역으로 나눈 영국의 분할에 대한 반대 운동으로 시작되었다. 이 영국 상품 불매운동은 벵골의 분할에 항의하기 위한 것일 뿐 아니라 토착 직물공업을 보호하기 위한 운동이기도 했다. 청원과 탄원으로 시작된 스와데시 운동은 영국제 사리(인도 여성들의 의복)를 불태우는 횃불을 든 광범위한 민족주의 운동으로 발전했다. 1908년에는 불매운동이 성공을 거두어 직물 수입이 25퍼센트나 감소했다.

영국의 지배가 1919년에 정치활동을 통제하려는 새로운 정책을 채택하자 시크교도의 성스러운 도시일 뿐만 아니라 영국의 통치에 맞선 저항의 중심지인 암리차르에서 반대 시위가 일어났다. 급기야 인도의 무장 시위대와 영국 군대 간의 대립을 불러일으켰고 군대가 군중에게 총격을 가해 시위자 4백 명이 살해되었다. 암리차르의 대량학살은 영국의 통치에 대한 인도의 저항과 독립의 요구를 더욱 거세게 만들었다. 동시에 간디의 운동에 대한 지지를 전국적으로 확산시켜 주기도 했다.

간디의 시위 가운데 가장 유명한 시위는 1930년 영국의 과세, 특히 염세를 반대하는 평화 행진으로 나타났다. 그는 추종자들에게 납세 거부를 독려했다. 암리차르의 대량학살 기념일에 간디와 지지자들 수백 명이 바다 쪽으로 3백 킬로미터 이상을 행진했다. 바다에 다다르자 간디는 파도를 헤치고 들어가 천연 소금 한 덩어리를 집어들었다. 이 행동으로 간디와 그의 추종자들은 생활필수품인 소금의 독립적인 제조나 판매를 금지한 영국의 소금 독점에 공개적으로 도전을 천명했다. 영국은 권위에 도전하는 간디를 비롯한 민족주의 지도자들과 추종자들 수만 명을 체포하여 투옥하는 폭력으로 대응했다. 인도독립연맹은 격렬해진 갈등과 폭력 상황에 대한 유일한 해결책이 영국의 지배를 벗어나는 즉각적이고 완전한 독립에 있다는 신념을 밝혔다.

제2차 세계대전의 발발과 더불어 영국은 인도의 전면적인 지원과 충성을 기대할 수 없게 되었다. 인도에서는 영국령 아시아 영토를 침략하기 위한 일본의 전쟁을 지원하기 위해 인도국민군이 조직된 것이다. 이 군대는 일본이 영국령 버마를 점령하는 데 지원했다. 상당수의 인도인들은 자신들이 외국 제국의 지배를 받는 백성이 되어야 한다면 차라리 유럽보다는 아시아 나라의 지배를 받는 게 더 낫다고 생각했다. 제2차 세계대전이 영국에 끼친 파괴적인 효과로 인도의 민족주의자들은 마침내 자신들의 꿈을 실현할 수 있었다. 드디어 1947년 인도독립법이 영국 정부에 의해 최종적으로 승인되었다.

하지만 독립은 평화가 아니라 폭력과 분할을 가져다주었다. 아대륙은 힌두교 국가인 인도와 무슬림 국가인 파키스탄으로 분할되었다. 이는 처음부터 인도 민족주의를 괴롭혀 온 종교적 · 종족적인 분열에서 비롯된 타협안이었다. 분할 국가들은 종교적이고 종족적인 복잡한 혼합 속에서 근대적인 국민적 정체성을 형성하는 틀이 되었다. 두 나라는 경제적 · 문화적으로 느슨한 영국연방이라는 구조의 일원이 되기로 했다. 영국의 인도 지배는 영국 국기를 내리고 두 신생 국가의 깃발을 올린 1947년 8월 15일에 공식적으로 끝이 났다. 간디는 인도의 독립을 지켜볼 수 있었지만 1948년 무슬림 포용에 반대한 힌두교 극단주의자의 손에 암살되었다.

마르크스주의와 혁명

영국의 지배가 인도와 파키스탄으로 바뀔 정도로 폭력이 난무했지만 변화는 여전히 더디고 점진적이었다. 20세기의 혁명적 변화의 모델은 미국의 혁명적 독립 투쟁과 18세기 프랑스 혁명의 대중 봉기, 문화적이고 종족적이며 정치적인 요인이 뒤섞인 아이티 혁명으로 시작된다. 카를 마르크스(1818~1883년)는 유럽에서 일어난 1848년 혁명들을 통해 자본주의적 산업주의와 국민국가 간의 관계를 반추하면서 혁명적 역사 변화의 모델을 만들어 냈다(11장을 보라). 이 모델에 따르면 생산양식이나 경제 체제, 그것이 만들어 내는 계급 관계가 역사 변화를 촉진하고 주도하는 원동력이 된다. 마르크스주의 정치 이데올로기에 따른 최초의 거대한 충격은 1917년의 러시아 혁명이었다. 마르크스는 19세기 중반 유럽의 자본주의 산업사회를 관찰하며 역사 변화의 모델을 만들어 낼 때 비유럽 세계, 심지어는 당시 서유럽에 비해 '후진적'이던 러시아를 간과했다. 그는 인도와 중국 같은 비유럽 세계의 일부 지역에서 나타나는 유형을 봉건 영주와 농노의 관계에 바탕을 둔 '아시아적 생산양식'이라고 보았다.

마르크스는 농민들이 생계의 성격상 자신들의 땅에서 생산할 수 있는 것에만 오직 관심이 있기 때문에 고립적이고 개인주의적이며 이기적이라고 보았다. 그래서 농민들은 자신들의 억압에 대한 계급의식을 결여해 사회의 보수 세력으로 머무르게 된다고 주장하면서 유럽 사회를 포함한 그 어떤 사회에서도 농민 경작자들에게 혁명적인 역할을 기대하지 않았다. 산업 노동계급인 도시 프롤레타리아 계급은 그와 반대로 노동의 잉여가치를 착취하는 자본주의 기업가들의 억압적인 통제를 받는 공장 노동의 성격상 혁명적 변화에 필요한 계급의식이 발전하게 된다.

마르크스는 비유럽 세계에 대해 아는 것이 거의 없었다. 그래서 제국주의와 식민주의가 유럽에서 익숙해진 자본주의적 산업주의에 끼치는 영향을 예견할 수 없었다. 20세기 벽두 유럽식 산업혁명이 침체된 러시아 사회에서 뒷 세대인 블라디미르 레닌은 마르크스의 시각을 넘어 당대의 현실을 직시했다. 레닌은 제1차 세계대전의 와중에 《제국주의, 자본주의의 최고 단계》(1916~1917년)라는 책을 써서 제국주의가 자본주의의 수명을 연장해 선진 산업국가들에 살고 있는 프롤레타리아 계급의 상황을 개선함으로써 자본주의 사회들이 혁명을 피할 수 있다고 주장했다.

레닌에 따르면, 제국주의가 자본주의 경제의 팽창을 가능하게 해 주기 때문에, 선진 산업사회에 거주하는 노동계급의 상황 악화가 혁명으로 이어질 것이라는 마르크스의 예언은 실현되지 않았다. 가혹한 경제적 불평등이 지속되었음에도 불구하고 전반적인 성장을 통해 노동계급의 상황은 악화되지 않았으며 심지어는 개선될 수도 있는 것이 되었다. 레닌은 뜻밖에 나타난 제국주의의 효과가 자본주의의 수명을 연장하는 수단을 제공했기 때문에 마르크스의 오류는 그 과정이 아니라 다만 그 시간표라는 결론을 내렸다. 하지만 레닌이 보기에 제국주의는 그 속에 자멸의 씨앗을 품고 있었다. 그는 군국주의와 전쟁, 대중의 전반적인 불만을 초래한 제국주의 열강들 사이의 충돌에서 비롯된 제1차 세계대전에서 이 파멸을 목격하고 있다고 생각했다. 적어도 러시아에 대해서는 레닌의 생각이 옳은 것 같다. 제1차 세계대전은 러시아 군주제의 붕괴와 1917년 레닌의 정당인 볼셰비키당의 집권에 크게 이바지했다.

볼셰비키 혁명의 성공은 식민지 세계의 지식인들에게 깊은 감명을 주어 너도나도 마르크스주의 연구에 뛰어들게 했다. 러시아 혁명은 1920년대 초 중국의 모델이 되었다. 러시아인들을 비롯한 코민테른(Communist International, 1919~1943년) 간부들이 갓 출범한 공산당을 조직하는 데 도움을 주었다. 러시아 혁명은 도시 프롤레타리아 계급과 산업적 기반의 필요성에 이데올로기적인 초점을 두고 있었기 때문에 농업의 비중이 압도적으로 큰 아시아와 아프리카에서는 그 적용 가능성이 제한적이었다. 이와 달리 멕시코 혁명(1910~1913년)은 경제적 기반인 토지를 재분배하는 토지개혁과 같은 매우 다른 혁명적 변화의 모델을 제시했다. 이러한 혁명적 변화의 모델이 비록 멕시코에서는 그 성과가 미흡했지만 토지개혁이 시민권을 박탈당한 주민들 대부분의 핵심 쟁점으로 떠오른 20세기의 식민지 및 준식민지 세계의 상당 지역에서 벌어진 여러 혁명에 선례가 되었다.

마르크스주의를 농업 사회의 혁명적 변화의 모델로 만든 마르크스주의 이데올로기의 주요 변화는 중국에서 일어났다. 당시 중국은 도시화되고 산업화된 사회 부문의 규모가 러시아보다 훨씬 작고 농민이 압도적인 다수를 차지하고 있었다. 중국의 초기 마르크스주의 혁명가들이 러시아 혁명에 영감을 받아 러시아 선도자들의 지도를 받고 도시 프롤레타리아 계급의 지지에 의존한 반면, 젊은 마오쩌둥(1893~1976년)은 도시 산업 노동자들의 혁명 의식에 대한 마르크스주의적 관점에 이의를 제기하며 농민을 혁명적 변화의 열쇠로 보았다.

> 혁명은 한 계급이 다른 계급을 전복하는 봉기이자 폭력 행위이다. 농촌 혁명은 농민이 봉건 지주계급의 권력을 타도하는 혁명이다. …… 농민들이 힘을 다하지 않는다면 수천 년 동안 이어져 온 뿌리 깊은 지주들의 권력을 결코 타도할 수 없을 것이다. …… 머지않아 …… 농민 수억 명이 폭풍우처럼 강력한 힘으로 들고 일어나 제아무리 강한 권력이라도 도저히 진압할 수 없게 될 것이다.
>
> (James P. Harrison, *The Long March to Power: A History of the Chinese Communist Party, 1921-1972*, New York: Praeger, 1974, p. 84에서 재인용)

1927년에 쓰여진 마오쩌둥의 이 글귀는 시대적 맥락이나 결과로 볼 때 거리가 멀기는 하지만 프랑스 혁명의 혁명적 폭력을 반영하고 있다. 루소의 사회계약 사상에 영향을 받은 프랑스 혁명의 선조들처럼 마오쩌둥은 당대의 새로운 사상, 곧 마르크스주의를 배우던 학생이었다. 그는 중국공산당이 창당되기 직전인 1920년 무렵 베이징의 '중국 계몽' 지식인 세계에 참여했다.

이 글을 쓴 지 10년도 채 안 되어 마오쩌둥은 중국공산당을 장악했고 제2차 세계대전 중에는 중국 서북 지역의 일본군에 맞서 홍군의 지원을 받으며 이 당을 이끌고 농민의 지원을 결집해 게릴라전을 조직했다. 이러한 집단행동은 제2차 세계대전이 끝난 뒤 일어난 내전에서 국민당 군대에게 승리를 거두는 결과를 낳았다. 19세기 중반의 아편전쟁과 중국 내 서유럽 열강들의 '세력권'들로 시작된 백 년에 걸친 제국주의 침략이 1949년 중화인민공화국으로 구현된 근대 국민국가의 수립으로 완결되었다. 중국 혁명에서 수백 년에 걸친 억압을 타도한 농민들의 토지 혁명적 성격이 차지하는 비중이 어느 정도인지는 중국 내부에서는 물론이고 최근에는 해외 역사가들 사이에서도 논란이 되고 있다. 20세기 후반에 전개된 인민공화국의 역사를 통해서 집권 혁명가들의 딜레마가 점차 뚜렷하게 드러났다. 1989년 천안문 사건이 보여 주었다시피 혁명 국가 그 자체가 강력한 압제자가 된 것이다.

식민화를 통해서든 중국의 '세력권'들처럼 덜 구조적인 방식으로든 유럽 제국주의가 침투한 곳은 어디든지 혁명적 변화가 민족주의의 형태를 보였다. 오로지 제국주의에 대응하면서 비롯된 것이든지 아니면 전통 국가에 대한 저항과 결부되어 나온 것이든지 간에 민족주의는 전통적인 사회 질서를 전복한 혁명 세력이 될 수도 있었고, 아니면 집권 세력을 그대로 둔 채 기존의 국가 구조를 타도할 수도 있었다. 혁명은 혁명 국가 내에서 권력의 위계를 다시 만들어 내고 혁명적 지도력에 대한 저항을 다시 불러일으켰다.

개혁과 혁명, 이슬람 민족주의

19세기 서유럽의 이슬람 세계 지배에 대한 반응은 개혁과 혁명 두 가지였다. 20세기 초에 세계의 힘은 유럽의 수중에 들어갔고 대규모 무슬림 제국들 가운데 마지막 제국인 오스만제국은 더 이상 강대국이 아니었다. 영토와 영향력의 축소는 한편으로는 서유럽의 과학과 기술 그리고 유럽 제국주의와 다른 한편으로는 이슬람의 문화적 정체성 간의 화해 및 재조정기로 이어졌다. 북아프리카에서 중앙아시아와 동남아시아에 이르기까지 이슬람 세계는 근대주의 개혁의 영향을 받게 되었다.

이크완 알 무슬리민(무슬림 형제단)이 서아시아와 북아프리카의 대표적인 이슬람 세력이었다. '원리주의 운동'이라고도 불린 이 운동은 1928년 하산 알반나(1906~1949년)가 이집트에서 창설했다. 이 운동은 근대화에 대해 전통적인 정통 신앙과 견해를 달리하고 세속 국가들의 정치·경제적 불법에 대한 저항 수단으로 이슬람의 부흥을 요구했다. 형제단은 1948년부터 1981년까지 이집트의 식민 정부와 독립 이후 수립된 정부에서 금지되고 탄압을 받았다. 시리아와 수단, 파키스탄도 이슬람 세력과 갈등을 벌였다. 사이드 쿠틉(1906~1966년)은 무슬림 형제단의 가장 중요한 이론가로 떠오른 이집트 무슬림이었다. 30권에 이르는 쿠란 주석서를 쓴 쿠틉은 추종자들에게 가장 높은 수준의 무슬림 신앙과 풍습을 요구하는 원리주의 시각의 이슬람을 장려했다. 이집트 정부가 그를 처형하자 상당수의 무슬림 형제단 단원들은 그를 순교자로 받들었다. 그의 저작들은 아직도 영향력이 크다. 1970년대 말에 모든 무슬림 사회는 서유럽화에 따른 공동체의 변질에 저항하는 이슬람교의 한 분파를 갖게 되었다.

제1차 세계대전 이후 독일의 정치·경제적 이해관계가 확대되기 시작하면서 양차 대전 사이의 이란에서는 서유럽의 영향이 커졌다(11장을 보라). 터키의 청년튀르크 당원들과 마찬가지로 팔레비 왕조의 레자 샤(1925~1941년 재위)는 독일을 제국주의적 야욕이 없는 중요한 국가라고 보았다. 1941년 제2차 세계대전(11장을 보라)이 시작된 이후 영국과 소련은 모든 독일인들을 이란에서 추방할 것을 요구했다. 그들은 당시 독일의 공격을 받고 있던 소련에 연합국이 제공할 수 있는 전쟁 물자의 양과 석유 공급에 관심이 있었다. 레자 샤가 요구를 거절하자 영국과 소련의 군대가 이란을 침공했다. 레자 샤가 물러나고 그의 아들 무함마드 레자(팔레비 2세, 1041~1979년 재위)가 왕위를 물려받았다. 그가 1979년 아야톨라 루홀라 호메이니의 주도로 일어난 이슬람 혁명으로 전복될 때까지 이란을 통치했다. 호메이니는 1963년 이래 프랑스에서 망명을 해 온 시아파 성직자였다. 샤(왕)는 이슬람교의 '진정한 신자들의 공동체'라는 이상보다는 세속 국가를 위한 정책을 폈다. 이 서유럽화된 군주를 폐위시킨 이슬람 원리주의 운동의 핵심에는 서유럽의 모델에 바탕을 둔 근대화에 대한 거부와 군주제 통치의 지속에 대한 저항이 있었다.

광범위한 스펙트럼의 저항운동과 전통적인 군주제를 무너뜨리고 등장한 신생 국가들의 상호작용이 전후 서아시아와 북아프리카의 발전을 특징지었다. 무슬림들이 국민국가의 모델로서 서유럽의 사회계약 개념을 거부하고 이슬람교의 '진정한 신자들의 공동체'를 선호하게 되면서 이슬람 원리주의가 서유럽화된 권위주의 국가나 일당 국가에 저항하는 이데올로기의 주요 원천이 되었다. 하지만 근대국가에 대한 무슬림의 단일한 이상은 없었다. 어떤 부류는 종교와 국가가 통일된 하나의 전체이고 따라서 이슬람 국가에서는 종교법이 국가법과 결부되어 있다고 생각했다. 또 다른 부류는 터키처럼 국가는 세속적이고 따라서 이슬람교는 공동의 국민적 정체성을 구성하는 한 가지 요소일 뿐이라고 생각했다.

| 아시아와 아프리카의 탈식민화와 민족주의 |

아시아와 아프리카 식민지의 전후 탈식민화 과정은 반식민주의 저항운동의 유산이나 식민 통치의 성격과 정도에 따라 이루어졌다. 예를 들어 1947년 인도의 독립 선언은 간디에 의해 구체화된 몇 년 동안의 조직적인 민족주의 저항에서 나온 산물이었다. 하지만 지배국 영국에서 교육받은 엘리트들(영국에서 법학을 공부한 간디를 포함한)의 영향을 받기도 했다.

제2차 세계대전 이후 동남아시아의 거의 모든 국가에서는 민족주의 반란자들과 식민 통치 세력 사이에 충돌이 발생했다(11장을 보라). 버마와 실론이 영국의 지배에서 해방되었다. 프랑스가 식민화한 동남아시아 지역에서는 민족주의 지도자들이 프랑스의 식민 권력에 도전하고 정치 사회적인 전통 질서를 타도하기 위해 노력했다. 1860년대 이래 프랑스의 식민지였던 베트남에서는 20세기 초에 민족주의 운동이 시작되었다. 젊은 시절 파리에서 마르크스주의를 경험한 호찌민이 공산당의 민족 독립 운동 조직인 베트민을 창설(1941년)하는 데 주도적인 역할을 했다. 베트민은 제2차 세계대전에서 일본군의 점령에 대항해 싸웠고 전쟁이 끝난 뒤에는 프랑스 식민주의의 부활에 맞서 결연히 저항했다. 1954년 프랑스군이 패배한 이후에는 결국 미국인들이 식민 권력의 역할을 떠맡았으며 1960년대에는 베트남전쟁에 휘말려들었다. 베트남 공산주의자들은 1975년 남베트남의 수도 사이공의 몰락과 더불어 승리를 거두었다. 그 뒤 사이공은 민족주의 지도자의 이름을 따 호찌민 시로 이름이 바뀌었다.

인도네시아나 필리핀 같은 지역에서는 식민 유산이 복잡한 종족적·종교적 구성과 결합하여 새로운 정치 사회적 질서를 형성했다. 네덜란드의 지배를 벗어나기 위한 인도네시아의 독립운동은 1927년 수카르노(1901~1970년)라는 이름의 젊은 공학도가 이끄는 인도네시아국민당의 창설과 더불어 시작되었다. 인도네시아 민족주의에 대한 탄압은 네덜란드의 식민 당국이 인도네시아라는 이름 사용을 금지한 1940년에 절정에 달했다. 인도네시아가 일본군에게 점령된 제2차 세계대전 중에는 네덜란드에 대한 저항이 상대적으로 수동적인 일본 통치의 수용으로 나타났다. 그들은 일본

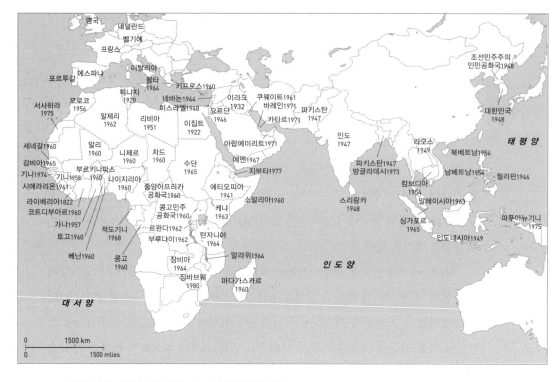

| 지도 7.6 | **식민지에서 해방된 아시아와 아프리카의 신생 국가들**

의 통치가 네덜란드의 통치보다 나쁘지는 않으며, 아마도 더 나을지도 모른다고 생각했다. 1943년 일본군에 예속된 정부가 인도네시아의 독립을 선포했고 1945년에 전쟁이 끝나자 수카르노가 다시 독립을 선포했다. 네덜란드가 인도네시아의 독립을 승인한 것은 1949년에 이르러서였다.

필리핀의 복잡한 식민 유산에는 16세기에 시작된 에스파냐의 지배와 뒤이은 1898년 에스파냐-미국 전쟁 이후 미국의 지배, 그리고 마지막으로 제2차 세계대전 기간 일본의 점령까지 포함되어 있다. 미국의 지배에 대한 강력한 저항은 1899년에서 1902년 사이, 그리고 그 이후에 에밀리오 아기날도(1869~1964년)의 지도 아래 등장했다. 제2차 세계대전 때는 공산주의 계열의 후크발라하프('항일인민군'을 의미하는 타갈로그어에서 나온 말) 운동과 같은 게릴라 집단의 지원을 통해 일본군으로부터 필리핀을 재탈환했다. 후크발라하프는 베트민과 마찬가지로 농촌의 전통적인 사회경제적 위계에 도전장을 던지며 가난한 소작농의 이해를 옹호한 중요한 농촌 저항운동이었다.

제2차 세계대전이 아시아에서 유럽의 식민주의를 몰아낸 사실을 아프리카인들이 모를 리 없었다. 아프리카에서 유럽의 패권을 보여 주는 대표적인 나라는 19세기 중엽 이래 프랑스의 식민지였던 알제리였다. 이곳의 민족주의 투쟁은 거의 10년에 걸친 내전으로 치달았다. 1962년 알제리의 독립은 1937~1946년 시기에 시작된 민족해방전선(FLN)의 대중정당 활동이 성공했음을 보여 주었다. 전통 사회에서 사회정치적으로 소외된 알제리 여성들이 혁명에 중요한 역할을 했다. 여성들은 스파이와 밀수업자, 심지어는 전투원의 역할까지 맡았다. 프랑스 이주민들이 2백만 명이나 거주하고 있던 알제리의 투쟁이 단계적으로 확대되자 프랑스 정부는 이곳의 독립은 물론 다른 지역의 독립에 대해서도 협상을 하지 않을 수 없었다.

독립운동의 출현은 식민지 시대 이전의 전통적·귀족적 지도력의 대부분을 종식시켰다. 상인 중산계급과 선교사 그리고 식민지 시대에 교육을 받은 엘리트들에 의해 이미 그 기반이 와해되어 아프리카의 전통적 지도자들은 거의 남아 있지 않았다. 그나마 생존자들은 고령의 추장 와루히우의 암살로 시작된 1940년대와 1955년 사이 케냐에서 벌어진 마우마우단의 무장 반란이나 강렬한 민중 게릴라전 시기의 습격과 같은 대중적인 정치 행동의 상징적인 표적이 되었다. 마우마우단의 투쟁 시기에 농촌의 폭력 행위는 아프리카 농부들한테서 탈취한 토지를 하사받은 영국인 이주민들을 공포의 도가니로 몰아넣었다. 마우마우단이 전쟁에서 패하기는 했지만 이 투쟁으로 영국은 백인 이주민들의 시위에도 불구하고 아프리카인의 다수결 원칙을 받아들이게 되었다. 1963년 케냐는 마침내 독립을 달성했다.

남아프리카공화국은 1948년의 선거가 전환점이 되었다. 이 선거를 통해 국민당이 집권해 '아파르트헤이트'로 알려진 인종차별과 억압적인 정책을 실시했다. 인종차별 정책에 따라 다른 인종들에 비해 백인을 우대하고 여러 아프리카인들이 거주하고 여행하고 일할 곳을 지정하는 유색인종법을 시행했다. 흑인들은 정치활동과 투표에서 제도적으로 배제되었다. 하지만 그들의 노동은 산업화 과정에서 필수적인 것이었다. 흑인 아프리카인들은 자신들의 인종을 표시한 신분증명서를 갖고 다녀야 했다. 백인 소수자들은 아프리카인의 이동을 제한하고 특히 농촌에서 도시 지역으로의 노동자 유입을 통제하기 위해 '신분증소지법'을 제정했다. 국내안전보장법은 인권 침해에 대한 저항을 폭력적으로 탄압하는 조치를 법률상 정당한 것으로 인정했다. 1912년에 창설된 아프리카민족회의(ANC)는 처음에 인종차별 정책에 대한 비폭력적인 대중 저항 활동을 벌이다가 결국에는 억압적인 남아프리카공화국 정부에 대항하여 테러 강령을 채택했다. 넬슨 만델라(1918~생존)를 비롯한 몇몇 사람들이 주도한 아프리카민족회의는 마침내 승리를 거두었고 1994년 만델라는 남아프리카공화국에서 선거로 뽑힌 첫 아프리카인 대통령이 되었다.

│ 신생 국가들, 신식민주의와 신제국 │

20세기에는 두 차례 세계대전의 화염(11장을 보라) 속에서 유럽의 신제국주의가 해체되었을 뿐만 아니라 새로운 종류의 국가가 등장했다. 전체주의 국가(모든 권력이 국가에 있는)가 다양한 정치적 배경 속에서 그 모습을 드러냈으며 그것이 대표하고 있다고 주장하는 민족을 위해 매우 다양한 열망들을 표현했다. 소련에서는 전체주의 국가가 반차르적이고 반제국주의적인 마르크스주의 혁명을 통해서 등장했다. 독일의 지도자들은 나치 정부가 역사적인 게르만족의 순수한 전통을 이어받은 상속자라는 관념을 내세웠다. 두 나라는 국가의 정의에 포함되는 민족의 열망을 구현하고 있다고 주장했고 같은 집단에 속하지 않는 사람들을 배척했다. 예를 들어 나치 독일과 스탈린주의 러시아에서는 민족 '정화'를 위해 유대인을 박해하거나 살해했다. 전체주의 국가가 가능했던 요인 가운데 대중 소통을 가능하게 만든 기술도 한몫했다. 대중매체와 히틀러유겐트 집회와 같은 대중적 스펙터클로 형성된 집단적 정체성은 대서양 세계의 18세기 혁명들에 영감을 불어넣은 사회계약의 이상과는 전혀 딴판인 새로운 종류의 국민국가를 대변했다.

　　유럽 제국들의 붕괴와 제2차 세계대전 이후 식민지들의 독립이 반드시 종속의 종말이나 제국의 종말을 의미하는 것은 아니다. 많은 사람들은 이러한 사건들이 그저 새로운 식민주의 시대를 예고했을 뿐이라고 생각했다. 독립 이후 가나의 초대 대통령이 된 크와메 은쿠르마(1909~1972년)는 이렇게 말했다.

　　　신식민주의는 …… 가장 끔찍한 형태의 제국주의이다. 신식민주의를 일삼는 자들
　　　에게는 그것이 책임이 없는 권력을 의미하고 그 피해를 보는 자들에게는 그것이 보

상이 없는 착취를 의미한다. 옛 식민주의 시절에는 적어도 제국주의 권력이 해외에서 벌이는 행동들을 본국에서 설명하고 정당화하지 않으면 안 되었다. 식민지에서는 적어도 제국주의 지배 권력에 봉사한 사람들이 반대자들의 폭력적인 조처에 대한 보호를 강구할 수 있었다. 신식민주의는 그 어느 것도 아니다.

(Kwame Nkrumah, *Neo-Colonialism: The Last Stage of Imperialism*, London: Thomas Nelson & Sons, 1965, p. xi)

은크루마는 1957년에 가나가 이룬 것과 같이 아프리카 국가들이 식민 열강들로부터 형식적인 독립을 달성한 이후에도 레닌의 《제국주의, 자본주의의 최고 단계》를 원용해 지속된 종속의 관계를 설명하고자 시도했다. 그는 대륙을 통합하는 범아프리카주의에서 사회경제적 독립과 진정한 정치적 독립을 달성할 수 있겠다는 희망을 보았다. 아프리카의 통일을 위한 은크루마의 경제 계획이 나중에 유럽경제연합의 청사진이 되기는 했지만 그런 희망은 살아생전은커녕 미래에도 실현될 수 없는 것으로 드러났다.

은크루마가 정확하게 파악했다시피 형식적으로 정치적 독립을 달성한 아시아와 아프리카의 식민지들은 미국과 소련이 각축을 벌이는 전후의 양극 세계에서 대개는 경제 원조와 외교 압력을 통해 여전히 두 초강대국 가운데 한 강대국의 지배 아래에 있었다. 이러한 양극 체제를 극복하기 위해 조직한 1955년 비동맹국들의 반둥회의 같은 노력들은 상징적으로 중요한 의미를 지니기는 했지만 효과적이지 않았다.

반둥회의에 참여한 주요 참가국들 가운데 하나가 중국이었다. 중국은 한 세대에 걸친 정치·사회·경제적 격변을 거쳐 20세기 말에는 전후 일본의 경제성장에 뒤이어 다시금 아시아에 관심을 집중시키며 세계 권력으로 등장했다. 2천 년 역사의 중화제국을 상속한 현대의 중국 국민국가는 유럽 열강의 직접 식민지는 결코 아니었지만 제국주의에 맞선 혁명적 민족주의의 산물이었다. 현대 중국의 정체성은 고대의 문화유산에 대한 인식은 물론이고 서유럽 열강들한테 받은 수모와 그에 뒤이은 전쟁과 혁명의 세기에 대한 뼈아픈 기억과도 관련이 있다.

20세기 말에는 중국의 부상과 더불어 1991년 소련의 붕괴와 유럽연합(EU)의 창설이 세계의 권력 이동을 잘 보여 준다. 경제 공동체를 건설하려는 바람에서 시작된 유럽연합은 국가를 뛰어넘는 포괄적인 조직을 만들어 소비에트연방의 해체와는 반대 방향으로 움직였지만 국민적 정체성들을 뿌리 뽑거나 축소하지는 못하고 있다.

소련의 붕괴와 중국의 등장 또는 유럽연합의 전개보다 더욱 의미심장한 발전은 국가와 제국의 경계를 넘어 전 세계 곳곳에 있는 사람들을 연결하는, 급속히 확산되고 있는 기술적 연결망이다. 가족, 일, 언어, 문화를 통해 국가를 뛰어넘는 연계들은 개인들로 하여금 국민국가의 영토적 경계로 규정되지 않는 공동체에서 정체성을 찾게 한다. 이것은 민족주의만큼이나 강력한 것으로 19세기와 20세기의 지리적 경계들(10장을 보라)보다는 인종적 충성과 공동의 역사로 형성된 한층 새로운 민족주의이다. 주로 이슬람교와 관련이 있는 종교적 영감으로 이루어진 민족주의는 종교나 문화, 민족, 언어, 친족의 관계와는 상관이 없는 사회계약에 바탕을 둔 시민사회의 개념을 대체할 새로운 집단적 정체성의 모델을 제공한다(4장을 보라). 근대라는 관념이 세속적 합리성(통치자 개인 소유로서의 국가 개념을 대체한 근대국가의 몰개인적인 관료 정치의 합리성)을 위하여 종교를 거부하는 것과 동일시하는 만큼이나 정치적 권위와 집단적 정체성의 원천으로서 종교는 사라지지 않았다. 이런 현상은 오늘날 이슬람 세계에서 흔히 찾아볼 수 있지만 이곳에만 국한된 것은 아니다.

젠더와 민족성은 그것이 최초의 국가 및 제국과 더불어 시작된 정치적 구성의 집단적 정체성을 이루는 강력한 요인들이었듯이 현대의 민족주의를 모양 짓고 있다. '모국'(motherland)이나 '조국'(fatherland) 같은 용어는 대개 국가를 가리키는 것으로 사용된다. 그리고 여성에게 시민과 병사를 낳게 하고 국민의 재생산에 대한 보상을 제공해 주는 일종의 방편으로서 모성애를 장려해 왔다(5장을 보라). 여성의 평등권을 부정한 프랑스 혁명에서 여성의 이미지는 혁명을 상징하는 데 이용되었다. '국민'(nation)이란 말은 '출생'을 의미하는 라틴어 '나치오'(natio)에서 나온 것이다. 이처럼 국민이라는 말은 국경을 경비하고 공식적인 시민권을 입증할 여권을 요구하는 현대의 국민국가 세계에서 출생지가 시민권을 결정한다는 개념을 강조하고 있다. 19세기 유럽 국가의 이상은 공동의 문화와 역사, 언어, 영토에 뿌리를 두고 있었다. 그리

| 그림 7.4 | **인도 국기를 들고 있는 네루**
네루가 채택한 차크라 상징은 간디의 물레에 구현된 제한된 시각의 20세기 투쟁을 대신해 멀기는 하지만 팽창력이 있고 강력했던 과거와의 연속성을 암시했다.

고 이 개념이 유럽 제국주의 세력과 더불어 아메리카 대륙과 아프리카와 아시아로 수출되었다. 이들 지역에서는 국가가 민족성과 문화와 종교에 기반을 둔 다른 형태의 집단적 정체성과 서로 영향을 주고받고 있었다.

19세기에 국민국가를 발전시키면서 지도자들은 통치자 개인이나 가족과 관련이 없는, 시민들이 자신들과 동일시하는 수단이 될 새로운 상징들을 개발해야만 했다. 국기 같은 민족주의를 나타내는 대중적인 표현 수단은 물론이고 시몬 볼리바르, 나폴레옹, 마커스 가비(1887~1940년) 또는 조지 워싱턴 같은 국민적 영웅들이 숭배와 찬미를 받았다. 이 모두는 연극과 축제와 대규모 축하 행사와 마찬가지로 국민적 정체성을 형성하고 표현하는 데 이바지했다.

국기는 국가의 모든 상징들처럼 포함과 배제의 목적을 이루고 특정한 국가를 지지하기 위해 조작할 수 있는 집단적 정체성의 표상이다. 유럽의 왕조 국가에서는 통치 가문의 관모가 국기의 주요 문장(紋章)이었다. 프랑스의 부르봉 왕실의 관모가 대표적이다. 이것을 대체한 프랑스 혁명의 삼색기는 혁명가들의 목적을 나타내는 강력한 상징이었다. 1947년 인도의 독립을 선포하며 게양한 국기는 현대의 인도를 아소카 왕의 치세(기원전 3세기)와 연결하기 위해 법륜을 의미하는 고대의 상징 '차크라'를 중앙에 배치했다. 아소카 왕은 불교의 영감을 받은 차크라바르틴(법륜을 굴리는 자) 왕으로서 통치할 것을 주장했고(4장을 보라) 인도 아대륙의 북부와 그 너머로 제국을 확장한 것으로도 유명했다. 인도의 초대 총리인 자와할랄 네루(1884~1969년)가 채택한 이 국기는 고대의 역사적 정체성을 강조한 것이다. 중앙에 영국제 직물 불매 운동 및 경제적 독립 운동을 상징하는 물레를 배치한, 간디가 제안한 종전의 것과는 상당히 다른 것이다. 21세기 들어 세계화의 힘이 정체성을 끊임없이 탈바꿈시킬수록 언어와 문화, 종교, 역사에 뿌리를 둔 고대적 기원의 정체성은 지워질 줄 모르고 계속해서 강력한 반응을 불러일으키고 있다.

민족주의는 다른 정체성의 원천들과 마찬가지로 공동체 의식(또는 집단적 정체성)을 만들어 내고 그것이 그 공동체를 약화시키지 않고 강화하는 한 계속 살아남는 일종의 구조물이다. 지리적인 경계와 공동의 언어 및 문화에 기초를 둔 것이든 아니면 공동의 역사에 기초를 둔 것이든 마찬가지이다. 제2차 세계대전이 끝난 뒤 유대인들의 조국으로서 이스라엘 국가가 건설되었듯이 국가를 수립하려는 팔레스타인인들의 강력한 바람 속에서 민족주의가 여전히 강력한 동력으로 작용하고 있음을 확인할 수 있다. 팔레스타인의 민족 정체성에 대한 의식은 현존하지만 팔레스타인 국민국가의 경계 문제는 여전히 완결되지 않은 채로 남아 있다.

새로운 전 지구적 정체성들에도 불구하고 민족주의가 사라지지 않았듯이 제국들도 사라지지 않았다. 어떤 이들은 2003년의 이라크 침공이 세계의 유일 초강대국으로서 제국의 역할을 보여 준 하나의 징후일 뿐이었다며 21세기의 미국을 새로운 제국으로 보고 있다. 하지만 로마제국이나 대영제국에 비교할 정도는 아니다. 왜냐하면 특정한 개별 국가의 활동들이 전 지구적 경제의 상호 의존성과 국제법에 의해 어느 정도 제약을 받는다는 점에서 현대의 세계 질서는 매우 다르기 때문이다. 새로운 형태의 '제국'은 그 대신 전 지구적인 기술적·경제적 연계를 통해 건설되고 그 힘은 국제 조직과 기구, 원조를 통해 과거보다 훨씬 섬세하게 발휘된다. 일부는 심지어 세계화 자체가 이젠 더 이상 인간의 활동을 규제하는 데 쓸모가 없게 된 국민국가를 대신해 새로운 종류의 제국을 구성한다고 주장했다. 또 한쪽에서는 여전히 국민국가가 사람들의 정치적 생활뿐만 아니라 사회경제적 생활을 실질적으로 지배하고 있고 국제 테러리즘과 전 지구적인 경제의 상호 의존성으로 인한 불안 때문에 민족주의의 힘이 증대되었다고 주장한다. 전 지구의 군사적 · 환경적 · 경제적인 안전 문제는 지구와 인류의 운명에 그 운명이 달려 있는 모든 사람에게 집단적 정체성(세계시민권) 의식을 심어 주기 위해 종교적이고 민족적이며 문화적인 커다란 심연을 넘어서 집단적으로 대응할 것을 요구하고 있다.

토론 과제

● 혈통과 국가 형성 사이에는 어떤 관련이 있을까?

● 도시국가, 왕국, 제국의 주요 특징에는 어떤 것이 있을까?

● 초기의 제국과 근대의 제국이 서로 어떤 차이가 있는지 이야기해 보자.

● 근대 국민국가란 무엇인가? 또 언제, 어디에서 발전했는가?

● 민족주의, 제국주의, 식민주의는 서로 어떤 관계가 있는가? 20세기 이후의 구체적인 사례 몇 가지를 제시해 보라.

● 오늘날 세계에서 국민국가의 역할이 점차 사라지고 있는가, 아니면 민족주의가 여전히 강력한 힘으로 남아 있는가?

| 참고문헌 |

· Anderson, Benedict([1983] 2000) *Imagined Communities: Reflections on the Origins and Spread of Nationalism*, London: Verso.
· Burton, Antoinette, ed.(2003) *After the Imperial Turn: Thinking With and Through the Nation*, Durham, N. C.: Duke University Press.
· Eley, Geoff and Ronald Grigor Suny, eds(1996) *Becoming National: A Reader*, New York and Oxford: Oxford University Press.
· Esherick, Joseph W., Hasan Kayah, and Erik Van Young, eds(2006) *Empire to Nation: Historical Perspectives on the Making of the Modern World*, Lanham, Md.: Rowman & Littlefield.
· Geary, Patrick(2002) *The Myth of Nations: The Medieval Origins of Europe*, Princeton, N. J. and Oxford: Princeton University Press.
· Hardt, Michael and Antonio Negri(2000) *Empire*, Cambridge, Mass. and London: Harvard University Press.
· Levine, Philippa, ed.(2004) *Gender and Empire*, New York and Oxford: Oxford University Press.
· McIntosh, Susan Keech, ed.(1999) *Beyond Chiefdoms: Pathways to Complexity in Africa*, Cambridge: Cambridge University Press.
· Meeker, Michael E.(2002) *A Nation of Empire: The Ottoman Legacy of Turkish Modernity*, Berkeley: University of California Press.
· Pagden, Anthony(1995) *Lords of All the World: Ideologies of Empire in Spain, Britain and France, c. 1500-c. 1800*, New Haven, Conn.: Yale University Press.
· Scott, James C.(1998) *Seeing Like a State: How Certain Schemes to Improve the Human Condition Have Failed*, New Haven, Conn. and London: Yale University Press.
· Suny, Ronald Grigor(1994) *The Revenge of the Past: Nationalism, Revolution and the Collapse of the Soviet Union*, Stanford, Calif.: Stanford University Press.
· Tilly, Charles(1990) *Coercion, Capital, and European States, A. D. 990-1990*, Oxford: Basil Blackwell.

| 온라인 자료 |

· Annenberg/CPB Bridging World History(2004)
http://www.learner.org/channel/courses/worldhistory/
6주제 '질서와 초기 사회들,' 11주제 '초기 제국들,' 20주제 '제국의 의도들,' 21주제 '식민지의 정체성들,' 26주제 '세계 역사와 정체성' 등의 단원을 보라.
· The Mongols in World History
http://afe.easia.columbia.edu/mongols/
컬럼비아대학의 교수들을 위한 아시아 관련 웹사이트의 일부. 몽골제국의 다양한 측면에 대한 알찬 예비 지식을 제공해 주고 있다.

불평등, 지배와 저항

레게 음악의 전설적 인물인 밥 말리(1945~1981년)가 부른 〈일어나, 일어서〉는 무기를 들라는 신호였다. 레게는 가난과 저개발의 현실 속에 피부색, 계급, 자본주의가 뒤섞인 과거 영국의 식민지 자메이카의 저항 노래가 되었다. 노래 가사는 카리브 해에서 멀리 떨어진 수많은 사람들에게도 진실로 다가갔다.

일어나, 일어서,

너의 권리를 위해 일어서,

일어나, 일어서,

투쟁을 멈추지 마.

레게의 고향 자메이카에서는 이 음악이 라스타파리아 종교와 관련이 있었다. 이 종교는 흑인들의 살아 있는 신으로 추앙받은 에티오피아의 마지막 황제 하일레 셀라시에 1세(1930~1974년 재위)의 역사적 대관식에 뿌리를 둔 신앙이 기독교 성경의 가르침과 결합되어 아프리카에서 유래된 사상이었다. 자유의 노래는 '구원의 노래' 이기도 했다. 자메이카의 민속 전통에서 시작되어 외래의 다양한 음악 양식을 수용한 레게 음악은 역사의식에 뿌리를 두고 있다. 말리의 노래 〈전쟁〉은 거의 전적으로 하일레 셀라시에의 연설에서 따온 것이다. 권력자들에 의해 침묵을 강요당한 역사를 노래한 것도 있다. 미국에서 잊힌 자유의 투사인 아프리카계 미국인 병사들을 다룬 〈버펄로 병사〉의 노랫말을 통해 말리는 "너의 역사를 안다면 네가 어디서 왔는지를 알게 될 것"이라는 사실을 청중에게 상기시켜 주었다.

밥 말리의 높은 예술성은 자메이카 정치 당국자들의 관심을 끌었다. 그들은 흑인이 대부분인 이 섬나라의 최하층 빈민들을 신중하게 고려하지 않을 수 없었다. 하지만 레게의 메시지는 정치나 종교의 경계를 뛰어넘었다. 밥 말리는 현실에 도전하기 위한 대안 철학을 모색하는 학대받는 자들과 신세대의 젊은이들 및 혁명가들의 희망과 염원을 노래했다. 그는 혁명을 통한 개인의 자유를 부르짖었다. 말리의 노래들은 세계 모든 지역의 음악 인기 순위를 강타하고 흑인들의 정치적 독립 투쟁에 영향을 끼쳤다. 1980년 밥 말리는 짐바브웨의 독립기념식에 초대를 받기도 했다. 그 이듬해에 말리는 사망했지만 레게 음악이 지닌 정치적 진정성은 그 뒤 자메이카를 넘어 혁명과 저항의 모델이 되었다. 나아가 역할과 차이를 깨닫게 하는 연대와 변화의 찬가가 되었다.

변함없이 영향을 주고 있는 밥 말리의 음악으로 알 수 있다시피 전 세계 피억압 민족들의 경험에서는 물론이고 다른 저항운동들의 역사적 사례에서도 20세기의 혁명적 변화에 영감을 불어넣은 사상과 환경을 찾아볼 수 있다. 집권자들의 관점에서 이야기된 역사는 다른 과거들을 침묵시키는 도구가 될 수 있다. 하지만 역사적 기억은 또한 사회 정치적 변화를 모색하는 사람들을 위한 강력한 수단이 될 수도 있다.

현대에 들어와 불평등이 사라지기 시작했다고 생각하는 경향이 있기는 하지만 놀랍게도 불평등은 더욱 첨예화되었다. 심지어 최초의 정주 사회로까지 거슬러 올라가는 지속적인 사회경제적 격차를 끝없이 강화하고 때로는 증대시키고 있다. 불평등은 사회 세력이나 정치 세력에 의해 생겨날 수 있고 불평등의 정도는 자원에 대한 접근 정도가 매우 다른 개인이나 집단 간에 드러나는 경제적 격차를 통해 측정할 수 있다. 불평등의 구체적인 모습은 성별과 나이, 카스트, 계급에서부터 인종을 비롯한 정체성에 이르기까지 다양하다. 세계사에 관한 질문들 가운데 가장 중요한 것은 인류가 어떻게, 왜 일부는 지배자가 되고 나머지는 종속적 지위로 전락하는 위계 서열과 성차별 관계 속에서 살게 되었는가 하는 문제이다.

불평등과 차이는 상속되거나 태어나면서 결정되는 범주에서부터 인식되는 범주에 이르기까지 다양하게 나타났다. 불평등은 사상과 물질적 조건을 통해서 표현되었다. 차이는 개인과 집단으로 하여금 권력을 집중해 부와 권력과 기회를 취득할 전략을 펼 수 있도록 특권적인 지위를 만들어 낸다. 불평등은 다양한 수단을 통해 제도화되어 왔다. 그 가운데 가장 중요한 것은 불평등한 토지 이용과 분업, 그리고 정치적 · 사회적 · 경제적 위계를 낳은 작위 수여였다.

밥 말리가 노래한 현대의 자메이카에서는 노예제도와 식민주의의 유산이 인종과 젠더와 계급의 차이에 바탕을 두고 좀처럼 사라지지 않는 착취 체제를 만들어 냈다. 불평등에 대한 이해는 세계사의 전반에 걸쳐 불평등 체제에 저항하며 더욱 큰 사회 정의를 추구해 온 개인과 집단들의 저항을 탐구할 기회가 될 것이다.

불평등의 기원은 무엇일까? 불평등이 어떤 과정을 거쳐 제도화되었을까? 1754년 프랑스의 철학자 장 자크 루소는 자연법이 불평등을 승인했는지에 대한 문제에 답하기 위한 시도로 이 주제에 관한 글을 썼다. 그는 "인류를 아는 것에서 시작하지 않는다면 사람들 사이의 불평등의 기원을 어떻게 알 수 있겠는가?"라고 질문한다. 루소를 비롯한 여러 사람들은 이 질문에서 여성들을 제외시켰다. 이 점을 제쳐 둔다면 세계사의 이야기가 불평등의 기원 문제를 해결할 수 있는 실마리가 된다는 그들의 말에 일리가 있다. 루소는 그 답이 물질세계에 있다고 생각했다. 하지만 다른 요인들이 작용할 수도 있다. 뒷날 독일의 철학자 카를 마르크스가 제시했다시피 계급의 구분은 경제 체제 내부의 차이에서 비롯된다. 마르크스는 고대의 노예와 주인 간의 갈등이든 현대 제국주의의 산업 노동자와 자본 소유자 간의 갈등이든 이러한 갈등은 노동에 유리한 조건으로 귀착된다고 예언했다.

이 장에서는 불평등의 기원과 경험을 살펴보고 시간의 흐름에 따른 불평등의 변화를 따라가 본다. 이런 불평등의 역사는 젠더, 사회경제적 지위, 민족이나 인종 정체성의 구조에 바탕을 두고 있다. 사회를 이룬 먼 옛날부터 오늘날에 이르기까지 일반적이거나 변함없는 불평등의 동인 같은 것을 확인할 수 있을까? 현대의 세계화 시대가 그 이전의 시대와 어떻게 다를까? 복잡한 사회들에서 불평등의 역사에 의미 깊은 주요 시기들을 생각해 볼 수 있겠지만 그 순서와 시기를 전 세계에 걸쳐 일반화할 수는 없다. 기원전 500년경 이전에 세계 대부분의 지역에서 부와 자원의 축적에 따라 질서를 가진 사회가 출현했다. 이 복잡한 사회들은 엘리트들에게 복잡성을 확대하고 사회 · 정치 · 경제적 차이를 심화시키는 전쟁과 자원을 관리하는 기술, 나아가 토지와 노동을 전략적으로 통제할 새로운 가능성을 열어 주었다. 기원전 500년 무렵부터 서기 1800년까지, 사회들마다 그 가치가 서로 다르기는 하지만 토지와 노동에 대한 불평등한 접근을 중심으로 착취를 확대하는 체제가 건설되었다. 불평등과 저항이 전 지구로 확산되면서 전 세계적으로 강제 노동이 확대 강화되었고 불평등한 자본주의 체제가 성립되었다. 19세기의 근대 제국주의는 불평등이 제도화되면서 그 형태가 악화된 것이다.

오늘날 세계는 '슬럼화된 지구'로 묘사되고 있다. 이는 불평등이 전 지구적으로 확산되고 있음을 나타내는 말이다. 이러한 흐름들이 현대 세계를 특징짓는 중대한 차이들의 원인과 그 의미를 이해하는 데 우리에게 어떤 통찰력을 제공해 줄 수 있을까?

젠더 불평등의 출현과 사회적 위계

사람들마다 깊숙이 자리 잡고 있는 가장 기본적인 차이는 젠더와 나이에 따라 느끼게 되는 매우 개인적인 차이들이다. 어린아이나 어른의 의미와 남성이나 여성이 정체성을 경험하는 방식은 문화나 인류 역사의 시기에 따라 매우 다르다. 생물학적인 성과 달리 젠더는 특정한 사회에서 남성 또는 여성이 되는 것에 함축되어 있는 사회적으로 만들어진 역할과 정체성을 묘사하는 데 사용된다. 이러한 역할과 정체성은 따로 존재하는 것이 아니라 오히려 다른 현실들과 교차된다. 이런 구분은 역할의 구별은 물론 사회적으로 구축된 사회 권력의 개념과 관련한 속성까지도 표현한다. 여성들을 지배하고 종속하기 위해 젠더의 구별을 억압적으로 사용할 경우 대개는 생물학적인 설명들을 기본 이데올로기로 채택한다. 예를 들어 성별 분업을 정당화하는 근거를 월경이나 수유를 바람직하지 않은 불결함이나 약점으로 해석하는 남녀의 생물학적인 차이에 둘 수 있다. 이때 생물학적 차이의 의미는 생물학적으로 정해진 것이 아니라 이데올로기적으로 구축된 것이다.

젠더에 대한 관념은 시공간을 뛰어넘어 고정된 것도 아니고 한 개인의 생애 차원에서 보편적으로 확립된 것도 아니다. 그것은 오히려 나이와 계급 그리고 세계를 이해하는 다른 범주들에 따라 바뀐다.

최초의 수렵채취 사회는 매우 평등하고 위계도 전혀 없었던 것으로 생각된다. 성별 노동의 역할을 보여 주는 증거를 확인하기가 쉽지 않다. 여성이 채취하고 남성이 사냥하는 것이 일반적이기는 했지만 그것이 보편적인 역할 구분은 아니었다. 선사시대의 여성을 사냥하는 사람으로 묘사하고 있는 암각화도 있고 남성들만으로 구성되고 여성들만으로 구성된 별도의 집단들을 보여 주는 조각도 있다. 여성 채취자와 남성 사냥꾼이라는 정형화된 이미지는 채취한 음식이 선사시대 식단의 실질적인 기초를 이룬다는 사실에 의해 더욱 훼손되었다. 그래도 잘 알려진 사냥과 채취 환경에서는 육류가 주된 음식이 아니기는 했지만 고급 음식으로 높은 평가를 받았다. 기동성이 훨씬 뛰어난 소규모 수렵채취 사회에서는 역할의 교대 가능성이 높을 경우 더 유리했을 것이다.

인류학자들이 여성의 출산 능력을 통제하기 위한 남성의 시도를 추적해 보았다. 젠더 불평등은 대규모의 정주 사회에서 흔히 나타나는 사회적 복잡성의 증대와 관련이 있다. 생물학적 번식과 사회적 번식에 대한 통제는 남성을 가족이나 사회 단위의 우두머리로 확정하는 사회조직 형태인 가부장제의 등장과 함께 나타난 것으로 보인다. 물질적인 것에 대한 접근으로 측정할 수 있는 노동의 통제이든 부의 통제이든 간에 노동은 축적이 가능한 다른 자원들만큼 중요했기 때문에 여성의 출산 능력에 대한 통제는 부를 통제하는 중요한 의미를 함축하고 있었다. 이러한 통제는 남성 엘리트와 전문가들에 의해 창조적이고 도구적인 권력으로 바뀔 수 있었고 그렇게 바뀌기도 했다.

가부장제의 몇 가지 측면이 공동체의 정주보다 앞선 시기에 존재했다고 하더라도 신분의 구별을 보여 주는 최초의 보편적인 증거는 인류 최초의 영구적인 정주 사회와 더불어 나타난다(3장을 보라). 사회가 정주 생활을 하게 되면서 조직된 노동에 대한 의존이 공동체의 생존과 번영에 중요한 요소가 되었다. 한 곳에서 오랜 기간 거주하면서 문화적 표현을 만들어 내기 시작했고 정체성과 신분을 특징짓는 물품을 소유하기 시작했다. 물질적 축적의 가능성이 확대되면서 과시하고 운용할 수 있는 부의 잠재적 가능성도 확대되었다. 사회가 더욱 복잡해지면서 불평등한 자원 분배와 자원의 전략적 통제도 강화되었다. 모든 사회가 위계와 중앙집권화를 강화하는 길을 똑같이 따른 것은 아니지만 이런 현상이 기원전 제4천년기에서 기원전 제1천년기 중반까지 전 지구에 걸쳐 다양한 형태로 등장하고 표현된 일반적인 유형이었다(7장을 보라).

그런데 어째서 질서에 대한 욕구가 갈수록 중앙집권적이고 위계적인 사회를 만들어 냈을까? 사람들이 왜 평등한 사회에서 살기를 포기하고 국가를 중심으로 계층화된 사회에서 생활을 하게 되었을까? 완전한 것은 아니지만 분명한 대답은 공동체 생활의 바람직함에 있다. 농업을 도입하고 정주 사회의 특징인 전문화와 교역을 시작하면서 공동체 생활은 복잡해진다. 그런데 역사가들이 알고 있는 도시 사회에 관한 내용은 대개 글을 읽고 쓰던 엘리트들이 남긴 규범적 기록에 근거한 것이다. 엘리트들이 기술한 불평등의 규범을 글을 모르는 이들이 따랐는지 또는 따랐을 경우 어느 정도나 따랐는지에 관해서는 알려져 있지 않다. 대부분의 사람들은 최근까지도 도시의 환경에서 살지 않았다. 그렇기 때문에 대다수의 사람들이 자신들의 세계에 질서를 부여하기 위해 이러한 불평등의 모델을 어떻게 사용했는지 답하기는 쉽지 않다.

사회적 복잡성의 발전을 이해하기 위해 사회과학자들은 대개 '군집-부족-군장사회-국가'로 진화 단계를 나누고 불평등이 복잡성의 증대에서 비롯된 불가피한 산물이었을 것이라고 추정했다. 하지만 이것이 언제나 그러했고 따라서 필연적인 것이었을까? 이러한 진화 모델을 따르지 않고 세계에 질서를 부여하는 대안적인 방법을 보여 준 사회는 없었을까? 역사가들은 사회적 복잡성의 증대와 불평등의 관계가 복잡한 문제라고 생각하고 있다. 소규모 수렵채취 사회에서는 나이와 성별이 사람들을 가르는 주요한 차이이다. 젠더의 역할이 남녀 사이에 활동을 구분했다. 대부분의 정주 사회에서는 남성들이 사냥과 관련을 맺고 여성들이 가내노동과 관련을 맺게 되었다. 친족 집단에서는 어른이 젊은이보다 훨씬 더 큰 힘을 가졌고 남성 연장자는 대개 젊은 남녀를 아래에 두었다. 가임 연령이 지난 여성 연장자가 지위를 얻는 경우도 많았다. 역사가들은 나이와 젠더에 기초한 위계의 구축이 사회적 복잡성의 증대에서 비롯된 불가피한 결과였는지 여부를 놓고 여전히 씨름하고 있다.

친족, 혈통, 가족, 젠더

친족은 세계사 전반에 걸친 정체성의 구축과 집단의 소속감 및 배타 의식을 위한 문화적 틀을 제공한다. 나이와 젠더의 차이에 대한 의미 부여가 사회적인 맥락에서 이루어지지만 이러한 차이가 인종이나 계급, 사회적 지위 같은 다른 사회적 범주들과 상호작용을 하기도 한다. 불평등의 또 다른 동인들은 사회 집단들의 배열에서 나온다. 강력한 이데올로기들은 무엇보다 혈연관계로 맺어진 한 가정에서 생활하는 사람들의 서열에서 나왔다. 가족과 사회 조직의 구성원이나 이방인이라는 관념은 때때로 규모가 더 큰 정치사회적 구조의 영향을 받거나 승인을 받았다. 친족의 개념이 때로는 권력을 명확하게 하거나 합법화하는 데 도움을 주었다. 친족 관계는 족보상의 권리, 출신 유형, 나이, 젠더에 의해 맺어질 수 있었다. 가족 내 개인의 지위(이를테면 손윗사람이나 손아랫사람으로서)나 또는 토지나 제의, 권리, 자원 이용 등에 대한 가족 집단의 권리는 모두 계층과 지위의 불평등을 유발할 수 있었다. 문장(門長, 문중의 연장자)의 지위는 대개 사회에서 존중을 받았으며 시간이 지남에 따라 세대를 넘어 후손들에게도 효력이 있는 상속되는 지위로 바뀔 수도 있었다.

전 세계적으로 혈통 중심의 초기 사회에는 신분에 따른 위계가 존재했다. 아라비아 반도에서는 이슬람교가 출현하기 이전 낙타를 목축하는 유목 혈통이 최고의 지위를 누렸다. 그들은 자연 자원도 부족하고 가장 가난한 데다가 인구의 25퍼센트밖에 되지 않았다. 그들의 지위는 상당 부분 척박한 환경 속에서 보여 준 군사적 능력과 기동성에서 비롯된 것이었다. 유목민들 사이에는 가축 때문에 서로 습격하는 일이 다반사였다. 풀 한 포기 나지 않는 환경에서 생활하는 사람들에게는 가축의 소유권이 곧 목숨을 의미했기 때문이다. 낙타를 기르던 유목민들 아래에는 양과 염소를 치는 유목민과 준유목민들이 있었고 그보다 더 아래의 신분에는 정착 농민들과 도시민들이 있었다.

심지어 각 경제 집단 내부에서도 어떤 혈통들은 나머지 다른 혈통들보다 명예가 더 높은 것으로 여겨졌다. 이런 명예는 지역의 권력과 품성에 대한 평판 그리고 혈통의 구성원들이 제공하는 안전의 측면에서 평가된다. 한 혈통 내에서는 특정한 가문들이 높은 지위를 누리기도 했다. 그들은 대개 혈통 전반에 걸쳐 영구적인 지도력을 행사했다. 혈통 정치에 세력을 미치는 가문들이 때로는 그 힘을 정치권력으로 전환하기도 했다. 이슬람교가 출현해서 널리 퍼진 다음에는 혈통 관계를 주장하는 것이 무슬림들에게 확실한 이점이 되었다. 그들이 동아프리카에 거주했든 동아시아에 거주했든 마찬가지였다. 예를 들어 서기 800년 이후 동아프리카 해변의 스와힐리족은 아랍 상인들이 스와힐리족의 목적에 이바지하고 스와힐리화된 것처럼 해외의 술탄 왕실들과 자신들의 관계를 강조함으로써 무역업자로서 명성을 얻을 수 있었다.

족보 관계에 기초한 정치사회적 질서는 아프리카와 아메리카 대륙, 아시아, 유럽을 포함하는 전 세계 대부분의 지역에서 찾아볼 수 있다. 예를 들어 가나의 아칸족은 14세기 무렵에 시작해 17세기 후반의 아샨티제국으로 그 정점에 이르는 서아프리카에서 가장 강력한 삼림 국가와 제국을 건설했다. 아칸족 정체성의 핵심은 '아부수아'(씨족뿐만 아니라 가족 집단이나 모계를 가리키는 용어)를 중심으로 하는 모계사회의 구조였다. 아칸족 사회에서 모계 혈통은 집단 속에서 차지하는 남녀의 위치를 여성 쪽 가족의 관계를 통해 결정하는 유형을 말한다. 그것이 다른 지역의 대규모 국가에서 남성들에게 배분한 것과 같은 정치권력의 배분을 위한 특별한 함의는 지니고 있지 않았다.

아칸족은 다산과 출산에 대한 관심 때문에 아부수아를 개인과 공동체의 정체성을 획득하는 중요한 요인으로 생각했다. 개인들의 권리는 단지 아부수아 내의 지위를 통해서만 인정되었다. 구성원들에게 제공되는 인정서가 없는 사람은 조상도 없고 성적인 정체성도 없는 것으로 간주되었다.

제국주의 이전 서아프리카 사회의 남성 지배 엘리트 권력 아래에서 여성들이 두드러진 역할을 하지 못한 사실은 그다지 놀라운 일이 아니다. 최근까지 남성 구송(口誦) 역사가(그리오)와 그들의 남자 후손들이 주로 관리한 구술사의 기록에서 여성들은 거의 언급되지 않았다. 14세기 말리족의 순디아타 서사시에서는 제도적 정치권력에 대한 접근이 불평등함에도 불구하고 여성들이 잠재 권력의 원천(어머니, 누이, 마법사)으로 등장한다. 지배를 목적으로 친족 관계를 조작하는 것은 권력과 권위가 갈수록 위계화되어 가는 모습을 보여 주는 드물지 않은 특징이었다.

전 세계에 걸쳐 가족은 정치 질서에서 찾아볼 수 있는 불평등의 모델을 반영하기도 하고 반대로 모델이 되기도 했다. 메소포타미아의 함무라비 왕(기원전 1792년경~기원전 1750년)의 법전은 가족에 대한 규정을 명시한 최초의 기록 문서 가운데 하나다. 이 판례집에는 순결과 계약에 관한 여성의 의무와 가족·하인·노예의 소유에 관한 관념이 나타나 있다. 함무라비 법전은 다른 무엇보다도 가족을 경제적 단위로 보았으며 아래와 같은 사례로 알 수 있다시피 젠더 관계와 부모의 권위를 명확히 했다.

> 만일 한 남자가 아내를 취했는데 그 아내가 자녀를 낳은 다음 비운을 맞이하고 이윽고 그 남자가 두 번째 아내를 취했는데 그 아내 또한 자녀를 낳았다면, 아버지가 죽은 뒤에 자녀들이 어머니가 누군가에 따라 상속을 나누어서는 안 되고, 각자가 자기 어머니의 결혼 지참금을 취한 다음 아버지의 재산을 모두가 동등하게 나누어야 한다.
>
> (Mark Anthony Meyer, *Landmarks of Western Civilization*, Guilford, Conn.: Dushkin Publishing Group, 1994, p. 28; C. H. W. Johns, ed., *Babylonian and Assyrian Laws, Contracts, and Letters*, Library of Ancient Inscriptions, New York: Charles Scribner's Sons, 1904에서 재인용)

여성들이 자원의 관리에 동등하게 참여할 수 있는 능력은 사회의 재생산에 이바지한 그들의 역할에 달려 있었던 것으로 보인다. 자녀를 길러 노동을 제공하고 자녀 출산을 통해 족보상의 권리를 입증하거나 영토 확장을 통해 토지와 노동을 보충함으로써 생산성을 증대할 수 있었다.

| 젠더와 전쟁 |

일부 역사가들은 젠더 불평등의 기원이 인류의 전쟁과 폭력에 대한 기술 체계에 있다고 주장한다. 인구와 자원이 집중됨에 따라 식량 창고를 보호하고 영토를 수호하며 주민과 토지에 대한 지배를 확대하기 위한 군사력이 성장했다. 사회가 전사 문화로 전환하게 되면서 무기와 말 같은 재산, 그리고 정복과 침략을 통해 획득한 부의 관리를 통해 가부장제 지배를 강화했다. 성별 질서는 여성을 출산과 가정에 연계시키고 남성은 전쟁과 결부시키는 방식을 따랐다. 고대 수메르에서는 여성들이 상속권을 상실하면서 점차 자신들의 권리를 침해당하기 시작했다는 증거들이 나타난다. 이런 현상은 아마도 잦은 전쟁(아마 사막화에 따른 기후 변화로 나타난 자원 부족과 생태 위기를 반영하는)과 사유재산의 확대에서 비롯되었을 것이다. 가족이 아닌 개인이 소유를 지배하면서 가정 밖에서 수행하는 남성들의 활동이 강조되었다. 이것이 남성의 지배와 여성의 종속을 초래했을 것이다.

대부분의 농업 사회와 전사 사회에서는 분업을 통해 여성의 종속이 생겨날 가능성이 있었고 또 그렇게 되었다. 예를 들어 고대 이집트는 가부장제 사회였다. 남성과 남자 상속자가 사람들 사이의 관계를 지배했다. 가정의 영역에서는 엘리트 여성들이 재산과 사업, 의례, 가족 문제를 관리했다. 현존 기록이 대개는 편향된 시각에 따라 순전히 남성 독자들을 대상으로 남성 기록자들이 작성했기 때문에 언제나 분명히 드러나는 것은 아니다.

이집트 여성들은 재산이나 상속과 관련한 대부분의 법률에서 원칙적으로는 평등했다. 하지만 정부 요직에서 여성이 배제되었고 가부장제의 현실(여성들의 상속과 재력의 차이를 포함하는)은 영향력 있는 지위에 대한 평등한 접근을 막았으며 독립적인 부의 축적도 제한했다. 종속 관계는 남편에 대한 봉사로서 여성에게 출산의 책임과 의무를 돌리는 다산의 개념과 관련이 있었다. 이집트 고왕국(기원전 제3천년기)의 창시자들이 그런 사례를 보여 주었다. 그들은 남성들에게 "번창할 때 가정을 세우라. 마음이 따뜻한 아내를 취하라, 아들을 낳아 줄 것이다"라고 했고, "살아 있는 동안 그 여자(아내)의 마음을 기쁘게 하라. 그 여자는 그녀의 주인을 위한 비옥한 밭이다"라고 조언을 했다.

노동을 여성들을 억압하기 위한 은유로 인식하는 것은 놀라운 일이 아니다. 고대의 농업 사회에서 성별 역할뿐만 아니라 신분의 구별과 사회적 구분이 나타났다. 매장된 수공예품에는 왕실에서부터 노예에 이르는 도시와 농촌 이집트인들의 저마다 다른 일상생활에 관한 이야기가 상형문자로 그려져 있다. 전 세계에 걸쳐 불평등이 더욱 조직적으로 강화되면서 토지와 노동은 불평등의 확대를 나타내는 무대이자 그것에 저항하는 무대가 된다.

그 밖에 남성과 전쟁 사이에 상정된 상관관계에 의문을 품게 하는 사례가 제시되었다. 러시아 남부의 드넓고 탁 트인 우랄 대초원에 있는 포크로브카라는 곳에서 고고학자들이 13~14세쯤 되는 소녀의 유골이 묻힌 무덤을 발견했다. 그 소녀는 2천 5백 년 전에 철 따라 목초지를 이동하면서 대초원 전역에 걸쳐 양과 말을 방목하는 유목 사회에서 살았다. 그리스인들은 이런 사람들을 '사우로마티아인'이라고 불렀다. 그 시대 사람들은 그리스의 역사가 헤로도토스가 '아마존'(모유를 먹이지 않는 사람들)이라고 부른 여전사에 대한 서술을 통해 잘 알려져 있었다. 이 유목민의 딸들은 말을 타고 활을 쏘았으며 적군 한 명을 죽여야 결혼을 할 수 있었다.

포크로브카에서 발굴된 어린 소녀의 휘어진 다리뼈를 조사한 결과 그녀가 짧은 생애를 말을 타고 보냈다는 사실을 확인할 수 있다. 그녀와 함께 나무와 가죽으로 된 통에 담긴 화살촉 수십 개와 단검 한 자루를 포함한 몇 가지 무기도 매장되어 있었다. 목에는 가죽 주머니에 담긴 화살촉 부적을 차고 있었다. 한때는 혁대에 매달았을 것으로 보이는 커다란 멧돼지의 엄니가 발밑에 놓여 있었다. 이 부적과 엄니는 아마도 전사 능력을 강화시키고 승리를 보장하기 위해 차고 있었을 것이다.

러시아 대초원의 또 다른 발굴들을 통해 초기 철기시대의 일부 여성들이 독특한 사회적 지위를 유지했음을 알 수 있다. 그 여성들은 재산을 관리하고 가족 의례를 수행했으며 말을 타고 사냥을 했고 전투까지 수행했다. 서아프리카에서 아메리카 대륙과 오스트레일리아에 이르는 세계의 다른 지역에서도 이러한 아마존들이 확인되었다. 이러한 자료를 비롯한 초기 사회의 자료들은 여성들이 본래부터 남성보다 더 평화적이지는 않았다는 사실을 암시해 준다. 하지만 대체로 사회가 복잡해지면서 생겨난 전쟁과 군사 문화가 여성의 종속화를 부추겼다는 증거도 있다. 여성들은 갈수록 전사 훈련이나 그 결과에 따라 수여되는 높은 지위에서 배제되었다.

전쟁이 젠더 불평등에 미친 영향이 보편적인 것은 아니라 할지라도 발견된 자료를 해석하는 일은 중요하다. 우리는 역사 시대의 초기 중국 여성들에 대해 아는 바가 거의 없다. 하지만 왕릉에서 나온 증거 자료를 살펴보면 여성이 남성과 실제로 동등한 군사력을 보유할 수 있었음을 짐작할 수 있다. 기원전 1400년 무렵에 통치를 한 상나라 왕비 부호(婦好)는 스스로 대군을 이끌었다는 증거를 남겼다. 이것 말고는 오늘날 알려진 사실이 거의 없기 때문에 상나라 사회 여성들의 지위와 여성들에 대한 태도에 대해 이런저런 이야기를 하기도 어렵다. 여신을 표상할지도 모르는 다산 여성상들이 중국의 신석기 유적에서 발견되기는 했지만 가부장적 질서가 확립된 상나라 이후의 유적에서는 나타나지 않는다.

| 카스트, 피보호제, 불평등 |

가족 집단뿐만 아니라 가족을 초월한 세습 관계도 불평등한 신분의 범주를 구분하는 데 사용되었다. 출생에 따른 엄격한 위계질서로 사회를 구분하는 남아시아 카스트 제도의 역사적 기원에 대해서는 다양한 이론이 있다. 카스트는 사회 조직과 권력관계에 접근하는 수단으로서 혈통과 피보호제에 대한 하나의 독특한 대안이었다. 카스트 제도는 기원전 1000년대 중반 인도유럽인 침략자들이 인도 아대륙의 원주민들에게 실시한 통치 방식에서 비롯되었을 것이다. 산스크리트어의 '바르나'(색깔)가 사회 집단을 구분하는 데 처음 사용된 용어인 것으로 보아 아마도 처음에는 카스트를 피부색에 따라 구분했을 것이다. 기원전 1000년 무렵에는 인더스 강 유역과 갠지스 평야의 주민들이 종교인(승려), 전사, 상인이나 농민, 그리고 마지막으로 하인이나 노예의 네 집단으로 나뉘었다. 베다 경전(현존하는 최초의 종교 문헌)에서는 이러한 사회 구분이 우주를 네 덩어리로 분할한 결과라고 설명하고 정당화했다. 남아시아인의 생활에서 주요 특징 가운데 하나가 된 카스트 제도는 직업적 · 사회적 차이에 따른 사회의 복잡한 구분에서 발전된 것이다.

　　세습적인 사회 계층화 제도는 문자 그대로 출생을 의미하는 '자티'로 알려져 있다. 한 사람의 평생 지위는 출생으로 말미암는다는 신앙과 관련이 있었다. 자티 제도는 대부분 특정한 직업이나 지리적 위치에 기반을 둔 다른 구분들과 관련을 지니고 있었다. 자티 간의 통혼은 카스트 제도에 저항하는 한편으로 그것을 끊임없이 재정립하는 데 기여했다. 각 카스트들은 용역과 상품과 토지권의 교환을 포함한 복잡한 상호 의존성의 망으로 긴밀히 연결되어 있었다.

카스트의 개념과 실제는 집단의 회원 자격, 공동의 혈통, 동족결혼과 관련성이 크다. 카스트의 구성원들은 동일한 사회·문화 집단 속에서 공동의 정체성을 공유하고 있었고 한 조상의 후손들이었으며 그들의 관계는 집단 내 다른 사람들과의 통혼을 제한하는 결혼 풍습을 통해 세대를 넘어 계속 유지되었다. 네 번째 계급이 인종에 따른 범주를 지니고 있는 것처럼 보이기는 하지만 최초의 네 계급 가운데 세 계급은 직업에 의해 규정된 것이다.

카스트는 세습적인 구분이 되었다. 국외자들과의 결혼을 금하고 구성원들끼리만 함께 식사할 것을 요구하며 하위 카스트의 구성원들에게 다른 종류의 활동을 제한하는 규칙을 통해 이런 성격을 알 수 있다. 다른 카스트들의 구성원들은 한 카스트에 속한 구성원들을 제의상 불결하다고 생각했다. 그리고 다른 카스트들과 접촉하면 오염될 수 있다고 생각했다. 제의상의 순결이나 오염 같은 개념들이 다른 카스트 집단들과 접촉하는 것을 제한했으며 젠더의 범주에 흔히 적용된 것과 마찬가지로 카스트에 이념적인 정당성을 제공해 주었다. 또한 이러한 풍습이 초기의 사회적 구분을 만들어 냈다기보다는 오히려 사회적 구분에서 이러한 풍습이 생겨났을 것이고 질서정연한 사회정치적 구조 속에서 구성원의 자격을 유지하는 데 도움을 주었을 것이다. 사회를 조직하는 수단으로서 카스트의 구분을 이용하는 것은 엄격한 것도 아니었고 변하지 않는 것도 아니었다. 카스트의 구분은 시간이 흐르면서 갈수록 복잡해지는 직업과 종족 집단에 따라 더욱 세분화되었다. 그리고 각각 나름대로의 독특한 행동 규범을 갖추었다. 이 규범을 어기게 되면 사회적 추방을 당하게 되고 그것을 엄격히 준수하면 더 높은 카스트의 구성원으로 환생할 수 있게 된다.

카스트가 남아시아를 넘어 세계의 다른 지역에도 적용할 수 있는 개념인가를 두고 논란이 있었다. 일본 도쿠가와 시대(1600~1850년)의 사회 질서는 종종 카스트 제도라고 일컬어진다. 이는 중국에서 들여와 17세기 일본 사회에 맞게 수정한 네 계층으로 이루어진 계급 제도의 관념을 중심으로 엄격하게 조직된 것이었다. 무사(사무라이)가 맨 꼭대기에 자리 잡고 있었고 농민들이 두 번째 계층에, 장인들이 세 번째 계층에, 그리고 상인들이 바닥에 위치해 있었다. 도쿠가와 막부는 이 집단들을 엄격하게 분리하려고 했다. 그래서 원칙적으로는 상인의 딸이 사무라이의 아들과 결혼을 할 수 없었다. 이러한 사회적 금기는 당시의 민중극에서 긴장들을 자아내곤 했다. 도쿠가와 막부의 경제성장 속에서 상인들은 사회 질서 상의 낮은 지위에도 불구하고 부유해졌고 그들 가운데 일부는 일본 최대의 부자가 되었다. 네 계층 이외에 사회 질서의 최하층에는 불가촉천민인 '에타'(穢多)가 있었다. 이들은 시신을 매장하고 짐승 가죽을 무두질하는 험한 일과 냄새가 고약한 직업에 종사했다. 이 집단은 인도 카스트 제도의 불가촉천민과 다르지 않았으며 이들에 대한 차별은 현대의 일본에도 남아 있다.

아프리카의 일부 사회에서는 꼭 친족이 아니더라도 피보호제라는 종속 관계에 대한 의존이 중앙집권적인 정치 체제의 결속을 위한 필수 요소였다. 서아프리카와 중앙아프리카의 구술 전승에서 흔히 왕은 그의 신민이라고 얘기를 했다. 예를 들어 식민 시대 이전의 다호메이에서는 국가를 구멍 난 항아리에 빗대어 표현했다. 왕에게 모든 사람들은 그 물을 안에 유지하도록 도움을 줘야 하는 항아리의 물과 같았다. 바꿔 말하면 대규모 사회사업을 위한 노동력 징발과 보호를 포함하는 사회 구성원들의 필수적인 욕구를 채우기 위해 권력자가 필요했고 그것을 위해 권력자가 존재했다. 이러한 사회의 구성원 자격은 혈연관계나 혈통이 아니라 왕에 대한 봉사, 곧 왕이 보호자가 되고 왕의 신민이 피보호자가 되는 종속 관계에 기초를 두었다.

아프리카 사회의 피보호 관계는 그것을 만들어 낸 정치·사회적 불평등이 존재했음을 보여 준다. 세계 다른 지역의 피보호제는 토지 없는 사람들에게 지주가 토지를 제공하는 것과 관련이 있었지만 아프리카의 피보호 관계는 토지와 거의 아무런 관련이 없었다. 이것은 때때로 인간과 인간의 노동 가치와 같은 다른 형태의 재산 증여와 관련이 있었다. 예를 들어 서기 1000년 무렵 이페(나이지리아의 요루바족)의 왕은 도시 인근의 토지를 소유하지 않았다. 하지만 그는 사용 가능한 노동력을 관리하고 왕궁이 있는 도시 주변의 토지를 경작하도록 사람들을 배정했다. 한편 11세기 나이지리아 북부의 카넴 왕은 노동력을 징발하고 관리하는 그의 능력을 기념하는 한 노래에서 다음과 같은 칭송을 받았다.

전투의 첫 열매로 최상의 것을 택했고(그리고 집으로 돌려보냈고)
엄마를 찾아 우는 아이들을 엄마들한테서 강탈했으며
노예들한테서 노예 아내를 취했다.
그리고 이들을 멀리 떨어져 있는 땅에 배치했다.

인구밀도가 낮고 토지의 가치가 사람의 가치보다 더 낮은 사하라 사막 이남의 아프리카에서는 권력이 대개 영토적인 관계보다는 대인 관계로 표현되었다. 목축 사회에서는 특히 이런 성격이 두드러졌다. 르완다에서는 가축 주인과 예속된 목동 사이의 가축 거래를 통해 "우유를 주고 부유하게 해 주며 아버지가 되어 주는" 피보호제가 시작되었다. 모잠비크의 세나 사회에서는 유럽식 피보호제에 선행하는 제도가 있었는데 그것은 대개 가뭄과 기근 때 생긴 경제적 동기에서 비롯된 것이다. 생계가 가로막혀 절망에 빠진 혈통 집단이 구성원 한 사람의 노동력을 규모가 크고 더 부유한 가정에 일시적으로 저당 잡힐 수 있었다. 이 제도는 보호가 필요하다는 것을 보여 주었고 두 가지 의식을 거행함으로써 시작되었다. '미타테(mitate)를 깨뜨리는' 의식과 점토 항아리를 부수는 의식이 그것이다. 전자는 문자 그대로 보호자의 가정으로 걸어 들어간다는 것을 의미했고, 후자는 규정된 의무 사항을 '위반한 자'는 노예 상태에 처한다는 것을 뜻했다. 규모가 크고 더욱 부유한 집단은 상호 관계를 확립하는 다양한 수단을 통해 인적 자원을 축적했고 그에 따라 더 큰 정치적 중요성을 확보했다. 15세기 무렵 남아프리카 음웨네무타파제국의 정치·사회 질서는 대규모 영토에 걸쳐 성공적으로 확장된 인적 종속 관계를 토대로 세워졌다. 개인들은 통치자에게 충성과 봉사, 농업 노동력을 바치고 통치자는 개인들을 보호하고 여러 가지 혜택을 주었다.

피보호제는 피보호자가 복종하고 보호자는 의무를 지는 관계를 만들어 냈다. 피보호 관계에 대한 의존은 국가가 출현하거나 몰락하는 과정에서 나타나는 것으로 보인다. 피보호제는 권력 해체(정치체의 붕괴와 같은)의 산물이거나 고도로 발전한 중앙집권 국가(제국과 같은)의 산물이었을 것이다. 아프리카의 사례들은 탄력적인 다양한 정치체들이 부와 영향력에서 차이가 나는 상속된 지위에 따른 여러 불평등을 통합해 외부의 위협에 직면한 모든 당사자들(상대적으로 강한 자와 덜 강한 자)이 공동의 사회 조직을 유지해 나갈 수 있게 했음을 보여 준다. 이러한 다양한 제도는 커다란 사회적 불평등 속에서 위계적 권력관계를 결합하는 주요 문제를 해결하기 위한 지역 중심의 일시적인 해결책들이었다. 사회적 형태를 결정하는 특징들은 제국이나 국가의 출현과 같은 정치적 외형의 변화에 대한 대응 차원에서 재구성되었을 뿐만 아니라 집권세력의 정치적 이해관계를 위해 의도적으로 변경되기도 했다.

| 농노제와 경제적 불평등 |

'봉건제'라는 용어는 유럽의 일부 지역에서 발달한 정치 체제(7장을 보라)를 기술하는 데 사용되었다. 이 지역에서는 중앙 정부가 와해되고 인적 의무로 맺어진 다양한 사적 위계질서 아래에 있던 개인들이 공적 기능과 의무를 담당했을 뿐 아니라 특권을 지니고 있었다. 이론상으로는 모든 토지를 소유한 군주가 영주들에게 토지를 장원의 형태로 하사했다. 영주들은 농민 형태의 자유민의 노동으로 장원을 자급자족할 수 있도록 온 힘을 기울였다. 자유농민은 필요에 따라 상당한 면적의 토지를 가족이나 공동체에 재분배해 주는 마을에서 삶을 이어 갔다. 영주에게 노역을 제공하는 대신 영주는 그들을 보호해 주었다. 일부 자유농민들은 채무를 진 데다 직업 선택이 가능한 도시 중심의 경제가 붕괴한 까닭에 이동(노동의)을 포기하고 자신과 가족들의 경제적·군사적 안전을 모색했다. 이렇게 해서 농노들은 중세 유럽의 부자유한 노동력이 되었다.

유럽 상당수의 초기 사회들의 경제는 자급자족적인 농지에 기반을 두고 있었다. 11세기부터 14세기까지 유럽의 봉건사회에서는 인구의 90퍼센트가 농업 생산으로 생계를 영위했다. 이런 생산을 조직하는 사회경제적인 주요 단위는 장원이었다. 장원은 부유한 지주가 소유했고 자유농민이나 농노(지주에게 생산물이나 노동을 제공할 의무를 진 사람들)인 소작인들이 경작을 했다.

봉건제는 상대적으로 힘이 강한 지주들이 말과 무기 정도를 소유할 수 있을 정도의 부를 지닌 힘이 약한 지주들에게 지원과 보호를 제공하는 지주들 간의 관계와 관련이 있었다. 힘이 약한 지주는 힘이 강한 지주에게 충성과 군사적 봉사를 다했다. 봉신(피보호자)은 점차 기사라는 명칭으로 알려지게 되었으며 이들을 중심으로 매우 정교한 문화와 생활양식이 생겨났다. 기사의 위엄은 전투력에 달려 있었고 기사는 전투에서 존재의 정당성을 찾았다. 상당수의 기사들은 부계 엘리트의 후손이었다. 그리고 그들은 힘이 강한 다른 영주들과 친족 네트워크와 동맹을 맺어 권력을 유지했다.

일본 유럽과 거의 같은 시기의 일본에서도 사회의 기반은 주로 '쇼엔'(莊園)으로 알려진 농지였다. 쇼엔은 유럽의 장원과 마찬가지로 부유한 지주의 소유였고 토지를 임차한 농민들이 주로 경작했다. 하지만 장원제와 달리 일본의 지주들은 일반적으로 쇼엔에 거주하지 않았다. 또 세습적인 토지 경작권에 기초한 유럽 농노제의 관행과 달리 쇼엔의 모든 사람들은 법적으로 인정된 토지권을 일부 보유하고 있었다.

일본 사회의 불평등은, 보호자–피보호자 관계가 정치 조직의 기본이자 국가 통치의 수단인 혈통 중심의 귀족사회 전통에서 생겨났다. 헤이안 시대(平安, 794~1185년) 초기인 9세기에서 11세기에 후지와라(藤原) 가문의 지배 아래에서 이러한 모습이 잘 나타나 있다. 헤이안의 귀족들은 궁정에서 멀리 떨어진 영지에서 일하는 농민들의 지원을 받으며 호화로운 생활을 했다. 그들은 결국 외부의 공격으로부터 장원을 보호할 수 있을 것으로 기대한 현지의 영지 관리인과 무사들에게 장원의 관리권을 빼앗기고 말았다.

러시아 | 의무를 통해 사회 체제를 규정하고 토지의 이용을 가능하게 한 다른 지역에서와 마찬가지로 러시아에서도 부와 권력의 기반이 노동의 관리에 있었다. 주인과 농노 사이에는 종교적이거나 인종적인 차이도 없었고 정복과도 관련이 없었다. 몽골족 이후의 모스크바 대공국 차르들의 지배 아래에서 그리고 1453년 오스만제국의 콘스탄티노플 점령에 뒤이어 동쪽으로 제국의 영토를 확장한 러시아에서는 농노제가 강제 노동으로 발전했다.

모스크바 대공국의 팽창은 토지 보유 체계에 혁명을 가져왔다. 주인인 차르 아래에는 스스로 '노예'라고 부르는 엘리트 하인들이 있었다. 이들은 차르의 보호를 받았다. 모스크바 대공국의 복종의 개념은 이처럼 주인과 하인의 상호 관계 및 의무 체계와 관련이 있었다. 축복받은 조건으로 예속 모델에 참여한(신에게 복종하듯이) 힘없는 참가자인 '고아'나 '순례자'는 차르의 보호권 밖에 있었다. 지배 가문인 칼리타족의 구성원들만이 토지를 상속할 수 있었다. 다른 모든 사람들은 혹독한 기후와 통신의 불모지로 유명한 광활하고 척박한 농업 지역 전역에 걸친 토지 사용권을 하사받았다. 차르들이 군 장교와 귀족들에 대한 보상으로 배후지의 대규모 영지를 제공함에 따라 영지를 경작할 농민의 노동력이 턱없이 부족해졌다. 해결책은 농민의 이동을 제한하는 것이었다. 1649년 농민들은 고용된 장소를 떠나는 것이 금지되었고 신분도 세습되었다. 1660년대에 지주들이 토지가 없는 농노들을 사고팔기 시작해 18세기에는 농노 매매가 일상적인 관행이 되었다.

농노의 삶에 관한 많지 않은 이야기는 세계 다른 지역의 노예 이야기들과 마찬가지로 예속 상태에서 벗어나고자 하는 갈망을 암시해 준다. 마침내 농노제에서 벗어난 니콜라이 시포프는 자신의 저작에서 고향을 동경하면서 농노 신분과 관련된 폭력과 권리의 상실이 더욱 사무쳤음을 보여 준다. 그는 다음과 같이 서술했다.

> 그들은 나를 지하 감옥에 가두고 내 돈을 빼앗았으며 처자식과 헤어지게 하고 내 집
> 안을 다스렸으며 마음대로 지시를 내렸다. 그들은 나를 그리운 고향에서 쫓아냈으
> 며 부모의 시신 앞에서 눈물도 흘리지 못하게 했다.
>
> (John Mackay, "'And Hold the Bondsman Still': Biogeography and Utopia in Slave and
> Serf Narratives," *Biogeography*, 25, 1(2002): 110-129, at p. 129)

표트르 1세의 치세 말기(1725년)에는 농노제가 점차 동산(動産) 노예제로 바뀌었다. 노동력의 이동을 규제하고 그것을 법으로 금지할 수 있을 만큼 힘이 강력해진 국가와 토지 소유의 혁명이 서로 결합되면서 부자유한 노동력은 고착화되었고 1861년까지 존속했다.

| 노예제와 불평등 제도 |

인간을 예속하고 노예화하는 제도는 역사상 가장 극단적인 형태의 사회적 불평등에 속한다. 강제 노동의 형태는 유라시아에서부터 아메리카 대륙과 아프리카에 이르기까지 다양하고도 복잡한 종속과 의무 관계를 만들어 냈다. 가족과 혈통, 피보호 관계에 나타난 사회적 불평등은 소규모 사회에서 나타나는 평범한 차이의 착취를 보여 주는 하나의 표현에 해당한다. 기원전 제1천년기 중엽 무렵부터 웬만한 규모의 국가에서는 토지와 노동에 대한 불평등을 중심으로 착취 제도가 마련되기 시작했다. 노예는 고대 세계의 거의 모든 지역에 존재했다. 다양한 불평등과 착취의 극단에는 노예제도가 있었다. 이런 제도들은 전 세계 도처의 대규모 정치체들에서 나타난다. 다양한 형태의 문화적 불평등 제도를 놓고 '노예제'라는 용어를 사용하는 문제를 두고 역사가들의 의견이 항상 일치하는 것은 아니다.

그리스와 로마의 노예제

노예화가 매우 다양한 사회경제적 · 정치적 과정에서 비롯된 것이기는 하지만 모든 노예제도는 다른 사람을 위해 위협이나 폭력에 의해 노동을 강제당하는 특징을 지니고 있었다. 노예화의 결과 개인의 권리는 완전히 상실된다. 노예는 전쟁 포로, 사법적 판결과 처벌, 경제적 채무의 결과로 생겨날 수 있다. 로마 사회에서는 대부분의 노예들이 전쟁에서 목숨을 건진 포로에서 비롯되었다. 그들은 법적으로 누군가에게 소유된 사람으로 규정되었다. 고급 노예들은 다른 부유한 가정에 소속되기 위해 신분을 스스로 선택할 수도 있었다.

고대 그리스에서는 기근이 들었을 때나 채무를 졌을 경우 노예들이 의식 절차를 거쳐 꽤 큰 가정이나 신전에 스스로 몸을 맡겼다. 어떤 사회에서는 가내노예제가 일시적인 것일 수도 있었지만 소속된 가정 내의 결혼을 통해 영구적인 지위를 얻을 수도 있었다. 예를 들어 로마의 도시 가구 노예들은 가내 하인으로 받아들여졌다. 상당수의 사회에서는 광산과 가정, 고도로 전문화된 수공업이나 무역에 노예 노동을 사용했다.

노예무역은 군사적 팽창에 바탕을 둔 국가들의 주된 활동이었다. 제국의 팽창은 전쟁 포로를 낳았으며 노예 인구의 증가로 이어졌다. 세계사를 통틀어 대규모 노예제도는 통치자들의 권력과 권위를 지탱해 주었으며 노동력을 폭넓게 활용할 수 있게 해 주었다. 토지와 노예 노동력 사이에도 밀접한 관련이 있었다. 영토 정복을 통해 토지 지배를 확대하면서 피정복민을 노동력이나 공납의 중요한 원천으로 간주했다.

잉카의 공납제와 위계질서 | 노예제의 존재와 확산이 경제적 동기에서 비롯되었을 수도 있지만 그 제도들이 복잡한 신앙과 제의의 지원을 받아 이루어졌을 수도 있다. 살아 있는 신인 이집트의 파라오처럼 유일한 왕 '사파 잉카'는 태양신의 후손이자 태양신의 지상 대표자로 여겨졌다. 미라로 보존된 죽은 왕의 시신들은 안데스의 조상숭배 전통과 결합되어 잉카족과 판테온을 이어 주는 유형(有形)의 연결 고리가 되었다. 잉카족은 이 연결 고리를 보존하고 정치 질서의 연속성을 보장하기 위해 왕의 시신을 영구적으로 화려하게 보존해야 했다. 이를 위해 일정한 수입이 필요했으며 오직 계속적인 정복을 통해서 그 비용을 충당할 수 있었다. 잉카족은 정복을 할 때면 언제나 정복한 영토의 주민과 토지와 자원에 관한 전체 목록을 작성했다. 토지와 금과 은, 노동(의무일 뿐만 아니라 일종의 세금)과 주민은 어느 것 할 것 없이 모두 사파 잉카에게서 생긴 것이었다. 여성들은 다른 여러 사회에서와 마찬가지로 일종의 재산으로 간주되었다. 따라서 간통은 재산 범죄로 처벌을 받았다. 사파 잉카의 신민들은 선동과 반란을 방지하기 위한 보증의 차원에서 모두가 토지를 제공받았으며 왕실이 작성한 사람과 자원의 목록에 따라 거주지를 옮겨야 하는 경우도 있었다.

사파 잉카의 권력은 정교한 위계적 행정 체계와 혈통 관계, 그리고 그의 종교적 역할을 통해서 유지되었다. 그의 신민은 모두 질서정연하게 책임을 지는 집단들로 나뉘었다. 예를 들어 아버지는 자기 자녀들의 행동에 책임을 졌다. 어떤 조직 유형은 노동과 관련이 있었다. 모든 신민은 일을 할당받았는데, 국가가 영토의 지배권을 확장해 나가면서 때로는 노역(노동 의무를 의미하는)이라고 부르는 주민들의 노동을 포함하기도 했다. 주된 노동 의무는 토지를 경작하는 일이었다. 토지는 국가를 위해 필요한 것과 태양 숭배를 위해 필요한 것, 주민들을 위해 필요한 것 등 세 가지 유형으로 나뉘어 있었다. 다른 일반적인 노동 의무에는 베 짜기와 국가 소유의 라마 떼 사육, 그리고 도로와 교량과 공공 기념물의 유지 등이 있었다.

서아프리카의 국가들 | 젠더 불평등과 다른 불평등이 만나는 지점은 시간에 따라 변하기도 하는 복잡한 사회·문화적 구조에 달려 있었다. 서기 14세기에서 15세기, 나아가 그 이후 서아프리카의 아칸왕국이 팽창하던 시기에 아이들은 물론 여성들도 지위나 힘을 갖지 못했다. 전쟁이 강조되면서 남성들이 지위

를 차지하게 되었다. 그리고 집안일을 수행할 수 있는 노예의 수가 증가하게 되면서 여성의 노동은 일반적으로 평가 절하되었으며 그들의 영향력이 더욱더 축소되었다. 아칸 사회가 노예 노동에 의존하는 노예 사회가 되면서 사회 계층의 장벽이 더욱 높아지고 불평등이 급격히 확대되었다. 입양이나 결혼을 통해 '아부수아' 내에 통합되지 않는 경우 팽창하는 아칸 국가의 포로가 된 적들은 영구적인 노예가 되고 말았다. 이런 현상은 가문과 지위가 없는 데서 오는 불확실성과 모호함을 잘 보여 준다.

사회적 불평등을 확대시켜 더욱 체계적으로 착취하는 것이 제국의 일반적인 특징이다. 제국의 영토 확장 여부는 결국 군대를 위한 식량 공급의 증대와 교역을 위한 다른 자원이 얼마나 풍부한가에 달려 있었다. 여성들은 출산의 역할 말고도 제품을 생산하는 일을 했다. 제국 체제가 지닌 또 다른 중요한 특징은 지배 영토의 확장이었다.

14세기의 여행자 이븐 바투타가 말리의 사회적 불평등에 대한 내용을 기술한 바 있다. 교역과 군사적 수단을 통해 제국을 확장한 성과 가운데 하나는 남성 병사와 여성 노예의 자원이 될 포로 획득이었다. 사헬과 사하라에 위치한 말리제국의 도시들은 원거리 대상무역의 기항지인 동시에 다양한 서아프리카 산물의 교역 중심지로 조직되었다. 예를 들어 타가자에서는 소금이 교환되었고 타케다에서는 구리가 교환되었다. 이븐 바투타는 이 두 도시에서 노예 노동을 목격했다. 이븐 바투타는 여행 기간 동안 줄곧 노예를 포함한 수행원들과 함께 여행했다. 노예들은 대개 교역 물품을 나르기도 했지만 그 자체가 거래의 대상이 되기도 했다. 바투타의 대상(隊商)은 타케다에서 모로코로 돌아오는 길에 여성 노예 6백 명을 수송했다. 이는 제국 변두리의 상업 활동에서 노예가 중요한 부분을 차지하고 있었음을 암시해 준다.

어느 지역에서나 제국 성장 요인 가운데에는 정치 경제적 권력에서 여성을 배제하는 메커니즘뿐만 아니라 여성 노동의 전유에 달려 있는 경우도 있었다. 제국에서는 남성 노예들보다 여성 노예들이 훨씬 더 많이 거래되었다. 이는 젠더 사이에 불평등이 존재했음을 보여 준다. 제국 도시들의 성장과 더불어 여성들의 사회적 지위도 다양해졌다. 대개 노예였던 여성들이 사하라 종단 대상 무역의 중요한 짐꾼이었다. 그들은 이따금씩 첩의 역할을 하기도 했다. 이 밖에도 여성 노동은 소금과 수출용 직물, 그리고 도시가 필요로 하는 식량에 필수적인 현지 식료품의 대부분을 생산했다. 남성들은 흔히 징집을 통해 병사가 되기도 했고 수렵가와 농민, 상인, 전문가가 되기도 했다.

한 사회의 위계 구조가 노동을 독점하든 하지 않든 간에 그리고 농장과 궁전, 신전 또는 도시를 통해 전략 식품이나 지위에 대한 접근을 통제하든 하지 않든 간에 권력이 사회의 관계를 조직했다. 분업과 생태적 변이와 물질적 부의 축적으로 위계의 경향이 확산되었다. 노동을 독점하고 전략적 자원에 우선적으로 접근할 수 있는 능력 차이가 더욱 큰 불균형을 낳았다. 노예화는 사회적 힘을 박탈하는 가장 극단적인 형태였다. 노예화는 노동의 정복과 권리의 양도 또는 한 개인을 '부자유' 하게 만들 뿐만 아니라 친족을 없애는 사회적 구속을 통해 가능했다. 친족을 없애는 것은 공동체에 속할 개인의 권리를 부정하는 것과 마찬가지였다.

이슬람교와 제국의 확장 | 공동체에 소속되는 것은 이슬람 세계에서 특히 중요한 일이었다. 15세기에 '다르 알이슬람' (이슬람 세계)이 아라비아 반도에서 이베리아 반도와 북아프리카에 이르고 사하라 사막 이남까지 미쳤으며, 동쪽으로는 오스만튀르크, 사파비 페르시아, 무굴 인도 등 3대 이슬람 제국과 동남아시아의 상당한 지역에까지 이르렀다. 다르 알 이슬람의 다양한 민족들이 3개 대륙으로 확산되어 있어 토지가 부족하지는 않았다. 다르 알 이슬람은 육지와 바다의 광범위한 지역에 걸친 교역과 돈을 부와 권력의 기초로 삼은 도시들의 문명이었다. 또한 이들 도시의 배후지에 자리 잡고 상호 연결된 소규모 공동체들의 체제이기도 했다. 배후지는 도시민들에게 상업을 유지할 수 있는 교역 상품과 필수 식량을 제공해 주었다. 특히 도시화가 더욱 진전된 서남아시아 지역에서는 가정과 군대에서 흔히 노예 노동을 사용했다. 이슬람법은 동료 무슬림을 노예로 삼는 것을 금했다. 무슬림이 된다는 것은 곧 자유인이 된다는 것을 의미했다. 따라서 노예는 비무슬림일 수밖에 없었고 그들은 '경전의 민족' (기독교인과 유대인)도 아니었다. 팀북투의 아흐마드 바바(1556~1627년)는 다음과 같은 말을 했다.

노예가 되는 이유는 불신앙에 있다. 수단의 불신자들은 기독교인이든 유대인이든, 페르시아인이든 베르베르인이든, 또는 불신앙을 고수하고 이슬람교를 수용하지 않는 …… 그 어떤 사람들이든 '카피르족' (불신자들)과 마찬가지이다. 이런 점에서 모든 카피르족들 사이에는 차이가 없다. 포로로 잡힐 때 누구든 불신앙의 상태에 있다면 그를 소유하는 것이 합법적이다. 하지만 처음부터 자발적으로 이슬람교로 개종하고 보르누와 카노, 송가이, 카치나, 고비르, 말리, 자크자크(잣자우) 같은 국가에 속한 자는 안 된다. 이들은 자유로운 무슬림들이다. 이들을 노예화하는 것은 금지되어 있다.

(Paul E. Lovejoy, *Transformations in Slavery: A History of Slavery in Africa*, Cambridge: Cambridge University Press, 1983, p. 30에서 재인용)

동남아시아의 채무노예제

파면되거나 지위가 강등된 사람이 노예가 되는 사회는 노예화를 이해하는 또 다른 방법을 제시해 주었다. 동남아시아와 아프리카의 일부 지역에서 노예가 되는 사람들은 '다른 사람들'(사회적이고 친족적인 가족 네트워크 바깥의)이 아니라 토착민이었다. 이들 사회는 엘리트와 약한 자들 간의 수직적인 의무 관계로 결속되어 있었고 노예제는 여러 가지 의무에 관한 선택들 가운데 하나일 뿐이었다. 토지는 비교적 넉넉했기 때문에 권력의 지표는 아니었던 것 같다. 부와 권력은 한 사람이 동원할 수 있는 인적 자원(여성도 포함)을 의미했다. 다른 한편 가난하고 힘이 없는 사람들의 안전과 기회는 돌보아 줄 수 있는 강력한 누군가와의 예속 관계에 달려 있었다. 성공하고 부를 얻는 데 중요한 것은 토지가 아니라 사람을 관리할 수 있는 능력이었다.

전쟁 포로들이 있기는 했지만 이러한 예속 제도를 낳은 가장 일반적인 뿌리는 채무였다. 어떤 남자가 빚에 시달릴 경우(결혼 지참금 또는 가족이 사망했을 때 물소를 도살하는 것과 같은 비싼 제의 비용 때문에) 채권자에게 자기 자신 또는 아내와 자녀들을 팔 수 있었다. 팔려 간 자는 대개 가내노예가 되어 그 가정의 젊은 식구들과 마찬가지로 집안의 궂은일들을 도맡아 하면서도 그 가정과 긴밀한 관련을 맺고 재난과 성공을 함께 나누었다. 소유자는 노예를 부양해야 했으며 심지어는 아내를 마련해 주기까지 했다. 채무노예의 노동은 가치가 크고 중요했다. 노예는 판매와 거래, 교환의 대상이 될 수 있었다. 가장 중요한 것은 노예 주인과 통치자가 다양한 동맹이나 충성 관계를 통해 직간접적으로 인간의 노예화 드라마에 관련되어 있었다는 점이다.

동남아시아에서는 농업이 지배적인 생산 활동이었지만 노예제 생산양식이 존재했던 것 같지는 않다. 농장 노동자들이 생산물의 일부를 영주에게 바치기는 했지만 인신적으로 소유된 것은 아니었다. 그들이 일정한 형태의 공납을 바친다고 하더라도 마찬가지였다. 노예의 가장 전형적인 역할은 가정부와 예능인, 방적공과 직조공으로 일하는 것이었다. 노예는 또한 노예주의 중요한 신분과 권력을 상징하는 역할을 하기도 했다. 왕과 세력이 강한 귀족들은 사람의 관리를 놓고 끊임없이 다툼을 벌였다. 국왕은 노역(무보수의 국역) 의무를 진 사람의 수를 최대화하려고 했고, 귀족은 자신의 사적인 용도를 위해 그들을 노역에서 동원 해제하려고 애썼다. 인구가 10만 명에 이르던 앙코르와 아유타야, 말라카, 반텐, 아체, 마카사르 등 번성하는 중심지들에서는 노예가 유일하게 가장 중요한 재산목록이었다. 노예들은 소유자의 신분을 상징적으로 드러내 주었다. 엘리트는 육체노동을 하지 않고 항상 노예의 시중을 받는 것으로 보이는 것이 중요했다. 따라서 예속된 사람들을 두지 않고서는 외국 상인들이 효율적인 활동을 할 수 없었다. 이러한 사회에서는 노예의 존재가 개인의 신분과 공동체의 결속을 보여 주는 기능을 했다.

불평등의 세계화

1500년 무렵부터 1850년까지 노예제, 연한계약 노동자, 노예무역은 자본주의의 등장과 그에 뒤이은 착취와 정복의 시대를 나타내는 특징이 되었다. 원거리 노예무역이 유라시아와 아프리카에서 아메리카 대륙에 이르는 세계의 여러 지역을 연결해 주었다. 인도양의 노예무역은 유럽과 북아프리카, 동아프리카, 아시아 출신 노예들을 위한 연결 지점이 되었다. 인간을 상품으로 취급하는 무역이 세계화되면서 서로 다른 지역들이 단일한 통합적 착취와 이윤 체제 속으로 편입되고 그에 따라 불평등이 세계화된다.

노동 무역 | 세계 일주와 유럽의 해외 팽창에 뒤이어 전개된 광범위한 세계무역은 노예 인구의 이동을 위한 시장과 기회를 확대해 주었다. 노예들이 대서양과 태평양 건너로 수송되었고 육로 수송도 이어졌다. 1500년과 1800년 사이에는 중세 시대부터 내려오던 무역을 이어받아 사하라 사막과 홍해를 건너 아프리카에서 무슬림 지중해에 이르기까지 노예가 거래되었다. 지중해 북부와 동부에서는 슬라브어를 사용하는 캅카스인들이 오스만제국에 포로를 공급했다. 동아프리카와 마다가스카르의 포로들은 아시아와 인도양의 섬들로, 나아가 아메리카 대륙까지 수송되었다. 인도 아대륙과 동남아시아의 노예무역은 인도양 네트워크의 여기저기로 뻗

어 나갔다. 노예는 언제나 귀중한 재산이었고 소유자의 신분과 권력을 나타내는 상징이었다. 상인자본이 세계 경제를 움직이기 시작하면서 노예는 상품으로 매매되었다. 매매 과정을 통해 아시아인과 아프리카인 수십만 명이 지구의 구석구석까지 수송되었다. 새로운 노예무역은 수백만 명이 넘는 사람들의 정체성을 바꾸어 놓기에 이르렀다.

근대 초기 사회들은 토지와 노동을 평가하는 다양한 유산을 물려받았다. 개인의 토지 소유를 존중하는 사회가 있는가 하면 왕의 토지 소유를 존중한 사회도 있었고, 공동소유의 중요성을 강조하거나 토지를 소유의 대상으로 생각하지 않은 사회들도 있었다. 공동체를 조직하면서 어떤 사회는 사람들의 결합을 위한 서로 간의 사회적 의무를 강조했고 또 어떤 사회는 확고부동한 위계질서에 따른 복종을 강조했다. 아메리카 대륙에 발을 내딛고 이어서 그 대부분을 정복하면서 유럽인들은 사람과 토지에 대한 매우 다른 이해 방식을 통해 자신들의 경험을 비추어 보았다.

아메리카 대륙의 노예제 진정으로 최초의 전 지구적인 산업이라 할 만한 광업은 노예 노동에 크게 의존했다. 아시아를 상대로 한 세계 무역의 성장은 아메리카 대륙의 은 개발에 토대를 둔 반면, 대서양 경제의 건설은 설탕과 노예라는 두 상품에 기초를 두었다. 아메리카 세계에 대한 유럽인들의 개입은 원주민들에게 파국을 몰고 왔다. 그들은 유럽인들의 대량학살 정책과 질병으로 쓰러져 갔다. 아메리카 원주민 인구가 감소함에 따라 '신세계' 건설에는 노예를 포함한 강제 노동이 이용되었다. 새로이 정복당한 비기독교인들은 에스파냐인들에게 위탁되었다. 에스파냐인들이 신체적·정신적 복지를 보장하는 대신에 비기독교인들은 노동과 생산물의 일정한 몫을 제공하게 된다. 나중에 국왕에 의해 해체되기는 하지만 사실상 노예제가 창설된 것이다. 그 무렵 국왕은 자체의 노동 징발 제도를 확립하고 잉카의 '미타'를 부활시켰다. 페루의 포토시에서 은광이 확인되자 에스파냐의 정복자들은 잉카제국 현지의 노동 제도를 차용해 백성들 수백만 명을 새로 정주시켰다. '미타'로 알려진 노역 의무 제도가 지배자를 위한 노동을 징발하는 데 도움이 되었다. 에스파냐인들은 원주민을 강제로 잔인하게 노예화하는 과정에서 '미타'를 수단으로 삼았다. 에스파냐인들은 인구를 분할해서 광산 채굴과 곡물 경작에 동원하거나 하인으로 부렸다. 원주민 공동체 대부분이 정복자들의 손이 미치지 않는 곳으로 도망가고 일부가 남아 '엔코미엔다'라는 에스파냐인의 영지에서 보호받으며 노동을 제공하는 농노가 되었다.

　대서양 무역의 역사는 노예제의 역사와 따로 떼서 생각할 수 없다. 대서양을 건너간 자본과 노동은 설탕 생산과 밀접한 관련이 있다. 설탕 산업의 발전에는 기술과 문화가 뒤얽혀 있었다. 16세기와 17세기의 이베리아인들 가운데 아프리카의 노예를 사용하는 것에 반대한 사람은 거의 없었다. 하지만 토착 아메리카인들의 노예화 문제는 에스파냐에서 뜨거운 논란거리가 되었다. 아메리카 대륙의 대농장에서는 필요한 노동을 강제 징발을 통해 충당했다. 아메리카 대륙 여러 지역의 사회 구조를 끊임없이 괴롭혀 온 불평등의 관계가 여기에서 생겨났다.

카리브 해 지역의 불평등 | 아메리카 대륙에서는 은광뿐만 아니라 설탕 재배와 목축에 대규모 자본 투자와 꾸준한 노동 공급이 필요했다. 그래서 자본과 노동 이 두 가지를 보증할 수 있는 투자가들이 필요했다. 설탕 생산으로 이익을 얻기 위해서는 그 규모가 적어도 80헥타르에서 100헥타르에 달하는 넓은 토지, 곧 자본이 많이 드는 대농장이 필요했다. 가장 큰 대농장들은 상당수가 대서양 건너편에 있는 부재지주들에 의해 경영되었다. 대농장을 성공적으로 경영하기 위해서는 수출용 제품과 곡물의 가공을 뒷받침하는 산업 장비뿐만 아니라 숙련노동과 비숙련노동이 필요했다.

　카리브 해의 대농장에 노동을 공급하는 일은 끊임없이 문제를 발생시켰다. 상당수의 원주민들이 저항하다가 살해되었고 일부는 접근하기 매우 어려운 큰 섬과 본토의 내륙 지역으로 도망쳤다. 운이 나쁜 사람들은 유럽에서 온 질병에 희생되었다. 중앙아메리카의 인구는 1519년 2,520만 명에서 1532년 1,680만 명으로 줄었고, 1622년에는 75만 명밖에 남지 않았다. 아메리카 원주민들의 마을 전체가 사라지자 유럽인들은 대농장에 노동을 제공하는 대가로 쥐꼬리만 한 땅을 하사받은(대개는 지켜지지 않았다) 유럽의 하인들을 포함한 다른 가용 노동원에 의존했다. 나아가 유럽의 죄수와 포로들도 수백 명씩, 심지어는 수천 명씩 수송해 왔다. 이를테면 스코틀랜드와 아일랜드의 포로들도 이런 식으로 자메이카로 이송되었다. 훗날 19세기가 되면 남아시아인들이 연한계약 노동자로 수송되기도 한다.

　원주민들은 물론 유럽인을 합쳐도 아메리카 대륙의 노동 수요를 적절하게 채우지 못했다. 아프리카의 노예들은 10년에 걸친 콜럼버스의 항해 도중에도 대서양 건너로 수송되었다. 처음에는 소규모였지만 머지않아 노예를 아프리카에서 엄청난 규모로 구입한 무역업자들에 의해 정기적인 노예 공급이 이루어지게 된다. 이 노예들은 대부분이 아프리카인들 사이에 벌어진 분쟁에서 발생한 전쟁 포로들이었다. 아프리카의 노예들은 혹독한 상황에서도 아메리카 원주민 노예들보다는 나은 대우를 받았다. 아프리카의 노예들은 대개 카리브 해와 여러 가지 측면에서 비슷한 열대 환경 출신이었다. 그들은 더위와 습기에 익숙해 있었다. 이들은 아메리카 원주민들과 달리 천연두를 비롯한 '구세계'(아프리카 유럽의)의 가장 치명적인 전염병과 갖가지 열대병에 대한 저항력을 이미 기른 상태였기 때문에 유아기와 아동기만 넘기면 생존 가능성이 높았다.

아프리카의 노예들 결국에는 비용을 따져 봤을 때 노예를 사용하는 것이 여러모로 유리했다. 아프리카 노예들은 사망률이 낮았고 농업과 기술에서 숙련도가 비교적 높았다. 이런 까닭에 노예주 입장에서 주인의 언어와 문화, 약점을 알고 적개심을 가진 유럽의 자유노동자나 연한계약 노동자들보다 아프리카인의 노동을 선호했다. 노예에 대한 의존은 절대적이었다. 18세기에 카리브 해 주변 지역에서는 유럽계 인구보다 아프리카인들이 훨씬 많았다(아프리카인들에 견주어 유럽인의 비율은 10퍼센트도 되지 않았다). 피부색이 훨씬 더 검었기 때문에 자유인 가운데 그들을 노예로 식별하기도 쉬웠다. '흑인'이 '노예'와 동의어가 되면서 인종주의가 생겨났다. 유럽인들이 아프리카인들을 노예화하고 무역의 대상으로 정당화하는 가운데 피부색에 기초한 우월 의식이 등장했다. 이런 이데올로기를 통해서 세계의 나머지 지역 민족들에 비해 백인 유럽인과 자신들의 문화적 가치가 우월하다고 주장하기에 이르렀다.

민간 회사는 물론이고 정부의 독점 혜택을 보는 회사들이 아프리카의 연안 도시에 무역 본부를 설치했다. 그들은 아프리카 사회에서 임대받은 토지에 요새와 성을 건설했다. 유럽인들은 면역성을 갖고 있지 않은 열대병이나 혹독하고 힘겹다고 생각한 기후와 환경 때문에 19세기 이전에는 해변에서 내륙으로 감히 이주를 하지 못했다. 더욱이 바다 쪽 무역 본부들에서 그들은 아프리카에 온 목적을 충분히 이룰 수 있었다. 이 본부들은 부를 증식하고 불평등을 확대해 가는 집산지가 되었다.

노예선의 선장들은 서아프리카나 중앙아프리카의 해안을 따라 항해하면서 아프리카의 몇몇 독립 상인들로부터 노예를 구매하거나 해변의 대규모 무역 본부에 있는 도매상이라 부르는 유럽의 대리인한테서 직접 노예를 구매하여 자신들의 배에 선적했다. 이 노예들은 대부분 아프리카 국가들이 상인들에게 공급했는데 대개는 전쟁 포로들이었다. 노예로 팔려 온 이들은 대서양 노예무역 시기에 아프리카 내륙의 여러 지역에서 흔히 일어난 전반적인 정치 불안정과 생명의 위험과 여러 전쟁의 희생자들이었다. 유럽의 무역업자들로부터 구입한 화기를 소유하면서 자극을 받은 아프리카의 전쟁들은 갈수록 격렬해졌다.

전쟁 포로 출신인 아프리카의 노예들은 아프리카 엘리트들이 신분 상승을 위해 사용한 귀중품인 직물과 금속 같은 제조품과 총 따위를 받고 유럽 무역업자들에게 넘겨졌다. 잡힌 포로 가운데 여성은 아프리카의 엘리트들이 보유했고 유럽 무역업자들에게 팔린 노예는 대부분 생산성이 높은 남성들이었다. 정치 사회적인 측면에서 생각되어 온 아프리카의 노예제는 국가들이 노예 노동을 통해 부를 생산하는 노예제 생산 양식에 의존하게 되면서 결국 경제적 노예제에 자리를 내주게 되었다. 대서양 시대를 거치며 상당수의 아프리카인들은 점차 폭력적인 노예 사회에서 살아가는 값싼 유럽 상품의 소비자로 바뀌어 갔다. 역사가 월터 로드니는 이러한 과정을 "아프리카를 유럽의 발전에 종속시킨 방식"이라고 불렀다. 상호 연관된 사회적 · 경제적 · 정치적 불평등은 자본주의적 산업주의로부터 동력을 공급받는 식민 시대를 특징짓는 요인들이다.

이데올로기와 사회적인 변화는 유럽 무역업자들과의 복잡한 문화적 · 경제적 협상을 통해 생겨났다. 어떤 지역에서는 엘리트 상인 계층(이를테면 '어용상인'인 서아프리카의 상인 제후들)이 생겨났고 한편에서는 남아프리카의 호텐토트족처럼 문화적 · 물질적 가난으로 내몰린 집단이 출현했다. 호텐토트족이란 말은 네덜란드인들이 코시아족 하인들에게 붙여 준 경멸적인 이름이었다. 그들은 자신들의 토지와 가축을 되사기 위한 필사적인 시도의 와중에 네덜란드의 언어와 의복을 받아들였다. 하지만 결국에는 유럽인들과 접촉하면서 살해당하거나 흡수되고 말았다. 특히 연안 지역에서는 노예제의 변화와 그에 따른 정치 사회적 폭력으로 상인 자본주의의 영향이 훨씬 더 커졌다.

16세기 이후 인간 노동의 상품화는 노예와 강제 노동에 대한 국가의 의존 확대와 도시 지역의 매춘 증가로 나타났다. 전통적이고 의례적인 승인을 거쳐 형성된 상속된 문화적 범주의 정체성이나 권력과는 무관하게 유럽의 값싼 제품과 더불어 여성의 몸과 작위가 있는 신사의 지위를 구입하는 것이 가능했다. 이러한 모순들은 훗날 유럽 식민주의에 대한 저항의 기초를 형성하는 내용으로 되살아나게 된다.

아프리카와 아시아의 디아스포라 | 인도양과 대서양의 강제 노동 체계를 통해 공급된 노예와 연한계약 노동자들은 이미 19세기 이전에 가장 큰 규모로 이동한 것으로 알려져 있다(1장을 보라). 1518년부터 1860년까지 아프리카인들이 1천2백만 명에서 2천만 명가량 아메리카 대륙으로 수송되었다. 3천만 명이나 되는 남아시아인들이 19세기 연한계약 노동자들의 이동 대열에 참여했는데, 아마도 6백만 명 정도의 노동자들이 디아스포라 공동체에 정착했을 것이다. 대서양 노예무역이 카리브 해 주변 지역에 미친 영향은 대농장 생산방식과 이익의 유형, 유럽에 대한 경제적 의존이라는 유산, 인종적 다양성 같은 측면에서 매우 뚜렷하게 나타난다.

대서양 세계 전역에 걸친 아프리카인과 남아시아인의 디아스포라 건설은 카리브 해나 아메리카 대륙 또는 인도양에서 생활을 영위해 나갈 능력이나 개인의 생존에 달려 있었다(1장을 보라). 이 지역들은 아프리카와 아시아 유산의 덕을 상당히 본 곳들이다. 거기에는 문화적 연속성을 이어 가는 데 장애물이 있었다. 이를테면 노예주들은 아프리카인이 북을 두드리는 행위를 금지하고 노예들 간의 소통과 연대를 가로막기 위해 같은 언어 사용자들을 분리했다. 이러한 조건들은 아프리카인들의 가족생활을 어렵게 만들었고 때로는 불가능하게 만들었다. 하지만 아메리카 대륙에서 보여준 아프리카인들의 용기와 저항, 더불어 수백 종의 서로 다른 아프리카 언어와 문화의 생명력은 그들이 새로운 정체성과 맞닥뜨렸을 때조차도 노예제와 억압에 맞서 연속성을 보증해 주었다. 도망을 간 노예도 있었고 제도의 운영에 맞서 태업을 벌이는 노예도 있었으며, 심지어 무장 반란에 참여한 노예들도 있었다. 남아시아인의 디아스포라도 아프리카인의 디아스포라처럼 언어와 종교가 다양했다.

19세기 후반에는 남중국인 2백만 명이 시베리아와 만주, 말레이 반도, 인도네시아, 필리핀, 오스트레일리아, 하와이, 멕시코, 페루, 쿠바, 미국 등 세계 여러 지역으로 이주했다. 그 가운데 상당수는 철도와 광산, 농장을 건설하기 위한 연한계약 노동자였다. 상인으로 외국에 나간 사람들도 있었다. 19세기 중국인들은 기근과 인구과잉, 외세의 침략, 내전으로 말미암은 역경 때문에 본국을 떠났다. 사회적인 지위는 물론 지리적인 위치가 이주의 유형을 결정하는 중요한 요인이었다.

불평등과 정체성 ┃ 새로운 나라에서 차별에 직면한 이주민들은 시간이 지남에 따라 국가의 경계를 뛰어넘는 정체성을 만들어 냈다. 그와 동시에 자신들의 전 지구적 이동이 근대적인 세계 자본주의의 윤곽을 강화하고 뚜렷하게 만들자 곧 자본주의가 가져온 조건에 맞서 끊임없이 저항하기 시작했다. 저항이 성공을 거두어 아프리카나 아시아의 문화를 유지하는 데 이바지했으며 아프리카와 아시아의 정체성을 제공함으로써 커다란 역경에 직면한 이들의 생존 가능성을 높여 주었다. 저항은 노예 사회에서 가장 격렬하게 나타났다. 도망친 자유 투사들의 공동체와 그들이 떠나온 대농장 공동체 내의 춤과 언어, 음식, 비공식적 경제 제도, 기술, 음악, 의복, 토기, 가족 구조, 종교 등의 분야에서 유지된 문화적 연속성이 카리브 해와 미국의 생활에 잘 기록되어 있다. 이들은 연속성과 불연속성이 역사적 변화의 유형을 만들어 내고 그 방향과 범위를 결정한 변화의 과정을 잘 보여 준다.

노예제의 유산과 수백만 명의 강제 이주는 현대 세계를 이루는 특징 가운데 하나이다. 무역의 팽창은 새로운 세계 경제가 성장할 수 있는 기초를 마련해 주었다. 사회의 지적 발달과 경제적 변화를 이해하기 위해서는 강제 노동과 노예제에 대한 태도를 비교 연구하는 것이 필수적이다. 일부 역사가들은 근대의 세계 경제 체제를 등장시킨 산업화가 노예를 비롯한 다양한 강제 노동 체제에 갇힌 다른 사람들의 착취로부터 발전한 것이라고 주장해 왔다. 오늘날의 세계를 이해하기 위해서는 그 하부 구조를 이루고 있는 노동자들의 상황을 반드시 이해할 필요가 있다.

┃ 전 지구적인 산업화와 불평등 ┃

초기에 나타난 전 지구적인 토지와 노동의 착취 유형들이 그 후에 진행된 전 지구적인 산업화 과정의 특징을 만들어 냈다(2장과 6장을 보라). 산업화와 더불어 도시화도 불평등을 확산시킨 주체였다. 자본주의적 산업혁명의 제도적 특징은 공장제 생산이다. 노동자들이 공장으로 모여들었으며 때로는 기계로 작업을 하는 일정한 노동 시간 동안 건물 안에 갇혀 있었다. 하지만 가정에서 물레와 직기를 사용해 방적을 하고 직조를 하는 가내공업을 공장제 공업이 대체하기까지는 꽤 시간이 걸렸다. 면방직을 제외하면 대개 고용주들은 1830년대까지도 여전히 가내공업에서 훨씬 더 많은 이익을 남기고 대규모 공장 기업보다는 소규모 작업장 생산을 선호했다. 전통적인 노동자들도 작업장의 개편을 거부하는 경향이 있었다. 작업장은 젠더와 인종에 따라 격리되어 존재했다.

공장에서 동력 기계를 사용한 것은 산업혁명을 규정짓는 중요한 특징이다. 기계의 사용은 기술혁신에 많은 자본을 투자하고 이익 추구에 기꺼이 모험을 걸 수 있는 과감한 자본가들 덕분에 가능했다. 하지만 새로운 생산방식을 개발하는 데 모든 자본가들이 기꺼이 모험을 건 것은 아니었다. 전통적이고 노동 집약적인 생산방식에서 이익을 보는 한 자본가들은 대부분 기계로 작동하는 공장 생산보다는 과거의 방식에 계속 투자했다. 따라서 기계 생산이 증가한 1800년 이후까지도 노동 집약적인 산업이 여전히 주요 생산방식으로 남아 있었다.

공장이 늘어나면서 예전의 생산방식과 특별한 관련이 없는 사람들이었지만 여성들이 다수를 차지하는 젊은 훈련생들이 전통적인 장인들과 나이든 노동자들을 대신했다. 공장 노동은 생산이 가정 밖에서 이루어지고 개별 노동자들의 역할을 바꿔놓았기 때문에 장인의 독립성이 상실되고 가족 관계가 새로 조정되었다. 1831년 직물공업 아동 노동의 실태를 조사한 영국 정부의 위원회는 가족의 생계를 보충하기 위해 공장에서 일해야 하는 어린 아이들의 잔혹한 일상생활 환경을 폭로했다. 스물세 살의 엘리자베스 벤틀리는 여섯 살 때 한 직물 공장에서 영양가 없는 음식으로 겨우 끼니를 때우며 새벽 다섯 시부터 밤 아홉 시까지 일한 자신의 노동 환경을 털어놓았다. 벤틀리는 빈민의 고통을 정부가 해결해야 한다고 주장한 사회 개혁가 마이클 새들러(1780~1835년)의 인터뷰 제의를 받았다. 새들러는 부모를 비난하지도 않았고 불공평함의 구조적 원인을 지적하지도 않았다.

> 사람들이 경제적 자유를 평등하게 누릴 수 없는 사회에서, 개인의 이익 추구가 반드시 집단적 복지를 가져온다는 말은 진실이 아니었다.
>
> (……)
>
> 부모들은 아침에 아이들을 깨우고 일과를 마친 다음 피로에 지친 그들을 맞이한다. 부모들은 그들이 허약해지고 병들어 가는 것을 본다. 꽃도 피우기 전에 아이들이 불

구가 되고 죽는 것을 보는 경우도 많다. 그들은 그렇게 하지 않으면 굶어 죽기 때문에 그렇게 한다. 부모들에게 다른 선택을 하라고 권고하는 것은 일종의 조롱이다. 그들은 차악을 선택하여 자식을 오염된 공장에 마지못해 노예처럼 맡길 뿐이다.

(Michael Sadler, Speech in the House of Commons, March 16, 1832)

많은 사람들은 공장을 "가난뱅이나 병자가 일하는 작업장"에 비유했다. 대개 공장주들은 노동자들을 통제하고 훈련하는 것이 신체적으로뿐만 아니라 도덕적으로도 정당하다고 생각하고 작업 시간의 모든 측면은 물론 일과 후의 활동까지도 규제하는 엄격한 노동 규율을 도입했다. 일부 기업가들이 주저하고 일부 노동자들이 저항했음에도 불구하고 19세기 중엽이 되면 공장제가 일반적인 생산방식으로 자리 잡는다. 공장을 소유한 자본주의적 기업가들이 공장 사회의 경제생활과 문화생활은 물론 심지어 종교생활까지 조직하고 관리했다.

이러한 유형의 기술 변화와 착취를 곧 전 세계 노동자들이 겪게 되었다. 일본에서는 메이지 유신(1868년) 이후 견직 산업의 공업화가 사회적 격변으로 이어졌다. 메이지 정부가 신속한 산업화를 장려함에 따라 견직물 생산 지역에 수많은 공장이 세워졌다. 이 공장들이 수많은 젊은 여성들을 끌어들였으며 이 여성들은 음침한 환경 속에서 장시간 일하고 위생 상태가 열악한 기숙사에서 생활을 해야 했다. 더욱이 여성들은 공장에서 가장 단조롭고 궂은일을 할당받았고 전문적인 일은 남성들의 몫이었다. 이러한 불평등한 분업은 불평등한 보수에도 반영되었다. 19세기 말에 일본 견직 산업의 작업장을 여성들이 독차지하게 되었음에도 불구하고 20세기에 들어서도 임금은 여전히 남성 노동자들보다 훨씬 더 낮았다.

산업자본주의의 결과로 나타난 도시의 성장은 빠르지도 않았고 일정하지도 않았다. 그것은 도시 체제의 발전 속에 이전의 사회적 동력을 흡수한 더디고 복잡다단한 과정이었다. 하지만 일단 진척이 되자 중단되거나 역전됨 없이 더욱더 복잡해지고 다양해졌다. 새로운 형태의 기술과 생산은 규모가 더욱 커지고 조직이 훨씬 더 고도화된 노동에 의존했다. 공장은 여성과 아이들을 비롯해 집이 없거나 가난한 사람들에게 일자리를 제공해 주었다. 영국 복지 제도의 발전은 임시 구빈원과 같은 공장 공간을 활용하면서 시작되었다. 도시가 확장됨에 따라 새로운 농업 시장이 필요했다. 산업화가 가져다준 수익성으로 생산의 중심지에는 자본이 집중되었고 기회의 공간 둘

| 그림 8.2 | **빈민가(1880년 무렵)**
이 판화는 19세기 말 '세계 최대의 도시'로 각광을 받던 런던 빈민들의 음침하고 혼잡한 일상생활을 잘 보여 주고 있다.(구스타브 도레)

레에는 더욱 많은 사람들이 모여들었다. 도시의 중산계급 문화에는 식탁보와 냅킨, 고급 자기와 수정 제품이 놓여 있는 튼튼한 대저택도 있었다. 중산계급의 식탁에는 수입 식품과 포도주가 올라 있었고 그 옆에서 하인들이 시중을 들었다. 돈을 번 부유한 시민들은 귀족들처럼 비단과 벨벳을 걸치기 시작했다. 하지만 시민들이 지향하는 가치는 과거와 근본적으로 달랐다. 그들은 부지런히 일하고 저축하고 투자하는 '자본주의 정신'을 강조했다. 그들은 노동자와 귀족 사이에서 고유의 문화를 지닌 진정한 '중산계급'이 되었다.

산업 도시의 생활이 경제적 이득뿐만 아니라 물질적 혜택과 문화적 다양성과 즐거움을 주었지만, 유럽의 도시를 가난과 노숙의 동의어로 생각하는 사람이 많았다.

전통적으로 부랑자와 노숙자를 구제하는 일에 교회가 중요한 역할을 해 왔지만 점차 국가의 역할로 넘어갔다. 16세기 영국에서 '구빈법'이 통과되면서 지방 정부의 관리들이 각 교구의 빈민을 조사하고 등록되지 않은 거지를 통제했다. 이 법은 또한 지방 정부에게 공동체의 빈민을 지원하는 것을 목적으로 한 이른바 '구빈세'를 징수할 수 있게 해 주었다. 영국에서는 1601년 법을 통해 교구 민생위원을 신설하고 신체가 건강한 자들을 구제하는 구빈원을 설립했다. 산업혁명이 한창일 무렵에 구빈원은 제도화되었고 새로운 공장에 아동과 여성의 노동을 제공하는 공급 기관의 역할을 했다. 찰스 디킨스가 《데이비드 코퍼필드》(1850년)에서 묘사한 워렌의 구두약 공장의 공포는 불후의 명성을 갖게 되었다. 디킨스 자신이 열두 살 때 그 공장에서 일을 하며 느낀 공포는 아버지에게 들이닥친 불길한 채무구금을 배경으로 묘사되어 있다. 마이클 새들러와 같은 사회 개혁가들조차 사회경제적 불평등의 기본 원인을 제거하는 데 성공하지 못했다. 전 지구적인 산업혁명이 전 세계에 도시화의 힘을 확산시켜 나가면서 자본·토지·노동에 대한 지배 여부가 자본주의의 그물 속에서 점차 개인과 정치체의 운명을 좌우하게 되었다.

제국주의와 인종주의

노예제를 비롯한 여러 강제 노동의 세계화는 불평등과 그 불평등을 지지하는 이데올로기를 영속화했다. 19세기 인종주의의 '과학적인' 기초는 과학적 방법을 앞세우고 과학의 원리를 합리적으로 적용함으로써 세계를 확실하게 이해할 수 있다는 생각과도 관련이 있었다.

인종과 과학의 허울 인종은 1850년대 이래 인간의 정체성과 차이에 대한 잘못된 주장 위에 세워진 강력한 역사적 구조물이다. 인간이 피부색에 따라 분류되고 피부색에 따라 능력과 지능이 다르다는 고정관념이 만들어졌다. 예를 들어 프랑스의 인류학자 조제프 아르튀르 드 고비노(1816~1882년)는 《인종불평등론》(1853년)에서 인종을 지리에 기초해 구분했다. 그는 역사에서 민족성이 가장 중요한 문제라고 주장하면서 불평등을 이용해 뒤얽힌 민족의 운명들을 설명할 수 있다고 했다.

과학은 결국 생물학적으로 서로 다른 '인종'이 존재하지 않는다는 사실을 보여주었다. 인간은 단일한 종이다. 어떠한 주요 특징이나 신체 유형(두뇌 크기나 피부색)이나 생물학적인 차이(혈액형과 같은)도 인종으로 인간 집단을 나눌 수 있는 증거가 될 수 없다. 간단히 말하면 생물학적으로 인종이란 것은 존재하지 않는다. 그럼에도 불구하고 이 잘못된 개념을 사용해 왔고 아직도 정체성을 이루는 데 널리 사용하고 있다. 유럽 사회에서 처음 등장한 인종 개념은 유대인과 아프리카인들을 비롯한 민족 집단에 대한 역사적인 박해나 억압의 맥락 속에서 발전했다. 제국주의와 결합되어 인종차별은 전 지구적인 현상이 되었다. 인종차별 의식은 공공연하게 남아프리카공화국 인종차별 정책의 신체적 인종 분리에 이용되었고, 아프리카계 미국인들에 대한 '인종 프로파일링'처럼 비공개적으로 이용되기도 했다. 차이에 대한 의식은 믿을 만한 과학적 사실에 근거한 것이든 아니든 간에 개인과 집단의 정체성을 구성하는 강력한 요인이 될 수 있다. 아프리카계 미국인 학자 코넬 웨스트가 말했다시피 "문제는 인종이다."

이데올로기와 불평등의 구조 이데올로기뿐만 아니라 정치 구조도 근대 세계의 불평등을 악화시키는 데 이바지했다. 제국주의는 지배 영역을 확장하는 데 그치지 않았다. 1880년대 이래 제국의 형태를 갖춘 권력과 권위는 다른 국가들의 희생을 딛고 기형적으로 증대한 새로운 형태의 부를 창출했다. 예를 들어 무굴제국과 대영제국이 지주에게 특권을 준 인도에서는 농업과 보건, 교육 분야의 투자는 제자리에 머무른 채 극심한 불평등과 가난과 굶주림 현상이 발생했다.

세계 인구의 대부분은 19세기와 20세기에 식민지 개척자로서든 식민지 주민으로서든 제국주의와 식민주의를 경험했다. 지역에 따라 다르기는 하지만 이런 공통된 경험은 무역과 언어, 스포츠, 음식, 음악, 물질문화를 통해서 전 세계의 사람들을 통합하는 데 도움을 주었다. 식민주의는 계급과 인종, 젠더, 민족성에 기초한 불평등한 관계를 만들어 냈다. 제국주의의 역사를 바로 알기 위해서는 식민 체제 아래 삶의 경험에 대한 이해가 경제학이나 정치학만큼이나 필수적이다. 제국주의의 주요 이데올로기는 몇몇 국가가 다른 국가들을 지배할 우월성과 권리를 지니고 있다는 전제를 바탕으로 한 것이다. 식민 경험이 단순히 외국 세력의 식민 통치에 의해서만 이루어진 것은 아니다. 오히려 그 경험은 언제나 식민지 주민들의 반응과 대응에 따라 결정되고 수정되었다. 이러한 식민 경험이 식민지 주민들의 정체성과 식민지 개척자들의 정체성을 형성했다.

영국의 식민지였던 미국에서는 남북전쟁 막바지에 단행된 노예제 폐지(1863년)와 미합중국 헌법 수정조항 제14조를 통해 아프리카계 미국인들의 헌법상의 권리를 확인했다. 이것이 중대 사안인 것을 인식한 상당수의 흑인들은 북부의 운동을 지원하기 위해 병사로 입대했고 남부의 노예들은 남부연합의 주인들을 지원하지 않을 수 없었다. 미국 혁명과 그로부터 생겨나 국민국가의 토대가 된 18세기의 평등, 인민주권, 사회계약의 이상이 원칙적으로는 모든 미국인들에게 법적으로 보장되었다. 실제로 아프리카계 미국인들이 수정조항 제14조에 확인된 권리를 깨닫기 시작하는 데는 백 년 이상이 걸렸다.

불평등의 교차 | 19세기 미국의 역사가 리디아 마리아 차일드는《도망노예송환법 불복종 의무》(1850년)라는 소책자를 통해 노예 소유에 반대하는 주장을 폈다. 하지만 한편으로는 여성으로서 이 일을 하기 위해 주 의회에서 연설할 자신의 권리를 옹호해야만 했다.

> 나는 여성이 연설을 한다고 해서 매사추세츠 주 의회에 양해를 구할 필요는 없다고 생각한다. 월터 스콧 경은 "천국의 진리는 그 말이 아무리 약하다고 할지라도 그 말을 문제 삼지 않고 그 말에 자비를 전할 권리를 주고 판결을 내렸다"고 말하고 있다. 그리고 여성들이 세상의 발전을 위해 지적으로나 도덕적으로 이바지해 왔고 지금도 애쓰고 있는 모든 것을 고려할 때, 그 어떤 유능한 입법자라도 '천국의 진리'가 종종 여성들에게 관심을 기울이고 있고 여성들이 때로는 자신들이 살고 있는 시대에 커다란 영향을 미치는 강력한 힘으로 발언을 할 수 있다는 사실을 부정하지는 못할 것이라고 생각한다. 따라서 이에 대한 변명을 늘어놓지 않겠다. 하지만 도망노예송환법이 도무지 사리에 맞지 않기에 그 법을 결코 지켜서는 안 된다고 보통의 인간성과 상식을 지닌 사람들에게 설득하기 위해서는 양해를 구할 필요가 있지 않은가 생각한다.
>
> (Lydia Maria Child, *The Duty of Disobedience to the Fugitive Slave Act*, Boston, Mass.: American Anti-Slavery Society, 1860)

이 구절은 차일드가 평생 불평등의 시달림을 받았다는 사실을 암시해 준다. 뿐만 아니라 사람들이 때로는 비슷하지만 똑같지는 않은 억압의 경험을 중심으로 연합해 자신들이 겪은 불법과 싸워 왔다는 사실을 보여 준다.

제국주의는 혁명을 가져온 만큼 인종적이고 경제적인 불평등을 확산하는 데에도 이바지했다. 다음 세기 혁명의 목소리에는 서인도 제도의 마르티니크에서 태어났지만 아프리카의 정의와 변화를 모색한 프란츠 파농(1925~1961년) 같은 지식인들과 활동가들이 있었다. 파농은 프랑스에 머물면서 식민 정복과 인종주의가 인간 심리에 끼친 영향을 분석한 책《검은 피부, 흰 가면》(1952년)을 집필했다. 파농의 마지막 작품은《대지의 저주받은 사람들》(1961년)이다. 그는 이 책에서 계급과 인종, 국민 문화, 폭력이 민족해방 투쟁에 이바지하는 역할을 살펴보고 있다. 식민주의로 생겨난 분열을 파농은 이렇게 적고 있다.

> 식민 세계는 세상을 둘로 나누었다. …… 원인이 곧 결과가 된다. 백인이기 때문에 부유하고, 부유하기 때문에 백인이다. …… 원주민이 몸소 스스로의 역사를 구현하기로 결정하고 금지된 구역으로 들이닥치는 순간 …… 원주민은 식민 세계의 질서를 지배해 온 폭력에 호소하게 될 것이다.
>
> (Frantz Fanon, *The Wretched of the Earth*, Paris, 1963, pp. 38~40)

파농은 알제리의 해방운동에 참여하면서 구조적 불평등의 원인과 결과인 폭력의 역할을 인식하게 되었다. 아프리카 대륙의 일부 국가들(예를 들어 남아프리카공화국)은 20세기 말이 되어서야 조직적이고 구조적인 인종주의의 족쇄를 벗어던지게 된다. 결국에는 불평등의 교차가 세계 역사를 인류의 무한한 진보의 이야기라고 여기는 사람들의 생각을 바꾸어 놓았다.

현대의 전쟁이 집단의 노예화를 인가하는 데 이용되기도 했다. 19세기와 20세기 내내 미국의 이주 정책은 강제 노동을 위해 노동자를 수입하는 경우를 제외하고는 비백인에 대한 심각한 편견을 보여 주었다. 일본의 진주만 폭격이 일어난 뒤 미국 정부는 태평양 연안에 거주하는 일본 태생이나 일본계 인구 11만 명 이상을 약식으로 감금하기 시작했다. 모두 강제수용소에 가둔 채 1942년 3월부터 8월까지 애국자나 분쟁을 일으킬 혐의가 있는 자들은 포로수용소로 이송했다. 이 조치는 유럽인과 비유럽인 이주민을 바라보는 방식이 현격히 달랐다는 점을 보여 준다.

1943년 미국 연방대법원의 판결(히라바야시 대 미국)은 미국에 충성할 것을 서약하고 증명하는 행동을 했음에도 미군에게 일본계 미국인들을 적국인으로 취급할 권리가 있음을 확인해 주었다. 역설적이게도, 전 대원이 일본계 미국인으로 구성된 미군 제442부대는 제2차 세계대전의 전장에서 실제로 싸워 미군 역사상 훈장을 가장 많이 받은 부대로 기록되었다. 일본계 미국인들은 또한 전쟁에서 통역으로 미국을 위해 일했다. 하와이에 거주하던 일본인 15만 명은 다른 사람들의 부러움을 산 농지와 소기업을 몰수당한 태평양 연안의 일본인들과 달리 포로수용소로 이송되지 않았다. 농업과 조선소를 재건하는 데 그들의 노동이 필요했기 때문이다.

인종 의식과 인종주의는 집단에 대한 개인의 소속감이나 특정한 사람과 집단의 사회경제적 기회를 배제하는 결정적인 요인이다. 하지만 사람들이 개인으로서 경쟁을 할 때는 인종적 경계가 이따금씩 해제되기도 한다. 이런 현상은 인종으로 분열된 20세기 국민국가 가운데 가장 노골적인 사례인 남아프리카공화국의 역사에서 명백히 드러났다. 다이아몬드와 금이 처음 발견된 이후(1867~1884년) 급속하게 산업화된 경제 속에서 개별 백인들은 아프리카인들과 경쟁할 장치를 제대로 갖추지 못했다. 남아프리카공화국 흑인 노동자들과의 경쟁에서 이 백인들을 보호하기 위해 집단들 간의 인종적 경계를 의도적으로 구축했다. 인종차별 사회는 1948년의 인종차별정책 선거 이후에 강화되었다. 하지만 1980년대에 아프리카 다수 인종의 일부가 경제적인 성공을 거두면서 인종차별이 약화되기 시작했다. 그렇다고 해서 인위적으로 구축된 인종적 경계의 특수성이 해체된 것은 아니다. 1994년 남아프리카공화국 헌법은 다인종 사회에서 소수의 백인 억압자들을 포함한 모든 사람의 권리를 보증하기에 이르렀다. 20세기 이래 사람들의 혼합을 추동한 역사의 힘은 정체성의 원천이던 인종 개념을 계속 무너뜨려 나가고 있다.

│ 저항과 조직노동자 │

제국주의로 말미암아 식민지 세계 전역에 걸쳐 저항운동이 일어난 것과 마찬가지로, 사람들의 생활조건에 미친 산업혁명의 영향으로 산업국가에서는 노동운동의 조직을 통한 저항이 발생했다. 근대 세계의 핵심 이정표 가운데 하나인 공장제 생산방식은 산업 노동자들의 공통된 이해관계를 자극해 노동자 조직을 만들어 냈다. 19세기에는 여성들의 종속적인 지위에 맞선 적극적인 저항을 통해 여성들의 권리 운동이 생겨났으며 그 운동들이 인종과 계급의 구분에 따라 복잡한 양상을 띠었다. 20세기에는 노동과 젠더의 전선에서 전개된 국제적인 저항운동이 문화와 정치의 경계를 넘어 발생한 정치 혁명들과 교차되었다.

산업혁명의 초기 단계에서는 정부들이 임금 인상과 노동조건 개선을 위한 노동자들의 조직을 금지했다. 19세기 후반에 남성의 참정권이 확대되자 유럽의 남성 노동자들은 노동자 조직에 대한 규제를 풀어 가는 데 자신들의 투표권을 활용할 수 있었다. 영국에서는 1871년에, 프랑스와 독일에서는 1880년대에 노동조합이 공식적으로 인정되었다. 미국에서는 남북전쟁 직후(1866년) 최초의 전국적인 노동단체인 전국노동조합(NLU)이 창설되었다.

노동조합의 조합원 수가 늘어나자(1900년 영국과 독일에서 각각 200만 명과 85만 명) 그들의 정치적 영향력도 증대했다. 1900년 미국에서는 노동자들의 7.5퍼센트(220만 명가량)가 노동조합에 가입되어 있었다. 노동자들은 하나의 세력으로 투표함으로써 대개는 자신들의 이해를 대변하는 후보자를 지원할 수 있었다. 1906년에는 영국 노동당이 의원 29명을 당선시켰다. 제1차 세계대전 이후 노동당은 영국에서 제2당으로 올라섰다. 제1차 세계대전이 발발할 무렵 독일과 프랑스에서는 노동자들의 지지를 받는 사회주의 정당들이 의회정치에 큰 영향력을 발휘했다.

노동자들의 정치적 대표자가 무력하고 정부가 노동자들의 요구에 반응을 보이지 않을 경우 노동자들은 목적을 달성하기 위해 파업을 선택했다. 하지만 정부의 무반응이나 무능력보다는 경제 불황(실직과 임금 하락)의 여파로 파업이 일어나는 경우가 더 많았다. 예를 들어 1870년대 중반 미국의 불황은 19세기 최대의 노동 대립인 1877년 철도 파업을 불러일으켰다. 또 19세기 말 영국의 극심한 불황기에 일어난 런던 부두 파업(1889년)은 프랑스 혁명 이래 처음으로 런던 항구를 폐쇄하기에 이르렀다.

조직노동자의 가장 강력한 저항 수단 가운데 하나는 모든 노동자들이 일자리를 포기하고 사회를 정지 상태로 만드는 총파업이다. 1886년 미국의 노동조합 지도자들은 8시간 노동제를 위한 총파업을 선언했다. 국제 노동절인 5월 1일에 시작된 파업이 대실패로 끝이 났지만 전국적인 파업의 유령은 대중들을 깜짝 놀라게 했다. 19만 명에 이르는 노동자들이 파업에 참여했지만 주로 뉴욕이나 시카고 같은 대도시의 노동자들이었다. 시카고에서는 맥코믹농기계회사를 상대로 한 또 다른 파업이 일어남에 따라 상황이 복잡해졌다. 이 파업에서 경찰과 충돌하여 참가자 한 명이 사망하는 일이 일어났다. 시카고 헤이마켓 광장에서 항의 집회가 열렸다. 경찰이 출동하자 누군가가 폭탄을 던져 경찰관 한 명이 죽고 부상자가 나왔으며 경찰은 총을 쏘며 군중에게 돌진했다. 이 사건으로 '아나키스트' 여덟 명이 유죄 선고를 받았고 네 사람이 교수형에 처해졌다. '헤이마켓 폭동'으로 알려진 이 집회의 결과로 노동자에 대한 부정적 인식이 나타났다.

1909년 11월 어느 날 밤, 의류 산업의 노동조건과 저임금에 맞선 시위를 벌이기 위해 블라우스 봉제공 수천 명이 뉴욕의 쿠퍼유니온에 모여들었다. 대부분 여성들이었고 그 가운데 상당수가 이주 여성 노동자들이었다. 그들의 수입은 주당 3.5달러에 불과했다. 게다가 어떤 이들은 자신의 주머니를 털어 바늘과 실을 사고 전기 사용료까지 지불해야 했다. 국제여성의류노동조합(ILGWU)이 주최한 이 집회는 젊은 러시아 여성 한 명이 끼어들 때까지는 질서정연했다. 그 여성은 자신도 "일을 하며 고통을 겪어 보았지만" 이제 대화는 신물이 날 지경이라고 계속 외치면서 총파업을 제의했다. 이튿날 밤 2만 명이 넘는 봉제공들이 파업에 가담했다. 그들의 비참한 상태는 폭넓은 공감을 받았다. 계급 간 연대가 드문 가운데에서도 부유한 여성 클럽들과 대학생들, 참정권 운동가들이 봉제공들과 연합했다. 이 파업은 미국에서 처음으로 여성들이 성공적인 노동 투쟁의 선봉에 선 사건이 되었다.

세계 노동운동과 정치적 해방

20세기에 노동과 기업이 국제적으로 이동하면서 전 세계 곳곳에 노동단체의 영향력이 확산되었다. 노동자와 노동조합은 갈수록 정치적 성격을 띠어 갔다. 유럽의 식민지에서는 자본(정부와 기업)에 맞선 노동계급의 투쟁이 반식민주의와 반제국주의 정서에 불을 지폈다. 영국령 카리브 해 식민지 바베이도스의 바베이도스노동당과 노동자연맹의 지도자인 그랜틀리 애덤스는 1946년의 노동절 연설에서 노동자와 보통선거권의 관계를 이렇게 설명했다.

오늘 저는 여러분들에게 특별한 호소를 하고 싶습니다. 노동자(브로드스트리트의 점원이나 부두 노동자)가 홀로 자본과 맞선 투쟁에서 승리하기를 바란다는 것은 먼 옛날 얘기가 되었습니다. …… 저는 여러분들 모두가 오늘을 산업 민주주의로 나아가는 초석으로 삼기를 바랍니다. …… 이 나라의 국민이 국부를 만듭니다. 이 부를 어떻게 분배할 것인지에 대해서는 이 나라의 조직된 힘으로 말해야 합니다. 노동자들의 노고와 땀을 통해 부를 축적하는 것이 수백 년 동안 자본가계급의 관행이었습니다. 이 정부에서 투표권을 갖지 못한 것이 노동자들의 불행한 운명이었다면 그것을 바꾸는 것이 우리의 의무입니다. …… 서로 단결하면 우리가 이 나라의 주인이 될 수 있습니다. 또 그렇게 되어야 마땅합니다.

(Shirley C. Gordon, *Caribbean Generations*, New York: Longman Cribbean, 1983, pp. 239~240)

바베이도스라는 나라가 정치적 권한과 경제적 권한의 관계를 보여 주는 특별한 사례는 아니다. 라틴아메리카에서 아프리카와 아시아에 이르기까지 정치 사회적 정의를 위한 투쟁에서 노동자들이 중요한 역할을 했다.

조직노동자에게 특히 좌파 체제든 우파 체제든 국가의 힘에 도전할 효과적인 제도적 장치가 없는 권위주의 정치 체제에서는 경제적인 목적만큼이나 정치적인 목적이 컸다. 1919년 중국의 5·4운동을 촉발한 학생 시위는 공업과 상업의 중심지인 베이징, 상하이, 광둥에서 노동자 파업과 상인 보이콧의 지지를 받았다. 중국 노동자의 조직화는 5·4운동과 더불어 시작되었고 정치 체제 내의 활동을 거부하고(아나키스트) 정부를 인수하기 위한 노동자들의 직접 조직을 선호하는(생디칼리스트) 아나르코생디칼리스트들의 활동으로 강화되었다.

1920년대 초 중국공산당 활동의 초점은 노동자를 조직하는 일이었다. 그들은 노동조합주의자들, 특히 임금 체계와 사적 소유권이 계급 구분을 만들어 냈다고 생각한 아나르코생디칼리스트들의 사상에 큰 영향을 받았다. 이러한 노력의 성공이 1922년 1월 홍콩 상선 선원들의 파업에서 명백히 나타났다. 당시 중국 남부 전역에 걸친 동맹파업의 지원을 받은 선원 4만 명은 임금 인상 투쟁에 승리를 거두었다. 같은 해 일본에서는 고베 항구의 부두 노동자들이 파업을 통해 일본 조직노동자의 잠재력을 보여 주었다.

하지만 중국과 일본 두 나라 모두 군벌정치(중국)나 불안정한 의회정치(일본)에 맞선 조직노동자의 약점이 첨예하게 드러나면서 초기의 성공이 손상을 입었다. 1922년 중국 북부 지역의 광부 5만 명이 주도한 파업이 실패로 돌아갔고 같은 해 상하이의 교외에서 전개한 견직 공장의 파업도 마찬가지 결과를 냈다. 하지만 상하이의 파업은 중국 역사상 최초의 대규모 여성 파업으로 기록되었다. 대규모 노동운동의 서막을 알린 것은 아니었지만 직물공업(영국을 비롯한 유럽에서 산업혁명의 핵심 분야)에서 이보다 훨씬 앞선 노동조직을 보여 주는 사례는 1886년 일본 북부에 위치한 아마미야 견직 공장의 여성 노동자 100명이 벌인 파업이다. 그 지역의 73개 견직 공장 소유자들이 여성 노동자 4천5백여 명에 대한 지배를 강화하려는 단체를 결성하자 여성 100명이 작업을 거부했다. 분쟁은 결국 사용자들이 일부 양보를 하고 나서야 끝이 났다.

중국의 노동 역사에서 생긴 가장 비극적인 실패 가운데 하나는 징한철도(京漢鐵道, 베이징-한커우를 연결한 철도망으로 1906년에 완공됨—옮긴이)의 철도노동자연합이 벌인 1923년 파업이었다. 이 철도망이 한 군벌의 영토를 지나고 있었는데 그 병사들이 파업 중인 철도 노동자들을 공격해 65명을 사살했다. 다음 2년 동안 노동조합 반대 활동이 단계적으로 확대되었는데, 1925년 상하이 조계의 영국 경찰이 시위대에게 총격을 가해 10명이 사망하자 그 잔인무도함에 맞서 총파업이 조직되었다. 노동자, 상인, 학생 15만 명이 참여한 이 파업은 석 달 동안 이어졌다. 중국 전역의 동조자들은 돈을 기부하고 외국 상품 불매운동을 벌이며 1년 넘게 파업을 벌였다. 이 사건이 중국 초기 조직노동자들의 성공이 정점에 이른 5·30운동이다.

하지만 조직노동자들이 정치적 변화를 이끌어 낸 잠재력은, 분산된 파업들이 노동계급의 반란으로 부풀어 오른 1980년대 공산주의 폴란드에서 증명되었다. 다양한 노동조합들이 '연대'라는 이름으로 결합했다. 이 연대는 공산당이 주도하는 폴란드를, 선출된 국민대표들이 다스리는 국가로 전환하는 데 필요한 지지 세력을 규합하기 위해 조직한, 국가의 경제 재난에 초점을 맞춘 국민운동이었다. 1989년 여름 선거에서 연대노조(Solidarnoshc) 구성원들이 그동안 폴란드 공산당이 완전히 장악해 온 의회의 의원으로 선출되었다. 이들은 공산주의 국가에서 처음으로 자유롭게 선출된 정당이 되었다. 이론상으로 공산주의 국가는 노동자들의 이해를 대변하기 때문에 공산주의 국가에서 조직노동자를 동원해 정부에 도전한다는 것은 매우 이율배반적인 일이었다.

| 그림 8.3 | **경제 시위(1900년 무렵 멕시코)**
호세 과들루프 포사다(1852~1913년)의 에칭 그림. 성난 주부들이 높은 식료품 가격에 맞서 외국 상인을 위협하며 시위를 벌이고 있다.

│ 여성의 권리와 정치 참여 │

19세기 유럽 사회에서는 여성의 권리(당시에는 '여성 문제'로 알려진)에 대한 논의가 폭넓게 이루어졌다. 여성 지위의 개선을 지지한 영국 철학자 존 스튜어트 밀(1806~1873년)과 여성을 혐오하는 견해를 밝힌 독일 철학자 프리드리히 니체(1844~1900년) 같은 남성 지식인들이 이 문제를 논의하고 여성의 사회적 역할에 대한 대중의 생각에 영향을 미쳤다. 미국 북부의 여성들은 1830년대에 노예제도 반대 운동에 동참했고 폐지 운동에도 적극적으로 나섰다. 이러한 공적 생활의 경험은 여성들이 여성의 권리 운동 조직을 마련하는 데 도움을 주었다.

유럽의 여성들이 1848년 유럽을 휩쓴 혁명 대열에 참여하기는 했지만 이 해가 전 세계의 여성들에게 큰 전환점을 이룬 것은 뉴욕 주 세니커폴스에서 열린 여성권리 대회 때문이었다. 루크레티아 모트(1793~1880년)와 엘리자베스 캐디 스탠턴(1815~1902년)이 조직한 이 대회에는 3백 명가량의 여성들이 모였다. 이 자리에서는 오직 여성의 문제를 다루었고 미국과 유럽의 여성 권리 옹호자들에게 강력한 영향을 미친 〈권리와 주장의 선언〉이라는 문서를 발간했다. 뒤이어 다른 대회들이 개최되고 새로운 지도자들이 등장했다. 1851년에는 자신을 소저너 트루스라고 밝힌 해방 노예가 오하이오 주 애크런에서 열린 집회에서 흑인 여성들이 노예제 아래에서 견뎌 낸 사례를 증거로 들면서 여성은 열등하지 않다고 주장했다.

미국의 또 다른 중요한 여성 권리 운동 지도자로 수전 B. 앤서니(1820~1906년)가 있다. 앤서니는 모트, 스탠턴과 함께 고등교육, 고용, 아내의 지위, 참정권의 개혁을 위해 일했다. 남북전쟁에 뒤이어 여성의 완전한 참정권을 요구하는 주장이 늘어나기 시작했다. 19세기 후반 들어 참정권 문제는 정치를 개혁하는 데 관건이었기 때문에 기성 정치의 핵심 사안으로 떠올랐다. 여성참정권론자라는 말은 투표권을 요구한 여성을 일반적으로 이르는 말이다. 20세기 초 영국의 에멀라인 팽크허스트(1857~1928년) 같은 급진적인 여성참정권론자들은 건물에 매달려 투표권 옹호 연설을 하거나 자신들의 운동에 대한 사람들의 지지를 이끌어 내기 위해 새로운 방식으로 노력을 했다. 이런 행동으로 영국의 일부 급진적인 여성들이 투옥되기도 했다. 팽크허스트는 망명해서 살아가던 에티오피아에서 죽음을 맞이한다.

여성들이 전 세계 곳곳에서 투표권을 획득하기 위한 운동에 참여했다. 합스부르크제국의 여성들도 참정권과 투표권을 요구하기 위해 단결했다. 유럽과 오스트레일리아와 미국의 사회주의 또는 공산주의 정당들은 여성의 권리를 옹호하고 여성참정권을 지지했다. 에멀라인 팽크허스트의 딸 아델라 팽크허스트 월시(1885~1961년)는 오스트레일리아 공산당의 창당에 기여하고 그곳에서 여성참정권을 위해 싸웠다. 러시아의 여성들은 1905년 혁명 이후 자신들의 종속이 정치적인 것이라고 인식하게 되었다. 레닌의 아내 나데즈다 크루프스카야(1869~1938년)는 마르크스주의의 관점에서 여성 문제를 다룬 러시아 최초의 주요 저작인 《여성 노동자》(1900년)를 집필했다. 귀족으로 태어난 급진적인 여성 권리 옹호자 알렉산드라 콜론타이(1872~1952년)는 소련 정부에 진출했다. 영국의 식민지였던 뉴질랜드는 사실상 세계 최초로 여성참정권을 부여한(1893년) 국가가 되었다. 남아프리카공화국은 1994년 총선거를 통해 비로소 아프리카 여성들에게 투표권을 부여했다.

여성의 권리를 위한 투쟁에서는 인종과 계급이 젠더와 교차했다. 남북전쟁 이후 미국의 흑인 여성들에게는 젠더에 따른 차별이 인종차별과 뒤얽혔다. 이다 B. 웰스

(1862~1931년)와 같은 흑인 여성 지도자들은 여성 투표권을 위해 일하면서도 인종 평등과 정의를 위해 투쟁하기도 했다. 대개 중산계급 여성들이 참정권 운동의 중추를 이루었다. 노동계급과 빈민 여성들은 일과 가족 이외의 시간이 드는 시위나 다른 활동에 참가할 여지가 없었고 대개는 그런 교육도 받지 못했다.

제1차 세계대전 이후 여성들은 미국과 소련, 유럽의 여러 나라에서 투표권을 획득했다. 일본의 여성들은 1880년대 초부터 대중의 권리 운동에 적극적이었으며 후쿠자와 유키치(1835~1901년) 같은 메이지 유신기의 일부 계몽 지식인들은 여성들의 지위 개선을 주장했다. 일본 여성들은 금주 운동과 매춘 폐지 운동에 적극적으로 참여했다. 1889년과 1900년의 법령으로 여성들의 정치활동이 금지되자 여성 사회주의자들이 이러한 억압을 비난하고 나섰다. 개중에는 여성 해방에 별다른 관심 없이 매우 전통적인 성 역할과 관련된 활동을 벌인 여성들도 있었다. 예를 들어 1901년에 창설된 애국여성회는 팽창하는 메이지 국가의 군국주의와 제국주의로 고통을 겪게 된 부상병과 유족들을 지원하는 활동을 벌였다. 한편 1911년에 창설된 세이토샤(靑鞜社)는 여성들의 자각을 주장하는 중산계급 지식인 운동이었다. 이 세이토샤는 국가가 그러한 단체를 모두 흡수하거나 억압한 1930년대까지 이어졌다. 일본은 프랑스나 유럽의 일부 국가들과 마찬가지로 1925년에 남성 보통 선거권을 마련했지만 제2차 세계대전 이후까지 그것을 여성들에게 확대하지 않았다.

세계화와 평등을 위한 투쟁

평등을 위한 투쟁은 민주주의의 이상적인 모델과 세계 자본주의의 정치 경제적 함의 간의 긴장을 가장 잘 드러내 준다. 예를 들어 20세기의 상당 기간 동안 미국의 외교정책은 겉으로 보기에 자본주의의 팽창을 위해 전 세계 민족들의 정치적 열망을 무시하고 끊임없이 이익을 추구하며 국가 안보의 이해를 염두에 둔 것이었다. 가나와 콩고에서부터 쿠바에 이르기까지 미국 정부의 정책은 군사력과 경제 제재를 이용한 직간접적인 연계를 통해 자본주의의 가치를 이식하려고 했다.

냉전 시대에 아프리카와 라틴아메리카, 아시아의 개발도상국들은 산업화와 자본 축적의 주변부에 놓인 자신들의 지위를 암시하면서 점차 '제3세계' 국가라는 라벨을 붙이기 시작했다. 제3세계의 경제적 지위는 제1세계 강대국들(미국과 소련)이나

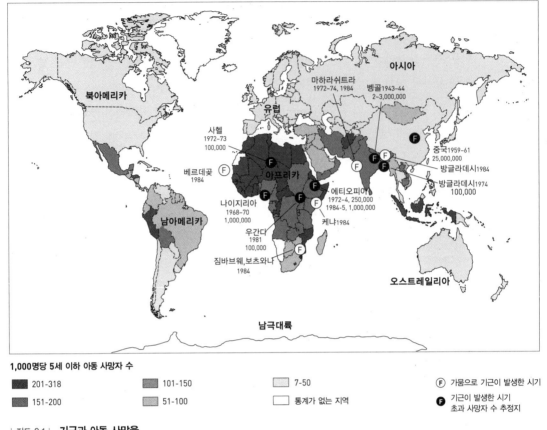

1,000명당 5세 이하 아동 사망자 수

- 201-318
- 151-200
- 101-150
- 51-100
- 7-50
- 통계가 없는 지역
- Ⓕ 가뭄으로 기근이 발생한 시기
- ⬤F 기근이 발생한 시기 초과 사망자 수 추정지

| 지도 8.1 | **기근과 아동 사망율**

제2세계 국가들(산업이 발달한 유럽과 캐나다, 일본, 오스트레일리아, 뉴질랜드)의 지위와 비교되었다. 심지어 산유국들을 포함한 이른바 제3세계 국가 상당수는 '개발계획'을 높은 이자의 차관과 결합한 지원 협정을 통해 서유럽의 은행에 채무 부담을 지게 되었다. 이주민들을 끌어들이고 빈부 격차를 확대한 국내의 사회경제적 상황은 모순으로 가득 찼다. 냉전 이후의 현실은 강대국과 개발도상국이라는 지극히 단순한 구분에 더욱 복잡한 뉘앙스를 더해 주었고, 최근 들어 사용하고 있는 아이티와 방글라데시 같은 국가들을 지칭하는 '제4세계'라는 호칭은 극단적인 빈곤을 가리키는 새로운 범주가 필요함을 암시하기도 한다.

제국주의와 마찬가지로 세계화는 불평등을 심화시켰다. 세계화는 경제성장을 이끌어 내면서 빈곤도 증대시켰다. 세계시장이 부의 축적에 대한 제국주의 형태의 불평등한 접근을 강화했다. 예를 들어 인도의 경우 독립 초기(1947년 이후)에는 민족주의를 통해 과거 영국 제국주의 시대의 영향이 축소되었고 빈곤도 줄어들었다. 하지만 1980년대 이후, 특히 1991년 이후의 자유 시장을 지향하는 경제정책은 식민지 시절의 상황에 견줄 만큼 비극을 가져왔다. 갑작스런 성장은 민주주의 사회에 불평등을 더 급속하게 증대시켰다. 세계화는 민주주의 국가들뿐 아니라 전 세계 여러 지역에서 부의 불평등을 확대시켰다. 세계화의 힘이 미치는 곳이라면 거리에 관계없이 유동성이 커진 자본·상품·사람을 더욱더 빠른 속도로 이동시킨다. 그 힘은 지구촌 거의 모든 구석구석의 일상생활에 영향을 미친다. 위계 등급은 지리적 위치와 젠더, 민족에 따라 결정되고 계급 문제는 여전히 국력이나 남성의 권위와 뒤얽혀 있다.

전 지구적 페미니즘들 또한 저항의 영역으로 떠올랐다. 1970년대에는 미국 페미니즘의 2세대가 마르크스주의 계급 개념을 사용해 젠더를 표현했다. 1969년 '뉴욕 레드 스타킹'으로 알려진 단체는 성명서를 통해 여성이 사회 계급의 하나라고 주장했다. 이와 동시에 성적 정체성이 정치 문제가 되었으며 남녀 동성애자들이 사회적 수용과 평등한 권리를 획득하기 위해 단체를 조직하기 시작했다. 뉴욕 레드 스타킹이 성명서를 발표한 그해 경찰이 그리니치빌리지에 있는 게이 바를 급습한 사건이 발생했다. 그 바의 이름을 따 스톤월이라고 부른 이 사건은 과거의 모습과 달리 고객들이 저항을 했기 때문에 동성애자 해방운동의 상징이 되었다. 스톤월 이후 활동가들은 게이와 레즈비언에게 스스로 성 정체성을 공개적으로 확인하고 비밀 생활을 청산하라고 요구했다. 나이로비 여성대회(1985년) 이후의 다양한 페미니즘들은 억압과 위계질서에 공동으로 맞서 훨씬 더 폭넓게 연합할 수 있는 기회를 제시했다.

스톤월이나 세니커폴스, 니카라과 혁명, 천안문 광장, 이보 여성들의 전쟁 같은 사회 정치적인 저항 행동은 저마다 소속된 공동체 생활에서 결정적인 순간으로 기록되었다. 참여자들이나 생존자들이 기억하든 자손들이 기억하든 뒷 세대들은 지속적인 변화를 시도할 재집결 지점으로 이러한 사건들을 포착했다. 유럽과 미국의 패권에 맞선 저항은 간디의 비폭력 행동주의에서 팔레스타인해방기구(PLO) '페다인'(Fedayeen, 게릴라 전사)들의 호전성에 이르기까지 다양한 형태를 띠었다. 저항은 물론 그 목표에 따라 형성되었고 다른 경로를 밟기도 했다. 인도의 민족주의 운동처럼 어떤 경우에는 식민주의 직접 통치를 거부했다. 때로는 1970년대와 1980년대의 페루에서처럼 국민 정부를 대상으로 저항을 벌였다. '빛나는 길'(Sendero Luminoso) 게릴라들이 페루 정부를 약화시키기 위해 테러리즘 작전을 실행에 옮겼다.

중화인민공화국은 유교 사회와 제국주의라는 심한 불평등을 뒤엎는 혁명 투쟁을 통해 건설되었다. 아버지와 남편에게 종속되어 있던 여성들이 해방되었으며 평등주의 원리가 1950년 중화인민공화국 첫 헌법에 구현되었다. 전통 유교 엘리트는 20세기 이전에 벌써 그 지위를 상실했고 공산당을 통해 새로운 엘리트가 생겨나고 있었다. 공산당의 당원 자격은 사회적·경제적·정치적 지위의 상징으로 추구되었다. 그리고 시간이 지나면서 당 간부들이 지배 엘리트의 일원이 되었다. 1960년대에 중국 경제가 현대화되고 산업이 발달해 감에 따라 불평등이 증대되었다. 1970년대(특히 마오쩌둥의 후계자들이 권력을 장악한 이후) 들어 이런 식의 발전을 탈피하기 위해 벌인 마오쩌둥을 비롯한 여러 사람들의 노력에도 불구하고 중국 사회는 또다시 불평등이 심화되는 사회가 되었다. 교육과 직업, 소비재에 대한 접근을 통해 부와 권력을 장악한 이들은 이제 당 간부가 아니라 오히려 부유한 기업가와 도시 거주자들이었다. 외딴 지역의 농촌 사람들은 세계 경제의 가장자리에서 계속 몸부림쳤다.

| 결론 |

제국주의가 서로 다른 문화들을 정치 경제적인 단일 체제로 꿰는 데 성공하고, 자본주의가 그 촉수를 전 세계로 뻗치면서 지구촌의 전혀 다른 지역들이 공동의 정체성을 인식하게 되었다. 프란츠 파농이 '대지의 저주받은 사람들'의 정체성이라고 일컬은 이 정체성은 모든 형태의 억압과 불법을 종식시키기 위한 공동 결정의 시작이기도 하다. 21세기에 들어와 계급과 문화, 피부색의 선을 넘어선 국제 연대와 유대가 급격히 늘어났다. 불법은 어떤 형태가 되었든 공동체 구성원 모두를 위협하는 것으로 여겨질 뿐 아니라 공동의 적들을 물리치는 일이 갖가지 운동의 단일한 혁명적 전망으로 자리 잡았다.

20세기와 21세기의 기술은 개인들로 하여금 전 세계 곳곳에서 벌어지는 저항과 혁명적 투쟁을 알리고 거기에 동참할 수 있게 해 주었다. 미국과 아이티에서 일어난 과거의 혁명은 서로 다른 목적을 지닌 해외 동맹국들의 지원이 없었더라면 성공을 거두지 못했을 것이다. 에스파냐 내전은 노동조합 활동의 연대를 통해 라틴아메리카와 카리브 해에서 우군을 얻었다. 쿠바 사람들은 앙골라와 모잠비크의 투쟁에 참여했다. 전 세계 시청자들이 중국에서 남아프리카공화국에 이르는 모든 지역의 사건을 보고 들으며 반대 시위를 벌였다. 테러리스트 조직은 2001년 9 · 11을 전후해서 세계 인터 넷과 휴대 전화, 위성 기술을 이용해 자신들의 목표에 다가감으로써 전 세계적으로 이목을 집중시켰다.

기술과 사회의 복잡성이 더욱 커짐에 따라 훨씬 더 불평등한 사회적 · 정치적 · 경제적 질서 체제가 형성된다. 오늘날에도 2천7백만 명에 이르는 노예가 존재하고 전 세계적으로 '가진 자'와 '못 가진 자'를 가르는 경제적 격차는 심지어 더 커지고 있다. 〈불평등 현황: 2005년 전 세계의 사회적 상황에 관한 보고서〉라는 유엔 자료에 따르면 현재 불평등의 경향은 확대 추세에 있다. 현대사회를 유지하고 안정시키면서 불평등을 앞세웠다. 우리는 경제적 처지를 통해서든 이데올로기를 통해서든 제국주의의 전개 과정보다는 제국주의 질서의 정도를 통해서 어느 정도는 짐작할 수 있다.

애초에 산업화 시대는 부와 평등과 '진보'에 대한 설득력 있는 약속을 제시했다. 노동과 자본의 전 지구적인 이동은 사람과 사상과 기술의 교류를 가져다주었다. 산업 자본주의는 전 지구적인 상업과 문화라는 그물망을 통해 전 세계를 연결했음에도 불구하고 불평등과 차이를 끊임없이 확대해 갔다. 근대의 노예제와 제국주의와 산업자본주의는 주로 차이와 불평등을 전 지구적으로 확산하면서 생명을 이어 갔다. 불평등의 세계화는 노동조건의 악화와 계급 차별, 젠더 불평등, 정치 사회적 불안정, 폭력, 환경 파괴를 가속화했다. 그렇다고 사회와 체제의 흥망을 불평등 이야기로만 설명할수는 없다. 한편으로는 자원을 최대한 집중하기 위해 권력자 집단이 언제 연합하고 몇 세대에 걸친 저항에 직면하여 그들이 언제 분열하는지를 잘 살펴보아야 한다.

토론 과제

● 젠더에 관한 관념은 문화적으로 독특한 것이고 사회적으로 구성된 것이다. 하지만 지배 체제에 영향을 미친다는 점에서는 그것은 어디에나 존재하기도 한다. 그렇다면 젠더 불평등이 전 세계의 모든 지역에서 나타나는 까닭은 무엇일까?

● 피보호제와 카스트 제도를 비교해 보라. 가족 집단 외부에서 발생하는 신분의 차이와 의존 관계는 어떻게 다른가?

● 봉건제와 농노제를 정의해 보라. 근대 초기 일본과 러시아, 유럽의 불평등 제도는 각각 어떻게 다른가?

● 서아프리카와 안데스, 지중해 사회의 강제 노동이나 정복 또는 노예제도에 미친 국가의 영향을 얘기해 보자.

● 1492년 이후 불평등을 세계화하는 데 기여한 요인들에는 어떤 것이 있을까?

● 도시화는 현대의 산업 세계에서 불평등과 저항을 확산시킨 장본인이었다. 그 이유는 무엇일까?

| 참고문헌 |

· Curtin, Philip(1991) *The Tropical Atlantic in the Age of the Slave* Trade, with a foreword by Michael Adas, series editor, Washington, DC: American Historical Association.
· Davis, Mike(2006) *Planet of Slums*, London: Verso.
· Frederickson, George M.(2002) *A Short History of Race*, Princeton, N. J.: Princeton University Press.
· Hoogvelt, Ankie(1991) *Globalization and the Postcolonial World: The New Political Economy of Development*, Baltimore, Md.: Johns Hopkins University Press.
· Mann, Michael(1986-93) *The Sources of Social Power*(2 vols.), Cambridge: Cambridge University Press.
· Manning, Patrick(1996) *Slave Trades, 1500~1800: Globalization of Forced Labour, Variorium: Aldershot.* Volume 15 of An Expanding World, edited by A. J. Russell-Wood.
· Wiesner-Hanks, Merry(2001) *Gender in History: New Perspectives on the Past*, London: Blackwell.

| 온라인 자료 |

· Annenberg/CPB Bridging World History(2004)
  http://www.learner.org/channel/courses/worldhistory/
  14주제 '토지와 노동관계,' 19주제 '전 지구적 산업화,' 20주제 '제국의 디자인,' 23주제 '사람이 세계를 형성하다,' 24주제 '세계화와 경제' 등의 단원을 보라.

9장

문화와 기억, 역사

스핑크스라는 거대한 석조 기념물이 기자 고원에 있는 고대 이집트 최대의 피라미드를 지키고 서 있다. 인간의 키보다 열 배나 더 큰 스핑크스는 기원전 2600년 무렵에 세워졌다. 일부는 사람이고 일부는 신이며 일부는 짐승인 이 조각은 이집트의 과거를 생생하게 되살려 준다. 흔히 이러한 기념물이 변하지 않는 문화적 기억이라고 생각하지만 사실은 그렇지 않다. 스핑크스는 투트모세 4세(기원전 1419~기원전 1386년) 시대에 이미 고대의 유물이 되었고 개조가 된 상태였으며 대규모의 복원 작업이 필요했다. 조각상 앞에 서 있는 붉은 화강암 석판의 비문에 따르면, 투트모세가 사막의 모래를 제거하고 풍식작용을 막기 위해 거대한 석회석 덩어리로 된 사자의 몸체를 복원했다고 한다.

그 뒤 또 천 년이 지나고 그리스인과 로마인이 스핑크스를 방문해 그것을 다시 복원했다. 그리스의 역사가 헤로도토스(기원전 5세기)가 이 일대를 여행하고 여행 안내서를 썼는데, 그것이 19세기 이전까지 결정판으로 읽혔다. 로마인을 비롯한 방문객들이 역사적 아이콘의 힘을 독차지하기 위해 가져갈 수 있는 작은 기념물 조각들을 훔쳐 가기도 했다. 역사를 전유하는 것은 기념물만큼이나 영구적인 것처럼 보인다. 15세기에 이슬람 지도자들은 그곳 이집트인들이 스핑크스의 웅장함과 항구성에 경의를 표할까 봐 염려한 나머지 거대한 조각에 손상을 입혔다. 아라비아의 속담에 "사람은 세월을 두려워하고 세월은 피라미드를 두려워한다"는 말이 있다. 보물 수집가와 과학자의 모습을 한 근대적 약탈은 프랑스의 나폴레옹 황제 시대에 시작되었다. 1798년 나폴레옹의 군대가 나일 강을 침략해 스핑크스를 다시 들추어냈으며 그 뒤를 이어 유럽의 탐험가들과 고고학자들이 수백 가지 고대 보물을 발견하기 시작했다. 이 보물들은 결국 전 세계의 박물관들과 수집 공간들에 소장되었다.

만약에 오늘날 스핑크스가 뒤를 돌아본다면 페스트푸드 레스토랑과 오염된 공기와 관광객들로 훼손되고 변형된 풍경을 응시하게 될 것이다. 앞쪽에는 사하라 사막의 모래가 펼쳐져 있다. 이 모래는 모래시계의 모래처럼 끊임없이 이동한다. 스핑크스와 나일 강 유역의 다른 기념물들은 수천 년을 견뎌 왔다. 이는 그것들을 만들고 밝은 색을 칠한 고대 이집트인들이 의도한 것이다. 하지만 그들의 의도는 다시 들어가서는 안 된다는 것이기도 했다. 후세대는 거대한 구조물을 인간의 기념물로 여기지만 고대 이집트인들은 그것을 우주적이고 영원한 것을 위한 기념물로 생각했다. 하지만 거대한 스핑크스의 표면은 심상치 않은 속도로 계속 손상되고 있다. 아마도 '아메리

| 그림 9.1 | **이집트 기자의 스핑크스와 피라미드**
기원전 제3천년기에 현지의 석회암으로 만든 세계에서 가장 오래된 조각 가운데 하나인 스핑크스는 파라오라고
생각되는 반인 반사자 생물체를 묘사하고 있다.

카 온라인' 이라는 인터넷 서비스의 상징이 피라미드가 될지도 모른다. 고대 이집트
를 다루는 수백 개의 웹사이트들이 스핑크스와 같은 거대한 기념물을 방문할 수 있는
유일한 길이 될 수도 있기 때문이다.

기억은 피라미드만큼 영원한 것도 아니고 변함없는 것도 아니다. 과거에 대한
관념들이 역사가들이 말하는 이야기나 아이들이 부르는 노래 속에 간직될 수 있다.
또한 그런 관념이 물질계를 만든 기술이나 물건에 반영되어 나타날 수도 있다. 이 장
에서 다룰 핵심 과제는 과거에 대한 기억의 특정한 문화 형태와 그것들이 세대를 넘
어 전달되는 체계 그리고 그것들을 가지고 역사가들이 만들어 내는 의미들이다.

인간의 기억은 역사의 재료다. 기억은 과거를 이해하는 데 도움을 주고 방대한
과거를 의미 있는 사건들로 선별해 준다. 기억은 개인적이든 집단적이든 둘 다 문화
적 경험을 통해 형성된다. 역사는 오직 단선적인 연대기에 따라 과거를 구성하는 데
만 관심이 있는 것이 아니다. 역사와 기억의 관계는 복잡한 사회 문화적 과정을 통해

서 맺어진다. 문화적 기억은 세대를 넘어 전승된 특정 사회의 모든 경험과 정보, 사건, 기억이 축적된 것이다. 기억은 다양한 문화 형태와 매체 속에 간직되어 있다. 이런 의미에서 문화적 기억은 하나의 '기록보관소'이다. 기록 문서를 보관하는 기록보관소가 아니라 특정한 사회 문화적 환경의 삶과 관련된 경험과 정보, 의미의 집합이다.

문화적 기억은 교육을 통해서 공식적으로 전승되거나 풍습과 관습을 통해서 비공식적으로 전승된다. 문화의 변화는, 환경과 기후의 변화 또는 전쟁과 정복 같은 물질적 환경(그 변화가 자연에서 나왔든 인간이 변화시켰든)이나 사상에 대한 반응이다. 그리고 변화의 기억이 문화적 기억 체계 속에 보존된다. 기억은 역동적인 사회적 과정이기 때문에 기억 체계가 지식을 보존하거나 재생산할 때는 언제나 의식적으로든 무의식적으로든 그것을 이따금씩 바꾸거나 구체화하고 심지어는 조작하기도 한다. 그리고 기억 체계 스스로도 변화할 수 있고 또 변화한다. 기억 체계는 기록하고 보존하는 변화의 주체로서 공동체에 강력한 영향력을 행사한다. 이 기억 체계는 공동체의 문화적 경험을 보관해 전달하거나 그것을 선별적으로 지워 버린다.

문화적 기억의 영역에서 역사를 다루는 것은 일종의 탐험이다. 역사가들이 기억을 이용하는 방법은 우리가 과거에 대해 알고 있는 것을 어떻게 알게 되었고 어떤 절차를 거쳐 기억하며, 이 절차들이 지나간 과거에 어떻게 영향을 미치는지, 또 문화적 기억이 누구에 의해 어떻게 통제되는가에 달려 있다. 문서와 구술 전승, 신화, 설화, 서사시, 전통이 문화적 기억의 거대한 영역을 이루고 있다. 역사가들이 그로부터 문화적 기억을 재구성함으로써 더욱 완전한 역사 이해를 추구할 수 있는 인공물도 그 하나이다. 물질문화의 기록보관소에는 미술, 건축, 기술, 제도는 물론이고 심지어는 행진과 음악과 춤 같은 공연도 보관된다.

근대의 역사학은 공동체를 규정하고 문화적 지식을 전달하는 기억 체계들 가운데 하나일 뿐이다. 우리가 생각하는 문화적 기억 체계의 인공물에는 시각예술 및 공연 예술과 문학, 제도, 건축, 기술 따위가 있다. 기억 체계는 역사와 공동체의 문화적 기억을 구성하고 규정하며 영속화해 나간다. 교사와 설교가, 역사가, 극작가, 기업가, 예술가 같은 공동체의 문화적 지식을 전달하는 전승자들은 공동체의 정체성을 명확히 하는 데 도움을 준다. 그들은 공동체의 문화적 기억을 만들어 낸다. 역사가와 예술가, 과학자, 종교 지도자, 철학자들은 모두 시간의 흐름에 따라 공간적인 경계를 넘어 공동체 문화를 창조하고 전파하며 영속화시킴으로써 공동체의 문화적 기억 체계를 만들어 낸다. 문화적 기억을 전승하고 바꾸는 역할이 권력 기구와 지배층의 권위를 유지시키고 지지하거나 아니면 그것에 도전할 수도 있다.

문화는 공동체의 모든 구성원들에 의해 형성된다. 하지만 대부분의 사람들이 개인으로서 문화적 기억 체계를 만들어 낼 권력은커녕 그럴 만한 능력을 갖고 있지 않다. 문화적 기억 체계는 대개 기관이나 집단의 통제를 받는다. 정부나 교회를 비롯한 기관들이 만들어 내는 공식적인 기억은 기억을 선택할 뿐만 아니라 선택적 망각을 강요할 수 있다. 하지만 대중의 문화적 기억은 공연 예술이나 문학과 같은 다양한 형태로 나타난다. 대개는 공식적인 문화적 기억에 대한 저항의 표현 수단을 마련하고 자체적으로 선택적 기억과 망각의 원리를 따라서 문화 변화의 매개자 기능을 할 수 있다.

이 장에서는 먼저 지방적이고 지역적인 문화 체계로서, 나아가서는 전 지구적인 문화 체계로서 전 세계에 걸쳐 발전한 다양한 문화적 기억 체계들을 살펴본다. 문화적 기억의 기초 도구인 말과 글, 그리고 이를 다루는 기관들이 과거에 대한 관념과 이야기를 어떻게 영속시키는지를 물어본다. 다른 종류의 기억 체계에는 어떤 것이 있을까? 주로 이미지와 신체적인 동작에 의존하는 시각예술이나 공연 예술과 기술이 어떻게 문화적 기억을 만들어 낼까? 시계와 같은 중요한 장치들이 인간 사회를 조직하고 통합하는 데 도움을 주기도 했으며 시간의 흐름에 따른 변화를 연구할 수 있게 해 주었다. 아시아와 아프리카, 유럽, 아메리카 대륙의 문화적 기억 체계를 살펴보다 보면 정치적 승인을 받은 문화적 기억에 대한 저항이 떠오른다. 저항이 역사의식을 바꾸는 데 어떻게 영향을 미칠까? 과거와 현재를 연결하는 다리를 따라 역사적 정체성을 변화시키는 과정을 좀 더 면밀히 살펴보자.

| 구술 전승 |

가장 오래된 문화적 기억 체계는 처음에는 신체 움직임, 나중에는 말을 통한 인간의 소통 능력 발전과 밀접한 관련이 있었을 것이다. 문자로 된 문화적 전승 체계는 6천 년이 채 안 됐지만, 입에서 입으로 전달되는 문화적 지식에 바탕을 둔 구술 전승은 인간이 말을 하고 의사소통을 할 수 있게 되면서부터 시작되었다. 이때부터 인류 공동체는 입에서 입으로 공동의 문화를 전승했다. 구술 전승은 심지어 컴퓨터 시대에도 문화적 기억을 보존하고 전승하는 중요한 수단으로 남아 있다. 문자를 사용하기 전까지 여러 사회에서는 과거를 알리기 위해 구술 전승에 의존했다. 하지만 문자를 사용하는 사회라고 하더라도 구송(口誦) 기억은 역사가들에게 공인된 역사에 대한 대안적인 자료를 제공한다.

구술 전승은 형식적이고 매우 의례적인 문화적 전승 체계일 수도 있지만 변화를 반영할 수도 있다. 구송 기억 체계는 인간이 만든 것으로서 수정되기 쉽다. 구술된 이야기는 자신이 속한 공동체의 정치 사회적 현실을 따르거나 그것을 지지하기도 하고 타협을 거부하며 역사적인 근거와 타당성을 확실히 유지하기도 한다. 얼핏 보이는 것처럼 타협적인 측면과 비타협적인 측면이 구술사에서 그렇게 상반된 것은 아니다. 구술사에는 불변하는 문화적 기억과 시간에 따라 변하는 역동적인 문화적 기억 둘 다를 제공하는 증언의 경향성이 나타난다.

상당수의 구송 문화는 문자해득 사회의 기록관과 사제 또는 학자 같은 전문가들에 의해 좌우되었다. 대개 그들 자신이 엘리트이거나 자신들이 다루는 문화 정보 덕분에 보호 관계를 통해 엘리트와 친밀한 관계를 맺고 있었다. 서아프리카의 여러 지역에서는 '그리오'로 잘 알려진 구전 역사가가 과거의 기록을 후세에 말로 전달하는 책임자로서 중요한 지위를 차지했다. 마마두 쿠냐테라는 그리오의 작품으로 추정되는 만데족 서사시 '순디아타'(순디아타 왕을 칭송하는 내용—옮긴이)에 그리오의 역사적 역할이 기술되어 있다. 그리오는 문화 전승자로서 자신의 역할을 설명하면서 구송 기억의 중요성을 다음과 같이 요약하고 있다.

우리는 언어의 그릇이고 수백 년의 비밀을 간직하는 보관소다. 우리에게는 웅변술이 더 이상 신비롭지 않다. 우리가 없으면 왕의 이름도 망각 속으로 사라져 버릴 것이다. 우리는 인류의 기억이다. 우리는 젊은 세대를 위해 말로 왕들의 행위와 업적을 살려 낸다.

(D. T. Niane, *Sundiata: An epic of Old Mali*, Harlow, Essex: Longman, 1994, p. 1)

말리제국의 만데족 사회에서는 그리오가 정치적 연속성을 유지하는 데 핵심 역할을 했다. 그리오는 과거를 알아서 그것을 구성하고 관리할 수 있는 궁정 역사가일 뿐만 아니라 재판관이자 왕의 고문이기도 했다. 마마두 쿠냐테에 따르면 "역사에는 신비가 없고" 지식 자체는 일종의 권력이다. 그리오의 영향력은 권력을 추구하는 자들이 부러워할 정도였다. 그들의 말이 과거를 살려 냈을 뿐만 아니라 당면한 사건의 흐름에 중대한 영향을 끼치기도 했다. 그들은 과거의 사건들에 관한 지식을 소유하고 그 지식을 만들어 낼 능력이 있었기 때문에 왕과 왕실의 권력을 드높이고 그들이 보존하는 문화적 전통에 영향을 미칠 수 있었다.

또 다른 서아프리카 사회인 나이지리아 서남부에 위치한 요루바족 조상들의 사회에서는 문화적 기억을 보존하는 사람들을 '아로킨'이라 불렀다. 그들은 시인과 고수(鼓手)의 역할을 수행하는 왕실 관리 겸 공식 역사가였다. 요루바족도 연례 축제와 왕이나 추장의 즉위식에서 혈통과 구역, 도시, 왕국의 창건 신화를 재현하는 전통을 가지고 있었다. 아로킨은 신화를 보존하는 데 이바지하는 왕실 의례와 종교 의례를 거행했다. 요루바족의 문화적 기억은 과거를 몇 가지 다른 방식으로 분류했다. 과거에 대한 그들의 견해는 공인된 불변의 세계관과 공동체 내의 정치 사회적 세력이 각축을 벌이면서 끊임없이 수정되고 재검토되는 신화와 의례로 구성되어 있었다. 거기에는 영적 세계의 지식인 '심오한 진리'도 있었다. 이 진리는 신화와 의례를 무너뜨릴 수도 있었고, 따라서 기존 질서를 위협하는 위험스런 요인이 되었다. 그것이 기존 질서를 훼손하고 요루바족의 공식적인 문화적 기억을 관리하는 자들은 물론 집권자들에 대한 저항과 반대를 조장했기 때문이다.

기억의 장치

오늘날에는 기억이 온라인 자료로 존재할 수 있고 또 '실제로' 존재한다. 거의 모든 문화적 기억 체계는 기억을 돕는 다양한 '기억' 장치를 통해 기억을 더욱 영구적인 것으로 만든다. 중앙아프리카의 루바족(서기 600년 무렵부터는 '카밀람비아족'과 '키살리아족'이라고 일컬어짐)에게는 기억의 상호 의존적인 측면인 역사적 기억이나 유대감에 관한 관념, 기억이나 망각에 관한 관념을 나타내는 이미지와 단어가 풍부하게 존재한다. 루바족의 관리들은 아직도 지방의 역사를 소리 내어 암송하고 있다. 전통적으로 공식 역사가들은 이른바 '바나 발루테'(기억하는 사람)라는 엄격한 훈련을 받은 자들이었다. 그들은 혈통의 계보와 왕의 명부를 암송하고 건국 헌장을 자세히 설명했다. 그들은 왕들과 함께 여행을 했고 그리오와 마찬가지로 보호자들이 가진 문화의 위엄과 권력을 널리 선전했다. 그들은 기억술이나 시각 장치 또는 물체를 이용했는데, 이런 것들이 기억을 해 내는 데 도움을 주고 질서를 잡아 주었다.

루바족 세계는 문자 그대로 과거를 기억하고 재구성하는 데 사용되는 기억장치와 이미지와 물건들로 온통 뒤덮여 있다. 왕의 문장(紋章)과 신전, 묘비, 지휘봉, 왕좌, 구슬 목걸이 그리고 '루카사'(기억 판) 같은 것이 그랬다. 루카사는 알록달록한 핀과 구슬로 장식한 손바닥만 한 나무판이다. 때로는 과거의 특정한 사건이나 장소 또는 이름을 환기시키기 위해 색을 칠하거나 조각을 한 기하학적인 표시들이 추가된다. 이러한 물건들 속에는 암호화되어 있는 복잡한 의미를 전달하도록 훈련받은 숙달된 사람들만이 '해독'할 수 있는 기억의 어휘가 눈으로 볼 수 있게 재현되어 있다. 루카사는 성년식에서 입회자들에게 문화영웅(원시사회의 신화에 등장하는 초인적인 존재—옮긴이)들과 종족의 이주나 신성한 지식에 관한 이야기들을 가르치는 데 사용된다. 그것은 또한 정치 사회적으로 복잡한 사회 계층과 자연계와 정신계의 시각 지도를 제공한다.

아프리카의 루바족, 만데족 또는 요루바족의 전통적인 기억 체계와 마찬가지로 남아메리카 안데스산맥의 중앙에 위치한 잉카족의 기억 체계도 구술이었다. 잉카족의 구술 전승은 그들 특유의 방식으로 조직되었고 독특한 기억장치의 도움으로 후세에 전달되었다. 잉카 사회의 문화적 기억 체계는 기본적으로 구술이었지만 '키푸' 또는 '끼푸'라는 매듭 끈을 사용하기도 했다. 잉카인들은 '키푸'의 색깔과 길이로 인구조사와 연대기 자료, 일상적인 거래 같은 주요 수치들을 기록했다. 루바족의 루카사와 마찬가지로 키푸는 대량의 정보를 기억하는 데 도움을 주는 약기(略記) 도구로서 기억장치의 기능을 한 것 같다.

이 장치는 잉카제국의 넓은 산악 지역에서 휴대하기에 아주 간편한 형태로 만들

| 그림 9.2 | **루바족의 기억판 '루카사'** (자이레)
루카사는 이주, 문화영웅들, 계보 같은 집단적인 역사적 사건들을 가르치는 데 사용된다. 색깔과 형태가 다른 구슬들을 정교하게 배치해 특정한 공간마다 개별적인 의미를 부여하고 있다.

졌다. 최근 이탈리아에서 발견된 17세기 예수회의 한 필사본은 끈 기록을 해독할 수 있는 가능성을 보여 주었다. 또 키푸가 일반적인 회계 말고도 문학은 물론 달력, 천문 관찰, 전투 이야기, 왕조 계승 같은 정보를 기록하는 데도 사용되었을 가능성을 높여 주었다. 이 유럽인 관찰자가 얘기한 내용은 다음과 같다.

> 케추아어(잉카족의 언어)는 …… 음악과 유사한 언어로서 몇 가지 양식을 지니고 있다. 케추아어는 만인을 위한 언어, 오직 매듭으로만 전달되는 신성한 언어, 그리고 직물을 통해서 그리고 기념물과 보석, 작은 물건에 그린 그림을 통해서 전달되는 언어이다. 말하자면 …… 키푸는 색깔 있는 매듭으로 이루어진 복잡한 장치이다. …… 계산과 일상적인 소통을 위해 누구나 사용하는 일반적인 키푸가 있고 종교와 계급의 온갖 비밀을 유지하기 위한 키푸가 있다. …… 일반인들에게는 공개되지 않

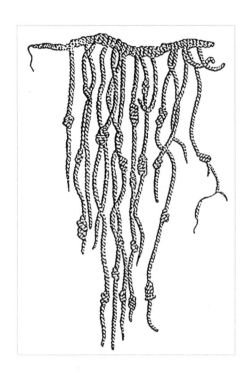

| 그림 9.3 | **잉카인들의 기억장치 '키푸'**
이것은 대개 매듭을 지어 수와 다른 가치를 암호화
했다. 라마나 알파카의 머리털로 만든 다양한 색깔
의 꼰 실과 실을 매달 열 개의 자리를 갖춘 기본 줄
로 이루어져 있었다.

는 키푸 보관소를 …… 방문했다. 그곳은 잉카족의 진실을 전해 주었다. 보관된 키
푸들에는 계산을 위해 사용한 것들과는 달리 정교한 상징들이 …… 중심 끈에 매달
려 있다. …… 단어가 희귀한 데다 불변화사와 접미사를 이용한 같은 용어의 변형
을 통해 다양한 의미를 부여할 수 있어서 종이나 펜이 없는 철자 교본과도 같은 역
할을 한다. …… 이 키푸는 본래 단어가 희귀한 데서 비롯된 것이다. 단어를 만들고
읽는 법은 음절을 어떻게 나누는가에 달려 있다. …… 이런 설명이 있었다. '파차카
막'(잉카의 대지와 시간의 신)이란 단어를 파-차-카-막으로 나누면 네 개의 음절
이 나온다. 만일 …… '시간'을 뜻하는 케추아어의 파차를 표시하려면 키푸에 파차
카막을 나타내는 두 개의 상징(하나는 첫 음절을 표시하기 위한 한 개의 작은 매듭으로,
다른 하나는 둘째 음절을 표시하기 위한 두 개의 매듭으로)을 만들어야 할 것이다."

(Los Retratos de los Incas en la Crónica de Fray Martin de Murua. Oficina de Asuntos

Culturales de la Corporación Financiera de Desarrollo S. A. COFIDE, Lima, 1985)

이 필사본이 진짜라면 키푸로 기록된 잉카의 시도 이해할 수 있게 될 것이다. 하지만 필사본의 진위에 대한 학문적 논쟁의 결론이 어떻게 나든 간에 이 자료의 발견은 잉카의 문화적 기억 체계에서 키푸의 정교함과 복잡성을 조명해 준다. 또한 계산을 하기 위해 사용한 끈 매듭이 풍부하고 영속적인 문화적 기억의 저장소가 될 수 있음을 상기시켜 준다.

잉카제국의 전반적인 역사는 비밀에 해당했고 요루바족의 경우와 마찬가지로 전문가들에 의해 전승되었다. 그들은 지정된 학교에서 엘리트 구성원들을 가르쳤고 국가는 이 엘리트들에게 교실과 널빤지를 제공했다. 잉카의 키푸 해독자들은 말리의 그리오, 루바의 바나 발루테, 요루바의 아로킨과 마찬가지로 문화적 기억을 공식적으로 관리했다. 그들은 통치자가 기억하기를 바라는 자신의 위업들을 보존하고 과거를 검열하면서 당면한 필요를 위해 과거를 선별적으로 재정리했다.

문자 체계와 기록

문자는 기억 체계 가운데 가장 복잡한 것이다. 문자는 그것이 출현한 곳이 어디든지 문화를 형성하고 전승하는 다양한 목적에 이바지했다. 문자는 문자로 된 문화적 기억을 지원하거나 아니면 이따금씩 그것을 파괴하는 다른 기억 체계들과 공존했다. 문자 기억 체계와 비문자 기억 체계의 상호작용은 때때로 중대한 정치 사회적 변화를 불러일으켰다. 기원전 제3천년기 초 서아시아의 메소포타미아인들이 설형문자를 발전시키고 그 뒤에 지중해 동부 연안의 페니키아 무역업자들이 전달한 알파벳 문자가 발전된 것은 어느 정도 상업적인 필요에 따른 혁신의 산물이었다. 상인들에게는 물품 목록을 작성하고 거래 기록을 유지하는 방법이 필요했다. 중국과 중앙아메리카의 그림 문자 체계는 기록 보존의 풍습과 별개로 발전되었을 것이다. 멕시코의 코덱스(필사본)와 이집트의 고분벽화에 나타난 그림문자는 문화적 기억의 길잡이 또는 기억장치이다. 그렇다면 관념을 시각적으로 표현하려는 시도는 어떤 시점에서 언어 정보를 전달할 수 있는 문자 형태로 발전되었을까?

최초의 문자 체계는 왕권의 과시에서 종교나 행정 기능에 이르기까지 다양한 목적을 충족시키기 위해 발명되고 적용된 것 같다. 문자의 개발은 또한 서아시아 초기 국가들의 권력 행사와 관련이 있었다. 기원전 3200년 무렵 통치자들을 위해 복무하

| 그림 9.4 | **이라크의 설형문자 서판**
수메르인들은 젖은 점토판에 그림문자와 나중에는
음절 기호를 이용해 문자를 개발했다. 기록으로 보
존된 것들은 햇볕에 말리거나 구워서 보관했다.

는 기록관들이 사건을 기록하고 과세를 위한 인구 기록을 유지하며 법을 보존하고 확
산시킬 수 있도록 문자를 개발했다. 바빌로니아 황제 함무라비의 법전과 같은 성문
법전은 문자로 된 문화적 기억 체계의 중요성을 보여 주는 사례이다. 바빌로니아의
마르두크 신을 둘러싼 신화처럼 신화의 기록이 때로는 왕권을 떠받칠 수도 있었다.
문자는 이처럼 앞선 문화적 전통과 신생 국가를 연결시켜 줌으로써 통치자들의 지위
를 확고히 하는 데 이바지했다.

초기 북아프리카의 경우 이집트의 상형문자('사제의 그림문자')는 기원전 2900년
무렵부터 파라오를 받드는 사제가 관리한 신성문자였다. 이보다 약간 앞선 토기 항
아리에 등장하는 뼈의 표기는 기원전 3200년 무렵까지 거슬러 올라간다. 그 뒤 기원
전 제2천년기에 쿠시와 악숨왕국에서 문자가 개발되었다. 이 왕국에서는 석판과 석

비에 종교 권력과 세속 권력을 기록했다. 문자 기록의 발전에서 무엇보다 중요한 요인은 각 음소를 이어 표기하는 알파벳의 발명이었다.

일부 문자들은 소멸되기 쉬운 '문헌'에 기록되었다. 아메리카 대륙에서는 마야인들이 서기 제2천년기에 문자를 개발해 역사와 천문을 기록하는 데 사용했다. 잉크로 쓰거나 색을 칠한 증거는 남아 있지 않다. 하지만 그보다 약간 앞선(기원전 제1천년기 중반 무렵) 중앙아메리카의 그림문자들은 정체성의 표지를 다양한 형태의 언어 표상으로 발전시켜 갔다. 다음 천년기의 마야 문자는 물체와 소리를 도해 상징이나 그림을 이용해 표상함으로써 표의적 요소와 표음적 요소를 혼합했다. 마야 문자는 각각 음절 하나를 나타내는 완전한 기록 문자 체계로서 이론상 말을 할 때 소리 나는 발음대로 모든 것을 기록할 수 있었다. 그러나 표의문자는 종교적인 상징을 지니고 있었기 때문에 커다란 위세를 지닌 것으로 여겨졌고 따라서 음성학적인 의사소통에는 이 문자를 전혀 사용하지 않았다. 이런 현상은 자신들에게 권력을 준 문자의 독점을 유지하려는 문자 해독 능력을 가진 엘리트들의 욕망을 보여 주는 것이다. 천문, 역사, 종교의 지식 정보를 관리한 기록관들은 문자의 창조자이자 발명가라고 여기던 '이참나' 같은 수호신들을 모시고 있었다. 마야의 상형문자들이 돌과 나무껍질 종이를 포함한 다양한 재료에 기록되었다. 하지만 종이에 기록한 필사본은 상대적으로 거의 남아 있지 않다. 마침내 1990년대에 마야의 그림문자를 해독했을 때 그 문자는 모든 단어를 표상할 수 있는 음성 체계와 표어문자 체계 둘 다를 갖추고 있는 것으로 받아들여졌다. 고대 마야인들은 그림과 서사(敍事) 조각, 건축 장식, 문헌 자료의 정보를 보충해 주는 토기를 통해 기억 체계의 다양한 요소들을 통합했다.

산스크리트어는 기원전 제2천년기 중반에 인도로 이주한 인도유럽인들의 언어이다. 이 언어는 알파벳 문자로 표기되었으며 초기 남아시아의 베다 경전을 기록하는 데 사용되었다. 예를 들어 인도유럽의 신들을 찬송하는 기록은 엘리트 인도유럽인들이 인도 아대륙으로 이주할 때 그들의 문화적 기억을 유지하고 권력을 공고히 하는 데 도움을 주었다. 훨씬 뒤 기원전 3세기에는 인도의 아소카 왕이 불교 신앙을 선포하고 왕의 세속 권력을 주장하며 행동 규범들을 지시하기 위해 비문들을 새겼는데, 이런 예는 정치적으로 실용적인 메시지를 보존하고 전달하는 데 문자가 얼마나 쓸모 있는지 잘 보여 준다. 나중에 인도 중부와 북부에서는 종교 교육의 일환으로 사원 건축의 일부인, 이야기를 새겨 넣은 저부조 벽판을 통해 공동체의 대중들에게 핵심 줄

거리와 이야기와 신앙을 전달해 주기도 했다.

문자 체계는 사실상 세계의 모든 지역에서 찾아볼 수 있지만 중국에서만큼 큰 권력을 부여받은 경우는 없었다. 중국 상나라의 갑골에 나타난 고문자의 발전은 점술과 관련이 있었다. 가장 높은 신인 상제(上帝)와 소통할 수 있는 상나라 왕들의 조상들이, 제물로 올라온 동물의 뼈를 통해 자신들의 바람을 밝히곤 한다고 생각했다. 점술가는 왕실 조상들의 영혼과 접촉하기 위해 뼈나 거북 등딱지에 문자를 새기고 불에 달군 청동 못바늘을 그 문자에 대곤 했다. 그러면 거북 등딱지나 뼈에 갖가지 길이와 모양으로 균열이 나타나곤 했다. 점술가는 신의 뜻을 받아 이 균열과 기록 문자의 관계를 해석하고 그 내용을 기록으로 남겼다. 갑골에 새긴 문자는 근대 문자의 원류이고 한자의 탄생에 관한 증거가 된다.

예언과 계시를 받기 위해 갑골을 이용하는 갑골점 풍습은 또한 문화적 기억을 만들어 내고 보존하는 사제의 역할을 보여 주기도 한다. 이집트와 마야인의 경우처럼 기록관 사제가 기억 체계를 관리하고 그것에 신성한 특질과 제의적 성격을 부여했다. 기록관 엘리트와 정치권력을 행사하는 자들의 긴밀한 결합은 고대 중국의 지도자들에게 종교적인 기반을 마련해 주었다. 심지어 전투와 수확, 왕의 결혼과 출산 같은 사건들을 기록한 최초의 갑골 비문도 역사적 기록으로 볼 수 있고 문자로 기록한 과거의 기사(記事)를 보존하는 것이 중화제국의 권력을 장악한 자들에게 주된 관심사가 되었다.

2천 년도 훨씬 지난 뒤에 온전히 발전된 한자 체계는 주로 중국의 문화와 불교를 한국과 일본에 전달하는 수단으로 동아시아의 다른 지역까지 확산되었다. 한국인과 일본인이 자신들의 문화적 기억을 표기하기 위해 개량한 한자도 중국과 마찬가지로 중앙집권 국가를 등장시키는 데 이용되었다. 집권자들의 이해관계를 위해 문화적 기억을 보존한 것이다. 예를 들어 서기 712년 황실의 후원 아래 편찬된 일본의 건국 신화와 연대기를 기록한《고지키》(古事記)는 소리와 의미를 위해 한자를 다른 방식으로 사용해 기록한 것이다. 이는 한자의 개량을 보여 주는 한 사례이다. 황실의 신성한 혈통에 대한 주장을 뒷받침하는 신화들을 문자로 기록한 것은 하나의 문화적 기억 체계로서 기록 문서의 힘을 분명하게 보여 주는 사실이다.

기술의 발달과 문화의 전승

기술혁신은 쓰거나 기록하는 장치를 만들어 내는 데 기여한 것들을 포함하는 기억장치의 개발에 중요한 역할을 했다. 기술도 문화적 지식의 범주에 들어간다. 기술은 역사와 문학, 건축 같은 기억 체계와 더불어 중요한 문화적 지식을 세대에서 세대로 전승한다. 기술에는 도구뿐 아니라 사람들이 환경을 다루고 주변 물질세계를 건설하기 위해 도구를 사용하는 방식이라 할 수 있는 풍습도 포함된다. 기술은 그 자체로서 하나의 기억 체계이며 예술이나 문학처럼 역사적 경험을 나타내 주는 문화적 연결 고리의 하나이다. 기술은 특히 시공간을 넘어 정보를 전달하는 데 기여함으로써 문화적 기억 체계를 뒷받침하고 변화시키기도 했다.

문화적 기억이 기술의 역사에 간직되어 있을 뿐만 아니라 대개는 기술 그 자체가 기억을 보존하고 전달하는 데 도움을 준다. 기술혁신은 점차 문화적 기억의 보관과 전달을 사람의 몸과 무관한 것으로 만들었다. 인쇄에 없어서는 안 될 종이가 한나라(기원전 202~서기 220년) 초기 중국에서 발명되었다. 오늘날까지 남아 있는 최초의 종이 인쇄본은 8세기 신라와 일본에서 만든 것이다. 목판에 원문을 새기고 잉크를 바른 다음 종이를 덮어 찍어 냈다. 목판으로 인쇄한 현존하는 최초의 중국 문헌은 9세기 중엽에 제작된 불교 경전이다. 붓에 먹을 찍어 손으로 필사하는 것과는 달리 목판인쇄가 동아시아 전역에서 선호한 문헌 복제 방식이 되었다. 조각한 목판은 시간이 지남에 따라 상태가 나빠지기는 했지만 비교적 영구적이고 변하지 않는 문헌 복제 수단이었기 때문에 목판인쇄는 실수와 누락 같은 원문의 변화가 생길 가능성이 훨씬 적은 방식이었다. 인쇄는 문헌을 통해 종교를 보급하고 문화를 확산하는 데뿐만 아니라 농업과 견직물 생산의 신기술을 전파하는 데도 이용됨으로써 송대의 경제 혁명에 실질적인 기여를 했다.

점토나 나무 또는 금속으로 된 이동식 활자는 유럽에서 등장하기 4백 년 전인 11세기에 이미 중국에서 발명되었다. 글자가 백 개도 채 안 되는 알파벳 문자와 달리 중국에서는 글자가 수천 개나 되는 표의문자를 사용했기 때문에 이동식 활자가 중국의 인쇄 방식을 지배하지 못했다. 수천 개의 활자를 이용해 한 페이지의 문헌을 식자하는 것보다 목판 한 페이지를 조각하는 것이 훨씬 더 효율적이었기 때문이다. 더욱이 송대의 상업적 인쇄 산업의 발전과 인쇄 서적의 급증은 과거시험을 공부하는 데 사용된 역사와 철학 문헌뿐만 아니라 대중문학의 보급을 촉진하면서 사람들이 학문과 문자 문화를 더 많이 누릴 수 있도록 해 주었다.

종이 만드는 기술이 확산되면서 유럽과 아시아, 아프리카에서 인쇄술도 크게 발전해 갔다. 9세기에 들어와 제지 기술은 중국에서 교역과 정복의 길을 따라 서쪽으로 전파되었다. 12세기에는 북아프리카에서 무슬림 에스파냐와 시칠리아로 그리고 유럽 대륙 너머로 확산되었다. 종이는 유럽에서 사용된 이집트의 파피루스나 피지(皮紙, 송아지 가죽이나 새끼 염소 가죽)보다 훨씬 값이 쌌다. 따라서 서적의 발전과 폭넓은 유통을 가능하게 하여 문자 해득 능력과 지식 엘리트의 확대를 자극했으며 더 나아가서는 아프리카와 유럽, 서아시아에 지식을 보급했다.

이동식 활자를 발명한 나라이지만 목판인쇄가 여전히 중요했던 중국과 달리 15세기 유럽에서는 이동식 활자가 도입됨으로써 문화적 기억을 만들고 기록하고 전달하는 방식에 변화가 생겨났다. 이런 변화는 기원전 제3천년기의 문자 발명이나 20세기 후반의 워드프로세서와 컴퓨터 도입과도 크게 다를 바 없는 것이었다. 독일 마인츠 시의 금세공 기술자 요하네스 구텐베르크(1394년경~1468년)가 마침내 지식의 전달에 혁명을 가져온 일련의 발명에 대한 책임을 맡았다. 구텐베르크의 인쇄술 실험은 주조 활자용 인쇄 주형과 인쇄기 그리고 다수의 정교한 인쇄본을 찍어 낼 유성 잉크의 개발로 이어졌다. 구텐베르크의 이러한 노력은 다른 금세공인인 요한 파우스트의 대부금 지원을 받았다. 하지만 5년이 지나도 인쇄기에서 책이 나오지 않자 파우스트는 대부금 상환 소송을 제기해 구텐베르크를 파산시켰다. 파우스트는 이어서 1456년에 다른 각자공인 페터 쇠퍼와 함께 최초의 인쇄 책자를 출판했는데 얄궂게도 이것이 '구텐베르크 성서'로 알려지게 되었다.

구텐베르크 성서가 유럽에서 이동식 활자를 이용해 인쇄한 최초의 책이었다. 구텐베르크의 인쇄 기술은 곧 여러 종류의 책을 인쇄하는 데 사용되었다. 이로써 훨씬 더 폭넓은 독자들이 고대 그리스와 로마의 고전을 읽을 수 있게 되었다. 곧 인쇄는 학문보다 이익을 더 중시하는 사업이 되었다. 소비자의 수요와 생산 비용, 판매 전략이 출판해야 할 책과 예상 독자들을 결정하는 데 일정한 역할을 했다. 처음에는 유럽에서 인쇄된 저작들의 대부분이 교회와 국가의 공식 언어인 라틴어였지만 갈수록 유럽 여러 나라 언어로 인쇄된 저작들이 늘어났다. 유럽뿐 아니라 중국에서도 인쇄가 자국어 문학과 세속 문학의 발달에 이바지했다. 인쇄는 점차 지식을 더욱 널리 보급하고 교양 독자층의 접근을 더욱 쉽게 해 주었다.

이러한 신기술의 전 지구적인 확대는 그것이 경계를 허물지 모른다는 두려움을 낳았다. 당시 사람들은 인쇄기가 필사본에 형형색색의 삽화를 그려 넣는 무슬림 서기관들을 비롯한 개인들의 직업을 대체할 것이고, 선전 내용을 널리 유포시키며 실수를 영구화하고 고착화시킬 것이라고 생각했다. 이 신기술 때문에 교양인이 되기 위해 그렇게 많은 수고를 하지 않아도 되니까 인쇄가 사람들을 게으르게 만들 것이라고 생각하는 이들도 있었다. 또한 이 신기술은 멀티미디어이기에 이미지의 힘으로 언어와 문자의 힘을 잠식할 것이라고 생각하기도 했다. 이러한 두려움은 어쩌면 20세기 후반 인터넷과 월드와이드 웹이 처음 등장했을 때 나타난 반응과도 비슷했다. 사실상 인쇄기와 인터넷은 새로운 지식이 전 지구적 차원에서 나타나게 해 주었다. 서로 다른 지역에서 살아가는 사람들이 더 광범위한 네트워크를 통해 지식을 공유할 수 있게 되었고 지식의 비약적인 발전을 가능하게 해 주었다.

정보 기술과 생각의 전달

갈수록 열광을 불러일으키는 기술 변화의 유형을 이해하기 위한 열쇠는 그것이 생각을 전달하는 수단이라는 점이다. 매우 복잡한 사회들은 경제적 거래에서부터 왕과 왕비와 대통령의 혈통이나 위업에 이르기까지 각종 정보를 기록하는 체계들을 발전시켰다. 정보 기술이 때로는 파피루스나 직물과 관련이 있었고 때로는 암각 문자나 청동 비문과 관련이 있었다. 지식이 축적되면서 전문가들과 전업 학자들이 급증했다. 르네상스 인문주의자들은 유라시아 세계에 대한 새로운 이해를 처음에는 플라톤과 같은 그리스 사상가들의 재발견에서 얻었다. 고대 그리스어와 아랍어 사본으로 전해지던 그리스 사상가들의 저작은 이제 라틴어로 번역되었다. 15세기 중엽 인쇄기가 등장하기 이전까지는 문헌의 사본을 손수 필사하여 사용했다. 그것은 대개 단일 판본이었고 학문적 배경이 있는 학자들만이 손에 넣을 수 있었다.

인쇄가 지식의 세계화에 이바지한 일련의 혁신들을 불러일으켰다. 선장들은 새로운 지역을 탐험하면서 세계의 다른 지역들에 대한 인쇄물과 지도, 여행자 안내서, 세계의 문화와 역사를 다룬 설명서를 배에 싣고 다녔다. 사람들이 전 세계 모든 지역의 사건 소식을 수집하기 시작하고 동시성이 증가하면서 수송상의 기술혁신과 동시에 더욱더 빠른 통신 수단의 혁신이 일어났다. 1820년에 이미 프랑스의 물리학자 앙드레 마리 앙페르(1775~1836년)는 전자기를 이용해 전선을 통해 메시지를 보냈다. 1837년에 새뮤얼 F. B. 모스(1791~1872년)는 미국에서 실용적인 전기 전신기 시스템을 개발해 특허를 냈다. 1851년 영국 해협을 통과하는 해저 전신 케이블은 런던과 파리 사이에 거의 실시간 통신을 가능하게 해 주었다. 1866년에는 대서양 횡단 케이블을 통해 영국과 북아메리카 간의 전신 통신이 개통되었다. 10년 뒤에 캐나다의 알렉산더 그레이엄 벨(1847~1922년)은 전화기를 출품하는 데 성공했다. 미국 전역과 나중에 유럽에서 사용한 전화기는 벨 전화기를 개선하고 변형한 것이다.

사진과 영화와 텔레비전이 그림 정보를 저장하고 재현하는 완전히 새로운 기술을 제공했다면 전신과 전화, 축음기, 녹음기, 라디오는 청각 정보를 저장하고 전달하는 신기술을 제공해 주었다. 나아가 컴퓨터의 발전은 이 모든 기술을 하나의 체계로 통합할 수 있게 해 주었다. 하지만 컴퓨터는 인간의 개입 없이도 정보를 조작하고 변형할 능력을 지니고 있다는 점에서 독특한 것이다.

과거에 인쇄기가 발명되었을 때처럼 현대의 사회 비평가들은 신기술의 영향을 걱정했다. 컴퓨터가 인간의 생산성을 증대시켜 준 것은 틀림없지만 일과 여가의 성격이나 삶의 질에 대해 끼친 영향을 두고 아직도 논란이 일어나고 있다. 컴퓨터 기술은 20세기의 국가 기관들 가운데 가장 국가주의적인 조직인 미국 군대의 필요를 충족시키는 과정에서 비롯된 것이다. 하지만 컴퓨터들의 세계적 네트워크인 정보 고속도로는 오늘날 컴퓨터의 전송 정보를 훨씬 더 광범위한 초국가적 공동체에 실시간으로 제공하고 있다.

컴퓨터 혁명과 문화적 기억

정보 시대라 일컫는 20세기 후반에 최대의 외부 기억장치인 컴퓨터를 통해 문화적 기억 체계에 대변혁이 일어났다. 사람의 몸을 기계가 대신할 수 있다는 생각이 20세기의 가장 중요한 발명 가운데 하나인 컴퓨터를 발전시킨 강력한 촉진제였다. 컴퓨터는 정보에 대한 접근 속도에 혁명을 일으켰다. 전화 자동 응답기와 전자레인지에서부터 항공교통관제 시스템에 이르는 20세기 후반의 응용과 혁신들은 대부분 컴퓨터의 발전이 없었더라면 상상할 수도 없었을 것이다. 어떤 발명도 전 지구적인 관계와 일

| 그림 9.5 | **나이지리아 이보족의 '음바리'(제의) 건물 안에서 방송을 하고 있는 백인들**
아프리카의 예술가들이, 유럽 제국이 발명한 도구의 이미지들을 빌려 자신들의 저항 능력을 상징적으로 표현했다.

상생활에 이처럼 혁명적인 영향을 주지 못했다. 제1세대의 컴퓨터는 또 다른 기술혁신인 진공관에 의존했다. 진공관은 텔레비전의 발명을 가능하게 해 준 장치이기도 했다. 초기의 컴퓨터들은 방 하나를 가득 메운 거대한 물체였다.

컴퓨터 기술의 발전이 정보 시대를 열었다. 이런 발전 가운데 일부는 미 해군 소장 그레이스 머레이 호퍼(1906~1992년) 덕분이었다. 그는 하버드대학 컴퓨터 프로젝트를 수행하도록 미 해군이 발탁한 수학자였다. 호퍼 박사는 사람들이 대개 수학 기호보다는 자유로운 이야기로 소통하고 싶어 한다는 사실을 깨닫고 컴퓨터용 사무처리 언어인 코볼(COBOL)을 만들어 표준화했다. 복잡한 수학 데이터를 이용한 단어와 개념의 번역이나 조작은 또한 지구를 상호 연결하는 대중 통신의 혁명을 가능하게 해 주었으며 새로운 컴퓨터 기술의 정보 저장과 검색 능력을 갖추게 해 주었다.

| 건축과 문화적 기억 |

우리는 문자와 구술의 기억 체계가 과거를 기억하고 전달하기 위해 단어와 이미지를 활용한 방법을 살펴보았다. 회화와 같은 표상 예술이나 조형예술뿐 아니라 더욱 구체적인 과거 문화의 기념물들도 문화적 기억 체계로서 중요하다. 건축물과 기념물, 조각, 회화는 세기를 넘어 문화적 연속성을 유지하고 또한 변화를 조작하기 위한 구체적이고 가시적인 수단이다. 역사가나 시인들과 마찬가지로 예술가와 장인들도 당대의 문화를 반영하고 그 문화를 형성하는 데 이바지하는 작품을 만든다. 돌이나 물감으로 된 작품(도기와 그림, 건축물과 조각상)은 문자로 된(그리고 구송으로 전승된) 단어와 마찬가지로 종교적이고 세속적인 권력을 보여 주는 문화적 기록들이다.

기념물과 기념비는 가장 강력하고 정치적인 형태의 기억에 속한다. 집단적인 문화적 기억 보관소는 비언어적 형태로 강력한 의미를 전달한다. 돌과 같은 영구적인 재료로 지은 대규모 건축물은 문화적 기억을 되새기는 가장 오래된 인공물에 속한다. 건축가와 장인들은 시대의 요구와 이상을 반영하는 건축물을 지음으로써 자신들의 작품에 당대의 기억을 새겨 넣는다. 건축은 그 자체로 집단적 기억의 보관소라고 볼 수 있을 뿐만 아니라 다양한 공공적 의식과 행진 또는 공동체의 과거를 기리는 기념식들을 거행하는 중심이 될 수도 있다.

아프리카의 기념물 | 그 어떠한 기록도 이집트인들에게 나일 강만큼이나 중요한 힘인 태양을 표상하는 피라미드 석조 건축물보다 고대 이집트의 문화를 더 분명하게 보존해 주는 것은 없다. 피라미드는 또한 그 공사를 지시한 파라오의 권력을 재현해 기념한 것이고 왕실 묘역군을 구성하는 요소로서 왕권이 개인의 치세를 넘어서 존속한다는 것을 의미했다. 기자의 쿠푸 피라미드가 지금까지 알려진 건축물 가운데 가장 큰 단일 건축물이다. 이 건축물은 솜씨와 정확도, 균형미 면에서 대단한 업적으로 인식되고 있다. 고대 이집트의 신전과 피라미드는 이집트의 사회 정치적 풍습과 종교적 이상에 관한 문화적·역사적 정보의 주요 저장소이다. 건축가와 장인들은 빼어난 솜씨와 예술적 통찰력을 동원해 이 기념물을 지었다. 석조 건축물은 서기 11세기경부터 아프리카 남부의 교역 중심지이자 제의 중심지이던 '그레이트 짐바브웨' 유적에도 남아 있다. 거기에는 공동체 엘리트의 주거를 석벽으로 나누고 있다.

아프리카 대륙의 다른 지역에서는 기념물 건축을 돌뿐만 아니라 돌을 구할 수 없는 곳에서는 진흙이나 풍화되기 쉬운 다른 재료로 짓기도 했다. 제네-제노(서기 900년경 이전)나 베닌(서기 900년경 이후)과 같은 서아프리카 도시 둘레의 토벽은 엄청난 노동 조직을 필요로 한 것이었는데 도시 방어의 필요성이나 상업적 목적을 나타내 준다. 토벽은 중앙집권적인 권력이 노동을 징발하고 공동체의 경계를 설정하는 과정을 가시적으로 보여 주었다. 현대의 작품들은 기억 체계 내에서 이와 유사한 기능을 한다. 1932년까지 세계에서 가장 높은 구조물이던 파리의 에펠탑은 만들어진 1889년 당시 쇠와 강철 시대의 성과를 보여 주는 기념물로 여겨졌다.

서아프리카 삼림 국가들의 시각예술과 건축의 상당 부분은 신성한 왕권과 관련이 있다. 왕위 계승이 적어도 원칙적으로는 계보상의 권리 주장에 달려 있었기 때문에 권력과 권위의 정당성을 입증하는 데 역사의 지식과 관리를 이용했다. 베닌의 오바궁(왕궁)이라는 건축물 내부에 있는 사당과 제단은 선왕들의 업적(1400년경~1800년)을 기리기 위해 세운 것이다. 사당은 의례와 관련이 있었고 역사적인 전투 장면을 새긴 상아 엄니, 특정한 왕과 대비들을 조각한 청동 주물, 황동 두상 같은 시각적인 기념물을 소장하고 있어서 궁정 의례에서 중요한 부분을 차지했다.

베닌의 또 다른 역사 정보의 원천은 다양한 구리합금으로 주조한 직사각형의 장식판들이다. 이 장식판은 왕궁의 기둥에 부착되었던 것으로 보인다. 그곳에는 역사의 주요 장면들이 묘사되어 있다. 이 장식판들을 복식과 기술, 정치와 문화를 시간의 흐름에 따라 다루고 있는 일종의 역사책처럼 읽을 수 있다. 장식판들은 왕궁 내부에 보관되었으며 오바(왕)의 황동 주조자 조합원들만이 제작할 수 있었다. 구송 문화에서는 이 장식판들이 암송과 의례를 목적으로 과거의 지식을 복원하게 해 주는 기억장치 역할을 하기도 했다. 고대 세계의 건축물과 베닌의 장식판 같은 장식물 또는 이집트의 피라미드를 비롯한 석조 건축물은 문화적 기억뿐만 아니라 정치나 종교 사상을 보존하는 데 도움을 준다.

아시아의 종교 기념물 전 세계 곳곳의 건축과 예술은 종교적인 사상을 시각, 청각, 촉각으로 표현해 준다. 불교의 본고장인 인도에서는 기념 예술이 종교의 영감을 받았으며 이민족들의 침략에 영향을 받기도 했다. 독실한 불교 군주인 아소카가 사망하고 기원전 3세기에 제국이 붕괴한 뒤에 그리스인, 스키타이인, 중앙아시아의 쿠샨인 등 여러 이주민들이 새로운 문화를 아대륙에 들여왔다. 아프가니스탄의 바미안 석굴(서기 4~5세기)에 나타난 초기 불교의 예술은 쿠샨인들이 중앙아시아에서 들여온 그리스 로마 조각의 영향을 보여 준다. 인도 남중부의 데칸고원에 위치한 아잔타 석굴에는 5세기에서 7세기에 이르는 대승불교의 벽화를 보여 주는 방대한 유물이 있다. 이 유물 가운데 상당수는 '자타카'(본생경, 붓다의 전생을 다룬 이야기)를 묘사하고 있다.

기원전 3세기부터 서기 3세기까지 그 특징을 갖춘 인도의 불교 사원이나 사리탑의 공간 배치는 사당이나 무덤을 둘러싼 현관과 석조 난간 그리고 역사상 실존한 붓다의 유골을 비롯한 불교 유물로 이루어져 있다. 무덤을 덮은 둥근 천장은 온 세상의 산을 둘러싼 하늘의 둥근 천장을 나타내는 상징이었다. 참배자들은 죽음과 환생의 상징뿐만 아니라 붓다의 생애 장면을 보여 주는 신성한 공간인 난간 중심의 원형 테라스 주위를 걸었다. 질감을 느끼도록 조각한 프레스코 벽화가 이야기 그림처럼 다소 연속적인 이미지의 흐름으로 사리탑을 장식하고 있다. 사리탑은 대개 규모가 크고 스리랑카의 고대 기념물처럼 정교한 기단 위에 둥근 천장이 세워져 있다.

중국 북부의 윈강(雲崗)과 룽먼(龍門) 석굴은 인도에서 중앙아시아와 동아시아를 거쳐 전파된 불교의 강한 영향력을 보여 준다. 불교가 전래된 시기(3세기경~6세기) 중국의 불교 조각은 인도와 중앙아시아의 영향을 받았다. 윈강과 룽먼의 거대한 불상과 온갖 작은 조각물은 신앙 행위와 아울러 자신의 권력을 정당화하기 위한 목적으로 룽먼 단지의 건축을 주문한 중국의 측천무후(則天武后, 690~705년 재위)와 같은 부유하고 유력한 신도들의 신앙심을 보여 준다. 종교 예술은 동아시아 전역에서 통치자들뿐만 아니라 불교 사찰과 사원들의 후원으로 제작되었다. 6~8세기로 거슬러 올라가는 중국 서북부에 위치한 둔황 석굴의 벽화는 중국 신도들을 위한 불교의 주제들을 보여 준다. 하지만 그것은 틀림없이 중앙아시아 양식의 영향을 받았을 것이다.

불교가 중국에서 한반도와 일본으로 전파될 때 신앙뿐 아니라 건축과 조형예술에도 영향을 주어 불교 사찰과 사원에서는 불상을 숭배하게 되었다. 752년 나라(奈良)의 대불상 건립은 일본 전역에 걸친 불상의 급증을 상징적으로 보여 주었다.

불교는 힌두교 비슈누 종파의 후원자들인 인도 굽타(320~540년) 왕들의 지배하에 독립 종교로서 쇠퇴하기 시작해 힌두교에 다시 흡수되었다. 불상들이 사라진 것은 아니지만 인도 불교 예술의 위대한 시대가 막을 내리고 힌두교가 남아시아 예술가들에게 영감을 주는 주요 원천이 되었다. 7세기에 시바(파괴의 신) 또는 비슈누(평화의 신) 그리고 비슈누의 화신인 라마와 크리슈나를 중심으로 한 힌두교의 '바크티'(신에 대한 헌신) 종파가 등장하면서 둥근 모양의 부조를 새긴 불상들이 붓다와 보살의 상들과 더불어 장식 예술을 이루었다.

힌두교의 사원 건축과 조각은 성애와 마귀가 서로 우주의 통일성을 나타내는 인도 예술의 일원적인 특성을 보여 준다. 시바와 에로틱하게 껴안고 있는 그의 아내 파르바티 같은 신에 나타나는 관능적인 형상은 신성한 성애적인 측면을 보여 주는 반면 무기를 휘두르며 전투를 준비하고 있는 격렬한 여성상으로서의 파르바티는 악마의 모습을 보여 준다. 9세기에 힌두교 사원들은 이러한 부조와 조각상들로 가득 찼다. 대개는 신이나 때로는 코끼리 머리를 가진 사람의 몸으로 묘사된 시바의 아들 가네샤 같은 반인반수의 신비적인 존재를 표상하기는 했지만 대개는 인물상들을 선호했다. 서사시에 나오는 이야기를 재현하거나 우아한 요정과 여신 같은 여성상들이 자주 등장하기도 했다.

인도네시아 자바의 보로부두르와 캄보디아의 앙코르와트는 동남아시아에 전래된 불교와 힌두교를 보여 주는 대표적 사원군이다. 8세기에 건축된 보로부두르는 불교 사리탑의 개념과 인도의 초기 우주론에 나타나는 세계의 중심을 이루는 메루 산의 개념을 결합한 인공 산이다. 사원군 전체는 거대하고 신비한 우주의 도형을 나타낸다. 순례자들은 계단식으로 된 사원을 오르면서 자신이 욕망의 세계에서 영혼의 완성 세계와 우주의 붓다와의 궁극적인 결합의 세계로 올라가는 영혼의 상승을 상징적으로 재현한다고 생각했다. 크메르제국의 성지인 앙코르는 제국의 전성기인 12세기에 힌두교와 불교의 상들을 통합한 수많은 사원들의 부지였다.

유럽의 대성당 | 종교적인 주제는 중세(1000년경~1300년)의 유럽 예술을 지배했다. 당시 유럽 사회에서는 교회가 지배 세력이었고 예술의 주요 후원자였다. 종교적인 주제가 성모 마리아와 그리스도, 성인들의 인물상 같은 회화와 조각으로 표현되기는 했지만 천재 예술가를 자극한 종교적 영감이 가장 뚜렷하게 나타난 곳은 대성당이었다. 도시가 성장하고 번성하자 주민들은 장엄한 교회를 세워 기독교 신의 거처이자 도시의 부와 자존심을 나타내는 기념물로 삼았다.

이런 기념물로서 가장 유명한 것 가운데 하나는 프랑스 보베의 생피에르 대성당이다. 이 건축물의 둥근 천장은 46미터를 넘어 당시 모든 고딕 성당들 가운데 가장 높았다. 이 대성당은 두 번이나 붕괴되어 끝내 완성되지 못했지만 이러한 예술을 낳은 시민의 자존심과 종교적 열망을 보여 주는 훌륭한 사례이다. 대성당들은 신성한 기능과 세속적인 기능의 통일을 보여 주기도 한다. 대성당은 노숙자와 가난한 자들의 피난처 역할을 하면서 훨씬 더 광범위한 문화 공동체를 위한, 심지어 멀리서 찾아온 기독교인들을 위한 윤리적 미덕들을 구현했다. 가장 중요한 것은 그런 공예품과 건축물이 종교적 전통을 전달하는 데 이바지했다는 점이다. 그들은 건축의 각 부분에다 성서 이야기를 그린 패널화의 형태로 주요 이야기와 종교적 신앙을 묘사했다. 세대를 넘어 전시된 이러한 시각 정보는 그곳을 방문하는 사람들의 마음속에 성경의 세부 내용과 신앙의 상징적인 힘이 살아 있게 해 준다.

서아시아와 아프리카의 돔과 모스크 | 남아시아와 동아시아의 불교 사원이나 힌두교 사원, 유럽의 대성당에 해당하는 것이 서아시아에서는 돔 건축물인 이슬람교의 모스크이다. 돔이 아랍 정복 이전에도 사용되었지만 무슬림들이 이런 형태의 건축을 기념물의 수준으로 끌어올렸다. 모스크의 돔은 서아시아 공학자와 건축가들의 빼어난 솜씨를 보여 준다. 이슬람교가 전래될 당시 서아시아 지역을 중심으로 모스크가 수백 채나 지어졌다. 이슬람교의 전파로 서아시

아 일부 지역에 돔이 도입될 때 지방의 전통을 따라 토착적인 재료로 지었다. 그 전통은 진흙으로 건축을 하는 것이었기 때문에 주기적인 관리와 보수가 필요했다.

1453년 콘스탄티노플을 점령한 이후 오스만튀르크족은 새로운 수도에 물을 공급하기 위해 로마와 비잔티움의 체계를 기반으로 물탱크와 댐, 저수지, 수문, 수도교 같은 정교한 시설을 건설하는 데 상당한 자원을 투입했다. 이 시스템은 오늘날에도 여전히 사용되고 있다. 첨두아치가 11개나 되는 길이 150미터의 아름다운 수도교가 그 가운데 일부이다. 수계(水系)뿐만 아니라 다리와 돔 건물 같은 공공사업 프로젝트도 있었다. 이런 시설을 건축하는 데는 숙련된 공학자가 필요했다. 공학자와 건축가들은 솜씨를 결합해 아름다움과 기능적 목적을 위한 아치와 돔을 만들어 냈다. 그런 목적 가운데 하나가 지붕을 지탱할 기둥들을 사용하지 않으면서 커다란 공간을 덮는 것이었다.

근대 초기에는 수백 채의 돔 건축물, 특히 교회와 모스크들이 유럽과 서아시아, 나아가 북아프리카 전역에 지어졌다. 터키의 오스만 왕조와 이란의 사파비 왕조, 이집트의 맘루크 왕조에서는 지방색을 띤 건축 양식이 등장했다. 연필처럼 날씬한 첨탑들을 지닌 이스탄불의 거대한 돔 모스크가 오스만 양식을 상징했고, 알뿌리 모양의 돔을 지닌 휘황찬란한 타일로 뒤덮은 이스파한의 모스크는 페르시아의 사파비 양식을 상징했으며, 카이로에 있는 술탄 무덤들의 복잡하게 상호 결합된 석조 돔은 아라비아의 맘루크 양식을 상징했다.

이스탄불의 쉴레이마니예 모스크 꼭대기에 올려놓은 돔은 대형 돔의 전형이었다. 이 건축물은 오스만제국 최고의 건축가이자 동시대 유럽의 미켈란젤로에 비견되는 마마르 시난(1489~1588년)이 쉴레이만 대제를 위해 설계한 것이다. 7년에 걸친 작업 끝에 1557년에 완공한 쉴레이마니예 돔은 구형의 지름이 25미터이고 참배자들의 머리 위로 50미터나 떠 있다. 그것은 네 개의 육중한 버팀벽에 의지해 있고 높이가 35미터인 같은 크기의 반구형 돔 두 개로 모스크의 앞뒤 쪽에 이어져 있다. 그곳을 찾아간 방문객들은 오늘날에도 그 웅장함에 압도당할 정도이다.

인도의 무굴 문화는 페르시아의 이슬람교와 힌두교의 영향으로 생겨난 산물이었다. 무굴의 건축은 이러한 문화적 융합을 보여 준다. 가장 유명한 무굴의 건축 기념물은 1631년 분만 중에 사망한 샤 자한(1628~1658년 재위)의 왕비 뭄타즈 마할의 무덤으로 지은 타지마할이다. 기념물은 이런 식으로 개인적인 기억을 보존하기 위한 개인의 노력을 반영한다. 페르시아 건축가 두 사람이 설계한 타지마할은 2만 명이 넘는 인부가 동원되어 20년 이상이 걸려 완공되었다. 이것은 사파비 예술 최대의 단일 작품으로 일컬어진다. 하지만 인도의 건축 재료와 장인들에게 의존했기 때문에 페르시아의 수입품이라기보다는 무굴 문화의 융합을 보여 주는 훌륭한 사례라고 볼 수 있다. 타지마할은 또한 샤 자한의 억압 통치를 보여 주는 상징으로 여겨지기도 했다. 뭄타즈 마할은 인도의 데칸 고원에서 사망했다. 이곳은 사상 최악의 기근으로 지역 농민의 인구가 격감하게 되자 남편 자한이 그곳을 장악하기 위해 값비싼 전쟁을 치른 곳이었다. 샤 자한은 데칸 고원에 널리 퍼져 있던 가난과 굶주림을 구제하기 위해서는 매주 고작 5천 루피의 제국 예산을 투여했지만, 화려한 공작 왕좌와 아내의 무덤 타지마할에는 수십억 루피를 쏟아 부었다. 이 건축물을 통해 개인적인 기억을 더 큰 규모의 집단적 기억으로 확장시키려는 의도를 엿볼 수 있다.

아메리카 대륙의 기념물 | 건축은 이처럼 연속과 변화를 나타내는 문화적 기억의 원천이 된다. 북아메리카 공동체들에서 나온 유적들은 아프로유라시아 세계의 종교만큼이나 확장 지향적인 정신을 보여 준다. 대개 북아메리카인들은 영구적인 구조물 같은 것이 거의 필요 없는 유목 생활을 영위했다. 오하이오 주의 그레이트 서펀트 마운드(서기 500년경~1000년) 같은 토루들은 신성한 우상(偶像)의 기능을 위해 만들고 정주민들을 위한 기준점으로 세운 것으로 보인다. 그 밖에도 표범, 곰, 새, 사람 모양의 토루들이 여러 곳에서 발견된다. 카호키아의 기념물 토루는 정치와 종교적인 목적을 위한 것이었다. 다양한 모양으로 흙을 쌓아 만든 통나무 무덤인 매장 토루도 있었다.

이 매장 토루들의 내용물은 높은 수준에 도달한 카호키아 주민들의 예술적 솜씨는 물론 그들의 종교적 풍습과 과시적인 사치품(금속, 조가비, 치아) 소비를 보여 준다. 어떤 토루 위에는 공공건물과 주택이 건립되어 계층화된 공동체의 정치 사회적 구조를 보여 준다. 가장 큰 토루는 신전 토루이다. 카호키아의 '몽크스 마운드'는 부피가 60만 세제곱미터나 되는 흙으로 쌓았는데 이 모든 것을 바구니로 날랐다. 이는 이집트의 석조 피라미드 건축물에 견줄 만한 공학적인 위업이다.

북아메리카의 기념물 전통은 남부 출신의 이주민들이 들여왔거나 아니면 적어도 그보다 앞선 중앙아메리카의 건축물에서 영감을 받았을 것이다. 올메카 문화(기원전 1200년경~기원전 400년)가 그 뒤에 등장하는 중앙아메리카 문화의 일반적인 바탕이 되었다는 게 일반적인 생각이다. 고대 마야의 기념 예술(기원전 300년 무렵)은 돌이 풍부했던 환경을 반영하고 있다. 마야 유적의 특징은 석회석 치장 벽토로 만든 신전 피라미드와 방이 많은 '왕궁', 도시의 건물 단지들을 연결하는 큰길, 흔히 마야의 상형문자를 새긴 석조 기념물이 있는 도시 그 자체에 있다. 티칼에서는 기반암을 깎아 만든 종전의 엘리트 무덤들 위에 중앙 아크로폴리스 건물들을 세웠다. 아크로폴리스는 의례 목적을 위한 것이었고 교외의 주택지구로 둘러싸여 있었다. 돌은 중앙아메리카 예술의 주재료였다. 티칼의 기념물들은 남부 저지대 전역의 정치적 복잡성과 문화적 관계망을 보여 주는 중요한 증거가 된다.

문화적 기억의 해체 | 뒤에 식민 권력은 아메리카 대륙의 수많은 신전을 파괴하고 그 돌을 이용해 대성당을 지었다. 이는 식민주의자들이나 식민지인들에게 일정한 영향을 미친 문화적 전유 활동이었다. 문화적 기억을 관리하는 능력은 과거를 기억할 뿐만 아니라 그것을 '지울' 권력도 지니고 있음을 의미했다. 공인된 권력의 장을 마련함으로써 권력과 정체성과 소속감을 강화할 수 있다.

크메르제국이 몰락한 뒤 앙코르는 점차 밀림 지역에 흡수되었다가 유럽인들이 동남아시아를 식민지화하는 과정에서 재발견되었다. 19세기 중반에 프랑스의 한 탐험대가 앙코르의 폐허를 상세히 기록하기 시작했고 캄보디아의 내전으로 그곳을 떠난 1972년까지 프랑스국립극동연구원이 유적지의 복원 작업을 진행했다. 캄보디아가 전쟁에 휩싸인 다음 20년 동안 현지의 노동자들이 계속 복원을 시도했음에도 거의 아무런 진척이 없었다. 유엔이 유네스코를 통해 앙코르의 제 모습을 드러낸 것은 1991년에 이르러서였다. 토양 침하로 붕괴 위험에 처한 건축물을 보호하기 위한 복원 노력에 유엔이 국제적인 지원을 제공해 주었다. 앙코르는 이처럼 캄보디아 주민들의 문화적 정체성을 보여 주는 기념물로뿐만 아니라 세계유산 지역으로 인정되었다. 이러한 유적들은 정통성을 찾는 엘리트들의 주목을 받았으며 그 건축물은 찬란한 과거를 보여 주는 증거로서 현대의 국민적 정체성에 필요한 가치로 여겨진다. 파괴를 일삼은 전쟁과 대량학살을 겪고 동족상잔의 상흔을 치유하려는 국가에게는 이러한 문화적 기억이 더욱더 중요했다.

별로 운이 없는 문화적·종교적 유산이 있는 유적지들도 있다. 아프가니스탄의 바미안 석굴은 서기 2세기부터 6세기까지 힌두쿠시산맥의 중턱에서 조각한 거대한 불상 두 개를 보존하고 있었다. 둘 다 독특한 불상으로 여겨졌는데 그 가운데 하나는 10층으로 이루어져 있었다. 1990년대 후반 아프가니스탄의 권력을 장악한 탈레반은 순수 이슬람 국가를 건설하는 일에 착수했다. 순수 이슬람 국가는 가장 근본적인 용어로 다른 종교를 상징하는 모든 조각상들을 파괴하는 것을 의미했다. 보존해야 한다는 국제적 압력에도 불구하고 탈레반은 2001년에 바미안 불상들을 파괴해 버렸다. 불상의 파괴는 바미얀 도시와 하자라족 시아파 주민들의 박멸과 함께 진행되었다. 하자라족은 수니파 탈레반의 박해를 받았다. 탈레반의 행동으로 불교의 문화적 기억은 물론이고 한 종족의 존재가 지워지고 말았다.

│ 문화적 기억의 관리 │

다양한 문화적 기억 체계는 개인이 만들어 낸 사적인 생산물이거나 공동체의 공적인 계획과 노력의 결과물일 것이다. 문화적 기억의 형태나 수단이 무엇이었든 간에 문화적 기억을 보존하고 유지하고 전달하는 일은 대개 교회와 학교, 길드, 형제단, 도서관, 대학 같은 기관들과 관련이 있다. 이 기관들은 구체적인 조직으로 나타날 수도 있고 사회적이거나 정치적인 상호작용의 양식으로 존재할 수도 있다. 기관들은 문화적 기억의 주체로서 문화적 지식을 보존하고 전달하는 과정에서 명백히 사회적 차원을 추가한다. 이러한 기관들은 사회 문화적 엘리트들의 권력을 강화하기도 하지만 지배적인 문화적 규범과 이상에 대한 저항을 표현하면서 변화의 주체로 행동할 수도 있다.

종교 기관 　개인들이 정신적 목표에 전념하는 공동체인 수도원들도 문화적 기억을 담당하는 기관으로 역할을 했다. 그들은 예배를 통해 종교적 관념을 전달했으며 때로는 수도원 바깥의 정치 사회적 세계에 영향을 미치는 강력한 행위자가 되기도 했다. 수사와 수녀들이 세속 생활을 멀리하기는 했지만 사본을 베끼고 도서관을 유지하는 것이 그들에게 중요한 일이었다. 수도원은 이처럼 유라시아의 문화적 기억을 전승하는 주요 기관의 역할을 했다. 중국에서 유교 사상과 기관, 인도에서 불교와 힌두교의 사원, 서아시아와 아프리카에서 이슬람 사원들이 그랬듯이 유럽에서는 기독교 수도원들이 문화적 지식의 보존과 재생산을 관리했다.

불교의 승원 생활이 인도에서 중국과 동남아시아와 일본 등 아시아 전역으로 전파되었다. 중국에서는 독립적인 불교 종파가 승려와 비구니 수십만 명이 기숙하는 승원을 창설했다. 당나라 때(618~907년)는 불교 사원이 부유한 지주였고 주지와 승려는 왕실 귀족과 교제한 고등교육을 받은 지식인 엘리트들이었다. 불교의 사원과 사찰이 불교 원전뿐만 아니라 유교 원전을 가르치는 기초 교육을 제공하는 학교의 역할을 하기도 했다. 불교 사원은 유럽의 수도원과 마찬가지로 대개 학문의 보고(寶庫)였고 동아시아의 유학과 같은 세속 사상을 포함하는 지식을 보존하고 전수하는 교육기관으로 기능하기도 했다. 중세 일본의 불교 사원은 중세 유럽의 수도원과 마찬가지로 당시 군사 지도자들의 후원을 받은 학문의 중심지였다. 그런가 하면 여성들이 피난처를 구해 들어가는 곳이기도 했다.

아시아와 유럽 전역의 불교 사원이나 기독교 수도원의 수도사 공동체와 마찬가지로 이슬람 세계에서는 12~13세기에 '타리카'(신과 하나 되는 길)라고 부르는 수피 형제단이 등장해 서아시아 전역에 지부들을 설립했다. 이 지부들은 대개 이름난 신비주의자를 중심으로 조직되었는데, 일반적으로 그들의 무덤은 본원에 두었다. 지부들은 나중에 제자들과 추종자들이 만날 수 있는 곳에 설립되었다. 각 지부는 자체의 의례와 의상을 지니고 있었고 일부는 그 자격을 특정한 직업이나 사회 계층으로 제한했다. 특히 직업과 관련을 지닌 도시의 형제단들도 대개 자체의 윤리 규범을 채택했다.

타리카는 이슬람교를 보급하고 문화적 기억을 유지하는 데 커다란 역할을 했다. 가장 유명한 형제단 가운데 하나는 수피 신비주의자이자 시인인 잘랄 앗 딘 알 루미(1207~1273년)의 영감을 받았는데, 아나톨리아의 코니아에 있는 그의 무덤은 제자와 추종자들의 순례지가 되었다. 잘랄 앗 딘은 신비한 경지에 몰입하기 위해 음악과 춤을 이용했기 때문에, 춤을 추는 것이 수피 형제단의 종교 의식에 나타나는 두드러진 특징이 되었다.

서아프리카에서는 말리제국의 확장(13~14세기 무렵)과 함께 이슬람교가 보급되면서 타리카가 등장했다. 서아프리카의 토착적인 문화 기관들과 양립했던 덕에 무슬림 형제단은 더욱 쉽게 이슬람교로 개종을 할 수 있었다. 언어학적 관련성이 있는 서아프리카 종족들의 상인 계급 사이에 상업과 그 규제를 중심으로 모인 남성과 여성의 비밀결사들이 존재했다. 말리제국 전역에 흩어진 그 지부들은 상인 공동체와의 문화적 연대를 증진하고 무역과 여행에 드는 개인 경비를 부담해 주었으며 이슬람 세계 내에서 서아프리카의 상업적·문화적 관계망이 성공을 거둘 가능성을 더욱 높여 주었다. 전문적인 정보와 역사 이야기는 전부 가족 집단들이 관리했다. 이슬람교가 전래된 이후에는 개종자들의 새로운 종교가 지역의 역사들을 독차지하고 그것을 아랍어로 다시 기록해 전달했다.

유럽의 길드 ｜ 이슬람교의 형제단 지부에 해당하는 것을 중세 유럽의 길드 제도에서 찾아볼 수 있다. 1200년 무렵에서부터 1500년까지 무역이 팽창하면서 유럽에서는 공동의 목적을 추구하는 도시 거주민들 사이에 상호부조와 보호를 위한 결사가 발전했다. '길드'로 알려진 이 단체는 생산, 무역, 노동, 심지어는 중소 도시의 정치를 규제하고 보호하는 수단이 되었다. 서아프리카의 도시 지부들과 마찬가지로 직업 길드는 전문 지식을 유지하고 전수하는 기초를 마련하고 공동체와 연대했으며 중세 말 유럽에 나타난 정치 문화적 변화의 매개자 역할을 했다. 길드는 중세 유럽의 가장 중요한 기관이라 할 수 있다.

길드는 활동의 분야들만큼이나 형태가 다양했다. 이를테면 종을 치는 종지기, 음유시인, 양초 제조업자, 석공, 도로 보수 기술자, 직조공의 길드가 있었다. 길드 조합원들은 1268년 베네치아 도제(Doge, 지배자)의 축하 행사와 같은 공적인 행사와 의례에 참여했다. 도제의 축하 행사는 도시마다 여러 길드가 사치스런 의상을 걸치고서 갖가지 깃발을 들고 연주자들을 앞세워 무리 지어 걸어가는 행진이었다. 다채로운 행렬은 참가자들 공동체의 집단적 기억과 정체성을 보여 주는 하나의 표현이었다. 마르코 폴로도 원정을 출발하기 전에 아마 이 행렬들을 목격했을 것이다.

대학, 도서관, 교육 ｜ 사회들은 대개 중요한 문화적 지식을 습득하고 전수하는 수단을 종교뿐 아니라 비종교적인 다양한 교육기관을 통해 체계적으로 개발했다. 서아시아의 이슬람 사회에서는 주로 쿠란과 그 해석자들에 따른 종교와 법률 교육을 제공하기 위한 '마드라사'(교육기관)가 등장했다. 수니파 정통 신학자를 훈련하기 위해 설립한 마드라사에서는 아랍어를 사용했다. 제국의 주요 도시 대부분에는 이러한 대학들이 한두 개씩 세워졌다. 이들 대학은 결국 모스크와 마드라사, 공중목욕탕, 시장 등과 함께 무슬림 도시나 읍을 상징하는 구성 요소가 되었다. 일반적으로 마드라사는 한 개에서 네 개에 이르는 아치형 강당(교실)이 있는 사각형

| 그림 9.6 | **철필로 글을 쓰고 있는 인도 여성**
서기 11세기 인도 북부의 사암 조각. 젖은 점토판
을 철필의 끝으로 눌러 원하는 기호를 만들었다.
남아시아와 동남아시아 전역에서는 종려나무 잎사
귀에 쓴 사본이 사용되기도 했다. 후원자들의 지원
을 자주 받는 학자들 가운데 엘리트 여성 서기관들
도 있었다.

건물이었다. 가운데 안뜰 둘레로는 아케이드가 있었고 학생과 교사의 기숙사까지 갖
추고 있었다.

인도 북부의 날란다에는 서기 6세기에 대규모 불교 대학이 설립되었는데, 수많
은 외국 학자들과 저명한 강사들을 포함해 등록 학생이 5천 명이나 되었다. 대학에서
는 불경 원전과 베다, 힌두 철학을 가르쳤다. 카스트의 구분이 있는 교육기관도 있었
다. 엘리트 '브라만' 소년들(이따금씩 소녀들도)은 베다 전통의 교육을 받았고 전사 카
스트의 구성원들은 주로 가정교사로부터 교육을 받았다. 가정교사들은 읽기와 쓰기,
군사기술, 춤, 회화, 음악을 가르쳤다.

엘리트들이 문자 언어에 신성한 힘을 부여한 중국과는 달리 고대 인도에서는 구
술 전승을 훨씬 더 존중했다. 결국에는 쓰기가 기억의 보조 수단으로 사용되기는 했
지만 암기와 기억을 강조했다. 수도원과 왕궁에는 중세 유럽에서처럼 도서관이 설립
되었다. 종려나무 잎사귀에 사본을 필사하는 일은 전문 서기관들의 작업이었고 대개
는 종교적인 활동으로 간주되어 수도원과 왕궁에서 집중적으로 이루어졌다.

대성당 부설 학교는 전통적인 학문의 중심지인 수도원과 더불어 12세기 유럽에

대학이 출현할 때까지 교육의 중심지였다. 학생들은 반드시 사제가 되지 않더라도 교회의 서기로 간주되었다. 유럽에서 처음 생긴 대학들은 대성당 부설 학교가 도시화되고 확장된 형태였을 것으로 생각된다. 최초의 대학은 12세기 초 이탈리아의 볼로냐에 설립되었고 알프스산맥 이북에는 파리(1200년)에 최초의 대학이 생겼다. 파리대학이 곧 유럽에서 제일가는 신학과 철학의 연구 중심지가 되었다. 이는 당시 교육의 기원과 교육에서 차지하는 교회의 지배적인 역할을 보여 준다.

중국에서는 고대로부터 학교가 국가의 책무에 속한다는 유교적 개념이 이어져 내려왔다. 기원전 2세기에 수도에는 유교의 고전을 가르친 '제국 대학'(태학)이 있었다. 교육기관들은 과거제의 운영과 밀접한 관련이 있었다. 당 왕조 때 제도화된 과거제는 이미 한 왕조(기원전 206~서기 220년)에서 실시한 천거제(薦擧制)를 토대로 제국 정부의 관리를 모집하고 선발하기 위한 것이었다. 이 제도는 시간이 지나면서 중화제국의 정치·사회·문화 엘리트를 양성하기 위한 가장 강력한 수단이 되었다.

시험에 합격하려면 방대한 학문에 걸쳐 유교 고전과 고전의 주해서와 시간에 따라 전승된 유교의 학문적 전통을 기록한 역사적 저작 전체를 통달해야 했다. 학생들은 이른 나이 때부터 시작해 여러 해 동안 긴 시간을 공부해야 했을 것이다. 이러한 교육 과정에는 시와 수필 같은 문학 작품들도 포함되었다. 불교 사원에서는 조기 교육이 진행되었고 대개는 불교 원전은 물론 유교 원전도 가르쳤다. 과거시험은 고전과 주해서와 역사서의 지식을 평가했을 뿐만 아니라 응시자들에게 재정 문제와 같은 정부의 행정 문제를 처리할 정책을 제시하라는 주문도 했다. 뿐만 아니라 응시자들은 교양인으로서의 능력을 보여 줄 특정한 주제에 대해 특정한 형식의 시를 지으라는 과제를 받기도 했다.

문화적 전통의 뿌리가 깊은 가문이나 지위와 권력을 열망하는 가문의 장래가 촉망되는 응시자들은 부유할 경우 가정에서 개인 교사를 통해 교육을 받거나 12세기 송나라의 수도에서부터 거의 모든 지역에 이르기까지 방대한 네트워크를 갖춘 학교들을 돌아다니며 교육을 받았다. 이 학교들은 누구에게나 개방되어 있다는 의미의 '공립' 학교는 아니었다. 엘리트들을 위한 주요 교육기관이었고 그 자제들로 붐볐다. 가문들은 이따금씩 문중 학교의 재정을 위해 토지를 기증했으며 지역 사회의 지도자들이 엘리트 가문의 자제들을 위한 학교 설립에 공동의 노력을 기울이기도 했다. 12세기에는 사설 학교도 급증하기 시작했다. 이들 학교는 이른바 '신유학'이라고 부르

| 그림 9.7 | **헨리쿠스 데 알레마니아 대학**

양피지에 그린 라우렌티우스 데 볼톨리나의 세밀화(18×28cm). 14세기 "헨리쿠스 데 알레마니아의 윤리서"에서 따온 이 삽화는 당시의 전형적인 유럽 대학을 묘사하고 있다. 고등교육은 공인된 스승의 지도를 받는 공동체의 형태로 이루어졌다. 선생은 수학과 천문학에서 음악과 수사학에 이르는 과목들을 지도했다.

는 고전 학문의 새로운 종합을 시도하는 곳이었다.

9~10세기에 서아시아 전역에는 웅장한 도서관들이 설립되었다. 모든 종류의 책이 수집되었지만 가장 중요한 책은 고대 그리스 학문에 관한 것들이었다. 도서관은 신앙적 배경과 출신이 다양한 학자들이 다른 분야는 물론 자연과학을 공부하고 토론하며 논쟁을 벌이는 학교의 기능을 했다. 서아시아의 도서관은 이슬람 세계를 넘어 기독교 세계로 고대 학문을 전달하는 데 중요한 역할을 했다. 무슬림 도서관들 가운데 가장 유명한 것은 833년 바그다드에 설립된 도서관과 1005년 카이로에 설립된 도서관이다.

커다란 나이저 강 연안의 팀북투에 위치한 상코레대학은 유럽과 서아시아와 북아프리카의 대학들과 마찬가지로 15세기 서아프리카의 이슬람 사회 전역에 지적인 각성을 불러일으키는 무대가 되었다. 대학은 실제로 2백여 개에 달하는 작은 학교와 모스크와 도서관들로 이루어져 있었다. 이들이 아랍 세계와 아프리카의 다양한 구술전승으로부터 지식을 습득하고 보급했다. 15세기까지 거슬러 올라가는 유명한 '타리크'(역사서) 두 권은 실제로 수단의 지역 전통을 아랍어로 기록하고 있다. 대학의 교육과정은 대부분 성직자들이 관리했으며 가족 관계를 통해 재생산된 엘리트의 특권문화를 대표하는 것이었다. 교육과정에는 소수의 도시 엘리트들에게만 관심이 있는 이슬람 신학과 법리학, 천문학, 지리학, 역사 과목이 들어 있었다.

젠더와 기관들 | 문화적 기억의 전달은 사회 계급과 문화를 통해 이루어졌을 뿐만 아니라 젠더적인 특징을 잘 보여 주었다. 기독교의 성인열전과 다소 유사한 인명사전을 편찬하는 이슬람의 전통은 이슬람 문화를 창조하고 전수한 개인 남녀들의 공헌을 집대성한 것으로서 이슬람 사회의 역사를 이해하는 기초를 제공한다. 이러한 개인 생애를 보여 주는 한 예로 열두 권으로 된 알 사카위(1497년 사망)가 편찬한 사전에 '찬란한 빛'으로 등장하는 여성 학자 움 하니(1376~1466년)의 생애를 들 수 있다.

알 사카위에 따르면 움 하니는 카이로에서 태어나 그곳에서 죽었다. 처음에는 할아버지의 가르침을 받았고 이어서 20여 명의 스승과 공부했다. 그녀는 두 차례 결혼했고 자녀들은 법학 교육을 받았다. 그녀는 알 사카위를 비롯한 여러 학자들의 선생이 되었다. 알 사카위는 자신이 배울 수 있는 것보다 더 많은 것을 그녀가 알고 있었다고 기록했다. 움 하니는 젊은 여성으로서 쿠란을 암기했으며 '하디스'(전승)의 긴 구절들을 암송할 수 있었다. 또한 즉석에서 시를 지을 수 있을 만큼 뛰어난 시인이었다. 두 번째 남편이 죽자 그의 재산과 사업을 물려받아 직접 직물 공장을 경영했다. 사카위는 또한 움 하니가 메카로 '하지'(성지 순례)를 열세 차례나 다녀왔는데 대개는 메디나와 메카에 몇 달 동안이나 머물면서 가르쳤다고 전한다.

움 하니는 사전에 등재된 전체 11,691명 가운데 하나였고 이름이 인용된 여성 1,075명 가운데 하나였다. 14~15세기에는 여성이 이슬람 학자들의 인명 목록에서 두각을 나타냈다. 이는 아마도 시리아와 이집트의 '울라마'(성직자)들이 여성에 대한 종교 교육을 크게 장려한 데서 비롯되었을 것이다. 하지만 그 뒤로는 여성의 이름이 사전에서 사실상 사라졌다. 19세기 말 알 바이타르(1918년 사망)가 편찬한 사전에 모두 777명이 올라 있는데 그 가운데 여성은 고작 둘뿐이었다.

수도원과 교회, 대학, 형제단 등 문화적 기억을 다루는 기관들은 문화적 지식을 전달하고 보급하면서 일반적인 유형의 권력관계를 재생산하고 위로부터 행사되는 권력이나 통제인 문화적 헤게모니를 강화하는 데 기여했다. 이러한 기관들은 엘리트의 문화적 이상을 강화할 뿐만 아니라 정치 사회적 질서를 유지할 수 있는 이념적 권력을 만들어 냈다. 이 기관들은 그와 동시에 반대의 온상이 되기도 하고 전수받은 문화적 지식에 도전을 가하거나 그것에 저항함으로써 문화적 기억을 수정하는 데 이바지하기도 했다. 문화적 지식을 전수하고 재생산하는 과정에서 권력관계를 근본적으로 재조정하거나 권위의 기초에 도전함으로써 지배 엘리트의 권력을 거부하는 변화가 일어나기도 했다.

르네상스, 전통과 변화

문화적 기억 체계는 과거를 되살리거나 활성화시키고 하나의 사상 체계를 그 이전의 것으로 대체함으로써 변경할 수도 있다. 중세 말 유럽의 문화와 사회(1000년경~1200년)는 기독교 전통과 가톨릭교회 기관의 지배를 받았다. 이 두 가지가 1200년 이후에는 상업의 팽창과 봉건적 정치 구조의 붕괴에 의해서 그리고 15세기에는 대서양 변경의 개방과 아시아와 아프리카, 아메리카 대륙의 영향으로 생겨난 변화로 서서히 손상되어 갔다.

유럽의 르네상스는 14세기에서부터 16세기에 걸쳐 일어났는데 그 용어를 만들어 낸 당대인들에게는 학술 문화의 '재생'을 의미했다. 그들은 중세 기독교 문화와는 다른 영감과 문화적 이상의 원천을 고대 그리스와 로마에서 찾았다. 이러한 문화적 이상들은 종교적 신앙에 비해 현세적이거나 세속적인 관심을 강조하고 신보다 인본주의적인 관심을 강조하는 '세속적 휴머니즘'이라는 말로 표현할 수 있을 것이다. 중세 기독교의 통일성이 제공한 기독교 신앙과 공동체 의식에 대한 중세적 편견을 거부한 르네상스 사상가들은 그리스와 로마 사상가들의 저작에서 발견한 개인주의에 매력을 느꼈다. 개인주의의 이상은 1200년과 1500년 사이에 일어난 상업자본주의의 사회경제적 현실과 도시화 과정에서 자극과 지원을 받았다.

유럽의 르네상스는 중세 기독교를 배경으로 유럽의 문화적 기억 체계가 '재생' 될 것을 나타내는 전조였다. 유럽의 사상가들은 그리스와 로마 작가들의 영감과 신성 하지 않고 세속적이며 신 중심적이지 않고 인본주의적이며 기독교 신앙보다는 이성 에 바탕을 둔 가치와 이상에 영감을 받았다. 이와 비슷하게 8세기 이후 중국에서는 유교의 '재생'이 일어나 1200년 무렵에는 이른바 신유학으로 그 절정에 달했다.

유럽의 르네상스를 특징짓는 중세 기독교의 거부와 그리스·라틴 고전의 재발 견과 마찬가지로, 유교의 부흥과 그 근본 사상의 개혁은 유교의 정치 사회적 이상에 도전한 불교에 대한 대응이었을 뿐 아니라 불교의 정신적 이상에 대한 거부와도 관련 이 있었다. 신유학 사상가들은 불교의 형이상학적 질문(존재의 본질과 우주)에 대한 유 교적 대답을 제시하고 사회 문제들을 다룰 유교적 제도와 풍습을 만들어 내고자 했 다. 그들은 형이상학의 영역에서 존재의 목적을 유교적 성인이라는 관점에서 설명했 다. 사람은 본질적으로 선한 인간의 진정한 본성을 실현하고 그것을 활용해 공동체를 위해 봉사하는 데 힘써야 한다는 것이다.

이와 반대로 불교는 사람들에게 세상에 대한 애착을 버리고 붓다의 본성, 곧 만 물과의 일체 속에서 개인적인 자아가 소멸된 상태(열반)를 실현하는 '깨우침'을 얻으 라고 주문했다. 동시에 불교 기관들은 사원을 통해 사회의 도피처뿐만 아니라 굶주린 자를 부양하고 고아를 돌보는 사회복지 서비스도 제공했다. 불교 승려들은 또 오랫동 안 유학자들의 주된 관심사였던 장례를 고대의 전례 문헌에 기술된 정교한 장례 규정 에 따라 거행함으로써 중요한 대민 봉사를 제공하기도 했다. 신유학 사상가인 주희 (1130~1200년)는 장례와 결혼 의례 같은 유교에 기초한 새로운 체계에 따른 가정생 활 풍습을 저술했다. 이런 노력은 불교적인 풍습을 대체하고 불교 승려와 사찰에 대 한 의존을 탈피하기 위한 것이었다.

유교 사상에서는 언제나 부자 관계와 부부 관계 같은 기본적인 인간관계의 관점 에서 사람의 정체성을 규정해 왔다. 자아를 주로 타인들, 특히 가족과의 관계를 통해 서뿐만 아니라 더욱 큰 공동체와의 관계를 통해서 규정했다. 신유학은 주희 같은 사 상가들이 하늘이 내린 인간 본성의 자기 수양이 정치 사회 질서의 핵심이라고 주장했 듯이 공동체의 질서와 조화의 원천으로서 새롭게 자아를 강조했다. 송대(960~1279 년)와 그 이후의 신유학 사상가들은 이 개념의 기초를 유교의 오경 가운데 하나인

《예기》에서 떨어져 나온 〈대학〉의 사상에 두었다. 이 책에 따르면 개인의 도덕적 청렴이 가족의 규칙, 국가의 질서, 세계의 조화와 관련이 있었다.

| 시간 측정과 시계 |

종교 기관들은 우리의 일상생활에 시간 측정의 기능을 도입하게 함으로써 인류 사회의 통합과 역사 자체의 활성화에 중요한 역할을 했다. 이를 통해 근대 역사가들의 작업에 필수적인 시간에 따른 변화를 확인하고 측정하는 일이 가능해졌다. 시간 측정은 복잡한 사회가 등장하는 데에도 중요한 역할을 했다. 시간의 경과를 관측하는 최초의 장치는 규칙적인 행성의 이동을 관찰하기 위해 만든 다양한 형태의 해시계였다. 이집트인들과 중국인들은 또 물의 흐름을 통해 시간을 측정하는 시계 장치를 사용하기도 했다. 중세 유럽의 종교 공동체들은 해시계와 물시계, 양초시계 따위를 사용했으며 마침내 13세기에는 공동체 구성원들의 일상적인 기도와 작업 시간을 맞추기 위해 기계식 시계를 사용했다.

어떤 사회는 세계를 통합하고 그것을 이해하기 위해 시계를 만들었다. 현대사회에서도 여전히 해시계와 손목시계에서부터 달력과 벽시계, 탁상시계에 이르기까지 공동의 외부 장치를 사용하고 있다. 중국인들은 점성술과 역법에 물레바퀴를 동력으로 움직이는 천문시계를 사용했다. 어떤 역사가들은 이 천문시계가 유럽에서 발명된 기계식 시계보다 훨씬 더 정확했을 거라고 생각하고 있다. 중국에서는 이미 서기 979년 장사훈(張思訓)이 태양과 달과 일부 별들의 이동을 재현한 최초의 물 장치를 기록해 두었다. 하지만 기술혁신이 이루어지면서 시간의 흐름에 따라 정확성에 대한 필요성이 바뀌었다.

시계의 정확성과 의존성을 개선한 중요한 계기는 별과 행성의 관측에 의존하던 항해를 위한 정밀한 시간 측정의 중요성에서 비롯되었다. 18세기에 존 해리슨이 최초의 정밀 해양 크로노미터를 발명함에 따라 망망대해에서 배의 위치를 측정할 수 있게 해 주었다. 21세기의 지구상 위치 확인 시스템(GPS)은 우주 공간에서 위치를 계산하기 위해 개발된 정확성이 매우 높은 원자시계를 이용하고 있다. 원자시계에서는 나노초의 오차가 1,000킬로미터 이상의 거리 오차로 바뀔 수 있을 정도로 정확하다.

시계에 의지해 사는 사람들은 역사가와 선원과 우주 비행사들뿐만이 아니다. 표준시의 사용이 오늘날 세계 상당 지역의 일상생활을 추동하고 있다. 하지만 농촌의 농업 종사자들은 이런 표준시에 별다른 주의를 기울이지 않았다. 산업 도시에서는 공용 시간표가 도시 생활의 중요한 표지가 되었으며 그것을 통해 개인들의 통제가 가능해졌다. 19세기 초에 손목시계가 등장한 이후 시계를 휴대하거나 착용할 수 있게 되었고 여기저기서 그것을 볼 수 있게 되었다. 1880년대 중반에는 가죽 '시계 팔찌' 가 부인들의 매력적인 보석 장신구로 간주되었다. 몇 십 년이 안 돼 손목시계는 주로 여성들이 이용하기는 했지만 흔한 것이 되었다. 남성들이 손목시계의 실용성을 거부할 수 없게 된 것은 제1차 세계대전에 이르러서였다.

도시의 산업 생활이 전 지구적으로 확산되면서 시간 측정이 새로운 과학 시대를 나다내는 보증서가 되었다. 시간 측정 체계에 대한 전 세계 공동의 적응은 과학이 인간의 기억 체계에 미친 영향을 보여 주는 한 사례이다. 서기 1700년 무렵에 정점에 달한, 유럽사에서는 흔히 '과학혁명' 이라고 부르는 시대에 나타난 새로운 인식론은 종교적 전통에 간직되어 있는 문화적 기억의 지혜보다는 과학자와 과학적 사고의 역할을 앞세우기 시작했다. 세계는 실험이나 관찰에 의한 체계적 탐구를 통해 인식이 가능하고 경험론이 핵심적인 역할을 하는 새로운 시대를 향해 나아가고 있는 것으로 간주되었다. 정신적 영역보다는 물질적 영역의 문화적 기억을 강조하게 되면서 점차 세속적 세계관으로서의 근대성 개념이 생겨났다.

문화적 기억 체계와 새로운 접촉

1500년 무렵 이후부터 해상 여행과 정복을 통해 서로 다른 문화적 기억 체계 사이에 접촉이 갈수록 늘어났다. 종교와 제국과 무역이 확대되면서 상이한 문화적 기억 체계가 한데 어울리게 되었다. 1500년 이후의 유럽의 탐험 시대에 유라시아의 사상과 기술이 아프리카와 아메리카 대륙과 오세아니아의 매우 상이한 문화적 환경과 접촉하게 되었다. 이러한 접촉은 전달자와 수용자 모두를 쌍방향의 문화적 변화 과정에 공동으로 참여하게 했다. 하지만 문화적 기억 체계가 그저 '전통' 을 보존하고 증진하는 역할만 했을 것이라고 생각하는 것은 잘못이다. 생존 가능한 문화 체계를 유지한다는 것은 끊임없이 새로운 사상을 여과하여 사회적으로 수용 가능한 틀 속에 다시 공식화하는 것을 의미한다. 과거의 문화도 오늘날과 마찬가지로 끊임없이 변화했다. 문화적 기억 체계는 그러한 변화를 조율하고 조정하는 기능을 했다.

유럽의 팽창과 더불어 일어난 접촉은 가치 있는 것으로 생각된 물건과 사상의 선택적인 차용 과정으로 이어졌다. 문화적 기억 체계가 상호 접촉하면서 물질세계도 변화의 여지를 제공했다. 새로운 나라에 문화 상품이 유통되면서 비로소 여행 기술이 등장했다. 예를 들어 서아프리카의 직조공들은 아시아에서 수입한 견직물을 풀어서 그 명주실로 자신들에게 친숙한 무늬의 천을 다시 짰다. 오세아니아를 항해하는 유럽인들은 자신들의 복잡한 상징과 문화적 기억들을 바꾸면서 폴리네시아인들의 '타투'(tattoo, 문신, 두 번 줄을 긋는 것을 의미하는 사모아의 타타우에서 나온 말이다)를 모방했다. 일본의 실크스크린 판화가들은 멕시코를 여행하면서 비단 무역 시대의 원주민 축제들을 그렸다. 이 모두가 새로운 지방과 새로운 매체에 적응한 문화적 기억 체계를 보여 주는 사례들이다.

음식 문화도 인체와 그 외부 세계인 음식과 맛을 연결하는 문화적 기억 체계의 일부가 되었다. 사람들이 먹는 음식은 자신뿐 아니라 타인들에게 정체성을 드러내는 것이었으며 시간이 흐름에 따라 그 음식도 바뀌었다. 이러한 변화들이 전 세계의 소비문화를 이루고 심지어 때로는 일부는 감소하고 다른 일부는 급증하는 인구 변동을 유발하기도 했다.

기억의 식민화

식민지는 식민주의자와 식민지인들이 한데 어우러진 사회 변화의 강력한 도가니였다. 최근에 나타난 새로운 식민 시대 연구는 이들 양 집단에 미친 식민주의의 영향을 강조한다. '기억의 탈식민화' 과정은 언어와 의복을 비롯한 문화적 기억 체계에 나타난 치밀하고도 의도적인 변화에 관한 것이다. 식민주의자들은 자연 자원의 형태로 식민지의 부를 착취한 것처럼 자신들이 정복한 사람들의 과거까지 전유하고자 시도했다. 나이지리아의 작가 치누아 아체베는 첫 소설《모든 것이 산산조각 나다》(1958)를 쓰면서 식민주의가 침묵시키려 한 아프리카인들의 처지에서 느낀 식민화의 역사적 경험을 묘사했다.

유럽 언어의 이식은 식민의 목적 실현을 촉진해 주었다. 한편으로 아시아와 아프리카, 카리브 해의 식민 지역에서는 유럽의 언어들이 독립으로 이어지는 연대와 협동을 증진함으로써 저항의 기회(공동의 언어 사용을 통해)를 마련해 주기도 했다. 식민주의자들의 언어는 또 정치적 독립을 달성한 이후까지도 계속되는 신식민주의와 문화 종속을 나타내기도 했다. 자메이카의 작가 루이스 베넷은 스토리텔링 장치를 통해 길거리 이야기와 아프리카에 뿌리를 둔 방언들을 문학으로 승화시켜 새 세대 작가와 랩 가수들이 활동할 여지를 마련해 주었다. 방언으로 글을 쓴 자메이카의 시인 앤드루 솔키(1929~1996년)는 아프리카 기원의 민중적인 영웅 거미 아난시를 이용해 가이아나에서 자행된 잔인한 독재에 대한 분노를 표출했다. 《유일자》(1985)라는 솔키의 짧은 책에서 아난시는 자유 투사의 옷을 걸치고 마술을 부려 카리브 해의 역사가이자 정치 운동가인 월터 로드니(1942~1980년)의 살인에 대해 복수했다.

아프리카 대륙에서는 응구기 와 시옹오가 언어 자체가 기억을 식민화한다고 생각해서 식민주의자들의 언어인 영어가 아니라 모국어인 키쿠유어로 글을 쓰기 시작했다. 이와 반대로 나이지리아의 노벨문학상 수상자인 월레 소잉카는 《죽음과 왕의 마부》(1975)에서 20세기 요루바족의 경험을 반추하기 위해 영어뿐만 아니라 특히 셰익스피어식 영어를 사용했다. 나이지리아 정부가 이 책을 금서로 지정하는 바람에 오늘날에도 나이지리아인들은 거의 아무도 읽을 수 없다. 카리브 해 태생 아프리카 작가인 프란츠 파농은 식민지 세계의 문학은 식민지 이전의 과거를 낭만적으로 묘사하는 문화적 민족주의 단계를 거쳐야 한다고 주장했다. 아프리카의 소설가들은 식민지 이후의 세계를 묘사하기 위해 낭만주의를 멀리하고 현실주의와 심지어는 초현실주의(현실주의를 초월하거나 넘어서는) 경향을 보였다.

문화적 기억과 저항

경험과 문자 지식 간의 긴장이 없는 기억 체계에서도 저항을 통해 엘리트들의 지식 통제를 위협할 수 있었다. 가족의 역사와 궁정의 역사가 과거에 대한 관심과 해석을 매우 달리하듯이 대중문화와 엘리트 문화는 이따금씩 서로 다른 사람들을 위해 봉사하고 서로 반대되는 해석의 문화적 기억을 나타냈다. 예를 들어 서아프리카의 요루바족은 수백 년에 걸쳐 제의를 실제적인 여행이자 가상의 여행이라고 생각해 왔다. 제의를 행진이나 열병식, 순례, 가장무도회로 거행하든 아니면 참가자들이 춤을 추며 문화적 영웅과 전지전능한 신들의 정체성을 구현하는 무아지경으로 거행하든 문화적 기억의 변화는 일어날 수 있다.

제의 집행은 세상의 질서를 강화할 수 있는 만큼 그것을 쉽게 전복할 수도 있다. 문자로 기록된 제의 서술과 노련한 제의 집행을 통해서는 전통이나 문화적 기억 그리고 일시성이나 변화와 제의의 동시적 관계를 포착하기가 매우 어려울 것이다. 고대 그리스인들의 종교도 마찬가지로 제의와 축제, 행렬, 운동 경기, 신탁, 희생 같은 행위에 초점을 맞추었다. 지혜의 여신 아테나 숭배는 고정되어 있거나 기록된 표상보다는 화려한 축제를 중심으로 이루어졌다. 생생한 체험과 비언어적 소통이 강력한 문화적 기억 체계를 만들어 낼 수 있었다. 이런 모습은 언어 체계가 존재하는 곳에서도 마찬가지였다.

춤과 제의 또한 그것이 문화 정치의 필수 요소인 지역에서 문화적 기억을 보존하고 전승하며 변화와 저항의 틈새를 만들어 내는 데 중요한 역할을 하기도 했다. 제의와 춤 동작은 말로 표현할 수 없는 것을 몸으로 말한다. 인도의 춤이나 하타 요가(정신적 목적을 이루기 위해 몸을 깨끗하게 하고 정화하는 방법) 전통과 같은 운동감각 실습을 비롯한 문화적 경험이 추종자들에게 우주론적이고 정신적인 통찰력을 가르치고 정체성을 깨닫게 해 주는 주요 방법이었다. 춤과 의식화된 행동에서부터 군대의 행진에 이르는 몸의 움직임이 현상을 지지하거나 반대하는 복잡한 기억 체계를 보존하고 소통할 수 있었다.

공연 예술과 저항 | 식민 지배에 대한 반응은 무장봉기에서부터 문화적 저항의 형태를 거쳐 적극적인 협력에 이르기까지 다양했다. 식민주의에 대한 아프리카의 저항은 이따금씩 복잡하고 미묘한 흉내로 나타났다. 1925년 무렵부터 서아프리카의 하우카 운동은 유럽의 식민주의자들을 흉내 낸 신들림의 의식과 춤으로 식민주의에 대한 저항을 표현했다. 무용단원들이 조롱과 반란의 메시지를 전파하면서 니제르의 농촌을 돌아다녔다. 무용수들은 유럽의 병사 같은 의상을 걸치고 그들의 식민 행동을 흉내 냈다. 하우카 단원들은 유럽 양식과 형태의 몸 움직임을 전유함으로써 자신들의 영토를 지배하는 프랑스 정부에 강력히 저항하고자 했다.

세계화 시대에 무용수의 몸은 아메리카 원주민의 춤과 아프리카의 춤, 유럽의 춤이 뒤섞인 브라질의 매우 독특한 춤인 삼바의 동작을 통해 자신들의 복잡한 정체성 형성의 역사를 말해 주기도 한다. 삼바의 쓰리 카운트와 간박자, 엉덩이를 흔드는 현란한 움직임, 4분의 2의 엇박자를 억지하는 발은 독립적인 전통들의 융합을 기리는 하나의 은유가 되었다. 브라질에서는 아프리카(콩고족)와 아메리카 원주민(카리리 원주민)의 당김음(syncopation)과 리듬이 강한 박자와 잘 어울리지 않는다. 겹친 움직임들은 한 리듬이 혼합주의적인 삼바의 형태로 다른 리듬을 억제하고 번갈아 가며 쉬게 한다. 1888년 노예제가 폐지된 뒤 고통스런 과거를 지우기 위해 노예제에 관한 일부 역사 문서를 파기했지만 그 이야기는 삼바와 같은 형태로 여전히 남아 있다.

20세기의 브라질과 아프리카계 카리브 해 세계의 다른 지역에서는 그들이 노예 상태에서 그랬던 것처럼 예술과 제의의 형태로 저항의 정치를 수행했다. 춤을 비롯한 공연 예술은 일종의 움직이는 저항이었다. 억압받는 이들은 종교적 표현을 이용해 개인들의 용기를 북돋우고 사회 질서를 전복하며 때로는 심지어 정치적 정체성을 바꾸기도 하고 문화적 기억을 거듭 주장하기도 했다. 아프리카에 기원을 둔 '칸돔블레'라는 종교의 춤 의식 같은 의례들이나 트리니다드의 카니발 의식과 춤 스텝 속에 저항과 문화적 표현의 요소가 뒤얽힌 문화적 기억들이 살아남아 있다. '카포에이라'라는 브라질 무술의 품새나 브라질의 대중적 '국민' 춤이 된 삼바의 몸짓 속에도 그런 기억이 담겨 있다.

춤 스텝과 악기들은 저항의 역사에서 몇 가지 의미를 함축하고 있다. 호리병박 울림통에 단 외줄 활인 브라질의 '베림바우'는 악기로 연주된다. 그런데 어떤 음악가는 "고통의 시절에는 그것이 악기가 아니라 무기가 된다"고 했다. 가톨릭교의 요소와 요루바족의 신들을 결합한 혼합 신앙인 칸돔블레는 대서양 세계의 격렬한 문화적 충돌 속에서 생겨났지만 한편으로는 공동체와 집단적 행위의 맥락에서 등장한 것이기도 했다. 춤은 창조적 표현으로서 저항과 관련이 있었을 뿐만 아니라 역사적 정체성의 핵심을 이루기도 했다. 미국의 무용학자 바버라 브라우닝은 이렇게 평가했다. "브라질 사람들이 고집스레 추는 춤은 망각의 수단이 아니라 설명은커녕 생각하기도 어려운 사회적 불법의 역사와 현주소를 합리적으로 설명하고 이론화하고 이해하려는 꾸준한 노력과 인내의 표현이다."

문화적 기억과 중국의 문화혁명

문화적 기억에 대한 가장 강렬한 충돌 가운데 하나는 노예제나 식민주의에 대한 저항뿐 아니라 엘리트 문화의 영역으로 여겨진 과거에 대한 저항으로 나타났다. 중국의 문화혁명은

1965년 명나라 황제가 충신을 해임한 사건을 다룬 연극을 비판적으로 평가하면서 시작되었다. 연극 비평은 이 연극을 황제와 같은 마오쩌둥이 공산당의 관료를 처벌한 사건에 대한 은근한 공격이라고 조롱했다. 겉으로 보기에는 예술 분야의 분쟁이 사실은 마오쩌둥과 그의 추종자들이 비판 세력을 처리하기 위해 계획한 하나의 정치적 전략이었다.

　논쟁은 결국 이른바 '봉건 문화의 잔재'라고 여긴 것을 맹렬히 공격하고 나선 중국 전역에 걸친 인민들의 반발로 확산되었다. 폐쇄된 학교와 대학에서 해방된 젊은 홍위병들이 전국을 돌아다니며 종교와 전통 문화를 비롯한 낡은 생활 방식을 보여 주는 아이콘들을 파괴했다. 불교 사원을 파괴하고 도서관을 비웠으며 책을 불태웠다. 작가와 교사를 비롯한 낡은 사회 및 문화와 관련이 있는 모든 것들을 공격했다. 마오쩌둥의 목적은 노동자와 농민, 병사의 이름으로 새로운 문화를 창조하는 것이었다. 새로운 문화는 유교의 전통을 통해 간직되어 온 교육받은 지식인들에 대한 존경을 대체하는 것으로 미화되었다. 문화혁명은 유교와 전통 사회를 공격한 1919년의 5·4운동의 메아리였다. 하지만 5·4운동은 마르크스주의와 마오쩌둥주의의 서구 거부에 의해 영감을 받은 1960년대의 문화혁명이라기보다는 "과학과 민주주의"라는 서구적 이상의 이름으로 그렇게 한 것이었다.

초국가적 기술과 문화적 기억

기관과 국가들만이 문화적 기억을 형성한 것은 아니다. 오늘날에는 인공위성 기술과 다국적 기업이 소유한 텔레비전과 영화(최근에는 인쇄 미디어)의 배급권이 프로그램 내용과 수용자에게 영향을 미치고 있다. 흔히 영화를 20세기의 전형적인 예술 형태라고 한다. 텔레비전에서 컴퓨터에 이르기까지 현대의 기술은 생활 속에서 시각적인 표현과 소통을 가장 높은 지위에 올려놓았다. 19세기의 스틸 사진 발명은 곧 사진 이미지를 배열해 활동사진을 만들 수 있다는 생각으로 이어졌다. 20세기 말에는 사실상 세계의 모든 지역이 사진과 영화, 텔레비전의 영상을 통해 시각 문화를 창조하는 데 참여하기 시작했다. 전 세계의 시청자들은 컴퓨터를 통해 단일한 미디어 공동체로 연결되었다. 국가를 뛰어넘는 이미지와 그것의 재생산이 패권을 장악하면서 국가에 한정된 아이콘의 문화적 기억을 세계적 아이콘으로 만들 수 있게 되었다. 아메리카

전 대륙과 유라시아에서 통용되기 시작한 유명한 쿠바의 혁명 지도자 체 게바라의 사진이 바로 그런 예이다.

영화는 20세기 양차 대전 사이의 변화된 세력 관계와 세계화의 사회경제적 도전을 성찰하게 해 주었다. 영화는 시간과 공간을 초월하고 심지어는 그것을 조작할 수 있는 능력 때문에 레니 리펜슈탈(1902~2003년)의 나치 시대 영화에서부터 미국의 슈퍼볼 광고에 이르기까지 설득과 선전을 위한 유용한 도구가 되었다. 여러 나라의 다양한 배경을 지니고 있음에도 불구하고 이러한 새로운 예술 형태를 보여 주는 가장 독특하고 인상적이며 강력한 영화 가운데 일부는 비서유럽 국민국가들에서 제작되었다. 영화는 사회 · 문화적으로 복잡한 문제들을 여러 차원으로 표현할 수 있는 가능성을 갖게 되었다. 또한 영화는 문자 언어든 구술과 청각 언어든 언어적 표현의 번역에 제약을 받지 않고 모든 문화를 가로지르는 소통 수단을 제공해 주었다.

1950년대 이후 영화 제작과 유통에 대한 다국적 기업의 지배가 대체로 독립적인 영화 제작을 방해했지만 일부 영화 제작자들은 영화와 비디오를 이용해 대항문화의 이데올로기를 전파하는 데 성공을 거두어 영화가 "1초에 스물네 번 번득이는 진실"이라는 초기의 견해가 사실임을 확인해 주었다. 예를 들어 세네갈의 영화 제작자 우스만 셈벤(1923~2007년)은 구술사가이자 이야기꾼인 서아프리카 그리오의 전통적인 역할을 영화 매체와 결합하는 방법을 발견했다. 아프리카 영화의 선구자인 셈벤은 현대의 영화 제작자를 그리오를 대신한 "역사가요, 이야기꾼이요, 살아 있는 기억이요, 민족의 양심"이라고 보았다. 〈에미타이〉(Amitami, 1971년)와 〈세도〉(Ceddo, 1976년) 같은 영화는 역사적 사건들을 소재로 한 것이다. 셈벤은 또 직선이 아닌 시간의 성격과 아프리카 문화의 마술적 · 정신적 신앙을 그려 낼 수 있는 영화 매체의 가능성을 활용했다. 그는 개발도상국의 다른 영화 제작자들과 달리 아프리카 언어로 영화를 제작하는 데 성공했다.

일본 최고의 감독들이 제2차 세계대전에서 일본이 파국적인 패배를 겪은 지 얼마 지나지 않은 1950년대에 최고 걸작들을 제작했다고는 하지만 20세기 말 이래로 경제 대국이라는 일본의 지위가 영화의 풍성함에 잘 반영되어 있다. 오즈 야스지로(1903~1963년)는 〈도쿄 이야기〉(1953년) 같은 영화에서 일본 사회의 핵심인 일본 가정의 내면 생활을 자세히 그렸다. 오즈의 영화 제작 미학은 검소하고 절도가 있으며 미묘하고 정서적 호소력이 큰 일본의 고전적인 특성이다. 그는 이런 미학을 통해 현

| 그림 9.8 | **구로사와 아키라의 영화 〈란〉(亂)에서 따온 스틸 사진**
구로사와 영화는 전 세계적으로 인기를 끌었다. 이는 대개 일본의 역사적 주제와 더불어 《맥베스》(《피의 왕좌》,
1957년)나 《리어왕》(〈란〉, 1985년) 같은 셰익스피어의 비극을 살린 강력한 내용뿐만 아니라 노련하고 혁신적인 영
화 촬영술 덕분이다.

대 서유럽의 영향을 받아 사라져 가는 사회적 세계를 그렸다. 〈도쿄 이야기〉에 등장
하는 노부부는 마을과 가족의 옛 생활을 대변하는 사람들이고 자녀들은 나이든 소박
한 부모를 돌볼 여유가 없는 도시의 바쁜 직장인들이다. 전쟁 전 일본에서 이미 감독
으로서 기반을 닦은 나루세 미키오(1905~1969년)는 〈여자가 계단을 오를 때〉(1960
년) 같은 여러 편의 영화를 통해 전쟁 뒤에 일어난 급격한 변화 속에서 여성들의 삶에
나타난 연속성을 상세히 그려 냈다. 구로사와 아키라(1910~1998년) 같은 일본 감독
들의 영화는 세계적인 영향에 일본의 전통과 근대성을 혼합했다. 구로사와는 이를테
면 셰익스피어의 작품을 각색해 자신이 제작한 영화의 줄거리로 삼기도 했다.
　　최근 세계적인 성공을 거둔 만화와 '아니메'(애니메이션)에서 일본인들은 미국
희극 예술의 원리를 취해서 이미지와 단어를 새로운 서사적 문화 형태로 재구성했다.
일본의 대중문화는 글로벌리즘과 민족주의, 소비문화와 전통적인 '가타'(형식)를 핵

심 주제로 삼고 있다. 이차원적인 표현 예술은 이동이 가능한 디지털 화면의 평면 영상에서 공연을 한다. 이것은 대중을 위한 목판인쇄로 거슬러 올라가는 과거의 대중 예술 전통에 뿌리를 둔 것이다. 이러한 새로운 미디어가 문화적 기억 체계에 이바지하는 핵심은 새로운 초국가적 정체성을 둘러싼 공공적 담론이다.

1970년대 후반과 1980년대에 중국의 영화 제작자들은 과거에는 금지된 성관계, 여성의 억압, 새로운 사회에 나타나는 여러 결함, 인생의 실패 같은 주제들로 새로운 실험을 하기 시작했다. 이 시기에 제작되어 가장 격렬한 논쟁을 불러일으킨 영화는 6부작 텔레비전 다큐멘터리 〈하상〉(河殤)이었다. 1988년에 제작된 이 영화는 중국을 황하에 은유하고 있다. 중심 주제는 비서유럽의 모든 '근대화' 사회에서 흔히 나타나는 문화적 연속성과 쇄신의 문제이다. 중대한 변화에 직면한 문화적 연속성의 문제가 중국의 경우에 특히 첨예하게 나타난 것으로 보인다. 〈하상〉에서 중국의 역사는 다양한 영상과 역사적 서술을 신속하게 병치해 묘사되고 여러 영상들을 대조시켜 문화적 변화의 복잡성을 극적인 방식으로 보여 준다. 황하는 중국 북부의 정기적인 범람과 그로 인한 황폐화 때문에 역사적으로 '중국의 슬픔'이라고 일컬었다. 황하는 인간의 기억만큼이나 오래된 비극이었을 뿐만 아니라 어디에나 존재하는 생계의 원천이기도 했다.

영화 제작자 장이머우의 〈홍등〉(1991년)은 의례화된 전통적인 중국 가족제도의 억압을 생생하고 우아한 영화 양식으로 표현했다. 영화가 문화적 기억을 매우 강력하게 환기시키는 바람에 정부의 검열관들은 공산당의 권위주의를 암묵적으로 비판하는 것이라고 보고 처음에는 상영을 금지했다. 더 최근의 영화들은 알레고리 기법을 사용하기도 했다. 하지만 어떤 영화들은 세계 영화와의 관계와 홍콩에서 파리에 이르는 중국인 디아스포라에 의존했다. 왕샤오슈아이의 영화 〈북경 자전거〉(2001년)에서는 자전거를 중국의 상징으로 삼고 농촌 출신의 주인공과 도시에서 자전거를 훔치는 도둑을 통해 급속한 변화와 둘 사이의 서로 다른 관점을 보여 준다. 이런 영화 제작자들은 중국 문화가 힘의 원천이자 동시에 21세기에 실행 가능한 문화적 기억 체계를 만들어 나가면서 현대의 중국이 최근의 시대적 요구 및 서구 모델과 조화시켜 나가야 할 무거운 짐이 된다는 사실을 시사해 주고 있는 것으로 보인다.

일본의 전통극인 '노'(能)가 이 장의 주제인 문화의 생산과 재생산 그리고 독특한 기억 체계를 통한 문화적 기억으로서 문화의 전승을 위한 유용한 은유가 될 수 있다. 노극은 과거에 일어난 사건을 다시 만든 이야기이다. 대개 종교적인 것이기는 하지만 일반적으로 고통스런 분쟁을 해결하는 장면이 나온다. 그리스 비극과 좀 비슷하게 배우와 사건에 대한 해설과 배경음악을 노래하는 합창대가 있다. 노 극 〈아쓰모리〉(敦盛)는 젊은 무사 아쓰모리의 젊음과 아름다움 때문에 적인 구마가이가 목숨을 살려주고자 했지만 결국 구마가이에 의해 살해되고 만다는 《헤이케 이야기》(平家物語)의 일화를 바탕으로 한 것이다. 노 극에서는 구마가이가 승려가 되어 아쓰모리의 영혼을 만나고 아쓰모리는 불교의 자비심으로 그를 용서한다. 노의 경우에 새로 만든 과거의 사건 이야기는 사건을 설명할 뿐만 아니라 재창조함으로써 과거의 사건을 기념하고 통제하기도 하는 극적인 카타르시스를 위한 하나의 수단으로 기능한다. 중요한 것은 이야기를 객관적으로 전달하는 것이 아니라 이야기에 부여하는 의미이다. 인간의 문화는 이렇듯 세대를 거쳐 재생산되는데 얼마간은 의도적으로 재생산한다. 다시 말하면 사람들은 과거의 기억들을 문화적 형태와 풍습 속에 묻어 두고 그것들을 통해 그 과거를 의도한 대로 전달한다.

어떤 문화들은 공식적인 역사 기록의 유지를 강조하여 과거를 중국인들처럼 문헌을 통해서나 서아프리카의 만데족처럼 구술 전승을 통해서 의도를 갖고 명시적으로 전달했다. 또 어떤 문화들은 인도와 동남아시아의 힌두교와 불교의 영향을 받은 문화들처럼 종교 사상이나 우주론적 개념의 전승에 더 큰 관심을 기울였다. 하지만 명시적이든 함축적이든 모든 문화는 공식 수단과 비공식 수단을 통해서 그리고 기관과 단체, 공동체의 제의와 독특한 구조를 통해서 과거에 대한 특정한 이해를 전달하는 방법을 발견해 냈다. 그들은 이런 식으로 문화를 표현하고 전달하는 과정에서 자신들의 독특한 문화적 기억을 조정하고 생산하고 재생산했다. '기억'(memory)이란 단어와 '기념하다'(commemorate)라는 단어가 관련이 있는 것은 우연한 일이 아니다. 과거의 기념 의례를 통한 기억의 제도화는 문화적 재생산과 전승에 꼭 필요한 수단이다.

이 장에서는 문화에만 국한하지 않고 광범한 기억 체계를 통한 문화적 기억의 전승을 강조했다. 세계의 역사가들이 과거를 기억하는 과정에 관한 일을 혼자 전담하는 것은 아니다. 때와 장소, 문화를 가로지르는 사상과 풍습의 전달은 여러분이 읽고 있는 역사책이나 21세기의 길거리에서 마주치게 되는 문화와 요리의 끊임없는 세계화 같은 다양한 매개물을 통해 진행된다. 역사가들은 전 지구적인 문화의 특징을 개발해서 문화의 상호작용을 탐구할 수 있다. 정보 기술의 디지털 웹, 시각예술, 국경을 초월하는 번역문학, 다양한 형태의 상호 교류를 통해 만들어진 음악과 영화와 비디오가 현대 세계의 예술 형태를 결정하고 있다. 이 동영상들은 인간의 조건을 형성하고 심오한 차이와 공통점을 지닌 문화적 기억을 탐구하는 보편적인 관심뿐만 아니라 변화의 속도를 상세히 기록하고 있다.

토론 과제

- 기억 체계로서의 음성언어와 문자언어를 비교해 보라. 이 두 가지가 특정 사회에서 권력 기관과 어떤 관련을 맺는가? 역사가들이 또 이런 자료를 어떻게 이용할까?

- 기술이나 공연 예술이 과거를 알려 주는 정보의 원천으로서 믿을 만한가? 그렇다면 왜 그런가?

- 건축이 어떤 방식으로 문화적 기억을 전달하는가? 크게 동양과 서양 세계의 사례를 제시해 보라. 기억과 의미를 구성하는 데 기여하는 개인의 역할은 무엇인가?

- 기관들이 문화적 기억을 전승하는 데 관여할 경우 내용과 방식이 추가되거나 바뀌는 게 있을까?

- 과거를 기억하는 데 시간 측정이 중요했던 까닭은 무엇인가? 정확하고 과학적인 측정이 실제 역사에 어떤 영향을 주었을까?

- 영화를 통해 특정 시대나 장소의 문화생활에 대해 어떤 것을 알 수 있는가?

- 디지털 기술의 등장과 결합된 전화 사용과 문자 기록의 쇠퇴로 역사가들이 이용할 증거가 손실될 것이라고 생각된다. 그렇다면 21세기의 역사를 재구성하는 데 사용할 수 있는 가장 중요한 자료는 무엇이고 그렇게 생각하는 까닭은 무엇인가?

| 참고문헌 |

· Apter, Andrew(1992) *Black Critics and Kings: The Hermeneutics of Power in Yoruba Society*, Chicago, Ill. and London: University of Chicago Press.
· Assmann, Jan(2005) *Religion and Cultural Memory: Ten Studies*, Palo Alto, Calif.: Stanford University Press.
· Connerton, Paul(1989) *How Societies Remember*, Cambridge: Cambridge University Press.
· Draaisma, Douwe(2000) *Metaphors of Memory: A History of Ideas About the Mind*, Cambridge: Cambridge University Press.
· Fabian, Johannes(1996) *Remembering the Present: Painting and Popular History in Zaire*, Berkeley: University of California Press.
· Halbwachs, Maurice(1992) *On Collective Memory*, edited, translated, and with an introduction by Lewis A. Coser, Chicago, Ill. and London: University of Chicago Press.
· Roberts, Mary Nooter and Allen F. Roberts(1996) *Luba Art and the Making of History*, New York: Museum for African Art.
· White, Jr., Lynn(1966) *Medieval Technology and Social Change*, New York: Oxford University Press.
· Zerubavel, Eviatar(2003) *Time Maps: Collective Memory and the Social Shape of the Past*, Chicago, Ill. and London: University of Chicago Press.

| 온라인 자료 |

· Annenberg/CPB Bridging World History(2004)
http://www.learner.org/channel/courses/worldhistory/
1주제 '지도, 시간, 세계의 역사,' 2주제 '역사와 기억,' 17주제 '관념이 세계를 형성하다,' 21주제 '식민지의 정체성,' 25주제 '전 지구적 대중문화,' 26주제 '세계사와 정체성' 등의 단원을 보라.

10장

경계 넘기: 경계, 접촉, 변경

정복 이후의 시대에 에스파냐령 아메리카 지역(오늘날의 멕시코)에 산 사람들 가운데 나우아족이 있다. 그들은 1550년부터 1800년 무렵까지 유럽의 문자로 기록된 자신들의 언어(나우아틀어)로 수많은 문서를 남겼다. 나우아틀어 사료는 나우아 문화 고유의 구조와 형태가 정복 이후에 에스파냐인들이 기록한 보고서만을 토대로 판단한 경우보다 더욱 큰 규모로 훨씬 더 오랫동안 살아남았음을 보여 준다. 예를 들어 에스파냐인들이 그 땅의 권리를 '주장하고' '소유했으며' 그 경계를 확정하기는 했지만, 결국 다른 사람들에게 하사되었고 대개는 원주민들에게 되돌아갔다. 아래 발췌문은 멕시코의 산 미겔 데 토쿠이얀이라는 도시에서 이루어진 1583년의 토지 하사를 기술한 것이다. 아나라는 여자가 수령인이자 가족 대변인 격이었다.

아나가 오빠 후안 미겔에게 말했다. "존경하는 오빠, 오빠 집에서 며칠만 지내게 해 주세요. 며칠이면 됩니다. 아이도 많지 않아요. 어린 후안밖에 없어요. 하나밖에 없는 자식이지요. 남편을 포함해 우리 셋뿐입니다."

그러자 오빠가 말했다. "그러고말고. 물건들을 가져오렴, 모든 물건을." ……

아나가 말했다. "그렇게 많은 수고를 끼치지 않을게요. 존경하는 성인 산 미겔 신부님의 귀한 땅 일부를 주세요. 그곳에 조그만 집을 짓겠습니다." ……

그러자 후안 프란시스코가 말했다. "누가 그것을 측정할 생각인가?"

영주들이 말했다. "정말로 누가 하지? 그동안 나이든 착한 후안 미겔이 하지 않았던가? 그가 측정할거야."

그러고 나서 그에게 말했다. "자, 소몰이 막대를 가지고 측정하게. 사방으로 여섯 자를 재게."

후안 미겔이 시키는 대로 재자 그들이 말했다. "그게 자네에게 주는 땅일세."

아나가 말했다. "정말 고맙습니다. 너그러운 배려에 감사합니다."

그러자 영주들이 말했다. "당장에 시작하게. 아무런 신경을 쓰지 말고 서둘러 기초 놓을 준비를 하게."

아나가 말했다. "가서 풀케(용설란으로 만든 술)를 좀 드세요."

그러자 영주들이 말했다. "우리가 무얼 더 바라겠는가? 이미 충분하네."

아나는 땅을 하사받고 감사의 눈물을 흘렸다. 남편도 마찬가지였다.

그러고 나서 아나가 말했다. "양초를 켜고 존경하는 성인 산 미겔 신부님께 분향해야겠습니다. 신부님의 땅에 집을 짓게 됐어요." ……

영주 다섯 사람 모두가 한마디씩 말을 나누고 서로 포옹을 했다.

(James Lockhart, *Nahuas and Spaniards: Postconquest Central Mexican History and Philology*, Stanford and Los Angeles, Calif.: Stanford University Press/UCLA Latin American Center Publications, 1991, pp. 70~74)

나우아족은 영토의 경계를 새롭게 설정한 에스파냐 침략자들과 접촉했을 때도 토지계약의 체결을 의미하는 의례적인 음식과 음료 제공을 포함하여 경계 설정과 관련한 자신들의 관습을 여전히 지켰다. 여기서 그어진 경계는 주택의 부지를 나타내거나 주, 국가, 제국처럼 규모가 더 큰 영토의 소유권을 표시하는 데에도 일반적으로 사용된다. 예를 들어 에스파냐의 '정복자들'은 북아메리카에 에스파냐제국의 지도를 그리면서 제국 통치의 경계를 최대한 넓게 설정했다. 그러면서 에스파냐인들은 원주민의 지리 정보에 의존하여 '누에바 에스파냐'라고 일컫는 곳으로 가는 길을 찾았다.

영토의 범위를 한정하는 것뿐만 아니라 경계를 그리는 행위도 자기 둘레를 정하고 에워싸며 '타자'와 구분하는 일종의 정체성 주장이다. 경계의 개념은 이처럼 공간적이기도 하지만 은유적으로도 작용한다. 경계는 지리적인 공간뿐만 아니라 신체적인 몸과 사회적·문화적 범주를 가리킬 수도 있다. 경계들 사이에 위치한 공간은 사회적·문화적·경제적 상호작용이 일어나는 공간적으로 유동적인 변경 지대이다. '국경지대'라는 용어는 변경과 마찬가지로 양쪽이 그것에 대한 소유권을 주장한다고 할지라도 아직 어느 측의 영토에도 명확하게 흡수되지 않고 유동적인, 국경을 따라난 지역을 가리키는 말이다. 변경이나 국경지대는 제국의 확장이나 축소, 국민국가의 통합에 뒤따른 국경의 강화와 더불어 이동하고 바뀌며 사라지기도 한다.

제국과 국가는 모두 영토 경계뿐만 아니라 정치적·문화적인 상징적 경계를 표시하기 위해 벽이나 다른 종류의 표지를 세운다. 중국의 만리장성은 대초원 지대와 경작지의 구분을 표시했으며 중국이 제국을 강화한 기원전 3세기 이후로 제국의 북부 변경을 나타내는 강력한 상징이었다. 서기 2세기 초에 쌓은 하드리아누스의 성벽은 로마 문명의 영역과 오늘날 스코틀랜드에 위치한 북쪽 '야만인들'의 문명을 구분했다. 최근의 냉전 기간에는 베를린 장벽이 동과 서를 구분하고 '철의 장막'과 '죽의 장막'이라는 은유적 경계들이 공산주의와 '자유세계'를 가르는 선이 되었다.

'마주침'이나 '접촉'은 경계나 변경과 국경지대에서 무역업자, 순례자, 선교사, 정주민, 전사, 관광객 할 것 없이 서로 영향을 주고받는 사람들의 경험을 묘사해 준다. 변경과 국경지대의 주민들은 새로운 문화를 독차지하기도 하고 동맹을 맺기도 하며 분쟁에 가담하기도 하고 정체성을 바꾸기도 한다. 사회적 이동은 변경과 국경지대를 드나들거나 그 내부에서 일어나는 지리적 이동의 산물이다(1장을 보라). 비교적 동등한 사람들 간의 상업적 · 문화적 접촉은 평화롭고 생산적인 모습이겠지만 '마주침'과 '접촉'은 대개 격렬한 충돌과 그 충돌을 겪은 개인과 집단 간의 불평등한 관계를 감추고 있는 중립적인 용어이다.

육지에서든 바다에서든 경계와 접촉, 변경은 모두 세계사적인 과정에서 나타나는 인구 이동과 국가 형성, 경제 교환, 종교의 전파(1장과 4장, 6장, 7장을 보라)와 관련이 있다. 제국의 변방이나 문화의 교차 지점에서는 월경(越境)한 사람들이 이따금 주와 국가, 제국의 권력과 권위를 전복하여 혼성(hybrid) 문화와 역사적 변화를 만들어 냈다. 이 장에서는 경계와 접촉, 변경에 초점을 맞추어 중심부보다는 주변부의 세계사적 변화 과정을 조명한다. 경계를 긋고 충돌에 개입하면서 변경 지대에서 살아간 개인과 집단들은 역사적 변화를 이루어 낸 주체들이었다.

세계지도

이 장 첫머리에 나온 에스파냐령 아메리카의 경계 그리기와 영토 탐험을 위해서는 물리적인 경관과 그것에 대한 인간의 요구 조건들을 나타낼 지도가 필요했다. 애초부터 지도는 그것을 제작하고 이용한 사람들의 필요에 따라 다양한 목적으로 사용되었다. 초기의 지도는 다양한 재료로 만들어졌다. 마셜 군도의 주민들이 사용한 태평양 환초나 군도 사이의 해류와 거리를 나타내는 해도(海圖)는 돌에다 그리거나 막대기로 표시하기도 했다.

하지만 무역, 탐험, 종교 전파를 목적으로 먼 거리를 항해하기 위해서는 과학적인 지도를 제작하는 일이 중요했다. 지도 제작은 천문학과 관련이 있었다. 고대 지중해 세계의 가장 유명한 천문학자이자 지도 제작자는 이집트와 그리스 사회의 중심인 알렉산드리아의 사서 프톨레마이오스(서기 127~151년에 활약)였다. 프톨레마이오스는 알려진 대양과 대륙의 관계를 개괄하는 세계지도를 고안했다. 그는 지도를 제작하면서 위선(緯線)과 경선(經線)을 처음으로 사용했는데 그가 제작한 세계지도가 고대에서 중세 유럽에 전달된 가장 수준 높은 지도였다. 프톨레마이오스는 세계가 둥글다는 것을 알고 있었다. 하지만 지구 둘레를 너무 작게 산출한다든가 하는 실수 때문에 그의 지리학 지식을 실제로 사용하지는 못했다. 하지만 그의 오산이 한 가지 실제적인 영향을 끼쳤다면 그것은 콜럼버스의 용기를 북돋워 준 일이다. 콜럼버스는 첫 항해를 출발할 때 프톨레마이오스의 정보에 따라 서쪽 인도 제국(諸國)으로 가는 거리를 과소평가했다.

지도는 실용적인 쓸모 이상의 것을 지니고 있다. 지도는 세계를 나타내는 방식이기도 하다. 그래서 대개는 세계를 바라보는 지도 제작자의 문화적 관점을 반영한다. 프톨레마이오스 시대의 유럽에는 종교적 우주 구조론(우주의 표상)이 등장해 과학적 지도 제작의 발전을 저해하고 있었다. 기독교의 우주론에 따르면 세계는 인간과 하늘의 관계를 상징하는 하나의 원반으로 표현되었다. 그래서 세계를 위선과 경선으로 그리는 좌표계를 폐기했다. 유럽에서 이러한 일이 일어나고 있을 때 장형(張衡, 78~139년)이라는 중국의 지도 제작자 겸 천문학자이자 지진학자는 세계의 지도를 제작하기 위해 격자 체계를 이용했다. 종교적 우주 구조론이 동아시아에서도 지도 제작에 어느 정도 영향을 끼치기는 했지만 장형의 격자는 그때부터 오늘날에 이르기까지 독립적이고 표준화된 중국 지도의 틀을 마련해 주었다.

아랍의 지도 제작에서도 북아프리카의 학자 알 이드리시(1099~1166년)의 세계 지도가 등장할 때까지 종교적 우주 구조론이 지배했다. 이 정교한 지도는 12세기 중엽 외국의 사상과 제도에 높은 관심을 가진 것으로 유명한 노르만족의 시칠리아 왕 루지에로 2세(1132~1154년 재위)를 위해 제작되었다. 프톨레마이오스의 전통이 전달된 방식이나 유럽의 과학적 지도 제작에 중국이 얼마나 영향을 주었는지는 명확하지 않지만 1300년 무렵 지중해에서 해도가 사용되었다. 이 사례는 선원의 나침반 사용에 바탕을 둔 과학적 지도 제작이 다시 도입되었음을 보여 주는 증거이다. 나침반은 1200년 직전에 유럽에 알려졌다.

14세기와 15세기에 오스만제국의 콘스탄티노플 공격을 피해 이탈리아로 달아난 망명자들이 그 도시에서 귀중한 사본들을 가지고 갔다. 그 사본들 가운데는 적어도 9세기 이래로 아랍의 지도 제작자들에게 알려진 프톨레마이오스의 《지리학》이라는 2세기의 그리스 문헌이 있었다. 프톨레마이오스의 지도 제작 안내서는 15세기에 라틴어로 번역되었으며 나중에는 지도가 추가되고 갱신되었다. 이 사본들은 다음 세기의 지리적 발견과 관련한 방식과 의미에 엄청난 영향을 주었다. 《지리학》에는 지도 투영법에 관한 설명이 들어 있었고 지도에는 천문학적인 계산에 따라 경도와 위도를 나타내는 경선과 위선이 그려져 있었다.

유럽 르네상스기의 인쇄술 발명(9장을 보라)이 가져온 한 가지 중요한 결과는 프톨레마이오스의 세계지도(1486년 울름에서 처음으로 인쇄)를 비롯한 인쇄 지도의 제작과 보급이었다. 동일한 사본을 만들어 낼 수 있게 되면서 다양한 사본이 유통될 수 있었고 기존의 지도를 보완하거나 그것을 정교하게 만들 수 있는 지도 제작 정보의 양도 늘어났다. 육지와 바다의 관계에 대한 이해가 크게 바뀐 유럽의 탐험 시대 동안 피렌체를 비롯한 이탈리아 르네상스 학문의 중심지들은 지도와 모형 지구를 제작한 장인들뿐 아니라 학자들을 끌어들였다.

대서양 세계를 보여 주는 최초의 지도는 손으로 그린 포르톨라노 해도(13세기 무렵 이탈리아에서 제작된 항해 지도─옮긴이)였다. 이 해도는 대개 양피지에 그려졌다. 포르톨라노인들은 대개 해안선과 방위에 관해 상세하고 정확한 항해용 정보를 제공하는 데 관심이 있었다. 하지만 그들에게는 질서정연한 경선과 위선 체계인 프톨레마이오스의 지도투영법 체계가 없었다. 후안 데 라 코사가 1500년에 제작한 포르톨라노

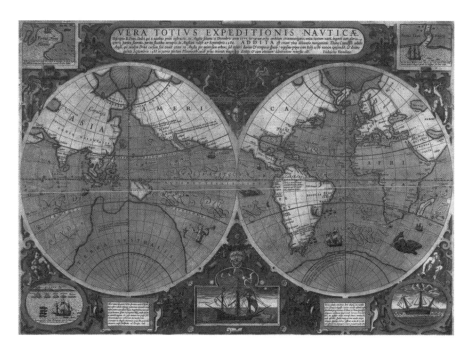

| 그림 10.1 | **요도쿠스 혼디우스의 지구도(1595년)**

혼디우스는 게라르두스 메르카토르의 초기 성과를 널리 알리는 데 도움을 준 플랑드르의 예술가요 조판공이며 지도 제작자였다. 그는 자신이 직접 지도를 제작하면서 1570년대 말에 세계 일주를 한 영국인 프랜시스 드레이크 경이 수집한 항해 정보를 이용했다. 혼디우스의 작품은 암스테르담이 17세기 유럽에서 지도 제작의 중심지로 떠오르게 하는 데 이바지했다.

해도는 영국인 존 캐벗의 뉴펀들랜드 항해(1497년)와 더불어 콜럼버스 항해의 발견 내용과 그 이후의 남아메리카의 탐험 경로를 반영하고 있다.

아메리카 대륙의 발견 내용을 보여 주는 최초의 인쇄 지도는 1506년 피렌체에서 나왔다. 조반니 콘타리니와 그의 조판공 프란체스코 로셀리가 제작한 지도는 데 라 코사의 지도와 달리 규칙적인 투영법을 활용했다. 이 지도와 1507년에 조판한 독일 거주 네덜란드인 요하네스 라위스의 지도는 새로운 세계(콜럼버스가 잘못 생각한 인도 제국諸國이나 중국이 아니라)를 발견할 수 있게 해 주었으며 지도상의 세계 표현에 또 다른 대륙을 추가할 필요가 있다는 사실을 점차 인식하게 해 주었다. 이러한 인식이 마르틴 발트제뮐러가 1507년에 제작한 지도에 정확하게 나타났다. 이 인쇄 지도는 '아메리카'라는 이름이 등장하는 최초의 지도이기도 하다.

16세기의 지리적 탐험의 결과 생긴 지식의 발전은 플랑드르의 게라르두스 메르카토르가 제작한 1569년의 대형 세계지도에서 정점에 이르렀다. 메르카토르의 투영법은 항해자들이 읽을 수 있도록 일정한 나침반 선을 이용했다. 마침내 진정한 세계 항로 지도가 완성된 것이다. 메르카토르의 세계지도는 아메리카 대륙과 마젤란 해협을 비롯한 유럽의 발견 내용들을 반영했다. 이 지도는 세계의 상당 지역이 유럽 지배의 새로운 세계 체제 속에 편입된 것을 반영해 아시아와 아메리카 대륙과 유럽과 아프리카를 단일 세계의 시야 속에 배치했다.

│ 기독교와 이슬람교, 불교의 순례 │

지도 제작은 바닷길이나 육로를 여행하는 상인과 탐험가들의 필요뿐 아니라 성지를 방문하거나 먼 곳으로 새로운 신도를 찾아나서는 순례자와 선교사의 열망(4장을 보라)에 의해서 자극을 받았다. 세계의 모든 문화는 저마다 그 민족이 권력의 중심지로 인정하고 방문하는 성지를 갖고 있었다. 성지가 켈트족의 경우처럼 신성한 나무숲 속이나 아프리카 짐바브웨의 경우처럼 동굴 속에 있는 경우도 있었고, 산 정상이나 해변 또는 도심에 있는 경우도 있었다. 정치 · 경제적인 압력이나 설득에 의해서 일부 종교들이 원래의 문화적 경계를 넘어 확산되면서 순례자들은 세계의 여행자들이 되었으며 다른 문화들을 접촉하면서 시야도 넓어졌다.

4세기에 기독교 순례자들은 아프리카와 유럽과 서아시아에서 팔레스타인으로 갔다. 베들레헴과 나사렛, 예루살렘 같은 성지에서는 순례자들이 하느님께 치유와 자녀와 부를 기원했다. 지난날 지은 죄에 대해 하느님께 용서를 구하는 사람들도 있었고 뒷날 11세기 이후부터는 많은 유럽 사람들이 서약을 이행하기 위해서 성지를 찾아왔다. 집 없는 떠돌이와 여행 중인 순례자들이 많았기 때문에 이방인들에게 문호를 개방해 음식과 음료를 제공하는 것이 기독교의 관습이 된 측면도 있다. 가난한 사람이나 노숙자라면 누구나 교회에 대피할 수 있는 특권을 갖고 있었다. 10세기에는 기독교인들이 유럽의 성지를 여행하기도 했다. 그 대부분은 성인의 무덤이거나 성인의 유골이나 유물을 간직하고 있는 교회였다. 이 무렵에 성지를 중심으로 순례자들에게 서비스를 제공하기 위한 도시가 등장했다. 이들 도시에서는 음식점과 숙소뿐 아니라 몇 가지 언어를 구사하는 안내자를 구할 수 있었다. 아일랜드의 수호성인 성 패트

릭의 사원이 있는 다운패트릭은 10세기의 이러한 휴양 도시 가운데 하나였다. 이와 비슷한 도시를 유럽 전역에서 찾아볼 수 있었다. 동유럽에서는 기독교 순례자들이 하느님과 연결하는 성인들의 중재를 받기 위해 수도원을 방문하는 일이 훨씬 더 잦았다.

이슬람교의 순례는 훨씬 더 형식을 갖춰 조직되었다. 교의에 따르면 모든 무슬림은 적어도 일생에 한 번은 '하지'를 해야 했다. 8세기에 메카는 해마다 순례의 달에 서아시아 곳곳에서 온 순례자 수천 명을 받아들였다. 10세기가 되면 더 많은 사람이 방문했는데, 멀리 떨어진 인도와 서아프리카, 북아프리카, 에스파냐에서까지 왔다. 또한 그 수가 많지는 않지만 무슬림 순례자들이 팔레스타인에 있는 예언자들의 무덤과 다른 곳에 있는 성인들의 무덤을 방문하기도 했다.

서유럽의 기독교인들이 팔레스타인을 탈환하려고 한 십자군 원정은 어떤 면에서 '성지'를 방문하는 무슬림과 기독교인 순례자들 간의 접촉에서 비롯된 부산물이었다. 십자군 전사들은 동부 지중해에서의 경험과 접촉을 통해 로마의 몰락 이후 잃어버렸던 여러 지식을 아랍인들로부터 되찾을 수 있었다. 아랍의 수학과 과학과 의학은 서유럽이 그리스의 풍부한 지식을 활용할 수 있게 해 준 것이었을 뿐 아니라 서유럽의 지식이나 풍습보다 훨씬 앞선 것이기도 했다. 유럽의 무역과 농업도 아랍의 상업 관행과 원예로부터 배워야 할 것이 많았다. 알제브라(algebra, 대수학), 알팔파(alfalfa, 자주개자리), 알코올 같은 일상적인 용어와 오렌지, 넥타린(nectarine, 승도복숭아), 가지 같은 농산물은 아랍과의 접촉이 서유럽에 가져다준 대표적인 것들이다.

순례는 아시아 전역에서도 중요한 종교적 풍습이었다. 힌두교도들은 시바와 비슈누를 비롯한 남녀 신들의 신전을 방문하는 일뿐 아니라 인도의 주요 7대 강, 특히 갠지스 강에서 목욕하는 것을 거룩한 정화의 수단이라고 생각했다. 인도의 곳곳에 있는 여러 신전을 연이어 방문하는 순례 여행도 유행했다. 하지만 힌두교의 순례는 동남아시아의 몇몇 경우를 제외하면 주로 인도 본토에 국한되어 있었다. 한편 불교도들은 붓다와 관련 있는 인도의 유적지들과 나중에 불교가 확산된 아시아 전역의 장소를 찾아 장거리 순례에 참여했다. 서기 1세기에는 인도 전역에서뿐만 아니라 중앙아시아와 동남아시아에서 온 불교 순례자들이 붓다가 생전에 가르친 인도 북부의 장소들을 정기적으로 방문했다. 7세기에는 불교 순례 네트워크가 중국과 일본과 동남아시아의 상당 지역으로까지 확장되었다. 순례자들은 인도뿐만 아니라 붓다의 유물을 보존하고 있는 스리랑카와 버마 같은 지역의 사원으로 여행을 했다.

이러한 장거리 순례자들은 모두 떠날 때와는 다른 사람이 되어 고향으로 돌아갔는데 예술, 문학, 음식, 의복 같은 물품들뿐 아니라 다른 지역의 문화 지식도 가져갔다. 그들은 현대의 관광객들과 마찬가지로 그러한 지식을 이웃에게 전해 주었다. 순례를 마친 사람들은 더 높은 지위에 오르고 사업과 사회 문제에 훨씬 더 큰 영향력을 발휘했다. 이러한 지위는 순례를 통해 얻은 새로운 지식을 퍼뜨리는 데 도움을 주었다. 순례로 이어진 길은 대개 중앙아시아를 지나는 비단길이나 아프리카의 황금길처럼 상인들이 왕래하는 상업적 동맥이 되기도 했다. 이러한 대상로들은 인도양 같은 바닷길과 더불어 만남의 대로이자 종교·문화·경제 교류가 일어나는 일종의 움직이는 국경이었다.

예수회의 선교 활동

순례자들과 마찬가지로 선교사들도 종교적인 목적으로 여행을 했지만 목표는 달랐다. 선교사들은 교육과 자선 행위를 통해 신앙을 전파했다. 세계사에서 가장 널리 영향력을 미친 선교 운동 가운데 하나는 예수회(제수이트)의 운동이었다. 예수회는 프로테스탄트 종교개혁의 영향에 맞선 대항 수단으로서 1540년에 가톨릭교회의 승인을 받았다(4장을 보라). 예수회 수사들은 유럽 내에서 활동을 전개했고 종교와 학문을 집중적으로 훈련받아 아프리카, 아시아, 아메리카 대륙 사람들과 유럽인들 간의 초기 접촉에 참여한 주역이었다. 그들은 다른 지역의 문화에 관한 보고서를 쓰고 읽었으며 자신들의 신앙을 전 세계 사람들에게 전파하는 한편으로 그들의 문화에 관한 정보를 유럽인들에게 보급하기도 했다.

예수회 수사들은 교단을 설립한 뒤 곧 아시아로 진출했다. 16세기 중엽에 인도의 고아(Goa)에는 교회와 수도원이 80곳이나 되었다. 예수회의 설립자들 가운데 한 사람인 프란시스코 사비에르(1506~1552년)는 아시아의 다른 지역에서 선교 활동을 한 뒤 1549년에 일본 최남단의 규슈 섬에 도착했다. 그는 그곳에서 기독교의 개종 사역을 시작했다. 사비에르는 예수회의 다른 수사들이 그랬듯이 외관상으로 질서정연해 보이는 일본 사회에 좋은 인상을 받았고 일본인을 "이제까지 알게 된 민족들 가운데 가장 탁월한 민족"이라고 했다.

당시 포르투갈과 에스파냐 사람들이 그렇게 알려진 것처럼 일본인들은 가톨릭을 '남부 야만인들'의 종교라고 생각했다. 또한 아시아 대륙에서 일본 연안에 도착한 다른 종교들과 마찬가지로 처음에는 기독교를 그저 불교의 또 다른 종파일 뿐이라고 생각했다. 일본 남부의 일부 다이묘(大名, 영주)들은 기독교로 개종하는 것이 부와 권력을 가져다줄 것이라고 믿어 적어도 새로운 신앙의 피상적인 측면을 받아들였다. 16세기 후반에 가장 강력한 다이묘 가운데 하나였던 오다 노부나가(1534~1582년)는 포르투갈 옷을 입고 로사리오(묵주) 목걸이를 즐겨 찼다. 예수회 수사들을 비롯한 선교사들은 처음에 상당히 많은 개종자들을 얻었다. 그래서 때로는 16세기를 일본의 '기독교 세기'라고도 한다.

프란시스코 사비에르는 1552년 중국의 입국 허가를 기다리다가 사망했지만 다른 사람들이 곧 그를 대신했다. 그 가운데 가장 유명한 사람이 지도 제작과 역학뿐 아니라 법학, 수학, 과학을 공부하던 이탈리아의 학생 마테오리치(1551~1610년)였다. 그는 유학자의 양식을 받아들여 중국인들에게 유럽의 지식뿐 아니라 중국의 문화도 이해한다는 인상을 심어 줌으로써 예수회 수사들이 중국인들의 환영을 받을 수 있는 길을 세심하게 준비했다. 하지만 개종의 노력이 비교적 성공을 거둔 일본과 달리 중국에서는 개종자가 거의 없었다. 중국인들이 예수회 수사들에게 관용과 심지어 제국 차원의 후원을 베푼 것은 주로 그들이 전수해 준 과학과 기술에 대한 유럽의 지식 때문이었다. 독일인 예수회 수사 아담 샬 폰 벨(1591~1666년)은 만주족 청나라의 황실 천문학자로 임명되었고 벨기에인 페르디낭드 베르비스트(1633~1688년)도 황실 천문학자로 임명되어 강희제(1662~1722년 재위)의 총애를 받았다.

하지만 유교의 제사와 같은 풍습을 받아들인 예수회는 유럽의 경쟁 교단들로부터 비난을 샀다. 18세기에 교황은 중국 기독교인들이 이러한 의례를 행해서는 안 된다고 선언했고 가톨릭교 선교사들의 영향이 줄어들기 시작했다. 그 뒤 예수회는 중국은 물론 일본에서도 별다른 영향을 미치지 못했고 결국에는 추방당했다.

예수회가 활약한 가장 대표적인 아프리카 사회는 아마도 중앙아프리카의 강력한 나라 콩고였을 것이다. 예수회의 악명과 지위는 주로 포르투갈 선교사들이 벌인 노력이 성공한 데서 비롯되었다. 콩고 왕실이 가톨릭교로 개종하고 가톨릭을 국가 종교로 삼았다. 콩고의 왕 아폰수(1506~1545년)는 독실한 기독교인이었을 뿐 아니라 살아생전에 아들 엔히크가 로마로부터 주교 서품을 받는 영예를 누렸다. 로마는 아폰수의 요청으로 콩고에 예수회 선교사들을 보냈다. 콩고 왕실은 기독교 왕국이라는 지위 덕분에 외교와 통상의 특권을 누렸지만 포르투갈인들이 점차 엘리트 문화와 현지의 정치에 개입하면서 이러한 혜택은 곧 정치 경제적 종속으로 이어졌다. 1556년 왕이 사망한 뒤 포르투갈인들이 직접 선택한 사람을 후계자로 삼으려 하자 아프리카의 평민들이 귀족들에 맞서 반란을 일으켰으며 유럽인들을 살해하고 외국인을 혐오한다는 악명을 얻었다. 그 뒤로도 그들은 외국인들을 거부했다.

왕실의 개종은 엘리트 문화를 중심으로 결국에는 콩고 사회의 여러 부분에까지 영향을 주어 커다란 문화적 변화를 가져왔다. 엘리트들(왕을 포함한)을 비롯한 사람들 가운데 일부는 예수회의 노력으로 유럽 언어를 읽고 쓸 수 있게 되었다. 예수회 수사들은 콩고어 사전을 만들기도 했다. 당시 포르투갈 왕과 콩고 사이에 오고 간 문서는 귀중한 사료로 평가된다.

유럽 사상의 전파는 그저 콩고의 자연 상태라는 그림에 덧칠하는 문제가 아니었다. 새로 들어온 신앙은 오히려 조상과 신령을 믿는 전통 신앙과 정치의 모체에 통합되었다. 이러한 혼합주의는 특히 그곳의 가톨릭교 전례 과정을 통해 나타났다. 콩고의 루안다에서 거행된 1620년 성 프란시스코 사비에르의 시성(諡聖) 축하연을 묘사한 예수회의 기록에는 아프리카 신앙과 유럽 신앙 간의 상호작용과 심지어는 긴장 같은 것이 엿보인다. 루안다의 시인들은 새로운 성인을 위한 찬가를 짓기 위해 경쟁을 벌였다. 유대인 대금융가 출신의 노예무역업자인 포르투갈 총독이 해군의 조총부대가 예포를 발사하고 도시 전역에 야간 조명을 밝히라고 지시했다.

루안다의 가톨릭 축제와 관련된 카니발 행렬은 유럽 특유의 이교 의례 및 기독교 의례와 더불어 음분두족과 콩고족의 의례와 상징을 혼합한 것이었다. 행렬은 예복을 입은 백인 거인 세 명이 전쟁에서 사로잡힌 흑인 난장이로 분장한 유럽인 정복자, 곧 자신들의 '아버지'를 동반하는 것으로 아프리카의 세 나라(앙골라, 에티오피아, 콩고)를 풍자해 표현했다. 이러한 행사는 전례 없는 비판과 역할 전환을 가능하게 해 주었고 사회적·종교적 변화로 생겨난 긴장과 갈등을 완화시켜 주었다.

또 다른 예수회 수도사들은 아메리카 대륙으로 활동 범위를 확대했다. 그들은 새로 정착한 식민지에서 유럽인들의 이해를 보증해 주는 역할을 했다. 그들은 연례 보고서를 통해 식민을 장려했으며 탐험에도 적극 참여했다. 1549년 예수회 수사들은 남아메리카의 과라니족 원주민들을 대상으로 최대의 선교 사역이 될 사업에 착수했다. '파라과이 레둑시온'(기독교 원주민 공동체—옮긴이)으로 알려진 이 선교 사업은

30개의 도시와 원주민 8만 명 이상을 대상으로 삼았다. 예수회 수사들은 포교를 하면서 유럽의 언어와 기술로 과라니족을 가르쳤다. 과라니족은 유럽의 기술과 문화를 수용하여 행정관과 조각가, 고전 음악가, 서예가, 바로크 성당 건축가가 되었다.

북아메리카에서 가장 유명한 예수회 탐험가는 아마 자크 마르케트 신부(1637~1675년)라고 할 수 있을 것이다. 그는 오늘날 휴런족이 거주하는 미시간 주의 어퍼 반도 수세인트마리에 종신 선교사로 파견되었다. 예수회의 '선교지'는 휴런족의 농촌 마을이 들어선 변두리 지역이었다. 마르케트는 미시간 호의 그린베이에서 미시시피 강 상류와 아칸소 강 하류로 여행을 했다. 그는 미시간 호 남쪽의 일라이나이족 사회에서 많이 나타나는 연속적인 일부다처제를 목격했다. 또 어떤 사람들은 전쟁으로 남성 인구가 감소되어 성비가 왜곡된 일라이나이 공동체에서 여성들이 당하는 학대를 기록했다. 일라이나이 여성들은 예수회 선교사들이 예기하지 못한 방식으로 가톨릭교를 공동체 내 권한을 강화하는 수단으로 삼았다.

사제가 마리 루앙사라고 기록한 유력한 추장의 딸은 가톨릭교로 개종한 뒤 부모들이 선택해 준 프랑스의 모피 무역업자와 결혼하기를 거부했다. 하지만 결국에는 타협을 통해 부모들이 가톨릭교로 개종한다면 그 무역업자와 결혼을 하겠다고 뜻을 굽혔다. 부모들이 개종을 했고 그녀는 약속대로 결혼을 했다. 이 사례는 여성의 수가 남성의 수를 압도하는 그 공동체에서 다반사로 일어나는 비공식 일부다처제 결혼과는 반대로 가톨릭교회가 승인한 공식적인 일부일처제 결혼이었다. 마리 루앙사는 또한 다른 일라이나이 여성들을 설득해 가톨릭 신앙을 받아들이게 했다(Sleeper-Smith 2001: 제2장). 마리의 이야기가 주목할 만한 것이기는 하지만 특이한 것은 아니다. 이는 오대호라는 변경이 원주민들이 자신들의 지위를 얻기 위해 프랑스의 모피 무역업자나 예수회 선교사들과 협상을 벌인 '중간 지점'이었음을 보여 주는 대표적인 사례이다. 마리의 이야기는 특히 여성들이 공동체에서 자신들의 권한을 강화하기 위해 새로운 종교 사상을 이용할 수 있었음을 암시해 준다.

젠더의 경계와 공동체 질서

선교사들은 신앙을 전파할 의도를 갖고 문화의 경계를 넘었다. 하지만 그들이 노력한 결과는 언제나 상대방의 문화에 따라 굴절되었다. 그 자신들의 사회에서는 물론 그들이 선교를 하는 사회에서도 사회적 경계가 접촉의 성격에 영향을 주었다. 젠더는 남녀의 사고와 행동을 제한하고 그들이 건설하는 공동체에 중대한 영향을 끼치는 가장 중요한 사회적 경계들 가운데 하나였다(8장을 보라).

젠더와 종교의 관계는 매우 복잡했다. 여성을 정신생활에서 배제하는가 하면 신성함과 신통력에 특별한 접근이 가능한 신성한 존재로 여기기도 했다. 유럽의 가톨릭교회는 이단을 박해하면서 일부 여성들에게 마녀라는 판결을 내렸다. 하지만 종교 공동체들은 여성들이 자신들의 삶에 가로놓인 사회 문화적 구속을 탈피하고 교육을 받을 수 있는 수단을 제공해 주었다. 교육은 여성들에게 교회 자체는 아니라고 하더라도 사회의 제한 규범에 대한 저항의 수단으로 자신들의 생각을 문학적인 형태로 표현할 수 있게 해 주었다. 에스파냐에서는 테레사 데 아빌라(1515~1582년)가 카르멜 수도회를 설립해 여성들이 세상에서 벗어나 진정한 헌신에 몰두할 수 있게 해 주었다. 그녀의 저술과 삶은 여성들이 배움의 길에 들어서고 학식을 이용해 여성들의 권리를 증진해 나갈 수 있도록 용기를 북돋워 주었다.

그러한 여성 가운데 한 사람이 탁월한 시인이자 독립적인 사상가인 후아나 이네스 데 라 크루스(1651~1695년)였다. 멕시코에서 태어난 그녀는 가톨릭 에스파냐의 지배에 맞서 일어난 초창기 분노의 물결을 대변했다. 그녀는 누에바 에스파냐의 부왕청에서 전도유망한 경력을 쌓은 뒤 생애의 마지막 30년을 멕시코시티 교외의 한 수녀원에서 수녀 '소르 후아나'로 보냈다. 읽고 연구하고 쓸 수 있는 유일한 길이었다는 점이 수녀의 삶을 선택한 이유 가운데 하나였다. 소르 후아나가 쓴 시 수백 편은 에스파냐 문학에 크게 기여했고 초기 페미니스트들의 의식을 일깨웠다. "까닭 없이 여성을 괴롭히는 고집 센 남성들"은 그녀가 수녀원에 머무르던 17세기 후반에 쓴 가장 유명한 시의 첫 구절이다.

이런 소르 후아나의 사상은 멕시코 가톨릭 당국의 공격을 받았다. 하지만 북아메리카 대서양 연안을 따라 나 있는 뉴잉글랜드 식민지들에서 이단 신앙을 선동한 여성들은 이보다 더한 대우를 받았다. 영국에서 가장 급진적인 프로테스탄트 종교 집단들 가운데 하나는 퀘이커교였다. 퀘이커 교도들은 성직자의 중재나 교회의 성사(聖事) 없이도 모든 남녀가 하느님에게 나아갈 수 있다고 생각했다. 퀘이커 신앙에 따르면 남녀 모두 영적인 완성에 도달할 수 있게 해 주는 내면적인 은총인 '내면의 빛'을 통해 하느님의 뜻을 알 수 있었다. 앤 오스틴과 메리 피셔라는 여성 두 명이 1620년

매사추세츠 만의 청교도 식민지에 최초의 퀘이커 선교사로 파송되었다. 초기의 퀘이커 개종자들 가운데 한 사람인 메리 다이어는 급진적 성격의 신앙 때문에 1656년 남성 셋과 더불어 교수형에 처해졌다. 퀘이커 신앙의 일부인 여성의 독립과 적극성이 뉴잉글랜드 공동체들의 사회적이고 종교적인 청교도 질서를 위협했던 것이다.

젠더 위계와 공동체 질서를 위협하는 것으로 인식된 사상과 행동에 대한 억압은 악명이 높은 1692년의 세일럼 마녀재판으로 표출되었다. 이 재판은 20명을 처형하는 것으로 끝이 났는데 희생자 대부분이 여성이었다. 이단 신앙이나 부정한 성행위를 표적으로 한 뉴잉글랜드의 마녀 몰이는 17세기의 영국을 휩쓴 마녀 광란의 메아리였다. 두 사례 모두 공동체 내부의 사회경제적 긴장이 초자연적인 것에 대한 두려움을 가중시켜 특정한 사람들이 악마의 대리인으로서 공동체의 복리를 위협한다고 고발하기에 이르렀다. 마녀로 몰린 여성들은 종교적 신념을 솔직하게 표현함으로써 명백하게 규정된 젠더의 경계를 넘어섰다.

권력과 정체성의 또 다른 변화들은 아프리카 대서양 세계의 심한 분열과 모순 속에서 등장했다. 이러한 분열과 모순이 변화의 기회를 제공해 주었다. 젠더의 경계를 성공적으로 넘어선 가장 큰 변화 가운데 하나는 1623년 왕위 계승을 둘러싼 일련의 분쟁을 겪은 중앙아프리카의 작은 왕국 은동고에서 나타났다. 분쟁 끝에 사망한 왕의 누이 아나 은징가(1624~1663년 재위)가 권력을 장악했다. 그녀는 은동고를 지배하고 나아가 마탐바까지 영토를 확장하고 성을 전환함으로써 통치권을 정당화했다. 여왕 은징가는 남자처럼 옷을 입고 '아내들'(실제로는 여자의 옷을 입은 남자들) 여럿과 결혼했으며 전쟁과 의례 행사에 무기를 갖고 다니며 사용했다. 여왕이 자신의 성을 전환해야겠다고 생각했다는 사실에도 불구하고 뒤를 이은 왕들 가운데 다수가 남성이 아니라 여성이었기 때문에 그녀의 행위는 지속적인 변화를 만들어 냈다.

북아메리카의 경계와 접촉, 변경

소르 후아나와 그녀와 같은 역할을 한 뉴잉글랜드의 여성들은 모두 북아메리카의 변경 지대에 살았다. '발견의 항해'를 통해 대서양 변경이 열리면서 경제적 이득과 종교적 자유를 찾던 유럽인들이 북아메리카를 식민화할 수 있게 되었다. 이주민들은 세계 경제의 팽창에 편승해 경제적인 생존이 가능해지자 대서양 건너편에 관심을 기울였다. 영토의 확장으로 원주민들과 집중적인 상호작용이 일어나고 유럽의 문화와 상업과 기독교의 교류가 일어난 식민지들은 변경 지대로 바뀌어 갔다.

북아메리카의 어린이들은 대부분 원주민 스콴토의 이야기를 알고 있다. 스콴토는 지독하게 추운 첫 겨울에 플리머스 식민지의 굶주린 청교도들에게 음식을 가져다주고 옥수수 재배법을 가르쳐 준 원주민이다. 이 이야기는 청교도들과 영국에서 온 난민들이 정주한 땅의 원주민들 간의 음식 나누기와 협력 관계를 기념하여 해마다 여는 미국 추수감사제의 신화로 자리 잡았다. 마찬가지로 아버지 포와탄 추장에게 존 스미스의 생명을 구하고 결국에는 버지니아의 제임스타운 식민지의 생존을 보장해 달라고 간청한 포카혼타스 이야기는 유럽인의 아메리카 대륙 이주 신화 가운데 일부가 되었다. 그런데 이 두 원주민 이야기의 끝머리는 거의 기억되지 않고 있다. 스콴토와 포카혼타스는 모두 불행한 운명을 맞이했다. 스콴토는 유럽인들과 맺은 관계로 초래된 종족과의 분쟁 때문에 자신의 땅에서 유배된 채 사망했고 포카혼타스는 고국으로 돌아오기 전 영국에서 사망했다.

포카혼타스의 아버지 포와탄은 1607년에 9천 명가량이나 되는 부족 연맹체의 지도자였다. 이주민들이 도착했을 때 영국인들은 단지 또 하나의 부족으로 취급받았을 뿐이다. 그들은 강력한 무기를 지니고 이상한 옷을 걸친 채 큰 배를 타고 왔고 영국 왕의 이름을 따와 제임스타운 요새를 건설했다. 1614년 포와탄은 자신의 딸을 영국인 존 롤프와 결혼시켰다. 존 롤프는 버지니아에서 재배해 바다 건너에 이익을 남기고 팔 수 있는 새로운 종류의 담배를 남아메리카로부터 들여왔다. 1617년 포와탄이 사망할 무렵에는 그의 땅 전역에 담배 농장이 급속히 성장하고 있었다.

아버지가 사망한 그해 레베카라는 영국식 세례명으로 알려진 포카혼타스는 벤 존슨(1572~1637년)의 연극 〈기쁨에 찬 비전〉을 공연하는 런던의 공연장 객석에 제임스 왕과 앤 왕비의 옆자리에 남편 존 롤프와 함께 앉아 있었다. 미국 역사에 나타난 초기의 인종 간 결혼은 문화와 정치의 크나큰 격차를 메우기 위한 것이었을 뿐 아니라 영국인들과 포와탄족을 결합하기 위한 노력의 산물이었다. 포카혼타스가 사망한 뒤에 남편과 혼혈아들은 버지니아로 돌아갔다. 롤프는 그곳에서 포카혼타스의 아버지 자리를 차지한 이복 삼촌의 공격을 받아 사망했다. 포카혼타스와 존 롤프는 불행한 운명을 맞이했고 두 사람의 결합이 유럽인과 아메리카 원주민의 관계에서 모범이 되지는 않지만 포카혼타스 이야기는 북아메리카 변경에 거주하는 매우 다른 두 인

| 그림 10.2 | **콜럼버스의 상륙(1860년)**
콜럼버스와 카리브 해 원주민들 간의 접촉이 손으로 채색한 19세기 중반의 석판화에 낭만적으로 그려져 있다.

종 간의 결혼을 통해 아직 실현되지 않은 적응과 조화의 가능성을 보여 준다.

북아메리카의 북동부 변경에 위치한 전략적 요충지는 아메리카 원주민과 영국 및 프랑스 식민지 주민들이 서로 격렬한 투쟁을 벌인 무대였다. 오늘날 이 지역에는 수십 곳의 요새와 격전지 등 개척 시대의 유적이 흩어져 있다. 이 시대의 상업 경쟁은 프랑스-원주민 전쟁(1756~1763년)에서 정점에 이르렀다가 파리조약의 체결로 종결되었다. 유럽과 북아메리카의 관계는 불확실했으며 어쩌면 적대적이었을 수도 있다. 대서양 변경에 위치한 13개 북아메리카 식민지들 가운데 매사추세츠, 펜실베이니아, 메릴랜드는 영국의 비국교도 망명자들이 건설한 식민지였다. 이와 비슷하게 뉴욕과 캐나다에 건설한 프랑스의 초기 식민지도 거의 언제나 사제들을 동반했다. 종교적 박해를 피해 망명한 유럽인들이 세운 공동체 가운데 일부는 대서양 세계에 등을 돌리고 서부로 진출했다. 이주민들과 그 후손들은 백 년 전 서부로 떠난 최초의 프랑스인들의 뒤를 따라서 1760년에 애팔래치아산맥을 넘어 계속 확장해 나갔다.

종교 집단들이 변경을 서부로 이동시키는 데 이바지했다. 그 변경이 대륙을 가

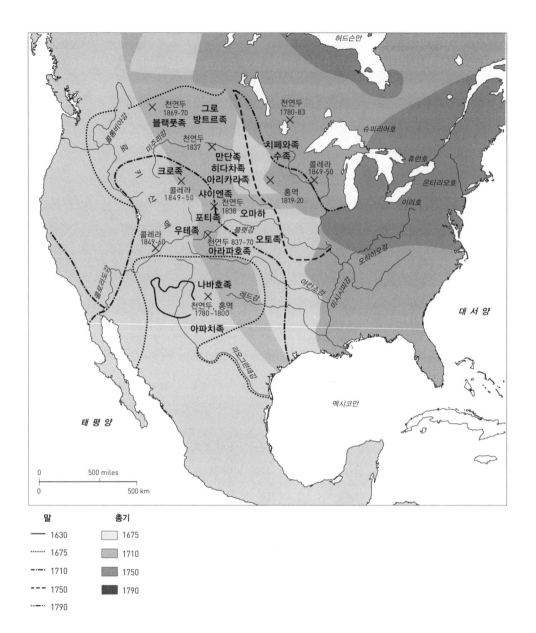

블랙풋족
천연두
1869-70
그로
방트르족
천연두
1780-83
슈피리어호
치페와족
천연두
1837
미주리강
수족
만단족
히다차족
아리카라족
콜레라
1849-50
콜럼비아강
크로족
홍역
1819-20
휴런호
온타리오호
콜레라
1849-50
샤이엔족
천연두
1838
오마하
이리호
포티족
플랫강
우테족
콜레라
1849-60
오토족
천연두 837-70
아라파호족
오하이오강
나바호족
천연두, 홍역
1780-1800
레드강
미시시피강
아칸소강
대서양
아파치족
리오그란데강
멕시코만
태평양

| 0 | 500 miles |
| 0 | 500 km |

말	총기
—— 1630	▫ 1675
······ 1675	▫ 1710
—·—· 1710	▪ 1750
---- 1750	▪ 1790
—··—·· 1790	

| 지도 10.1 | **북아메리카의 변경 지대를 따라 확산된 말과 총기, 질병**

로질러 서부로 이동할 때 영국령 미국 식민지의 변경에 공식적인 종교가 없었던 점으로 미루어 보면 조직된 종교가 정부의 공식적인 협력자는 아니었다. 모르몬교 같은 집단이 적대감을 피해 서부로 이동해 오늘날의 유타 주에 정주한 것은 훨씬 나중의 일이었다. 유럽의 종교적 배척을 피해 나온 후터파와 메노파를 비롯한 망명자들도 미국과 캐나다의 변경이 서부로 이동함에 따라 인적이 없는 곳으로 도피했다.

유럽인들이 북아메리카에 들여온 말과 철과 총이 변경 생활에 중대한 기술적 변화를 가져다주었지만, 변경의 모피 무역을 비롯한 경제활동에 미친 원주민들의 지리 정보와 응용 기술과 식품의 영향에 견줄 바는 아니었다. 유럽의 천연두 같은 질병과 알코올 중독(수익이 큰 브랜디와 위스키를 비롯한 각종 술 무역으로 야기된)은 원주민의 수명과 생활양식을 파괴했다.

개척 시대는 문화적으로 동화된 원주민을 선조의 땅에서 몰아낸 퇴거 조치와 그에 뒤이어 보호지역에 몰아넣은 강제 배치를 통해서 최종적으로 막을 내렸다. 미국 전역을 여행하고 《미국의 민주주의》(1835년)에 자신의 관찰을 기록한 프랑스의 관찰자 알렉시스 드 토크빌은 백인의 지배에 복종하기를 거부한 원주민들이 19세기 초 북아메리카에서 절멸될 것이라고 내다봤다.

| 러시아제국의 경계와 변경 |

북아메리카 세계의 반대쪽에 있는 대륙에서는 동쪽으로 진출하는 서유럽인들과 서쪽으로 진출하는 아시아인들 모두에게 러시아가 하나의 변경이었다. 유럽의 게르만 족들은 카롤루스 대제의 9세기 원정을 시작으로 다뉴브 강 유역에서 우랄산맥에 이르는 지역에 거주한 슬라브족에게 피해를 입히면서 서유럽의 변경을 계속 동쪽으로 밀어붙였다. 9세기 말에는 키예프 공국의 군주가 동방정교(라틴 기독교에 반대되는 그리스 정교회)의 기독교로 개종했다. 이것은 슬라브족을 비잔티움제국의 문화권으로 끌어들여 서방 라틴권과 분리시킨 사건이었다.

우랄산맥을 넘어선 러시아 최초의 동방 진출은 11세기에 일어났다. 당시에는 노브고로드가 러시아에서 가장 강력한 공국이었다. 노브고로드는 서유럽과의 무역을 통해 활기가 넘치고 번성하게 되었으며 러시아 북동부의 드넓은 삼림에서 수출용 목재와 모피, 밀랍, 꿀을 확보했다. 13세기에는 칭기즈 칸이 이끄는 몽골족이 시베리아

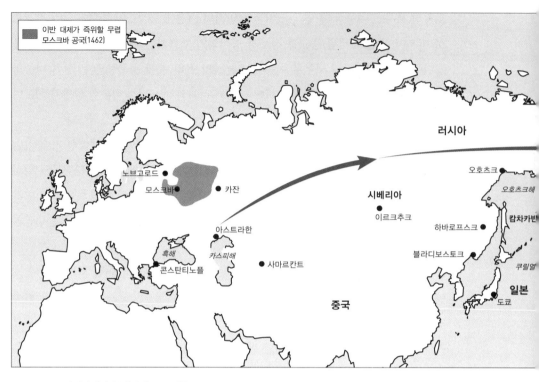

| 지도 10.2 | **시베리아와 북태평양으로 팽창하는 러시아**

족의 대부분을 정복하고 지배했으며 우랄산맥을 넘어 서진을 계속하면서 러시아를 정복하고 다뉴브 강 유역까지 진입했다. 그 뒤로 16세기까지 러시아는 몽골의 칸들에게 서부의 변경으로 남아 있었다. 차르(황제)의 칭호를 취한 이반 3세(1462~1505년 재위)가 몽골족에 뒤이어 러시아를 지배한 마지막 아시아인인 타타르족을 물리쳤다. 타타르족을 정복하면서 이반 3세가 노브고로드를 자신의 지배 아래에 두었고 모스크바가 러시아의 권력 중심지로 부상했다. 1480년 모스크바는 동방정교의 중심지로서 비잔티움제국의 잃어버린 상속권을 주장하는 '제3의 로마'로 선포되었다. 우랄산맥의 서쪽 변경에 대한 안전이 일단 확보되자 러시아인들은 우랄산맥의 동쪽으로 그리고 나중에는 시베리아로 그 변경을 밀어붙였다.

대서양에서 태평양 연안으로 북아메리카 대륙을 횡단하도록 유럽인들을 끌어들인 것과 비슷한 이유로 러시아인들은 동쪽 시베리아 너머 태평양에 매혹되었다. 북아

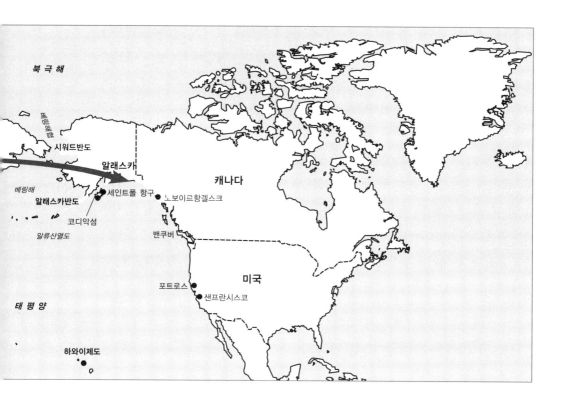

메리카에서와 마찬가지로 시베리아가 지닌 주된 매력 가운데 하나는 모피(검은담비, 족제비, 비버)였다. 하지만 시간이 지나면서 토지의 개발도 중요한 일이 되었다. 16세기 중엽에 스트로가노프 가문 같은 러시아의 사업가들은 북부의 육로와 해로를 통해 시베리아에 접근했다. 모피 무역의 전망에 매력을 느낀 러시아인 수천 명이 탐험을 하고 황무지에 집을 짓고 정주하기 위해 시베리아를 건넜다. 시간이 지나면서 농노제(토지에 긴박)나 징집 또는 종교 박해를 피해 도망친 사람들이 이 대열에 합류했다. 이러한 공동체들은 거의 접근이 불가능한 삼림과 시베리아의 방대한 대초원에 정주했고, 심지어는 중국인 소유의 영토까지 들어갔다.

러시아의 변경이 북태평양 영역까지 도달한 것은 1648년이었다. 당시 한 탐험대가 러시아 북쪽 북극 해안을 따라 항해를 해 시베리아 동북단을 돌고 뒷날 베링 해협이라고 부르게 된 지점을 지나 북태평양으로 진입했다. 1696년 또 다른 시베리아 탐험대들은 캄차카 반도를 경유해 북태평양 해안에 도착했다. 18세기 초반에는 러시아의 한 탐험대가 시베리아 북태평양 해안의 지도를 작성하는 작업에 착수했다. 표트르 대제(1682~1725년 재위)가 임명한 덴마크인 비투스 베링이 탐험대를 지휘했으며 1728년에 그의 이름을 따서 아시아와 북아메리카 사이의 해협을 해도에 기입했다.

러시아인들이 태평양 연안에 도착하면서 18세기 전반 알래스카는 식민화되었다. 이곳은 러시아제국이 아메리카 대륙에 보유한 유일한 지역이었다. 이제 러시아의 북아메리카 변경이 영국과 에스파냐, 미국의 변경과 마주하게 되었다. 이 유럽의 동료 국가들이 그곳 원주민들보다 알래스카에 대한 러시아의 이해관계에 훨씬 더 치명적인 것으로 드러났다. 한편 유라시아 대륙으로 동진한 러시아제국은 중국과 맞닥뜨리게 되었다. 18세기에 팽창을 하면서 중화제국의 국경을 압박하기 시작할 무렵 러시아인들은 이슬람 세계의 변경인 중앙아시아의 무슬림 국가들과도 충돌했다.

이슬람 세계의 경계와 접촉, 변경

이슬람 세계의 경계는 이슬람교의 사상 속에 명백히 표현되어 있었다. '다르 알 이슬람'은 이슬람법을 따르는 무슬림 신도들의 세계인 '이슬람의 집'이었고 '다르 알 하르브'는 알라의 법 밖에 사는 이교도의 세계였다. 이것은 제국의 정치를 넘어선 종교적 경계였다. 비무슬림 인구를 지배하는 무슬림 통치의 현실을 반영하기 위한 제3의 개념이 개발되었다. '다르 알 아흐드' 곧 '협정의 집'은 무슬림 통치자와 비무슬림 신민 간의 합의에 따른 것이었다. 이 영역에서는 일정한 세금을 내는 한 비무슬림 신민들은 자신들의 종교와 재산을 유지할 수 있었다.

알 안달루스(무슬림 에스파냐)에서는 기독교인과 유대인들이 수백 년 동안이나 무슬림 지배 아래에 살았다. '딤미'라고 부른 비무슬림들은 사회적 법적 지위가 무슬림들보다 아래에 있었고 이슬람법의 지배를 받았다. 무슬림 에스파냐에서는 이처럼 명확한 경계가 있었다. 기독교 왕국과 무슬림 왕국 사이에 지리적 경계가 있었고 '재정복'의 목적과 '지하드'의 목적 사이에 이념적 경계가 있었다. 또한 무슬림과 기독교인과 유대인의 종교 공동체들 간의 경계도 있었다. 하지만 종교 공동체들 간의 경계들은 상호 침투가 가능했고 종교적 정체성도 융통성이 있었다. 9세기 코르도바의 이븐 안토니안은 이슬람교로 개종해 고위 관직에 오른 기독교인으로서 매우 뛰어난

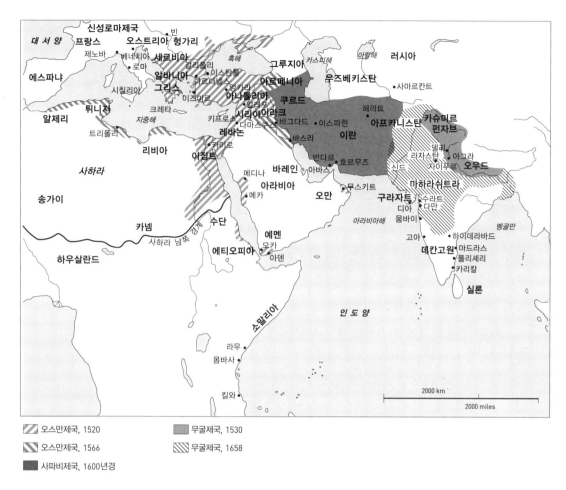

대 서 양
신성로마제국
프랑스
빈
오스트리아
헝가리
제노바
세르비아
에스파냐
베네치아
로마
갈리폴리
흑해
그루지야
카스피해
아랄해
러시아
시칠리아
알바니아
이스탄불
아르메니아
우즈베키스탄
사마르칸트
튀니지
그리스
나르다벨
앙카라
쿠르드
크레타
이즈미르
아나톨리아
알레포
헤라트
카슈미르
알제리
지중해
키프로스
시리아 이라크
아프카니스탄
펀자브
트리폴리
다마스쿠스
바그다드
이스파한
델리
리비아
레바논
바스라
이란
라자스탄
아그라
사하라
이집트
카이로
반다르
호르무즈
신드
자이푸르
오우드
송가이
메디나
바레인
아바스
마하라쉬트라
수단
사하라 남쪽 경계
아라비아
메카
오만
무스키트
구라자트
수라트
디아
디만
카넴
예멘
아라비아해
고아
하이데라바드
벵골만
하우살란드
에티오피아
모카
아덴
몸바이
데칸고원
마드라스
폴리셰리
카리칼
인 도 양
실론
소말리아
라무
몸바사
2000 km
킬와
2000 miles

오스만제국, 1520   무굴제국, 1530
오스만제국, 1566   무굴제국, 1658
사파비제국, 1600년경

| 지도 10.3 | **오스만제국, 사파비제국, 무굴제국**

아랍어 구사 능력과 더불어 아랍과 이슬람 문화에 대한 풍부한 지식을 과시했다. 개종의 진정성에 의문을 제기하는 정치적 공격으로 경력이 훼손되기는 했지만 코르도바 관료제의 공직에 진출한 이븐 안토니안의 출세는 이슬람교와 기독교의 경계를 넘어 실제적으로 이동할 수 있게 해 주는 개종의 잠재력을 보여 주는 증거이다.

그 밖에도 현대 이슬람 세계의 어느 곳에서든지 정체성의 변화를 보여 주는 사례들은 풍부하다. 가장 극단적인 사례 가운데 하나가 바르마크 가문의 경우였다. 이 가문은 원래 중앙아시아 옥수스 지역 출신의 불교 승려들이었는데 이슬람교로 개종해 8세기 중엽 바그다드에 있는 아바스 정부의 관직에 진출했다. 이베리아 반도에서는 그라나다의 마지막 이슬람 왕국이 몰락하면서 1492년에 이슬람 지배가 종결되었지만 다른 곳에서는 민족과 문화와 종교가 다양한 사회를 지배하는 이슬람 제국들이 등장했다.

16세기에는 북아프리카와 인도 아대륙에 걸친 이슬람의 정치적 세계가 세 제국으로 분할되었다. 서아시아와 북아프리카의 수니파 오스만제국과 이란과 아프가니스탄의 시아파 사파비제국 그리고 인도의 무굴제국이 그것이다. 이 제국들은 저마다 문화적으로 서로 다른 지역들을 지배했다. 그리고 각 제국은 다양한 언어와 문화와 민족이 섞인 혼합체였다. 다르 알 이슬람 안에는 수니파와 시아파와 수피파 이슬람 간의 종교적 경계가 있었을 뿐만 아니라 각 이슬람 제국 내에는 문화적이고 정치적인 변경들이 있었다. 무굴제국은 제국 내의 힌두교 문화와 언어와 종교를 편입했고 오스만제국은 이슬람교의 경계를 확장해 기독교 및 유럽 국가들과 대면했다.

오스만제국은 제국이 지배한 북아프리카에서 서아시아에 이르는 지역의 다르 알 이슬람을 대변할 뿐 아니라 유럽 세계와 아시아 세계에 양다리를 걸치고 있었다. 다르 알 이슬람과 다르 알 하르브의 경계가 뚜렷하기는 했지만 상호 수용이 불가능한 것은 아니었다. 오스만제국은 1453년 콘스탄티노플 정복과 더불어 유럽의 경계를 침입하기 시작했다. 그들은 바그다드의 아바스 칼리파국의 유산과 더불어 비잔티움제국의 유산을 접수했다. 이런 팽창은 오스만제국이 동부 지중해 연안의 전 지역뿐만 아니라 유럽의 4분의 1에 달하는 지역을 지배하던 오스만 권력의 절정기인 쉴레이만 대제(1522~1566년 재위)의 치세에 더욱 두드러졌다. 오스만의 유럽 쪽 팽창은 16세기와 17세기에도 계속되었다. 하지만 18세기에는 유럽의 국가들과 팽창하는 러시아 제국 때문에 오스만제국이 지배하는 영토가 상당히 축소되었다.

수니파 오스만제국은 동부 변경에서 이란의 시아파 사파비제국과 치른 잦은 전쟁으로 더욱 약화되었다. 오늘날의 아프가니스탄 지역에 거주하는 수니파 신민들을 박해한 결과 1722년에 사파비 이란에서는 반란이 일어났다. 아프간 반란의 지도자가 이란을 침략하고 마지막 사파비 샤를 물러나게 했다. 18세기 말에는 카자르 왕조가 사파비제국의 유산을 차지하고 다음 2세기 동안 지배했다. 오스만제국과 마찬가지로 이슬람 제국들의 국경이 이슬람의 정치적 경계를 한정하기는 했지만 상당수의 무슬림들은 아프리카에서 아시아에 이르는 이러한 경계의 바깥에 살고 있었다.

중화제국의 경계와 변경

무슬림들은 중화제국에도 편입되었다. 중화제국은 오스만제국과 무굴제국이 한 것과 흡사하게 매우 다양한 민족과 언어, 문화를 통합한 정치 문화 체제였다. 중화제국의 관점에서 보면 동아시아 세계는 지역적 편차가 있는 공통의 문화를 지니고 있었다. 일본, 한국, 베트남은 모두 정도는 다르지만 수백 년에 걸쳐 중국의 사상과 제도의 영향을 받은 중국 문화 세계의 일부를 이루고 있었다. 중국인들이 인식하고 있다시피 중국 문화의 경계는 중국적인 것과 한국적인 것, 베트남적인 것 또는 일본적인 것 사이가 아니라 중국의 '문명'과 대초원 지대의 '야만인들' 사이에 그어져 있었다. 만리장성은 수백 년 동안 대초원 지대와 목초지의 유목 민족과 중국의 정주 농민 간의 경계 역할을 했다. 번갈아 일어나는 무역과 전쟁이 이 두 가지 생활양식의 관계를 특징지었다. 북방 유목 전사들의 주기적인 침략은 13세기 몽골족의 정복에서 정점에 이르렀고 중국은 유라시아 제국의 일부가 되었다.

몽골제국이 몰락한 뒤 14세기에 명나라(1368~1644년)가 들어섬에 따라 다시 한족의 통치가 회복되었다. 중국 문명의 경계가 다시 설정되어 해상과 내륙의 두 변경 지역이 나타났다. 1407년부터 1433년까지 중국의 무슬림 제독 정화(鄭和, 1371~1435년)가 이끈 일곱 차례에 걸친 원정은 중국 해군의 항해 능력과 더불어 해상 변경을 차지하려는 명 조정의 야심을 보여 주었다. 원정대가 방문한 국가들 상당수가 무슬림 국가들이었기 때문에 정화는 무슬림 출신 배경의 덕을 톡톡히 보았다. 남서부의 윈난 성 출신인 정화의 아버지와 형제는 모두 메카를 순례할 만큼 독실한 무슬림들이었다.

원정대의 규모는 어마어마했다. 선박 62척, 보조선박 2백 척 이상, 선원 3만 명 가량이 제1함대를 구성했다. 마지막 원정은 2만 킬로미터나 되는 거리를 항해하여 적어도 30개국에 이르는 인도양 주변 국가들을 방문했다. 제국의 후원과 지원을 받은 정화의 원정은 명나라의 권력을 과시하고 세계의 중심으로서 그 위상을 확인하기 위한 것이었지만, 중국 너머의 세계가 종전에 상상했던 것보다 훨씬 크고 다양하다는 사실을 깨닫게 해 주었다. 정화와 함께 원정에 나선 마환(馬歡, 1380년경~1451년경)이 방문한 지역과 사람들의 정보를 담은 항해 기사를 기록함으로써 중국은 세계에 대한 지식이 풍부해졌다.

하지만 15세기 후반 유럽의 상대국들과는 달리 중국의 원정 목적은 다른 곳의 통치자들에게 중국 황제의 선물을 제공하고 그 대신 조공을 받아들임으로써 조공 관계의 기본 질서를 확인하기 위한 것이었다. 외국에 주둔지를 마련하기 위한 것도 아니었고 상품이나 시장을 찾으러 간 것도 아니었다. 새 황제가 즉위하면서 조정의 분위기가 바뀌자 막대한 비용과 해상무역에 대한 불신 때문에 원정을 위한 자금 지원이 중단되고 말았다. 조정의 관심은 그 대신에 내륙의 변경과 육상 영토 내에 중국 문명의 영향력을 강화하는 쪽으로 기울었다.

15세기 초에 베트남 침략이 실패로 돌아가고 16세기 말 일본 침략에 대항한 조선의 전쟁에서 커다란 비용을 치르면서 문화적 지배권의 아래에 있다고 여긴 국가들에 대한 명나라의 정치적 지배력이 약화되었다. 하지만 베트남과 조선에서 그 지위를 유지하면서 받는 위협보다 훨씬 더 위험한 것은 만리장성 너머에서 오는 위협이었다. 강력한 몽골 부족 연합이 북쪽 변경을 위협하던 16세기 중엽에 동북 지방에서 또 다른 위협이 제기되었다. 만주족이었다. 13세기 몽골족의 정복과 마찬가지로 17세기 만주족의 정복은 변경을 넘나드는 수백 년에 걸친 문화적 · 정치적 · 경제적 상호작용이 최고조에 달한 사건이었다. 만주족의 청나라(淸, 1644~1910년)는 만리장성 너머에서 온 민족의 군사적 지배 아래에 두 가지 서로 다른 생활방식을 통합했다.

만주족은 만리장성 너머 오늘날의 만주 지역에 그 본국이 있던 민족 집단이었다. 17세기에 중국을 정복할 때 그들은 중국인과 만주인의 통혼을 금지하고 중국 여성과 같은 방식으로 발을 묶는 만주족 여성의 전족을 금지하는 등 만주족의 특징을 유지하기 위한 정책을 폈다. 하지만 시간이 지나면서 만주족은 중국인과 통혼을 하게 되었고 점차 언어와 문화의 상당 부분을 상실하게 되었다. 만주족 황제들은 중국어를 배웠고 18세기의 만주족 황제들이 뛰어난 서예가이자 시인이며 화가이자 예술의 후원자가 되었다. 승마술을 발휘하면서도 중국인들이 감탄할 정도로 학식이 뛰어났던 강희제(1662~1722년 재위)는 자신의 아들들이 승마술과 만주어 구사력을 상실해 가는 것에 절망감을 느꼈다.

청 제국은 18세기에 히말라야산맥에서 동중국해에 이르기까지 그리고 러시아제국과 접한 몽골 국경에서부터 동남아시아에 이르기까지 무려 1천3백만 제곱킬로미터나 되는 세계 최대의 국가였다. 광범위한 영토와 민족들을 아울렀고 통치 기구에 2개국어 상용을 도입하여 조정의 문서를 이따금씩 몽골어뿐만 아니라 만주어와 중국어

러시아제국

오호츠크 ●

바이칼호

옴스크 ●   크라스노야르스크 ●   이르쿠츠크 ●   네르친스크 ●   아무르강

몽골   ● 하얼빈

우루무치 ●   베이징 ●

중가르 ●
호탄 ●   시안 ●   난징 ●

티벳   중국   청두 ●

● 라싸   윈난

히 말 라 야 산 맥   광저우 ●

남중국해

☐ 만주족 왕조가 통치한 1720년의 중화제국

▨ 1720년까지 중국의 지배 영역

■ 1724~1764년 중국이 정복한 영토

▩ 1780년 중국이 정복한 영토

| 지도 10.4 | **중국의 팽창(1720~1780년)**

를 병용해 기록했으며 만주족과 중국인 모두를 국가 관료제의 고위 공직에 등용했다. 청 제국의 영토 내에서는 위구르어와 먀오어(苗語), 티베트어, 좡어(壯語), 아랍어, 한국어에 이르기까지 매우 다양한 언어가 사용되었다. 종교도 매우 다양했다. 제국의 전역에 흩어진 신도들이 저마다 유교, 불교, 도교뿐만 아니라 티베트 불교나 라마교, 몽골의 샤머니즘, 기독교, 이슬람교를 신봉했다. 정치적 경계는 어느 정도 정해져 있었지만 제국 내의 문화적 · 종교적 경계는 유동적이고 삼투성이 매우 높았다.

18세기에는 서북의 '새로운 강토'(新疆, 오늘날 신장 자치구)에 대한 장기간의 식민화가 진행되었다. 수백 년 동안 인도-이란과 이슬람, 튀르크(돌궐), 몽골, 티베트, 중국의 영향이 뒤섞여 온 변경인 신장은 원래 정치범을 비롯한 범죄자들의 망명지였다. 이 지역이 중화제국 행정 조직에 편입된 것은 기껏해야 19세기 말에 이르러서였다. 예를 들어 망명한 학자 기윤(紀昀, 1724~1805년)이 1769년에 신장을 여행하고 나서 자신이 마치 다른 세계, 곧 이상한 옷을 걸치고 진귀한 음식을 먹으며 특이한 향을 풍기는 위구르 상인들이 지배하는 세계에 들어간 것과 같은 것을 느꼈다고 말했다. 성도(省都)인 우루무치에는 당시에도 여전히 중국의 고전 문헌을 파는 서점이 있었다. 기윤은 커다란 국화와 금잔화를 보며 감탄하고 즐거워했다. 그리고 자신의 정원에서 그런 화초를 손수 길렀다. 신장은 다른 변경들과 마찬가지로 사람들이 인생에 기적적인 변화를 만들어 낼 수 있는 곳이었다. 석방된 한 죄수가 1788년에 일리 시에 양쯔 강 삼각주 지역에서 나는 진미를 파는 가게를 열어 부자가 되었다.

서남쪽의 윈난, 쓰촨, 구이저우 성은 이전에 만주족의 지배를 받았지만 민족과 문화가 복잡하게 뒤섞인 변경 지대로 남아 있었다. 예를 들어 구이저우 성의 먀오족(苗族)은 풍부한 광상(鑛床)이 발견된 지역에 살고 있었는데 중국인들이 그곳을 식민화하고 개발했다. 윈난 성의 다이족(傣族)은 중국의 국경 안쪽 및 동남아시아에 거주하고 있던 산악지역 거주족인 멍족(孟族)과 마찬가지로 동남아시아 국경 너머 타이족과 공통된 민족적 배경을 지니고 있었다. 청 제국은 방대한 영토에 걸친 지배권을 지니고 있었음에도 불구하고 만주족의 지배를 받은 것만큼이나 만주족의 지배를 형성한 다양한 민족과 문화, 종교를 수용한 다문화 제국이었다.

바다의 경계와 접촉, 변경

바다는 땅덩어리의 자연 경계들로 이루어져 있다. 바다는 항해하는 사람들이 마주치는 장소가 되기도 했고 경우에 따라서 항해업자들이 서로 일상적인 교류를 할 때는 변경이 되기도 했다. 지중해는 비교적 작은 내해였기 때문에 기원전 7세기에 이미 무역업자들이 상품을 싣고서 해안을 따라 정기적으로 횡단한 최초의 주요 해역이었다. 인도의 상인들은 기원전 5세기에 배를 타고 인도양을 건너 동남아시아로 갔으며 몇 세기 뒤에는 아라비아와 동아프리카의 선원들이 그곳에 합류했다. 이베리아와 영국, 네덜란드의 선원들이 기술혁신을 통해 드넓은 대서양을 항해할 수 있었던 것은 서기 15세기에 이르러서였다. 오세아니아의 주민들이 이따금 섬에서 섬으로 원거리를 항해했고 우리가 지금 태평양이라고 일컫는 대양의 주변에 살던 아시아와 아메리카 대륙의 주민들은 2천 년 전에 이미 해안의 해상 관계망을 마련했다. 정기적인 태평양 횡단은 19세기의 포경선과 기선으로 이어졌다.

지중해와 대서양, 태평양, 인도양을 건넌 초기의 항해자들이 항해의 어려움을 겪기는 했지만 바다와 대양은 땅덩어리 사이의 장벽이 아니라 땅을 연결하는 교통로였다. 15세기 후반 세계 일주를 한 이후 이 해역들이 서로 연결되면서 세계의 대양들이 모든 지역의 땅과 사람을 연결하는 하나의 방대한 해역이라고 생각할 수 있게 되었다. 바다를 둘러싸고 있는 사람이나 문화와 마찬가지로 바다도 역사를 지니고 있다. 그 이름들은 그곳을 항해한 사람들뿐만 아니라 섬 주민들이나 해변에 거주한 사람들이 지닌 해역에 대한 인식을 반영하고 있다.

오세아니아는 그 지역 주민들에게 '우리 섬들의 바다'로 알려졌다. 하지만 오세아니아 바다를 항해한 유럽인들에게는 그 섬들이 태평양(Pacific, '평화로움'을 뜻하는 라틴어)의 일부였다. 로마인들에게는 지중해(Mediterranean, '가운데'와 '땅'이라는 낱말을 합친 라틴어)가 '마레 노스트룸'(mare nostrum) 곧 '우리의 바다'였다. 전성기의 로마제국이 이 바다를 완전히 둘러싸고 있었던 것이다. 로마제국이 몰락하고 한참 뒤에 일어난 지중해의 결정적인 해전은 육지의 경계를 정하는 데에도 이바지했다. 1571년 레판토에서 유럽 열강의 연합군과 맞선 오스만제국의 패배는 북쪽과 서쪽의 기독교 유럽과 동쪽과 남쪽의 무슬림 북아프리카 및 서아시아 사이에 비공식적인 경계를 만들어 냈다. 인도양이란 명칭의 어원은 아랍어의 '알 바흐르 알 힌디'에 있다.

15세기 초 정화의 원정이 있기 훨씬 전에 이 거대한 해역을 항해한 아라비아 선원들의 조기 출현을 반영하는 직접 번역어(산스크리트어에서 페르시아어와 아랍어를 거쳐 그리스어와 라틴어로 번역된 '힌드')에서 온 말이다. 대서양은 그리스 신화와 모로코에 있는 아틀라스산맥에서 그 명칭을 따왔다. 콜럼버스 이전에 대서양은 기껏해야 서아프리카의 근해만을 가리켰지만 유럽인들의 항해가 확대되면서 대서양의 범위도 넓어졌다.

| 해적 활동과 무역, 변경의 정치 |

1571년 레판토 해전이나 유럽 내에서 에스파냐제국의 경계를 설정한 1588년 에스파냐 무적함대의 패배는 육지에서 전개된 정치적 투쟁이나 경제적 투쟁의 연장이었다. 지중해와 대서양, 인도양, 태평양의 주요 해역들 모두 해적질의 무대가 되기도 했다. 해적들은 지방과 제국과 국가의 정치 경제적 이해를 지원하기도 하고 때로는 도전하기도 했다. 전 세계에서 벌어진 해적 활동은 권력에 대한 도전만큼이나 경계의 침투성을 보여 준다.

해적질은 민간인들이 상인들 사이에서 중개인 역할을 하거나 판매할 상품을 강제로 몰수함으로써 이익을 취하는 일종의 교역 활동이라고 볼 수 있다. 해적질은 어느 곳에서나 정치적 통제가 약화된 곳에서 나타나는 변경(상호작용의 공간)의 존재를 알려 주는 것이었다. 공격에 취약한 변경은 대개 대규모 정치체들의 가장자리나 접합 지점에 있었다. 해적 활동은 규모가 더 큰 경제 체제의 일부라고 할 수 있다. 해적질은 그것이 불안정과 무질서와 대혼란을 불러일으키기도 했지만 변경 지대가 그러한 상태에 있음을 보여 준 것이기도 하다. 해적질은 이따금씩 해적을 정치적 목적을 달성하기 위한 용병으로 이용하려는 통치자나 반란자들의 후원을 받을 수도 있었다. 해적질은 보는 사람의 눈에 따라 그 성격이 크게 좌우되었다. 어떤 행위가 해적질인지 아니면 교역인지 여부는 전적으로 관찰자의 관점에 달려 있었다. 지중해와 인도양, 대서양, 태평양에서 전개된 해적질은 육지에 존재하는 경계와 접촉, 변경의 연장이었다.

남중국해의 해적 | 16세기에 해적들이 중국의 남동 해안을 괴롭혔다. 명나라의 권력이 약화됨에 따라 중앙의 권력이 지방을 통제하기가 더욱

어려워졌다. 공식 승인된 무역은 국가가 관리하던 조공 체제뿐이었다. 지방 관리들과 상인 기업가들이 부를 축적하기 위해 민간의 밀무역(국가 당국의 후원 아래)에 뛰어드는 경우가 허다했기 때문에 해적에 대해 엄중하게 제재하는 것을 주저했다. 처음에는 소규모의 해적단이 해안 마을을 우발적으로 습격했다. 그들 가운데 상당수는 국영무역에서 배제되어 경제적인 처지 때문에 어쩔 수 없이 해적질을 하게 된 평민들이었다. 민간무역을 금지하는 공식적인 제재에도 불구하고 이러한 집단들이 결국에는 민간 해외무역에 착수할 있는 더욱 크고 효율적인 무력 조직까지 갖추었다. 무장한 해적 함대가 연안 바다를 정기적으로 항해했으며 해적 선장 한 사람이 무려 대형 선박 50척을 거느렸다는 얘기도 있다.

17세기 중엽에 만주족이 침략해 중국의 북부를 점령하자 명나라 조정의 남은 세력은 남쪽으로 피신했다. 명나라 황제와 조정은 다른 망명자들의 지원을 받아 만주족의 남부 정복을 저지하고 명의 통치를 회복하고자 했다. 폐위된 황제는 이 과업에서 뒷날 중국의 민간전승에서 가장 뛰어나고 인기 있는 인물 가운데 한 사람이 된 정성공(鄭成功, 1624~1662년)의 지원을 받았다. 정성공은 네덜란드인이 붙여 준 '콕싱가'(Koxinga)라는 라틴식 이름으로 서유럽에 알려져 있다. 그는 마카오의 포르투갈인으로부터 기독교 세례를 받은 중국인 아버지와 일본 남부의 히라도(平戶) 항구 출신 일본인 어머니 사이에서 태어났다. 정성공의 아버지는 포르투갈인이나 일본인과 접촉했을 뿐만 아니라 마닐라에서 에스파냐인과도 거래를 했다.

정성공은 만주족에 맞선 명나라의 후원자로서 17세기 중엽에 중국 남동부 해안선의 꽤 넓은 지역을 10년 넘게 지배했다. 정성공을 물리치기 위한 만주족의 전략은 해안의 해적질을 근절하기 위해서 명이 채택했던 정책, 곧 해외무역의 제한 조치를 따르는 것이었다. 정성공은 1661년에 타이완으로 퇴각할 수밖에 없었고 그곳에 들어와 있던 네덜란드인들을 몰아냈다. 포르투갈인들이 애초에 '포르모사'(Formosa)라고 부른 타이완은 일찍이 17세기에 네덜란드동인도회사가 주도하는 무역 제국에 속해 있었다(6장을 보라). 그곳은 남동 해안을 따라 나 있는 푸젠 성 출신 중국인 이주민들의 고향이기도 했다. 하지만 타이완이 명대에 중화제국에 통합되지는 않았다.

광둥의 주장 강 삼각주에서 베트남 북부의 홍하 삼각주에 이르는 해상 지역인 18세기 광둥의 '해상 세계'에서는 해적 활동이 가난한 어부들에게 일시적인 생존 전략 그 이상이었다. 베트남의 정치적 사건들이 생태 변화(과잉 인구와 토지 부족, 무역 증대)의 진행과 맞물리자 그들은 해적 연맹 형태로 대규모 집단행동과 해적질을 확대했다. 중국과 베트남의 해안선은 해적들이 거주하던 '해상 세계'였다. 이 해적들은 1770년대에서 1790년대 사이에 베트남의 응우옌 왕조로부터 권력을 쟁취한 떠이선 반란의 지도자들을 위해 용병으로 복무했다.

18세기 말에 결국 떠이선 반란이 진압되자 용병으로 복무한 중국 해적들이 중국으로 돌아와 정일(鄭一)이라는 사람의 지도 아래 연맹을 결성했다. 정일은 남성 친족을 휘하의 함장으로 고용하고 여성 친족을 부하들과 결혼시킴으로써 가족의 충성과 정치권력을 합병했다. 1805년에 그는 5만 명에서 7만 명에 이르는 해적 연맹을 거느리고 주요 외국 무역항이 위치한 광둥 성 남동부의 해안 무역과 어업을 관리했다.

지중해와 인도양, 카리브 해의 해적 | 다른 세계에서도 이와 비슷하게 서로 다른 문화들 사이의 경계와 변경 지대에서 해적 활동이 활발했다. 지중해에서는 16세기와 17세기에 해적 활동이 극에 달했다. 이곳에서는 모든 해적이 국가의 지배에 반대한 것은 아니다. 사략선(私掠船)들은 전시에 적의 항구와 선박을 공격할 수 있도록 정부의 특허를 받은 해적선이었다. 동등한 지원을 받은 바르바리 해적단과 성 요한 기사단은 상선 나포를 가장하여 각각 오스만튀르크족과 가톨릭 에스파냐 간의 성전을 수행하는 전사로 활약했다. 실제로는 이 두 사략선 업자들이 없었더라면 무슬림과 기독교인들 간의 상품 교환은 불가능했을 것이다. 콘스탄티노플에 있는 오스만제국의 술탄이 바르바리 선장을 1518년에 알제 총독에 임명하고 1535년에는 오스만 함대의 사령관으로 삼음으로써 그들의 무역을 묵인해 주었을 정도로 이 두 해적단은 지중해 경제에 매우 중요한 역할을 했다.

해적과 정부들 간의 긴밀한 협력이 지중해에서만 이루어진 것은 아니다. 엘리자베스 시대(1588~1603년)에 해안선을 따라 살던 엘리트들의 대규모 후원이 영국 해협의 해적 활동을 지원했다. 해안에 거주한 영국의 '젠트리'는 16세기 내내 지방 약탈자들의 포획물을 판매함으로써 쉽사리 이익을 올렸다. 이러한 상황은 당시 군주정의 열망과 잘 맞아떨어졌다. 에스파냐와의 전쟁이 튜더 군주의 우선적인 국제적 관심사였지만 군주정이 여전히 지원병에 의존하고 있어서 어려움이 많았다. 이에 엘리자베스 1세는 해적을 승인하고 해적선들을 사략선으로 전환함으로써 영국 군주정이 자체 지원을 할 수 없는 시대에 비용을 들이지 않고 해군을 확보했다.

| 그림 10.3 | **갑판에서 싸우고 있는 중국인 여성 해적**

1807년 정일이 사망하자 정일의 부인으로만 알려진 그녀가 남편의 지위를 이어받았다. 그녀는 남편의 부하들(특히 정일의 양자인 장보)을 자신에게 묶어 둘 사적인 유대를 만들기 위해 신속하게 움직였다. 15세에 해적에게 포로로 잡힌 어부의 아들인 장보는 정일과 동성애 관계를 맺으며 해적질을 시작해 지위가 급상승했다. 정일의 부인은 남편이 사망한 뒤 장보의 충성을 확보하기 위해 그를 애인으로 삼았고 결국에는 결혼까지 했다.

　　해적의 정체성이 모호하고 해적질이 성행하던 환경의 성격이 끊임없이 바뀐 것은 인도양에서도 마찬가지였다. 18세기 초에 칸호지 앙그리아라는 이름의 독립 선원이 무굴제국에 대한 저항 과정에서 생겨난 마라타동맹과 연합했다. 그는 또한 고아에 있는 포르투갈인들과도 동맹을 맺었다. 포르투갈인들은 무굴제국의 동맹국들인 영국과 네덜란드에 맞설 생각을 갖고 있었다. 그러나 칸호지는 독립적인 주체로 행동했다. 포르투갈인들과 동맹을 맺고 있었음에도 불구하고 포르투갈 선박 한 척을 나포했고 영국동인도회사의 관리를 태우고 가던 영국 선박을 나포하기도 했다. 그는 영국 관리의 아내를 억류하고 몸값을 요구했다(Patricia Risso, "Cross-Cultural Perceptions of Piracy: Maritime Violence in the Western Indian Ocean and Persian Gulf Region during a Long Eighteenth Century," *Journal of World History*, 12, 2(2001), pp. 293~319). 칸호지 및 그와 상대한 인도양의 해적들도 다른 지역의 해적들과 매우 유사한 행동을 했다. 그들은 대개 독립적인 주체들이었으며 필요할 경우 육지의 정치 세력을 위해 활약했다. 한편 해적들은 자신들의 필요에 따라 동맹을 바꾸고 언제 어디서든 가능한 한 자신들과 지지자들을 위한 부를 추구했다.

18세기 유럽의 헤게모니와 치열한 경쟁은 대서양을 건너 카리브 해까지 이어졌으며 끊임없는 해적질과 상선 나포를 통해 전개되었다. 모든 해적질이 이익을 가져다 준 것은 아니었다. 대서양을 건넌 최초의 해적 가운데 폴미에 드 곤네비유가 있다. 에스파냐인들한테서 상품을 탈취하는 데 성공했음에도 그는 원정 비용을 충분히 확보할 수 없었다. 당시 상인들과 선박들은 해적과 사략선 업자로부터 자신들을 스스로 보호해야 했다. 사략선 업자는 적에게 사로잡히면 군인의 대우를 받았다. 그래서 사로잡히면 범죄자로 교수형에 처해지기보다 포로가 되는 경우가 많았다.

범죄자와 '버커니어'(buccaneer) 또는 노예 계약을 피해 달아난 노예들은 카리브 해의 해적이 되면서 주인들의 착취로부터 안전을 지키고 이득을 얻었다. 버커니어들은 산토도밍고(그들은 이곳에서 고기를 훈제하는 석쇠인 '부캉'에서 이름을 얻었다)에서 달아난 소떼를 잡는 사냥꾼 일을 시작했고 곧 사냥과 해적질을 결합하기 시작했다. 버커니어들은 카리브 해와 대서양을 횡단하고 멀리 인도양의 마다가스카르까지 다다라 그곳에 리베르탈리아 해적공화국을 설립했다.

아시아와 지중해 바다의 해적들과 마찬가지로 카리브 해의 해적들은 대개 정치적 후원을 받았다. 실제로 상인과 해적의 거래가 모두 인습을 벗어난 비도덕적인 방식으로 진행되었기 때문에 밀무역과 합법적인 무역을 구분하는 것이 대개는 어려웠다. 17세기 말의 유명한 버커니어 헨리 모건이 영국 식민지인 자메이카 총독의 지시를 받고 출항을 했다. 그의 마지막 원정은 불법 행위를 중단하기로 한 영국과 에스파냐 간의 협정에도 아랑곳하지 않고 파나마시티를 장악하고 약탈하는 일이었다. 무역을 영국 선박으로 제한한 영국의 항해법보다 해적 활동에 더 치명적인 영향을 준 것은 1692년 자메이카 포트로열에서 발생한 지진이었다. 지진과 그에 뒤이은 해일로 '세상에서 가장 사악한 도시'로 알려진 이 해적 활동의 중심지가 바다 속에 잠겨 버렸다.

　광둥의 해상 세계와 마찬가지로 카리브 해 변경에서도 여성 해적들이 그렇게 드문 것은 아니었다. 카리브 해에는 메리 리드와 앤 보니라는 여성 해적이 있었다. 그들은 1720년 자메이카 총독 앞에 끌려와 유죄를 판결받고 교수형에 처해졌다. 여성들은 선객과 하인, 아내, 매춘부, 세탁부, 요리사가 되어 바다에 나갔고 드물기는 하지만 선원이 되기도 했다. 여성 해적들은 논란을 피하고 남성의 자유라고 여기던 것을 확보하기 위하여 대개는 남성 재킷과 바지를 입고 권총이나 칼을 차고 다녔다. 리드와 보니는 다른 남자 선원들처럼 곧잘 욕설을 퍼부었다. 둘 다 인습에 사로잡히지 않는 가정 출신이었고 선택한 일에 탁월한 실력을 발휘했으며 해적선의 지도자로 인정받았다. 이러한 '여성 전사들'은 대중적인 민요의 형태로 대서양 세계 곳곳에서 찬미를 받았다. 이런 모습은 그들의 영향이 경제적인 것뿐만이 아니라 동시에 문화적인 것이었음을 암시해 준다.

｜ 대서양 세계 아프리카인들의 변경 ｜

카리브 해는 해적질의 공간이었을 뿐만 아니라 서아프리카와 중앙아프리카에서 출발한 노예선의 도착지이기도 했다. 아프리카 쪽의 대서양 세계에는 총기를 비롯한 제조품 무역과 노예무역의 조건과 위험에 따라 크고 작은 국가들이 생겨났다. 아프리카인들의 새로운 변경에 등장한 이 국가들의 변두리에는 무질서가 난무했으며 새로운 문화적 정체성이 출현했다.

　16세기에 노예무역이 시작될 때부터 노예들은 대개 전쟁 포로들이었다. 전쟁은 격렬한 경제적 경쟁과 정치적 각축에서 비롯된 것이다. 노예무역은 수익성이 매우 높아서 아프리카의 국가들이 때때로 전쟁 포로를 획득하는 데 참여했을 뿐만 아니라 아프리카의 자유계약 유괴범이나 용병들이 그 일에 뛰어들기도 했다. 노예가 될 가능성이 있는 정적들과 탈주에 성공한 노예들은 아프리카 해안 근처의 도시들을 벗어나 접근이 어려운 내륙의 산악지대와 구릉으로 피신했다.

　해안 공동체의 변경에는 이렇듯 노예무역에서 도망친 노예들이 있었다. 그들은 왕과 귀족의 전통적인 권력에 반대하면서 유력한 인물들을 중심으로 자체 조직을 갖추고 공격에 취약한 약자들을 등쳤다. 그들은 여러 가지 다른 언어들을 사용하는 혼

| 지도 10.5 | **유럽의 경쟁과 카리브 해의 해적 활동(1750년 무렵)**

합된 변두리 주민들을 통해 '자가' 나 '임방갈라' 라고 부르는 새롭고 독특한 문화적 정체성을 구축했다. 아메리카 대륙으로 파송된 '흑표범' 부대는 유럽 이주민의 용병이 되어 싸움에서 용맹을 떨쳤다.

　아프리카인의 저항은 도망 노예들이 대농장 주변에 공동체를 형성하기 시작하면서 대서양 건너에서도 일어났다. 정착에 성공한 도망 노예 '마룬' 들의 공동체는 아프리카에서 노예화가 일어나는 변경 지대에 흩어진 공동체들과 매우 흡사한 역할을 했다. 때로는 억압하려는 자들의 권력을 약화시키기도 하고 때로는 매우 다른 새로운 생활 세계를 수용하고 적응하기도 했다. 도망 노예들은 대개 아프리카의 저항 방식을 자신들의 조직 모델로 택했다. 브라질의 '킬롬보' 들은 중앙아프리카 자가인들의 조직을 본떠 주둔지를 만들었다. 이러한 독립 취락들은 아프리카의 정치 사회적 모범을 따랐으며 유럽 지배의 가장자리에서 자신들의 아프리카 정체성을 이용해 자존심과 가능성을 고취시켜 나갔다.

카리브 해의 문화적 경계와 변경

카리브 해에 침입한 초기 유럽인들이 원주민 대부분을 죽이거나 쫓아낸 이후 이 지역의 사회 활동을 지배한 것은 아프리카인과 유럽인이었다. 여기에 다양한 문화적 배경을 지닌 사람들 간의 결혼을 통해서 생긴 자손들뿐만 아니라 다른 아메리카 원주민과 아시아인들도 참여했다. 이러한 교류를 통해 카리브 해 지역에는 인도인과 요루바인, 덴마크인, 프랑스인, 중앙아프리카의 콩고인, 서아프리카 해안의 에웨족과 폰족, 영국인, 아라와크인, 카리브인 등 여러 문화와 피가 뒤섞인 '크리오요'들이 등장했다.

카리브 해 농장 생활의 역사는 대서양 세계가 등장하면서 인종과 종족과 젠더를 구분하는 선이 복잡해지고 변동했을 뿐 아니라 도시와 시골의 경계도 변화하는 모습을 보여 준다. 18세기에는 토지 측량 기사들과 지도 제작자들이 영지를 지배하는 사람들의 주요 앞잡이가 되었으며 이들이 소유권을 주장하는 사람들 간의 경계 분쟁을 해결하는 데 중요한 역할을 했다. 이들이 건설한 문화 역시 '크리오요'로 알려졌다.

자메이카의 토머스 해리슨(1823년경~1894년)과 같은 18~19세기의 측량 기사들은 식물학에도 정통했다. 그들은 자신들이 제작한 지도에 저장물이나 농작물을 빈틈없이 관찰하여 표시함으로써 귀중한 역사적 정보를 기록했다. 1700년 무렵 이후에는 측량 기사들이 표준화된 컴퍼스와 거리 측정기를 사용했다. 이 거리 측정기는 실제로 길이가 20미터에 달하고 링크 열 개마다 표시를 해 주는 계산기와 놋쇠 고리를 갖춘 100개의 금속 링크로 이루어졌다. 1891년으로 찍혀 있는 해리슨이 제작한 자메이카 토지대장(토지 측량) 지도는 개별 농장을 실제로 답사하고 측량하는 데 수십 년이 걸렸다. 정확한 경계선은 대농장 경제와 그 사회의 특징을 이루는 사회 문화 교류의 복잡성과 대조를 이룬다.

공식적인 지도는 농장과 식민지에 대한 유럽인들의 이상적인 관념에 바탕을 두고 있었다. 그들은 식민지 영토와 농장이 매우 질서정연하고 기하학적인 것으로 생각했다. 하지만 실제로 농장을 운영하는 가운데 이러한 이해가 애매모호한 것이고 지도도 그렇게 쓰임새가 많지 않다는 사실이 드러났다. 농장은 상호 침투성이 높은 경계를 지닌 국제적인 다문화 지대였다. 주민들과 노동자들은 유럽인들이 아니라 대부분 아프리카인들이었다. 이들의 문화적 배경 차이가 공간의 사용을 결정했다.

아프리카인들이 자신들의 식사를 보충하기 위해 작물을 재배한 노예 식량 생산지와 산지에 독립적으로 거주한 마룬 공동체는 유럽의 지도와 다른 모습을 보여 주었다. 아프리카인의 토지 사용 유형은 자연 지형을 따르고 중앙의 안마당과 시장 같은 공동의 공간을 중심으로 하는 아프리카의 전통적인 취락 구조 원리를 따랐다. 도둑이 된 마룬과 약탈자들은 농장과 들의 경계를 쉽게 넘었다. 그들은 이따금씩 식민지 개척자들로부터 획득한 영토에 있던 은신처를 떠나 도회지에 출몰했고 그곳에서 생존에 필요한 물품을 훔치거나 교환했다. 때로는 지주 엘리트한테 자신들의 생존을 보장받는 대신 도망 노예를 사로잡기 위한 용병과 현상금 사냥꾼으로 고용되기도 했다.

대저택(노예주의 주거)과 노예들의 가옥은 비교가 되지 않을 만큼 차이가 났다. 대저택의 건축 재료는 유럽 귀족의 저택을 재현하기 위해 외국에서 들여왔고 노예들의 가옥은 열대지방의 재료를 사용해 서아프리카와 중앙아프리카의 양식 구조로 지었다. 대저택에 들어간 아프리카계의 사람들은 하인으로 일하거나 유럽인의 안주인이 된 몇몇 사람들이 그런 것처럼 문화적 경계를 넘을 수 있었다.

섬들의 비공식적인 경제에서도 경계의 이동성과 침투성을 찾아볼 수 있다. 내부의 시장 체계는 국가와 농장의 통제를 뛰어넘었다. 노예들의 식량 생산지에서 난 식료품들을 비롯하여 노예가 만든 토기 같은 제품들이 농장과 섬들 사이에 거래되었다. 일부 관찰자들이 지역의 소액 통화는 거의 전적으로 노예상과 '히글러'(거래 흥정인)의 수중에 있다고 불평할 정도로 화폐경제가 발달했다. 농장 간의 접근은 섬들은 물론 지역 간의 소통까지도 가능하게 해 주었으며 1830년대에 노예제가 폐지될 때까지 노예 저항의 효율성을 높여 주었을 것이다.

태평양 세계의 경계와 접촉, 변경

유럽의 정치적 주도권 아래 신속하게 재편된 카리브 해와는 대조적으로 방대한 태평양은 유럽이 진출했음에도 불구하고 경쟁 지역으로 남아 있었다. 1520~1521년에 칠레에서 괌에 이르기까지 마젤란이 최초로 두루 항해한 태평양은 탐험과 개발이 더욱더 어려웠다.

남태평양에 처음으로 영구적으로 거주한 유럽인은 네덜란드인들이었다. 네덜란드인들은 바타비아(오늘날의 자카르타)에 기지를 두고 남쪽으로 항해를 해 1597년에는 '남쪽 나라'(Terra Australis, 오스트레일리아)로 알려진 지역에 대한 소유권을 주장하기에 이르렀다. 이러한 주장들은 오스트레일리아와 그 북쪽에 위치한 뉴기니의 관계를 다룬 상륙 과정에 대한 자세한 묘사를 통해 사실로 확인되었다. 17세기에 여러 척의 네덜란드 선박이 자바에서 남쪽으로 항해를 했다. 이들은 1616년과 1622년의 항해를 통해서 오스트레일리아 남서 해안을 발견하고 카펜타리아 만을 탐험했다. 이러한 원정으로 원주민의 저항에 부닥쳤지만 오스트레일리아에 대한 유럽인 최초의 기록을 남기는 데 성공했다. 물리적 환경의 특징에 따라 네덜란드인들이 붙인 명칭들이 변함없이 사용되었다. 이는 그 이후에 벌어진 유럽인과 원주민 사이의 분쟁이 유럽인들의 승리로 끝났음을 보여 준다.

오스트레일리아에 대한 네덜란드의 소유권 주장은 1688년 초에 영국의 도전을 받았다. 당시 영국 최초의 장거리 탐험가 윌리엄 댐피어(1652~1715년)가 오스트레일리아를 목격했다. 이 대륙이 머지않아 영국의 소유가 된 것은 댐피어 때문이라기보다는 제임스 쿡(1728~1779년) 선장의 성과였다. 세 차례에 걸친 태평양 항해를 통해 쿡은 유럽의 태평양 탐험가들 가운데 가장 대표적인 인물이 되었다.

쿡 선장은 1차 태평양 항해(1769년)에서 오스트레일리아 대륙의 동해안을 따라갔고 1770년 4월에는 보터니 만에 영국의 국기를 게양하고 영국 땅 뉴사우스웨일스라고 이름 붙였다. 쿡의 항해에 이어 1788년에 오스트레일리아에 출현한 영국인들은 보터니 만 해변의 포트잭슨에 범죄자 식민지를 건설하기 시작한 영국의 이주민들이었다. 오스트레일리아는 이때부터 1839년 대영제국 죄수의 수송이 사실상 중단될 때까지 반세기 동안이나 범죄자 식민지의 성격을 지니게 되었다.

1772년에 돛을 올린 쿡의 2차 탐험은 아프리카 대륙 남단의 희망봉을 돌아 인도양을 건너 뉴질랜드로 항해했다. 그곳에서 남아메리카 남단의 티에라 델 푸에고를 거쳐 케이프혼을 돌아 대서양으로 항해한 다음 북쪽의 영국으로 돌아왔다. 이러한 세계 일주는 대규모 항해였으며 쿡이 수행한 지도 제작과 수심 측량 작업은 사실상 지구 남반구의 주요 윤곽을 오늘날에 알려진 것처럼 또렷하게 해 주었다.

쿡은 1778년에 시작한 마지막 탐험을 통해 오랫동안 염원해 온 대서양과 태평양을 연결해 줄 북서 항로를 찾아서 북태평양으로 갔다. 그는 이 항해 도중에 하와이 제도에 도착해 그 섬들을 '샌드위치 제도'라고 부르고 영국의 땅이라고 주장했다. 그는 첫 항해에서 하와이에 이르기까지, 오리건 해안을 따라 육지를 바라보면서 그리고 북쪽으로 북아메리카와 러시아 사이에 위치한 베링 해협을 돌아 하와이로 돌아올 때까

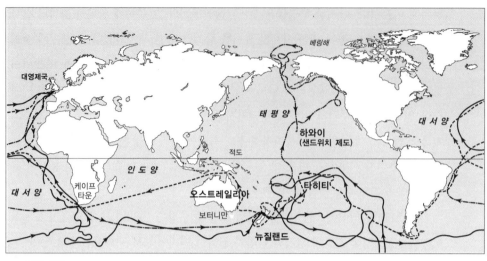

---- 1768~1771
—— 1772~1775
-··- 1776~1780

| 지도 10.6 | **제임스 쿡의 항해**

지 북아메리카의 북서 해안을 항해했다. 쿡은 하와이에서 죽음을 맞이했다.

제임스 쿡이 태평양을 항해한 지 얼마 지나지 않아서 알렉산더 매켄지(1763~ 1820년)의 육상 탐험대가 1793년에 오늘날의 캐나다 브리티시컬럼비아 태평양 연안에 도착했다. 매켄지의 탐험과 쿡 선장의 항해는 북태평양의 가장자리를 영국의 변경으로 만들었다. 북캘리포니아의 북태평양 변경에 대한 에스파냐의 소유권 주장은 에르난 코르테스가 원정대를 파견하고 후안 카브리요가 그 해안을 따라 항해한 16세기로 거슬러 올라간다. 이 지역에 대한 에스파냐의 식민화는 후니페로 세라 신부가 산디에고 데 알칼라 선교부를 설립(1769년)하면서 시작되었다. 다음 반세기 동안에는 캘리포니아 해안을 따라 북쪽으로 선교 부락들이 스무 곳이나 더 생겨났다.

태평양은 세인트로렌스 강 유역의 프랑스인들과 대서양 해안선에 거주해 온 영국인들이 16세기 말과 17세기 초에 각각 북아메리카에 정착한 이래로 프랑스인들과 영국인들을 강력하게 끌어들였다. 이들은 처음에 아시아를 목적지로 삼고 서쪽으로 항해를 했다. 항해가 불가능한 것으로 드러났지만 그렇다고 해서 북서 항로의 탐색을 중단하지는 않았다. 탐색은 19세기에도 계속되었다. 유럽인들은 모피와 토지를 노리고 시장경제의 지속적인 발전과 팽창을 뒷받침하기 위한 노동력을 비롯해서 자연 자원과 인적 자원을 추구해 나가면서 북아메리카를 건너 태평양으로 끊임없이 확장해 나갔다.

러시아가 시베리아 전역까지 동진 정책을 편 것도 모피를 획득하려는 노력에서 비롯된 것이며 북태평양으로 진출하고자 한 것도 마찬가지 동기에서 비롯된 것이다. 해달의 모피가 러시아의 궁정 사회에서 일찍부터 인기를 끌어 모피 무역을 위한 국영 무역 회사가 생겨났다. 캄차카 반도에 정착해 살던 러시아인들은 1730~1740년대에 쿠릴열도와 알류샨열도로 모피를 찾아 나섰다. 러시아의 모피 무역이 처음에는 원주민들이 정부 관리들에게 정치적 종속의 표시로 털가죽을 제공하는 조공의 형태를 취했다. 18세기 말에는 민간무역이 허용되었고 상인들의 역할이 갈수록 중요해졌다. 이런 현상은 특히 중국의 차와 비단, 아마포를 교환하는 중국과의 모피 무역에서 두드러졌다. 영국인들과 마찬가지로 러시아인들도 중국의 차와 비단, 아마포를 좋아했다.

식료품과 약물, 담배, 초콜릿

중국의 차는 러시아에서 영국에 이르기까지 유라시아 전역에 걸쳐 널리 거래된 상품이었다. 차를 마시는 예절까지 수입되면서 영국과 러시아 두 나라에서는 다도가 새로운 문화적 관습이 되었다. 애초부터 새로운 식료품의 도입은 육지와 바다의 접촉이 가져다준 하나의 중요한 성과였다. 식품과 작물의 전 지구적인 교환은 전통적인 소비 유형을 바꿔 놓았다. 새로운 식품을 도입하면서 일어난 식탁의 변화가 인간의 생리와 정체성과 문화를 크게 바꿔 놓았던 것이다.

종교적 경험과 의약 치료에 사용된 식품과 약물은 서로 다른 문화 사이에 끊임없이 유통되었다. 어떤 품목을 약이나 식품으로 간주할지 아니면 기분전환용 약물로 간주할지 여부는 대개 섭취량과 용도에 달려 있었다. 한때 여성용 강장제로 사용된 아편의 섭취량과 가치, 용도에 변화가 나타났고 원래 향신료로 간주되었던 설탕에도 이와 비슷한 현상이 나타났다. 1670년대에 네덜란드인들은 설탕 생산지인 수리남을 차지하는 대가로 영국에 뉴욕을 기꺼이 넘겨줄 정도였다.

콜럼버스는 원래 아메리카 대륙의 원주민들이 종교 의례에 사용하기 위해 재배한 물질인 담배를 가지고 유럽으로 돌아왔다. 유럽에서는 이것을 편두통 치료제로 사용했는데, 국왕 제임스 1세와 교황 인노켄티우스 10세는 각각 1604년과 1650년에 담배에 대해 비난을 늘어놓기도 했다. 하지만 담배는 곧 대중들의 기분전환용으로 사용되었다. 담배와 관련된 지식과 어휘가 유럽의 무역을 타고 스칸디나비아 북부의 라플란드에서 아프리카에까지 퍼졌다. 담배를 즐기는 것이 대개 남성의 특권이기는 했지만 아프리카에서는 여성도 파이프 담배를 피웠고 기분전환이나 환각, 종교적 체험을 위해서 다른 물질도 흡입했다. 1790년대에 중국에서는 명 조정의 금지 조치에도 불구하고 사람들이 담배와 아편을 일상적으로 즐겼다. 에스파냐는 1638년에 말라리아 퇴치를 위해 남아메리카의 기나나무의 껍질에서 추출한 키니네 같은 다른 물질을 사용하기 시작했다. 키니네의 질병 예방과 치료 효과 덕택에 유럽인들은 훨씬 더 깊숙한 열대 지역으로 진출할 수 있게 되었다.

1500년부터 1800년까지 아프리카와 오스만제국에서부터 북아프리카와 유럽에 이르는 지역에 커피를 비롯한 새로운 식품과 음료가 도입되었다. 콘스탄티노플에는 1554년에 최초의 커피점이 생겨났고 1650년에는 영국의 옥스퍼드에도 문을 열었다. 옥스퍼드대 학생들은 이 새로운 음료를 열렬히 환영했다. 이 두 곳은 커피를 공급하기 위해 홍해 남단의 아덴 부근 모카에서 나는 열매를 가져왔다. 18세기에 네덜란드인들은 영국인들이 카리브 해에서 그런 것처럼 자바에서 커피를 재배하기 시작했다. 중국의 차가 유럽에 알려진 것은 일본과 러시아가 그것을 적극적으로 받아들이기 얼마 전의 일이었다. 영국에서는 17세기 중엽에 처음으로 차를 팔기 시작했다. 찻잎 450그램으로 무려 차 3백 잔을 만들 수 있었다. 18세기 말 영국에서 차는 매년 350톤이나 소비되었다.

한편 초콜릿은 아메리카 대륙에서 유럽으로 이동했다. 처음에는 에스파냐와 포르투갈이 그 무역을 독점했다. 카카오는 아스테카 사회에서 사치품이었다. 카카오 열매를 화폐로 사용했고 다양한 방식으로 조리했다. 16세기 멕시코에서는 카카오 열매를 말려서 볶은 다음 빻아서 물을 부어 반죽을 만들었다. 그리고 향신료를 넣고서 혼합물을 거품이 나도록 흔들었다. 이 혼합 음료를 연회에 참석한 에스파냐 방문객들에게 대접했다. 처음에는 이 음료에 대해 의심과 두려움을 나타냈다. 하지만 유럽인들은 곧 예수회의 관찰자인 베르나르디노 데 사아군의 말에 공감했다. 그는 그것이 "기분을 좋게 하고 상쾌하게 만들며 마음을 위로해 주고 활력을 불어넣어 준다"고 말했다.

유럽과 아프리카와 아시아에서는 인구가 증가하자 감자와 토마토, 옥수수 같은 아메리카 대륙의 작물들을 선택적으로 받아들였다. 감자는 프랜시스 드레이크의 콜롬비아 항해를 통해 영국에 도입되었다. 곧 재배하기 시작했지만 처음에는 식량이라기보다는 장식용 식물로 길렀다. 기근으로 고생하던 프로이센 콜베르크 지방 사람들은 1774년이 되어서도 프리드리히 대제가 보낸 감자 실은 마차에 손을 대려고 하지 않았다고 한다. 감자의 원산지는 안데스산맥이다. 아일랜드는 감자를 받아들인 이후 엄청난 인구 증가가 일어났다. 하지만 아일랜드는 주식을 감자라는 단일 작물에 의존하는 바람에 19세기에 기근이 닥쳤을 때 파국적인 결과를 맞이하게 되었다.

중국의 인구는 1500년 이후 옥수수와 고구마와 땅콩을 도입하면서 급격히 증가했고 요리 형태도 바뀌었다. 서아프리카에서는 아메리카 대륙으로부터 들여온 땅콩과 고추, 카사바, 토마토, 옥수수가 한계토지의 농업 생산과 인구 증가의 토대를 마련해 주었고, 노예를 다른 배에 옮겨 태울 때까지 그들의 양식이 되어 주었다. 18세기 말에는 이러한 식품들이 지방의 요리에 들어가는 주재료가 되었으며 유럽의 주인들이 이런 식품을 꺼렸는데도 대서양을 횡단하는 노예들은 그것들을 필요로 했다.

남아시아의 음식도 1500년 이후가 되면 크게 바뀐다. 인도에서는 무굴제국의 통치가 시작되면서 새로운 일상 음식과 조리 방법이 도입되었다. 한 입 크기의 고기를 쇠꼬챙이에 끼워 구운 케밥과 필래프(잘게 썬 고기를 섞어 만든 밥), 고기를 곁들인 과일, 견과(사탕 과자), 먹기 좋을 정도로 아주 얇게 두들겨 편 금이나 은 슬라이스로 싼 음식에 이르기까지 모두 화려하고 독특한 요리였다. 아메리카 대륙에서 들여온 고추는 향신료를 섞어 만든 카레의 맛을 완전히 바꿔 놓았다. 이 카레가 인도 아대륙에서 아프리카와 영국, 아시아 다른 지역의 시장과 부엌으로 건너갔으며 마침내는 카리브해로 다시 돌아갔다.

신제국주의의 경계

식료품이나 약물의 교환은 16세기에 시작된 전 지구적 접촉의 한쪽 면에 지나지 않는다. 아프리카와 아시아, 아메리카 대륙에서 발견한 땅을 탐험하고 지도를 새롭게 그리기 시작하자마자 유럽인들은 그 땅에 대한 소유권을 주장하고 나섰다. 19세기에

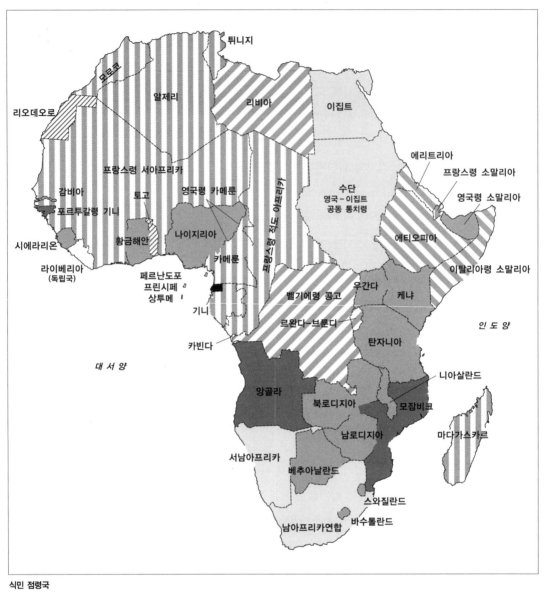

식민 점령국

- 벨기에
- 영국
- 영국·프랑스
- 영국의 영향력
- 프랑스
- 이탈리아
- 포르투갈
- 에스파냐

| 지도 10.7 | **아프리카 식민지들의 경계**

유럽의 식민 열강들은 대륙의 지도를 다시 그리느라고 정신이 없었다. 유럽 제국들은 아프리카 대륙의 부를 차지하기 위해 서로 경합을 벌였고, 1885년에 열린 베를린 회의는 그들의 지배 아래에 있는 사람들의 경계를 새롭게 설정했다(7장을 보라).

　　19세기 중국에서는 유럽인들이 상업적 이해와 정치적 세력의 범위인 '세력권'을 설정했다. 이런 작업은 약화된 청 왕조에 수모를 주었고 결국에는 청 왕조를 붕괴시키는 데 기여했다. 중국이 결코 직접 식민지로 전락하지는 않았지만 일본을 제외한 나머지 대부분의 아시아 국가들과는 달리 '세력권'들로 분할되었다. 그보다 앞서 19세기 중엽의 아편전쟁 기간에는 조약을 맺어 개항장을 강제 개방하면서 '치외법권'의 개념을 두었다. 이 개념은 상하이 같은 중국의 개항장에 거주하는 외국인들은 중국 법이 아니라 자국의 법을 따른다는 의미였다(6장과 7장을 보라). 치외법권은 중화제국의 국경 안에 거주하는 외국인들 둘레에 경계를 그은 것이고 조계를 설정함으로써 중국인들을 그 영토에서 사실상 배제한 것이다. 외국의 침입은 반란을 촉진하여 결국에는 청 정권을 전복하고 근대 국민국가를 건설하게 되는 혁명을 앞당기는 데 이바지했다.

국경과 초국가적 변경

미국과 캐나다의 원주민들인 '제1국민'을 위한 보호 거주지도 이들 북아메리카 국민국가들의 국경 안에 있는 조계였다(7장을 보라). 이 보호 거주지는 고향에서 추방된 주민들을 관리하고 견제하기 위해 따로 지정한 영토였다. 저항과 분쟁이 없었던 것은 아니다. 이와 유사한 원주민과 힘이 커지는 국민국가의 권력 사이에 벌어진 분쟁은 남아메리카에서도 일어났다. 오늘날 세 국민국가(아르헨티나, 볼리비아, 파라과이)의 국경을 이루고 있는 동부의 안데스와 차코 변경은 19세기와 20세기 초에 국가 권력의 강요에 맞선 원주민들의 저항 무대였다. 분쟁은 결국 1930년대에 볼리비아와 파라과이 사이에 벌어진 차코전쟁(1932~1935년)에서 원주민들이 패배하면서 끝이 났다. 처음에는 프란체스코회 선교부가 진출한 이 변경 지대가 나중에는 영토와 노동력을 강제 통합하는 국가 건설의 핵심 지역이 되었다. 이 변경은 차코전쟁으로 폐쇄되었고 원주민들은 대부분 추방당해 다른 곳으로 피난하거나 포로수용소에 수감되었다.

　　타이의 경험은 제국주의·경계·국가의 관계에 대한 또 다른 관점을 제공해 준

◉ ― 숙녀의 분장실(1842년)

'인도인과 영국·인도인 혼혈아의 예절과 관습을 보여 주는 스케치들' 가운데 하나인 이 19세기 삽화는 영국인들이 대영제국의 일원이 된 외국 문화에 빨리 익숙하게 만드는 시각적인 수단이었다. 빅토리아 양식의 의상을 걸친 젊은 영국 여성이 화장대 앞에서 원주민 옷을 입은 인도 하인의 시중을 받고 있다. 두 여성 하인의 의상(그리고 하인으로 보이는 어린아이의 의상)과 내부 공간은 식민지 세계에서 흔히 볼 수 있는 의상과 실내 장식의 문화적 차이를 암시해 준다. 하인들은 물론이고 장식한 병풍과 앵무새, 골풀로 만든 마루청, 차양 등 방안의 가구들은 인도식이며 현지의 분위기를 자아낸다. 다른 각도에서 보면 이 장면이 빅토리아 시대 영국 숙녀의 침실로 보이기도 한다. 우아한 화장대와 거울 그리고 애인이거나 아버지 또는 친척일 수도 있는 벽에 걸린 장교의 초상화가 있다. 숙녀의 허리를 대충 감싼 카슈미르 숄은 인도뿐 아니라 19세기 영국에서도 볼 수 있는 것이었다.

원래 인도의 장인이 먼 북쪽의 카슈미르 지역에서 생산된 부드러운 염소 털로 짠 카슈미르 숄은 페르시아에서 중국에 이르는 아시아 전역의 시장에서 판매되었다. 인기가 높아 마침내는 유럽으로 퍼져 나갔고 심지어 대서양을 건너기도 했다. 나폴레옹이 카슈미르 숄을 황후 조세핀에게 선물한 것이 계기가 되어 부유한 파리 시민들 사이에 유행이 되었다. 그림 속 숄에는 구부러진 술기에 독특한 눈물방울 같은 게 달려 있다. 이것은 꽃 모양에서 유래된 것이지만 19세기 전반에 카슈미르 숄의 모조품을 생산한 스코틀랜드의 페이즐리 시의 이름을 따 1850년 무렵부터 '페이즐리'로 알려지게 된 디자인이다. 처음에는 상인들과 영국동인도회사의 관리들이 이 카슈미르 숄을 기념품이나 선물로 구입했다. 그런데 그것이 인도에 머물던 영국인들 사이에 인기를 얻고 본국에서 사치품이 되자 영국의 제조업자들이 직물과 디자인을 복제하는 산업 기술을 이용해 그것을 더욱 값싸게 생산할 방법을 모색했다.

진품이든 모조품이든 카슈미르 숄은 인도 사회뿐 아니라 유럽에서도 귀한 사치품이었다. 유럽과 북아메리카에서는 이 천으로 남성 조끼나 여성들이 걸치는 가운 또는 피아노 덮개를 만들기도 했다. 이 그림에서는 카슈미르 숄이 젊은 여성의 값진 혼수 용품처럼 보인다. 카슈미르 숄 이야기에 인도 수공업의 식민지 수탈과 디자인이 아름다운 고급 직물의 교차 문화적 평가가 뒤섞여 있듯이, 이 그림은 혼합 문화의 풍부함과 더불어 영국 여인의 시중을 드는 인도 하인들을 통해 분명히 드러난 지배와 복종의 식민지적 상호작용을 보여 준다.

다. 동남아시아의 다른 국가들과 마찬가지로 타이의 변경은 신축성과 침투성이 컸다. 타이는 타이족(다이족이라고도 함)뿐 아니라 다양한 종족들을 통합했다. 영국과 프랑스가 동남아시아 본토와 섬의 상당한 지역을 식민화할 때 타이왕국은 식민화의 위협에 맞서기 위해서 신속히 국경을 강화하고 국가의 지리적 몸체를 만들기 시작했다. 새롭게 등장한 국민국가 타이를 정당화하기 위해서 지도와 역사를 이용한 몽쿠트 왕(1851~1868년 재위)과 그의 아들 출랄롱코른은 영국과 프랑스의 제국주의에 직면해 독립을 유지하기 위한 서구화와 근대화 개혁을 추진했다. 전통적인 지리적 공간 관념과는 다른 방식으로 영토의 경계를 설정하는 것이 중요한 과제였다. 역사학자 통차이 위니차쿨에 따르면 타이 국가의 '지리적 몸'(geo-body)이 역사적·지리적 허구이기는 하지만 타이의 근대 지도는 국경을 명확하게 확인해 준다. 타이가 국경을 공식적으로 설정했음에도 불구하고 국경은 여러 가지 면에서 침투가 가능한 채로 남아 있다. 예를 들어 황금의 삼각지대는 미얀마·타이·캄보디아의 국경이 중첩된 변경 지대를 일컫는 지리 용어이다. 이곳은 어느 한 국가 당국의 관리를 넘어선 주요 마약 밀매 지역이다.

| 결론 |

20세기에 일어난 세계대전들은 어느 정도 국경 분쟁에 의해 촉진되었고 전쟁의 종결은 새 국경을 가진 신생 국가들을 탄생시켰다(11장을 보라). 제1차 세계대전이 끝나고는 국제연맹이라는 초국가적 기구를 창설하기 위한 노력이 경주되었고 제2차 세계대전 중에는 이러한 노력이 유엔으로 현실화되어 나타났다. 민족주의와 국민국가의 국경은 20세기 내내 여전히 관심의 주요 초점이었다. 제2차 세계대전 이후 시대에 진행된 탈식민화로 여러 신생 국가들이 생겨났지만 국경 분쟁은 줄어들지 않았다. 오히려 국가의 수가 늘어나면서 분쟁도 늘어났다. 국경이 민족 집단의 지리적인 경계와 반드시 일치하지는 않았지만 그래야 한다는 기대가 확산되었다. 이런 추세가 유고슬라비아처럼 여러 국가 분열로 이어졌다. 1991년 소련이 해체되면서 주로 민족 정체성에 바탕을 두고(유일한 것은 아니지만) 15개 신생 국가가 생겨났다(7장을 보라).

　국경은 상징이자 현실이다. 그것은 또한 이중적인 의미를 지니고 있다. 국경은 그것을 따라 이주민과 난민, 노동자, 관광객, 무역업자들이 이동하는 다리이다. 또한 국민국가들이 국내의 주권과 통치를 보호해 나감에 따라 국가의 일원인 사람과 그렇지 않은 사람을 포섭하거나 배제함으로써 이동에 장벽이 되기도 했다. 미국과 멕시코의 국경은 19세기에 미국이 영토 지배를 확대하여 리오그란데 강을 따라 국경을 설정하면서 누에바 에스파냐와 미국 사이의 국경지대가 사라진 데서 비롯된 역사적 산물이었다. 21세기에 멕시코 이주민들이 이 국경을 넘지 못하도록 미국 정부는 상당한 예산을 쏟아 붓고 있고, 미국 시민들은 관광과 쇼핑, 마약 밀매를 위해 또 다른 국경을 넘고 있다. 1583년 멕시코 여인 아나가 자기 세계의 경계를 바꾸기 위해 협상한 것(450~451쪽을 보라)과 마찬가지로 오늘날 세계의 무수히 많은 현대 시민들이 경계를 협상하고 만들어 내며 그것을 가로지르고 있다.

경계를 넘는 집단과 개인들도 있지만 국가 간의 경계를 흐리게 하고 여권과 비자와 그리고 일부를 포섭하면서 다른 사람을 배제하기 위한 여러 시민권 증서들의 유효성을 약화시키는 또 다른 세력이 있다. 다국적 기업들은 중앙 정부의 지배를 피하면서 세계시장과 국제 투자에 따라 스스로 연속과 변화의 변신을 꾀한다. 기술은 전세계의 정치적·경제적·사회적·문화적 정체성들을 바꿔 놓은 초국가적 소통을 가능하게 해 주었다.

이러한 과정은 양날의 결과를 가져다주었다. 디아스포라의 정체성들이 늘어남에 따라 국민국가의 중요성이 과거보다 줄어든 것처럼 보인다. 하지만 그와 동시에 민족적·종교적인 정체성 의식이 높아짐에 따라 새로운 민족주의가 생겨나는 반대의 흐름도 나타난다. 이러한 상황에서는 자신을 한 국민으로 동일시하면서도 '실제적인' 국경 없이 전 세계와 실시간으로 소통할 수 있는 개인들로 이루어진 국경 없는 국가를 상상하는 것이 가능하다. 베네딕트 앤더슨이 얘기한 '상상된 공동체'와 다르지 않은 이러한 구성체는 국경 없는 가상의 공동체가 일차적인 정체성의 원천이 된다. 혼합 문화나 크리오요 문화가 예외라기보다는 오히려 규범이 되고 21세기의 기술 발달을 통해 새로운 종류의 '국제주의'가 가속화될 것임을 예고하고 있다.

토론 과제

● 국경과 변경에 관한 연구가 세계사를 이해하는 데 어떤 도움을 주는가?

● 지도와 지도 제작자들이 세계사에서 어떤 목적을 이루는 데 이바지해 왔는가?

● 서로 다른 민족이나 문화들 사이의 접촉이 세계사를 어떻게 형성해 왔는가? 구체적인 사례를 제시해 보라.

● 지리적으로 구분되지 않는 경계의 사례를 제시하고 이런 경계들이 시간에 따라 어떻게 바뀌는지를 얘기해 보라.

● 해적의 활동이 세계사를 이해하는 데 중요한 까닭은 무엇일까? 또 그것이 경계와 접촉, 변경의 개념들과 어떤 관련이 있는가?

● 근대의 국민국가들은 국경을 통제하고 배제와 포섭을 통해 자국에 속한 자들을 구분하고자 한다. 이런 시도가 현대의 세계화를 특징짓는 노동이나 자본의 흐름과 어떤 관련이 있는가?

| 참고문헌 |

· Anderson, Malcolm(1996) *Frontiers: Territory and State Formation in the Modern World*, Cambridge: Polity Press.
· Axtell, James(1992) *Beyond 1492: Encounters in Colonial North America*, New York: Oxford University Press.
· Ballantyne, Tony and Antoinette Burton(2005) *Bodies in Contact: Rethinking Colonial Encounters in World History*, Durham, N. C. and London : Duke University Press.
· Barfield, Thomas J.(1989) *The Perilous Frontier: Nomadic Empires and China, 221 BC to AD 1757*, Cambridge, Mass. and Oxford : Blackwell.
· Bentley, Jerry H.(1993) *Old World Encounters: Cross-Cultural Contacts and Exchanges in Pre-Modern Times*, New York: Oxford University Press.
· Donnan, Hastings and Thomas M. Wilson(1999) *Borders: Frontiers of Identity*, Nation, and State, Oxford and New York: Berg.
· Klein, Bernard and Gesa Mackenthun, eds(2004) *Sea Changes: Historicizing the Ocean*, New York: Routledge.
· Murray, Dian H.(1987) *Pirates of the South China Coast, 1790-1810*, Stanford, Calif.: Stanford University Press.
· Power, Daniel and Naomi Standen, eds(1999) *Frontiers in Question: Eurasian Borderlands, 700-1700*, New York: St Martin's Press.
· Sleeper-Smith, Susan(2001) *Indian Women and French Men: Rethinking Cultural Encounter in the Western Great Lakes*, Amherst: University of Massachusetts Press.
· Thrower, Norman([1972] 1996) *Maps and Civilization: Cartography in Culture and Society*, Chicago, Ill.: University of Chicago Press.
· Weber, David J.(1992) *The Spanish Frontier in North America*, New Haven, Conn.: Yale University Press.
· Winichakul, Thongchai(1994) *Siam Mapped: A History of the Geo-Body of a Nation*, Honolulu: University of Hawaii Press.

| 온라인 자료 |

· Annenberg/CPB Bridging World History(2004)
  http://www.learner.org/channel/courses/worldhistory/
  7주제 '종교의 확장,' 9주제 '육상 연결망,' 10주제 '해상 연결망,' 15주제 '초기의 세계적 상품들,' 16주제 '음식과 인구와 문화,' 24주제 '세계화와 경제,' 25주제 '전 지구적 대중문화' 등의 단원을 보라.
· Electronic Cultural Atlas Initiative
  http://ecai.org/
  캘리포니아대학(버클리)을 중심으로 진행되고 있는 프로젝트 웹사이트. 시간과 공간을 활용해서 인류 문화와 역사적 변화 지도를 개발하고 있다.

세계사의 갈림길과 상상

요루바족의 점쟁이 바발라오 콜라올레 오시톨라가 나이지리아 남서부 도시 이제부오데의 포로군 구역에서 '오폰' (나무 쟁반) 앞에 앉아 있다. 이 점쟁이는 과거를 불러내 현재를 설명하고 미래를 예언하는 점술을 시작한다. 그는 먼저 쟁반 표면에 있는 '이로순' 가루에서 두 개의 선이 직각으로 교차하는 십자로를 긋는다. 십자로는 동서남북의 모든 힘이 만나는 장소를 상징한다. 십자로는 붐비는 교차로와 마찬가지로 방향을 전환할 기회를 제공하지만 위험하고 혼란스런 장소이다. 요루바족의 삼라만상은 오폰에 새긴 조각과 점쟁이의 말로 표현된다. 그는 만물이 서로 주고받고 의존하는 사회적 현실 속에서 끊임없는 변화와 변형을 얘기한다. 점치는 일은 조상이나 신령한 존재와 나누는 대화가 된다. 자연에 대한 더욱 깊은 진리를 듣고 인간 소통의 위험과 모호함을 해결하기 위해 신령한 사자인 에수 엘레그바 신을 불러낸다. 쟁반 위에 새긴 조각은 균형 잡힌 이상적 세계를 반영한다. 인간은 자연은 물론 보이지 않는 힘이나 에너지와도 균형을 이루고 있다. 그리고 과거는 미래와 균형을 이루고 있다. 요루바족의 학자 로버트 패리스 톰슨은 이렇게 말한다. "십자로의 신(에수)으로부터 배울 것이 있다면 보이는 게 만물의 다가 아니라는 것이다."

사회의 미래가 전적으로 보이지 않는 영역을 다루는 전문가들의 중재를 필요로 하는 것은 아니다. 십자로에 빗댄 요루바족의 문화적 은유는 쌍을 이루는 반대 개념(선과 악, 전쟁과 평화 같은)의 균형을 상상하는 훨씬 더 우주적인 인간의 통찰을 나타낸다. 종교적 열정에 대한 확신과 종족적·문화적 또는 민족적 정체성 이념에 대한 애착은 개인과 사회로 하여금 전쟁과 집단학살뿐만 아니라 우애와 안전을 도모하게 했다. 같은 신앙과 이념이 현대 세계를 살아가는 개인의 정체성이나 공동체적 연대를 이루고 있다. 노벨경제학상 수상자 아마르티아 센이 《정체성과 폭력: 운명이라는 환상》(2006년)에서 주장했다시피 신앙과 이념은 극단으로 치우칠 때 개인과 집단을 위한 공동체의 평화와 통합을 건설하는 힘이 아니라 남을 죽이기 위해 폭력을 사용하는 힘이 될 수 있다. 과거와 현재의 세계사에서 분쟁이 어떤 역할을 했을까? 서로 다른 신앙과 생활방식에 뿌리를 둔 개인과 공동체의 정체성들 속에서 사회가 어떻게 균형을 이루고 더 나은 세계에 대한 전망을 추구해 왔을까?

역사를 통틀어 사회의 분쟁은 대개 전쟁으로 표현되었다. 물론 전쟁을 수행하는 수단이 막대기와 돌에서 핵무기와 화학 물질로 바뀌기는 했다. 기원전 5세기의 그리스 도시국가 스파르타는 전쟁을 목적으로 조직을 갖추고 군사적 가치를 소중히 여기

| 그림 11.1 | **요루바족의 점술**
1982년 나이지리아의 이제부오데에서 바발라오 콜라올레 오시톨라가 점술을 시작하고 있다.

며 자녀들을 병사로 훈련시켰다. 아스테카인들은 자신들이 날마다 벌어지는 태양 중심의 우주 전쟁 속에서 살고 있다고 생각했다. 아마존 강 유역의 야노마미족 문화는 그들이 남긴 전쟁에 대한 인류학적인 묘사를 통해 유명해졌다. 남성들은 마치 의례처럼 치른 이웃들과의 끊임없는 전쟁을 통해 물질적 생존과 정신적 생존에 필요한 자원들뿐만 아니라 아내로 삼을 여성들도 얻을 수 있었다.

전쟁으로 확대되었든 아니든 사회 내부의 분쟁은 물론 사회들 간의 분쟁도 흔히 종교적이거나 비종교적인 이상 사회의 전망을 추구한 데서 비롯되었다. 사회는 유토피아를 추구하면서 대개는 그 반대인 디스토피아(부정적이고 암울한 미래상)를 만들어 냈다. 세계사라는 학문 분야를 만들어 간 20세기의 동력 가운데 하나는 인류의 과거를 공동의 미래에 관한 사상의 보고로 이해할 수 있을 거라는 가능성이었다. 세계사는 인류가 상상한 것을 달성할 가능성에 대해 무슨 얘기를 해 줄까?

이 마지막 장에서는 분쟁의 현실을 배경으로 보통의 인간과 예외적인 인간으로 하여금 그들이 상상한 세계를 건설하는 데 성공을 거두게 만든 이상적인 사회의 비전들을 살펴본다. 다양한 경험 속에서 균형이나 무질서를 만들어 내기 위해 이러한 관념을 어떻게 이용했을까? 상상된 세계가 과거에 그런 것처럼 인류의 미래에도 영향을 미칠 텐데, 그 정도는 어느 정도일까?

인간의 상상과 이상 사회

상상된 세계들을 찾아보기 위해 세계사를 살펴보면서 우리는 문자나 구술 전승 또는 예술에 등장하는 최초로 표현된 인간의 사고 속에 이상 사회에 대한 상상이 이미 존재한다는 사실을 발견하게 되었다. 인류와 자연 세계의 기원에 대한 신화적 묘사는 대개 상상뿐만 아니라 살고 있던 세계의 경험에서 도출해 낸 설명들이었다. 이러한 신화들 속에는 가족과 공동체 생활에 대한 이상들이 간직되어 있었다. 이를테면 사람들이 더불어 살고 자원을 공유하며 지도자를 선출하는 방법들에 관한 내용이 들어 있다. 종교는 인간의 경험 영역을 넘어선 세계를 상상하는 데 영감을 불어넣어 주었다. 그리고 이런 세계는 인간이 겪을 수 있는 가장 가혹한 시련뿐만 아니라 가장 완벽한 형태의 인간다움을 구현했다. 불교의 상상이든 기독교의 상상이든 아니면 이슬람교의 상상이든 천국과 지옥에 대한 상상은 사람들로 하여금 개인으로서 그리고 공동체의 일원으로서 자신들의 신앙을 받아들이고 그것에 따라 살게 해 주었다.

종교적 이상은 또한 새로운 시대의 희망을 기획한 천년왕국 운동에 영감을 불어넣어 주었고 신자들로 하여금 새로운 시대를 앞당기는 행동에 뛰어들게 했다. 천년왕국 운동은 수많은 혼합주의 전통뿐만 아니라 불교와 기독교를 비롯하여 다양한 배경을 가진 종교와 세계 곳곳에서 찾아볼 수 있다(4장을 보라). 이 운동은 다양한 역사적 상황에서 등장했고 사회적·정치적·경제적 억압에 따라 대개는 격렬한 양상을 띠기도 했다. 중세 유럽에서는 기독교의 천년왕국 운동이 있었고 중국에서는 불교의 천년왕국 운동이 있었다. 19세기 중엽 중국에서 일어난 대규모의 태평천국운동(2천만 명 정도가 사망)은 홍수전(1811~1854년)의 지도 아래 진행되었다. 그는 자신이 하느님을 믿어 온 중국인들의 본래 신앙을 회복하고 '태평천국'을 건설하라는 아버지의 계시를 받은 예수 그리스도의 동생이라는 환상을 품고 있었다.

아마존 강 북서부의 아라와크족 원주민들은 1850년대에 자신들의 세계로 침입한 식민 침략에 저항하기 위해 샤먼이자 천년왕국 지도자인 베난치오 카미코를 따랐다. 콩고에서는 18세기 초 어린 소녀 하나가 자신이 성 안토니오라고 주장하면서 천년왕국 운동이 시작되었다. 베아트리체 킴파 비타라는 소녀는 자신이 참 종교를 가르치러 왔다고 소개했다. 그녀는 사제들은 사기꾼이고 하느님과 천사들은 흑인이며 콩고 근처에 천국이 있는데 그리스도가 실제로 그곳에서 살다가 죽었다고 전했다. 문화

| 그림 11.2 | **도예가 엑세키아스가 흑색상 기법으로 만든 고대 그리스의 항아리**
아킬레우스와 아이아스가 체커 놀이를 하고 있는데, 무기를 휴대하고 투구를 쓰고 있다.

가 대립하고 있는 상황에서 이러한 급진적인 대안을 주장하는 것은 위험한 일이었다. 결국 이 운동의 창시자는 처형되었다. 하지만 운동은 살아남아 최초의 아프리카 시온주의 교회가 되었다. '시온'(Zion)이란 명칭은 희망을 상징하는 성경에 나오는 도시에서 따온 말이다.

종교적 공상가들과 더불어 전 세계의 철학자와 예술가, 역사가, 저술들도 종교에서 말하는 것과 다른 이상 사회의 전망을 제시했다. 그리스의 철학자 플라톤은 《국가론》에서 철인왕(哲人王)이 다스리는 공화국을 이상적인 국가로 묘사했다. 플라톤은 현상의 물질계는 관념의 실제 세계를 어렴풋이 반영하는 그림자 세계라고 생각했다. 철인왕은 바로 이러한 관념(idea)의 세계를 잘 이해하고 있다. 철인왕의 통치 자질은 이러한 이해에서 생겨난다. 감각기관들이 파악하는 사물 및 경험의 세계 너머에는 형태와 상징이 영구불변한 더욱 근원적인 또 다른 세계가 있다. 우리가 감각 기관을 통해 경험하는 모든 존재에는 그것을 둘러싼 물질적인 '우유성'(偶有性)과는 별개로 불변하는 실재의 본질이 있다. 변하지 않는 본질과 형태는 일상생활의 '우유성'

을 초월한다. 이것들이 바로 지식의 최종 목적이다. 철인왕은 단순한 바람이 아니라 교육을 통해서 감각 현상으로 이루어진 외부 세계의 혼돈과 환상에서 영원한 양식과 질서의 세계로 국가를 안내할 수 있을 것이다.

기원전 6세기 중국의 철학자 공자는 고대 성왕(聖王)들이 통치를 하던 과거에 이상 사회가 존재한다고 가르쳤다. 중화제국의 통치 규정으로 발전한 '천명'(天命)이란 개념은 인류 사회에 하늘의 질서를 유지하는 것이 통치자의 책무라는 의미였다. 지도자가 이를 따르지 않는 경우에는 새로운 통치자에게 천명이 주어졌다. 공자와 그의 제자들은 사회 조화를 이루는 핵심이 기원전 1세기 말에서 서기 1세기 초 사이에 편찬된 한 문헌에 제시된 의례적인 풍습을 실행하는 데 있다고 보았다. 《예기》라는 이 문헌에는 고대 성왕들의 사회가 모든 사람들이 저마다 자신의 일과 자리를 지니고 있고 모두가 필요에 따라 돌봄을 받는 '대동'(大同) 시대로 묘사되어 있다. 이러한 이상이 19세기 말 중국의 개혁가 캉유웨이(康有爲, 1858~1927년)에 의해 부활되었다. 그는 이상적인 대동 사회를 유교 사상의 핵심으로 내세웠다. 캉유웨이는 만일에 공자가 살아 있다면 자신이 주장한 근대적 개혁을 지지할 것이라고 주장했다.

이상 사회를 가리키는 '유토피아'라는 용어는 토머스 모어가 《유토피아》(1516년)를 저술하면서 그리스어에서 만들어 낸 상상 속의 섬을 말한다. 이 '유토피아'에는 사유재산이 없고 종교적 관용이 넘쳤다. 다른 유토피아들과 마찬가지로 이 유토피아는 당대의 세계에 대한 작가의 관찰뿐만 아니라 '신세계'의 보고서들로부터 영감을 받은 것이다. 모어의 《유토피아》이후 한 세기 뒤에 나온 윌리엄 셰익스피어의 희곡 《태풍》(1611년)은 '멋진 신세계'로 알려진 한 섬을 배경으로 한다. 그곳에서는 "일이나 부 또는 가난이 아무런 쓸모가" 없었다. 이 신세계가 유럽인들에게는 미개척지였고 무한한 가능성이 열려 있는 지상 낙원이었다. 반면 신세계의 원주민들에게는 유럽의 진출이 죽음과 파멸을 가져다주었다.

유토피아와 쌍을 이루는 개념이 완전한 박탈과 고통의 세계인 '디스토피아'이다. 과학소설 작가들의 세계에서 가장 유명한 디스토피아 가운데 하나가 조지 오웰의 《1984년》(1949년)에 나온다. 이곳에서는 주요 등장인물이 스스로의 개성을 점차 박탈당하고 20세기 전체주의 국가의 '독재자'가 그것을 흡수한다. 올더스 헉슬리의 디스토피아 소설 《멋진 신세계》(1932년)는 셰익스피어의 《태풍》에 나오는 문구에서 그 제목을 땄다. 이 소설은 인간의 모든 욕구가 충족되고 전쟁이나 가난은 물론 인간의 삶을 윤택하게 하는 종교나 철학, 가족, 문화적 차이 등도 없는 세계를 그리고 있다. 헉슬리의 《멋진 신세계》에 등장하는 '몸'(soma)에 취한 사람들은 고통스런 마음과 기억을 포함한 모든 불쾌한 것들로부터 도망친다. 헉슬리의 소설이 사실은 디스토피아일 뿐인 유토피아를 묘사하면서 밝히고 있다시피 이상 사회(결핍, 기아, 공포로부터의 해방)에 대한 전망이 언제나 바람직한 결과를 낳지는 않았다. 오웰과 헉슬리가 묘사한 세계들을 그럴듯하게 만든 기술의 진보는 주로 산업혁명의 산물이었다. 산업혁명은 유토피아와 디스토피아의 상호 경쟁적인 비전들을 만들어 냈다.

│ 산업주의 비판과 공동체의 전망 │

신세계의 탐험이 16~17세기 유럽인들의 유토피아적 전망에 영향을 미친 만큼 산업혁명의 영향 또한 유럽의 사상가들 사이에 강력하고도 다양한 반응을 불러일으켰다. 어떤 이들은 이상적인 공동체를 건설하는 데 그것을 활용하겠다는 생각에 산업혁명이 가져다줄 기술의 약속에 관심을 보였고, 또 어떤 사람들은 산업혁명으로 생겨난 노동조건들을 투쟁의 대상으로 보았다.

로버트 오언(1771~1858년)은 사업을 시작해 성공을 거둔 직물공장 사업가로서 산업자본주의가 가져온 아주 파괴적인 결과를 완화시키려고 노력했다. 노동자와 사용자 간의 개인적 접촉이 단절됨으로써 사용자로부터 노동자를 소외시켰고 이것이 공장제 생산방식의 특징을 이루었다. 오언의 해결책은 산업화 이전 사회로 돌아가는 것이 아니라 노동자와 사용자의 상호 이해에 기초한 온정주의적 산업 공동체를 건설하는 것이었다. 그의 계획은 스코틀랜드의 뉴래너크와 미국 인디애나의 뉴하모니 같은 공동체로 실현되었다. 뉴래너크 공장 공동체에는 공장과 협동주택, 가게가 있었고 무상교육을 제공했다. 오언은 교육받은 노동자가 더 나은 노동자라고 생각했다.

존 스튜어트 밀(1806~1873년)의 아버지는 공리주의 철학을 정립한 제러미 벤담(1784~1832년)의 열렬한 제자였다. 벤담은 사회의 목적이 최대 다수의 최대 행복이어야 한다고 주장했다. 공리주의는 무제한의 산업자본주의를 공격했다. 밀은 끊임없이 19세기 영국의 경제 구조와 사회 형태를 문제 삼았다. 그는 토지에 대한 무거운 과세와 상속 재산에 대한 징세를 통해 보다 평등한 재산과 부의 분배를 실현할 수 있다고 주장했다. 진보는 자신이 옹호한 여성의 평등권을 포함하여 보다 나은 물질적 재화의 분배와 사회적 정의에 있다고 주장했다.

앙리 드 생시몽(1760~1825년) 백작은 자본주의 산업사회의 정의 실현 문제를 처음으로 고민하기 시작한 프랑스의 사상가 가운데 한 사람이었다. 그는 산업 생산에 기반을 둔 경제가 인간의 결핍을 종식시키고 풍요로운 미래를 보장해 줄 것이라는 사실을 인정했다. 오래된 귀족 가문 출신이었음에도 불구하고 생시몽은 귀족을 부당한 특권을 지닌 유한계급이라고 보았다. 그는 특권이란 오직 생산을 위해 일하는 농업 종사자, 제조업자, 상인 같은 '산업가들'(industriels)의 것이어야 한다고 생각했다. 생시몽은 최대 다수를 이루고 있는 가장 가난한 계급의 생활 향상과 복지를 위해 사회가 조직되어야 한다고 선언했다. 생시몽은 마지막 저작인 《새로운 기독교》(1825년)에서 기독교 윤리에 바탕을 두고 사회를 개혁하겠다고 약속했다.

생시몽의 사상에 강한 매력을 느낀 사람들 가운데는 은행가나 기술자를 비롯한 전문가들, 지식인들, 일부 노동계급 여성들이 있었다. 1830년대 프랑스 여성 2백 명 가량이 자신을 생시몽주의자라고 했다. 생시몽의 사상은 산업사회의 가장 억압받은 희생자인 여성들에게 대안적인 전망을 호소한 초기의 사례에 해당한다. 1832년에는 한 무리의 여성 생시몽주의자들이 자신들의 신문 《자유 여성》을 발행했다. 이 신문은 오직 여성들이 쓴 기사만을 실었고 "노동자의 해방은 여성의 해방과 더불어 온다"고 선언했다. 이 여성들의 운동이 좌절되기는 했지만 19세기 후반에는 다른 페미니즘 운동들이 이어서 산업자본주의에 대한 비판과 대안을 제기했다.

프랑스의 또 다른 산업자본주의 비판가인 샤를 푸리에(1772~1837년)는 생시몽과 달리 산업주의를 거부했다. 그는 생시몽이 공정하고 합리적인 것으로 만들고자 했던 산업사회에 대한 대안으로서 공상적 사회 개혁을 주장했다. 그는 중앙집중식 대규모 생산 체제가 작은 기업들을 위협한다고 보았다. 푸리에는 이런 생산에 대경실색을 하면서 농업과 수공업 경제에 바탕을 둔 자신의 공동체 개념을 그 대안으로 제시했다. 그는 노동이 필수적인 것이기는 하지만 자아실현에 이바지하고 즐거운 것이어야 하며 인생은 길고 행복해야 한다고 생각했다.

생시몽과 푸리에가 주장한 유토피아적인 사회 비전은 보다 실제적인 다른 전략들만큼 노동 대중에게 광범한 호응을 얻지 못했다. 1840년에 《소유란 무엇인가》를 쓴 독학을 한 인쇄공 피에르 조제프 프루동(1809~1865년)은 자본주의적 산업사회를 비판한 노동계급 비평가였다. 소유는 절도요 국가의 묵인 아래 노동자로부터 훔친 이윤이라고 했던 프루동은 공동 소유권에 바탕을 둔 독립적이고 평등한 사람들의 협동 조합을 주장했다. 그는 사유재산을 거부했기 때문에 사회주의자로 불렸고 국가를 거부하고 협동조합 조직을 옹호했기 때문에 아나키스트로도 불렸다.

　　러시아의 아나키스트 미하일 바쿠닌(1814~1876년)은 프루동을 숭배한 사람들 가운데 하나였다. 그는 국가가 갑남을녀들이 겪는 고통의 원인이라고 생각했다. 국가 타도의 폭력 행동을 신봉하고 실천한 바쿠닌은 러시아의 망명자로서 유럽의 여러 감옥들의 내부를 잘 알았다. 그는 스위스를 근거지로 해서 자신이 속한 사회 질서를 타도하는 혁명 작업을 계속 수행했다. 그는 진정한 혁명가는 "사회 질서뿐 아니라 문명 세계와 모든 관계를 끊은" 사람이라고 기록했다. 바쿠닌은 산업 노동자들이 자본주의적 산업사회를 타도할 혁명 활동의 전위대를 이룬다고 생각했다. 또 다른 두 러시아인 표트르 크로포트킨(1842~1921년) 공작과 레프 톨스토이(1828~1910년) 백작도 자본주의 산업사회를 비판하는 데 가세했다. 이들은 러시아의 여러 지식인들과 마찬가지로, 특히 푸리에와 흡사하게도 전통적인 농민 마을 공동체 '미르'(mir)에 뿌리를 둔 농촌의 소규모 코뮌을 대안 사회의 기초라고 생각했다.

마르크스와 자본주의 비판

전 세계에 가장 큰 영향을 미칠 산업자본주의 사회에 대한 비판은 19세기 후반에 등장했다. 독일의 카를 마르크스와 프리드리히 엥겔스(1820~1895년)가 《공산당 선언》(1848년)과 《자본론》(1867~1883년에 출판)에서 자본주의적 산업사회에 대한 비판을 제기했다. 이 두 저작은 '과학적 사회주의' 또는 공산주의의 기본 고전이 되었다. 마르크스는 독일과 프랑스의 앞선 사상가들의 영향과 자신의 역사 연구를 토대로 산업자본주의에 대한 비판과 역사 변혁론을 결합했다(7장을 보라). 그의 사상은 당대의 문제와 분쟁을 이해하는 토대는 물론 필연적인 역사적 과정의 일부로서 인간의 행동이 이룩할 수 있는 이상 사회에 대한 전망을 마련해 주었다.

　　마르크스는 물적 조건(기술과 자연 자원, 특히 노예제, 농노제, 공장제 등 생산양식)이 인간 사회와 문화의 다른 모든 면(정치 제도, 사회 조직, 사고)을 결정한다고 주장했다. 인간의 의식도 이러한 물적 조건으로부터 형성된다고 보았다. 예를 들어 산업 노동자의 사고는 농부의 사고와 다르다. 각자가 다른 생산양식에 속해 있기 때문이다. 마르크스는 또한 사회 경제적 차이에서 생겨나는 사회의 구분인 '계급'의 개념을 도입했다. 계급 간의 갈등인 '계급투쟁'은 생산양식의 변화에 의해 추동되고 그것이 역사의 변화를 이끌어 가는 '엔진'이 되었다. 자본주의 산업사회의 전형적인 갈등은 공장에서 일하는 사람들(마르크스가 '프롤레타리아 계급'이라고 부른 임금노동자들)과 그 공장을 소유한 자본가들 간의 갈등이었다.

마르크스는 19세기에 나타난 노동자와 산업 자본가의 갈등을 노동가치설에 입각해 분석했다. 그는 상품의 진정한 가치는 상품에 투여된 노동에 의해 결정된다고 주장했다. 생산 비용(임금과 원료)과 시장 가격의 차액이 잉여가치인데 생산 수단을 소유한 사람들(자본가들)이 상품을 생산하는 사람들(프롤레타리아들)에게서 이 잉여가치를 빼앗아 간다. 자본가들은 잉여가치를 차지해 더 부유해지고 프롤레타리아들은 비용 상승과 임금 정체로 더 가난해진다. 자본가 계급과 프롤레타리아 계급의 격차가 확대되면 양 계급의 계급의식이 높아지고 계급투쟁이 첨예화된다. 이 투쟁의 결과 프롤레타리아들이 승리를 거두게 되고 계급 없는 사회가 건설된다. 계급 없는 사회에서는 생산자들 스스로 생산 수단을 소유하기 때문에 갈등이 사라진다.

19세기 후반 들어 풍요 속의 빈곤, 기계적인 노동, 도시의 황폐화, 경제 주기, 정치적 절차에 따른 더딘 변화 등 산업자본주의의 부정적인 측면들이 일반화되자 마르크스의 전망이 유럽에서 광범한 호응을 얻었고 유럽 밖에서도 폭넓은 지지를 받게 되었다. 하지만 마르크스의 사상이 세계사에 영향을 미치기도 전에 세계 곳곳에 디스토피아의 공포를 자아내는 잔혹한 분위기를 조성하면서 세계대전이 유럽인들을 비롯한 세계인들의 이목을 끌었다.

│ 20세기의 세계대전과 평화 │

20세기에는 유럽 국민국가들 사이의 갈등이 비유럽 세계에 대한 제국주의 경쟁으로 나타났고 결국 두 차례의 세계대전으로 이어졌다. 19세기의 나폴레옹 전쟁 이후에 형성된 유럽의 민족주의가 지구를 제1차 세계대전의 화염에 휩싸이도록 부채질했다. 전쟁이 끝난 뒤 그어진 새 국경은 언어와 문화로 결속된 집단들을 분열시키고 세계적인 경제공황이 야기한 긴장을 고조시켜 제2차 세계대전의 발발로 이어졌다. 나아가 두 차례의 세계대전은 16세기부터 지속된 유럽 주도의 세계가, 유럽 제국주의가 해체되면서 생겨난 신생 국가들과 미국이 주도하는 세계로 전환되는 분기점이 되었다. 이러한 전쟁의 영향은 국민국가의 외교와 정치 영역은 물론 개인들의 사적인 일상생활에까지 나타났다.

제1차 세계대전 20세기 초에 유럽의 주요 열강들은, 19세기 말의 권력 정치와 제국주의에 기원을 둔 외교 전략에 의해 생겨난 두 개의 적대적인 군사 동맹으로 나뉘어 있었다. 삼국동맹(Triple Alliance)은 독일 · 오스트리아-헝가리 · 이탈리아로 구성되었고 삼국협상(Triple Entente, 화친협약)은 영국 · 프랑스 · 러시아로 이루어졌다. 이들 국가 간의 긴장이 유럽 너머로 확대되었다. 19세기 말에서 제1차 세계대전 발발에 이르기까지 아프리카(수단, 동아프리카, 모로코)에서 진행된 경제적 각축이 불을 지펴 프랑스, 영국, 독일 사이에 몇 차례나 전쟁이 일어날 뻔했다. 정치 · 경제적 각축과 군사적 팽창, 대규모 상비군 유지, 해군 경쟁이 1914년 전쟁의 일시적인 배경이 되었다.

알려져 있다시피 제1차 세계대전은 1914년에 오스트리아-헝가리와 슬라브 민족주의 운동을 옹호한 세르비아 사이에 벌어진 국지전으로 시작되었다. 1914년의 교전을 촉발시킨 사건은 보스니아의 수도 사라예보에서 19세의 한 세르비아 민족주의자가 오스트리아와 헝가리의 제위 계승자인 프란츠 페르디난트 대공을 암살한 사건이었다. 중부유럽에서 일어난 이 분쟁이 유럽을 분열시킨 두 개의 적대적인 동맹 체제 때문에 곧 유럽 전체의 전쟁으로 확대되었다. 독일은 약속대로 오스트리아를 지원했고 러시아는 세르비아를 지원했다. 이에 러시아의 동맹국인 프랑스와 영국도 전쟁에 뛰어들었다. 영국의 참전으로 영국의 아시아 동맹국인 일본까지 가담했다.

전쟁은 결국 유럽 바깥 세계로 확대되었고 아프리카와 아시아의 유럽 식민지들을 포함해 모두 32개국이 참전했다. 영국 · 프랑스 · 러시아와 이탈리아(1915년에 연합국에 가담)와 미국(1917년 4월에야 비로소 참전)을 포함한 28개 연합국이 독일 · 오스트리아-헝가리 · 오스만제국 · 불가리아로 구성된 동맹국과 대치했다. 정치적 암살에 의해 촉발된 것이기는 하지만 20세기 초의 유럽과 세계의 다른 지역들을 끌어들인 분쟁의 핵심에는 산업자본주의의 성장에서 비롯된 경제적 경쟁과 제국주의를 통한 확장뿐 아니라 19세기 유럽에 널리 확산된 강력한 민족주의가 있었다.

전쟁은 4년 동안 이어졌다. 초기에 독일군이 신속한 진격을 한 뒤로 프랑스의 서부 전선과 러시아 · 독일 · 오스트리아의 변경을 따라 형성된 동부 전선, 오스트리아-이탈리아 변경의 남부 전선 등 일련의 전선을 따라 전투가 사실상 고착화되었다. 독일군은 부대를 엄폐하기 위한 복잡하고 미로 같은 참호를 건설했다. 프랑스군과 영국군도 독일의 진격을 방어하기 위해 참호를 팠다. 그 깊이가 120센티미터에 달하는 것도 있었는데, 이런 참호를 판다는 것은 병사들이 방어 진지에 머무르면서 대면 전투와 죽음을 기다린다는 것을 의미했다. 그 와중에도 끊임없이 퍼붓는 포화와 폭격 속에서 비좁고 비참하고 비위생적이고 위험한 밤과 낮을 보냈다. 이러한 상황을 벗어나게 해 준 것은 전선 돌파와 진군이라는 더욱더 위험한 시도들뿐이었다.

독일의 작가 에리히 마리아 레마르크가 1929년 강력한 전쟁 고발 작품인《서부 전선 이상 없다》에서 참호전의 공포를 극적으로 재현해 냈다. 레마르크는 18세에 독일군에 징집되어 서부 전선에 참전했다가 부상을 당했다. 그는 그곳에서 나중에 자신의 소설에서 묘사하게 되는 공포를 몸소 겪었다. "해가 지고 밤이 온다. 포탄이 귓전을 스치고 하루의 삶이 끝났다. 우리가 누워 있는 조그만 땅 덩어리는 아직도 흔들리고 있다. 전리품으로 적에게 백 야드밖에 내주지 않았다. 하지만 야드마다 시체 한 구가 누워 있다." 레마르크의 책은 평화를 염원하고 있다. 하지만 참전자들은 대개 진흙투성이 참호와 초토화된 유럽의 경관 속에서 끊임없이 이어지는 유혈의 비참한 나날을 보내면서 평화에 대해 거의 아무런 기대도 하지 않았다. 1918년 마침내 독일과 그 동맹국들이 패전했을 때는 1천만 명 이상이 목숨을 잃었고 2천만 명이 넘는 사람이 영원히 치유되지 않는 상흔을 입었다. 제1차 세계대전의 전 기간 동안보다 더 많은 수백만 명이 1918년에 전 세계를 휩쓴 유행성 인플루엔자로 사망했다. 그리고 이 전염병과 1917년 볼셰비키 혁명으로 시작되어 러시아를 휩쓴 내전은 모두 제1차 세계대전이 남긴 황폐화와 관련이 있었다.

중재와 국제연맹 | 두 가지 모순된 중재 개념이 제1차 세계대전을 종결짓는 파리 강화회의의 협상 테이블을 지배했다. 하나는 "전리품은 승자의 것"이라는 전통적인 관념이었다. 이는 패전국이 승전국을 위해 영토와 부를 희생해야 한다는 가정이었다. 정신과 내용 면에서 이것과 반대되는 개념은 미국 대통령 우드로 윌슨(1913~1921년 재임)이 생각한 평화, 곧 "승자도 패자도 없는 평화"였다. 윌슨은 1917년 4월 미국의 참전을 앞두고 전쟁의 목적을 제시하면서 "민주주의를 위

하여 안전한 세계를 만들기 위해" 전쟁을 수행하고 유럽의 모든 주요 국가들의 자결이 평화의 기초라면 이 전쟁은 모든 전쟁을 종식시키기 위한 전쟁이 될 것이라고 선언한 바 있다. 윌슨은 이러한 생각을 14개 조항으로 구체화했다. 이 조항들은 평화를 보증할 세계 기구인 국제연맹을 제안하는 것으로 끝이 났다. "크고 작은 국가들 모두의 정치적 독립과 영토 보전을 상호 보증할 목적으로 특정한 약속하에 조직된 …… 국가들의 협회."

윌슨의 이상주의에도 불구하고 1919년 독일과 맺은 베르사유조약에서 승전국들이 요구한 조건은 가혹했다. 독일은 군대를 해산하고 상선대의 대부분을 포기하며 어마어마한 배상금(전쟁 동안 독일이 연합국에 가한 경제적 손실에 대한 보상금)을 치르는 데 동의해야 했다. 베르사유조약은 여러 반발을 불러일으켰는데 그 가운데에서도 중국의 민족주의적인 저항을 유발시켰다(5·4운동). 19세기의 '세력권'들로 거슬러 올라가는 과거 독일의 조계를 중국에 돌려주지 않고 영국의 동맹국인 일본에 양도한다는 결정을 내렸기 때문이다. 일본이 베르사유에서 중국과 아시아 일부 지역에서 그렇게 많은 정치적·경제적·군사적 보상을 받게 되리라는 것을 거의 아무도 예측하지 못했다. 유럽 외부의 반발뿐 아니라 독일이 받은 충격으로 제2차 세계대전의 씨앗은 이미 뿌려져 있었다. 국제연맹은 특히 미국이 불참한 가운데 국제 무대에서 각국의 이해를 조정할 능력이 없는 것으로 드러났다. 미국은 윌슨의 노력에도 불구하고 이 기구에 참가하지 않았다.

양차 대전 사이　제1차 세계대전을 종결지은 파리강화조약과 제2차 세계대전이 일어나기까지 20년(1919~1939년)은 긴장과 불확실성이 증대한 시기였다. 이런 정세는 전 세계 거의 모든 지역에서 국내 질서를 와해시키고 국제연맹이 보증하고자 한 국제 협력과 평화를 무너뜨리는 데 큰 영향을 끼쳤다. 제1차 세계대전 이후 중재를 제대로 하지 못한 데서 비롯된 정치적 긴장이 1929년에 전 세계를 사로잡은 대공황의 심각한 경제 위기와 결합되었다(6장을 보라).

제1차 세계대전은 유럽 사회의 전통적인 틀을 상당 부분 파괴함으로써 좌파와 우파 모두가 혁명적 정치를 펼 수 있게 해 주었다. 독일과 이탈리아, 러시아에서는 대중 혁명을 통해 파시즘과 공산주의가 등장했다. 이 두 정치 이데올로기는 그들이 주장한 이상적인 목표로 볼 때 극단적인 대립을 보였다. 하지만 둘 다 사회와 개인의 삶을 관리하도록 국가에 전체주의적 권력을 부여했다(7장을 보라). 국제 무대에 등장한 이러한 상호 모순된 모델의 국가들이 전 세계를 휩쓴 제2차 세계대전의 무대를 제공하게 된다. 제2차 세계대전은 유럽의 분쟁으로 시작되었음에도 불구하고 제국주의가 만들어 낸 유럽과 아시아, 아프리카, 아메리카 대륙 간의 연결망을 통해 사실상 거의 전 세계 모든 나라를 끌어들였다.

아돌프 히틀러(1889~1945년)는 베르사유조약이 체결되던 그 해 독일의 패전으로 충격을 받고 독일 정부의 베르사유조약 수용 조처에 분개한, 실업 상태에 있던 다른 퇴역 군인들과 더불어 민족사회주의독일노동자당(Nationalsozialistische Deutsche Arbeiterpartei, 나치당)을 만드는 데 참여했다. 그는 곧 나치당의 지도자가 되었다. 사회주의의 유령은 또한 미몽에서 깨어난 이탈리아에서도 그 고개를 쳐들었다. 이탈리아는 1915년에 연합국에 가담해 전쟁에서 커다란 고통과 손실, 굴욕을 겪었음에도 불구하고 연합국이 참전의 대가로 약속한 것 가운데 일부만 제공받았다. 전후의 고통과 인플레이션과 실업으로 사회 전반적인 불만이 늘어났으며 러시아에서 발생한 사건들의 영향으로 급진적인 사상이 더욱 확산되었다. 이러한 혼란과 환멸의 난국에서 베니토 무솔리니(1881~1945년)가 19세기의 자유와 민주주의 가치의 몰락과 볼셰비즘으로부터 이탈리아인들을 보호해 줄 민족의 구세주로 자임하고 나섰다. '파시즘'(사회에 대한 국가 독재)은 1919년 무솔리니가 만들어 낸 용어인데, 원래 고대 로마에서 권력의 상징인 '파스케스'(fasces), 곧 도끼를 끼운 막대기 다발을 지칭한 말이다.

근대 국민국가로 등장한 일본은 20세기 초 아시아와 세계 정치에서 주역을 담당하면서 유럽 제국주의의 영향을 나름대로 강하게 상기시켜 주었다. 일본에서는 산업 경제와 군대가 19세기 후반 들어 급성장했다. 1895년 청일전쟁의 승리와 1905년 러일전쟁의 승리는 일본이 메이지 유신(1868년)의 군사적·산업적 목표를 달성하는 데 성공했음을 보여 준 사건이었다. 일본은 발전하는 전 지구적인 국민국가 체제에 재빨리 적응함으로써 제1차 세계대전 말에는 아시아의 제국주의 국가로 떠올랐다. 19세기의 프로이센 같은 유럽의 국민국가들을 모델로 삼은 일본은 제2차 세계대전 중에 동맹국인 독일과 이탈리아처럼 의회 정치를 거부하고 일본식 파시즘의 군사 지배를 실시했다. 제1차 세계대전에서 경제적 이익을 얻고 강화조약을 통해 정치적 이익을 얻은 일본도 1929년의 국제 금융위기에 심각한 영향을 받았다. 1930년대에는 경제위기가 파시즘의 정치적 호소력을 강화해 주었다. 일본은 아시아 대륙에서 제국의 지위를 주장하고 자국의 산업 경제를 보호하기 위해 군사 행동에 나섰다. 먼저 1931년에는 만주를 식민화하고 이어서 1937년에는 전면적인 중국 침략을 감행했다.

세계박람회와 제2차 세계대전 | 제2차 세계대전으로 치닫게 될 상황이 이미 작동되고 있었음에도 1939년에 열린 뉴욕 세계박람회를 기획한 입안자들은 내일의 세계에서 과학과 기술과 산업을 결합하는 미래 지향적인 비전을 창조하고자 시도했다. 마치 같은 해에 개봉한 영화 〈오즈의 마법사〉에 등장하는 도시 오즈처럼 박람회의 입안자들이 제시한 상상의 세계에 대한 멋진 미래가 방문객들을 압도했다. 박람회장을 압도한 것은 하늘로 180미터나 치솟은 '트라일런'이라는 가느다란 피라미드 탑과 '페리스피어'라는 직경 55미터짜리 거대한 구였다. 하얀 치장 벽토를 바른 이 기념물들은 허브였다. 통신과 식품, 정부, 다른 '문명'의 관심사를 다룬 형형색색의 띠 모양으로 바퀴살이 방사선으로 뻗어 나갔다. 미국의 대통령 프랭클린 D. 루스벨트는 개회사에서 이렇게 말했다.

> 미국의 눈은 미래에 집중되어 있습니다. 우리는 큰 뜻을 품고 있습니다. 하지만 그
> 것은 선의의 뜻이고 인류를 위한 진보의 뜻이며, 행복을 증진하고 고통을 줄이기 위
> 한 뜻이고 국제적 우호의 뜻이며, 무엇보다도 평화의 뜻입니다. 미래의 세월이 우리
> 를 이 희망의 서광으로 이끌어 가기를 바랍니다.
>
> (Larry Zim, Mel Lerner, and Herbert Rolfes, *The World of Tomorrow: The 1939 New York*
> *World's Fair*, New York: Harper & Row, 1988, p. 9에서 재인용)

루즈벨트도 언급했다시피 벌써 희망의 서광이 어슴푸레하게 비치고 있었다. 미국은 이제 경제공황 10년을 벗어나고 있었고 유럽은 전쟁에 돌입해 있었다.

뉴욕에서 세계박람회를 준비하고 있을 때 나치 독일에서는 인종적 우월의 이상이 정치 사회적 변화를 추동하고 있었다. 독일인의 혈통이 백인 '아리아인'이고 인종적으로 순수하다는 의사(擬似)과학적인 역사적 관념은, 유전된 형질에 따라 어떤 인종은 우월하고 어떤 인종은 열등하다고 보는 19세기에 널리 퍼진 인종차별적 가정에서 비롯된 것이다. 이러한 우월주의 시각은 레니 리펜슈탈이 제작한 1934년 뉘른베르크 나치당 집회를 묘사한 나치의 선전 영화 〈의지의 승리〉(1936년)와 나치 지도자

| 그림 11.3 | **뉴욕 세계박람회장에 설치된 트라일런과 페리스피어, 헬리클라인(1939)**
이 초현대적인 형태들이 미래 세계의 꿈을 상징하고 있다. 헬리클라인은 나선형 경사로로서 방문객들이 페리스피어에서 '민주 도시'를 관람한 뒤 내려오는 길이다. '민주 도시'는 협력을 통한 미래의 평화와 번영을 보여 주기 위해 마련된 멀티미디어 디오라마였다.

들을 초인적인 신으로 격찬했던 1936년 올림픽 경기를 다룬 다큐멘터리 〈올림피아〉(1938년)에 극단적으로 나타나 있다.

뉴욕 세계박람회를 공식 개장하기 전인 1939년 1월 에스파냐의 공화 정부가 파시스트들에게 함락되는 바람에 에스파냐관이 폐쇄되었다. 프란시스코 프랑코 장군이 이끄는 파시스트 세력은 이탈리아와 독일의 지원을 받고 있었다. 3월에는 히틀러의 독일이 체코슬로바키아를 합병하자 체코의 이주민들이 체코관을 접수했다. 9월에는 폴란드가 독일의 침략을 받았고 폴란드관이 폐쇄되었다. 1940년 봄에는 덴마크와 노르웨이, 벨기에, 네덜란드, 프랑스가 독일군에 함락되었고 이 나라들도 박람회 참여가 중단되었다. 1939년 뉴욕의 세계박람회가 현실 세계와 닮은 점이라고는 거의 없었지만 한편으로는 20세기 제2차 세계대전 전야에 나타난 세계의 불협화음을 적나라하게 드러내 주었다.

히틀러는 1939년의 독소불가침협정에도 불구하고 소련이 독일의 안보와 야심에 위협이 된다고 생각했다. 독일군은 소련의 식량 공급과 원료, 특히 석유를 통제하기 위해 1941년 6월 소련 침공을 감행했다. 1941년 말 미국이 추축국들에 맞서 영국·러시아 쪽에 합류하자 일본은 하와이 제도의 진주만을 공격하기에 이른다. 이제 전쟁은 러시아인들이 '위대한 조국 전쟁'이라고 부른 제2차 세계대전의 2단계에 접어들었다. 독일군은 넉 달도 안 되어 모스크바 턱밑까지 진군했다. 이때 독일군을 가로막은 것은 러시아의 혹한과 소련의 반격이었다. 1943년 러시아군은 스탈린그라드의 피비린내 나는 포위 공격을 통해 독일군의 공세를 우크라이나에서 저지했다. 1944년 6월에는 연합국이 프랑스 노르망디 해안에 상륙을 감행했고 소련이 서쪽으로 밀고 들어갔다. 1년이 안 되어 결국 독일이 패전했다. 잘 알려져 있는 것처럼 일본군은 태평양 전쟁에서 맹위를 떨쳤고 주로 미국이 연합국을 대신해 전쟁을 수행했다. 1945년 8월 6일과 9일 미국은 히로시마와 나가사키에 원자폭탄 두 발을 투하했다. 곧이어 1945년 8월 15일 일본이 항복함으로써 제2차 세계대전이 완전히 끝이 났다.

전쟁의 영향

전쟁은 자원과 시민을 동원하기 위해 국가의 힘을 확대시키는 경향이 있다. 전시의 목적을 성취하기 위해서는 경제의 통제와 정부 규제, 계획, 심지어는 물자 징발과 식량 배급이 필요했다. 생산을 증대하고 군사적인 성공으로 국력을 증진하기 위해서는 정치 지도자들의 수중에 권력을 집중하는 것이 효율적이며 필수적인 하나의 방법임을 보여 주었다. 기술혁신과 신기술 개발에 드는 비용 마련을 위해서는 특히 그러했다.

두 차례의 세계대전을 이끈 강대국들은 병력을 징병에 크게 의존했다. 무기가 대량 생산됨에 따라 병사도 대량으로 충원할 필요가 있었다. 제2차 세계대전에서는 전투부대가 기능에 따라 매우 다양해졌으며 신기술을 도입하게 되면서부터는 그 기술을 제공하고 보급하는 각종 부대가 필요했다. 여러 전투병만큼이나 신무기를 다룰 기계공의 필요성이 커짐에 따라 군인과 민간인의 전통적인 구분이 사라졌다. 신무기가 교전국들 사이에 결정적인 영향을 미칠 수 있다는 사실이 현실로 드러나기 시작하면서 과학자와 공학자의 중요성이 커졌다. 제2차 세계대전 동안 히틀러의 독일을 도망쳐 나온 망명 과학자들은 영국과 미국의 정부들을 설득해 최초의 원자폭탄을 제조하는 연구와 개발에 박차를 가하게 했다. 과학과 문화의 일부 측면들이 국가주의적 목적을 달성하는 데 이용되었다.

그 규모와 범위가 비교적 제한된 크림전쟁(18541~1856년)이나 프랑스-프로이센전쟁(보불전쟁, 1870~1871년) 같은 19세기의 분쟁과는 달리 20세기의 세계대전은 장기간 지속되었고 인명과 자원에 커다란 손실을 냈다. 제1차 세계대전에 참전한 사람과 그 영향을 받은 수는 당시까지 유일무이한 것이었다. 프랑스 혁명과 나폴레옹 전쟁 같은 과거의 전쟁에서도 대다수 인구의 적극적인 참여가 필요했다. 하지만 1914년 이전에는 참전국들이 인적·물적 자원을 그처럼 광범위하게 이용한 적이 없었다. 제2차 세계대전 동안에는 징집과 전쟁 또는 박해를 피해 도망치는 사람들의 이동으로 유럽 일대에 거대한 인구 변화가 일어났다. 1939년 9월부터 1943년 초까지 적어도 3천만 명의 유럽인들이 추방당하거나 본국에서 도망쳤다. 최근의 추정에 따르면 어린이와 여성을 포함해 6천만 명이나 되는 사람이 제2차 세계대전에서 목숨을 잃었고 수백만 명이 지워지지 않는 상실의 고통과 곤경을 겪었다. 또 전쟁과 그 영향으로 죽은 사람이 소련에서만 2천7백만 명이 넘는 것으로 추정된다.

물적 손실도 쉽게 파악할 수 없을 정도로 엄청났다. 제1차 세계대전의 교전국들은 시간당 천만 달러꼴로 군사비를 지출했고 재산 손실을 포함하여 전쟁 비용 총액이 1,860억 달러로 추정된다. 제2차 세계대전에서 미국은 전쟁 비용으로 3,410억 달러

| 그림 11.4 | **동아프리카에 파견된 인도군**

아프리카와 아시아의 원주민 부대가 유럽의 식민지 군에 파견되었다. 그들은 대개 출신 식민지가 아닌 다른 곳에 주둔했다.

를 들였고 일본은 5,620억 달러를 쏟아 부었다. 소련은 국부의 30퍼센트가량이나 잃었다. 이런 엄청난 에너지와 노력과 돈을 의식주 같은 평화적인 목적에 지출해서 달성할 수 있는 가치를 고려해 본다면 이러한 경이적인 수치가 암시하는 진정한 의미를 이해하게 될 것이다.

독일은 크루프 그룹의 역사를 통해 전쟁 중에 진행된 기업과 국가의 제휴 사례를 잘 보여 주었다. 크루프사는 1871년 독일이 통일된 뒤 국가의 주요 무기 공급 업체가 되었으며 종종 군대보다 앞서 '베르타 포'와 같은 신무기를 개발했다. 크루프 동족회사는 제1차 세계대전이 끝난 뒤 무기 생산에서 비군사적인 물자 생산으로, 철도 장비 생산에서 스테인리스 의치(義齒) 생산으로 업종을 전환했다. 그러나 양차 대전 사이에 베르사유강화조약에 의해 금지된 무기를 비밀리에 제작했으며 신무기도 개발했다. 1930년대에는 히틀러의 독일 재무장에 참여했을 뿐만 아니라 제2차 세계대전 기간에는 강제 노동자와 포로수용소의 수용자 7만 명이 히틀러의 군대를 위해서 일하도록 공장을 제공했다. 군비 확장을 위한 군수산업과 안보 사이의 관계는 20세기 내내 전쟁과 평화 사이를 오락가락하며 전 세계가 끊임없이 씨름해 온 문제였다.

사람들은 전쟁의 충격을 여러 가지 방식으로 느꼈다. 설탕과 휘발유, 타이어, 자동차, 커피 등을 배급받고 수백만 명이 물자 부족과 인플레이션을 겪었다. 복지 대책과 노동조합들이 전쟁을 수행하는 데 동원되기도 했다. 국가는 전쟁을 명분으로 개인과 가족의 일상생활에 개입할 수 있었으며 때로는 모성애를 장려하고 남편과 아들을 데려갔다. 보건 정책은 노동자들의 건강을 보호해 생산성을 최대한 높이고자 하는 필요에서 나온 산물이었다. 군사적 수요를 충족하기 위해 개발된 기술이 전후 시대에는 소비재를 생산하는 데 이용되었다.

│ 전쟁과 저항 │

제2차 세계대전으로 유럽의 대부분과 동아시아의 상당한 지역이 외국의 군사 점령을 받게 되었다. 피점령지 주민들의 반응은 지역마다 다르고 같은 공동체 내에서도 사람들마다(때로는 심지어 같은 가족 구성원들 내에서도) 서로 달랐다. 일본의 침략자들은 네덜란드령 식민지 말레이 제도에서 처음에는 서유럽의 식민 통치를 해방시켜 준 자로 환영을 받았다. 노르웨이에서는 시민 대부분이 나치와 나치의 괴뢰 정부 수립에 참여

| 그림 11.5 | **진군하는 미군들 사이에 멈춰 서 있는 독일의 한 노파**
승전국과 패전국 모두 제2차 세계대전의 폐허 속에서 유럽을 재건해야 하는 어처구니없는 현실에 직면했다.

한 노르웨이의 몇몇 협력자들에게 항거했다. 저항의 길이 때로는 도저히 있을 수 없는 도덕적 딜레마를 낳았다. 이를테면 적의 스파이 노릇을 하거나 유대인 자녀를 비롯한 난민들을 숨겨 준 사람들이 대개는 자신의 목숨은 물론 가족과 이웃과 동료들의 목숨을 위태롭게 하는 활동을 해야 하는 경우가 많았다.

　모든 저항이 개인의 도덕적 양심에서 나온 행동은 아니다. 1940년 프랑스가 함락된 이후 독일군에 대한 프랑스의 대항은 두 가지 형태로 나타났다. 샤를 드골(1890~1970년) 장군이 이끄는 프랑스의 우국지사들은 해외에서 독일군에 대한 저항을 조직했다. 프랑스 내부와 프랑스 외부의 프랑스령 북아프리카 지역에서 전개된 지하의 비밀 저항운동(résistance)은 유대인과 추락한 영국과 미국의 조종사들을 숨겨 주고 그들 가운데 일부가 독일 당국에서 탈출하는 것을 지원하는 데 상당한 성공을 거두었다. 남녀 할 것 없이 수많은 사람들이 레지스탕스에 목숨을 바쳤다. 덴마크와 네덜란드의 공동체에서도 저항운동이 있었다. 유고슬라비아에서는 게릴라전 형태로 독일과 이탈리아의 점령군에 맞서 저항했다. 게릴라전은 군주제 지지파와 그리고 소련의 지지를 받은 요시프 브로즈 티토(1892~1980년)가 이끄는 '파르티잔'(partizan)이라는 두 집단에 의해 전개되었다.

독일과 이탈리아의 국내 레지스탕스 운동은 나치와 무솔리니의 파시스트들과 싸웠다. 예를 들어 '백장미단'(Weiße Rose)은 전쟁을 반대하고 나치와 전쟁 획책에 맞서 독일 국민의 저항을 촉구하는 팸플릿을 배포한 대학생과 교수, 지식인들로 이루어진 소집단의 이름이다. 백장미단 활동으로 1943년 뮌헨대학에서 대학생 두 명과 교수 한 명이 처형되었다. 경계가 삼엄한 수용소에서 유대인들이 저항한다는 것은 극히 어려운 일이었다. 그럼에도 산발적이기는 하지만 주목할 만한 시위들이 있었다. 1943년 폴란드계 유대인들 수천 명이 도시의 한 구역에 갇혀 과밀과 기아에 시달리고 있던 바르샤바 게토에서 무장 반란이 발생했다. 저항자들은 외부의 지원도 받지 않았다. 결국 대부분이 나치에 의해 살해되고 말았다.

독일 사회에서 나치 정권에 대규모 저항을 벌인 증거 자료를 찾는 것은 매우 어렵다. 독일 여성들이 벌인 대중 저항의 한 사례가 1943년에 발생했다. 비무장 여성 6백 명가량이 베를린에 있는 게슈타포 본부로 행진해 유대인과 비유대인의 통혼금지법으로 검거된 피의자들을 석방하라고 요구했다. 여성 시위대는 피고인들을 석방하는 데 성공을 거두었다. 그들의 행동이 독일인들 상당수의 목숨을 구했다.

전쟁과 여성

세계대전이라는 상황은 역설적이게도 전 세계의 여성들에게 젠더의 역할에 도전할 기회를 마련해 주었다. 프랑스 혁명 당시에 이미 여성들을 전시에 동원한 적이 있었다. 하지만 전쟁에서 수행한 여성들의 역할이 제1차 세계대전에서만큼 조직적이고 계획적이며 완벽한 경우는 없었다. 여성들이 통상적인 남성의 일을 대신함으로써 남성들이 전선으로 나갈 수 있었다. 여성들이 공장에 고용되었고 군수공장에 종사한 여성들의 노동이 전쟁 수행에 크게 기여했다. 여성들은 또 다양한 수송 업무와 행정 업무를 맡아 사무실에서 일을 했으며 더욱 공공적인 삶을 영위할 수 있는 교육과 행정에도 진출했다. 러시아에서는 오직 여성들로만 구성된 '죽음의 대대'(80퍼센트가 사망)를 1917년에 전선으로 파병했다. 여성들은 또 육군 병원의 간호사와 구급차 운전자로 전투에 참여하기도 했다. 전쟁 때문에 젊은 여성 한 세대가 미혼으로 남거나 미망인이 되었고 자녀가 없거나 홀어머니가 되었다. 영국에서는 1914년 이전 10년 동안 대규모 여성참정권 운동을 벌였어도 여성들이 투표권을 획득하는 데 실패했는데 1919년에는 30세 이상의 여성들에게 투표권을 부여했다. 미국에서는 우드로 윌슨 대통령이 전시 조치로 여성들에게 참정권을 주자는 제안을 했다.

남성들뿐만 아니라 여성들 상당수도 전쟁을 지지하지 않았다. 1890년부터 1920년까지는 여성의 권리운동이 정치 행동주의 물결의 선봉에 섰다. 여성들이 도시와 농촌 가정의 곤경을 해결하기 위한 진보 운동을 지지하기 시작했고 사회 개혁과 경제 정의와 국제 평화를 위해 싸웠다. 여성들의 조직적인 반전운동이 20세기에 새롭게 등장한 것이 아니었다. 그리스의 극작가 아리스토파네스가 쓴 기원전 5세기의 희곡 《리시스트라타》는 전쟁이 끝날 때까지 남편들에게 섹스를 거부하기로 약속함으로써 전쟁 중단을 위해 여성들이 단결한 이야기를 전해 준다. 퀘이커 교도들은 교단이 창설된 17세기부터 평화에 헌신했다. 나폴레옹전쟁 이후 뉴욕과 런던에서는 종교와 관련이 없는 평화 단체들이 설립되었다.

하지만 실현 가능한 국제적 평화운동이 조직된 것은 19세기 말에 와서였다. 그 정치 이데올로기의 기초는 진보적 개혁가와 아나키스트, 사회주의자들을 포함할 정도로 광범위했고 그 구성원들은 주로 여성들이었다. 이 여성들 가운데 상당수는 미국의 전쟁을 방지하기 위한 로비 집단인 미국 반군국주의연합(AUAM)을 통해 일했다. 성장한 여성의 권리운동과 평화운동 간의 결합은 상징적으로 여성평화당의 창설을 통해 나타났다. 여성평화당은 1915년 1월 워싱턴시에서 제인 애덤스 같은 참정권론자와 사회 개혁가들의 주도로 창설되었다.

여성평화당 대표단은 유럽 여성들과 함께 1915년 4월 헤이그에서 열린 국제회의에 참가했다. 주류 언론의 비난을 사기도 하고 시어도어 루스벨트가 '히스테리 여성들'이라고 부르기도 했지만 여성평화당은 지속되었다. 평화운동은 제1차 세계대전의 상흔에서 힘을 얻었다. 그리고 1919년에는 1915년 국제여성대회의 목적을 증진하기 위해 '평화와 자유를 위한 국제연맹'이 창설되었다. 주요 참정권론자들 가운데 한 사람인 캐리 채프먼 캣(1859~1947년)는 전쟁이 끝나자 '전쟁의 원인과 대책

| 그림 11.6 | **평화의 기를 들고 있는 여성들(1915년)**
국제적인 반전 시위에 참가한 여성들이 뉴욕 5번가를 행진하고 있다. 이는 여성의 권리 주장과 평화운동 간의 연계를 상징적으로 보여 준다.

에 관한 국민회의'를 개최했다.

　제2차 세계대전 중에는 '리벳공 로지'로 알려진 로즈 윌 먼로(1920~1997년) 같은 항공기를 생산하는 여성 노동자들이 미국 애국 여성의 상징이 되었다. 실제로 '리벳공 로지들'이 많았다. 이들에게는 젠더의 경계들이 일시적으로 철폐되고 평상시에는 남성들의 전유물이던 일과 기술에 대한 접근이 완전히 개방되었다. 전쟁 채권의 판매를 촉진하기 위해 전시 영화나 포스터에 등장한 리벳공 로지는 미시간 주의 입실랜티에 있는 한 항공기 부품 공장에서 일을 하고 있었다. 포드 자동차의 폭격기 생산 공장은 정교한 기술 작업을 위해 여성들을 채용했다. 어떤 팸플릿은 "여성들이 달걀 거품기뿐만 아니라 드릴링머신도 작동할 수 있음을 보여 주었다"고 주장했다. 어떤 회사들은 여성들이 일자리를 영구적인 것이라고 생각하지 않도록 전쟁 이전에 고용한 종업원들의 아내나 딸들을 채용하는 등 신중한 태도를 보이기도 했다. 하지만 전쟁은 여성들에게 새로운 종류의 고충과 억압도 안겨 주었다.

무엇보다 여성들은 전투에도 참여했다. 1939년에 소련은 주로 일자리를 지원할 목적에서 처음으로 여성 징병을 실시했다. 1941년 독일이 공격을 시작한 이후 소련 여성들 상당수가 전투에 참여했다. 붉은 군대와 소련 해군에 복무한 여성 1백만 명 가운데 80만 명가량이 전투요원이었다. 10만 명 이상이 서훈을 받았고 86명이 '소련의 영웅'이라는 명예로운 칭호를 받았다. 여성 조종사들이 수많은 군사 작전 비행을 했다. 어떤 전투비행단은 조종사와 항공사, 정비사, 탄약 취급자 등 모두가 여성으로만 구성되었다. 이들이 독일에 대한 폭격에 큰 성공을 거두어 독일군들이 그 조종사들을 '밤의 마녀'라고 불렀다.

전시의 요구로 여성들을 위한 새로운 역할과 기회가 생겨난 것과 동시에 일부 지도자들에 의해 정책적으로 전통적인 역할이 장려되기도 했다. 여성의 역할을 집안 영역으로 제한해야 한다고 본 히틀러는 나치 국가와 사회를 위한 여성의 운명이자 의무로 모성애를 장려했다. 1939년 '어머니의 날'에는 4명 이상의 자녀를 낳은 여성 3백만 명이 '독일 어머니 십자훈장'을 받았다. 노동력이 부족했고 더 많은 병사가 필요했기 때문이다. 그와 반대이기는 하지만 출생률을 높이기 위한 비슷한 목적으로 소련은 1936년에 낙태를 금지하는 새로운 법을 입안했다. 그 법을 어길 경우에는 벌금형과 징역형을 받았다. 1944년에는 소련 정부가 두 명 이상의 자녀를 낳은 여성들에게 현금 보너스를 지급하고 자녀를 더 낳을 때마다 그 액수를 늘려 주는 '어머니 영웅' 운동을 시작했다.

여성들은 또한 가정 밖에서 전통적인 억압 방식과 결부된 활동을 했다. 가난한 집안 출신의 일본 소녀들은 전쟁 이전 시기에 가족 부양을 지원하거나 빚을 갚기 위해 매음굴에서 몸을 팔았다. 20세기 초에 일본 제국이 팽창하면서 일본의 매음굴이 시베리아와 한국, 중국, 만주, 홍콩, 싱가포르, 동남아시아 등 아시아 전역으로 확산되었다. 외국에서 돈을 많이 벌 수 있다는 약속에 속아 노예 상태나 성 노예로 전락한 일본 여성들을 가라유키(唐行, 곧 '중국으로 가는')라고 불렀다. 고향이나 가족과 단절된 채 매춘의 농락을 당한 그 여성들은 아무런 위안이나 희망도 없는 삶을 살았다.

제2차 세계대전은 타이완과 한국 같은 일본의 식민지 여성들에게 더욱 비참한 매춘을 새로 확대했다. 식민지 여성들은 아시아 전역에 주둔한 일본군에게 성 접대를 제공하기 위해 강제로 파송되었다. 1941년 일본 당국은 만주에 진출한 일본군 '위안부'로 한국 여성들을 강제로 징집했다. 태평양전쟁의 시작과 더불어 5만 명에서 7만 명에 달하는 한국 여성들이 일본군의 성 노예나 매춘부로 아시아 전역에 파송되었다. 타이완과 필리핀 같은 일본이 점령한 다른 지역의 여성들도 전쟁 중에 일본군에 의해 국가 매춘을 강요당했다.

기술의 발전과 전쟁

대량생산 무기의 개선과 새로운 실험 무기는 양차 세계대전 수행의 강도를 높여 때로는 예측할 수 없는 결과를 낳기도 했다. 각 진영은 유리한 고지를 차지하기 위해 신무기를 도입했다. 하지만 그 무기 가운데 상당수는 완벽한 제품이 아니었다. 연합국은 1916년에 전차를 도입해 독일군 점령 지역으로 진격했다. 이러한 신형 장갑차와 기계화 차량은 기동성이 있는 화력을 제공해 주었다. 하지만 이것들은 고장이 잦았으며 참호에 빠지기도 쉬웠다. 독일군은 이동하는 전차를 공격할 화염 방사기를 개발했다. 라이트 형제가 발명한 1903년 비행기의 원형은 조종사들이 프로펠러의 날개를 가격하지 않고 사격하는 방법을 발견할 때까지는 군사용으로 사용하는 데 문제가 있었다. 따라서 독일군 조종사 바론 폰 리히트호펜과 같은 '하늘의 용사'들의 명성에도 불구하고 공중전은 기본적으로 육상전의 보조 역할에 머물렀다. 항공기는 적의 후방을 정찰하고 대포를 대신해 전선에서 멀리 떨어진 적을 공격하고 폭격하는 데 이용되었다. 그래서 군인들뿐만 아니라 민간인들도 살해되고 부상을 당했다.

가장 끔찍한 신무기는 1915년 4월 독일군이 처음으로 사용한 독가스였다. 독가스의 사용은 예측이 불가능했다. 바람에 실려 되돌아올 수 있어서 공격 목표뿐만 아니라 그것을 발사한 사람들도 죽거나 불구가 될 수 있었다. 방독면을 발명했음에도 화상을 입히거나 기포가 생기게 하는 화학 무기 앞에서는 거의 아무런 도움이 되지 못했다. 제1차 세계대전이 종결되기 직전에 사망한 영국의 시인 윌프레드 오언(1893~1918년)은 자신이 체험한 독가스의 공포를 이렇게 묘사했다.

…… 피가
썩어 문드러진 폐에서 거품이 부글부글 흘러나온다.
암처럼 역겹고

순결한 혀에 난 넌덜머리나는 불치의 상처에 새김질 감이 닿은 것처럼 쓰라리게.

(Alfred J. Andrea and James H. Overfield, *The Human Record: Sources of Global History*, Vol.

II: *Since 1500*, Boston, Mass.: Houghton Mifflin, 1994, p. 370)

관리하기 훨씬 더 쉬운 무기들도 있었지만 치명적이기는 마찬가지였다. 소총은 신속하고 정확하게 발사되었다. 미국 남북전쟁에서 처음으로 사용된 개틀링 기관총은 1분에 여러 발의 총알을 발사할 수 있었다. 그 뒤 영국이 아프리카를 정복할 때 하이럼 스티븐스 맥심(1840~1916년)이 1884년에 발명한 기관총의 우월성이 입증되었다. 이 신무기에는 수천 발의 탄약을 장착한 벨트를 통해 탄환을 공급했다. 맥심은 기관총을 제작해서 전 세계 주요 국가들에 팔았다. 그래서 이 기관총이 제1차 세계대전의 주요 무기가 되었다. 독일군은 전선에서 상당히 멀리 떨어진 적군을 효과적으로 폭격할 수 있는 성능 좋은 장거리포를 개발했다. '베르타 포'로 알려진 제1차 세계대전에서 가장 유명한 대포는 독일의 주요 무기 공급업체인 크루프 군수공장에서 생산되었다. 이 대포는 무려 15킬로미터가 넘는 거리에 있는 목표물에 1톤짜리 포탄을 발사할 수 있었다.

해상 기술의 진보는 해전에 영향을 주었다. 19세기 말 독일이 영국과 벌인 해군 경쟁은 중장갑과 중무장을 갖춘 전함의 함대를 건설하는 경쟁으로 이어졌다. 1914년에는 영국과 연합국이 해군 경쟁에서 상당히 앞서 있었다. 적의 영토에 대한 봉쇄를 선언할 때 영국은 그것을 효율적으로 봉쇄할 군함을 보유하고 있었다. 그러자 이 전술에 보복하기 위해 독일군은 잠수함을 이용했다. 이렇게 해서 해전의 역사상 새로운 국면이 시작되었다. 독일은 해안을 방어하기 위한 단거리 잠수함은 물론 장거리 항해가 가능한 잠수함을 개발함으로써 영국의 봉쇄에 맞서 매우 효과적인 보복을 할 수 있었다. 잠수함은 전쟁을 세계의 대양으로 확대시켰다.

전 세계 곳곳의 군인들은 잔학 행위를 일삼았다. 가장 악명 높은 사례 가운데 하나가 1937년 12월에 벌어진 '난징 대학살'이었다. 일본군이 한 달 반 동안 난징과 그 인근 지역의 민간인 20만 명가량을 닥치는 대로 무자비하게 살육한 것이다. 만주에 주둔한 일본군 제731부대의 비밀문서가 전쟁이 끝난 지 한참이 되어서야 비로소 밝혀지게 되었다. 그 내용은 의사와 과학자들이 치명적인 의학 실험의 형태로 제도적 살인을 저질렀다는 것이다. 전쟁 포로들을 대상으로 한 실험에는 현지 중국인들을 대상으로 한 선페스트 바이러스의 유포나 1945년 규슈제국대학에서 진행한 미 공군 조종사 포로들의 생체 해부도 포함되어 있었다. 이런 행위는 강제수용소에서 자행한 나치의 의학 실험과 흡사한 것이었다.

관련국 모두 만행을 저질렀다. 유럽에서는 전쟁 말기에 영국군이 대규모 소이탄 공습으로 독일의 드레스덴 시를 쑥대밭으로 만들고 주민 13만5천 명을 죽였다. 상당수의 주민들은 소련의 진군을 피해 서쪽으로 도망쳤다. 1945년 3월 9일과 10일의 도쿄 대공습으로 수도 26제곱킬로미터가 파괴되고 8만~10만 명에 달하는 민간인들이 죽었다. 폭격을 기획한 미국의 커티스 르메이 장군의 말에 따르면 그들은 "타 죽고 삶겨 죽고 굽혀 죽었다." 불과 몇 달 뒤에는 무시무시한 신무기의 폭발이 제2차 세계대전을 종결시켰다. 바야흐로 핵전쟁이 지구의 현실이 되었다.

미국 정부를 위해 일한 국제 과학자 팀이 여러 실험실에서 비밀리에 원자폭탄을 개발했다. 뉴멕시코의 사막에서 실험한 원자폭탄은 도저히 믿을 수 없는 공포와 파괴의 무기였다. 원자폭탄을 두 차례나 투하해야 했는지, 심지어 애초부터 개발했어야

| 그림 11.7 | **태평양의 산호섬 비키니에서 실시한 원폭 실험(1946년)**

했는지 하는 문제는 결코 해결되지 않았다. 겉으로 보기에 끝나지 않을 것 같은 전쟁을 신속히 종결시킴으로써 생명을, 특히 연합국의 생명을 구한다는 것이 폭탄 투하를 군사적으로 정당화한 명분이었다. 하지만 상당수의 사람들은 엄격한 봉쇄 조치 같은 다른 수단으로 동일한 목적을 달성할 수 있지 않았을까라는 질문을 끝없이 제기하고 있다. 도시에 폭탄을 투하할 필요가 있었을까? 무엇보다도 두 번째 폭탄을 왜 그렇게 신속히 투하했을까? 원자폭탄의 폭발이 환경에 미친 영향은 무엇일까? 엄청난 불확실성과 의문의 대가를 치르고 나서야 전쟁이 끝나고 평화가 왔다.

전후의 질서와 냉전

전쟁이 진행되는 가운데 전후 세계의 형성에 관심을 기울인 점에서 제2차 세계대전은 제1차 세계대전의 경험을 되풀이했다. 윌슨 대통령은 승전국이나 패전국이 없이 평화를 보증하고 "민주주의를 위하여 안전한 세계를 만들" 국제연맹에 기대를 걸었다. 이 비전은 미국을 포함한 모든 당사국들의 민족주의적인 야심에 부딪쳐 흔들렸다. 프랭클린 루스벨트 대통령의 강력한 영향력이 반영된 연합국의 전후 세계 전망은 아마 그보다 덜 이상주의적이었지만 훨씬 더 실용적이었을 것이다.

　루스벨트는 윌슨과 마찬가지로 국제기구가 국가들 간의 법치를 마련하고 유지하며 미국의 이해를 증진하는 데 도움을 줄 것이라고 생각했다. 그리고 그러한 기구를 창설하는 데 미국이 또다시 주도적인 역할을 했다. 루스벨트의 제안에 대한 반응은 윌슨의 제안보다 덜 회의적이었다. 그의 제안은 샌프란시스코 회의(1945년 4~6월)를 통해 유엔 창설로 이어졌다. 1945년 루스벨트가 사망한 뒤의 일이긴 했지만 그 때는 유럽에서 전쟁이 종결되기 전이었다. 새로운 국제기구는 그 이후의 평화조약들과는 별개로 그것들이 체결되기 이전에 창설되었다. 유엔은 창설 이후 반세기가 넘도록 전 지구적인 급속한 변화와 불안정한 분위기 속에서 국제 질서를 유지하기 위해 계속 씨름하고 있다.

　미국과 소련 두 초강대국의 대립은 이른바 '냉전' 시대를 낳았다. 제2차 세계대전의 종전부터 1990년까지 국제 질서에서 군비 경쟁과 안보가 결정적인 역할을 하게 된다. 냉전은 전 지구를 상대로 말을 이리저리 움직이는 일종의 정치적 체스 게임이었다. 두 초강대국 간의 긴장은 변화무쌍했다. 전쟁 이후 연합국 점령 지역과 소련의 점령 지역으로 독일이 분할되면서 유럽에 냉전의 전선이 형성되었고 이 전선은 1989년 베를린 장벽이 무너질 때까지 베를린 시의 분할과 동서독으로 영속화되었다. 미국과 소련의 갈등은 마셜플랜으로 더 심화되었다. 미국은 서유럽을 부흥시키기 위해서 마셜플랜을 통해 1948년부터 1952년까지 225억 달러가량을 지원했다. 소련은 1949년 서유럽 정부들 간의 군사동맹(NATO, 북대서양조약기구)을 자신들의 안전을 위협하는 요인으로 간주했다. 이에 맞서 소련은 중유럽 위성국가들의 경제 통합이자 대항 군사동맹인 바르샤바조약기구로 대응했다. 초강대국들은 서아시아에서 에티오피아를 거쳐 남아프리카에 이르기까지 '국가 안보의 이해'와 관련된 분쟁과 전략을 통해 자신들의 입지를 강화했다. 냉전은 달을 향한 우주 경쟁을 비롯한 기술적 모험과 끊임없는 군사 무기와 핵 보유 능력 개발로 표출되었다. 냉전은 전 지구적인 규모로 진행되었으며 세계의 어느 지역도 이것에 초연할 수 없었다.

한국전쟁은 대전 후에 북한과 남한을 나누는 38도선을 설정한 이후 한반도에서 미국과 소련의 긴장이 고조됨에 따라 1950년에 발발했다. 소련의 동맹국인 중국은 미국의 더글러스 맥아더 장군이 지휘한 유엔군의 상륙에 위협을 느끼고 있었다. 맥아더는 한반도 북쪽의 압록강 경계를 넘어 중국 영토까지 진격해 아시아에서 공산주의의 유령을 근절하자고 주장했다. 이 분쟁은 1953년의 정전으로 끝이 났다. 한국전쟁으로 아시아에 대한 미국의 전략적 관심이 증대했고 이것이 대(對)일본 점령정책의 전환으로 나타났다. 한반도의 분할은 두 초강대국과 그들의 종속국들 사이에 진행된 전후 독일의 분할이나 나중의 베트남 분할과 유사했다.

특히 한국전쟁과 냉전 구축의 결과로 아시아에서 공산주의가 확산되는 것을 두려워한 미국은 1954년 베트남 디엔비엔푸에서 패배할 때까지 프랑스군을 지원했다. 프랑스군이 패한 뒤 열린 제네바협정은 베트남을 17도선을 따라 분할했다. 북베트남은 공산주의자들이 지도하고 남베트남 정부는 미국의 지원을 받는 과거 부일 협력자 응오딘지엠(1901~1963년)이 이끌었다. 그 뒤 20년 동안 미국의 베트남 정책은 군사 고문 파견과 물자 지원에서부터 수천 명의 군대 투입에 이르기까지 단계적으로 확대되었다.

응오딘지엠 정부에 대한 베트남 국내의 반대는 가톨릭이 주도하는 정부에 대한 불교 승려들의 저항으로 나타났다. 그들 가운데는 분신을 통해 저항하는 이들도 있었다. 하지만 남부에 침투한 베트콩 게릴라 활동의 확산이 남베트남 정부에는 훨씬 더

	미국/연합국	중국	소련/연합국
미사일 기지	∣	∣	
부대	⚐	⚐	⚐
핵 폭격기	✈		✈
해군기지	⚓		⚓
함대	⚓		⚓
핵 잠수함	—		—

| 지도 11.1 | **전략적인 냉전 지역들**

큰 위협이었다. 응오딘지엠은 결국 1963년 군사 쿠데타를 통해 타도되었다. 미국 정부는 이 쿠데타가 임박한 것을 알고 있었지만 지원을 막지 않았다. 그 뒤를 이은 베트남의 군사 정권은 미국의 원조에 의존했다.

베트남전쟁은 현대에 들어와 미국에게 처음으로 군사적 패배를 안겨 주었다. 이 전쟁으로 베트남인과 미국인 모두 커다란 희생을 치렀다. 제2차 세계대전 때 연합국이 사용한 양보다 더 많은 폭탄이 베트남에 투하되었으며 적들의 지상 엄호물이 된 밀림지대의 초목을 제거하기 위해 사용한 고엽제가 농촌을 광범위하게 파괴하고 오염시켰다. 게릴라전에 의존하고 험한 지형에서 헬리콥터를 사용한 베트남전쟁은 현대전의 주요 전환점을 이룩했다. 게릴라전은 또한 베트남전쟁을 '인민 전쟁'으로 만들었다. 민간인과 군인 사이에 명확한 구분이 없었던 것이다. 베트남전쟁은 엄청난 재정적·물적·인적 자원을 투입한 미국과 같은 강력한 세력을 상대로 한 본토 게릴라전의 위력을 입증해 준 전쟁이었다. 베트남전쟁은 또한 미국 사회를 분열시켰다. 싸워야 할 상대가 분명했던 제2차 세계대전을 기억하는 세대와 희망도 없고 도덕적 정당성도 없으며 아무런 의미도 없어 보이는 전쟁에 대해 반전평화 운동을 벌이는 1960년대 세대 갈등이 생겨났다.

20세기가 끝나기 10년을 앞두고 소련이 붕괴되고 유라시아가 분해되면서 냉전은 끝이 났다. 이 '전쟁'에 치른 비용은 그 어떤 세계적 분쟁보다 훨씬 컸다. 인적 자원과 자본, 기술 자원이 정치적 영향력과 전략적 이점을 두고 벌인 초강대국들의 전 세계적인 경쟁에 투입되었다. 1960년부터 1990년까지 전 세계의 군사비 지출은 21조 달러나 되었다. 주요 무기 감축에도 불구하고(특히 1991년 전략무기 감축협상 이후에도) 안전을 보장하는 무기의 역할을 바라보는 국제적 시각은 바뀌지 않았다. 핵 위험도 여전히 끝나지 않고 있다. 일본의 경제 발전과 전후에 등장한 유럽의 경제공동체는 이러한 분쟁과 발전 유형에 속하지 않는 예외에 해당한다. 이들은 세계적인 상호 의존성과 군사비 지출 제한을 잘 활용한 변화에 성공한 사례들이다. 지구인들 가운데 10억 명은 여전히 가난하게 살고 있고 억압을 받는 사람들은 그보다 더 많다. 이런 상황은 "인도적인 이해를 기반으로 한 세계 정치"가 '전쟁 아니면 평화'라는 지나치게 단순하고 이원론적인 접근을 넘어서야 한다는 사실을 상기시켜 준다.

│ 20세기의 물리학과 불확정성 │

과학과 이성에 대한 믿음(자연계가 조사를 통해 알 수 있는 법칙을 따른다는)은 16세기와 18세기 사이 유럽에서 일어난 지적인 변화에서 비롯된 것이다. 흔히 '과학혁명'과 계몽사상이라고 부르는 이러한 변화가 산업혁명을 통해 세계사의 변혁을 추동했다. 기술의 진보가 전 세계 사람들에게 물질적 생활 조건을 상당히 개선해 주었다는 점에서 크게 발전했다. 과학과 기술의 진보는 20세기 초 물리학자들이 소개한 새로운 우주관에서부터 20세기 말 불확실한 핵융합의 이익에 이르기까지 20세기의 삶에 다양한 변화를 가져다주었다. 이러한 '진보들'을 이제 더 이상 19세기의 단순한 발전이라는 측면에서만 바라볼 수는 없다. 과학과 기술의 변화는 오히려 갈수록 20세기의 삶에 모호한 복잡성을 더해 준 것으로 이해된다. 그리고 사람들이 세계를 이해하는 방식의 변화가 심리학과 철학의 발전에 반영되었다. 상당수의 기술 진보는 전쟁에서 비롯되었고 지구에 미친 결과라는 측면에서 본다면 현대전을 끔찍한 전쟁으로 만드는 데 이바지했다.

어떤 면에서 지난 3백 년 동안 가장 중요한 과학은 물리학이었다. 물리학자들은 세계를 이해하는 현대적인 방식과 그 세계를 묘사하기 위한 정확한 언어를 개발해 냈다. 과학자 아이작 뉴턴(1642~1727년)과 피에르 시몽 드 라플라스(1749~1827년)는 과학자가 순수한 관찰자 역할을 하는 자연과학에서 합리적 객관성의 기준을 마련했다. 이런 역할을 보여 주는 고전적인 표현은 라플라스가 제시한 이상적인 과학자의 모습이었다. 그것은 곧 창조될 당시 우주를 이루고 있던 모든 원자들의 최초의 위치와 속도를 알면 그 이후에 전개된 우주 전체의 역사에 대해 논평하고 예언할 수 있다고 보는 전지한 계산자로서의 과학자였다. 이처럼 19세기의 세계는 인식이 가능했을 뿐만 아니라 미래의 원인인 과거의 결과로 존재했다. 물리학뿐만 아니라 역사학을 비롯한 다른 학문들도 곧 우주에 대한 물리학자의 인과론적 관점을 적용했다.

인과론적 관점의 문제점은 그것이 아무리 깔끔하고 믿을 만하다고 하더라도 결국 인위적인 구조물, 곧 관찰자와 관찰 대상의 분리성과 객관적 관찰자로서의 과학자에 대한 신뢰에 의존한다는 것이다. 이 구조물을 치워 버린다면 탁상공론과 마찬가지로 다른 모든 것이 불확정성과 대혼란(chaos) 속으로 빠져들 것이다(실제로 그랬다). 뉴턴 이후의 우주관을 만들어 낸 과학자들 가운데 가장 중요한 인물은 알베르트 아인슈타인(1879~1955년)이다. 그는 뉴턴 이래로 각광을 받아 온 물질과 시간, 운동의 부동성 개념에 의문을 제기했다. 아인슈타인은 1905년에 관찰자뿐만 아니라 서로에게 시간과 공간, 운동은 그들이 그렇게 믿어 온 절대적인 것이 아니라 상대적인 것이 된다는 상대성 이론을 제기했다.

객관성은 더 이상 가능하지 않은 것이었다. 아인슈타인에 따르면 "옷이 인체의 생김새를 나타내는 것과 마찬가지로 이 관념의 우주는 우리 경험의 본질과 거의 분리되어 있지 않다." 다시 말하면 세계에 관한 이론들은 세계에 다소간 어울리는 의상과 같은 것이다. 그 어느 것도 완벽하지 않고 그 어떤 것도 늘 어울리는 것은 아니다. 그리고 모든 것은 인간이 만든 것이다. 아인슈타인도 이론이 실제 세계와는 비교도 안 된다고 말했다. 다만 우리의 이론적인 예측들을 세계를 관찰한 결과와 비교할 수 있을 뿐이다. 이 관찰은 주관적인 것이고 그렇기 때문에 본래부터 불확실한 것이다.

불확정성은 조지프 톰슨(1856~1940년)과 헨드릭 로렌츠(1853~1928년)와 어니스트 러더퍼드(1871~1937년)의 연구를 통해서도 제기되었다. 그들은 원자의 비밀을 밝힘으로써 물질의 본질에 대한 기존의 신념에 의문을 제기했다. 톰슨과 로렌츠는 각각 모든 물질을 구성하고 있는 원자가 작은 입자로 이루어진 것을 발견했으며 로렌츠는 이것을 전자라고 불렀다. 톰슨과 러더퍼드는 각각의 원자가 핵(태양)과 전자(행성)로 이루어진 태양계의 축소판이라고 생각했다. 그들은 더 나아가 원자 태양계의 입자들이 그 자체로는 물질이 아닌 에너지, 곧 전기의 양전하와 음전하라고 제시했다. 그들의 연구는 미시적인 아원자 우주의 세계를 밝혀 줌으로써 20세기 물리학이 실용적인 영향을 미칠 수 있게 해 주었다. 트랜지스터와 실리콘 칩, 집적회로, 초전도체와 같은 장치와 원자력은 모두 전자에 대한 지식에서 비롯된 것이다.

20세기의 과학혁명에 이바지한 또 다른 주요 성과는 물리학자 베르너 하이젠베르크(1901~1976년)의 연구이다. 그는 과학이 관찰자와 독립적으로 존재하는 예측 가능하고 질서정연한 세계를 알 수 있다는 것이 사실이 아님을 설명하려는 '불확정성의 원리'를 생각해 낸 것으로 유명하다. 하이젠베르크는 과학자가 관찰하는 것은 자연 그 자체가 아니라 오히려 인간의 이해 방식에 노출된 자연이라고 주장했다. 새로운 양자역학은 측정이 정확한 것이 아니기 때문에 운동을 위치와 속도로 나타낼 수 없음을 보여 주었다.

1940년대 이후 쿼크를 포함한 더욱 많은 아원자 입자들이 확인되었다. 1925년 무렵부터 진행된 아원자 세계에 대한 과학적 연구 체계를 '양자 이론'이라고 부른다. 그 영향이 크기는 하지만 양자 이론이 완성된 이론은 결코 아니다. 양자 이론은 뉴턴 세계관과는 반대로 예측 가능성의 결여와 무작위성(원자들의 끊임없는 움직임과 알 수 없는 배열)을 함축하고 있다. 19세기의 상당 기간 동안 뉴턴의 기계적 우주론은 우리가 그것을 관찰하든 하지 않든 간에 본질적으로 변함없이 존재하는 독립적인 실재에 대한 확신을 갖게 했다. 20세기에는 양자 이론이 이러한 확실성의 세계를 대혼란의 세계로 바꿔 놓았다.

이해된 실재는 변화된 실재이다. 현장에 끼어들어 그것에 변화를 가하는 과학자로 인해 정보를 입수하고 인식하는 데 근본적인 문제가 발생하기 때문이다. 물리학자 닐스 보어(1885~1962년)의 세계에는 원자가 없고 오직 과학자가 관찰한 정보가 존재할 뿐이다. 보어에 따르면 원자는 인간이 만들어 낸 창조물이다. 그리고 과학은 자연적인 것이 아니라 인간이 만들고 조작한 질서이다. 이러한 과학 사상은 물질의 본질 자체에 의문을 제기하게 하고 우리가 배우면 배울수록 자연계의 견고함과 신뢰성이 더욱더 적어 보이는, 등골이 오싹해지는 불확정성의 인식을 심화시켜 주었다. 1970년대에 시작된 '끈 이론'의 발전이 특히 양자마당이론에서 중력의 문제와 관련된 입자 이론의 허점을 매워 줄 것처럼 보였다. 끈 이론은, 점과 같은 아원자 입자보다는 끈이 물질을 이루는 기본 구성 요소이고 그것이 우주의 구조나 '조직'을 훨씬 더 잘 설명할 수 있다고 가정한다. 우주는 과학이 현재 설명할 수 있는 것보다 훨씬 더 다양한 차원을 지니고 있으며 그 움직임을 면밀하게 관찰하면 할수록 더욱더 열광적이고 맹렬한 것 같다. 천문학자와 천체물리학자가 우주의 기원과 작동 방식을 끊임없이 탐구하면서 얻은 새로운 발견들은 지구를 둘러싼 무한한 공간에 대한 지난날의 가정들을 무너뜨리고 과학적 변경의 불확정성에 대한 인식을 더욱 강화시켜 준다.

비합리성과 지식의 불확정성

19세기 말과 20세기 초에 새로운 심리학 분야를 연구하는 학자들이 정신과 몸의 관계를 비롯한 인간 행동을 체계적으로 연구하는 작업에 착수했다. 빌헬름 분트(1832~1920년)는 그러한 초기 심리학자들 가운데 한 사람이었다. 그는 실험실에서 동물과 인간의 반응을 조사했다. 러시아의 이반 파블로프(1849~1936년)도 분트와 마찬가지로 그 결과를 인간에게 적용할 수 있을 것이라는 전제 아래 대조 실험을 했다. 개를 대상으로 한 실험을 통해 '파블로프의 반응'을 얻어 냈다. 이것은 인간의 반응이 이성적인 것이 아니라 순전히 기계적이고 대개는 무의식적인 자극으로 이루어진다는 개념이다.

20세기에 인간의 본성을 이해하는 데 도움을 준 가장 눈에 띄는 도약은 정신분석이라고 부르는 조사 및 치료 방법의 선구자인 지그문트 프로이트(1856~1939년)에 의해 이루어졌다. 프로이트는 인간 행동의 상당수가 비이성적이고 무의식과 본능에 뿌리를 두고 있다는 결론을 내렸다. 그는 이성이 아니라 갈등이 삶의 기본 조건이라고 생각했다. 그리고 갈등은 주로 무의식적인 차원에서 존재하고 유년기에 시작된다고 생각했다. 이 갈등이 좌절감을 불러일으키고 좌절감이 잠재의식에 맺혀 신경증과 정신이상(다양한 정신질환)을 유발한다. 신경증은 신경증 환자에게 좌절감을 유발한 사실과 상황을 의식하게 함으로써 치료할 수 있다. 이것을 의식하게 하는 것이 정신분석의 목표였다. 프로이트의 사상은 70여 년에 걸친 발전과 수정과 폐기 과정을 겪었다. 프로이트의 사상이 시간과 장소, 특히 젠더에 갇힌 것이라는 비판에도 불구하고 불확실한 현대를 살아가는 개인들의 혼란과 두려움에 대한 하나의 반응으로서 정신분석은 여전히 지속되고 있다.

20세기의 변화에 대한 철학적인 반응은 여러 가지로 나타났다. 유럽의 반응들은 대개 유럽의 문명이 붕괴되거나 그럴 운명에 처해 있다는 극단적인 비관주의로 표현되었다. 독일의 역사철학자 오스발트 슈펭글러(1880~1936년)가 《서유럽의 몰락》(1918년)에서 그런 주장을 제기했다. 그에 따르면 제1차 세계대전은 유럽(독일) 문명의 종말을 보여 주는 신호탄이었다. 에스파냐의 사상가 호세 오르테가 이 가세트(1883~1955년)도 자신의 저작에서 이와 유사한 쇠퇴와 위기를 얘기했다. 《대중의 반역》(1930년)은 합리적인 사회의 쇠퇴와 비인간화를 슬퍼하는 애가이다. 그는 이런 현상이 대중적인 물질문화의 등장과 목적을 달성하기 위해 파괴적인 힘을 사용하는 대중의 경향성에서 비롯된 것이라고 생각했다.

20세기의 불확실성에 대한 또 다른 반응은 실존주의였다. 두 차례에 걸친 20세기의 대규모 전쟁을 통해 생겨난 환멸과 불안에 뿌리를 둔 실존주의는 특히 제2차 세계대전 이후의 프랑스에서 두드러지게 나타났다. 이 철학에 따르면 절대적인 것이나 영원한 것 또는 보편적인 진리는 없고 단지 개인적인 영감과 개별적인 책임이 있을 뿐이다. 실존주의자들은 이성적인 것이든 비이성적인 것이든 존재에는 궁극적인 의미가 없다고 주장했다. 개인들은 그냥 태어나 존재할 뿐이다. 그들은 자유로우며 자신들이 내리는 결정과 자신들이 취하는 행동에 책임을 진다. 최종적이고 궁극적인 옳음이나 그름이 없다. 따라서 개인은 자기 나름의 규칙과 표준을 설정하고 그것에 따라 살아야 한다. 이 개인적인 규칙들이 삶을 영위해 나갈 청사진이다. 그것에 따라 살다가 죽음을 맞이한다.

모더니즘과 예술, 유토피아

20세기와 사람들 상호 간의 관계 그리고 사람들과 그들이 거주하는 우주와의 관계를 이해하고 해석하려는 체계적인 노력들은 다양한 형태의 문화로 표현되었다. 모더니즘이 20세기 초의 도시에 생겨난 복잡한 사상과 전 지구적인 문화를 상징하는 관념이 되었다. 모더니즘 디자인의 미학 이론과 이데올로기가 건축에서부터 의자를 거쳐 광고의 그래픽 디자인에 이르기까지 구조적 환경을 상상해 내고 만들어 냈다. 모더니즘은 독특한 디자인 양식으로뿐 아니라 추상적 개념을 지지하고 장식을 거부하는 사상적 흐름으로 이해되었다. 모더니스트들은 더 나은 세계를 창조하기 위한 유토피아적 욕망을 지니고 있었으며 기술이 사회적 진보를 달성하기 위한 주요 수단이라고 생각했다. 모더니즘의 사유에서는 기계가 사회를 변화시킬 예술과 기술적 디자인의 능력을 보여 주는 상징이 되었다.

모더니즘의 핵심에는 세계를 근본적으로 다시 설계해야 한다는 생각이 있었다. 제1차 세계대전의 대학살은 인간의 조건이 예술과 디자인에 대한 새로운 접근을 통해 치유될 수 있다는 유토피아적 열정을 광범위하게 불러일으켰다. 예술가들과 디자이너, 건축가들은 주택과 가구, 가정용품, 옷 같은 일상생활의 가장 기본적인 요소들에 초점을 맞추어 그 형태들을 새로운 시대에 맞게 다시 발명했다. 예술이 일상생활의 일부가 되었고 기술의 한계와 범위가 확장되었다. 아방가르드 건축가와 예술가들은 공학적인 사회 변화를 위한 집단적 노력에 몰두했다.

1917년 혁명 이후 사회주의적 관점에서 작업을 한 러시아의 디자이너와 예술가들은 기계와 산업 생산을 평등을 증진하는 방법으로 이용함으로써 유토피아를 달성할 수 있다고 생각했다. 네덜란드의 '더 스테일'(De Stijl) 그룹은 작품의 사회적 차원뿐만 아니라 정신적 차원을 믿었다. 독일의 바우하우스 학교는 예술과 기술의 '새로운 통일'을 추구했다. 모더니즘의 상당 부분은 눈에 띄는 현대의 악들인 억압적인 권위주의 및 전체주의 국가들과 현대 세계의 심각한 사회적 불평등에 반대하면서 체계화되었다. 20세기 전반의 근대적 관점에서 생겨난 유토피아적 해결들이 합리적이고 실용적인 경우도 있었다. 깨끗하고 건강하며 밝고 신선한 공기로 가득한 새로운 환경이 아마도 일상생활을 변화시키기에 충분했을 것이다.

20세기의 주요 미학 운동인 초현실주의는 서유럽 문화의 모든 측면을 거부하면서 생겨났다. 이것은 '다다이즘'(Dadaism, 난센스를 의미하는 프랑스어의 목마 'dada'에서 따온)으로 알려진 문화운동과도 관련이 있다. 이런 운동은 모두 창작 활동에서 무의식의 역할을 강조했으며 꿈의 이미지와 무의식이 주된 역할을 하는 문학이나 예술 작품을 통해 이를 표현했다. 에스파냐의 화가 살바도르 달리(1904~1989년)는 그림을 통해 초현실주의를 보여 주었다. 〈기억의 지속〉(1931년)은 그의 가장 유명한 그림으로 꿈같은 풍경의 여기저기에 놓인 흐느적거리는 유체 시계들을 묘사하고 있다. 이 그림은 원래 16세기 화가 히에로니무스 보슈의 유명한 그림 〈세속적 쾌락의 동산〉에 기초한 것이다. 하지만 달리의 작품은 20세기의 산물이고 시간 자체에 대한 인간의 인식뿐만 아니라 뉴턴의 기계적 우주론(흐느적거리며 미끄러져 내리는 시계들)의 확정성이 붕괴된 것을 암시한다. 초현실주의 작가와 화가, 영화 제작자들은 서유럽적인 실재의 개념들을 인간의 눈이나 카메라의 눈에 알려진 가시적인 것 너머까지 확장했다.

집단학살, 인권과 정의

두 차례의 세계대전은 극단적인 인간의 행위와 가치에 그리고 문화나 정부가 국내의 이해나 국제적 이해를 증진하기 위해 만들어 낸 서로 다른 '인권'의 해석에 관심의 초점을 맞추게 했다. 제2차 세계대전 이후에는 국제 평화와 질서를 위해 마련된 기구들이 보편적인 인권(인간의 기본 욕구, 품위, 참정권, 자유)에 대해 논의하기 시작했다. 그러나 문화적 · 정치적 관점이 전혀 다른 사람들이 기본적인 인권 서약에 동의를 할 수 있을까?

　나치가 유대인과 동성애자, 집시 같은 집단을 절멸시킨 사건에 뒤이어 집단학살을 규정하고 금지하는 국제법의 보편적 수용을 받아들이자는 캠페인이 전개되었다. 그 결과 1948년에 '집단학살 범죄 예방과 처벌에 관한 조약'(Convention on the Prevention and Punishment of the Crime of Genocide)이 선포되었다. 하지만 안타깝게도 이 조약은 민족과 종족, 인종 또는 종교 집단을 표적으로 자행된 갖가지 비인도적 범죄들로 정의된 집단학살들을 예방하지 못했다. 전 유고슬라비아 국가인 보스니아(전시에 인종청소, 성폭행, 대량학살 자행)와 캄보디아(1975~1979년 크메르루주가 주민 1백만 명 이상을 학살), 르완다(1994년 4~7월 투치족 1백만 명가량이 학살됨), 다르푸르(2003년에 시작되어 아프리카인 5백만 명 이상의 생존을 위협하거나 살해한 분쟁)는 1948년부터 최근까지 일어난 현대의 집단학살 현장들 가운데 일부이다. 역사가들은 영국의 식민지 케냐나 벨기에령 콩고에서 발생한 사건 같은 강제수용소와 대량학살의 역사적 사례들도 속속 밝혀내고 있다.

20세기에 일어난 전 세계의 전쟁으로 1억 명 이상이 사망했다. 사망자들 대부분이 군인과 민간인들을 포함한 전쟁 희생자들이었고 일부는 정교한 집단학살 정책의 피해자들이었다. 1915년 튀르크인들이 아르메니아인 2백만 명을 학살한 사건에서부터 제2차 세계대전 시기에 나치가 유대인과 집시, 슬라브인, 동성애자들 1천5백만 명을 살해한 것에 이르기까지 제도적 살인의 집행 책임자들과 정부에 의해 집단학살이 자행되었다. 집단학살이 20세기에 나타난 독특한 현상은 아니었지만 독일 강제수용소의 가스 처형실이 증언해 주고 있듯이 기술이 학살을 훨씬 더 효율적으로 만들어 주었다. 이를테면 아우슈비츠에서는 하루에 1만2천 명의 희생자들이 가스실에서 처형되었다.

제2차 세계대전 직후에 열린 뉘른베르크와 도쿄의 전범 재판은 국제사회가 국제연맹과 같은 공개 토론을 거쳐 규정한, 문명화된 인간 행위를 위반하면서 전쟁을 수행한 자들에게 유죄를 선포하고 그들을 처벌하려는 시도였다. 예를 들어 제네바협정은 전쟁 포로에 대한 인도적 대우 규정을 마련했다. 하지만 제2차 세계대전의 교전국들은 이러한 규정들을 어겼다.

표면상으로는 일본의 신속한 항복을 이끌어 낸 히로시마와 나가사키에 투하된 원자폭탄 두 발은 도덕적인 문제에 대한 예리한 관심을 불러일으켰다. 하지만 대개 우리는 너무나 선명하고 객관적인 사진 기록들을 통해 전쟁의 냉혹한 현실과 인간의 만행을 매우 친숙하고 익숙하게 느끼듯이, 원자폭탄 대학살이나 나치의 유대인 대학살에서 희생된 자들의 수에도 곧 무감각해지게 된다. 독일 태생의 미국인 정치철학자 한나 아렌트(1906~1975년)는 '악의 평범성'에 대한 얘기를 썼다. 악이란 다반사로 일어나는 일이어서 그것을 특별한 인간 행위로 규정하려는 시도는 무의미하다는 것이다. 하지만 집단학살이나 전쟁이 아직 끝나지 않았음에도 불구하고 사람들은 제2차 세계대전의 영향을 받아 전쟁의 도덕성에 의문을 제기하고 전쟁을 반대하고 방지하기 위해 계속 노력을 해 왔다.

앞에서 점쟁이의 행위로 설명한 것처럼 요루바족이 세계의 모호함을 받아들인 것과 달리 19세기 유럽인들은 과학적 관찰을 통해 세계를 이해할 수 있다고 믿었다.

그들은 이 과학적 관찰을 통해 세계를 움직이는 질서정연한 합리적인 법칙을 발견할 수 있다고 생각했다. 제국주의 유럽의 세계 지배는 유럽 문명에 대한 확신을 강화시켜 주었다. 그러나 19세기 말에 이르러 현대인들은 과거의 의미를 생각하고 요루바족의 점쟁이와 다를 바 없이 미래를 예언하기 시작했다. 예를 들어 '세기말'(fin de siècle)이라는 용어가 프랑스어의 원래 뜻을 넘어서 절망과 불안과 걱정의 태도를 의미하게 되었다. 이 용어는 새로운 시대와 불확실한 미래로부터 문화적 의미와 정체성의 구조적 전환이 일어날 수 있음을 암시해 주었다. 그것은 또한 도덕적 규범이 무너지고 있다는 인식과도 관련이 있다.

철학자 프리드리히 니체(1844~1900년)는 19세기 말에 미래를 예언한 여러 유럽인들 가운데 한 사람이었다. 그는 1888년에 쓴 글에서 상상을 초월한 파국적인 전쟁이 일어나고 신의 죽음, 그리고 자기혐오, 회의, 욕망, 탐욕, 냉소의 감정들이 새로운 세기의 삶을 특징지을 것이라고 경고했다. 20세기의 생존자들은 세계대전들을 통해 이루어진 니체의 예언 성취와 핵무기의 대량학살, 파시즘의 어두운 밤, 20세기의 세계에 나타난 모순과 불평등과 불법을 보았을 것이다. 인간의 조건을 본래부터 모순과 모호함이 가득한 것으로 보든 그렇게 보지 않든 간에, 요루바족 점쟁이의 세계에서처럼 지난 20세기의 역사는 틀림없이 인류를 요루바족의 에수 신이 지켜보는 것과 동일한 교차로에 서게 했다.

| 결론 |

사상 그 자체는 추상적인 개념이다. 하지만 그것이 사람을 움직여 행동하게 하면 사상은 물질계를 변화시키는 강력한 주체가 된다. 우리는 대개 뉴턴의 만유인력 법칙처럼 특정한 사상의 발견이나 창조를 개인의 업적으로 돌린다. 하지만 그러한 사상들은 다만 다른 사람들의 누적적이고 집단적인 활동을 통해서 효과를 드러낸 것일 뿐이다. 모든 사상은 특정한 시대와 장소의 산물이고 특수한 역사적·문화적 환경의 산물이다. 이와 동시에 사상은 이러한 역사적·문화적 경계에 국한되지 않는다. 오히려 시간이 지나면서 광범위한 지역에 전파되고 새로운 환경에서 새로운 의미를 가지게 된다.

사상을 전파하는 사람들은 사상을 분석이나 행동을 위한 도구로 사용하는 사람들이다. 이러한 사람들은 대개 학자와 반역자, 여행자, 항해사, 순례자, 저널리스트를

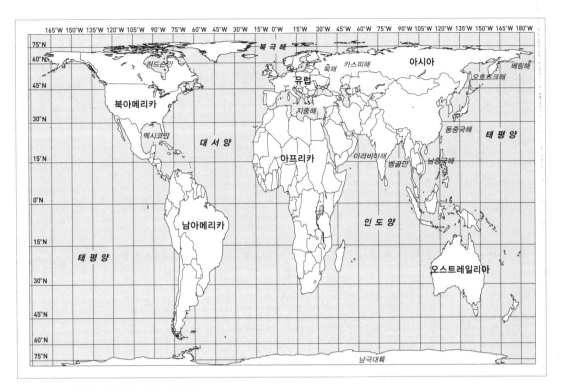

| 지도 11.2 | **페터스 도법으로 그린 세계지도**

비롯하여 문화적 경계를 넘나드는 사람들이다. 새로운 사상을 장려하는 사람들은 그 것을 온전히 그대로 받아들이지 않고 자신의 정치적·사회적 또는 문화적 상황에 맞 게 그 일부를 취사선택하는 경향을 보인다. 하지만 이렇게 개조되거나 수정된 사상도 그것이 새로운 세계의 건설을 옹호하는 것이든지 아니면 과거 사상의 부활을 촉구하 는 것이든지 간에 여전히 강력한 변화의 동인이 될 수 있다.

지난 5세기에 걸쳐 진행된 세계화는 전 지구를 통해 사상을 신속하게 교류할 대 로를 마련해 준 사회·경제적 연결망을 만들어 냈다. 세계화는 또한 갈수록 통합되어 가는 현대 세계의 차이와 모호함과 모순을 드러내 주기도 했다. 전 세계의 여러 지역 은 매우 다양해서 사상이 새로운 문화적 환경에 그대로 이식되는 경우는 거의 드물었 다. 그렇다 하더라도 새로운 사상을 접한 사람들은 기회가 주어질 경우 여러 지역에 서 그 사상을 실행에 옮기려고 애썼다.

19세기와 20세기에 전개된 산업주의와 민족주의, 제국주의, 세계대전으로 개인이나 공동체의 안정성과 안전이 훼손되었다. 전통적인 우주론에 스며든 확정성의 붕괴로 '우리'가 누구이며 어디로 가고 있는지를 염려하게 되었다. 우리의 일상생활을 파고드는 끊임없이 변화하는 기술로 인해 낯설음과 소외 의식이 생겨난 반면에 통신 기술을 통해서는 사람들이 더욱 가까워지기도 했다.

20세기 후반에도 유토피아적 비전들이 사회 변화를 끊임없이 고무시키고 있다. 예를 들어 1950년대 중반에 마오쩌둥은 '인민공사'를 건설하기 시작했다. 이것은 낡은 유형의 가족과 마을을 해체하고 주거와 식사, 노동을 함께하기 위한 공동의 공간을 만들어 내는 사회 조직의 새로운 모델이 되었다. 인민공사는 마르크스주의적인 공동체의 이상을 실현하기 위한 것이었으나 '대약진운동'(산업 생산을 농업 생산에 적응시키려고 한 유토피아적 계획) 시기에 진행된 강력한 사회 경제적 변화로 기근이 발생하여 사망자가 2천만~3천만 명이나 나왔다. 1960년대 미국에서는 젊은이들 사이에 코뮌으로 살고자 하는 운동이 일어났다. 그들은 그곳에서 삶과 노동과 가족을 공유하고 자급자족적인 농업의 이상을 실현해 갔다. 하지만 이러한 전망은 전 지구적인 규모로 변화를 가속화시키고 있는 기술혁신이 낳은 유토피아적 세계의 이상에 의해 무색해지고 말았다.

우주 공간에서 지구의 모습을 기록하는 인공위성의 부산물인 적외선 지도 같은 20세기 말의 기술은 사람과 장소에 대한 인식을 바꿔 놓았다. 국제적인 경계를 우주 시대의 지도 제작자들보다 더 정확히 그린 적은 없었다. 하지만 가장 외딴곳의 사회 · 문화적 공간까지도 일상적으로 침입하는 인공위성에 의해 이러한 경계들이 어떤 면에서는 무의미하게 되기도 했다. 전기 통신과 컴퓨터 기술 덕분에 로스앤젤레스와 파키스탄의 라호르 또는 런던과 나이지리아의 라고스 사이에 실시간으로 친밀한 연락을 할 수 있게 되었다.

인류 문화의 물질적인 기초(기술과 환경과 인구를 포함하는)는 물론이고 그로 말미암아 생겨난 세계를 이해하는 방식의 변화가 공동체와 민족의 정체성, 나아가 전 지구적 정체성뿐만 아니라 개인적 정체성의 원천을 제공한다. 가속화된 변화가 개인과 공동체 생활의 민족성과 인종, 계급, 젠더 같은 문제에 영향을 미쳤다.

기술과 인구 때문에 인류가 멸종의 가능성에 직면한 적이 과거에는 없었다. 인구 증가와 결합된 산업 기술의 진보가 점점 더 많은 지역의 물리적 경관을 바꿔 놓았고 자연과 인간 삶 간의 관계에 불균형을 높였으며 지구상의 생명을 부양하는 자원의 기반을 급속도로 감소시키고 있다. 기술은 일부 사람들의 생활수준을 향상시키는 수단을 마련하기 위해 삼림을 벌채하고 물과 공기를 오염시켜 환경을 훼손했다. 그런 한편 수송과 통신 기술의 발전은 전 지구인들을 훨씬 더 가깝게 해 주고 인류가 공동의 운명과 이해를 지닌 존재라는 인식을 증대시켜 주었다.

기술의 발전을 통해 전 세계가 상호 연결됨에 따라 세계의 문화도 끊임없이 급변한다. 그로 인해 사회·문화적 정체성이 갈수록 불안정하고 원자화되며 모호해졌다. 기술 발전의 또 다른 결과는 문화의 역동적인 상호작용이 만들어 낸 풍부한 가능성이다. 문화는 환경을 이해하고 활용하며 그 속에서 살아가기 위해 개발한 사회의 행동 양식이다. 문화는 정치나 경제 권력을 지원하고 힘을 실어 주기도 한다. 하지만 문화 자체가 그에 못지않은 기본 권력이기도 하다. 문화는 또한 단순히 작가와 예술가들이 시대와 세계를 재현하는 방식일 뿐 아니라 사람들이 자기 자신과 공동체와 세계를 파악하는 방식과 관련된 사람들의 '생활 방식'이기도 하다.

가수 존 레논(1940~1980년)은 청중들에게 전쟁이 없는 세계를 '상상하라'고 촉구했다. 이제껏 이런 상상은 가능하지 않았다. 하지만 이전 세대들과 마찬가지로 오늘날의 사람들도 21세기의 갈림길에서 보편적인 관심사와 인류의 상황이 어우러지는 과거와 현재가 만나는 지점에 서 있다.

토론 과제

- 종교나 철학에 의해 상상된 세계에 나타나는 공통점은 무엇인가?

- 인류 역사에 나타난 여러 유토피아적 이상에 관해 얘기해 보자.

- 유토피아적 이상들이 현대의 산업사회를 비판하는 데 어떻게 활용되었는가?

- 20세기에 일어난 두 차례의 세계대전에 대해 인류는 어떤 대응을 했는가?

- 세계박람회는 '내일의 세계'가 아니라 오히려 현대 생활의 디스토피아를 반영했다. 그것을 어떤 방식으로 반영했으며, 그렇게 생각하는 까닭은 무엇인가?

- 지구촌 사회의 공동 운명에 미친 과학과 기술의 영향을 이야기해 보라. 과학과 기술이 그 잠재력을 발휘했는가?

| 참고문헌 |

· Adas, Michael(1987) *The Prophets of Rebellion: Millenarian Protest Movements Against the European Colonial Order*, Cambridge: Cambridge University Press.
· Bartov, Omer(2000) *Mirrors of Destruction: War, Genocide, and Modern Identity*, New York: Oxford University Press.
· Dower, John W.(1986) *War Without Mercy: Race and Power in the Pacific War*, New York: Pantheon.
· Fussell, Paul(1977) *The Great War and Modern Memory*, New York: Oxford University Press.
· Goldman, Wendy Z.(1993) *Women, the State, and Revolution: Soviet Family Policy and Social Life, 1917-1936*, Cambridge: Cambridge University Press.
· Havens, Thomas R. H.(1978) *Valley of Darkness: The Japanese People in World War II*, New York: W. W. Norton.
· Hochschild, Adam(1999) *King Leopold's Ghost: A Story of Greed, Terror, and Heroism in Colonial Africa*, New York: Houghton Mifflin.
· Keegan, John(1996) *The Battle for History: Re-Fighting World War II*, New York: Vintage.
· McNeill, William(1982) *The Pursuit of Power: Technology, Armed Force, and Society since A. D. 1000*, Chicago, Ill.: University of Chicago Press.
· Segal, Howard P.(2006) *Technology and Utopia*, Washington, DC: Society for the History of Technology and the American Historical Association.

| 온라인 자료 |

· Annenberg/CPB Bridging World History(2004)
http://www.learner.org/channel/courses/worldhistory
22주제 '세계 전쟁과 평화'와 26주제 '세계사와 정체성' 단원을 보라.

그림과 지도 목록

| 지도 |

| 박스안 그림 |

찾아보기

ㅎ